KB069703

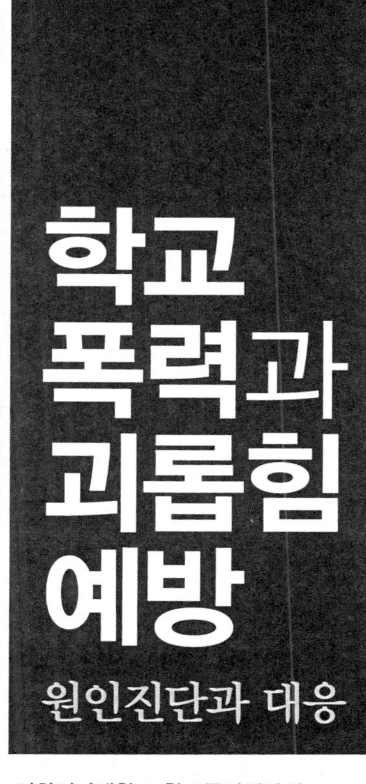

이화여자대학교 학교폭력예방연구소 편

한유경 · 이주연 · 김성식 · 신민섭 · 정제영 · 정성수 · 김성기
박주형 · 장원경 · 이동형 · 김영화 · 오인수 · 이승연 · 신현숙 공저

School Violence & Bullying Prevention

학지사

이 저서는 2013년 정부(교육부)의 재원으로 한국연구재단의 지원을 받아 수행된 연구임
(NRF-2012S1A5B8A02027689)

머리말

학교폭력은 근래 들어 우리사회의 심각한 사회 및 교육문제로 논의되고 있다. 최근 정부와 사회 각계각층의 노력으로 인해 학교폭력이 상당히 줄었다고 보고되었을지라도, 은밀하고 지능적으로 이루어지는 학교폭력과 이로 인한 괴로움을 호소하는 학생이 여전히 존재하고 있는 것은 사실이다. 이러한 상황에서 교사가 학교폭력 문제에 대해 세밀하게 관심을 기울이지 않거나 효과적으로 개입하지 못할 경우, 학교폭력으로 인한 갈등과 후유증은 돌이키기 어려울 정도로 심각하게 확대될 수 있다. 실제로 학교폭력의 문제를 경험하였던 교사는 예상치 못한 반응으로 인해 우왕좌왕하거나 학생 및 학부모와의 심각한 갈등 상황 때문에 정서적으로 소진하였던 경험이 있을 것이다.

학교폭력의 문제는 단순히 가해학생과 피해학생만의 문제라기보다는 수많은 주변인와 그들의 부모, 교사가 모두 영향을 받게 되는 상당히 복잡하면서도 역동적인 문제라고 볼 수 있다. 더욱이 학교폭력의 문제는 「학교폭력예방 및 대책에 관한 법률」에 명시된 절차에 따라 합법적으로 처리하여야 하며, 정부에서 제시하고 있는 중요 대책에 대해서도 정확하게 인지하고 적법하게 실행해야 한다. 아울러 교사는 학교폭력의 문제를 미연에 예방하거나 사후 후유증을 완화하기 위해 심리적·교육적 처치와 관련한 전문적인 의사결정도 내려야 한다. 결국 교사가 학교폭력의 문제를

효과적으로 해결하기 위해서는 법, 정책, 의학, 심리, 상담심리, 교육적 처치 등에 대한 전문적 지식을 가지는 동시에, 종합적이면서도 효과적으로 개입할 수 있는 역량을 갖출 필요가 있다.

이처럼 학교폭력의 문제가 심각해지면서 교사의 역량이 강조되었고, 정부는 학교폭력예방 대책 중의 하나로 교사양성과정에서 예비교사에게 학교폭력에 대한 교직소양과목을 이수하도록 하는 방안을 도입하였다. 현재의 교과지도 중심의 교사양성교육으로는 생활지도 역량을 갖춘 교사를 양성하는 데 한계가 있다는 지적이 지속적으로 제기되었기 때문이다. 이러한 정책 도입을 환영하는 사람들은 예비교사가 양성기관에서부터 학교폭력의 문제나 개입방법에 대한 지식을 미리 접하게 된다면, 학교에 부임한 이후에도 학교폭력에 대해 더욱 관심을 기울이며 유연하고 효과적으로 개입할 수 있을 것이라고 기대하고 있다.

이 책은 이처럼 교사양성과정에 새롭게 도입된 '학교폭력 예방 및 대책' 강의에 사용할 전문적인 교재로서 기획되었다. 저자들은 학교폭력이 법, 정책, 심리, 교육 등 다양한 분야의 전문적 지식이 종합적으로 요구되는 주제임에도 불구하고 이러한 주제를 심도 있게 다룬 대학 교재가 부족하다는 의견에 공감하며, 총 14개의 다양한 주제로 책의 내용을 구성하였다. 즉, 제1부 '학교폭력의 현상과 원인'에서는 학교폭력의 개념, 원인, 영향 등에 대한 최근의 논의와 이론을 다루었으며, 제2부 '학교폭력 관련 법과 제도'에서는 학교폭력과 관련된 정책이나 법, 사안처리, 판례 등에 대해 자세히 설명하였다. 아울러 제3부의 '학교폭력의 예방과 개입'에서는 학교폭력으로 인한 정신건강, 학교폭력 관련 개입 치유 프로그램 등을 다루어 교사에게 실제적인 도움이 될 수 있도록 개발하였다.

이 책은 무엇보다 각각의 주제에 대해 조예가 깊은 전문가가 집필하였다는 점에서 주목된다. 교육부의 정책중점연구소인 이화여자대학교 학교폭력예방연구소의 연구진이 교재 개발에 참여하였으며, 특수 분야에 대해서는 저명한 전문가에게 원고 집필을 의뢰하는 방식으로 집필진을 구성하였다. 교재 개발에 참여한 저자들은 교육정책, 교육상담, 교육과정, 교육사회학, 학교심리학, 법사회학, 정신건강의학 등 다양한 전공에서 오랜 기간 학교폭력에 대해 관심을 가지고 연구해 온 현직 교수 또는 박사다.

이 책은 본래 대학에서 '학교폭력의 예방 및 대책'의 과목을 수강하는 예비교사의

역량을 신장하기 위해 개발되었다. 하지만 각각의 주제를 해당 분야의 전문가들이 집필하였다는 점에서 현재 일선 학교에서 고군분투하고 있는 현직교사는 물론, 학생과 직접 상담하며 지원하고 있는 청소년 상담사, 정책을 입안하거나 프로그램을 개발하는 현장 전문가에게도 유용한 정보를 제공해 줄 것으로 기대한다. 아울러 저자들은 교사와 현장전문가가 이 책을 통해 학교폭력에 대한 이해와 역량을 신장하여 궁극적으로는 학교폭력이 없는 안전하고 행복한 학교를 조성하길 소망하고 있다.

마지막으로 이 책이 나오기까지 관심을 가지고 도와주신 학지사의 김진환 사장님과 꼼꼼하게 교정을 봐 주신 편집부 관계자들, 집필진의 원고를 수합하여 출판사와의 가교 역할을 해 준 이윤희 박사에게도 감사의 마음을 전한다.

2014년 8월
저자 대표

차 례

제1부

학교 폭력의 현상과 원인

학교폭력의 개념과 현황

〈학습개요 및 학습목표〉

이 장에서는 다양한 학문분야에서 다루고 있는 학교폭력의 개념에 대한 정의를 살펴보고자 한다. 특히 사례를 통해 폭력과 혼용될 수 있는 공격이나 괴롭힘 등의 개념을 구분하고, 학교폭력의 유형과 유사 용어를 살펴봄으로써 학교폭력에 대한 정확한 이해를 돕고자 한다. 이와 함께 최근 우리나라에서 실시된 학교폭력 전국단위조사 결과를 통해 학교폭력 현황 및 실태에 대해 알아보고자 한다.

이 장의 구체적인 학습목표는 다음과 같다.

1. 학교폭력, 공격, 괴롭힘 등 관련 개념을 정의하고, 사례를 들어 설명할 수 있다.
2. 학교폭력 실태조사 결과를 분석하고, 최근 실태 및 현황을 설명할 수 있다.

1. 학교폭력의 정의

최근 우리 사회에서 가장 중요한 문제들 중 하나로 간주되고 있는 학교폭력은 그 피해 유형이 점차 다양화 되고 반복 · 지속되면서 개인과 가정, 학교, 더 나아가 사회 전체에 큰 문제를 초래하고 있다. 학교폭력은 피해자나 가해자, 주변인 모두가 장차 우리 사회를 이끌어 나갈 청소년이며, 학교폭력의 경험은 성인이 된 이후의 삶에 미치는 영향이 크다는 점에서 의미 있게 다루어져야 한다.

학교폭력은 전 세계적으로 문제가 되고 있는 현상이지만, 학교폭력의 개념을 규정하고 유형을 나누는 기준과 그 심각성에 대한 인식은 국가마다 다르다(조균석 외, 2013). '병에 대한 정확한 진단 없이는 제대로 된 약을 지을 수 없는 것'처럼 학교폭력에 대한 효과적인 대책 마련은 이에 대한 정확한 개념 정의 없이는 불가능하다. 하지만 우리나라의 경우, 학교 내에서 일어나는 학교폭력을 괴롭힘(bullying)과 청소년 범죄(juvenile delinquency)로 구분하여 접근하는 서양과 달리, 청소년 범죄에 해당하는 행동(금품갈취, 성폭력)까지 학교폭력이라는 하나의 범주 안에 넣어 취급하고 있

으며, 학교폭력 · 따돌림 · 공격 · 괴롭힘 · 왕따 등의 용어가 혼재되어 사용되고 있다(이승하, 2012). 또한 법적 · 심리학적인 정의 등 각 학문분야와 연구목적에 따라 개념 규정이 다르며, 학교폭력에 포함되는 폭력행위의 유형에 있어서도 차이를 보인다.

따라서 이 장에서는 현재 우리 사회에서 사용되고 있는 학교폭력의 일반적인 정의, 「학교폭력 예방 및 대책에 관한 법률」에서의 정의, 그리고 다양한 연구 및 각 학문분야에서의 정의를 살펴보고, 사례를 통해 학교폭력과 혼용될 수 있는 '폭력(violence)' '공격(aggression)' '괴롭힘(bullying)'에 대해 명확하게 구분함으로써 학교폭력에 대한 이해를 높이고자 한다. 또한 「학교폭력 예방 및 대책에 관한 법률」에 따른 학교폭력의 유형과 관련된 용어를 간략하게 살펴보면서, 학교폭력의 피해자 · 가해자 · 주변인에 대한 정의를 예시를 통해 알아보기로 한다.

1) 학교폭력의 개념과 정의

우리나라에서 학교폭력은 '폭력'행위의 일종으로서 폭력이 일어나는 장소가 학교이기 때문에 '학교폭력'이라고 보는 견해가 많으며, 학교폭력과 관련된 용어로 집단따돌림, 집단괴롭힘, 또래 괴롭힘, 왕따 등의 용어가 혼용되어 사용되고 있다(이승하, 2012).

학교폭력에 대한 법적인 정의는 「학교폭력대책법」에서 확인할 수 있으며, 법적인 정의는 일반적인 정의를 좀 더 구체화시켜 준다. 「학교폭력 예방 및 대책에 관한 법률」 제2조 1호에 따르면, '학교폭력'은 '학교 안이나 밖에서 학생 사이에 발생한 상해, 폭행, 감금, 협박, 약취(略取) · 유인, 명예훼손 · 모욕, 공갈(恐喝), 강요 및 성폭력, 따돌림, 정보통신망을 이용한 음란 · 폭력 정보 등에 의하여 신체 · 정신 또는 재산의 피해를 수반하는 행위'를 말한다. 다음 〈표 1-1〉에서 보는 바와 같이 우리나라의 학교폭력은 공격적인 행동과 괴롭힘을 포함하여 규정하고 있으며, 따돌림과 사이버 따돌림은 별도로 규정하고 있다(조균석 외, 2013).

표 1-1 학교폭력의 법적 개념

구 분	개 념
학교폭력	학교 내 · 외에서 학생을 대상으로 발생한 상해, 폭행, 감금, 협박, 약취 · 유인, 명예훼손 · 모욕, 공갈, 강요 · 강제적인 심부름 및 성폭력, 따돌림, 사이버 따돌림, 정보통신망을 이용한 음란 · 폭력 정보 등에 의하여 신체 · 정신 또는 재산상의 피해를 수반하는 행위
따돌림	학교 내 · 외에서 2명 이상의 학생이 특정집단의 학생을 대상으로 지속적이거나 반복적으로 신체적 또는 심리적 공격을 가하여 상대방이 고통을 느끼도록 하는 일체의 행위
사이버 따돌림	인터넷, 휴대전화 등 정보통신기기를 이용하여 학생이 특정 학생을 대상으로 지속적 · 반복적으로 심리적 공격을 가하거나, 특정 학생과 관련된 개인정보 또는 허위사실을 유포하여 상대방이 고통을 느끼도록 하는 일체의 행위

출처: 「학교폭력 예방 및 대책에 관한 법률」 제2조.

한편 학교폭력은 형벌의 대상으로 형법을 비롯한 형사법이 적용되고, 가해 행위의 동기와 죄질을 고려하여 소년법이 적용될 수 있다. 형사법적 개념으로 학교폭력은 사람의 신체에 대하여 유형력을 행사한 것이다. 학교폭력의 가해학생이 「학교폭력 예방 및 대책에 관한 법률」 제17조에 따른 조치를 받았다고 해서 가해학생에 대한 처벌이 끝난 것이 아니다. 만 14세 이상의 학생인 경우 형사처벌의 대상이 될 수 있고(형법 제9조), 만 14세 미만의 소년에 대해서는 형사처벌을 할 수 없으나, 형벌 법령을 위반한 만 10세 이상 14세 미만인 소년은 보호처분(소년법 제32조) 등을 받을 수 있으며, 가해자가 10세 미만이면 어떠한 처벌도 받지 않는다. 이 경우 피해자는 가해자의 감독의무자에 대해 민사상의 손해배상을 청구할 수 있다고 규정하고 있다. 또한 「소년법」 상 학교폭력은 제1조 '이 법은 반사회성이 있는 소년의 환경 조정과 품행 교정을 위한 보호처분 등의 필요한 조치를 하고, 형사처분에 관한 특별조치를 함으로써 소년이 건전하게 성장하도록 돕는 것을 목적으로 한다.'라고 규정되어 있으며, 제2조 '이 법에서 소년이란 19세 미만인 자를 말하고, 보호자란 법률상 감호교육을 할 의무가 있는 자 또는 현재 감호하는 자를 말한다.'라고 규정하고 있다. 19세 미만의 자를 소년으로 규정하고 있으며, 10세 이상 14세 미만의 소년을 소년보호사건의 대상으로 하였다. 그리고 2012년 「학교폭력대책법」 개정법에서 학교폭력의 개념을 확대하여 가해자가 학생이 아닌 경우에도 피해학생에 대한 보호를 위해 학교

폭력을 '학생을 대상으로' 발생한 행위로 확대하여 학교 밖 청소년 등에 의한 학교폭력도 동법에 따라 규제할 수 있게 하였다(김주현, 2013).

법적인 정의를 종합해 보면 가해자나 피해자가 학생일 경우 학원가나 등 · 하굣길, PC방, 유흥업소 등에서 발생하는 폭력도 학교폭력의 범주에 포함될 수 있다. 여기서 학생이란 현재 학교를 다니고 있는 학생 이외에도 휴학생 · 정학생 · 퇴학생 등 학교에 다닐 나이에 속하는 청소년에 의한 폭력도 학교폭력의 범주에 포함된다고 할 수 있다(지영환, 2013). 다시 말해, 학교폭력이란 '가해자의 신분이나 시간 · 장소의 구분 없이 학생을 대상으로 신체적 · 언어적 · 심리적 · 경제적 피해를 주는 모든 행위를 통칭하는 것으로, 여기에는 온 · 오프라인에서 이루어지는 명시적이고 묵시적인 따돌림도 포함되는 것(국회도서관, 2013)'을 말한다.

정신분석학적 관점에서는 Freud나 Ericson, Rairbairn, Adler, Lochman 등이 인간의 폭력적인 성향과 관련하여 학교폭력에 대해 설명하고 있는데, 이들은 인간에게는 폭력적 충동이나 본능이 있다고 가정하고, 학교폭력을 자아(ego)나 초자아(superego)의 통제가 결핍되거나 부모와의 애착관계가 형성되지 못해 비합리적으로 표출된 폭력, 열등감을 보상하기 위한 행위라고 정의내리고 있다(송재홍 외, 2013).

정신의학적인 측면에서는 행동장애(혹은 품행장애) 혹은 반항성 장애라는 정신질환을 가진 학생이 학교폭력의 가해학생이 될 확률이 높다고 보며, 그 증상으로 인해 다른 사람을 괴롭힌다고 보고 가해학생을 치료의 대상으로 생각하고 있다. 여기서 품행장애(conduct disorder)란 타인의 기본 권리나 나이에 맞는 사회적 규칙을 반복적이고 지속적으로 위반하는 것과 관련된 장애다. 사람과 동물에 대한 공격성, 파괴와 사기 혹은 절도, 심각한 규칙 위반 등의 모습으로 나타난다. 한편 반항성 장애(Oppositional Defiant Disorder)란 나이에 적합하지 않은 거부, 적대감, 시비조의 행동 양상이 최소한 6개월 이상 지속되는 파괴적 행동장애(disruptive behavior disorders)의 한 유형이다. 반항성 장애는 뚜렷하게 반항적이고, 불복종적이고, 도발적인 행동을 하지만, 규칙을 어기거나 타인의 권리를 침해하는 반사회적 행동이나 공격적인 행동은 두드러지게 나타나지 않는다. 반항적인 행동은 발달기에 흔한 것이기 때문에 그것이 정상 발달과정상에서 나타난 것인지 혹은 반항성 장애의 초기 증상인지 신중히 판단해야 한다. 반항장애 아동의 행동 특징은 '① 자주 심하게 화를 낸다, ② 자주 어른들과 논쟁한다, ③ 자주 적극적으로 어른의 요구나 규칙을 무시하

거나 거절한다, ④ 자주 고의적으로 타인을 괴롭힌다, ⑤ 자주 자신의 실수나 잘못된 행동을 남의 탓으로 돌린다, ⑥ 자주 타인에 의해 기분이 상하거나 쉽게 신경질을 낸다, ⑦ 자주 화를 내고 원망한다, ⑧ 자주 악의에 차 있거나 앙심을 품는다'는 것이다(국립특수교육원, 2009).

학습이론적 관점에서 학생의 학교폭력행동은 강화와 관찰과 같은 모방을 통해 학습된 결과로 바라본다. 즉, 학습이론적 측면에서 학교폭력은 일상적으로 함께 생활하는 사람들의 폭력행위를 관찰 · 모방하고 강화된 학습의 결과로 나타난 현상으로서 친밀한 사람들과의 상호작용으로부터 학습된다고 설명한다(송재홍 외, 2013).

학교폭력 관련 연구에서 내린 학교폭력의 개념 정의를 보면 다음과 같다. 김형방(1996)은 '자기보다 약한 상대를 불특정 다수의 학생이나 남이 보이지 않는 곳에서 신체적 · 심리적인 폭력을 반복하여 행하거나 심각한 공격을 가하는 행동'으로 정의하고 있으며, 청소년폭력예방재단(1996)은 학교폭력을 '자기보다 약한 처지에 있는 청소년에게 학교 안이나 밖에서 신체적 · 심리적 폭력을 행사하거나 이를 반복적으로 실시하는 청소년 간의 행동'으로 정의 내리고 있다. 김종미(1997)는 '정신적 · 신체적으로 스스로를 방어할 수 있는 능력이 없는 아동을 대상으로 힘이 강한 개인 혹은 집단이 단기간 또는 장기간에 걸쳐 가하는 물리적 · 심리적 공격'이라고 말하고 있으며, 오명식(1997)은 '학교와 학교 인근에서 개인 · 집단이 신체적 · 심리적으로 일회적 혹은 상습적으로 상대방을 괴롭히거나 구타 · 폭력을 행사하는 것'으로 규정하고 있다. 홍금자와 이경준(1998)은 '가해자나 피해자 또는 발생장소 등에 있어 학교와 관련하여 발생하는 폭력행위로 그 주체나 대상이 모두 청소년이라는 특징'이 있다고 파악하고, 조규항(1999)은 학교폭력을 '집단따돌림을 포괄하여 학교 내 · 외에서 학생 간에 행해지는 신체적 · 언어적 · 심리적 공격행위와 따돌림'이라고 정의 내리고 있다. 곽금주(1999)는 왕따 및 학교폭력을 '학교 내와 주변에서 학생 간에 이루어지는 부정적 의도를 지닌 공격, 폭력적인 행동'으로 말하고 있고, 조성호(2000)는 '학교 내 · 외에서 학생 간에 힘의 불균형에 의해 상대방에게 신체적 또는 심리적 위해를 가하기 위해 행해지는 신체 · 물리 · 심리 · 언어적 공격행위'라고 정의 내리며, 도기봉(2007)은 학교폭력을 '학교를 중심으로 발생하는 신체적 · 심리적 폭력, 언어적 폭력, 괴롭힘, 금품갈취'라고 말한다.

이러한 국내 연구의 정의는 외국의 괴롭힘(bullying)에 대한 정의와 같은 맥락으

로 이해할 수 있다. 노르웨이의 사회심리학자 Olweus(1993)는 괴롭힘(bullying)을 '한 학생이 반복적이고 지속적으로 한 명 혹은 그 이상의 다른 학생으로부터 부정적인 행동, 즉 괴롭힘을 당하는 것'이라고 정의하였고, Rigby(2003)는 '해치고자 하는 욕구와 해로운 행위, 힘의 불균형의 반복, 불공정한 힘의 사용을 바탕으로 가해자는 쾌감을 느끼고, 피해자는 억압받는 느낌이 있는 것'이라고 정의를 내리고 있다.

이상에서 살펴보면 Olweus(1993) 및 영미권에서 사용하는 괴롭힘(bullying)의 개념은 우리나라의 학교폭력과 거의 유사한 개념으로 사용되고 있다. 우리나라 경우 청소년 범죄에 해당하는 것을 포함하여 외국보다 학교폭력의 유형을 좀 더 포괄적으로 보고 있다. 하지만 우리나라와 외국 모두 공통적으로 힘의 불균형이 존재하는 상태에서의 반복적인 공격 행위를 학교폭력 또는 괴롭힘(bullying)으로 개념화하고 있다(이승하, 2012).

2) 학교폭력 유사개념의 비교[1)]

학교폭력은 전 세계적인 문제이지만 학교폭력의 개념, 유형 분류, 그리고 심각성에 대한 인식은 국가마다 다르다. 학교폭력의 유형과 수준에 따라서 이론적으로 구분해 보면 학교에서 일어나는 '폭력(violence)' '공격(aggression)' '괴롭힘(bullying)'으로 구분할 수 있다(Orpinas & Horne, 2005; 조균석 외, 2013). 앞서의 폭력, 공격, 괴롭힘은 자주 혼용되어 명확한 개념의 확립이 필요하다. 각 용어의 정의와 사례를 통해 관련 개념을 구분하면 다음과 같다.

(1) 폭 력

세계보건기구에 따르면 폭력은 '자기 자신이나 다른 사람에 대해 또는 집단이나 사회에 대해 물리적인 무력과 힘을 사용하고, 위협하여 부상, 죽음, 심리적인 상처, 발달장애, 박탈의 결과를 초래할 가능성이 높거나 실제로 결과를 초래하는 것'이다. 폭력은 대인 간(interpersonal) 폭력, 개인 내(intrapersonal) 폭력 또는 집단적(collective) 폭력으로 분류되는데, 대인 간 폭력은 한 개인이 다른 상대를 대상으로

---

1) Orpinas와 Horne(2013)에서 관련 내용을 발췌하고, 사례를 우리 상황에 맞게 번역·제시하였음.

싸우는 것으로써 모르는 사람이나 아는 사람, 가족 및 배우자 사이에서 모두 일어날 수 있다. 대인 간 폭력은 살인, 강간, 폭행과 같은 과격한 행동을 포함한다. 그러나 개인 내 폭력은 자살 같은 자신에 대한 폭력을 말한다. 집단적 폭력은 집단의 사람들이나 정부·기관에 의해 자행되는 사회적·정치적·경제적 폭력을 가리킨다. 폭력의 예를 살펴보면 다음과 같다.

폭력의 예

중학생인 온유와 종현이는 강 선생님의 역사 수업을 듣는다. 둘 다 반에서 인기가 없으며, 그들은 자주 친구 험담을 하고 다녔다. 결국 같은 반 학생 중 몇 명이 온유와 종현이를 험담하는 것으로 대응했고, 다른 친구들은 온유와 종현이에게 일부러 부딪히면서 그들과 충돌했다. 온유와 종현이는 교실에서 자주 소동을 일으켰기 때문에 그때마다 강 선생님은 그들을 꾸짖고, 교무실로 보내기도 했다. 학기말 즈음에 몇몇 학생이 온유와 종현이가 강 선생님에게 복수하겠다고 다짐하는 것을 들었다고 교장 선생님에게 알렸다. 교장 선생님은 경찰을 불러 조사를 요청하였고, 경찰은 온유와 종현이 집에서 무기와 학교 평면도를 찾았으며, 강 선생님과 그들을 괴롭히는 친구들을 학기말에 죽일 계획을 가지고 있다는 것을 발견했다.

(2) 공 격

공격은 일반적으로 심리적·신체적 해를 입힐 수 있는 폭력보다는 덜 극단적이고 의도적인 행동을 가리킨다. 공격은 위험할 수 있지만, 폭력보다는 심하지 않다. 의도적으로 친구를 때리기, 밀기, 고립시키기, 욕하기 등이 모두 공격이며, 공격의 예는 다음과 같다.

공격의 예

은혁이는 쉽게 화를 잘 낸다. 그는 화가 나면 주변에 있는 누구에게나 주먹을 휘두른다. 어느 날 아침, 그는 등교 준비를 하다가 교과서를 찾을 수 없었다. 결국 은혁이는 첫 수업에 늦어 혼이 났다. 은혁이는 교실에서 나가면서 가장 가까이에 있던

신동을 벽으로 밀쳤고, 신동이 "왜 밀쳤어?"라고 묻자 은혁은 "네가 거기 서 있었고, 못 생겼으니까."라고 대답했다.

(3) 괴롭힘

괴롭힘은 힘의 불균형(Imbalance of power), 고의적 행동(intentional acts), 계속적인 반복(repeated over time)으로 특징지어지는데, 가해자는 피해자보다 훨씬 강력하고, 공격적인 행동을 고의적 · 반복적으로 오랜 시간 동안 자행한다. 괴롭힘의 예는 다음과 같다.

괴롭힘의 예

앞서의 공격사건 이후, 은혁은 신동을 건드리면 그를 위해 싸워 줄 친구가 많다는 것을 알고 앞으로 신동을 밀치면 안 되겠다고 생각했다. 하지만 은혁은 여전히 화가 많이 나 있었고, 누군가에게 화풀이하기로 했다. 마침내 은혁은 신동 대신 동해를 괴롭히기로 결심했다. 동해의 얼굴에는 여드름이 가득한 데다가 목소리도 크고 시끄러워서 어느 누구도 동해를 좋아하지 않기 때문이다. 은혁은 동해를 지속적으로 괴롭혔고, 결국 은혁이 가까이 오는 것만 봐도 동해는 우는 지경에 이르렀다.

(4) 청소년 폭력

청소년 폭력(Youth violence)은 주로 10~24세의 청소년이 일으키는 폭력을 말하는 것으로서, 학교폭력은 청소년 폭력의 부분집합이다. 청소년 폭력은 다른 사람이나 집단, 사회를 대상으로 물리적 힘을 고의적으로 사용하여 신체적 · 심리적인 상처를 만들며, 더 이른 나이에도 청소년 폭력은 발생하지만, 주로 10~24세의 청소년을 포함하여 이야기한다.[2)]

---

2) 미국 질병관리본부(Center for Disease Control and Prevention)에서 'Youth violence'에 대해 정의 내린 것을 번역 및 정리함.

(5) 청소년 비행

서울대학교 교육연구소(2011)에 따르면 청소년 비행(Juvenile delinquency)은 미성년인 청소년이 반사회적 행위를 하거나 사회규범에 어긋나는 행위를 하는 것을 말한다. 다시 말해, 비행은 법규에 어긋나는 행위를 가리키나, 청소년 비행은 성인인 경우에는 하등의 법적 저촉이 되지 않는 행위(예, 음주 · 흡연 · 극장출입 등)도 포함된다.

보통 집단화된 것과 단독적인 것으로 분류할 수 있으나 세부적으로는 집단화된 비행(the socialized delinquency), 신경증적 비행(the neurotic delinquency), 정신병적 비행(the psychotic delinquency), 상황적 비행(the situational delinquency) 등으로도 나눌 수 있다.

(6) 놀 림

놀림(Teasing)은 여러 가지 의미가 있다. 사람 간의 상호작용에서 놀림은 노는 것과 상처 주는 것 두 가지의 형태로 나타난다. 사람들은 외모, 몸무게, 행동, 능력, 옷, 지능과 같은 문제로 상대방을 놀릴 수 있다. 피해자의 관점에서 이러한 놀림은 종종 고통을 준다(Kowalski, 2000).

(7) 모 빙

모빙(Mobbing)은 주로 직장 따돌림을 의미하며, 가족, 학교, 직장, 이웃이나 공동체 같은 상황에서 개인을 따돌림 하는 것을 말한다. 집단적으로 이루어지는 심리적 형태의 동료억압인 모빙(Mobbing)은 피해자의 건강에 심각한 영향을 줄 수 있는 사회적 스트레스의 극단적 형태다(이철수, 2009).

3) 학교폭력의 유형(교육과학기술부 외, 2012)

「학교폭력 예방 및 대책에 관한 법률」에서는 학교폭력의 유형을 일곱 가지로 나누고 있다. 유형으로는 신체폭력, 언어폭력, 금품갈취, 강요, 따돌림, 성폭력, 사이버폭력이 있다.

(1) 신체폭력

신체폭력은 일정한 장소에서 쉽게 나오지 못하도록 하는 행위(감금), 신체를 손이나 발로 때리는 등 고통을 가하는 행위(상해, 폭행), 폭행과 협박으로 강제로 일정한 장소로 데리고 가는 행위(약취), 상대방을 속이거나 유인해서 일정한 장소로 데리고 가는 행위(유인)를 말한다.

(2) 언어폭력

언어폭력은 여러 사람 앞에서 상대방의 명예를 훼손하는 구체적인 말(성격, 능력, 배경 등)을 하거나 그런 내용의 글을 인터넷, SNS 등으로 퍼뜨리는 행위(명예훼손), 여러 사람 앞에서 모욕적인 용어(생김새에 대한 놀림, 병신, 바보 등 상대방을 비하하는 내용)를 지속적으로 말하거나 그런 내용의 글을 인터넷, SNS 등으로 퍼뜨리는 행위(모욕), 신체 등에 해를 끼칠 듯한 언행('죽을래' 등)과 문자메시지 등으로 겁을 주는 행위(협박)를 말한다.

(3) 금품갈취

금품갈취는 돌려 줄 생각이 없으면서 돈을 요구하는 행위나, 옷, 문구류 등을 빌리고 되돌려 주지 않는 행위, 일부러 물품을 망가뜨리는 행위, 돈을 걷어오라고 하는 행위 등을 말한다.

(4) 강 요

강요는 속칭 빵 셔틀, 와이파이 셔틀, 과제 대행, 게임 대행, 심부름 강요 등 의사에 반하는 행동을 강요하는 행위(강제적 심부름), 폭행 또는 협박으로 상대방의 권리행사를 방해하거나 해야 할 의무가 없는 일을 하게 하는 행위(강요) 등을 말한다. 여기서 셔틀이란 학교폭력 가해학생에게 주기적으로 심부름을 시키는 것으로서, 빵 셔틀(빵+shuttle의 합성어)은 힘센 학생의 강요로 힘이 약한 학생이 빵을 사다 주는 등의 강제적 잔심부름을 하는 것을 말한다. 와이파이 셔틀(Wi-fi+shuttle의 합성어)은 무료 와이파이를 통해 스마트폰을 사용하려고 힘이 약한 학생에게 핫스팟(초고속 인터넷 사용이 가능하도록 전파를 중계하는 무선 랜 기지국)을 켜도록 강요해 비싼 요금을 물게 하는 것으로서, 와이파이 셔틀이 된 학생은 힘이 센 학생에게 무선 와이파이 인터넷을 제

공한다(동아일보, 2013. 10. 29.).

(5) 따돌림

따돌림이란 학교 내외에서 2명 이상의 학생이 특정 집단의 학생을 대상으로 지속적이거나 반복적으로 신체적 또는 심리적 공격을 가하여 상대방이 고통을 느끼도록 하는 일체의 행위를 말한다. 특정 학생을 따돌림 시키는 경우 집단적으로 피해학생을 의도적이고 반복적으로 피하며, 다른 학생과도 어울리지 못하도록 막는다. 구체적인 예로는 싫어하는 말로 바보취급 등을 하며 놀리기, 빈정거림, 면박 주기, 겁을 주는 행동, 골탕 먹이기, 비웃기 등이 있다.

(6) 성폭력

성폭력은 상대방에게 폭행과 협박을 하면서 성적 모멸감을 느끼도록 신체적 접촉을 하는 행위, 폭행 · 협박을 하여 성행위를 강제하거나 유사 성행위, 성기에 이물질을 삽입하는 등의 행위, 성적인 말과 행동을 함으로써 상대방이 성적 굴욕감, 수치감을 느끼도록 하는 행위 등을 말한다.

(7) 사이버 폭력

사이버 폭력은 특정인에 대해 모욕적인 언사나 욕설 등을 인터넷 게시판, 채팅, 카페 등에 올리는 행위, 특정인에 대한 허위 글이나 개인의 사생활에 관한 사실을 인터넷, SNS, 카카오톡 등을 통해 불특정 다수에게 공개하는 행위, 성적 수치심을 주거나, 위협하는 내용, 조롱하는 글, 그림, 동영상 등을 정보통신망을 통해 유포하는 행위, 공포심이나 불안감을 유발하는 문자, 음향, 영상 등을 휴대전화 등 정보통신망을 통해 반복적으로 보내는 행위 등을 말한다. 앞서 학교폭력 정의에서 살펴본 '사이버 따돌림' 또한 사이버 폭력에 포함된다.

표 1-2 「학교폭력 예방 및 대책에 관한 법률」에 따른 학교폭력의 유형 및 예시상황

유 형	학교폭력 예방 및 대책에 관한 법률 관련	예시상황
신체 폭력	• 상해 • 폭행 • 감금 • 약취 · 유인	• 일정한 장소에서 쉽게 나오지 못하도록 하는 행위(감금) • 신체를 손, 발로 때리는 등 고통을 가하는 행위(상해, 폭행) • 강제(폭행, 협박)로 일정한 장소로 데리고 가는 행위(약취) • 상대방을 속이거나 유혹해서 일정한 장소로 데리고 가는 행위(유인) ⇒ 장난을 빙자해서 꼬집기, 때리기, 힘껏 밀치는 행동 등도 상대 학생이 폭력행위로 인식한다면 이는 학교폭력에 해당
언어 폭력	• 명예훼손 • 모욕 • 협박	• 여러 사람 앞에서 상대방의 명예를 훼손하는 구체적인 말(성격, 능력, 배경 등)을 하거나 그런 내용의 글을 인터넷, SNS 등으로 퍼뜨리는 행위(명예훼손) ⇒ 내용이 진실이라고 하더라도 범죄이고, 허위인 경우에는 「형법」상 가중 처벌 • 여러 사람 앞에서 모욕적인 용어(생김새에 대한 놀림, 병신, 바보 등 상대방을 비하하는 내용)를 지속적으로 말하거나 그런 내용의 글을 인터넷, SNS 등으로 퍼뜨리는 행위(모욕) • 신체 등에 해를 끼칠 듯한 언행('죽을래' 등)과 문자메시지 등으로 겁을 주는 행위(협박)
금품갈취	• 공갈	• 돌려 줄 생각이 없으면서 돈을 요구하는 행위 • 옷, 문구류 등을 빌리고 되돌려 주지 않는 행위 • 일부러 물품을 망가뜨리는 행위 • 돈을 걷어오라고 하는 행위 등
강요	• 강제적 심부름 • 강요	• 속칭 빵 셔틀, 와이파이 셔틀, 과제 대행, 게임 대행, 심부름 강요 등 의사에 반하는 행동을 강요하는 행위(강제적 심부름) • 폭행 또는 협박으로 상대방의 권리행사를 방해하거나 해야 할 의무가 없는 일을 하게 하는 행위(강요) ⇒ 속칭 바바리맨을 하도록 강요하는 경우, 스스로 자해하거나 신체에 고통을 주는 경우 등이 강요죄에 해당
따돌림	• 따돌림	• 집단적으로 상대방을 의도적이고, 반복적으로 피하는 행위 • 다른 학생과 어울리지 못하도록 막기 등 • 싫어하는 말로 바보취급 등을 하며 놀리기, 빈정거림, 면박주기, 겁을 주는 행동, 골탕 먹이기, 비웃기 등
성폭력	• 성폭력	• 상대방에게 폭행과 협박을 하면서 성적 모멸감을 느끼도록 신체적 접촉을 하는 행위 • 폭행 · 협박을 하여 성행위를 강제하거나 유사 성행위, 성기에 이물질을 삽입하는 등의 행위 • 성적인 말과 행동을 함으로써 상대방이 성적 굴욕감, 수치감을 느끼도록 하는 행위 등

사이버 폭력	• 사이버 따돌림 • 정보통신망을 이용한 음란 · 폭력정보 등에 의해 신체 · 정신 또는 재산상 피해를 수반하는 행위	• 특정인에 대해 모욕적인 언사나 욕설 등을 인터넷 게시판, 채팅, 카페 등에 올리는 행위 • 특정인에 대한 허위 글이나 개인의 사생활에 관한 사실을 인터넷, SNS, 카카오톡 등을 통해 불특정 다수에게 공개하는 행위 • 성적 수치심을 주거나, 위협하는 내용, 조롱하는 글, 그림, 동영상 등을 정보통신망을 통해 유포하는 행위 • 공포심이나 불안감을 유발하는 문자, 음향, 영상 등을 휴대전화 등 정보통신망을 통해 반복적으로 보내는 행위

출처: 교육과학기술부 외(2012).

4) 학교폭력 과정에서의 역할 개념 정의

학교폭력 과정에서의 피해자 · 가해자 · 주변인에 대한 정의를 예시를 통해 알아보고자 한다.

◆ 가해자, 피해자 그리고 주변인[3)]

괴롭힘은 동료가 있는 사회적 상황에서 거의 항상 발생한다. 따라서 학생은 '괴롭힘'의 과정에서 하나 혹은 그 이상의 역할을 할 수도 있다. 이러한 역할은 고정적이지 않으며 항상 같은 역할을 맡지 않는다. 학생은 가해자가 될 수도 있고, 피해자가 될 수도 있다. 여기서는 가장 일반적인 가해자, 피해자, 주변인의 역할에 대해 예시와 함께 알아보도록 하겠다. 가해자, 피해자, 주변인의 유형은 다음과 같다.

표 1-3 학교폭력 가해자, 피해자, 주변인의 유형

	세부유형
가해자	공격적 가해자, 추종자, 관계적 가해자
피해자	수동적 피해자, 도발적 피해자, 관계적 피해자
주변인	문제의 일부로서의 주변인, 해결책의 일부로의 주변인

먼저 가해자의 유형은 공격적인 가해자, 추종자, 관계적 가해자로 구분할 수 있다.

---

3) Orpinas와 Horne(2013)에서 관련 내용을 발췌하고, 사례를 우리 상황에 맞게 번역 · 제시하였음.

공격적인 가해자는 그들의 목표를 성취하기 위해 위협과 협박뿐만 아니라 신체적 · 언어적 모두를 포함하는 공격을 하는 경향이 있다. 추종자(주로 수동적 가해자로 불려왔다)는 공격적 가해자보다는 덜 일반적이며, 괴롭히는 행동을 시작할 가능성이 적지만 괴롭힘 행동이 보상을 받으면 공격적 가해자를 따른다. 마지막으로 관계적 가해자는 고의적으로 다른 학생을 고립시키거나, 집단에서 친구를 배제시키거나, 유언비어를 퍼뜨리는 것과 같이 은밀하거나 간접적인 형태의 공격을 한다.

가해자의 예: 공격적 가해자 · 추종자 · 관계적 가해자

공격적 가해자: 주원

6학년인 주원이와 태웅이는 같은 반이었다. 주원이는 학교에서 스타 운동선수였고, 어떤 종류의 스포츠든 좋아했다. 태웅이도 마찬가지로 농구하는 것을 좋아했고, 주원이만큼 잘했다. 금요일 자유시간에 주원이는 농구를 하기 위해 아이들을 모았다. 태웅이가 경기에 참여하려고 하자 주원이는 선생님이 관전하지 않으면 경기에 참여할 수 없다고 말했다. 만약 선생님이 본다면 주원이는 태웅이가 경기에 참여하는 것을 허락할 것이다. 태웅이가 경기에 참여했을 때, 주원이는 일부러 계속해서 태웅이의 이름을 부르고 그의 발을 걸었다. 태웅이는 주원이의 스포츠 정신에 대해 불평했지만, 선생님은 주원이의 행동이 부적절하거나 너무 공격적이라기보다는 재미와 스포츠 정신의 일부라고 생각했다.

추종자: 민호

민호는 주원 · 태웅이와 같은 학교에 다닌다. 그는 친구가 거의 없고, 대부분 친구들과 어울리지 않는다. 민호는 친구들 사이에서 인기가 많고 싶지만 어떻게 다른 사람들이 자신을 좋아하게 만들지 몰랐다. 어느 날 민호는 농구 코트에서 주원이가 태웅이를 조롱하는 것을 보았다. 민호는 주원이와 함께 태웅이를 놀리기 시작했다. 며칠이 지나자 민호의 놀림은 정도를 더해 갔고, 태웅이에게 신체적 공격을 시작했다. 민호가 태웅이에게 하는 행동을 보고 다른 학생들이 웃었다. 태웅이는 주원이와 민호에게 매우 화가 나기 시작했다. 몇몇 사건 후에 태웅이는 더 이상 참을 수 없다며 민호와 주원이에게 소리를 쳤다. 교장이 갈등 사실을 알았을 때, 민호와 태웅이는 징계를 받았다. 태웅이는 교장의 징계에 대해 당황했으나, 민호는 자신이 인기를 얻고 있다고 생각하여 이 사실을 자랑스러워했다.

관계적 가해자: 수영, 효린, 태연

수영, 효린, 태연, 효연은 모든 것을 함께하는 가장 친한 친구다. 그런데 일 년 동안 수학시간에 효연이 수영, 효린, 태연보다 높은 수준의 수학 반에 배치되었다. 효연은 친구들을 그리워했지만, 수학 수업을 좋아했고 이전에 알지 못했던 승연이와 친구가 되었다. 효연이가 친구들에게 승연이에 대해 이야기를 하면서 승연이를 토요일에 쇼핑센터에 같이 가자고 초대하자고 이야기했을 때, 친구들은 자신들에게 알리지도 않고 다른 친구를 만든 것에 대해 격분했다. 수영과 효린, 태연은 배신자가 된 효연에게 크게 화가 나서 토요일에 쇼핑센터에 같이 가지 않고 그녀만 빼고 놀기로 했다. 월요일에 효연이가 친구들과 주말에 있었던 일에 대해 이야기를 하려고 했지만 태연이가 효연이에게 우리는 더 이상 친구가 아니라고 통보하며 화를 냈다. 시간이 흐르면서 친구들은 점점 더 효연이에게 차가워졌고, 심지어 효연이는 친구들이 화장실에서 그녀에 대해 나쁘게 말하는 것을 들었다.

피해자는 가해자로부터 체계적이고 반복적으로 괴롭힘을 당하거나 학대를 받는 사람을 말한다. 수동적 피해자, 도발적 피해자, 관계적 피해자 이렇게 세 가지로 나눌 수 있는데, 수동적 피해자는 친구가 없거나 우정이 오래되지 않고, 언어적 놀림에 반응할 만한 언어적 능력이 적거나, 수줍거나, 불안해 보이는 것과 같은 표적이 되기 쉬운 특성을 갖는다. 도발적 피해자는 괴롭히거나 성가신 행동 같이 부적절한 행동을 통해서 가해자뿐만 아니라 반 전체에 대항할 수 있는 피해자다. 관계적 피해자는 미묘하고 암묵적인 관계적 괴롭힘의 피해자다. 남자아이 또한 피해자가 될 수 있지만, 여자아이가 더 자주 관계적 괴롭힘의 피해자가 된다. 각각에 대해 사례를 통해 알아보겠다.

피해자의 예: 수동적 피해자 · 도발적 피해자 · 관계적 피해자

수동적 피해자: 규리

새로 전학을 온 규리는 자신을 뚱뚱하다고 생각했으며, 아는 친구가 거의 없고 수줍음이 많아 굉장히 힘들어했다. 그녀는 친구를 만들려고 시도했으나, 기존의 친구들 집단의 결속력이 너무 강해 친구를 만들지 못했다. 그러던 중 나은이가 규리를

'뚱뚱보' '땅달보'라고 놀리기 시작했다. 다른 학생들이 그것을 들었지만 나은이가 평소 좋지 않는 성격이라는 것을 알고 있어서 상관하고 싶지 않았다. 반 친구들은 그냥 웃으며 지나갔고, 놀리는 것을 무시했다. 며칠이 지나자 규리는 나은이가 다가오기만 해도 경직됨을 느꼈고, 나은이가 선생님에게 이르면 때릴 것이라고 협박하여 점점 자포자기하게 되었다.

도발적 피해자: 진혁

진혁이는 인기 없는 5학년생이다. 다른 학생들은 진혁이를 무시하거나 진혁이에게 '보잘것없는 진혁'이나 '바보'와 같은 무시하는 말을 했다. 시간이 지나자 진혁이는 다른 학생들에게 무시당하는 것과 자신을 그와 같이 부르는 것에 화가 났다. 그래서 진혁이는 그의 반에서 인기 있는 남자아이 몇몇을 놀리거나 그들의 이름을 심술궂게 부르면서 대응했다. 그러자 아이들은 진혁이의 욕설에 지쳐서 그에게 닥치라고 말했다. 갈등이 고조되어 가면서 인기 있는 남자아이 중 한 명이 진혁이를 밀치는 것으로 복수를 하였고, 결국 진혁이는 다쳐서 병원 치료를 받았다.

관계적 피해자: 승기

승기는 동경의 대상도 아니었지만 인기가 없는 것도 아니었다. 그는 마치 자신이 학교에 '존재'만 하는 것처럼 느꼈다. 그는 친구들과 더 어울리고 싶어 했고 많은 친구를 가지고 싶어 사회적 참여를 높이기 위한 노력으로 식당에서나 운동장, 학교 모임에서 나서서 발언하기 시작했다. 이에 중기는 승기가 초대받지 않고 끼어들려고 하는 것에 화가 났고, 그는 다른 친구들에게 승기를 놀리자고 설득했다. 며칠 동안 남자 아이들은 승기에게 매우 친절하게 대하며, 승기에게 어떤 것을 하면 행복한지와 어떤 종류의 우정을 갖고 싶은지 물었다. 그리고 승기가 그의 생각과 느낌을 말하고나자, 아이들은 승기에게 이 집단에 어울릴 수 없으며 자신들은 승기를 좋아하지 않는다고 말하면서, 승기가 준 정보로 그를 계속 괴롭혔다.

괴롭힘의 목격자인 주변인은 괴롭힘 문제를 일으키는 한 부분일 수도 있고, 문제해결을 하는 사람일 수도 있다. 즉, 주변인은 문제의 일부로서의 주변인과 해결책의 일부로서의 주변인으로 나눌 수 있다. 문제를 일으키는 주변인은 가해자가 싸움이나 보복을 계속하도록 부추긴다. 싸우고 있는 학생들 주변에 모여 그들은 공격자에게 "계속해."라고 소리치거나 피해자에게 "너 계속 참을 거야?"라고 소리친다. 그들은 심지어 가해자를 피한 피해자에게 다시 돌아가서 싸우라고 말한다. 반면, 문제해결을 하는 주변인는 문제를 해결하고 완화시키기 위해 노력한다. 그들은 어른들에게 도움을 요청하거나, 긴장을 완화시킬 수 있는 말이나 행동(예: “제발, 그건 싸울 가치가 안 돼. 다른 것을 같이 하자.”라고 말하기)을 하거나, 자주 표적이 되는 학생을 자신이 어울리는 집단에 초대한다.

2. 초 · 중 · 고등학교 학교폭력의 현황

학교폭력 현황 및 추이 분석을 위한 학교폭력 실태조사는 정부 관련 부처 및 연구기관, 언론사 등에서 이루어져 왔다. 그중 전국의 학생을 대상으로 이루어진 학교폭력 실태조사는 교육부와 청소년폭력예방재단에서 실시되었다. 2012년부터는 1년에 두 차례 교육부가 한국교육개발원에 의뢰하여 전국의 모든 학교를 대상으로 학교

표 1-4 연도별 교육부 학교폭력 실태조사 개요

	조사 대상	조사 시기	조사 방법	조사 내용
2012년 1차	• 전국의 초등학교 4~6학년, 중 · 고등학교 전체 학생 약 558명 • 참여: 139만 명(참여율 25.0%)	• 2012. 1. 18.~2012. 2. 20.	• 자기보고식(자기기입식)의 오프라인 설문	• 학교폭력 피해 · 가해 실태 • 학교폭력 목격 · 방관 실태 • 학교폭력 예방 및 방지 방법
2012년 2차	• 전북 교육청을 제외한 전국 16개 시 · 도의 전국의 초등학교 4~6학년, 중 · 고등학교 전체 학생 약 514만 명 • 참여: 379만 명(참여율 73.7%)	• 2012. 8. 27.~2012. 10. 12.	• 자기보고식의 온라인 사이트를 통한 설문	• 학교폭력 피해 · 가해 실태 • 학교폭력 목격 · 방관 실태 • 학교폭력 예방 및 방지 방법
2013년 1차	• 전국 16개 시 · 도의 전국의 초등학교 4~6학년, 중 · 고등학교 전체 학생 약 519만 명 • 참여: 424만 명(참여율 81.7%)	• 2013. 3. 25.~2013. 4. 30.	• 자기보고식의 온라인 사이트를 통한 설문	• 학교폭력 피해 · 가해 실태 • 학교폭력 목격 · 방관 실태 • 학교폭력 예방 및 방지 방법
2013년 2차	• 초등학교 4학년~고등학교 2학년 학생 약 454만 명 및 초 · 중 · 고등학생 학부모 • 학생 참여: 406만 명(참여율 89.4%), 학부모 참여: 898만 명	• 2013. 9. 9.~2013. 10. 18.	• 자기보고식의 온라인 사이트를 통한 설문	• 피해, 가해, 목격 경험 및 인식, 학교폭력 예방교육 효과 등

표 1-5 연도별 청소년폭력예방재단 학교폭력 실태조사 개요

	조사 대상	조사 시기	조사 방법	표집 방법	조사 내용
2006년	• 전국 15개 시 · 도 • 초등학교 5, 6학년, 중학교 1, 2학년 • 총 3,915명	• 2006. 6.~ 2006. 8.	• 자기보고식(자기기입식)의 오프라인 설문	• 무선 표집	• 학교폭력 피해 실태, 학교폭력 가해실태, 학교폭력 목격실태, 학교 폭력 대처방법 및 예방교육 실태 • 총 25문항
2007년	• 전국 16개 시 · 도 • 초등학교 5, 6학년, 중학교 1~3학년, 고등학교 1, 2학년(인문계, 실업계) • 총 4,579명	• 2007. 11.~ 2007. 12.	• 자기보고식의 오프라인 설문	• 비확률 표집에 의한 할당표집, 집락표집	• 인구사회학적 특성, 학교폭력에 대한 일반적인 생각, 학교폭력 피해실태, 학교폭력 가해실태 • 총 34문항
2008년	자료 없음				
2009년	• 전국 16개 시 · 도 • 초등학교 5, 6학년, 중학교 1~3학년, 고등학교 1, 2학년(인문계, 실업계) • 총 4,073명	• 2009. 11. 1.~ 2009. 12. 31.	• 자기보고식의 온라인 사이트를 통한 설문	• 층화 군집법	• 인구통계학적 정보, 학교폭력의 일반적 실태, 학교폭력 가해실태, 학교폭력 목격실태, 학교폭력 예방교육 실태 • 총 56문항
2010년	• 전국 14개 시 · 도 • 초등학교 5, 6학년, 중학교 1~3학년, 고등학교 1, 2학년 (인문계, 전문계) • 총 3,560명	• 2010. 11. 1.~ 2010. 12. 31.	• 자기보고식의 온라인 사이트를 통한 설문과 오프라인 설문지	• 층화 군집법	• 인구통계학적 정보, 학교폭력의 일반적 실태, 학교폭력 가해실태, 학교폭력 목격실태, 학교폭력 예방교육 실태 • 총 63문항
2011년	• 전국 16개 시 · 도 • 초등학교 4~6학년, 중학교 1~3학년, 고등학교 1, 2학년(일반계, 전문계) • 총 9,174명	• 2011. 12. 1.~ 2012. 1. 31.	• 자기보고식의 온라인 사이트를 통한 설문과 오프라인 설문지	• 층화 군집법	• 인구통계학적 정보, 학교폭력에 대한 인식 및 일반적 견해, 피해경험 및 관련 실태, 학교폭력 가해경험 관련 실태, 학교폭력 목격관련 실태, 학교폭력 예방교육 및 기타 실태 • 총 67문항
2012년	• 전국 16개 시 · 도 • 초등학교 4~6학년, 중학교 1~3학년, 고등학교 1, 2학년(일반계, 전문계) • 총 5,530명	• 2012. 12. 1.~ 2013. 1. 31.	• 자기보고식의 온라인 사이트를 통한 설문과 오프라인 설문지	• 층화 군집법	• 인구통계학적 정보, 학교폭력 인식 및 심각성 실태, 학교폭력 피해실태, 학교폭력 가해실태, 학교폭력 목격 및 방관 실태, 학교폭력 예방 및 근절에 대한 실태 • 총 59문항

폭력 실태조사를 실시하여 현재까지 2012년과 2013년에 각각 두 차례 실시되었다. 네 차례에 걸친 학교폭력 실태조사 결과와 2006년 이후 청소년폭력예방재단에서 매년 실시한 학교폭력 실태조사 결과를 중심으로 현재 우리나라 초 · 중 · 고등학교의 학교폭력 실태 및 현황을 알아보고자 한다. 이에 앞서 교육부의 학교폭력 실태조사와 청소년폭력예방재단의 연도별 학교폭력 실태조사 개요를 간략하게 살펴보면 〈표 1-4〉 〈표 1-5〉와 같다.

1) 학교폭력 피해율·가해율 및 목격률

청소년폭력예방재단에서 매년 실시하는 실태조사 결과에 따르면, 2006년에서 2012년까지 전국의 초등학교 고학년, 중학생, 고등학생의 최근 1년간 학교폭력 피해, 가해경험은 다음 [그림 1-1]과 같다. 2006년 이후에 학교폭력은 10% 내외의 피해율을 보이다가 2011년에 급격히 늘어난 것을 확인할 수 있으며, 가해율의 경우 2008년에 급격히 감소한 이후 증감을 반복하고 있다.

한편 교육부의 2012년 2차, 2013년 1차, 2013년 2차 학교폭력 실태조사 결과 또한 이와 비슷한 수치를 보이고 있다. 구체적으로 교육부의 학교폭력 실태조사 결과

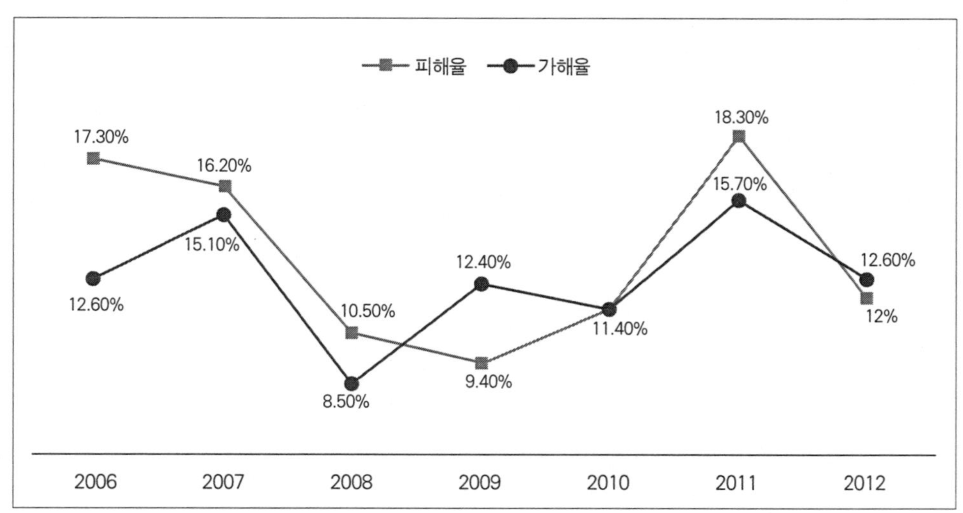

그림 1-1 2006~2012년 학교폭력 피해 및 가해율

출처: 청소년폭력예방재단(2013).

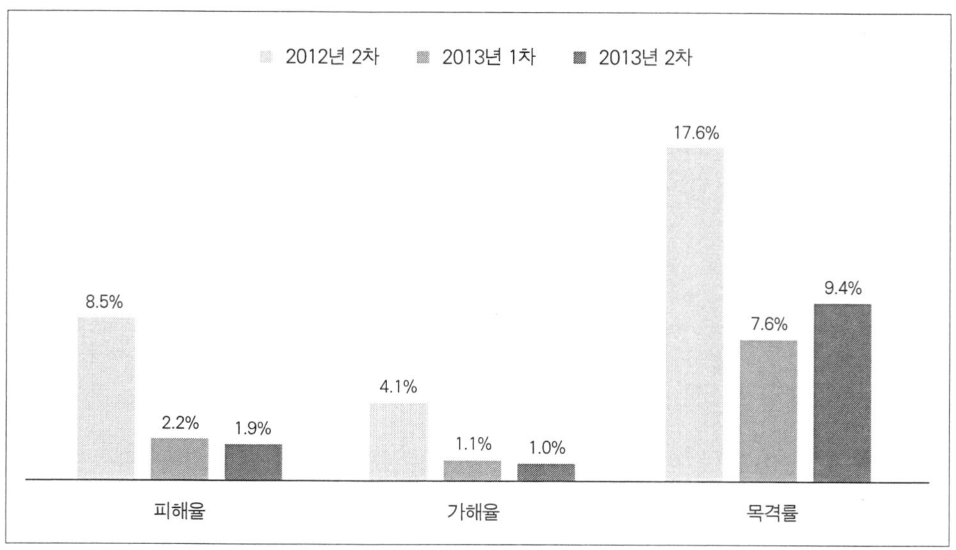

그림 1-2 학교폭력 피해·가해율 및 목격률

출처: 교육부(2013b).

를 살펴보면 다음 [그림 1-2]와 같다. 전체 학교폭력 피해율과 가해율은 모두 크게 감소하였으며, 지속적으로 감소하고 있는 것으로 나타났다. 2013년 2차 조사에서 '학교폭력을 보거나 들은 적이 있다.'고 응답한 비율이 9.4%로 2013년 1차 조사(7.6%) 대비 1.8% 증가한 것으로 보아 학교폭력 발생 시 관심을 가지고 인지하는 비율이 높아졌다는 것을 알 수 있다.

2013년 2차 실태조사 결과에 나타난 학교폭력 피해실태를 학교급, 성별로 구체적으로 나누어 살펴보면, 학교급별로는 '초등학생(2.7%)'이 '중학생(2.0%)' '고등학생(0.9%)'에 비해 피해 응답률이 높으며, 성별로는 '남학생(2.2%)'이 '여학생(1.6%)'에 비해 학교폭력 피해 응답률이 높다.

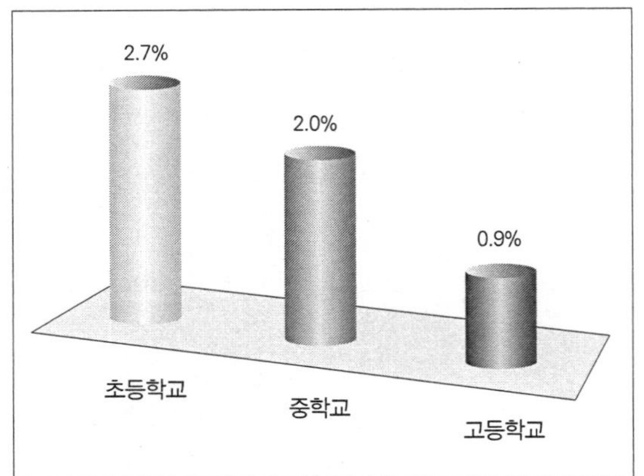

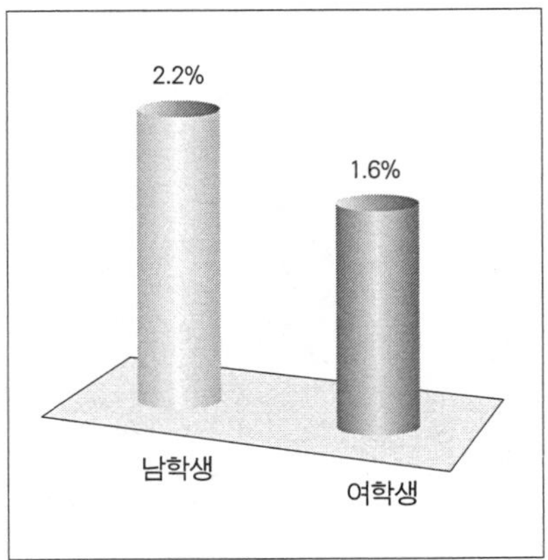

그림 1-3 **학교급별, 성별 학교폭력 피해 응답률**

출처: 교육부(2013b).

2) 최초 학교폭력 피해경험 시기

청소년폭력예방재단의 2012년 학교폭력 실태조사에 따르면, 다음 〈표 1-6〉과 같이 재학 중 학교폭력 경험이 있다고 응답한 학생(1,264명) 중, 학교폭력 피해를 처음 당한 시기에 대해 질문한 결과 '초등학교 5학년'이 17.8%로 가장 높다.

또한 2009~2012년도의 최초 학교폭력 경험 시기 응답률을 살펴보면, 어린 시기에 학교폭력 피해를 경험하는 비율이 증가하는 것으로 조사되었다. 처음 학교폭력 피해경험 시기에 대한 질문에 다음 [그림 1-4]와 같이 초등학교 저학년(1~3학년)과 고학년(4~6학년)이었다는 응답이 지속적으로 증가하는 추세에 있으며, 응답자의 80% 정도가 '초등학교' 때 처음 학교폭력을 경험하고 있는 것으로 나타나 학교폭력 저연령화 현상이 매우 심각함을 알 수 있다.

표 1-6 최초 학교폭력 피해경험 시기

	항 목	빈도(명)	비율(%)
초등학교	1학년	118	9.4%
	2학년	101	8.1%
	3학년	163	13.0%
	4학년	182	14.6%
	5학년	222	17.8%
	6학년	192	15.4%
중학교	1학년	157	12.6%
	2학년	68	5.4%
	3학년	23	1.8%
고등학교	1학년	16	1.3%
	2학년	8	0.6%
전 체		1,250	100%

출처: 청소년폭력예방재단(2013).

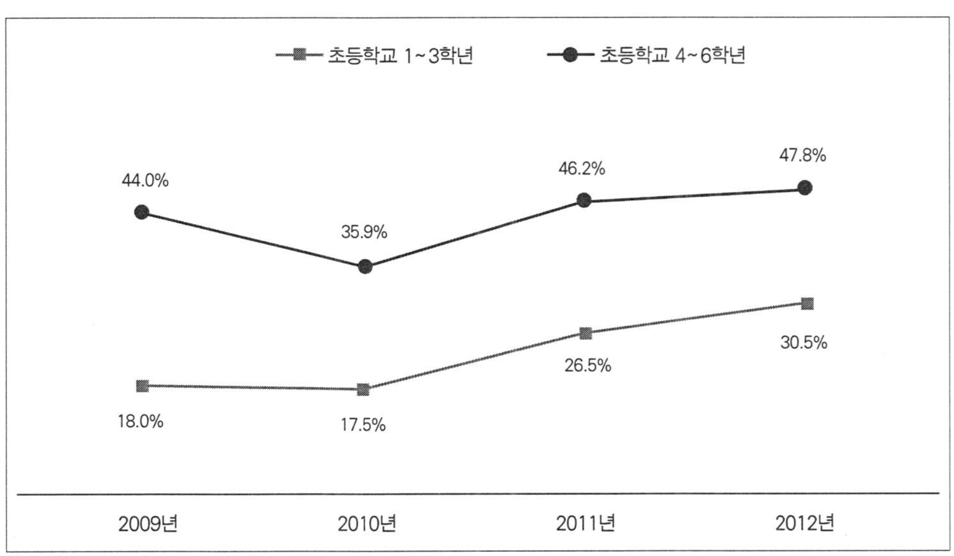

그림 1-4 2009~2012년 최초 학교폭력 피해 경험시기

출처: 청소년폭력예방재단(2013).

3) 학교폭력 발생 빈도에 대한 인식

청소년폭력예방재단의 2012년 학교폭력 실태조사에 따르면, '최근 1년간 학교폭력이 얼마나 자주 일어나는가'에 대한 질문에 '일어난다(26.9%)' '자주 일어난다(8.9%)'로 35.8%의 학생들이 학교폭력이 일어난다고 인식했다.

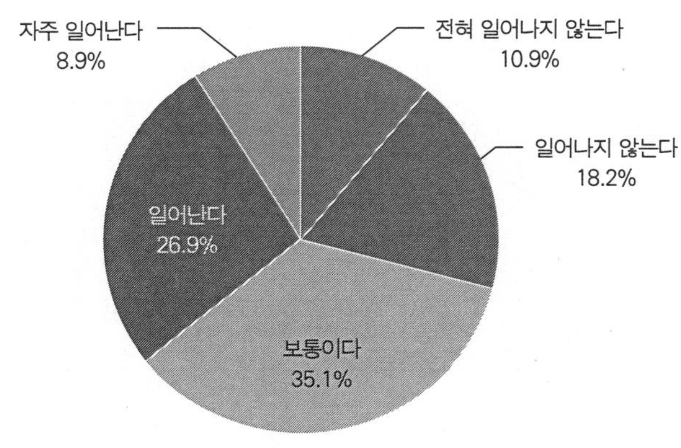

그림 1-5 **학교폭력 발생 빈도에 대한 인식**

출처: 청소년폭력예방재단(2013).

4) 학교폭력 피해 유형

청소년폭력예방재단의 2012년 학교폭력 실태조사 결과 중 학교폭력 피해 유형을 살펴보면, '욕설이나 모욕적인 말을 들었다'인 언어폭력이 27.3%로 가장 많았으며, 다음으로 '맞았다(18%)'로 신체적 폭력의 순이었다. '욕설이나 모욕적인 말을 들었다'와 '말로 협박이나 위협을 당했다'는 응답이 전체의 41.2%로 욕설, 모욕 등의 학교폭력이 심각함을 알 수 있다(청소년폭력예방재단, 2013).

또한 교육부의 2013년 2차 학교폭력 실태조사 결과 폭력 유형별 응답 피해 건수를 살펴보면, 언어폭력, 집단따돌림, 폭행 · 감금, 사이버 괴롭힘 순으로 많이 나타났다. 교육부의 2012년과 2013년 실태조사 결과를 살펴보면, 다음 [그림 1-7]과 같이 언어폭력, 집단따돌림, 사이버 괴롭힘의 비중이 지속적으로 높음을 알 수 있다.

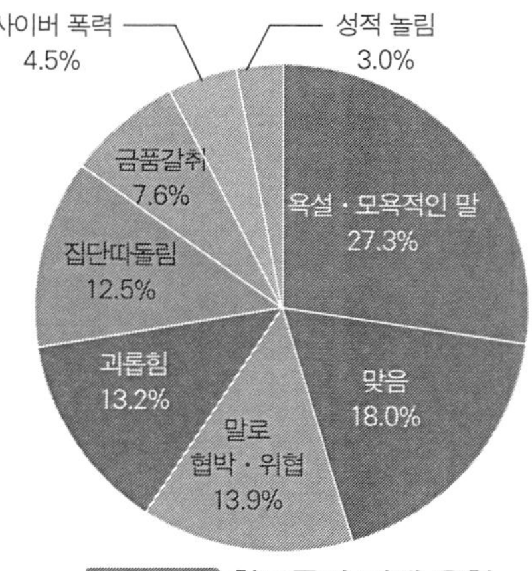

그림 1-6 학교폭력 피해 유형

출처: 청소년폭력예방재단(2013).

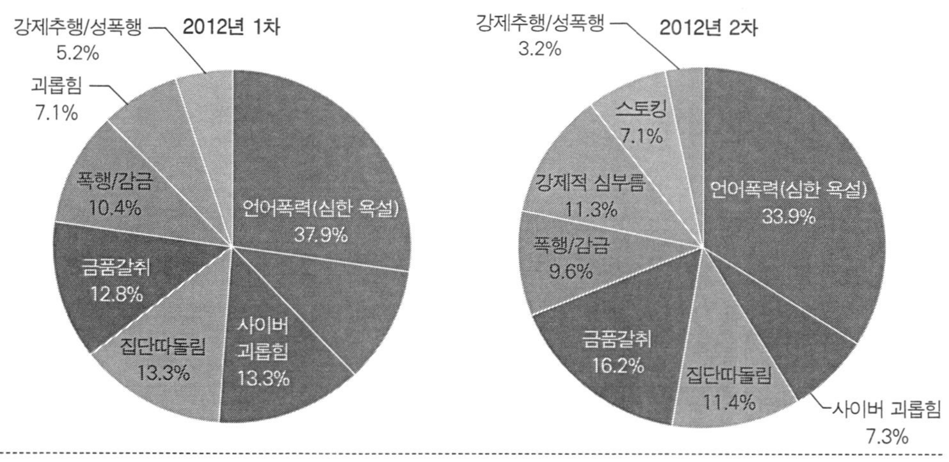

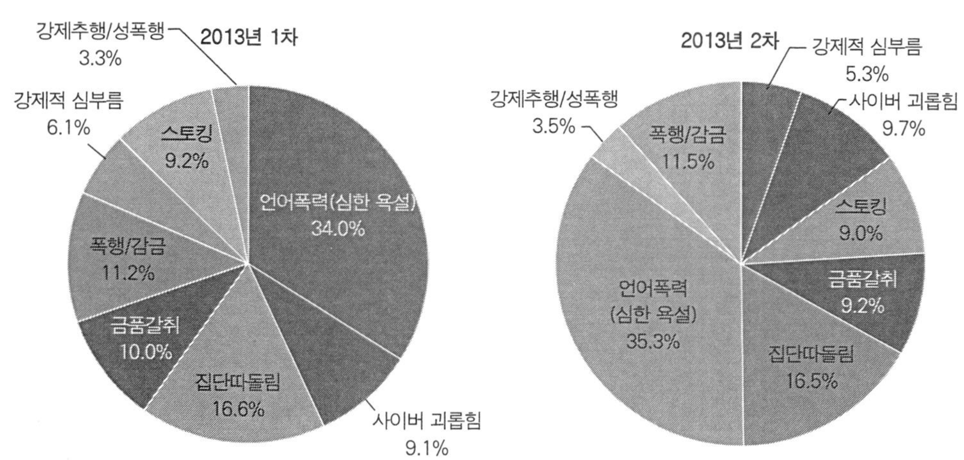

그림 1-7 2012～2013년 폭력 유형별 피해 응답률

출처: 교육부(2013b).

5) 학교폭력 발생 장소

청소년폭력예방재단의 2012년도 실태조사 결과에 따르면, [그림 1-8]과 같이 학교폭력은 주로 '학교 교실(50.0%)'과 '학교 밖(19.3%)'이나 '학교 복도(11.1%)'에서 당한 경우가 많았으며, '사이버 공간'이라고 답한 학생은 8.4%였다.

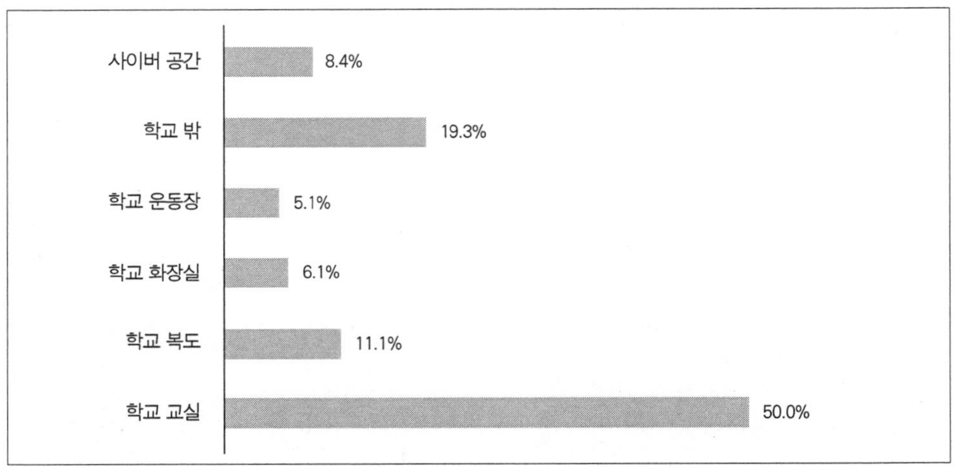

그림 1-8 학교폭력 발생 장소

출처: 청소년폭력예방재단(2013).

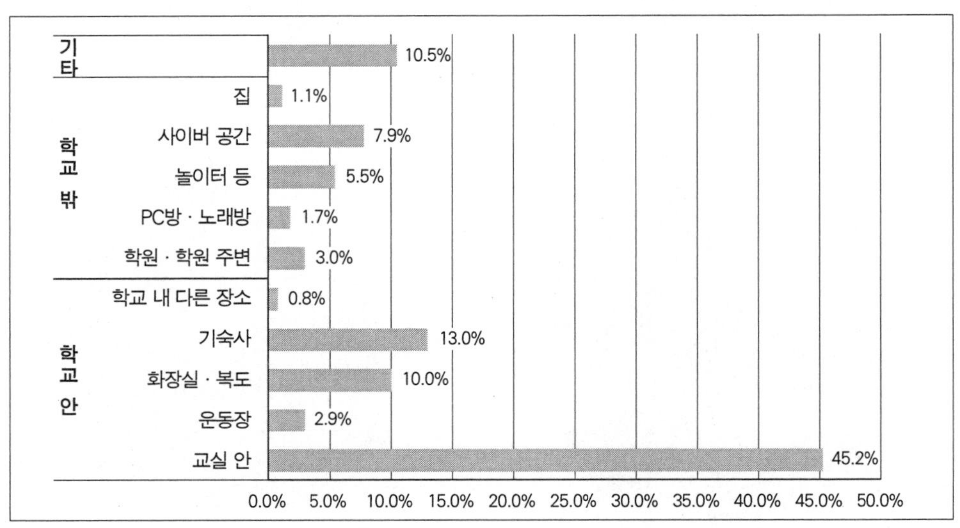

그림 1-9 장소별 학교폭력 발생 비율

출처: 교육부(2013b).

이와 유사하게 교육부의 2013년 2차 학교폭력 실태조사 결과 학교폭력의 72.2%가 '학교 안'에서 발생하였다. 발생 장소별 학교폭력 발생 비율을 구체적으로 살펴보면 다음 [그림 1-9]와 같다.

6) 학교폭력 발생 시간

교육부의 2013년 2차 학교폭력 실태조사 결과에 따르면, 다음 [그림 1-10]과 같이 주로 쉬는 시간, 점심시간 등 '학교 일과시간 중(63.6%)'에 발생한다.

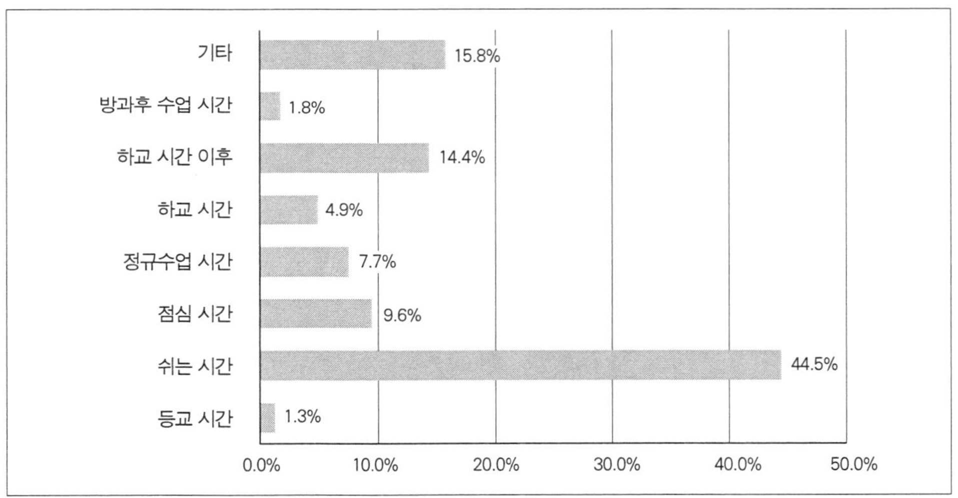

그림 1-10 피해 시간별 학교폭력 발생 비율

출처: 교육부(2013b).

7) 피해 후 도움요청

청소년폭력예방재단의 2012년 학교폭력 실태조사에서 학교폭력 피해학생 중 도움요청 유무에 대해 질문한 결과, 다음 [그림 1-11]과 같이 '아무런 도움을 요청하지 않았다'가 33.8%로 학생 10명 중 3명 이상은 학교폭력 피해 후 도움을 요청하지 않은 것으로 나타났다. 한편 도움을 요청한 경우 그 대상이 '부모님'인 경우가 24.0%, '학교 선생님'인 경우가 26.6%로 나타났다.

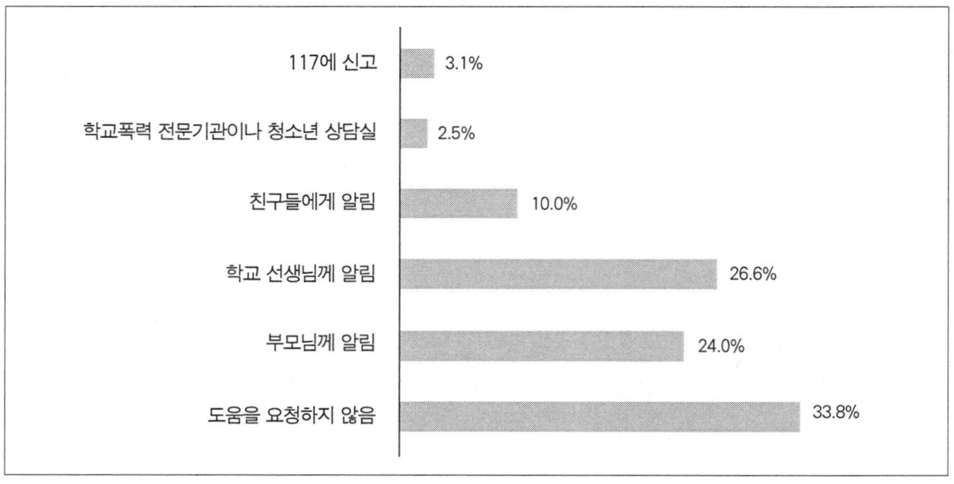

그림 1-11 학교폭력 피해 후 도움요청 유무 및 도움요청 방법

출처: 청소년폭력예방재단(2013).

또한 교육부의 2013년 1차 학교폭력 실태조사 결과에 따르면, [그림 1-12]와 같이 19.2%의 학생은 '학교폭력 피해 사실을 알리지 않은 것'으로 나타났다. 한편 '가족(36.3%)'에게 폭력 피해 사실을 가장 많이 알리며, 다음으로 '학교 교사(20.4%)'에게 알리는 것으로 나타났다.

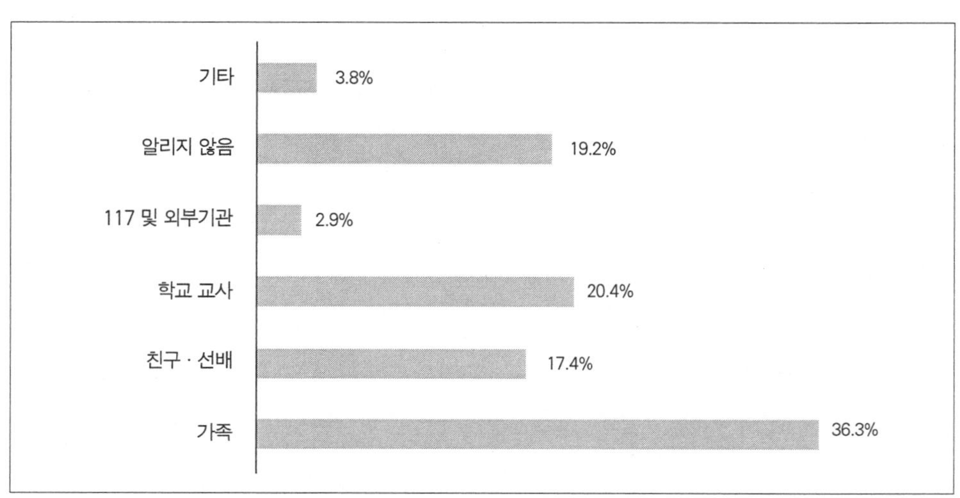

그림 1-12 학교폭력 피해 후 도움요청 유무 및 도움요청 방법

출처: 교육부(2013a).

교육부의 2013년 2차 학교폭력 실태조사 결과에서는 피해 사실을 가족 · 학교 등에 알렸다는 응답이 76.1%였으며, 알린 상대는 '가족(31.4%)' '학교(23.7%)' '친구 · 선배(18.2%)' 순이었다. 이를 통해 '학교 선생님'께 알렸다는 응답이 2012년 2차 15.0%, 2013년 1차 20.4%에서 2013년 2차 23.7%로 꾸준히 증가하고 있음을 알 수 있다.

8) 학교폭력 목격 후 행동

교육부의 2013년 1차 학교폭력 실태조사 결과에 따르면 학교폭력 목격 시 '모르는 척했다'는 비율이 28.9%로 가장 높았으며, 다음으로는 '괴롭히는 친구를 말리는 것'이 25.7%로 나타났다. 학교폭력 목격 후 행동별 비율은 다음 [그림 1-13]과 같다.

한편 교육부의 2013년 2차 학교폭력 실태조사에서는 학교폭력을 목격했을 때 '모르는 척했다'라고 응답한 비율이 23.9%로 2013년 1차 조사의 28.9%보다 5.0% 감소하여 꾸준히 줄어들고 있기는 하지만 여전히 학교폭력에 대해 방관하는 방관자의 비율이 높은 것을 알 수 있다.

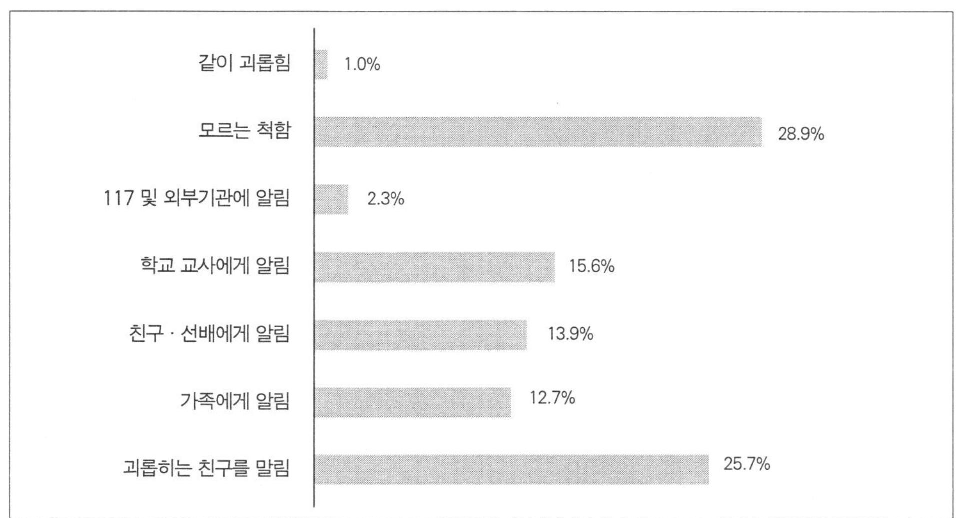

그림 1-13 학교폭력 목격 후 행동

출처: 교육부(2013a).

9) 학교폭력 방관 이유

청소년폭력예방재단의 2012년 학교폭력 실태조사 결과 중, 학교폭력 방관자들의 방관 이유에 대해 조사한 결과를 살펴보면 [그림 1-14]와 같이 '같이 피해를 당할까봐'가 30.6%로 가장 높게 나타났다. 다음으로는 '관심이 없어서(26.9%)' '도와줘도 소용이 없을 것 같아서(23.5%)' '어떻게 해야 할지 몰라서(19.0%)'가 학교폭력 목격 후 방관한 이유로 나타났다.

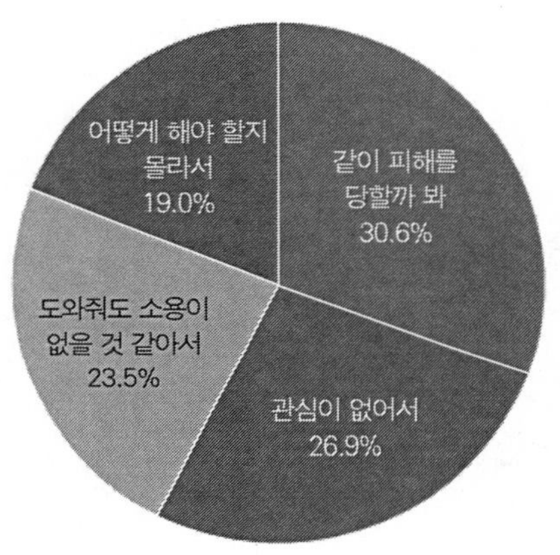

그림 1-14 학교폭력 목격 후 방관한 이유

출처: 청소년폭력예방재단(2013).

이 장의 요약

이 장은 학교폭력에 대한 정확한 이해를 위해 여러 연구 및 각 학문분야에서의 학교폭력 정의에 대해 알아보았으며, 그와 관련된 개념을 예시를 통해 구분하고, 학교폭력의 유형과 관련 용어에 대해 간략하게 살펴보았다. 이와 함께 교육부와 청소년폭력예방재단의 학교폭력 실태조사 결과를 중심으로 학교폭력 피해율 · 가해율 및 목격률, 최초 학교폭력 피해 경험시기, 피해 유형 등 우리나라 초 · 중 · 고등학교에서 발생하고 있는 학교폭력 현황 및 실태를 알아보았다.

생각해 볼 문제

1. 앞서 살펴본 여러 연구 및 각 학문분야에서의 학교폭력에 대한 정의의 공통적인 특징은 무엇인지 학교폭력의 대상 · 힘의 불균형 · 의도성 · 지속성 등의 측면에서 생각해 보세요.
2. 「학교폭력 예방 및 대책에 관한 법률」에 따른 학교폭력의 일곱 가지 유형(신체폭력, 언어폭력, 금품갈취, 강요, 따돌림, 성폭력, 사이버 폭력) 이외에 다른 유형도 포함될 수 있는지에 대해 구체적인 사례와 함께 생각해 보세요.
3. 학교폭력의 현황 및 실태를 정확하게 진단하기 위해 학교폭력 실태조사에서 추가해야 하는 조사내용에는 어떤 것이 있는지 생각해 보세요.

더 읽어 보기

교육부(2013a). 현장 중심 학교폭력 대책(안). 관계부처 합동.

교육부(2013b). 2013년 2차 학교폭력 실태조사 및 정보공시 분석결과 발표. 보도자료.

청소년폭력예방재단(2013). 2012 학교폭력 실태조사 보고서. 서울: 청소년폭력예방재단.

Orpinas, P., & Horne, A. M. (2013). 괴롭힘 예방: 행복한 문화 조성과 사회적 역량 개발 (이화여자대학교 학교폭력 예방연구소 편역). 서울: 아카데미프레스.

참고문헌

곽금주(1999). 학교폭력 및 왕따 예방 프로그램(1): 개관. 한국심리학회, 5(2), 105-122.

교육과학기술부 · 이화여자대학교 학교폭력 예방연구소 · 청소년폭력예방재단 · 법무부 · 자녀안심하고 학교보내기 운동 국민재단 부설 한국법교육센터(2012). 학교폭력 사안 처리 가이드북. 11-1341000-002256-01.

교육부(2013a). 현장 중심 학교폭력 대책(안). 관계부처 합동.

교육부(2013b). 2013년 2차 학교폭력 실태조사 및 정보공시 분석결과 발표. 보도자료.

국립특수교육원(2009). 특수교육학 용어사전. 서울: 하우.

국회도서관(2013). 학교폭력 한눈에 보기. Fact book(36).

김종미(1997). 초등학교 학교폭력 실태분석. 초등교육연구, 11(1), 71-89.

김주현(2013). 학교폭력의 법적 대응방안에 관한 연구, 광주여자대학교 사회개발대학원 석사학위논문.

김형방(1996). 학교폭력과 사회복지 대응방안. 한국사회복지협의회, 131, 38-68.

도기봉(2007). 학교폭력 가해행동에 영향을 미치는 요인에 관한 연구. 대구대학교 대학원 박사학위논문.

류영숙(2012). 학교폭력의 실태와 대처방안에 관한 연구. 한국교원교육연구, 29(4), 615-636.

서울대학교 교육연구소(2011). 교육학 용어사전. 서울: 하우동설.

송재홍, 김광수, 박성희, 안이환, 오익수, 은혁기, 정종진, 조붕환, 홍종관, 황매향(2013). 학교폭력의 예방 및 대책. 서울: 학지사.

오명식(1997). 근절되어야 할 학교 내 · 외 폭력. 한국교육개발원, 105, 36-41.

이승하(2012). 학교폭력의 현황과 실태, 원인분석: 비교문화적으로 본 한국 학교폭력의 발생현황과 특징. 한국교원교육학회 학술대회, 2012(1), 1-18.

이지연(2012). 진로교육 관점에서 본 학교폭력의 원인과 대처방안. 한국직업능력개발원 정책제언 보고서, 이슈페이퍼 2012-11.

이철수(2009). 사회복지학 사전. 서울: 블루피쉬.

조규항(1999). 학교폭력의 방지와 정부의 대책. 한국심리학회심포지엄 자료집, 80-81.

조균석, 정제영, 장원경, 이희관, 성수민, 전준호(2013). 학교폭력 근절을 위한 법령해설 및 체제연구. 이화여자대학교 학교폭력 예방연구소, OR-1차-06-2013.

조성호(2000). 학교폭력에 대한 개념화: 통합적 접근 모형. 한국심리학회지, 6(1), 47-67.

지영환(2013). 학교폭력학. 서울: 도서출판 그린.

정종진(2012). 제대로 알고 대처하는 학교폭력 상담. 서울: 학지사.

청소년폭력예방재단(1996). 상담 자원봉사 교육자료집. 서울: 청소년폭력예방재단.

청소년폭력예방재단(2013). 2012 학교폭력 실태조사 보고서. 서울: 청소년폭력예방재단.

홍금자, 이경준(1998). 학교폭력의 실정과 학교사회사업가의 개입. 학교사회사업 창간호, 61-92.

동아일보(2013. 10. 29.). 요즘은 데이터 셔틀.

Kowalski, R. (2000). I was only kidding: Victim and perpetrators' perceptions of teasing. *Personality and Social Psychology Bulletin, 26*, 231-241.

Olweus, D. (1993). *Bullying at school: What we know and what we can do*. Oxford: Blackwell.

Orpinas, P., & Horne, A. M. (2005). *Bullying prevention: Creating a positive school climate and developing school competence*. Washington, DC: American Psychological Association.

Orpinas, P., & Horne, A. M. (2013). 괴롭힘 예방: 행복한 문화 조성과 사회적 역량 개발 (이화여자대학교 학교폭력 예방연구소 편역). 서울: 아카데미프레스.

Rigby, K. (2003). New perspectives on bullying. London: JessicaKingsley.

Swearer, S. M., Espelage, D. L., & Napolitano, S. A. (2011). 괴롭힘의 예방과 개입 (이동형, 이승연, 신현숙 공역). 서울: 학지사.

학교폭력의 원인

〈학습개요 및 학습목표〉

학교폭력은 한 가지 원인에 의해 발생하기보다 다양한 요인이 복합적으로 영향을 미치는 생태학적 접근으로 바라보는 것이 중요하다. 이 장에서는 학교폭력에 영향을 미치는 원인을 개인요인, 가정요인, 학교요인, 사회요인으로 나누어 살펴보고, 이러한 요인들이 상호작용하여 위험을 가중하는 현상과 학생을 학교폭력으로부터 보호할 수 있는 교사의 역할에 대해 알아보고자 한다.

이 장의 구체적인 학습목표는 다음과 같다.

1. 학교폭력의 원인을 다층적으로 이해할 수 있다.
2. 학교폭력의 원인에 따른 학교폭력 예방 · 근절 대안을 논의할 수 있다.
3. 학교폭력으로부터 학생을 안전하게 보호하기 위한 교사의 역할을 설명할 수 있다.

1. 학교폭력에 영향을 미치는 개인요인

학교폭력에 영향을 미치는 요인은 개인요인, 가정요인, 학교요인, 사회요인 등 다양한 차원에서 논의할 수 있다. 이 중에서 개인요인은 학교폭력 발생의 핵심적 원인으로 고려되고 있는데, 여기서는 개인요인 중에서도 성이나 연령과 같은 일반적 특성과 공격성, 공감능력, 충동성, 스트레스 등의 심리적 특성에 대해 살펴보고자 한다.

1) 성 별

일반적으로 성별에 따른 학교폭력의 특성을 논의할 때, 남학생이 여학생보다 학교폭력에 대해 조금 더 폭력적이며 파괴적이라는 견해가 지배적이다. 남성이라는 것 자체가 학교폭력에 더욱 관여하게 하는 변인일 수 있다는 것이다. 실제로 괴롭힘의 발생률을 조사한 결과에 의하면, 남학생이 여학생보다 더 많은 괴롭힘을 경험하

는 것으로 보고된다(Bosworth, Espelage, & Simon, 1999). 우리나라에서도 남학생이 여학생보다 학교폭력 가해 및 피해 경험 모두에서 두 배 이상 많은 것으로 보고되었으며(신성자, 2005), 최근 교육부의 학교폭력 실태조사에서도 남학생(2.2%)이 여학생(1.6%)보다 가해 경험이 많은 것으로 확인된 바 있다(교육부, 2013).

그러나 이러한 현상에 대해 다른 해석을 내어놓고 있는 연구도 있다(Olweus, 1993; Crick & Grotpeter, 1995; 이은주, 2001). 남학생이기 때문에 학교폭력에 관여할 확률이 더 높다거나 남학생이 여학생보다 더 많은 괴롭힘을 경험한다는 것은 우리가 가지고 있는 편견일 수 있다는 것이다. 그들은 학교폭력 가해비율과 관련하여 남학생이 여학생보다 높게 나타나는 것은 성별에 따라 괴롭힘의 유형에 차이가 있기 때문이라고 설명한다. 즉, 남학생은 신체적 혹은 언어적 공격 등의 직접적이고 가시적인 괴롭힘에 더 관련되어 있는 반면, 여학생은 소문 퍼뜨리기, 이간질하기, 배척하기, 따돌리기 등 간접적이고 잘 드러나지 않는 방식으로 괴롭히기 때문에 스스로나 타인이 잘 인식하지 못하는 것뿐이라는 것이다. 여학생의 괴롭힘 현상에 대해 연구한 Simmons(2002)에 따르면, 여학생은 은밀한 공격 문화 속에서 주먹이나 칼 대신 몸짓언어나 관계를 이용하여 싸우기 때문에 알아내기 어려우며 희생자가 입는 상처도 훨씬 깊은 것으로 논의된다.

이러한 논의를 고려할 때, 남학생의 학교폭력 발생률이 여학생보다 훨씬 높게 나타나는 것은 사실이지만 은밀하면서도 간접적으로 하게 되는 괴롭힘까지 감안한다면 여학생의 괴롭힘 발생률은 일반적으로 생각하는 것보다 더 심각할 수 있음을 알 수 있다. 따라서 단순히 학생의 성을 학교폭력에 영향을 미치는 하나의 원인으로 지목하기보다는 성별에 따른 학교폭력의 특성을 고려하여 더욱 세밀하게 살펴보는 것이 필요하다.

2) 연 령

학교폭력과 관련하여 많이 관심을 가지고 있는 것 중의 하나는 학생의 연령이 괴롭힘에 영향을 미치는가와 관련된 것이다. 기존의 선행연구는 학생의 연령이 학교폭력 가해행동을 설명하는 중요한 변수라고 논의하며, 중학교 시기에 가장 절정을 이루기 때문에 이 연령의 학생에게 더욱 주의를 기울일 필요가 있다고 논의한다

(Olweus, 1993; Solberg, Olweus, & Endresen, 2007; 박종효, 2007). 이러한 논의는 우리나라의 연구결과와도 일치하는데, 박효정과 정미경(2005)은 연령이 증가할수록 점차 가해행동이 증가하여 중학교 2~3학년에 절정을 이르다가 고등학교 때부터 급속하게 감소하는 경향을 보인다고 보고하였으며, 정제영 등(2012)의 연구에서도, 중학교에서의 학교폭력대책자치위원회 심의 건수가 전체의 60~70%를 차지할 정도로 중학교에서의 학교폭력이 가장 심각한 것으로 논의하였다.

기존의 많은 연구가 중학생의 학교폭력이 가장 심각하다는 데 의견을 같이 하지만, 최근의 연구는 초등학교에서 학교폭력의 문제가 점차 심각해지고 있는 것에 우려를 나타내고 있다. 이처럼 학교폭력의 저연령화 현상은 최근 학교폭력 변화의 주요 특징으로도 지적되고 있는데(박효정 외, 2006), 교육부의 학교폭력 실태 전수조사 결과에서도 초등학교(2.7%)가 중학교(2.0%)와 고등학교(0.9%)에 비해 피해 응답률이 가장 높은 것으로 보고되고 있을 정도로 초등학교에서의 학교폭력 문제는 최근 심각하게 부각되고 있다(교육부, 2013).

고등학생은 중학생과 초등학생에 비해 비교적 학교폭력이 급감하는 시기로 알려져 있으며, 따라서 고등학생의 학교폭력 문제는 비교적 적은 관심을 받아 왔다. 그러나 청소년 후기의 괴롭힘에 대한 연구에서는 고등학교 시기에는 물리적 폭력보다는 희롱(harassment)이 증가되는 등 괴롭힘의 양상이 달라진다고 논의하고 있다(Swearer, Espelage, & Napolitano, 2011). 즉, 어린 아동일수록 신체폭력이나 언어폭력 등 직접적이고 물리적인 형태의 폭력을 많이 사용하는 반면에 나이 든 학생은 집단따돌림이나 사이버 폭력과 같은 간접적이고 대인관계를 이용한 폭력을 행사하는 경향이 많아 고학년 학생에게도 관심을 기울여야 한다는 것이다(Park et al., 2005).

지금까지 살펴본 바와 같이, 학생의 연령은 학교폭력의 양상이나 빈도를 예측할 수 있는 중요한 개인적 요인으로 살펴볼 수 있다. 초등학교에서는 학교폭력에 대한 민감도가 높아 피해 응답률과 신고 건수가 높게 나타나는 반면, 중학교에서는 실제로 심각한 사안이 가장 많이 발생하고, 고등학교에서는 간접적이고 은밀하게 나타나는 괴롭힘이 많으므로 연령별 학교폭력의 특징에 따라 개입 방법을 달리할 필요가 있다.

3) 심리적 특성

학교폭력과 관련하여 가장 많이 논의되는 개인요인 중 하나는 학생의 심리적 특성과 관련된 요인이다. 학생이 얼마나 공격성을 가지고 있는지, 타인의 마음을 얼마나 공감할 수 있는지, 충동은 잘 조절하는지와 같은 개인의 심리적 특성이 학교폭력 가해행위와 연관된다는 것이다.

먼저 공격성은 학교폭력의 가해를 예견해 주는 가장 강력한 요인으로 거론된다(Hubbard, 2001; 김경, 2005; 이상균, 2005; 조유진, 2006; 도기봉, 2008a). 공격성은 어떤 갈등상황에서 자신의 목적을 달성하기 위해 물리적 · 언어적 힘을 사용하는 것으로, 공격성을 많이 가지고 있을수록 집단따돌림과 학교폭력의 가해를 할 가능성이 높아진다. 가해집단에 관한 연구는 일관되게 가해학생이 공격적인 특성을 보이며, 신체적 공격을 통해 상대방을 통제하려 하는 성향이 강하고, 상대방이 해를 입는 것에 대해 만족감을 느끼는 특성을 가지고 있다고 논의한다. 가해학생의 공격성은 자신에 대한 우월성과 높은 지배성, 신체적인 강함과 연합되어 나타나는 경향이 있는데, 이러한 특성에 근거한 공격적 행동은 학교폭력과 높은 상관이 있는 것으로 나타난다(Olweus, 1993; Bosworth et al., 1999; Macklem, 2006). 아울러 공격성이 높은 가해학생은 또래뿐만 아니라 교사나 부모 등 다른 어른들에게도 공격적으로 행동하는 경우가 많은 것으로 보고되고 있다(신성자, 2005; 도기봉, 2008b).

가해학생의 행동성향과 관련하여 높은 공격성 이외에도 낮은 공감능력이 중요하게 관계되어 있다는 연구결과가 있다(Jolliffe & Farrington, 2004; 김혜원, 이혜경, 2000). 공감은 상대방의 입장에서 상대방이 생각하고 느끼는 것과 동일하게 경험하는 것을 의미하는 것으로(오인수, 2010), 가해집단은 정상집단이나 피해집단과 비교하여 높은 공격성을 가지는 데 반해 가장 낮은 수준의 공감능력을 나타내고 있는 것으로 보고된다.

한편 충동적인 성향 또한 학교폭력에 영향을 미치는 개인요인으로 논의되곤 한다(김경, 2005; 장영애, 이영자, 송보경, 2007; 이수경, 오인수, 2012). 충동성은 분노, 흥분, 좌절과 같은 다양한 감정을 느끼는 상황에서 자신의 감정에 대한 통제력을 잃고 행동적으로 옮기는 성향을 의미하는데, 이와 같이 충동성이 높은 학생은 괴롭힘의 가해행동을 할 가능성이 높아지게 된다. 이처럼 충동적인 학생은 문제상황에서 자신의

감정에 대한 통제를 잃어버리고 자신의 행위에 의해 나타날 결과를 신중하게 생각하지 않기 때문에 학교폭력 처벌을 강화하는 것이 학생에게 큰 위협이 되지 않는다. 따라서 충동적 성향이 높은 가해학생에게는 스스로의 감정을 통제하고 화를 다스릴 수 있도록 훈련하고 지원하는 대안적 프로그램이 제공되어야 할 필요가 있다.

지금까지 살펴본 바와 같이, 학교폭력의 가해학생은 일반적으로 높은 공격성과 낮은 공감능력, 높은 충동적 성향과 관련이 되어 있는 것으로 논의되고 있다. 괴롭힘 가해학생의 이러한 정서적 특성은 국내외 다수의 연구에서 일관되게 나타나고 있다는 점에서 가해행위의 주요 원인으로서 신중하게 고려할 필요가 있다.

4) 폭력에 대한 태도

일반적으로 학교폭력에 노출된 가해학생은 낮은 자존감을 가지고 있는 것으로 간주된다. 실제로 일부 연구는 자아존중감이 낮은 청소년이 자아존중감이 높은 청소년보다 비행발생률이 높았으며, 낮은 자존감은 여러 종류의 범죄나 학교폭력 가해행동과 높은 상관관계가 있는 것으로 보고되기도 하였다(Rosenberg, 1978). 그러나 최근 학교폭력 가해학생이 일반학생과 마찬가지로 높은 자아 존중감을 가지고 있다고 보고하는 연구 또한 증가하는 것에 주목할 필요가 있다(Olweus, 1993; 한종철, 이민아, 이기학, 1999; 이춘재, 곽금주, 2000). 이러한 연구결과는 일반적으로 학교폭력 가해학생이 자기 자신에 대해 부정적으로 생각하며 좌절하고 있을 것이라는 예상과 달리, 학교폭력의 결과로 집단 내에서 상위의 지위를 차지하거나 타인에게 권력을 행사할 수 있게 되는 등의 보상을 얻게 되면서 폭력에 대한 허용적인 태도를 갖거나 긍정적 자아개념을 획득하게 되는 것으로 논의한다.

이처럼 폭력에 대한 허용적 태도, 폭력으로 인한 문제해결방식, 폭력에 따른 성공경험의 누적, 성공경험으로 인한 높은 자존감이라는 일련의 순환관계는 학생의 공격적 행동을 더욱 강화시킬 수 있기 때문에 이러한 순환적 연결고리를 단절하기 위한 신중한 교육적 접근이 요구된다.

5) 학업 스트레스

입시 위주의 교육문화 속에서 학생은 또래와의 경쟁이나 긴장관계에서 스트레스를 경험하게 된다. 이런 경쟁적인 교육환경은 학생을 쉽게 좌절하게 하고, 욕구의 좌절은 분노를 야기함으로써 공격과 폭력을 초래할 수 있다. 이처럼 욕구의 좌절이 폭력행동에 영향을 미친다는 결과는 사회심리학적 연구에서 이미 밝혀진 바가 있다(김혜원, 이혜경, 2000). 또래를 친구로 보기보다는 경쟁자로 보게 하는 비인간적인 교육풍토 속에서 공부를 못하는 학생은 공부를 잘하는 학생의 들러리가 되고, 이로 인해 생기는 스트레스를 해소할 만한 마땅한 분출구가 없어 약한 친구를 괴롭히면서 이를 해소한다는 것이다(강진령, 유형근, 2000). 따라서 학교폭력에 가담하는 학생은 낮은 학업성적을 보이고 있으며, 입시위주와 통제위주의 교육환경으로부터 심한 좌절과 스트레스를 경험하고 있을 것으로 간주된다.

그러나 학업성적이나 학업 스트레스가 학교폭력의 가해에 원인이 될 것이라는 주장은 여전히 논란이 있는 것이 사실이다. Olweus(1978)는 초등학생을 대상으로 다년간 추적조사 한 종단연구에서 집단괴롭힘 행위는 낮은 성적이나 학업실패와 무관함을 밝혔으며, 김혜원과 이혜경(2000)도 학업 스트레스가 학교폭력에 미치는 영향에 대해 회의적으로 보고하였다. 즉, 학업에서의 좌절이나 학업 스트레스가 집단괴롭힘의 주요 유발요인이라면 성적이 낮거나 성적으로 스트레스를 많이 받는 학생에게서 가해행위를 더 찾아볼 수 있을 것으로 예측되나, 실제로 통계분석 결과 가해집단의 성적은 상위권과 중위권에서 많았으며, 학업 스트레스 또한 가해학생보다는 피해학생과 가피해중복 집단에서 더 많이 느끼고 있었다는 것이다.

이처럼 성적 및 학업 스트레스와 학교폭력 간의 관계는 연구자마다 다르게 논의되고 있다. 이러한 논쟁은 학업실패나 학업 스트레스에서 오는 좌절감과 스트레스를 학생이 관리할 수 있도록 지원해야 하지만, 단순히 성적을 괴롭힘 가해의 예측 요인으로 논의하는 데에는 더욱 신중을 기할 필요가 있음을 시사한다.

2. 학교폭력에 영향을 미치는 가정요인

학교폭력과 관련하여 가정요인은 중요하게 논의되고 있다. 학교폭력에 연루된 학생의 상당수가 가정환경에 문제가 있었다고 보고되고 있을 만큼, 가정은 핵심적인 학교폭력 유발요인으로 거론된다. 이하의 내용에서는 가정의 어떠한 특성이 학교폭력을 유발하게 하는지 살펴보고자 한다.

1) 가정의 사회경제적 수준

흔히 학교폭력 문제를 일으키는 학생은 사회경제적으로 열악하고 가족의 구조에도 문제가 있는 아동으로 논의되곤 한다. 예컨대, 학교폭력 가해학생은 이혼가정, 한부모가정, 조손가정, 보육시설 출신의 아동이 많으며, 부모의 사회경제적 지위 또한 상대적으로 낮을 것으로 보인다.

실제로 가족의 구조와 괴롭힘 간의 관계는 연구에 따라 다르게 나타나곤 한다. 어떤 연구에서는 경제적으로 열악하거나 온전하지 않은 가족과 사는 아동의 위험 수준이 높은 것으로 나타난 반면, 다른 연구에서는 둘 사이에 관계가 없는 것으로 보고되기도 한다(Espelage et al., 2000; Flouri & Buchanan, 2003). 그러나 대부분의 연구에서 단순히 가족의 구조나 사회경제적 수준을 학교폭력과 직접적으로 연관하여 논의하지 않다는 데 주목할 필요가 있다. 예컨대, 권정혜, 이봉건, 김수현(1992)은 중학교 1학년에 재학 중인 남학생 432명을 대상으로 조사한 결과, 집단괴롭힘이 부모의 사회경제적 수준뿐만 아니라 그들의 훈육방식, 교우관계와 관련이 있음을 보고하였다. 학생의 상습적 비행과 집단비행의 정도는 사회경제적 수준이 낮은 가정에서 부모의 훈육이 비효과적이고 신체적 처벌을 동원한 강압적인 형태를 띠고 있을 때 더욱 심각해진다는 것이다. 이는 단순히 가정의 사회경제적 수준이 낮은 것이 문제가 아니라 부모의 양육방식이 더 중요하게 영향을 미칠 수 있다는 것을 시사한다. 오히려 또 다른 연구에서는 학교폭력에 연루된 학생의 가정의 구조가 열악하고 경제적으로 어려울 것이라는 기대와 달리, 더욱 높은 경제적 수준을 가지고 있는 것으로 논의되기도 하였다(이춘재, 곽금주, 1999). 그들의 연구에 의하면, 초등학교와 중학교에

다니는 1,500명의 남녀 학생을 대상으로 조사한 결과, 피해 여학생에 비해 가해 여학생의 경제적 수준이 더 부유한 것으로 보고되기도 하였다.

지금까지 살펴본 것처럼 가정요인에 대해 분석한 연구는 학교폭력과 관련하여 단순히 가정의 물리적 환경(가족의 구조나 사회경제적 배경)에 근거하여 논의하기보다 부모와의 심리적 환경(양육태도, 부모-자녀 관계 등)을 더욱 중요하게 논의하곤 한다. 괴롭힘은 가족의 구조, 부모의 교육수준이나 사회경제적 지위와 같은 사회적인 변인보다 폭력에의 노출이나 부모의 양육태도와 같은 심리적인 환경으로 더 잘 예측할 수 있다는 것이다. 결국 가족의 구조적 · 사회경제적 특성만으로 가해를 예측하는 것은 상당히 위험한 일일 수 있다. 아동의 상황을 이해하기 위해서는 가정의 물리적 구조와 사회경제적 지위를 살펴보아야 하지만, 단순히 보이는 특성보다 가정 내의 심리적 관계에 더욱 주목하여 면밀하게 살펴볼 필요가 있다.

2) 가족 간의 유대관계

학교폭력의 원인에 관심을 두고 있는 많은 연구는 가족의 물리적 구조보다 가정의 정서적 분위기에 더욱 주목하고 있다. 먼저 부모가 자녀에게 대하는 태도나 부모-자녀의 관계가 학교폭력과 관련된 중요한 변인이라는 논의는 많은 연구에 의해 지지되고 있다(Park et al., 2005; 이상균, 2005; 신혜섭, 2005; 박효정, 정미경, 2006). 이러한 연구들은 부모가 강압적이고, 권위적이고, 비일관적이고, 엄격한 훈육을 강조하며, 애정이 부족할 경우 학생의 가해행동에 밀접하게 영향을 주는 것으로 논의한다. 즉, 부모가 자녀에게 권위적이거나 냉담하게 대할 때, 아동은 괴롭힘에 더 관여할 가능성이 높아진다는 것이다. 일례로 Ladd(1999)에 의하면, 어머니에게 낮은 애정과 냉담한 대우를 받은 남학생은 초등학교 때 공격적 행동이 증가하며, 아버지로부터 부정적인 관계를 가졌던 학생은 또래 친구들을 공격적으로 대하고 부정적인 상호작용을 더 많이 보이고 있었다. 유아를 대상으로 분석한 연구(Troy & Sroufe, 1987)에서도 생후 18개월이 되었을 때 부모와 불안정한 애착 관계를 경험하였던 아동은 다른 아동에 비해 괴롭힘의 가해행동이 증가하는 것으로 나타났다.

부모와 자녀 관계 가운데서도 특히 어머니와 아들 간의 관계는 몇몇 연구에서 주목하여 논의되었다. Roland(1988)는 어머니와 딸, 아버지와 아들, 아버지와 딸의 부

정적 관계는 모두 좋지 않은 영향을 주는 것으로 나타났으나, 그중에서도 어머니와 아들의 관계가 가장 심각하다고 주장하였다. 어머니가 거칠고, 냉담하고, 거부적인 태도를 보이며 자녀를 더 많이 거부하면 할수록, 거부당한 아들은 다른 사람을 더 많이 괴롭히게 된다는 것이다. 어머니의 우울증 또한 아동의 공격성과 피해행동에 유의하게 연관되어 있는 것으로 보고되었는데, 우울한 어머니는 그렇지 않은 어머니보다 아동의 필요나 요구에 민감하게 반응하지 못하기 때문에 불안정한 애착관계를 형성하게 되고, 이러한 애착관계는 대인관계의 기본적인 틀로 작용하여 또래관계에 공격행동 및 피해행동과 같은 부정적인 행동에 영향을 미치는 것으로 논의된다(Park et al., 2005; 박종효, 2005).

부모-자녀의 부정적 관계는 단지 학생의 가해행동뿐만 아니라 학교폭력 피해와도 관련된다(Demaray & Malecki, 2003). 집단따돌림 피해학생의 부모는 다른 부모와 달리 명령과 부정적인 말을 더 많이 사용하며, 자녀에게 하는 명령과 자신의 행동이 서로 불일치하는 경우가 많은 것으로 논의된다(Franz & Gross, 2001). 결국 집단괴롭힘에 연루되는 가해학생이나 피해학생의 가정 분위기를 살펴보면 매우 유사한 특징이 있는데, 가족 간에 긍정적인 상호작용을 갖지 못하고 일관성 없이 처벌하는 가정에서, 일부 학생은 따돌림의 가해자가 되고 일부 학생은 따돌림의 피해자가 되기도 한다는 것이다. 괴롭힘의 가해자와 피해자 모두 그렇지 않은 학생에 비해 부모의 사회적 지지가 상당히 부족하다는 점은 주의해야 할 필요가 있다.

부모와 자녀 관계 이외에 부부간의 관계나 형제간의 관계 또한 살펴보는 것이 중요하다. 부부가 자녀 앞에서 충돌하고 갈등을 보이는 것은 자녀가 후에 공격적으로 성장하는 데 영향을 주는 것으로 논의된다(Olweus, 1978). 김소명과 현명호(2004)는 초등학교 설문조사를 통해 부부갈등은 사회인지 결함의 원인이 되고, 사회인지 결함은 집단괴롭힘 가해행동을 유도, 유지, 재발하게 하기 때문에 부부가 자녀 앞에서 공격적인 행동을 보이는 것은 자녀가 후에 공격적으로 성장하는 데 영향을 미친다고 강조한다. 아울러 형제간에 물리적 폭력이나 갈등상황에 노출되는 것 또한 학교폭력에 영향을 미치는 것으로 논의되는데, 이는 다음의 가정폭력에서 더 자세히 살펴보고자 한다.

한편 가족 관계는 어떤 특정 사건과 관련되어 변화되는 경우도 있다. 가족 구성원의 갑작스러운 죽음, 이혼, 별거, 해고, 투병 등의 극적인 변화가 가정에 일어났을 때,

가족 구성원 간의 정서적 관계가 심각하게 흔들릴 수 있다(강진령, 유형근, 2000). 상황의 변화와 부모가 겪는 스트레스는 아동에게 부정적인 영향을 미치게 되며, 아동은 이러한 상황에 정서적으로 상당한 어려움을 겪을 수 있다. 따라서 아동의 가정변인을 살펴보기 위해서는 가족의 유대관계와 그러한 유대관계에 영향을 미친 최근의 가정 변화에도 관심을 기울이는 것이 필요하다.

3) 가정폭력

가족 간의 갈등이 직접적인 폭력의 형태로 나타났을 경우, 문제는 더욱 심각해진다. 많은 연구는 가정에서 직접 혹은 간접적인 폭력에 노출되었을 때, 가해 및 피해 행동은 상당한 영향을 받게 된다고 논의한다. 가정에서의 부모-자녀, 부부, 형제간의 폭력 노출은 아동의 괴롭힘 행동을 예측할 수 있는 중요 변인이라는 것이다.

먼저 부모-자녀 간에 일어나는 폭력의 경우, 자녀가 직접적으로 폭력을 경험하는 피해자가 된다는 데 주목해 볼 수 있다. 부모가 자녀에게 가하는 폭력은 처벌의 목적으로 이루어지거나 아동학대의 형태로 나타나기도 하는데, 이러한 형태의 부모 폭력은 아동의 학교폭력과 높은 관계가 있는 것으로 논의되고 있다(Baldry, 2003; 장덕희, 2004; 도기봉, 2008a). 이러한 연구들은 학교폭력 가해자 부모의 경우 신체적 처벌을 많이 사용하는데, 이러한 부모의 폭력적인 훈육 방식이 일종의 학습 기회가 되어 아동의 공격적인 행위를 강화하고, 이는 다시 학교로 전이되어 학교폭력의 가해 및 피해로 연관된다고 설명한다.

폭력적인 훈육보다 더욱 극단적인 경우로, 부모에게 학대를 받은 아동 또한 또래 친구를 따돌리거나 더욱 공격적인 행동을 보이는 것으로 보고된다(Bernstein & Watson, 1997; Olweus, 1993; 강진령, 유형근, 2000; 김소명, 현명호, 2004). 부모로부터 학대받은 아동은 수동적인 동시에 적대적이며, 자기 파괴적이거나 또래관계에서 반사회적 행동을 보이기도 하고, 자신의 감정을 통제하는 데 어려움을 가지고 있어 다른 아이들을 공격할 가능성도 높아지게 된다. 이처럼 학대받는 아동에게서 나타나는 정서적 각성, 분노 조절과 흥분 등은 외상후 스트레스 장애와 유사한 증상으로 논의될 정도로 아동에게 미치는 영향력이 상당하다(김소명, 현명호, 2004).

한편 부모 간의 폭력을 목격하는 것 또한 아동의 공격성에 중요한 영향을 미치는

것으로 논의된다. 아동이 부모의 폭력적이고 공격적인 갈등을 자주 목격하였을 때, 부모의 공격성을 배우는 것과 동시에 폭력에 대한 허용적인 태도를 갖게 되어 폭력의 사용 정도 또한 높아지게 된다(Bandura, 1973; 김재엽, 1998; 김소명, 현명호, 2004). 아동이 부모의 폭력적인 상호작용을 목격하면서 공격적 행동을 대리 학습한다는 주장은 부부간의 갈등이나 폭력이 그들만의 문제가 아니라 자녀의 성장과도 연계된 문제임을 상기하게 해 준다. 이때 부부간의 폭력 중에서도 남편에게 폭력을 당하는 어머니들이 자녀를 더 많이 때리는 것으로 논의된다. 남편이 아내를 때리면 아내는 자기 자녀를 다른 사람들보다 더욱 때리고, 그 자녀는 차후에 성장하여 자기 부모를 공격함으로써 폭력의 악순환이 이어지곤 한다는 것이다. 어려서부터 가정에서 폭력을 목격했던 어머니는 자녀를 학대할 확률이 다른 사람들보다 4배나 많은 것으로 나타났으며, 아동의 신체적 학대가 삼대에 걸쳐 이루어지는 경우도 많다고 논의하고 있다(강진령, 유형근, 2000; 장희숙, 2003). 이처럼 부부간의 폭력은 부모-자녀 간의 폭력과 자녀의 학교폭력으로 연계되거나 다시 자녀-부부간의 폭력으로 악순환이 될 수 있기 때문에 더욱 주의를 요할 필요가 있다.

나아가 형제 · 자매간의 공격성이 아동의 괴롭힘 행동에 미치는 영향을 강조하는 논의도 많이 발표되었다(Elliott, 1986; Macklem, 2006). 이런 연구는 따돌림 가해자가 그들의 형 혹은 누나와 부정적인 관계를 갖는 경향이 있으며, 이렇게 형제 관계가 좋지 않은 경우 몇 년 이후에 문제행동으로 이어질 가능성이 높다고 경고한다. 중학생을 대상으로 조사한 Duncan(1999)의 연구에 의하면, 42%의 학생은 종종 형제자매를 괴롭힌다고 보고했으며, 24%는 형제자매에 의해 밀쳐지거나 매를 맞는다고 응답했고, 11%는 형제자매를 세게 때린 적이 있다고 응답하였다. 이러한 논의는 가해아동의 57%와 가피해 중복경험 아동의 77%가 자신의 형제자매를 괴롭힌다는 보고와 일치한다. 이처럼 형제간의 폭력은 가해학생의 가정에서 흔한 현상이며, 아동의 괴롭힘 행위와 상당한 관련이 있다.

아울러 형제간에 직접적인 괴롭힘이 없었다 하더라도 청소년기에 매우 공격적인 형은 어린 남동생의 공격성 모델이 될 수 있는 것으로도 논의된다. 형의 공격적인 행동을 목격한 남동생은 형보다 더욱 심각한 공격적인 행동을 보이곤 하는데, 이는 동생이 형의 행동을 동일시하며 상당한 영향을 받기 때문인 것으로 파악된다. 즉, 청소년기에 폭력을 행하는 형을 목격하는 것은 형을 더욱 강력한 사람으로 여기게 하며,

형제간의 지나친 밀착관계를 갖게 하여 형의 전철을 따를 위험성을 상당히 증폭시킨다(Hawkins et al., 2000).

이처럼 가정에서 직접적인 폭력을 경험하지 않는다 하더라도 폭력에 간접적으로 노출되는 것 또한 주의하여 살펴보아야 한다. 폭력을 직접적으로 경험하면 폭력으로 인한 부정적인 결과에 우선적으로 주목하게 되겠지만, 폭력을 목격하는 경우에는 도리어 폭력행동이 가져올 수 있는 긍정적인 결과에 주목하여 학습하게 되기 때문이다(김소명, 현명호, 2004).

3. 학교폭력에 영향을 미치는 학교요인

학교는 학생이 가장 많은 시간을 보내는 장소이자 학생의 성장과 배움에 중요한 장소다. 학생은 학교에서 교사 및 친구와 상호작용하는 가운데 학습하고 성장한다. 그러나 많은 연구는 오히려 학교가 학교폭력을 유발하거나 강화할 수 있는 많은 위험요인을 가지고 있음을 논의하고 있다. 여기서는 학교에서의 또래관계나 학교의 물리적 환경, 교사-학생 관계, 교사의 관심 및 학교의 풍토 등에 대해 살펴보고자 한다.

1) 일탈 친구들과의 접촉

학교폭력에 영향을 미치는 요인 가운데 일탈된 비행 친구들과의 접촉이나 관계는 학교폭력을 야기하는 중요한 예측변인으로 논의된다(Farrington & Loeber, 2000; 임영식, 1998, 이은정, 2003; 조유진, 2006; 도기봉, 2007). 즉, 비행에 가담한 친구들과 자주 접촉하거나 친하게 지낼수록 학교폭력을 일으킬 가능성이 높다는 것이다. 실제로 청소년은 폭력조직에 가입되어 있거나 문제행동에 대해 호의적인 태도를 가진 친구와 교제할수록 문제행동이 많았고, 학교생활에 실패하였으며, 비행행동이 증가한 것으로 보고되고 있다(Warr & Stafford, 1991; Fraser, 1996). 예컨대, 보호관찰소에서 보호관찰을 받고 있는 청소년 대상 설문조사 연구에서도 폭력경험이 있는 학생은 폭력서클에 가담한 비율이 높았으며, 폭력서클 가입자의 46.2%가 한 달에 한두 번 이상

다른 사람을 폭행했고, 45.0%가 패싸움을 했으며, 폭력서클에서 주로 이루어지는 비행활동은 패싸움, 폭행, 기물파괴, 금품갈취 등 심각한 유형의 폭력인 것으로 나타났다(이춘화, 1999).

일탈 친구들과의 접촉을 학교폭력 가해의 중요한 예측변인으로 설명하는 논의는 폭력적 비행행동에 대한 학습효과에 주목한다. 일탈 친구들과의 상호작용을 통해 폭력행위를 경험하거나 폭력행위에 따른 보상을 목격하면 비행행동을 시도할 가능성이 높아지는데, 이처럼 모방을 통해 학습된 폭력적 행동은 점차 또래와의 관계 속에서 강화되거나 습관화된다는 것이다(Olweus, 1993; 도기봉, 2008b). 또래관계에서 폭력을 학습할 수 있다는 주장은 피해학생이 차후에 가해학생으로 전환하는 현상도 잘 설명해 준다. 피해학생은 가해학생과 마찬가지로 일상에서 폭력적인 장면을 많이 보거나 당해 왔고, 이를 통해 폭력이나 집단괴롭힘에 대해 익숙해져 있어서 자신이 당하는 피해에 무기력하게 대응하거나 아니면 도발적으로 공격을 시도할 수도 있다. 최근 교육부 조사에서 의하면, 피해학생 4명 중 한 명은 학교폭력 가해경험도 가지고 있을 정도로 피해와 가해경험이 중복된 학생이 많은 것으로 조사되고 있다(교육부, 2012). 따라서 학교폭력을 예방하기 위해서는 또래관계와 그들의 폭력적 행위에 대해 더욱 관심을 기울이는 것이 필요하다.

2) 학교의 물리적 환경

학교의 물리적 환경은 학교의 풍토나 문화 등의 정서적 측면과 달리 큰 주목을 받지는 못하였다. 그러나 학교폭력의 문제가 대부분 학교 안에서 이루어지기 때문에 폭력이 많이 발생하는 학교의 규모, 장소의 특성 또한 살펴볼 필요가 있다.

높은 폭력비율을 가진 학교는 대규모 학교, 높은 비율의 학급인원수, 많은 전학생, 지도권에 있어서의 변화 그리고 부족한 자원 등과 연관되어 있는 것으로 논의된다(Warner et al., 1999; Rossman & Morley, 1996). 특히 폭력적인 행동이 많이 나타나는 학교에서는 공통적으로 저급한 학교시설과 구조를 가지고 있었던 것으로 보고되었으며, 학교에 교사의 관심이 미칠 수 없는 후미진 장소가 많은 경우에도 신체적 · 물리적 폭력이 더욱 많이 발생하는 것으로 논의되었다. 따라서 학교 건물을 설계할 때 가시성을 최대한 확보하거나, 사각지역의 환경을 개선하거나, CCTV를 설치하거나,

불시 순찰을 강화하는 등의 조치가 필요하다.

한편 학교 환경과 관련하여 학교 및 학급의 규모도 논의되고 있다. 대규모 학교일수록 학생이 학교에 소속감을 느끼거나 자신의 참여활동이 중요하다고 생각하기가 힘들며 교사가 학생 사이에서 일어나는 문제를 알아차리는 것도 어려운 반면, 소규모 학교는 학교에 대한 긍정적인 태도를 갖게 하여 높은 출석률, 낮은 중퇴율, 교과 외 활동의 높은 참여율, 학교에 대한 긍정적인 인식, 소속감의 증대 등의 특성을 보인다(Shafii & Shafii, 2006). 따라서 대규모 학교가 소규모 학교보다 학교폭력 문제가 더욱 흔하고 심각하게 나타날 수 있다.

그러나 이와 같이 학교환경의 물리적 측면이 학교폭력에 영향을 미친다는 논의는 여전히 논쟁 중에 있다. 초기의 연구는 학교환경의 물리적 측면(예, 교사-학생 비율, 인구, 예산)에 초점을 맞추어 논의된 반면, 이후의 다른 연구는 학교 크기에 따라 따돌림 행동에 차이가 없는 것으로 논의하기도 한다(Ross, 1996; 도기봉, 2008b). 즉, 학급이나 학교의 규모는 따돌림과 큰 상관이 없다는 것이다. 우리나라에서도 학교의 규모는 폭력의 빈도 자체보다 폭력의 양상과 관련이 있는 것으로 논의된다. 교육부(2013)의 전국 학교폭력 실태조사에 따르면, 폭행이나 감금 등의 신체적 폭력이나 강제적 심부름은 소규모 학교에서 심각한 반면, 집단따돌림은 대규모 학교에서 더욱 심각한 것으로 나타났다. 읍 · 면 지역의 소규모 학교일수록 가시적으로 드러나는 신체적 폭력이 많은 반면, 대도시의 대규모 학교일수록 은밀하게 진행되는 집단따돌림이 더욱 많다는 것이다.

따라서 교사가 개별 학생에 관심을 기울이고 개입하기 위해서는 학급 인원 수를 감소하고 학교 규모를 축소하는 동시에, 교사의 과중한 업무 부담을 감소시킴으로써 괴롭힘이 발생할 수 있는 상황적 요인을 점차 줄여 나가려는 노력이 요구된다. 그러나 학교의 규모와 같은 물리적 환경이 학교폭력에 미치는 영향력은 다른 요인에 비해 상대적으로 적기 때문에 학교폭력을 예방 · 근절하기 위해서는 학교의 물리적 · 상황적 환경을 개선하는 한편 학교문화와 교사태도에도 더욱 관심을 기울일 필요가 있다.

3) 교사와 학생의 관계

학교폭력을 예방하기 위한 중요한 요인으로서 교사와 학생 간의 관계를 논의해 볼 수 있다. 교사와 학생 간의 긍정적이고 친밀한 관계는 난폭하고 공격적인 행동을 억제시킬 수 있는 반면, 교사와의 관계가 적대적이고 부정적인 학생은 학교부적응 문제를 일으킬 뿐 아니라 학교폭력 가해행동에 더 자주 참여하게 된다고 논의된다(Swearer, Espelage, & Napolitano, 2011; 이상균, 2005; 박영신, 김의철, 2001; 박종효, 2007). 공격적이고 난폭한 학생일수록 교사에 의해 더 많이 영향을 받는 경향이 있기 때문에 교사와 학생의 관계는 학교폭력 가해행동을 강화할 수 있는 위험요인이 되거나 가해행위를 포기하게 하는 보호요인으로 작용될 수 있다. 불량집단에 소속된 상급 고등학생을 대상으로 실시한 한 연구에서 학생은 선생님들을 엄하고 거리감이 있는 교사, 일관성이 없고 무서운 교사, 털털하면서도 배려하는 교사의 세 가지 유형으로 구분하였다. 그들은 마지막 집단의 털털하면서도 배려하는 유형의 교사들이 그들을 꾸짖었지만 도전을 주고 걱정해 주었으며 일관적이고 공정한 훈계를 사용하였다고 보고하였다. 그러나 불행하게도 이들 학생의 경험으로는 그런 교사들 아주 소수라고 응답하였으며, 학생에게 무관심한 교사, 지나치게 규칙만 고수하여 훈계를 하려 하거나, 무엇이든지 학생이 하고 싶어 하는 것을 하게 그냥 놔두는 교사, 그리고 두려워하고 소심해 보이는 교사들이 더 흔하였다고 보고하였다(Shafii & Shafii, 2006). 이는 학교폭력 예방을 위해 교사가 자신의 역할에 대한 중요성을 인식하고 학생과 의미 있는 공감대를 형성하는 노력이 필요하다는 것을 시사하기도 한다.

한편 이러한 교사와의 유대관계는 신중하게 이루어져야 할 필요가 있다. 교사의 지지가 가해행위를 억제할 수 있는 보호요인이긴 하지만, 역설적이게도 교사의 지지는 다른 한편으로 집단괴롭힘 피해행동에 영향을 미치는 변인으로 논의되기도 한다(김혜원, 이혜경, 2000). 흥미롭게도 친구의 지지는 집단괴롭힘 피해행동과 부적인 관계를 보이고 있어 친구로부터 지지를 덜 받을수록 집단괴롭힘을 더 많이 당하는 반면, 교사의 지지는 정적인 관계를 보이고 있어 학생이 교사로부터 지지를 많이 받을수록 집단괴롭힘을 더 당하는 경향이 있는 것으로 나타나기도 한다. 집단괴롭힘을 당하는 학생의 유형 중 빠지지 않고 언급되는 것이 '선생님께 고자질하는 아이'나 '선생님이 편애하는 아이'인 것으로 논의되는 것처럼, 교사가 지나치게 특정 학생과

긴밀한 관계를 갖는 것은 오히려 학교폭력의 문제를 악화시킬 수 있으므로 신중을 기해야 한다.

4) 학교폭력에 대한 교사의 관심과 개입

학교폭력에 영향에 미치는 또 하나의 중요한 학교요인은 교사가 학교폭력에 대해 얼마나 관심을 가지며 적극적으로 개입하는가와 관련된다. 많은 연구는 교사가 학교폭력에 대해 묵인하거나 적절히 개입하지 못할 경우 학교폭력의 가해행위는 촉진되며, 교사가 학교폭력에 대해 민감하게 인식하며 적극적으로 대처하였을 경우 학교폭력은 현저하게 줄어들 수 있다고 강조한다(Ross, 1996; 신성자, 2005; 이은정, 2003; 도기봉, 2007). 교사가 학교폭력 문제에 신속하게 개입하고 지속적으로 관심을 둘 때 학교폭력의 문제는 해결될 수 있는 반면, 괴롭힘에 대해 묵인하고 미온적인 태도를 보일 때 이는 다른 한편으로 암묵적인 지지와 승인의 의미를 지니게 되어 학교폭력을 더욱 악화시킬 수 있다는 것이다.

교사의 역할과 관심이 이렇게 중요함에도 불구하고, 교사는 실제 학생이 겪고 있는 학교폭력의 문제를 잘 인지하지 못하며 심지어 그 심각성을 과소평가하곤 한다. 교사가 학교에서 발생하는 괴롭힘을 얼마나 잘 예측하고 있는지 고등학교 학생 및 교사를 대상으로 조사한 결과, 57% 이상의 교직원은 10% 이하의 학생만이 학교에서 괴롭힘을 당했을 것이라고 예측한 반면, 9%의 교직원만이 대략 28%의 고등학교 학생이 괴롭힘을 당한다고 정확히 예측하였다(Bradshaw et al., 2007). 교사의 이러한 무관심은 심지어 제일 힘든 학급을 가장 경험 없는 교사에게 일임하는 무책임함의 형태로 나타나기도 하였다(Defrance, 2000). 이러한 교사의 무관심으로 인해 학생은 교사가 학교폭력을 막으려고 노력하지 않으며, 나아가 교사가 학교폭력을 막아줄 것으로 믿거나 기대하지도 않아 문제의 심각성을 나타내었다(Houndoumadi & Pateraki, 2001).

지금까지 살펴본 바와 같이 교사가 학생을 폭력행위로부터 적절하게 보호하지 못하고 학교폭력에 대해 무관심하거나 방임적인 태도를 가지면 학교폭력의 가해행위는 더욱 심화될 가능성이 높아진다. 따라서 학교폭력에 대한 교사의 관심과 개입은 학교폭력을 직접적으로 촉진하는 위험요인이라기보다는 결핍되었을 때 학교폭력을

더욱 심화하게 만드는 요인이자 학교폭력을 중재하거나 예방할 수 있는 중요한 보호요인으로 고려되어야 한다.

5) 학교 풍토 및 문화

학급이나 학교 분위기와 같은 학교 풍토 및 문화는 괴롭힘 가해와 피해에 영향을 미치는 또 다른 변인으로 논의된다(Orpinas & Horne, 2006; Kasen, Cohen, & Brook, 1998; Kasen, Berenson, Cohen, & Johnson, 2004). 학교의 교육목표, 정책, 교사 태도 등 학교의 사회 · 심리적 문화는 아동의 폭력적 행위를 예방할 수 있는 요인이라는 것이다. Kasen 등(1998)은 학생 간 또는 교사–학생 간의 갈등 수준이 높은 학교의 학생은 잘 조직되고 조화로운 학교의 학생에 비해 적대적 문제, 주의집중, 품행과 관련하여 부정적 문제를 더 많이 가지고 있으며, 이들은 차후에 알코올 중독이나 범죄에 연루될 확률이 높은 것으로 논의하고 있다. Kasen 등(2004)의 또 다른 연구에서도 학교 풍토나 문화가 언어적 및 신체적 공격에 영향을 미치는 것으로 나타났는데, 갈등이 많은 학교에 다니는 학생의 경우 언어적 · 신체적 공격이 증가한 반면, 학습을 강조하는 학교에 다니는 학생의 경우 공격성 및 기타 학교 관련 문제가 감소한 것으로 보고되었다. 즉, 시간이 지남에 따라 갈등이 많은 학교에서 괴롭힘이 가장 많이 증가했다는 것이다. 따라서 Orpinas와 Horne(2006)는 학교폭력을 근본적으로 예방할 수 있는 대안으로서 무엇보다 안전하고 긍정적인 학교문화를 조성하는 것이 중요하다고 강조하고 있다. 안전하고 행복한 학교문화를 조성해 가는 것이야말로 학교폭력과 비행행동을 근본적으로 예방할 수 있는 궁극적인 목표라는 것이다.

4. 학교폭력에 영향을 미치는 사회요인

학교폭력에 영향을 미치는 가장 거시적인 체제로서 사회요인도 중요하게 살펴볼 필요가 있다. 학교는 섬처럼 고립되어 존재하는 것이 아니라 지역사회와 맞닿아 있기 때문에 학생이 어떠한 사회적 특성에 노출되어 있으며, 어떠한 영향을 받고 있는지 살펴보는 것은 학교폭력을 예방하는 데 중요하다. 일반적으로 지역사회 내의 환

경적 요인은 청소년의 폭력문제행동에 직접적으로 큰 영향을 미치기보다 다른 요인과 상호작용함으로써 학교폭력을 유발하는 것으로 논의된다. 이하의 내용에서는 학교폭력의 사회적 요인으로 논의되는 대중매체, 유해환경, 지역사회의 폭력 허용 정도에 대해 살펴보고자 한다.

1) 대중매체

신문, 잡지, 영화, 텔레비전과 같이 많은 사람에게 다량의 정보를 제공하는 대중매체는 현대사회에 많은 영향력을 미치고 있다. 문제는 이러한 대중매체가 점차 자극적이고 폭력적으로 변화되고 있으며, 이러한 대중매체로 인한 폭력노출은 청소년의 공격성을 증가시키는 주요 요인으로 거론된다는 것이다(임영식, 1998; 전상혁, 2005; 도기봉, 2009)

대중매체에서 노출되고 있는 폭력적 장면은 우리가 일반적으로 생각하는 것보다 훨씬 심각한 것으로 보고된다. 대중매체의 폭력노출을 문제 삼고 있는 연구들은 다양한 통계적 수치를 제시하며 문제의 심각성을 논의하고 있다. 예컨대, 한 아동이 초등학교를 졸업할 때쯤이면 100,000회 이상의 폭력행위와 8,000회의 살인을 자기 거실에서 목격하게 되며, 평균 16세의 미국 청소년의 경우 TV에서 연간 약 13,000건의 살인을 목격하고 있는 것으로 분석되었다(Shafii & Shafii, 2006; 김혜원, 이혜경, 2000). 더욱 심각한 문제는 이러한 폭력 장면이 미화되고 있다는 것인데, 텔레비전에 나오는 매력적인 인물의 39%는 폭력사건에 관여되어 있었고, TV 속 범죄자의 73%가 처벌을 받지 않거나 자신의 그러한 행위를 부정적으로 인식하지 않았으며, 사건의 55%는 피해자가 고통을 겪는 것을 보여 주지 않았다(Aidman, 1997; Macklem, 2006 재인용). 심지어 종종 규칙의 무시, 괴롭힘, 따돌림 등의 부정적 행동은 아동용 프로그램에서 더욱 심각한 것으로 보고되기도 한다(Muscari, 2002). 이처럼 폭력적 장면에 단순히 노출되는 것을 넘어서 범죄자가 매력적으로 묘사되고 폭력이 정당화되는 장면은 아동으로 하여금 폭력에 대한 허용성을 가지게 하며, 폭력을 오히려 좋은 것, 멋있는 것으로 인식하게 할 가능성이 높기 때문에 더욱 큰 문제가 될 수 있다.

텔레비전과 같은 대중매체가 아동이 폭력에 노출되는 주된 통로이긴 하지만, 최근에는 인터넷 매체가 발달하면서 인터넷이나 게임 등도 학교폭력을 유발하는 원인

으로 지목되고 있다(Griffiths, 1999; Wiegman & van Schie, 1998). 청소년에게 인기를 얻고 있는 만화나 잡지, 인터넷, 컴퓨터 오락에서 보여지는 선정성과 폭력성은 이미 그 위험수위를 넘고 있으며, 이러한 폭력적인 내용의 게임이나 오락물을 접하는 것은 아동의 공격성에 영향을 미칠 수 있다. Griffiths(1999)는 저학년 학생의 경우 폭력적인 내용의 비디오 게임을 직접 해 보거나 혹은 시청한 후 더 공격적이 된다는 사실을 발견하였으며, Wiegman와 van Schie(1998) 또한 비디오 게임 사용과 친사회적 행동 사이에 부정적인 관계가 있다고 논의하며, 비디오 게임이 아동에게 미치는 영향에 대해 경고하고 있다.

텔레비전과 비디오 게임, 인터넷 동영상 등이 학생의 학교폭력에 영향을 미친다는 논의는 폭력행위의 학습효과에 주목하고 있다. 텔레비전, 영화, 비디오 게임에서 괴롭히며 따돌리고, 조롱하며, 다른 사람을 존중하지 않는 행위들은 아동의 역할모델에 영향을 주고 심지어 부정적 행동을 가르칠 수 있다고 논의한다. 단적인 사례로, 미국 콜로라도 주의 콜럼바인 고등학교에서 있었던 대학살은 이러한 모방의 사례를 잘 말해 준다. 대중매체는 수백 명의 고등학교 학생이 총으로 무장한 동료학생에게 위협을 당한 후 머리 위에 손을 얹은 채 학교 바깥으로 물결처럼 밀려나오는 장면을 내보냈는데, 이 장면은 많은 매체에서 반복적으로 보여 주는 중요한 보도자료로 활용되었다. 문제는 이러한 비극적 사건이 있기 전만 해도 일주일에 한 두건 정도의 폭탄협박 신고가 들어 왔다면, 콜럼바인 사건 장면에 대한 반복적인 보도 이후 200건 이상의 폭탄협박이 펜실베이니아 학교로부터 있었던 것으로 보고되었다(Shafii & Shafii, 2006). 즉, 반복적인 폭력노출이 청소년으로 하여금 모방하고 싶은 심리를 자극하고 폭력을 조장할 수 있다는 것이다.

우리나라 청소년의 경우 여가 시간의 3분의 1을 TV시청에, 4분의 1을 컴퓨터 게임에 할애하고 있는 것으로 조사되었다(김기헌, 이경상, 2006). 이처럼 청소년이 여가 시간의 대부분을 대중매체와 함께 보내고 있음을 감안할 때, 앞서 언급한 대중매체로부터의 폭력의 학습효과에 대해 심각하게 고민해야 할 필요가 있다. 이미 폭력을 할 소지가 있는 아동을 폭력적인 오락물에 노출시키는 것은 실제로 그러한 행위를 시도하게 하는 자극이 될 수 있기 때문이다. 따라서 학교폭력을 예방하고 근절하기 위해서는 폭력적이고 자극적인 대중매체로부터 아동을 보호하기 위한 범사회적 노력이 필요하다.

그러나 이때 대중매체를 통한 폭력에의 노출이 아동의 공격적 행동에 영향을 미침에도 불구하고 다른 환경적 요인만큼 강하지는 않다는 것을 환기할 필요가 있다. 모든 아동이 대중매체의 폭력성에 동일하게 큰 영향을 받는 것이 아니며, 어떤 아동은 다른 아동들보다 영향을 크게 받고, 어떤 아동에게는 그러한 영향력이 스쳐지나갈 수 있다(Coie & Jacobs, 2000). 아동은 그들이 본 대중매체를 통해 폭력적 행위를 모방할 수는 있지만, 그러한 공격성이 증가되려면 환경이 이를 강화해야 한다. 따라서 학교폭력을 예방하고 근절하기 위해서는 아동이 공격적 행위에 대해 정확한 도덕적 판단을 할 수 있도록 교육적으로 접근하는 동시에 대중매체를 비롯한 전반적인 환경 변화를 시도해야 한다.

2) 유해환경

지역사회의 유해환경 또한 학교폭력과 연관되는 것으로 논의된다(김영한, 이명진, 이승현, 2005; 도기봉, 2009). 청소년에게 영향을 미치는 지역사회의 유해환경은 노래방, PC방, 찜질방, 유흥업소 등을 들 수 있는데, 청소년은 청소년의 문화가 조성되어 있지 않은 상태에서 마땅히 시간을 보낼 곳을 찾지 못하여 성인이 출입하는 유흥업소에 접근하게 되곤 한다. 따라서 유흥업소의 범람이나 거리의 사회적 · 물리적 무질서는 청소년을 비행으로 유인하는 역할을 하고, 이러한 유흥업소의 범람은 청소년의 가출, 폭력, 성적 비행을 부추길 수 있기 때문에 이에 대해 더욱 관심을 기울일 필요가 있다.

이처럼 유해환경이 학교폭력에 미치는 영향에 대해서는 몇 가지 연구에 의해 지지된다. 지역사회요인과 청소년의 학교폭력의 관계를 분석한 도기봉(2009)의 연구에 의하면, 공격성과 학교 근처의 유해환경이 학교폭력에 미치는 주효과가 유의미하게 나타나 학교 근처의 유흥업소 범람이 청소년의 비행과 폭력을 유발한다고 보고하고 있다. 아울러 이춘화(1999)의 조사연구에서도 폭력비행 경험이 있는 청소년은 유해업소를 더 많이 출입하고 있었으며, 폭력비행 경험이 없는 집단에 비해 술을 더 많이 마시고 담배를 더 많이 피우는 것으로 나타나기도 하였다.

앞서 살펴본 대중매체와 같이 지역의 유해환경도 단독적으로 폭력행위에 영향을 미치기보다 다른 요인과의 상호작용으로 청소년의 비행이나 학교폭력의 문제를 더

욱 강화하는 데 영향을 미칠 수 있다. 따라서 지역사회의 유해환경, 특히 학교 인근 지역의 유해환경에 대해서는 더욱 특별한 단속과 감독이 요구된다.

3) 지역사회의 폭력 허용 정도

지역적 범죄율이나 폭력의 허용 정도 또한 학생의 학교폭력에 영향을 미치는 것으로 거론되곤 한다. 어떤 지역은 다른 지역에 비해 상대적으로 위험이 높으며, 폭력적 행위가 일상적이고 심지어 정상적인 것으로 받아들여지기도 한다. 이러한 지역에 살고 있는 부모는 자녀를 폭력으로부터 보호하고 역할 모델로부터 영향을 받지 않게 하기 위해 노력하다가도 상당히 불리한 현실에 직면하며 낙담하곤 한다(Coie & Jacobs, 2000). 폭력에 만성적으로 노출되었을 때 나타나는 두 가지 결과는 '숙명론'과 '순응'으로 논의된다. 폭력노출이 흔한 지역사회의 각 개인은 어느 순간에도 폭력 사례가 일어날 수도 있고, 그것이 일상생활의 한 부분이라고 여기므로 그러한 상황에 적응해 버린다. 이러한 적응은 각 개인이 폭력의 영향을 안 받거나 그 효과에 면역이 생겼다는 것을 의미하기보다는 오히려 자신의 힘으로 이러한 상황을 개선시킬 수 없다는 회의와 무력감으로 해석할 수 있다(Shafii & Shafii, 2006).

한편 폭력에 대한 지역사회의 허용적 태도나 문화적 신념은 학교폭력에 직접적인 영향을 미친다고 강조된다(노성호 외, 1999; 도기봉, 2009). 폭력을 사용하는 문화 속에서 폭력적인 행동은 쉽게 용인되고, 폭력 사용에 대한 긍정적인 태도는 학교폭력 가해행동에 더 많은 영향을 주게 된다는 것이다.

이처럼 지역사회의 범죄율과 폭력의 허용 정도에 대한 논의는 다른 한편으로 지역사회가 아동과 청소년을 보호할 수 있는 중요한 보호막의 역할을 할 수 있음을 의미하기도 한다. 일례로, 지역사회의 이웃이 자발적인 마음으로 청소년에게 비공식적인 사회 통제로서 역할을 다할 때, 청소년 범죄에 대한 강력한 효과가 있었다고 보고된 바 있다(Sampson et al., 1997). 비록 가난하고 범죄나 폭력에 노출될 위험에 놓인 지역이라도 청소년의 활동을 감시하고 길거리에서 방황하는 아동이나 학교에서 일탈한 청소년에게 관심을 가지고 훈계하는 성인이 있다면 청소년 비행은 감소한다는 것이다. 이는 학교폭력을 예방 · 근절하기 위해서는 부모나 교사뿐만 아니라 지역사회의 모든 성인들도 사회적 책임을 가지고 이에 적극적으로 관심을 가지며 개입해

야 할 필요성을 시사한다.

5. 학교폭력에 대한 생태학적 접근

지금까지 학교폭력의 원인으로 논의되는 요인들을 개인요인, 가정요인, 학교요인, 사회요인으로 나누어 살펴보았다. 그러나 앞서 나열한 위험요인 하나가 학교폭력 현상의 모든 측면을 설명하거나 학생의 미래를 결정하는 경우는 매우 드문 일이다. 학교폭력 관련 연구 중에는 이러한 각각의 요인이 학교폭력에 미치는 독립적인 영향력을 밝히려는 노력도 있었으나, 일반적으로 많은 학자는 위험요인의 '축적 효과'를 강조하고 있다는 데 주목할 필요가 있다. 학교폭력에 영향을 미치는 개인요인, 가정요인, 학교요인, 사회요인 각각이 학교폭력에 직접적으로 영향을 미치기도 하지만, 이러한 요인이 서로 복합적으로 상호작용하여 누가(累加)될 때 그 위험은 더욱 증가하게 되기 때문이다(Shafii & Shafii, 2006; 이은정, 2003; 조유진, 2006; 도기봉, 2007). 특히, 위험요인이 독립적으로 아동에게 영향력을 미치기보다는 일정 시기에 여러 요인이 동시다발적으로 작용할 때, 누가적인 위험성은 더욱 심각할 수 있다(도기봉, 2008a).

Bronfenbrenner(1977)는 이와 같이 학교폭력에 영향을 미치는 요인의 상호관계에 주목한 입장을 '생태학적 접근'이라는 이름으로 설명하고 있다. 즉, 아동의 성격

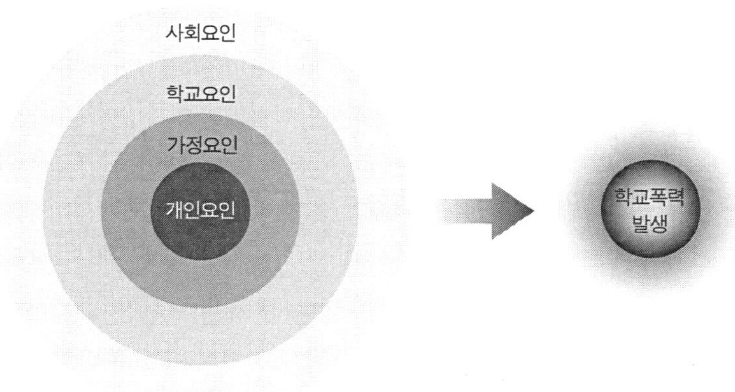

그림 2-1 학교폭력에 영향을 미치는 요인들의 생태학적 접근

적 특성은 이보다 더 큰 하위체계나 사회적 맥락 속에서 어떻게 상호작용하는지에 따라 유지, 수정되기 때문에 괴롭힘을 단일한 요인에 의해 일어나는 것이라기보다는 개인과 그의 가족, 또래 집단, 학교, 지역사회 및 사회적 규범 간의 복잡한 상호작용의 결과로 보아야 한다는 것이다. 사회생태학적 변인으로는 충동성, 불안, 우울과 같은 개인요인, 부모의 학대, 가족폭력에의 노출, 부모 관여 부족 등의 가정요인, 괴롭힘의 수용이나 괴롭힘 집단 여부의 또래 집단 요인, 괴롭힘에 대한 처벌, 학교분위기 등과 관련된 학교요인, 지역사회 내의 범죄나 지역사회와 학교 간의 파트너십 등의 지역사회요인을 들 수 있다. 다양한 요인이 상호작용하며 누적적으로 위험을 어떻게 가중시키는지는 Swearer 등(2011)의 예시를 통해 더욱 이해하기 쉽다. 예컨대, 샐리라는 아동은 좌절을 하면 충동적이고 쉽게 화를 내는 성격이긴 하지만, 그러한 개인적 성격만으로 괴롭힘의 가해를 예측할 수는 없다. 그러나 샐리가 가정에서 바람직하지 않은 분노조절을 보고 배웠으며 형제로부터 괴롭힘을 당하고 있다면 괴롭힘에 관여될 가능성은 높아지게 된다. 더욱이 샐리가 다니는 학교의 교직원이 괴롭힘에 관심을 기울이지 않고 괴롭힘 예방을 위한 특별한 조치를 취하지 않으며, 지역사회가 괴롭힘 행동을 악화시키고 있다면, 샐리는 결국 괴롭힘에 가담할 위험에 처하게 된다.

이처럼 한 아동의 개인적인 특성은 다양한 사회적 맥락과 접하면서 가정요인, 학교요인, 사회요인과의 상호작용에 의해 더욱 강화되거나 축소되기도 한다. 학생에게 학교는 '분풀이'하기에 좋은 장소이기 때문에(Defrance, 2000) 아동은 개인, 가정, 학교, 사회에서 경험하는 어려움을 괴롭힘이라는 문제로 학교에서 표출하곤 한다. 따라서 학교폭력의 문제를 해결하기 위해서는 단지 개인에게 그 탓을 돌리기보다 가정, 학교, 지역사회가 서로 협력할 방법을 함께 모색해 나가려는 노력이 필요하다.

6. 학교폭력 원인과 교사의 역할

지금까지 살펴본 바와 같이 학교폭력에 영향을 미치는 원인은 다양하며, 그러한 요인이 누적적으로 상호작용할 때 학교폭력에 가담할 위험은 높아진다. 그러나 앞서 논의한 학교폭력 위험요인을 많이 가지고 있다고 해서 학교폭력 가해학생이 될 것이라고 섣부르게 예측하거나 낙인(烙印)하는 우(憂)를 범하지 않도록 조심하는 것은

중요하다.

학교폭력 관련 연구는 청소년이 단지 위험요인에 얼마나 노출되었냐보다 자신을 둘러싼 환경을 어떻게 해석하고 반응하는지가 더욱 중요하다고 보고한다(김선희, 2006). 즉, 동일한 부정적 환경일지라도 개인의 특성에 따라서 문제행동을 보일 가능성이 높은 학생과 자신의 삶을 긍정적으로 이끌어 가는 학생이 나타날 수 있다는 것이다. 일례로, 1955년 카우아이 섬에서 태어난 아이들 가운데 극단적으로 열악한 조건에 놓였던 201명의 고위험군 아이들을 종단 연구한 결과, 학교생활에 부적응하거나 폭력 사건에 연루되어 범죄기록을 갖고 있는 비율이 다른 집단의 아동에 비해 높다는 일반적인 결과가 도출되었다. 그러나 3분의 1은 오히려 별다른 문제를 일으키지 않고 유복한 가정에서 태어난 아이들과 마찬가지로 훌륭하게 성장하였다는 결과를 보고하였는데, 이는 다양한 삶의 역경이 있음에도 불구하고 강인한 회복 탄력성을 갖추고 있을 때 온전하게 성장할 수 있다는 것을 시사한다(김주환, 2011).

따라서 앞서 논의한 요인들은 학교폭력의 발생 원인으로만 이해하기보다 학교폭력을 예방하기 위해 어떠한 요인에 관심을 기울여야 하는지 안내해 주는 조언으로 이해하는 것이 중요하다. 실제로 괴롭힘을 가하거나 피해를 당하는 아동은 상대적으로 많은 위험요인을 가지고 있는 반면, 보호요인은 별로 가지고 있지 않은 경우가 많다. 따라서 학교폭력의 문제를 예방하기 위해서는 위험요인을 감소 · 제거하는 동시에 학생의 바람직한 성장을 도울 수 있는 보호요인을 최대한 확대 · 강화하는 것이 중요하다. 즉, 학교폭력 예방 프로그램을 통해 학생의 인식과 행동의 변화를 유도하는 한편, 가정-학교-지역사회가 서로 협력하여 가정의 사회적 지지, 긍정적인 학교 풍토, 안전한 지역사회 문화를 적극적으로 조성해 나가려고 노력할 때 근본적으로 학교폭력의 문제는 감소 · 예방될 수 있다는 것이다. 무엇보다 회복탄력성이 높은 아동의 경우, 아동의 입장을 이해해 주고 받아주는 어른이 적어도 그 아동의 인생 중에 한 명은 있었다는 연구 결과를 볼 때(김주환, 2011), 가정의 상황이 어려울 경우 부모의 기능을 보완할 교사의 역할에 대해서도 다시 고려해 볼 필요가 있다. 실제, 보호관찰을 받고 있는 청소년 또한 다른 어떤 정책적인 대안보다 부모나 교사처럼 주변의 영향력 있는 성인이 폭력사용을 자제하도록 돕고 청소년을 따뜻하게 돌봐 주길 기대하고 있었다는 연구(이춘화, 1999)는 청소년에게 의미 있는 성인의 관심과 돌봄의 중요성을 다시 한번 상기해 주고 있다.

학교폭력은 '전염병'으로 묘사되기도 한다(Shafii & Shafii, 2006). 전염병이 발생한 초기 단계에 신속하고 효과적으로 개입하지 않으면 순식간에 심각한 문제로 확대되는 것과 같이, 학교폭력의 문제도 예방과 초기 대응이 중요하다는 것이다. 따라서 학교폭력을 예방 · 근절하기 위해서는 학교폭력에 영향을 미치는 다양한 요인을 고려하여 가정, 학교, 지역사회의 가용한 자원을 최대한 활용하고 서로 협력하려는 노력이 무엇보다 요구된다.

이 장의 요약

학교폭력에 영향을 미치는 원인은 개인요인, 가정요인, 학교요인, 사회요인으로 나누어 살펴볼 수 있다. 학교폭력과 관련된 학생의 개인요인으로는 성, 연령, 심리적 특성(공격성, 공감능력, 충동성 등), 폭력에 대한 태도, 학업 스트레스 등의 요인들이 논의되는데, 이러한 개인적 요인의 영향력은 연구마다 조금씩 다른 결과를 보이고 있기 때문에 신중히 고려하는 것이 필요하다. 둘째, 학교폭력과 관련된 가정요인으로는 부모의 사회경제적 수준이 영향을 미친다는 논의가 있으나 이러한 구조적 · 사회적 특징보다는 가족 간의 심리적 유대관계나 가정폭력에의 노출 등의 요인이 더욱 영향을 미치는 것으로 논의된다. 셋째, 학교폭력에 영향을 미치는 학교요인으로는 일탈 친구와의 접촉, 학교의 물리적 환경, 교사와 학생의 관계, 학교폭력에 대한 교사의 관심과 개입, 학교풍토 및 문화 등을 들 수 있는데, 교사가 학교폭력에 대해 관심을 가지고 긍정적인 학교문화를 조성해 나갈 때 학교폭력을 효과적으로 예방할 수 있는 것으로 논의된다. 마지막으로 사회요인에는 대중매체, 유해환경, 지역사회의 폭력 허용 정도 등이 있으며, 이러한 요인은 다른 요인과 상호작용하여 부정적 요인의 영향력을 강화하는 것으로 논의된다.

학교폭력의 원인에 대해 논의하고 있는 학자는 앞서 살펴본 다양한 요인이 학교폭력에 독립적으로 영향을 미치기보다는 서로 복합적으로 상호작용하여 누가(累加)되는 효과에 더욱 주목하고 있다. 학교폭력의 문제는 개인, 가족, 학교, 지역사회 간의 복잡한 상호작용의 결과로 고려하는 생태학적 관점으로 접근해야 한다는 것이다. 따라서 학교폭력을 예방하기 위해서도 가정, 학교, 지역사회가 서로 협력할 수 있는 종합적인 방안의 마련이 요구된다. 나아가 다양한 위험요인에 노출되어 있다고 하여 학교폭력의 고위험군 학생으로 낙인하기보다는 학생이 가지고 있는 회복탄력성에 주목하고, 위험요인으로부터 학생을 보호하고 이들의 성장을 지원하기 위한 교사의 역할에 대해 인지할 필요가 있다.

생각해 볼 문제

1. 학창 시절이나 최근 만났던 학교폭력 가해 또는 피해학생을 떠올려 보세요. 그 학생이 그러한 행동을 하였던 원인은 무엇인지 다층적으로 분석해 보세요.
2. 학교폭력에 영향을 미치는 개인요인, 가정요인, 학교요인, 사회요인 가운데 가장 영향력이 크다고 생각하는 요인은 무엇인지, 왜 그렇게 생각하는지 논의해 보세요.
3. 생태학적 접근을 고려할 때, 학교폭력을 예방 · 근절하기 위해서는 어떠한 노력이 시도되어야 하는지 논의해 보세요. 그리고 그러한 노력의 구체적인 사례를 조사하여 공유해 보세요.
4. 학교폭력 원인에 대한 종합적 안목을 가지고 있다고 할 때, 학교폭력을 예방하기 위해서 교사가 할 수 있는 역할은 무엇인지 논의해 보세요.

참고문헌

강진령, 유형근(2000). 집단괴롭힘. 서울: 학지사.

교육부(2012). 학교폭력근절 종합대책. 교육부 2013년 2월 6일 보도자료.

교육부(2013). 2013년 2차 학교폭력 실태조사 및 정보공시 분석결과 발표. 교육부 2013년 11월 29일 보도자료.

권정혜, 이봉건, 김수현(1992). 부모양육변인들과 교우관계변인들이 청소년 초기의 숨은 비행에 미치는 효과. 한국심리학회 학술발표논문집. 한국심리학회, 1992년 10월.

김경(2005). 청소년 비행의 개인적 요인과 사회적 요인의 상호작용에 관한 연구. 숭실대학교 대학원 박사학위논문.

김기헌, 이경상(2006). 청소년 생활시간 활용실태 및 변화. 서울: 한국청소년개발원.

김선희(2006). 청소년기 스트레스가 비행에 미치는 영향에 관한 연구: 부모감독 및 자아개념 상호작용 효과 중심으로. 이화여자대학교 석사학위논문.

김소명, 현명호(2004). 가정폭력이 집단괴롭힘 행동에 미치는 영향: 사회인지와 정서조절을 중심으로. 한국심리학회지: 임상, 23(1), 17-31.

김영한, 이명진, 이승현(2005). 청소년 문제행동 종합대책 연구 III. 한국청소년개발원.

김재엽(1998). 한국 가정폭력 실태와 사회계층 변인과의 관계 연구. 한국사회복지학, 35, 133-155.

김주환(2011). 회복탄력성: 시련을 행운으로 바꾸는 유쾌한 비밀. 경기: 위즈덤하우스.

김혜원, 이혜경(2000). 집단괴롭힘의 가해와 피해행동에 영향을 미치는 사회적, 심리적 변인들. 한국심리학회지: 사회 및 성격, 14(1), 45-64.

노성호, 김성언, 이동원, 김지선(1999). 청소년의 집단따돌림에 관한 연구. 형사정책연구원.

도기봉(2007). 학교폭력 가해행동에 영향을 미치는 요인에 관한 연구. 대구대학교 대학원 박사학위논문.

도기봉(2008a). 학교폭력에 영향을 미치는 공격성과 생태체계요인의 상호작용효과. 청소년복지연구, 10(2), 73-92.

도기봉(2008b). 학교요인이 학교폭력에 미치는 영향에서 개인요인의 조절효과. 청소년복지연구, 10(3), 51-74.

도기봉(2009). 지역사회 환경적 요인이 학교폭력에 미치는 영향: 공격성을 중심으로. 한국지역사회복지학, 29, 83-103.

박영신, 김의철(2001). 학교폭력과 인간관계 및 청소년의 심리 행동 특성: 폭력가해, 폭력피해, 폭력무경험 집단의 비교를 중심으로. 한국심리학회지: 사회문제, 7, 63-89.

박종효(2005). 또래 공격행동 및 피해행동에 대한 이해: 선행요인 탐색과 문제행동에 미치는 영향. 한국심리학회지: 발달, 18(1), 19-35.

박종효(2007). 학교폭력 가해행동에 대한 이해: 대인관계의 매개효과. 교육학연구, 45(1), 1-24.

박효정, 정미경(2005). 학교폭력 실태의 이해와 진단. 한국교육개발원.

박효정, 정미경(2006). 질적 분석을 통한 학교폭력 현상의 이해. 한국교육, 33(4), 167-197.

박효정, 정미경, 박종효, 한세리(2006). 학교폭력 실태조사. 한국교육개발원.

신성자(2005). 학교폭력, 가해, 피해 그리고 대응 관련 요인. 사회과학, 17, 111-142.

신혜섭(2005). 중학생의 학교폭력 유형에 영향을 미치는 변인: 가해경험, 피해경험, 가해 · 피해 중복경험에 대한 분석. 청소년학연구, 12, 123-149.

오인수(2010). 괴롭힘을 목격한 방관자의 행동에 영향을 미치는 심리적 요인: 공감과 공격성을 중심으로. 초등교육연구, 23(1), 45-63.

이상균(2005). 청소년의 또래폭력 가해경험에 대한 생태 체계적 영향 요인. 한국아동복지학, 19, 141-170.

이수경, 오인수(2012). 충동성, 공격성과 직접, 관계적 괴롭힘 가해의 관계에서 죄책감의 매개효과 분석. 상담학연구, 13(4), 2017-2032.

이은정(2003). 학교체계요인이 집단따돌림 가해경험에 미치는 영향에 관한 연구: 가해경험 집단을 중심으로. 연세대학교 대학원 석사학위논문.

이은주(2001). 공격적 행동의 유형 및 성별에 따른 집단괴롭힘 가해아동과 피해아동의 또래관계 비교. 아동학회지, 22, 167-180.

이춘재, 곽금주(1999). 학교에서의 집단따돌림: 실태, 특성 및 대책. 서울: 집문당.

이춘재, 곽금주(2000). 집단따돌림 경험 유형에 따른 자기개념과 자회적지지. 한국심리학회지: 발달, 13(1), 65-80.

이춘화(1999). 청소년폭력 가해자와 가해집단에 관한 연구. 한국청소년개발원.

임영식(1998). 학교폭력에 영향을 미치는 요인에 관한 연구. 청소년학연구, 5(3), 1-26.

장덕희(2004). 가정폭력 경험특성이 자녀의 정서적, 행동적, 사회적 부적응에 미치는 영향. 청소년학연구, 11(3), 65-91.

장영애, 이영자, 송보경(2007). 청소년 또래 괴롭힘에 대한 성격 특성과 스트레스의 영향. 아동권리연구, 11(1), 101-119.

장희숙(2003). 아내 폭력가정 자녀의 적응에 영향을 미치는 요인들: 쉼터 거주 아동을 중심으로. 한국사회복지학, 11(3), 65-91.

전상혁(2005). 청소년 유해환경 변화와 청소년 보호전략: 학교폭력을 중심으로. 연세대학교 석사학위논문.

정제영, 박주형, 이주연(2012). 학교폭력실태와 학교폭력근절 종합대책의 효과성 논의. 이화여자대학교 학교폭력 예방연구소.

조유진(2006). 집단괴롭힘 목격과 피해경험의 가해와 경로에 대한 중재요인. 숙명여자대학교 대학원 박사학위논문.

한종철, 이민아, 이기학(1999). 초등학생의 집단괴롭힘 개입 유형과 심리적 특성과의 관계: 자아존중감, 우울, 불안을 중심으로. 한국심리학회지: 상담과 심리치료, 11(1), 95-108.

Baldry, A. C. (2003). Bullying in schools and exposure to domestic violence. *Child Abuse and Neglect, 27*, 713-732.

Bandura, A. (1973). *Aggression: a social learning analysis*. NJ: Prentice Hall.

Bernstein, J. Y., & Watson, M. W. (1997). Children who are targets of bullying: a victim pattern. *Journal of Interpersonal Violence, 12*(4), 483-498.

Bosworth, K., Espelage, D. L., & Simon, T. R. (1999). Variables associated with bullying behavior in middle school student. *The Journal of Early Adolescence, 19*, 341-362.

Bradshaw, C. P., Sawyer, A. L., & O'Brennan, L. M. (2007). Bullying and peer victimization at school: perceptual difference between students and school staff. *School Psychology Review, 36*, 361-382.

Bronfenbrenner, U. (1977). Toward an experimental ecology of human development. *American Psychologist, 32,* 513-531.

Coie, J. D., & Jacobs, M. R. (2000). The role of social context in the prevention of conduct disorder. In W. Craig (Ed.), *Childhood social development: the essential readings* (pp. 350-371). Oxford, UK: Blackwell Publishers.

Crick, N. R., & Grotpeter, J. K. (1995). Relational aggression, gender, social-psychological adjustment. *Child Development, 66,* 710-722.

Defrance, B. (2000). 학교에서의 폭력 (전주호 역). 서울: 백의.

Demaray, T. R., & Malecki, M. K. (2003). Perceptions of the frequency and importance of social support by students classified as victims, bullies, and bully/victims in an urban middle school. *School Psychology Review, 32,* 471-489.

Duncan, R. D. (1999). Maltreatment by parents and peers: the relationship between child abuse, bullying victimization, and psychological distress. *Child Maltreatment, 4,* 45-55.

Elliott, M. (1986). *Keeping safe: a practical guide to talking with children.* London: Hodder and Stoughton.

Espelage, D. L., Bosworth, K., & Simon, T. R. (2000). Examining the social context of bullying behaviors in early adolescence. *Journal of Counseling and Development, 78,* 326-333.

Farrington, D. P., & Loeber, R. (2000). Epidemiology of juvenile violence. *Child and Adolescent Psychiatric Clinics of North America, 9*(4), 733-748.

Flouri, E., & Buchanan, A. (2003). The role of mother involvement and father involvement in adolescent bullying behavior. *Journal of Interpersonal Violence, 18,* 634-644.

Franz, D. Z., & Gross, A. M. (2001, January). Child sociometric status and parent behaviors: an observational study. *Behavior Modification, 25*(1), 3-20.

Fraser, M. (1996). Aggressive behavior in childhood and early adolescence: an ecological-developmental perspectives on youth violence. *Social Work, 41*(4), 347-361.

Griffiths, M. (1999). Violent video games and aggression: a review of the literature. *Aggression & Violent Behavior, 4,* 203-212.

Hawkins, J., Herrenkohl, T., Farrington, I., Brewer, D., Catalano, R., Harachi, T., & Cothern, L. (2000). *Predictors of youth violence. Juvenile Justice BulletinI.* Washington, DC: U.S. Department of Justice.

Houndoumadi, A., & Pateraki, L. (2001). Bullying and bullies in Greek elementary schools: pupils' attitudes and teacher'/parents' awareness. *Educational Review, 53*(1), 19-26.

Hubbard, J. A. (2001). Emotion expression processes in children's peer interaction; the role of peer rejection, aggression, and gender. *Child Development, 72,* 1426-1438.

Jolliffe, D., & Farrington, D. P. (2004). Empathy and offending: a systematic review and meta-analysis. *Aggression and Violent Behavior, 9,* 441-476.

Kasen, S., Berenson, K., Cohen, P., & Johnson, J. (2004). The effects of school climate on changes in aggressive and other behaviors related to bullying. In D. L. Espelage & S. M. Swearer (Eds.), *Bullying in American schools: A social-ecological perspective on prevention and intervention* (pp.187-210). Mahwah, NJ: Erlbaum.

Kasen, S., Cohen, P., & Brook, J. S. (1998). Adolescent school experiences and dropout, adolescent pregnancy, and young adult deviant behavior. *Journal of Adolescent Research, 13*, 49-72.

Ladd, G. W. (1999). Peer relationships and social competence during early and middle childhood. *Annual Review of Psychology, 50*, 333-359.

Macklem, G. L. (2006). 학교 따돌림의 지도와 상담 (황혜자, 김종운 공역). 서울: 동문사.

Muscari, M. (2002). Media violence: advice for parents. *Pediatric Nursing, 28*(6), 585-591.

Olweus, D. (1978). *Aggression in the schools: bullies and whipping boys*. Washington, DC: Hemisphere.

Olweus, D. (1993). *Bullying at school: what we know and what we can do*. MA: Blackwell Publishers.

Orpinas, P., & Horne, A. M. (2006). *Bullying prevention: creating a positive school climate and developing social competence*. Washington DC: American Psychological Association.

Park, J., Essex, M. J., Zahn-Waxler, C., Armstrong, J. M., Klein, M. H., & Goldsmith, H. H. (2005). Relational and overt aggression in middle childhood: early child and family risk factors. *Early Education and Development, 16*, 233-257.

Roland, E. (1988). *Reported in council for cultural cooperation report of the European teachers seminar on bullying in schools*. Strasbourg: CCC.

Rosenberg, M. (1978). Self-esteem and delinquency. *Journal of Youth and Adolescence, 7*(3), 272-294.

Ross, D. (1996). *Childhood bully and teasing: what school personnel, other professionals and parents can do*. Alexandria, Virginia: American Counseling Association.

Rossman, S. B., & Morley, E. (1996). Introduction. *Education and Urban Society, 28*(4), 395-411.

Sampson, R. J., Raudenbush, S. W., & Earls, F. (1997). Neighborhoods and violent crime: a multi-level study of collective efficacy. *Science, 277*, 918-924.

Shafii, M., & Shafii, S. L. (2006). 학교폭력: 평가, 관리, 예방 (김상식, 황동현, 정일미 공역). 서울: 하나의학사.

Simmons, R. (2002). *Odd girl out: the hidden culture of aggression in girls*. New York:

Harcourt.

Solberg, M. E., Olweus, D., & Endresen, I. M. (2007). Bullies and victims at school: Are they the same pupils?. *British Journal of Educational Psychology, 77*, 441-464.

Swearer, S. M., Espelage, D. L., & Napolitano, S. A. (2011). 괴롭힘의 예방과 개입: 학교에서 어떻게 도울 것인가 (이동형, 이승연, 신현숙 공역). 서울: 학지사.

Troy, M., & Sroufe, L. A. (1987). Victimization among preschoolers: role of attachment relationship history. *Journal of the American Academy of Child and Adolescent Psychiatry, 26*, 166-172.

Warner, B. S., Weist, M. D., & Krulak, A. (1999). Risk factors for school violence. *Urban Education, 34*, 52-58.

Warr, M., & Stafford, M. (1991). The influence of delinquent peers: what they think or what they do? *Criminology, 29,* 851-865.

Wiegman, O., & van Schie, E. G. (1998). Video game playing and its relations with aggressive and prosocial behavior. *British Journal of Social Psychology, 37*, 367-387.

학교폭력의 영향

〈학습개요 및 학습목표〉

이 장에서는 학교폭력이 미치는 영향의 특성을 개관하고 개인과 학교에 미치는 영향을 다룬다. 학교폭력이 미치는 영향은 관련 당사자에 국한되지 않고 매우 광범위하다. 이런 점에서 피해학생에 대한 영향만이 아니라 가해학생과 주변학생에 대한 영향을 포함하여 다룰 것이다. 더 나아가서 학교폭력이 전체 학교 공동체에 미칠 수 있는 영향에 대해 알아보고자 한다.

이 장의 구체적인 학습목표는 다음과 같다.

1. 학교폭력이 미치는 영향의 특성을 설명할 수 있다.
2. 학교폭력이 발생했을 때 개인 수준과 학교 수준에서 나타날 수 있는 다양한 피해 양상과 결과를 설명할 수 있다.
3. 학교폭력의 부정적 영향과 결과를 예상하고 그 피해가 확대되지 않도록 최소화할 수 있다.

1. 학교폭력 영향의 특성

학생은 학교를 다니면서 또래 학생과 상호작용을 하며 또래 집단과의 관계를 형성한다. 또래 집단에서의 상호관계는 학생의 성장과 발달에 매우 결정적인 영향을 미친다. 또래 집단과 친구 관계를 형성함으로써 정서적 안정감을 얻기도 하고 타인에 대해서 인식하게 되며, 더 나아가서는 다른 사람과 더불어 살 수 있는 사회적 존재로서 성장해 나아간다.

학생이 끊임없이 맺게 되는 친구 관계나 우정 관계는 항상 긍정적일 수만은 없다. 현실 세계에서 인간관계가 긴장과 갈등을 유발하듯이, 또래 학생 사이의 관계도 긍정적인 측면과 부정적인 측면이 공존한다. 이렇게 보면 심하지 않은 수준의 친구 간의 다툼이나 놀림 등과 같은 행동은 학생이 집단생활을 하면서 자연스럽게 경험하

게 되는 것 가운데 하나라고 볼 수 있다. 핵심 문제는 이러한 다양한 경험이 이후 성장과 발달에 긍정적으로 작용할 수 있도록 하는 데 있다. 즉, 비록 부정적인 경험을 하더라도 그것을 어떻게 적절하게 대처하는가가 더 중요하다는 것이다.

학생이 학교에서 겪게 되는 많은 경험 중 학교폭력은 가볍게 간주할 수 없는 유형의 일이다. 학교폭력은 학생 간에 발생할 수 있는 여러 가지 문제 중에서도 가장 부정적이고 파괴적인 영향을 미치는 문제행동이기 때문이다(송재홍 외, 2012). 학교폭력이 자살이라는 극단적인 행동으로까지 이어지는 최근의 사례는 학교폭력의 심각성을 가장 잘 보여 주는 예라고 할 수 있다. 이런 점에서 학교폭력의 원인과 예방에 대한 관심 외에도 학교폭력이 초래하는 영향과 피해에 대한 관심도 중요하다.

학교폭력은 가능하면 발생하지 않도록 예방하는 것이 중요하지만, 사안이 발생했을 경우 가해자와 피해자, 그리고 주변 사람들의 피해를 최소화하는 것이 무엇보다 중요하다. 사람이 집단을 이루어 살아가는 한 갈등이나 긴장과 같은 부정적 경험을 완벽히 통제할 수는 없기 때문에 누구나 학교폭력의 피해자나 가해자가 될 수 있는 가능성에 노출되어 있다. 우연적으로 학교폭력에 노출될 가능성이 있다면, 그 피해를 어떻게 최소화할 수 있는가를 고민하는 것도 중요하다. 이와 같은 학교폭력 발생을 미연에 방지할 뿐만 아니라, 학교폭력이 발생되었을 때 피해를 최소화하고 관련자가 다시 정상적인 삶으로 돌아가도록 도움을 주기 위해서는 일차적으로 학교폭력이 개인과 집단에 미치는 영향을 살펴보는 것이 필요하다.

이와 같은 학교폭력의 영향은 여러 결과가 복합적으로, 반복적으로, 때로는 잘 드러나지 않게 나타난다. 또한 삶의 전반에 걸쳐 광범위하게, 개인의 특성에 따라 다양하게, 시간적으로는 장기간에 걸쳐 지속적으로 작용한다. 무엇보다도 주목할 것은 학교폭력의 영향은 그 결과가 매우 심각하고 중대하지만 적절한 대응이 이루어질 경우 회복될 수 있다는 특징이 있다. 이와 같은 특성을 구체적으로 설명하면 다음과 같다.

1) 복합성

학교폭력의 영향은 여러 방면과 차원에서 작용한다는 특성을 지니고 있다. 학교폭력은 한 개인의 성장 및 발달과 관련된 모든 영역에 영향을 줄 수 있다. 즉, 단순

히 폭력에 의한 신체적 상해에 그치는 것이 아니라 심리적 · 정서적 피해, 부정적 인성의 형성, 대인관계와 적응의 문제, 그리고 학습저하 등에 이르기까지 한 개인의 모든 측면에 걸쳐서 작용할 수 있다. 뿐만 아니라, 학교폭력 피해경험은 피해자에게 분노, 공격성 등을 유발함으로써 다른 사건의 가해자가 되도록 하기도 한다. 이런 점에서 학교폭력의 영향은 단선적인 성격을 갖기보다는 복합적이며 중층적인 측면을 지니고 있다고 할 수 있다.

2) 반복성

학교폭력의 영향은 일회적이기보다는 반복적으로 유지되는 특성이 있다. 이런 경향은 학교폭력의 발생 형태와도 밀접히 관련된다. 학교폭력은 보통 반복적으로 되풀이되고 지속적으로 유지되는 경향이 있기 때문이다. 이와 같은 학교폭력의 반복적이고 지속적인 경향은 피해학생에게 심리적 모멸감과 자괴감을 안겨 주고, 심각한 정신적 상처를 입혀 자칫 삶의 의욕을 상실하게 할 수도 있다(박효정, 2012). 그러나 그와 같은 지속성은 반복적인 폭력 때문에 발생하는 것만은 아니다. 학교폭력 피해학생은 그 사건이 종료되더라도 신체적 · 정신적 후유증이 남아서 상당 기간 동안은 심리적 · 정서적으로 부정적인 상황에 처하게 된다. 반면 일회적인 학교폭력이라고 하더라도 그 영향은 폭력 발생 순간에만 국한되는 것이 아니라 일상적인 생활 속에서 반복적으로 유지되어 나타날 수 있다.

3) 잠재성

학교폭력의 영향은 당사자가 아니면 주변에서 그 심각성을 알기 힘들 수 있다는 특징이 있다. 학교폭력이 발생했을 때 겉으로 보기에는 아무런 문제가 없어 보이지만 실상은 심각한 문제가 드러나지 않고 잠재되어 있을 수 있다는 것이다. 예를 들어, 언어적이거나 정신적인 폭력의 경우 당사자가 겪는 스트레스는 무척 크지만 겉으로 드러나지 않는 경우가 많다. 그렇지만 정신적 스트레스는 지속되거나 누적된다면 불안, 대인기피, 자살 충동과 같은 심각한 후유증을 야기할 수도 있다. 학교폭력을 심각하게 대처해야 하는 이유 가운데 하나는 이처럼 폭력의 영향이 명시적으로

나타나는 것이 아니라 잠재되어 있을 가능성이 높다는 데 있다.

4) 광범위성

학교폭력의 영향은 광범위하다는 특징이 있다. 어떤 경험이나 행동의 영향은 보통 그것을 겪은 특정 대상에 한정되는 경우가 많으나, 학교폭력이 발생하면 가해자와 피해자의 문제만이 아니라 그들을 둘러싼 여러 사람들이 모두 영향을 받을 수 있다. 학교폭력이 발생하면 그 영향은 관련된 개개인에 머무르지 않고 그들이 소속된 집단 전체에 광범위한 영향을 미칠 수 있다는 것이다. 더 나아가 이와 같은 과정을 통하여 학교폭력은 학교 전체의 사회심리적 환경과 풍토에까지 영향을 미치게 된다. 예를 들면, 학교폭력이 빈번히 발생하는 학교에서는 긍정적인 학습 문화가 쉽게 형성되지 않고 심리적 · 정서적으로 안정되지 않는 분위기가 나타나는 것을 들 수 있을 것이다. 이런 점에서 학교폭력의 영향은 관련된 개개인에게 한정되지 않고 집단적 성격을 지닌다고 할 수 있다.

5) 시간적 누적성

시간상으로 보면 학교폭력은 장기적이고 누적적인 영향을 미친다. 청소년기의 학교폭력 경험은 그 당시에도 심각한 영향을 미칠 수 있지만, 이후 어른이 된 후에도 영향을 미칠 수 있는 장기적인 특성이 있다. 어린 시절에 폭력 경험이나 억압당한 경험이 있는 사람이 성인이 된 후에 오히려 폭력 성향이나 공격성이 증가할 수 있는 것과 유사하다. 학교폭력의 단기적 영향은 바로 증상이 나타나고 그로 인한 문제점이 인지된다는 점에서 대처가 가능하다. 그렇지만 장기적으로 미치는 영향은 개인의 성장 과정 속에 내재하거나 잠복해 있기 때문에 문제로서 인지할 기회를 놓치는 경우가 많고 해결하기 위한 적절한 대처가 어렵다는 특징을 지닌다. 이런 점이 학교폭력 예방과 적절한 대처가 중요한 이유다.

6) 개인적 특수성

학교폭력이 미치는 영향의 특징은 폭력의 피해가 개인의 특성에 따라 다르게 나타날 수 있다는 것이다. 대표적으로 성별에 따라서 나타나는 학교폭력 피해의 차이를 들 수 있다. 특히 여학생은 남학생보다 상대적으로 언어적 · 정서적 폭력에 취약하여 피해의 심각성이 크게 나타난다. 한 실태조사에 따르면(청소년폭력예방재단, 2011: 68), 학교폭력의 피해 유형은 전체적으로 '맞았다'(1위), '욕설이나 모욕적인 말을 들었다'(2위), '말로 협박이나 위협을 당했다'(3위) 순으로 나타났지만, 여학생의 경우는 '욕설이나 모욕적인 말을 들었다'(33.6%)의 비율이 상대적으로 높았다고 보고하고 있다. 또한 남학생의 경우 여학생에 비해 가해 및 피해 비율이 높게 나타나고 있다(최태진 외, 2006). 이런 점은 보통 남학생이 여학생보다 학교폭력에 더 많이 노출되어 있다는 점도 관련되어 있다. 즉, 학교폭력의 영향이 개인의 특성에 따라서 다르게 나타날 수 있음을 보여 준다.

7) 회복 가능성

학교폭력을 경험한 학생 모두가 부적응하고 정신건강에 심각한 문제가 발생하는 것은 아니라는 점도 주목할 만하다. 학교폭력 피해가 현실적으로 나타나는 과정에서 학교폭력 경험의 부정적 영향을 완화시켜 주는 요인이 있을 수 있다. 예컨대, 학교폭력 피해 양상이 피해경험 학생의 개인요인과 사회적 관계에 따라서 다르게 나타날 수 있다. 학교폭력 피해경험은 교사 관계와 부모 관계가 부정적일수록 우울과 불안, 위축, 주의집중 문제를 보다 증가시키는 것으로 나타났으며, 부모 관계와 친구 관계가 부정적인 학생일수록 비행과 공격성의 문제가 더욱 심각하게 나타났다(윤소영, 유미숙, 2011). 이는 달리 말하면 부모 관계나 친구 관계가 친밀한 학생은 학교폭력의 피해가 완화될 수 있다는 것을 함의한다. 주위 환경이나 요인에 의해서 학교폭력의 피해가 회복될 수 있다는 것이다. 학교폭력의 피해는 모든 경우마다 반드시 발생하는 것은 아니며, 사후 조치가 어떻게 이루어지는가에 따라서 빠른 시일내에 회복될 수도 있고 오랜 기간 동안 지속적으로 영향을 미칠 수도 있다.

2. 개인에 대한 영향

여기서는 학교폭력이 개인에게 미치는 영향을 살펴본다. 학교폭력이 개인 수준에서 영향을 미칠 수 있는 사람들은 피해자, 가해자, 그리고 방관자 등이 있다.

1) 피해학생에 대한 영향

(1) 신체적 상해

학교폭력의 가장 직접적인 영향은 피해경험 학생의 신체적 피해다. 가장 먼저 생각해 볼 수 있는 것은 폭력에 의한 직접적인 신체적 상해다. 학교폭력의 양상에는 물리적 폭력이 포함되어 있는 경우가 많으므로 대부분의 학교폭력 피해경험 학생은 신체적 피해를 입게 된다. 신체적 폭력 피해경험은 초등학교보다는 중 · 고등학교로 올라갈수록, 그리고 남학생일수록 피해경험이 더 많고 심각해지는 특징이 있다(박효정, 2006).

학교폭력은 간접적인 영향도 있어서 피해학생에게 수면장애, 틱, 식욕감퇴 등과 같은 생리적 증상을 일으킬 수 있다. 특히 직접적인 물리적 폭력이 포함되지 않았더라도 정신적 스트레스에 의한 소화불량, 불면증 등의 신체적 증상이 나타날 수 있다. 학교폭력을 당하게 되면 식욕감퇴와 무기력증을 호소하는 경우가 많다(최태진 외, 2006; Cohen, 2006). 또, 밤에 잠을 잘 이루지 못하고 아침에 일어나기를 싫어하거나 악몽이나 몽유병과 같은 증상이 나타나기도 한다(O'Moore & Minton, 2004). 더 나아가서는 괴로움과 분노에 따른 자해로 스스로 상해를 입는 경우도 발생할 수 있고, 극단적으로는 집단괴롭힘이나 폭력에 의해서 자살로 이어지는 사건이 나타나기도 한다.

피해학생에게 나타나는 신체적 증상은 학교폭력의 2차적인 피해를 예방할 수 있는 중요한 단서가 된다. 어떤 학생에게서 평소와 다른 행동이나 신체적 증상이 나타날 경우 학교폭력에 노출되어 있을 가능성이 있다는 것이다. 이런 점에서 학교폭력이 발생하면 당시의 피해에만 관심을 둘 것이 아니라 이후 나타나는 신체적 증후들을 유심히 살피고 적절한 대처와 개입이 이루어질 필요가 있다.

(2) 심리적 · 정서적 문제

학교폭력의 피해경험은 피해학생에 대하여 정서적 측면에서 많은 부정적 결과를 초래한다. 학교폭력의 신체적 영향은 눈에 쉽게 발견된다는 점에서 사건 발생 시 신속하게 인지하고 대응하기에 용이하지만, 심리적 · 정서적 영향은 관찰하기 어렵고 광범위하며 지속적인 특징을 지닌다는 점에서 더 심각하다.

학교폭력 피해학생은 일차적으로 불안, 초조함, 공포, 두려움 등이 증가하게 되고 우울, 자존감 저하, 의욕부족, 위축, 무력감 등이 나타날 수 있다. 학생이 학교에서 폭력을 당하는 경우 죽거나 다치는 것에 대한 과도한 걱정, 자존심의 하락 등이 나타날 수 있다(Freeman, Mokros, & Poznanski, 1993). 또, 학교폭력을 경험한 학생은 자아존중감이 낮고, 불안이 높으며, 행복감과 만족감이 낮고, 친구로부터 인기가 없다고 인식하는 경향이 있다(양계민, 정현희, 1999). 이와 같은 심리적 위축과 좌절감이 더욱 심해지면, 비참함, 수치심, 고립감 등과 같은 보다 심각한 수준으로 이어진다.

학교폭력이 피해학생에게 주는 영향은 항상 위축감이나 무력감처럼 상황 회피적인 결과만을 초래하는 것은 아니다. 어떤 경우에 학교폭력은 피해학생으로 하여금 두려운 감정과 함께 오히려 강한 분노 감정을 표출하게 한다. 폭력 경험에 의한 자존감 하락은 그것을 만회하고자 하는 반작용으로 공격성이나 분노반응으로 이어질 수 있다(Freeman, Mokros, & Poznanski, 1993). 다음 〈표 3-1〉에서 보듯이 학교폭력 피해경험이 있는 초등학생이 이후 가장 많이 경험하는 감정으로 복수하고 싶다는 것을 들고 있다(최태진 외, 2006).

표 3-1 학교폭력 피해 후 피해자의 감정

(단위: 명, %)

창피함	학교가 싫음	전학 가고 싶음	복수하고 싶음	아무렇지 않음
190(9.1)	239(11.4)	16(7.7)	1,048(50.1)	454(21.7)

출처: 최태진 외(2006: 624).

더 나아가서 학교폭력 피해경험 학생은 가해학생에 대한 복수심과 증오심을 가지면서 동시에 자신에 대한 학대와 미움 등을 경험한다. 이와 같은 자신에 대한 책망은 가출, 자살 충동 등과 같은 극단적인 상황으로까지 이어지게 한다. 한 조사에 의하면 학교폭력 경험자 중 44.7%가 자살을 생각해 보았다고 응답하였다(청소년폭력예방재

단, 2013). 물론 생각과 실제 행동에는 차이가 있겠지만 학교폭력의 괴로움과 심각성을 극명하게 잘 보여 주는 결과라고 할 수 있다.

이처럼 학교폭력은 피해자로 하여금 심각한 심리적 · 정서적 문제를 야기한다. 이러한 문제는 위축이나 무력감과 같은 소극적 형태가 아니라 두려움이나 공포감 등으로 정상적인 일상생활이 불가능할 만큼 부적응을 일으키기도 하고, 공격성, 증오, 분노와 같이 타인에게 피해나 상해를 입힐 수 있는 방향으로 나아가게 하기도 한다. 학교폭력은 피해자의 심리와 정서적 상태에 심각한 불균형을 가져오게 함으로써 일상적인 생활에 큰 문제점을 야기할 수 있다.

(3) 인성 및 성격 장애

폭력의 피해경험은 올바른 성격 형성에도 부정적인 영향을 미친다. 여기에는 정체감 혼란, 자기비하, 공격적 성향, 회피적 경향 등의 문제가 포함될 수 있다. 학교폭력 피해자에게 나타나는 가장 심각한 문제는 폭력경험이나 고립감에서 나타나는 우울이나 불안과 같은 특성이 내면화되어 자신의 성격이나 인성으로 굳어지는 것이다. 학교폭력이나 괴롭힘의 경험과 자아존중감의 관계는 상당한 연관성을 갖는다. 장시간 학교폭력이나 집단따돌림 등을 당하다 보면 자아존중감이 낮아지고 자신감을 상실하게 되며, 결과적으로는 폭력과 따돌림을 당한 자신을 원망하는 상태에 이르게 된다. 성격이나 인성에 대한 부정적 영향은 또 다른 피해와 밀접히 관련되어 있다는 점에서 피해자의 입장에서 가장 근본적인 문제라고 할 수 있다.

(4) 정신적 후유증과 정신질환

학교폭력 피해경험은 하나의 스트레스 요인이기 때문에 피해자의 정신건강에 부정적인 영향을 미친다. 학교폭력 피해학생은 지속적인 폭력, 불안, 두려움 속에서 전전긍긍하며 정신적으로 고통스러운 삶을 살아간다. 폭력에 의한 정신적 후유증으로는 외상후 스트레스 장애와 급성 스트레스 장애가 대표적인 질환으로 알려져 있다. 직접적으로 폭력을 경험한 사람의 12% 정도는 이후에 외상후 스트레스 장애를 경험하는 것으로 나타났다(Layne, Pynoos, & Cardenas, 2006). 폭력에 노출된 후 정신과 외래치료를 받고 있는 청소년을 대상으로 한 연구에 따르면(Horowitz, Weine, & Jekel, 1995), 과도한 각성, 사건의 재경험 및 회피 증상 등을 경험하는 것으로 나타났

다. 학교폭력을 만성적으로 경험하는 경우 외상후 스트레스 장애로 인한 증상은 물론, 자아기능의 심각한 손상으로 대인공포, 우울장애, 정신병 등을 동반할 수 있다(송동호 외, 1997).

학교폭력이 사소한 수준이라면 일시적인 부정적 감정 경험과 자존감의 상실 정도로 그치겠지만, 심각하고 장기적인 폭력이라면 정신적 후유증이나 정신질환으로까지 이어진다. 학교폭력 피해학생의 정신병 실태조사에서 학교폭력 피해자는 불안, 우울증, 공격성, 대인 예민성, 강박증상, 편집증 등과 같은 문제를 보이는 것으로 나타났다(신성웅 외, 2000). 또 학교폭력 피해 결과 보고에 따르면 정신적으로는 불안감이 56.1%, 그리고 정신과 치료를 요하는 정도가 3.2%로 나타났다(청소년폭력예방재단, 2008). 학교폭력이 지속될 경우, 피해학생에게 우울증, 불면증, 자살 충동. 공격 성향의 증대와 같은 정신적인 후유증을 야기하고 뇌 발달에도 영향을 줄 수 있다(김봉년, 2012). 학교폭력은 가해자와 피해자가 같은 공간에서 생활하는 경우가 많기 때문에 학교폭력이 장기적으로 지속될 가능성이 높아 신체적 피해는 물론 정신적 피해로 이어질 가능성이 높다.

> 중학교 2학년인 B양은 초등학교 때부터 집단따돌림을 당해 왔다. 중학교에 진학하면 나아질 것이라고 생각했지만 점점 더 심해졌다. 초등학교 동창들이 중학교까지 따라와 '왕따 당하다 온 찐따'라는 소문을 내면서다. 중학교에 와 사귄 친구들까지 B양을 따돌려 큰 충격을 받았다. 그런데도 학교는 물리적 폭력이나 물증이 없다는 이유로 사실상 손을 놓고 있었다. 결국 B양은 정신과에서 우울증과 대인기피증, 불면증 치료를 받고 있다(국민일보, 2013. 4. 22.).

(5) 문제행동과 일탈

학교폭력은 피해를 당한 학생에게 심리적인 영향뿐만 아니라 행동과 태도의 측면에서 영향을 미친다. 학교폭력 경험 이후 행동과 태도의 변화는 심리적 · 정서적 영향과 밀접하게 관련되어 있다. 그럼에도 불구하고 심리적 · 정서적인 영향이 실제 문제행동과 바람직하지 않은 태도로 나타나는 것은 별개의 문제다. 행동적 측면에서 학교폭력은 피해학생에게 공격성과 폭력행동, 비행 및 일탈 행동 등을 유발시킬 수 있다.

학교폭력의 피해경험이 폭력행동을 유발시키는 이유는 다양하다. 그 가운데 하나는 폭력의 경험이 심리적 반응으로서 분노와 과잉 대응을 야기하는 요인으로 작용한다는 것이다. 학교폭력의 피해경험은 대체로 자신에 대한 자존감을 낮추는 방향으로 작용하여 피해자의 심리적 · 정신적 위축감을 야기한다. 그러나 경우에 따라서는 피해자에게 분노 감정에 의한 과잉 대응을 유발하여 피해자를 종종 가해자로 만들기도 한다. 예를 들어, 이전에 발생한 크고 작은 괴롭힘이 누적되어 한순간에 폭력적인 가해행동으로 분출된 사례가 대표적이라고 할 수 있다. 폭력 피해의 괴로움이나 두려움으로부터 벗어나기 위해서 우발적인 과잉 대응이나 폭력을 행사함으로써 또 다른 사건을 일으키거나 당하기도 한다는 것이다.

학교폭력 피해경험이 또 다른 폭력행동으로 이어지는 데에는 폭력경험으로 인한 공격성의 증가와 관련되어 있다. 한 연구에서는 부모학대가 학교폭력 피해경험을 매개하여 공격성에 영향을 미친다는 것을 보고하고 있다(김재철, 최지영, 2011). 실제로 피해학생은 가해학생에게 복수 충동을 느낀다. 한 연구에서는 피해학생의 70.7%가 가해학생에 대한 복수 충동을 느꼈다고 응답하였다(청소년폭력예방재단, 2013). 지속적인 폭력 피해경험은 피해자에게 억압과 불안감을 갖게 함으로써 내면적인 공격성을 증가시킬 수 있다. 이는 많은 학교폭력 사례에서 가해자와 피해자를 엄격하게 구분하기 힘들게 하는 요인이기도 하다.

피해자가 분노나 복수 감정으로 가해자에게 폭력행동을 행사하는 것은 일종의 우발적으로 나타난 반응적 행동이라는 점에서 그렇게 심각한 것은 아닐 수 있다. 우리가 학교폭력이 폭력행동에 미치는 영향에서 보다 주의깊게 살펴보아야 할 것은 학습된 폭력행동이다. 폭력이나 공격적 행동은 학습될 수 있다. 학교폭력을 경험하면 학생이 그 과정에서 공격성이나 폭력행동을 학습하게 된다. 이 경우 피해학생은 폭력에 대한 거부감을 갖기보다는 오히려 좀 더 약한 학생을 대상으로 또 다른 괴롭힘이나 폭력을 행사할 수도 있다. 자신이 피해를 당했기 때문에 피해를 줘도 된다고 생각하여 자신의 가해행동을 정당화할 수 있다는 것이다(박효정, 2012). 실제 폭력이나 괴롭힘을 가하는 학생 중 상당수는 다른 사람들로부터 피해경험이 있다. 조사 결과에 따르면(청소년폭력예방재단, 2011), 학교폭력을 경험한 학생 중에서 피해와 가해를 모두 경험한 학생의 비율이 10.3% 정도인 것으로 나타났다. 즉, 피해를 당한 10명 중 1명은 가해자가 될 가능성이 있다는 것이다. 따라서 폭력적인 환경에 지속적으로

노출되는 것은 학생로 하여금 공격성과 폭력성을 높이게 하며, 결국에는 폭력이나 가해의 심각성과 문제성에 대해서 둔감하게 하는 결과로 이어질 수 있다. 이는 우발적인 학교폭력 발생을 적절히 통제하고 사후 대처가 적절하게 이루어지지 않는다면, 학생 사이에서 폭력적 행동이 아무런 의식없이 관행화될 수 있으며, 더 나아가서는 학교 전체의 폭력적 문화나 비행 유발적 풍토로 고착화될 수 있다는 것을 의미한다.

학교폭력 피해경험은 경우에 따라서 가출과 무단결석 같은 일탈적 행동으로 이어지기도 한다. 실제로 우리나라 중 · 고등학생의 가출빈도에 대한 연구는 가정과 학교에서의 폭력 피해경험이 가출빈도와 관련성이 높다고 보고하였다(김성경, 2010). 이 연구에 따르면 중 · 고등학생의 가출빈도에 영향을 주는 것은 학교성적, 부모감독기능, 학교 또는 가정에서의 폭력 피해경험 등이라는 것이다. 이는 학교폭력 경험이 가출이나 문제행동을 유발하는 유일한 요인은 아니지만 학교폭력을 경험한 학생의 경우 가출이나 무단결석과 같은 문제행동과 관련될 개연성이 매우 높다는 것을 의미한다.

학교폭력 피해자가 일탈행동을 하게 되는 이유가 명확하지는 않지만 대부분 두려움과 괴로움 같은 정신적 스트레스와 무관하지 않다. 학교폭력 피해경험이 가출에 미치는 영향은 직접적인 방식으로 나타날 수 있다. 예를 들면, 보통 가해학생이 같은 학교에 다니기 때문에 반복되는 폭력에 대한 공포감 때문에 학교에 가지 않고 무단결석을 하는 경우를 들 수 있다. 그러나 학교폭력 피해가 가출로 이어지는 것은 대체적으로 학교폭력 피해로 인하여 학교부적응이나 부모와의 관계 악화 등이 나타나고, 그 결과로서 가출로 이어지는 간접적인 영향의 성격을 지니고 있다고 할 수 있다. 대체로 학교폭력을 경험한 학생은 등교 공포, 등교 거부, 학교활동의 기피 등의 모습을 보이는데, 이런 행동이 장기화되면 고착화될 수 있다.

(6) 대인관계의 악화

학교는 많은 친구가 함께 생활하는 공간이다. 주변 친구에 의해서 피해를 받은 학생은 타인에 의한 폭력에 대한 두려움과 방관하는 주변 친구에 대한 불신감으로 대인관계 형성에 어려움을 겪을 수 있다. 학교폭력에 시달리게 되면 친구 관계에서 발생할 수 있는 사소한 갈등에 대해서도 민감하게 반응하게 됨으로써 스스로 또래 관계에서 소외되는 결과로 이어진다. 또래 관계에서의 소외는 우울, 스트레스, 분노와

같은 정서적 문제를 악화시킴으로써 또래 관계 형성에 필요한 긍정적 특성 발달에 악영향을 미친다. 또래 친구와 관계가 나빠지면 학교폭력이나 괴롭힘의 대상이 될 가능성이 높아지고, 학교폭력으로 어려움을 겪었을 때 회복하거나 극복할 수 있는 기회와 자원을 소유하지 못하게 되어 더욱 상황이 나빠지는 악순환에 빠진다. 이처럼 학교폭력 피해경험은 대인관계에도 부정적인 영향을 미치고 정상적인 사회적 활동을 감소시킬 수 있다.

(7) 학습저하

학교폭력 경험은 개인의 학습과정에 부정적인 영향을 미친다. 학습에 대한 부정적인 영향은 그동안 정서적 · 정신적 후유증에 비해 부착적으로 다루어 왔으나, 교육적 측면에서 볼 때 좀 더 중요하게 다루어야 할 문제 가운데 하나다. 학습과정은 사람의 감각과 정신활동을 총체적으로 활용하기 때문에 학교폭력이 학습에 미치는 영향은 광범위하다. 학교폭력의 피해자가 모두 학생이라는 점에서 학습에 대해 부정적인 영향을 미치는 학교폭력은 기본학습권리를 침해하고 있는 것으로 볼 수 있다. 학습에 대해서 작용하는 학교폭력의 부정적인 영향은 피해자의 심리적 불안이나 학교생활 부적응을 매개로 하여 간접적으로 나타난다.

학교폭력은 피해자의 집중력과 자신감을 약화시킴으로써 학습활동에 부정적인 영향을 미칠 수 있다. 학교폭력 피해학생은 자신감과 자아존중감을 잃기 쉬우며, 이는 집중력과 학습능력에 부정적인 영향을 미친다(sharp & smith, 1994). 학교에서의 성적이나 학업성취도는 학교나 집에서 얼마나 열심히 집중하여 공부하는가에 달려 있기 때문에 학교폭력을 경험한 학생에게는 부정적인 결과가 나타날 수 있다. 학교폭력이 야기하는 여러 측면의 영향은 모두 학교에서의 학습활동에 부정적인 영향을 미치게 되어 궁극적으로는 낮은 학업성취라는 결과로 이어진다.

학교폭력이 학습에 부정적인 영향을 미치는 과정은 또래 관계나 학교생활에 대한 부적응과 관련된다. 학교폭력에 의한 정서적 문제와 대인기피 증상은 학교생활에 대한 적응과 활발한 참여를 어렵게 한다. 학교폭력 피해를 경험하고 있는 학생은 당연히 가해자를 마주치기 싫어하기 때문에 등교를 거부하거나 회피하게 된다. 학교폭력 피해를 당하면 갑자기 학교를 그만두거나 전학을 가면 안 되냐고 하는 등 학교에 가기 싫어하는 경우가 많다. 또 학교폭력 피해학생은 평소와 달리 지각을 하거나 늦게

귀가하는 행동을 보이는 경우가 많다. 이런 행동은 궁극적으로 학교에서의 활동에 무력감을 느끼고 학교에서 이루어지는 학습에서 어려움을 겪게 하는 요인으로 작용한다. 즉, 학교활동에 대한 참여를 소극적으로 하게 함으로써 실질적으로 학습의 기회를 감소시키는 결과를 가져온다. 따라서 어떤 학생의 학교 성적이 갑작스럽게 떨어졌다면 그 원인이 반드시 학교폭력에 있다고 할 수는 없지만 그 관련성을 확인해 볼 필요가 있다.

이상에서 개관해 본 학교폭력 피해의 영향이 반드시 학교폭력에 의해서만 나타나는 것만은 아니다. 청소년이 갑자기 위축되거나 과민행동을 보이고 학교에 가기 싫어하며, 성적이 떨어지는 데에는 얼마든지 다른 이유가 있을 수 있다. 청소년기에 나타나는 심리와 행동의 변화는 사소한 일 때문에도 나타날 수 있고, 일시적으로 나타나는 발달 과정상의 현상일 수 있다. 또는 대인관계나 시험 등에서 비롯되는 다양한 스트레스에 의한 것일 수 있다. 그렇다고 하더라도, 이와 같은 태도와 행동이 별다른 이유없이 지속된다면 학교폭력의 가능성을 염두에 둘 필요가 있다.

2) 가해학생에 대한 영향

(1) 일탈과 비행의 강화

학교폭력은 피해학생에게 괴로움과 피해를 주는 동시에 가해학생에게도 많은 영향을 미친다. 그중에서 가장 심각한 것은 학교폭력 가해경험이 가해학생의 비행이나 일탈 행동을 더욱 촉진한다는 것이다. 즉, 학교폭력에 처음 가담하기가 어렵지 한 번 가담한 이후에는 유사한 폭력행동을 반복할 가능성이 높아진다. 학교폭력의 피해가 대부분 장기간에 걸쳐 지속적으로 이루어지는 특징을 보이는 이유가 여기에 있다고 할 수 있다.

학교폭력 가해경험의 영향이 동일 행동의 단순 반복에 있지만은 않다. 더욱 심각하게 생각해야 하는 것은 가해학생의 폭력적 행동은 점점 더 심각한 수준으로 악화되어 간다는 데 있다. 처음에는 일회적이고 우발적인 폭력이지만, 적절하게 대처하지 않을 경우 점점 의도적이고 조직화된 형태로 나아간다. 대체로 가해학생은 일진과 같은 폭력 서클에 가입되어 있으면서 폭력행동을 집단화하는 경향이 있다. 폭력

의 집단화는 책임소재나 죄책감에 대한 의식을 둔감하게 하여 괴롭힘이나 폭행의 수준을 더욱 심각하고 가혹하게 한다. 즉, 단순한 따돌림으로 시작하다가 점점 이유 없는 폭행, 협박과 금품갈취 같은 심각한 범죄 행위로 이어지게 된다. 따라서 지금의 폭력행동은 가해학생으로 하여금 점점 더 폭력적이고 악영향을 끼지는 결과를 낳는다.

이와 같이 지속적인 학교폭력행동이 부정적 행동을 고정화시키고 악화시키는 데에는 여러 원인과 매개 요인이 결부되어 있다. 그 가운데서도 학교폭력의 경험이 지속됨에 따라 폭력이나 다른 사람에게 피해를 주는 일을 대수롭지 않게 여기는 왜곡된 가치관을 내면화하는 것이 가장 크게 작용할 것이다.

(2) 왜곡된 가치관의 형성

학교폭력의 가해경험이 별다른 제지를 받지 않고 계속적으로 지속될 경우 청소년의 부정적 가치관 형성에 지대한 영향을 미칠 수 있다. 모든 괴롭힘이나 폭력이 발생 즉시 제지되거나 처벌되지 않는다면 가해학생으로 하여금 이 정도의 폭력은 괜찮은 것이라는 그릇된 가치관과 판단을 내면화하게 할 수 있다.

가장 심각한 것은 폭력에 대해 무감각해지는 것이다. 가해학생은 피해학생에게 폭력을 행사하면서도 아무런 죄의식을 느끼지 못하는 경우가 흔하다. 한 조사 결과에 따르면, 가해학생은 가해행동을 한 이유에 대해 '장난삼아서(1위)' '상대 학생이 잘못해서(2위)' '오해와 갈등(3위)' 등으로 반응하였다(청소년폭력예방재단, 2011). 또 다른 조사에서는 폭력 가해 이유가 '상대가 잘못했기 때문에(47.1%)' '특별한 이유 없이(31.2%)' 등의 순서로 나타났다(여성가족부, 2011). 많은 가해학생은 다른 학생에게 피해를 입혔으면서도 죄의식이나 죄책감 없이 오히려 자신의 행동을 정당하게 생각하고 있다.

폭력에 무감각한 태도와 가치관의 학습은 학교폭력의 조직화 및 일상화와 관련된다. 학교폭력행동이 일진과 같은 폭력 서클을 중심으로 이루어짐으로써 선배에서 후배로 폭력행동의 전수 과정이 나타나게 된다. 가해학생 가운데 상당수는 이미 초등학교 때부터 일진 그룹에 소속된 적이 있고, 선배의 강요로 괴롭힘이나 폭력을 행사하는 경우가 많다. 이렇게 폭력이 집단으로 이루어질 경우 동조현상이 나타나서 가해학생은 자신의 행동을 반성하기보다는 정당화하는 경우가 강하다(정종진, 2012).

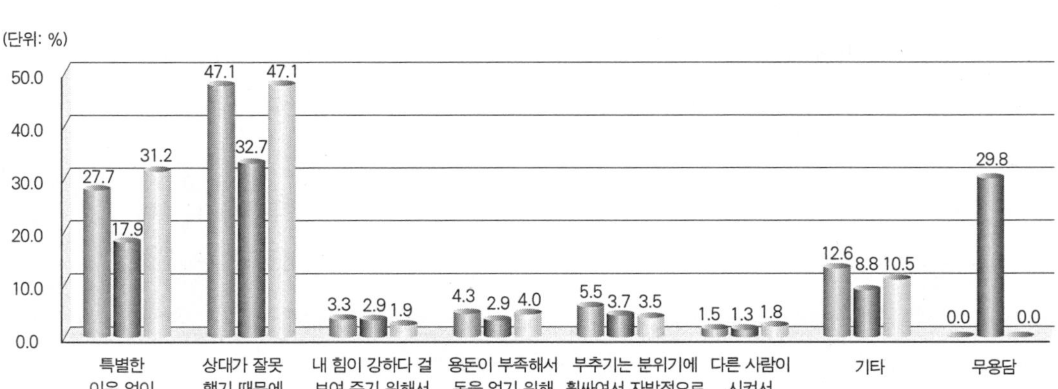

그림 3-1 폭력 가해 이유

출처: 여성가족부(2011: 184).

더 나아가 폭력행동을 우월함을 보여 주는 징표로 막연히 동경하거나 우상시하게 된다. 이런 현상은 최근 학교폭력 현상이 저연령화되고 가혹성이 심해지는 경향과 밀접하게 관련되어 있다. 가해학생은 폭력이나 일탈 행동을 학습하게 되고 점차 자신의 행동에 대해 반성하기보다는 정당성을 부여하게 된다.

(3) 대인관계의 단절

학교폭력은 피해학생에게 대인관계의 어려움을 주는 것처럼 가해학생에게도 대인관계의 단절을 가져온다. 가해학생은 다른 학생이 두려움으로 회피하게 됨으로써 특정한 사람들하고만 어울리게 된다. 이런 현실은 주변 사람들과 건강한 인간관계를 형성하고 유지해 나갈 수 있는 사회적 역량과 기술의 발달에 부정적인 영향을 미치게 된다. 대인관계 능력 부족이 학교폭력과 공격성의 유발 요인으로 지적되기도 하지만, 학교폭력 가해경험은 부정적 대인관계에 심대한 영향을 미칠 수 있다. 즉, 가해행동을 하게 되면 가해자의 인간관계는 더욱 악화되는 악순환의 고리에 빠지게 된다.

가해학생의 대인관계 어려움과 관련하여 성격적 측면도 주목해야 한다. 학교폭력 가해자는 충동적이며 공격적인 성향을 가지고 있고, 분노를 조절하거나 화를 참는 능

력이 부족한 경우가 많다. 이런 성향은 선천적인 요인에 의한 기질일 수도 있으나 부모의 양육태도와 같은 가정 환경과 경험에 의해서 학습된 것일 수도 있다. 학교폭력의 가해는 점점 더 폭력과 공격성에 대한 감각을 무디게 함으로써 충동성과 공격성을 자신의 성격으로 고착화하는 결과를 초래한다. 폭력 사건에 자주 관여되는 학생은 사소한 일에도 충동적으로 공격적 행동을 표출할 가능성이 높아진다는 것이다. 이런 성향은 긍정적인 친구 관계나 또래 관계를 형성하는 데 방해 요인으로 작용한다.

(4) 학습기회의 상실

학교폭력에 가담하는 것은 학습기회를 상실하는 결과를 초래한다. 단순히 학습시간을 다른 학생을 괴롭히는 데 사용함으로써 나타나는 시간적 결손이 아니라 다양한 요인과 결부되어서 나타나는 부정적인 영향을 포함한다. 폭력행동과 공격성에 자신의 정체감을 연결시키게 될 경우 의도적으로 학습을 거부하는 태도가 나타날 수 있다. 학업을 중단한 학생이 다시 학교로 복귀하기가 어렵듯이 한 번 학습에서 일탈하게 되면 다시 원상태로 회복하는 것은 매우 어렵다. 달리 말해서 폭력에 가담하는 학생은 보통 학생에 비해서 학업 실패의 가능성이 크다는 것이다.

학습에 대한 부정적인 영향은 가해학생에 대한 주변 평판이 개입되어 있다. 주변으로부터의 배제와 비난은 학생으로서의 정체성과 긍정적 자아개념 형성에 부정적인 영향을 미친다. 이런 영향은 다시 폭력과 일탈행동으로 이어지게 할 가능성을 높이며, 그 결과 지속적인 폭력상황에 노출되도록 한다.

학교폭력 가해학생에 대한 부정적인 평가는 학교 단위 차원에서도 나타난다. 이와 같은 학교 차원에서의 부정적 평가가 가해학생의 학습기회와 관련해서는 더욱 직접적인 요인으로 작용할 수 있다. 학교에서 학교폭력에 의해 처벌을 받게 되고 주목해야 할 요주의 인물로 낙인된다면 학교에서 제공하는 다른 학습기회의 상실을 가져오게 된다. 이런 과정을 통해서 가해학생은 자아실현 기회를 상실하게 되며, 그 결과 결국 학업에 소홀하여 성적이 저하되고 학교생활에 적응하는 데 실패하게 될 가능성이 높아진다.

(5) 반사회적 행동의 지속과 강화

가장 우려되는 학교폭력의 결과는 가해학생이 결국 범죄자가 되는 것이다. 대부

분의 학교폭력 사건은 어느 정도 수준에서 갈등을 유발하다가 상호 합의에 의해서 해결된다. 그렇지만 심각한 경우에는 피해학생에게 정신적 · 신체적 피해를 입히게 되어 가해학생 자신도 범죄자가 되기도 한다.

현재적 범법 행위 외에도 주목할 점은 학교폭력은 가해자로 하여금 성인 범죄자가 될 가능성을 높일 수 있다는 것이다. 일부 학교폭력 가해자는 성인이 되어서도 건강한 사회생활을 하지 못하고 실업, 범죄, 자살 등 일탈과 사회적 부적응에 관련되기 쉽다(Loeber & Dishion, 1983; Tremblay, 2000). 실제 Olweus(1993)는 학교폭력 경험학생들에 대한 종단연구를 통하여 초등학교 6학년에서부터 중학교 3학년까지 폭력 가해경험이 있는 학생 중 60% 정도가 24세가 될 때까지 적어도 1번 이상의 공식적인 기록이 있다고 보고하였다. 이는 학교폭력행동을 하게 되면 가해학생으로 하여금 지속적으로 폭력상황에 결부되도록 하는 힘이 있고, 바람직하지 않은 문제행동을 끊임없이 강화하는 어떤 요인으로 작용한다는 것을 의미한다.

학교폭력 가해자가 일반 사람들보다 성인이 된 후에도 사회적 범죄자가 될 가능성이 높은 데에는 두 가지 원인이 개입되어 있다고 생각해 볼 수 있다. 하나는 폭력경험이 사람의 내면적 성격을 공격적이고 폭력적으로 만듦으로써 반사회적 행동의 가능성을 높인다는 것이다. 이는 앞서 설명한 학교폭력 가해경험이 일탈과 비행을 강화하고 왜곡된 가치관을 심어 준다는 것과 관련된다.

다른 하나는 낙인이론(labelling theory)과 관련된다. 즉, 학교교육 시기에 폭력과 같은 행동과 결부되어 어떤 처벌을 받게 되었을 경우 다른 사람들에 의해서 끊임없이 잠재적 범죄자로 인지될 수 있고, 이런 경향은 그 사람이 실제 범죄자가 될 가능성을 높일 수 있다. 실제 학교에서 비행이나 폭력행동으로 문제를 일으키면 그 학생은 교사와 주변 사람에게 '문제아'나 '믿기 힘든 아이'로 취급되기 쉽다. 보통 학생은 사소한 잘못을 저지르더라도 그냥 용서가 되거나 인지되지 않고 넘어가는 경우가 많지만, 한 번 낙인이 붙은 학생은 동일한 잘못이라고 하더라도 더 쉽게 인지되고 엄한 제재를 받는 경우가 많다. 이런 경우 그 학생은 자기 스스로를 '문제아'로 받아들이고 그에 맞추어 잘못된 행동을 더욱 일삼을 수 있다.

그렇지만 모든 잘못과 비행 행동에 낙인이 붙는 것은 아니다. Lemert(1972)는 초기 위반을 일차적 일탈(primary deviance)이라고 하였는데, 이런 일탈은 정체성에 중요하지 않으며 정상적인 상태로 돌아간다고 보았다. 그러나 어떤 경우에는 정상적

인 상황으로 돌아가지 않고 범죄적이거나 일탈적이라는 낙인이 찍히게 된다고 보았다. 이것이 이차적 일탈(secondary devidance)이며, 이런 행동은 개인의 정체성과 관련되고 앞으로의 일탈 행동을 지속시키거나 강화한다고 하였다. 학교에서 나타나는 폭력행동은 그 심각성으로 인해서 가해학생에게 낙인이 되고, 이차적 일탈 행동으로 이어질 가능성이 높다고 할 수 있다.

이처럼 가해학생은 가족과 친구의 삶을 불행하게 할 뿐만 아니라 자신의 삶도 되돌리기 어려운 상황에 직면하게 한다. 가해학생들은 폭력행동에 연루됨으로써 인생에서 가장 중요한 시기에 미래의 삶을 위해 충실한 준비를 하지 못하고 바람직하지 않은 엉뚱한 길을 걷게 될 수도 있다.

3) 주변학생에 대한 영향

학교폭력의 경향은 피해학생 및 가해학생에게 가장 심각하게 나타나지만 반드시 관련 개인에게만 국한되지 않는다. 학교폭력은 주변의 다른 학생의 삶에도 적지 않은 영향을 미친다. 단지 폭력을 목격하였을 때도 7.7% 정도가 외상후 스트레스 장애를 겪는다고 한다(Layne, Pynoos, & Cardenas, 2006: 269). 대구의 한 중학교에서 발생한 학교폭력 사례에서도 사건 직후에 해당 학교 교사와 학생은 충격에서 빠져나오지 못하여 학교 전체가 수업이 제대로 이루어지기 어려울 정도로 술렁이고 있는 것으로 알려졌다(연합뉴스, 2011. 12. 23.). 집단괴롭힘과 같은 학교폭력을 목격한 학생은 평소 알고 지내던 또래 친구의 비극적인 소식을 접한 것 자체가 큰 충격이 될 수 있으며, 자신도 동일한 피해를 당하지 않을까 하는 불안감을 느끼게 된다.

자살과 같은 큰 사건의 경우 충격이나 스트레스 등의 직접적 피해가 나타나지만, 괴롭힘이나 따돌림 등으로 그치는 일상화되어 있는 학교폭력은 주변 사람들에게 심리적 · 정서적 문제와 다른 차원에서 영향을 미칠 수 있다. 즉, 학교에서 폭력을 목격하며 생활하게 되는 학생은 직접 폭력행위에 적극적으로 가담하지 않더라도 이후 정상적인 발달을 위협할 수 있는 심각한 위험요인을 갖게 된다(곽금주, 2006). 피해학생뿐만 아니라 사건 목격자나 주변 사람도 소화 장애, 불면증, 우울증 등과 같은 외상후 스트레스 장애를 겪을 수 있다.

특히 주변학생에게 폭력이나 문제행동의 위험성 또는 심각성에 대해서 무감각한

태도를 갖게 할 수 있다는 점은 학교폭력 예방과 관련하여 유의해야 할 부분이다. 실제 학교폭력을 목격한 학생 중에는 폭력 장면을 모르는 척 지나치거나 의도적으로 피하는 경우가 많다. 한 조사에 의하면, 학교폭력을 보고도 모르는 척 지나간 학생이 44.5%나 되는 것으로 나타났다(청소년폭력예방재단, 2013). 학교폭력을 목격했을 때 도움을 주지 않고 모르는 척 하는 이유가 대부분은 같은 피해를 입지 않을까 하는 두려운 마음도 많지만, 많은 학생은 아예 관심 자체가 없기 때문이기도 하다. 이는 괴롭힘의 대상이 자신만 아니면 괜찮다고 하는 개인주의적 태도가 개입되어 있다는 것을 함의한다.

학교폭력이 주변학생들에게 미치는 영향으로 가장 심각한 것은 폭력행동이 다른 일반 학생들에게 확산될 수 있다는 것이다. 학교폭력이 발생할 때 일부 학생은 분위기에 동조하여 피해학생을 괴롭히는 일에 가담하기도 한다. 또, 폭력을 목격한 학생은 폭력행동을 무의식적으로 학습하게 되어 이후에 또 다른 폭력 가해자가 될 수도 있다. 학교와 학급에서 괴롭힘이나 폭력이 아무런 의식 없이 만연해질 경우에 학생들은 대인관계에 대한 왜곡된 인식을 가질 수 있으며, 힘센 학생을 우상화하여 폭력과 공격적 태도에 대해 우호적인 태도를 취하는 잘못된 신념을 형성시킬 수도 있다

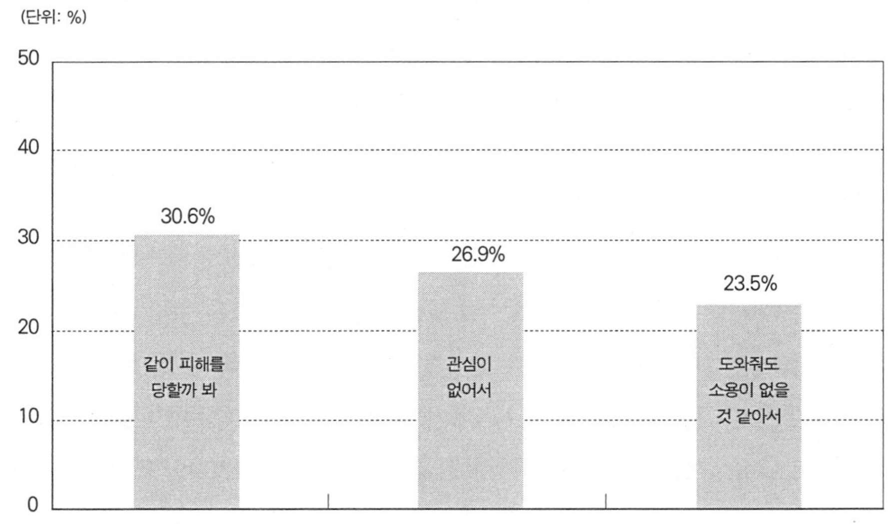

그림 3-2 학교폭력을 못 본 척 한 이유

출처: 청소년폭력예방재단(2013: 23).

는 것이다. 따라서 학교폭력 발생 시 피해학생과 가해학생에게만 관심을 둘 것이 아니라 주변학생들의 심리적 · 행동적 변화에도 주의를 기울일 필요가 있다.

3. 학교 공동체에 대한 영향

학교폭력의 발생은 사건과 관련되어 있는 개인에게만 영향을 미치지 않으며, 전체 학교의 운영에 대해서도 적지 않게 작용한다. 학교폭력은 구성원 간의 관계에 작용함으로써 직 · 간접적으로 학교의 공동체적 측면에 영향을 미칠 수 있다. 또한 학교폭력은 학교의 교육 역량에 영향을 미침으로써 학생의 학습 환경으로서 학교의 제반 특성에 영향을 미칠 수 있다. 여기서는 공동체적 측면과 학습 환경적 측면에서 전체 학교에 미치는 학교폭력의 영향을 살펴보고자 한다.

1) 공동체적 측면

학교폭력은 개인 차원의 사건이기는 하지만 그 영향은 반드시 개인 수준에 머무르지 않는다. 학교폭력이 발생하면 가해자와 피해자만이 아니라 학부모는 물론 교사, 학교장 등 여러 사람들이 관련될 수밖에 없으며, 문제해결을 위한 대처 과정이 복잡하고 처벌이나 보상과 같은 교육적으로 민감한 부분이 많기 때문에 학교는 엄청난 부담감에 휩싸이게 된다.

학교폭력 사건이 학교 공동체에 미치는 부정적 영향 중 대표적인 것은 구성원 상호 간의 신뢰 저하다. 학교폭력의 해결 과정에서 가해자와 피해자 학부모가 감정적으로 격해지고 민감해지기 때문에 적절하게 대응하지 못한다면 그 비난의 화살이 오히려 학교나 교사에게 향할 수 있다. 전반적으로 학교폭력 대처 과정에서 교사는 교사로서 존중받기 어렵다. 뿐만 아니라 사회적으로 학교폭력의 발생이 담임교사의 관리 능력 부족으로 인식하는 경향이 존재한다. 따라서 사안이 심각하지 않은 경우에도 폭력 사건이 일단 발생하게 되면 피해학생 부모는 거센 항의를 하게 되며, 교사는 교사로서의 자질 및 능력에 대한 의심을 받게 되는 경향이 있다(방기연, 2011). 이런 행동은 구성원 상호 간에 신뢰감을 무너뜨리게 되고 학교의 공동체적 분위기에

좋지 않은 영향을 미친다.

또한 학교폭력은 학교 공동체에 오해와 갈등을 유발한다. 피해학생 부모는 학교폭력의 책임을 학교와 교사에게 전가한다. 경우에 따라서 교사는 가해자와 피해자, 학부모의 중간에서 편파적이라는 오해를 받아 공격받기 쉬운 상황에 처하게 된다. 교사의 사소한 실수는 문제를 엉뚱한 방향으로 이끌고 가며, 이로 인해 교사가 오히려 곤궁에 처하여 사과를 해야 하는 상황까지 발생할 수 있다. 이런 점 때문에 교사는 학교폭력 사안이 발생하면 자신에게만 일어나지 않기를 바라게 되며 모든 사안에 대해서 방어적이게 된다.

학교폭력 사건은 교사에게 시간과 에너지를 소모해야 하는 스트레스의 상황임에 틀림없다. 교사는 학교폭력 사건을 복불복이라고 여기며 사건 처리과정에서 학부모, 학교 관리자에게 존중받지 못한 것이 가장 큰 상처였으며, 사건 처리로 인해 다른 업무를 처리할 시간이 부족한 것과 사건이 가족에게 미치는 영향으로 스트레스를 받게 된다고 하였다(방기연, 2011). 이런 상황은 교사로 하여금 피해의식을 갖게 하며, 학교 공동체 구성원으로서의 정상적인 역할을 저하시킬 수 있다.

학교폭력은 모든 구성원에게 다루기 힘든 골치 아픈 일임에 틀림없다. 이런 점 때문에 학교폭력을 경험한 학교는 학교폭력 예방을 위한 근본적인 대책보다는 다시 학교폭력이 일어나지 않도록 하는 단기적인 방책에 급급하게 된다. 단기적인 결과에 집중할수록 학교는 좀 더 규칙을 엄격히 기계적으로 적용하게 되고, 선도보다는 처벌을 위주로 진행하는 경향이 나타날 수 있다. 오히려 이런 경향은 학교폭력 예방에 도움이 될 수 있는 자유롭고 긍정적인 학교 분위기를 형성하기보다는 경직되고 억압적인 학교 분위기를 만들 수 있다.

2) 학습 환경적 측면

학교폭력은 학생의 학습 환경에도 지대한 영향을 미친다. 학교폭력이 빈번하게 발생하는 학교는 학업성취도가 낮은 경향이 있다. 이는 단지 학생 개인이 학교폭력에 개입됨으로써 학습할 수 있는 시간과 기회를 빼앗겨서 학업성취도가 저하된다는 것을 의미하지 않는다. 학교폭력이 통제되지 않는 상황은 다른 학생의 학습을 방해하는 환경을 창출할 수 있다. 이처럼 학교폭력이 심한 학교가 학습적인 면에서 부정

적인 이유를 몇 가지로 나누어 볼 수 있다.

우선 생각해 볼 수 있는 이유로는 학교폭력이 빈번히 발생하는 학교는 학교 자원과 역량을 학습을 위해 효율적으로 사용하지 못한다는 점을 들 수 있다. 이럴 경우 학교 역량은 교육이나 학습보다는 규율과 행동 통제에 집중되는 경향이 나타난다. 학교의 교육 목표가 더 높은 학업성취 도달보다는 단순히 문제행동의 방지에 집중된다. 학교폭력을 성공적으로 관리하지 못하는 학교는 교육 자원을 폭력 예방이나 폭력 사건을 처리하는 데 주로 집중하여 사용하기 때문에 교육적 성과를 거두기 어렵다는 것이다.

그다음으로 학교폭력의 발생은 학업성취를 지원하는 학교 풍토를 형성하는 데 부정적인 영향을 미친다는 점을 생각해 볼 수 있다. 많은 학교가 규율 문제를 엄격히 하고자 하는 데에는 안정적이고 질서 있는 학교 풍토가 궁극적으로 학습 효과를 높일 수 있다는 믿음이 개입되어 있다. 학업성취를 강조하고 질서와 규율이 잘 지켜지는 학교가 다른 학교보다 효과적이다(Coleman, Hoffer, & Kilgore, 1982). 따라서 학교폭력이 반복해서 발생할 경우 학업수행에 유리한 학교 풍토 조성에 어려움을 겪을 수밖에 없고, 그 결과로서 학습 효과가 저하될 수 있다.

학교폭력은 앞서 서술한 것과 같이 학교의 공동체성에 좋지 않은 영향을 미침으로써 부정적인 학습환경을 만들어 낼 수 있다. 교사-학생관계 속에서 나타나는 가치의 공유, 친밀한 상호작용, 보호 등의 학교의 공동체적 특성은 학생에게 사회적 지원을 높임으로써 학업성취에 긍정적인 영향을 미친다. 학교의 공동체적 특성에 대한 연구는 학교 내 사회적 관계가 학업성취와 출석률 같은 학생들의 교육 결과에 긍정적인 영향을 미친다는 것을 밝혀냈다(Bryk, Lee, & Holland, 1993).

이 밖에도 학교폭력이 지속적으로, 반복적으로 발생하는 환경은 결코 학습에 집중할 수 있는 학습조건을 제공해 주지 못한다. 학교폭력은 개인에게 크나큰 괴로움과 상처를 준다는 점에서 반드시 예방되고 치유되어야 할 사안이지만, 일부 학생의 사소한 폭력적 · 일탈적 행동도 다른 학생들의 학습환경에 큰 영향을 미친다는 점에서 끊임없이 관심을 갖고 통제해야 할 사안이다. 학교 전체적으로 보아 학교폭력은 개별적인 문제가 아니라 학교교육 전체의 관점에서 접근될 필요가 있다는 것이다.

학교폭력을 방지하고 안전한 학교 환경을 구축하기 위해서는 폭력행동에 대해 예외 없는 엄격하고 엄정한 처벌이 필요하다. 그러나 학생은 아직 성장하고 발달과정에 있는 존재이므로 처벌적 대응보다는 교육적 접근에 더 중점을 두어야 한다는 주장도 많은 설득력을 얻고 있다. 특히 낙인이론에 따르면 처벌 중심의 접근은 학교폭력 문제를 근본적으로 해결하기보다는 오히려 잠재적 범죄자를 양산할 가능성을 우려하게 한다. 이런 맥락에서 현재 추진되고 있는 학교폭력 가해자의 학생부 기재 방안에 대해서 토론을 해 보자.

이 장의 요약

이 장에서는 학교폭력이 개인과 집단에 미치는 영향을 살펴보았다. 학교폭력은 학생이 학교에서 겪게 되는 많은 경험 중에서 결코 가볍게 대응할 수 없는 유형의 일이다. 학교폭력은 학생 간에 발생할 수 있는 여러 가지 문제 중에서도 가장 부정적이고 파괴적인 영향을 미치는 문제행동이다. 학교폭력 발생을 미연에 방지하는 것도 중요하지만, 학교폭력이 발생되었을 때 피해를 최소화하고 관련자가 다시 정상적인 삶으로 돌아가도록 도움을 주는 것이 필요하다.

학교폭력의 영향은 여러 결과가 복합적 · 반복적, 때로는 잘 드러나지 않게 나타난다. 또한 삶의 전반에 걸쳐 광범위하게, 개인 특성에 따라 다양하게, 시간적으로 장기간에 걸쳐 지속적으로 작용한다. 무엇보다도 주목할 것은 학교폭력의 영향은 그 결과가 매우 심각하고 중대하지만 적절한 대응이 이루어질 경우 회복될 수 있다는 특징이 있다.

학교폭력은 사건과 관련된 개인에게 일차적인 영향을 미친다. 학교폭력은 단지 피해자만이 아니라 가해자와 주변학생에게도 영향을 미칠 수 있다. 학교폭력 피해자에게 미칠 수 있는 영향은 신체적 상해, 심리적 · 정서적 문제, 인성 및 성격 장애, 정신적 후유증과 정신질환, 문제행동과 일탈, 대인관계의 악화, 학습 저하 등을 들 수 있다. 가해자들도 학교폭력에 의해 영향을 받는다. 가해자는 학교폭력 행위로 인하여 일탈과 비행의 강화, 왜곡된 가치관의 형성, 대인관계의 단절, 학습기회의 상실, 반사회적 행동의 지속과 강화 등의 영향을 받을 수 있다. 뿐만 아니라, 주변학생도 학교폭력에 의해서 영향을 받을 수 있다. 주변학생도 사건 관련자와 마찬가지로 스트레스를 통해 심리적 영향을 받을 수 있고, 폭력에 무감각해지고 폭력행동을 학습할 수 있다.

학교폭력의 발생은 사건과 관련되어 있는 개인에게만 영향을 미치지 않으며, 전체 학교의 운영에 대해서도 적지 않게 작용을 한다. 학교폭력은 구성원 간의 관계에 작용함으로써 직·간접적으로 학교의 공동체적 측면에 영향을 미칠 수 있다. 또한 학교폭력은 학교의 역량에 영향을 미침으로써 학생의 학습 환경으로서의 학교 특성에 영향을 미칠 수 있다.

생각해 볼 문제

1. 동일한 학교폭력 피해 경험이라고 하더라도 어떤 피해자는 별다른 후유증 없이 지나갈 수도 있고, 어떤 피해자는 부적응, 정신질환, 장애, 자살 등 극단적인 결과로까지 이어지기도 합니다. 학교폭력을 경험했을 때 그 피해를 최소화할 수 있는 개인 특성 요인에는 어떤 것들이 있는지 생각해 보세요.
2. 최근 학교폭력의 경향은 가해자와 피해자가 중첩되는 경우가 많습니다. 지속적인 피해 경험자가 우발적으로 폭력 가해자가 된 경우 어떻게 대응하는 것이 문제 해결을 위해서 바람직한지 생각해 보세요.
3. 자신의 학급에 학교폭력이 발생했을 때 그 피해를 최소화하기 위해서 교사가 취해야 하는 행동과 전략에는 어떤 것이 있는지 생각해 보세요.
4. 학교폭력을 예방하고 폭력사건이 발생했을 경우 그 피해를 최소화할 수 있도록 하기 위해서 평소에 학생에게 어떤 교육 프로그램을 시행할 필요가 있는지 생각해 보세요.
5. 학교폭력이 개인을 넘어서 사회적으로 영향을 미칠 수 있을까요? 만약 그렇다면 학교폭력의 사회적 결과로는 어떤 것이 있는지 생각해 보세요.

참고문헌

곽금주(2006). 학교폭력과 왕따의 구조적 특징.

김붕년(2012). 학교폭력의 정신의학적인 측면. 대한소아청소년정신의학회, 학교폭력 근절을 위한 정신건강 대책 공청회 (2012. 6. 5.).

김성경(2010). 가출경험 중고등학생의 개인특성, 가족특성 및 폭력피해 경험과 가출빈도 관련성 연구. 사회복지 실천과 연구, 7, 93-111.

김재철, 최지영(2011). 부모학대가 공격성에 미치는 영향: 자존감, 학교폭력 피해경험의 매개효과. 아동교육, 20(1), 19-32.

문용린 외(2006). 학교폭력 예방과 상담. 서울: 학지사.

박효정(2006). 조사를 통해 본 학교폭력의 실태.

박효정(2012). 학교폭력의 원인과 극복 방안. 서울교육 제206호. 서울특별시교육연구정보원.

방기연(2011). 학교폭력 사건에 대한 교사의 인식과 경험에 대한 질적 연구. 상담학연구, 12(5), 1753-1778.

송동호, 육기환, 이호분, 노경선(1997). 학교폭력 피해 청소년의 정신의학적 후유증에 관한 사례연구. 소아 · 청소년 정신의학, 8(2), 232-241.

송재홍, 김광수, 박성희, 안이환, 오익수, 은혁기, 정종진, 조붕환, 홍종관, 황매향, 안연선, 김경환, 김대환(2012). 교대용 맞춤형 학교폭력의 예방 및 대책 교재 개발. 한국연구재단.

신성웅, 권석우, 신민섭, 조수철(2000). 학교폭력 피해자의 정신병 실태조사. 소아 · 청소년정신의학, 11(1), 124-143.

양계민, 정현희(1999). 학교폭력이 청소년의 심리적 적응에 미치는 영향: 가해자, 피해자, 일반 학생의 비교를 중심으로. 한국심리학회지: 사회문제, 5(2), 91-104.

여성가족부(2011). 2011년 청소년 유해환경 접촉 종합 실태조사.

윤소영, 유미숙(2011). 일반긴장이론에 근거한 학교폭력 피해경험이 청소년의 정서행동에 미치는 영향: 중학생을 대상으로. 한국놀이치료학회지, 14(4), 59-75.

정종진(2012). 학교폭력상담 05: 이론과 실제 편. 서울: 학지사.

청소년폭력예방재단(2008). 전국 학교폭력 실태조사 보고서.

청소년폭력예방재단(2011). 2010년 전국 학교폭력 실태조사 보고서. (도서출판) 청소년폭력예방재단.

청소년폭력예방재단(2013). 청소년폭력예방재단 전국 학교폭력 실태조사 발표, 2013. 4. 22.

최태진, 허승희, 박성미, 이희영(2006). 초등학교 폭력 양상 및 과정 분석. 상담학연구, 7(2), 613-632.

교통방송(2013). 교사, 학부모 등 현장이 말하는 학교폭력의 원인.

국민일보(2013. 4. 22.). 학교폭력으로 인한 자살생각 비율.

연합뉴스(2011. 12. 23.). 학교폭력 대구 중학생 자살사건 파문확산.

한국일보(2013. 4. 22.). 학교폭력 피해학생 절반은 "자살까지 생각".

Bryk, A. S., Lee, V. E., & Holland, P. B. (1993). *Catholic Schools and the Common Good*. Cambridge, MA: Harvard University Press.

Cohen, G. T. (2006). 총기 사망과 상해의 예방. 학교폭력: 평가, 관리, 예방 (김상식, 황동현, 정일미 공역). 서울: 하나의학사, 351-363.

Coleman, J. S., Hoffer, T., & Kilgore, S. (1982). *High School Achievement: Public, Catholic, and Private Schools Compared*. New York: Basic Books.

Freeman, L. N., Mokros, H., & Poznanski, E. O. (1993). Violent events reported by normal urban school-aged children. *Characteristics and depression correlates, 32*, 419-423.

Horowitz, K., Weine, S., & Jekel, J. (1995). PTSD symptoms in urban adolescent girls: compounded community trauma, *Journal of the Academy of Child and Adolescent Psychiatry, 34*, 1353 - 1361.

Layne, C. M., Pynoos, R. S., & Cardenas, J. (2006). 상처받은 청소년기. 학교폭력: 평가, 관리, 예방(김상식, 황동현, 정일미 공역). 서울: 하나의학사.

Lemert, E. (1972). *Human Deviance, Social Problems and Social Control*. Englewood Cliffos, NJ: Prentice Hall.

Loeber, R., & Dishion, T. (1983). Early predictors male delinquency: A review. *Psychological Bulletin, 94,* 69-99.

Olweus, D. (1993). *Bullying at school: what we know and what we can do*. Oxford: Blackwell.

O'Moore, M., & Minton, S. J. (2004). 학교폭력, 어떻게 다룰 것인가 (정형구 역). 서울: 거목정보.

Sharp, S., & Smith, P. K. (1994). *Tackling bullying in your school*. London and New York: Routlege.

Tremblay, R. E. (2000). The development of aggressive behavior during childhood: What have we learned in the past century. *International Journal of Behavioral Development, 24*(2), 129-141.

공격성과 괴롭힘을 설명하는 이론

〈학습개요 및 학습목표〉

공격성(aggression)이란 타인에게 해를 가하는 파괴적인 행동 성향을 말한다. 공격성은 크게 두 가지로 나누어 볼 수 있는데, 하나는 '선행적(proactive: 주도적 · 도구적)' 공격성이고, 다른 하나는 '반응적(reactive: 적대적 · 정서적)' 공격성이다(Dodge & Coie, 1987; McAuliffe et al., 2006). 선행적 공격성은 공격행위가 어떠한 자극에 대한 반응이 아니라 내적 동기에 의해 이루어지는 경우로, 주로 무언가를 얻기 위한 수단으로 나타난다. 반응적 공격성은 위협을 느꼈을 때 대응하기 위해 나타나는 공격성이다.
많은 학자가 괴롭힘(bullying)을 공격성의 한 형태로 보아 왔다. 그러나 괴롭힘은 가해자와 피해자 사이에 힘의 불균형이 있는 경우, 해를 끼치고자 의도하여 반복적으로 발생하는 행동이라는 점에서 공격성과 구별된다(Olweus, Limber, & Mihalic, 1999; Swearer, Espelage, & Napolitano, 2011 재인용).
공격성과 괴롭힘에 대해 오랜 기간 연구, 정리된 이론들은 학교폭력을 이해하는 데 많은 도움을 준다. 또한 이 이론을 주의 깊게 살펴봄으로써, 학교폭력 예방을 위해 어떠한 방식의 개입이 이루어져야 하는지 알아보고자 한다.

이 장의 구체적인 학습목표는 다음과 같다.
1. 공격성을 설명하는 이론에 대해 설명할 수 있다.
2. 괴롭힘을 설명하는 이론에 대해 설명할 수 있다.
3. 각 이론이 개입에 시사하는 바를 알 수 있다.

1. 공격성에 대한 이론적 접근

1) 추동 이론

정신분석학의 창시자인 Sigmund Freud(1856~1939)는 초기 저서인 『성욕에 관한 3개의 에세이(*Three Essays on Sexuality*)』에서 모든 정신적 현상을 성욕 이론으

로 설명하였다. 성 본능, 즉 삶의 에너지인 리비도(libido)에 의해 인간의 모든 행동과 성격이 결정되며, 만약 본능적 욕구를 충족시키지 못하거나 억압하면 신경증과 같은 고통을 경험할 수 있다고 주장하였다. 하지만 1914년부터 시작된 제1차 세계대전을 겪으며 Freud는 인간의 포악함과 공격성에 대해 새롭게 관심을 갖게 되었고, 이후에 딸을 비롯한 사랑하는 사람들의 죽음을 직면하면서 『쾌락원칙을 넘어서(*Beyond the Pleasure Principle*)』(1920)라는 저서에 처음으로 죽음의 본능이라는 —후에 '타나토스(thanatos)'로 명명될—개념에 대해 언급하였다. 그는 집필 과정에서 인간의 모든 행동을 설명하던 기존의 쾌락 원칙을 '넘어서는' 힘이 존재함을 깨닫게 되었다. Freud는 그중 하나로 '반복 강박(repetition compulsion)' 현상에 대해 설명하였다. 전쟁, 학대와 같은 심한 외상사건을 경험한 환자가 과거의 끔찍한 경험을 자꾸 의식으로 끌어올리며 고통을 되풀이하는 것을 반복 강박이라고 기술하였다. 이외에도 반복되는 자살시도, 알코올/약물 중독, 자신과 타인을 파멸로 이끄는 병리적인 생활양식 역시 쾌락이론으로는 도저히 설명되지 않는, 스스로 고통과 긴장을 추구하는 행동이다. 이에 Freud는 삶을 보존하고 번성하게 하려는 삶의 추동인 '에로스(eros)' 외에 삶을 파괴하고 태어나기 전의 평형상태로 돌아가려는 죽음의 추동 '타나토스'의 존재를 인정하고, 두 추동은 늘 긴장 속에서 상호작용하며 인간의 모든 행동을 결정한다고 그의 초기 추동이론을 수정, 보완하였다.

공격성을 자연스러운 본능 중 하나로 보는 추동이론에 따르면, 우리가 밥을 먹고 잠을 자면서 삶의 본능을 충족시키듯 죽음의 본능도 지속적으로 충족시켜 주어야 한다. 만일 이러한 죽음의 본능을 발산하지 못하면 어느 순간에 봇물 터지듯 나와 더욱 과격한 행동이나 심지어 정신 장애를 촉발시킬 수 있다. 우리에게는 삶의 추동 역시 존재하기 때문에 대부분 이 죽음의 에너지는 자신보다는 타인이나 세상으로 전치(displacement)되어 발현되는 경우가 많다(Kaplan, 1997; 박민철, 1999 재인용). 따라서 우리는 이러한 본능을 가능한 한 순화된 형태로 승화시킬 필요가 있으며, 가장 일반적인 형태로는 스포츠 경기에 참여하거나 관람하고, 공격적인 영화를 보는 것을 통해 정화(catharsis)하는 것을 들 수 있다.

공격성은 정말 본능일까

Kuo(1961)는 고양이가 본능적으로 쥐를 공격하는지 알아보기 위해 새끼 고양이를 새끼 쥐와 한 우리에서 기르는 실험을 하였다. 그 결과 고양이는 쥐와 친밀한 관계를 유지하였을 뿐 아니라, 다른 쥐를 보아도 쫓거나 죽이려 하지 않았다. 이러한 결과를 통해 Kuo는 공격성이 본능이라는 주장을 반박하였다(송운석, 2012 재인용).

직접 공격이 과연 공격성을 줄일 수 있을까

Geen(1975)은 상대방에 대한 직접적인 공격 표출은 오히려 더 과격하고 폭력적인 행동을 증가시킨다고 주장하였다. 즉, 폭력적인 수단을 통해 감정을 표출하게 되면 폭력을 일종의 대처방식으로 습득하게 되어 다른 상황에서도 쉽게 폭력적인 행동을 하게 된다는 것이다. 더불어 인간이 자신의 공격적인 행동에 대한 정당성을 부여하기 위해 '맞을 만한 짓을 한 거야.' '맞지 않고서는 변하지 않아.' 와 같이 상대방을 더 부정적으로 지각하며 스스로를 정당화하고 타인을 폄하할 수 있다.

2) 사회 학습 이론

행동주의자는 공격행동도 다른 사회적 행동과 마찬가지로 그 행동의 결과인 보상이나 처벌에 의해 학습된다고 주장한다. 만약 공격행동 후에 보상이 뒤따른다면 (강화가 수반된다면) 이후에 그러한 행동을 반복할 가능성이 높아지고, 반대로 처벌이 주어진다면 그러한 행동을 반복할 가능성이 낮아질 것이다. 예를 들어, 한 아이가 놀이터에서 그네 타는 친구를 떠밀고 자신이 원하던 그네를 신 나게 탄 경험이 있다면, 다음에도 공격적인 행동을 통해 자신이 원하는 바를 충족시키려 할 가능성이 크다. 하지만 사회 학습 이론가는 직접적인 강화나 처벌 없이, 단지 타인의 행동과 결과를 관찰하는 것만으로도 대리학습(vicarious learning)이 가능하다고 보았다. 사회 학습 이론의 대표적인 학자인 Bandura, Ross와 Ross(1963)는 '보보 인형' 실험을 통해 공격성의 모방학습에 대한 강력한 근거를 제공하였다.

보보인형 실험

- 대상: 3~6세의 남 · 여아 62명
- 절차: 참가한 아이들을 세 집단으로 나눈 후, 각 집단마다 보보 인형을 넘어뜨리고 소리를 지르며 주먹질을 하던 주인공이 세 가지 다른 결말을 맞는 장면이 담긴 비디오를 보여 줌.
  - 공격성 보상 조건: 공격을 가한 아이에게 '챔피언'이란 칭찬과 더불어 초콜릿과 음료수를 줌.
  - 공격성 처벌 조건: 공격을 가한 아이에게 '깡패'라고 비난하며 겁(처벌)을 줌.
  - 통제 조건: 상이나 벌 중 아무것도 주지 않음.

  이후 아이들은 보보 인형을 포함한 여러 종류의 장난감이 있는 방으로 보내졌고, 실험자는 일방 거울을 통해 아이들이 공격행동을 모방하는 빈도를 관찰함.
- 결과: 공격성 보상 조건의 아이들이 가장 공격적이었고, 다음으로 통제조건, 공격성 처벌 조건 순으로 공격행동을 보였음. 모든 조건에서 남아가 여아보다 더 공격적인 성향을 보임.

더불어 Bandura(1977)는 모방행동이 실제 행동으로 나타나는 것은 '주의 – 파지 – 운동 재생산 – 유인가와 동기'의 4단계에 의해 좌우된다고 보았다(Mazur, 2013 재인용; [그림 4-1] 참조).

이를 바탕으로 후속 연구자는 폭력적인 TV 프로그램을 시청하는 것이 공격성을 증가시킨다는 것을 반복적으로 증명하였고(Anderson & Bushman, 2002; Christensen et al., 2007), 특히 폭력을 정당화하는 프로그램(예, 좋은 목적을 위해 공격성을 보이는 경우)에서 더욱 그러하였다(Hogben, 1998). 더불어 최근에 공격적인 게임이 활성화됨에 따라 공격적인 게임과 공격성의 관계를 알아보는 연구가 수행되었는데, 그 결과 공격적인 게임이 공격행동을 증가시키고 폭력에 대한 둔감화 작용을 한다는 사실이 밝혀졌다(Anderson & Bushman, 2001; Bartholow, Sestir, & Davis, 2005; Carnagey, Anderson, & Bushman, 2007). 나아가 Anderson과 Dill(2000)은 공격적인 게임이 공격적인 TV 프로그램을 시청하는 것보다 더욱 능동적인 참여를 포함하고 있는 데다 공격을 통해 점수나 아이템 같은 강화물을 받기 때문에 단순히 공격적인 TV 프로그램을 시청하는 것보다 더욱 공격성을 악화시킨다고 주장하였다(Rice &

1. 주의 과정

모델 행동의 속성에 주의 기울이기
(예, 보보 인형을 때리는 모습에 주의를 기울임 "어? 보보 인형을 때리네!")

2. 파지 과정

관찰을 통해 얻은 정보를 기억
(예, "보보 인형을 때리고 초콜릿을 받았었지!")

3. 운동 재생산 과정

모방을 위한 적절한 기술 습득
(예, 보보 인형 실험에서는 이미 발로 차거나 때리기 위한 운동기술을 보유하고 있기 때문에 특별히 다른 운동기술을 보유할 필요는 없음)

4. 유인가와 동기 과정

자신의 행동으로 특정 강화물을 받게 될 것을 예상, 기대
(예, "나도 보보 인형을 때리면 초콜릿을 받을 수 있겠지?")

그림 4-1 모방을 위한 4단계(Bandura, 1977)

Dolgin, 2009 재인용).

폭력적인 매체를 접하는 것이 과연 공격성을 줄일 수 있을까

Freud의 '추동이론' vs Bandura의 '사회 학습 이론'

Freud는 공격성의 근간인 죽음의 충동이 발생하면 직·간접적인 공격행동을 통해 그 충동을 반드시 방출시켜야 한다고 보았다. 후속 연구자는 공격적인 행동뿐 아니라 운동경기를 하거나 폭력물을 시청하는 것만으로도 정화가 가능하다고 주장하였지만, 몇몇 연구를 통해 이를 반박하는 결과가 누적되었다. Patterson(1974)은 미식축구 선수들이 시즌 전보다 경기를 다 마친 시즌 후에 상대편에 대한 적대 감정이

더 커졌고, Russell(1981)은 아이스하키 경기를 관전한 후 공격행동이 증가한다는 것을 밝혔다.

Bandura를 비롯한 사회 학습 이론가는 폭력적인 내용을 시청하는 것이 공격성을 증가시킬 수 있음을 지적하였다. 첫째, 공격적인 내용을 시청하면 다양한 공격행동을 배우게 된다. 둘째 공격적인 내용을 통해 내면의 분노가 고조되어 내면의 억제된 공격성이 탈억제된다. 셋째, 공격 행위와 관련된 기억이나 생각이 쉽게 활성화되어 문제 상황에서 쉽게 공격성을 사용하게 된다(이태연, 2012 재인용).

3) 좌절-공격성 이론

좌절은 공격행동을 증가시키는 경향이 있으므로 공격행동은 좌절에 기인한다는 이론이다(고영복, 2000). 초기 이론의 형태에서 Dollard와 Miller(1939)를 포함한 예일대 심리학자 5명은 '좌절은 항상 공격성을 유발하며, 공격성은 항상 좌절의 결과'라는 가설을 내놓았다. 이 좌절-공격성 이론은 사람들이 단순히 본능 때문에 공격적 행위를 하는 것이 아니라, 욕구가 충족되지 못하고 저지당함으로써 본능적 공격성이 표출된다고 설명한다. 즉, 인간은 좌절에 의해 야기된 내적 충동을 해소하도록 동기화되어 있으며, 공격 행위는 그것을 해소하기 위해 나타난다는 것이다. 좌절감을 일으키는 요인은 크게 세 가지의 형태로 볼 수 있다. 첫 번째는 어떤 목적지향적인 행동이 제지당하게 되는 경우이며, 두 번째는 결핍이나 궁핍 등 필요의 불충족, 세 번째는 타인의 폭력이나 욕설 등의 공격이나 성가심, 소음 등의 부정적 자극을 들 수 있다(박덕규, 1983). 이 이론은 공격할 기회를 주었을 때, 좌절을 당한 아이가 그렇지 않은 아이보다 더 강도 높은 공격행동을 보였다는 연구를 통해 지지되기도 하였다(Mallick & McCandless, 1966).

하지만 욕구 좌절이 언제나 공격성으로 이어지는 것은 아니며, 또한 모든 공격행동이 좌절에 의해 발생하는 것은 아니라는 반증이 등장하며 욕구-좌절 이론은 수정이 불가피하게 되었다. 여러 학자는 좌절감 뒤에 공격적 행동 외에도 체념 및 포기, 회피, 인지적 재해석, 혹은 다른 행위를 통한 보상 등 여러 다양한 행동이 나타날 수 있음을 주장하였다. 또한 Berkowitz(1989)는 좌절이 분노를 유발하지만 꼭 공격성을 유발하는 것은 아니라고 보았다. 이에 수정된 욕구-좌절 이론에서는 공격행동

과 좌절의 필연적인 관계를 주장하지는 않으며, 행동은 또한 상황적 요인과 사회화에 의해 영향을 받게 된다고 설명한다(고영복, 2000).

좌절-공격성 가설의 지지 증거(Mallick & McCandless, 1966)

5학년 학생에게 수수께끼를 맞히면 상을 주겠다고 약속한 후, 학생을 두 집단으로 나누어 한 집단은 좌절감을 느끼는 조건(친구의 놀림)에서, 다른 집단은 통제 조건에서 수수께끼를 풀게 하였다. 그 후 다른 학생에게 전기충격을 가할 기회를 주었을 때 좌절감 조건의 학생들이 통제 조건의 학생보다 높은 강도의 전기충격을 가하였다.

좌절-공격성 가설의 반박 증거(Barker, Dembo, & Lewin, 1941)

유아에게 멋진 장난감을 보여 주고 이들이 장난감을 가지고 놀려는 순간 장난감과 유아 사이에 철망을 놓아 유아를 좌절시킨 후 공격행동을 관찰하였다. 일부 유아가 철망을 미는 등 공격적인 반응을 보였지만 대부분의 유아는 제각기 상이한 반응을 보였다.

4) 생물학적 이론

신경생물학적인 요인 또한 공격성에 영향을 미치는 것으로 알려져 있다. 임신 중 또는 출산 시에 아기가 뇌에 손상을 받았거나, 자라면서 계단에서 떨어지거나 교통사고 등을 당해 두뇌 손상이 후천적으로 초래된 경우, 난폭하거나 공격적인 행동을 보일 수 있다. 폭력적인 아동들은 대부분 미세한 신경학적 이상을 보이며, 심한 폭력행동을 보인 아동들의 상당수에서 뇌파와 뇌기능에서 다양한 신경학적 이상이 있는 것으로 나타났다. 두뇌 부위 중에서는 전두엽과 시상하부, 편도체가 공격성과 관련이 높은 것으로 알려져 있다(김찬영, 김지웅, 1998; 이상신, 유병국, 김양태, 김희숙, 2007; Andy & Jurko, 1972; Blair, 2004; Damasio, Tranel, & Damasio, 1990).

전두엽은 계획 및 문제해결능력, 사회적 판단력, 감정조절에 관여하는 두뇌 부위다. 반사회적 성격장애 성인이나 품행장애 아동 청소년이 전두엽의 기능에 이상이 있다는 사실은 국내외의 여러 연구에서 입증된 바 있다(우충환, 신민섭, 2010; 이수정, 김혜진, 2009; Brower & Price, 2001; Lueger & Gill, 1990). 한편 청소년기는 뇌 기능의 발달이 활발히 이루어지는 시기다. 특히 자신의 행동의 결과를 판단하고 예측하는 능력, 다양한 대안을 생각하여 문제를 해결하는 능력, 행동억제력 등을 담당하는 전두엽은 이 시기에 핵심적인 변화가 일어나는 두뇌 영역이다. 청소년기는 전두엽의 뇌 회로에서 활발히 가지치기(prunning)가 일어나는 시점이므로, 특정한 전두엽의 기능 장애가 있지 않더라도 전두엽이 관장하는 행동의 결과를 예측하는 능력과 충동조절 기능이 상대적으로 불안정해지고 취약해진다고 할 수 있다(김붕년, 2012).

한편 자율신경을 총괄하는 시상하부의 경우 후외측을 자극하면 도구적 공격성이 증가하며, 복내측을 자극하면 외부 위협에 예민하게 반응하는 반응적 공격성을 증가시키게 된다는 결과가 있다(이상신 외, 2007). 공격행동에는 시상하부뿐만 아니라 편도체도 관여하는데, 편도체를 전기적으로 자극하면 반응적 공격성을 유발한다. 동물의 편도체를 제거하면 공격성이 줄어든다는 연구 결과에 고무되어 인간의 폭력 범죄를 치료하기 위해 편도체를 제거하는 수술이 시도되기도 했으나, 안전성이나 윤리적인 문제가 있어 일반화되기는 어려운 상황이다(김현실, 2003).

한 연구결과에 따르면, 열악한 가정환경 등 사회적 · 환경적인 요인이 공격성의 한 원인일 수 있으나, 사회적 · 환경적인 요인이 공격성을 유발하는 데 있어 두뇌의 신경전달물질이 매개요인으로 작용한다고 한다(Repetti, Taylor, & Seeman, 2002). 신경전달물질 중 세로토닌은 충동과 폭력적 행동의 억제에 중요한 물질로 알려져 있다. 동물 연구결과에 따르면, 세로토닌 수치가 낮은 쥐나 원숭이는 더 자주 싸우고 다치는 것을 확인할 수 있었으며, 혈중 세로토닌을 높이는 약물을 투여하면 무리 지어 활동하는 행동이 증가하는 것으로 나타났다(최현석, 2011; 함혜현, 2011). 사람의 경우도 마찬가지여서 충동 조절 어려움과 폭력 등 행동문제가 있는 사람들을 대상으로 혈중 세로토닌 수치를 측정해 본 결과 의미 있게 낮은 수치가 보고된 바 있다. 한편 대표적인 남성 호르몬인 테스토스테론 역시 공격성에 큰 영향을 미치는데, 테스토스테론은 세로토닌과는 반대로 공격성과 비례하는 것으로 나타났다. 이러한 신경전달물질이나 호르몬이 공격성과 관련이 있는 것은 분명하지만, 한 개인의 세로토

닌이나 테스토스테론 수치를 측정하여 그 사람의 공격성을 예측할 수는 없다(최현석, 2011).

5) 사회적 정보처리 이론

사회적 정보처리 이론에 따르면, 좌절이나 분노 등 타인의 도발에 대한 반응은 사회적 단서에 의한 것이라기보다는 이러한 정보를 처리하고 해석하는 방식에 달려 있다. 따라서 공격성은 사회적 정보처리 과정의 결함에 기인되어 발생한다고 본다. 길에서 어떤 사람이 나를 치고 지나갔다고 가정해 보자. 고개를 돌려 어떤 일이 일어났는지 살펴보고 방금 나를 친 사람을 확인하게 된다. 그러고는 그 사람이 나를 일부러 치고 지나갔는지, 아니면 실수로 그런 것인지를 알아보고자 탐색한다. 그 다음에는 그 행동이 고의적인지, 우발적인지에 따라 어떠한 반응을 보일지에 대해 생각한다. 그 후 자신이 그러한 행동을 하면 어떤 결과가 발생할지를 예측하여 비교해 보고 가장 적절한 반응을 결정하게 되며, 마지막으로는 그 반응을 행동화한다. 이처럼 사람들은 사회적 정보를 처리하는 과정에서 여러 복잡한 단계를 거치게 된다(Crick & Dodge, 1994: [그림 4-2] 참조).

사회적 정보를 처리 과정 가운데 공격성의 발현과 관련하여 특히 중요하게 작용하는 과정은 '의도에 대한 귀인'이다(Orpinas & Horne, 2005). Dodge(1980)는 아동을 대상으로 적대적 귀인 편향에 대한 재미있는 실험을 진행하였다. 실험에서 아동은 크게 세 그룹으로 나누어졌다. 첫 번째 그룹은 자신이 만든 작품을 다른 한 아이가 일부러 망가뜨렸다고 전해 들었고, 두 번째 그룹은 다른 아이가 자신의 작품을 지키려 하다가 실수로 부수게 되었다고 들었으며, 마지막 세 번째 그룹은 의도에 대한 정보 없이 단지 다른 아이가 자신의 작품을 망가뜨렸다는 이야기만을 들었다. 적대적 의도가 있었다고 전해들은 경우, 공격성이 높은 아동과 낮은 아동 모두 공격적인 반응을 보였다. 또한 의도치 않은 우발적 사고 조건에서 아동은 공격성의 높고 낮음과 관계없이 모두 공격적이지 않은 반응을 보였다. 그러나 의도가 불분명한 조건의 경우, 공격성이 높은 아이는 타인의 행동을 적대적 의도가 있는 것으로 보는 경우가 많았으며, 반대로 공격성이 낮은 아이는 그렇지 않았을 것이라 보는 경우가 많았다.

Randall(1997)은 이러한 인지적 · 심리적 결함으로 인해 타인을 괴롭히는 아동은

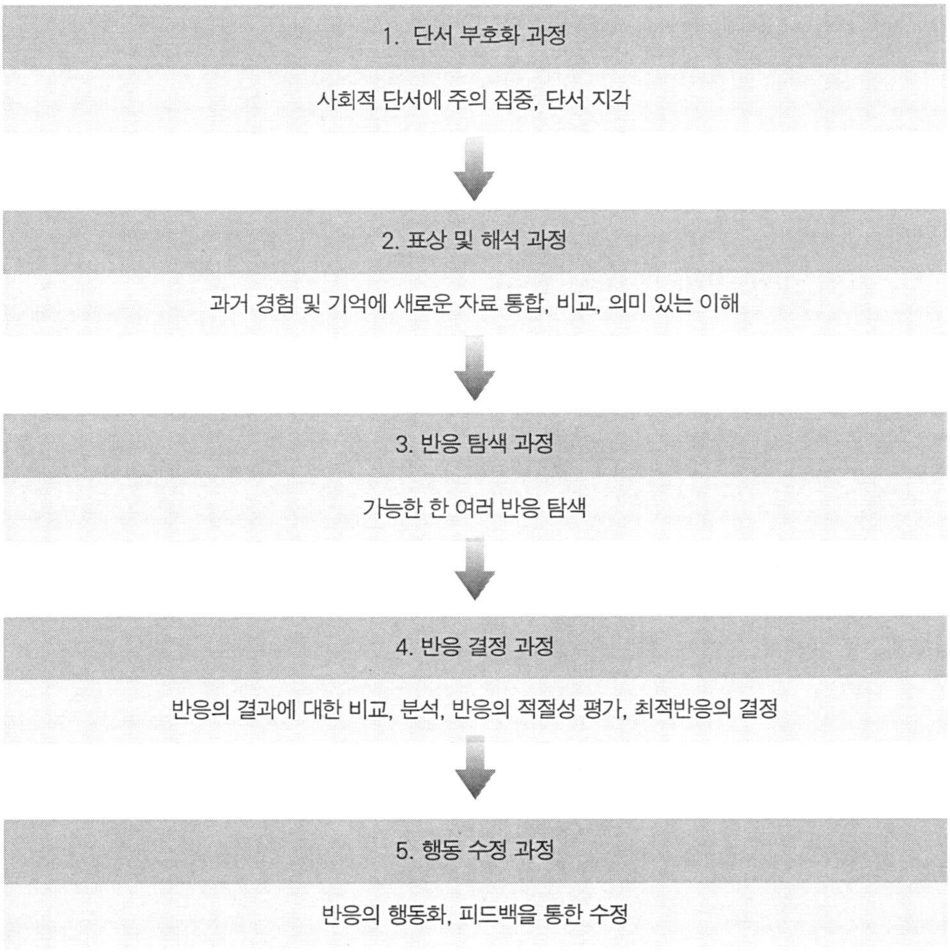

1. 단서 부호화 과정
사회적 단서에 주의 집중, 단서 지각
↓
2. 표상 및 해석 과정
과거 경험 및 기억에 새로운 자료 통합, 비교, 의미 있는 이해
↓
3. 반응 탐색 과정
가능한 한 여러 반응 탐색
↓
4. 반응 결정 과정
반응의 결과에 대한 비교, 분석, 반응의 적절성 평가, 최적반응의 결정
↓
5. 행동 수정 과정
반응의 행동화, 피드백을 통한 수정

그림 4-2 사회적 정보처리 이론(Crick & Dodge, 1994)

사회적 정보를 정확히 처리하지 못하기 때문에 타인의 기분이나 생각을 잘 알지 못하고, 타인의 의도를 정확히 판단하지 못하여 괴롭힘 행동을 하게 된다고 설명하였다. 그러나 Crick과 Dodge(1996; 김혜리, 이진혜, 2006)는 모든 공격적인 아동에게서 상대방의 의도를 정확하게 판단하지 못하고 적대적으로 해석하는 편향이 나타나지는 않는다는 점을 감안하여 상대방의 위협적인 공격행위에 대한 반응으로 공격행동(reactive aggression)을 보이는 아동과 자신의 우월함을 남에게 보여 주는 것과 같은 특정 목적을 가지고 의도적인 선행적 공격행동(proactive aggression)을 하는 아동 집단으로 구분하여 두 유형의 아동 집단이 보이는 사회적 정보처리 특징에 대해

연구하였다. 그 결과 반응적 공격행동을 보이는 아동은 다른 사람의 의도를 적대적이라고 판단하는 편향을 보였지만, 선행적 공격행동을 보이는 아동은 그러한 편향을 보이지 않았으며, 자신의 공격행동을 보다 긍정적으로 평가하는 경향을 보였다.

2. 괴롭힘에 대한 이론적 접근

1) 유사성 및 가해자에 대한 동일시

서로 매우 친밀한 사람들 중에는 취미, 습관, 생활환경, 종교적 신념 등이 비슷한 경우가 많은데, 이는 서로 비슷한 점을 갖고 있는 사람들끼리 호감을 느끼기 쉽기 때문이다. Byrne(1971)은 태도의 유사성이 호감에 미치는 영향을 증명하기 위해 각 피험자에게 자신의 태도를 평정한 뒤 다른 사람의 프로파일에 대한 호감도를 평정하도록 하였다. 그 결과 피험자는 자신과 가장 비슷한 사람에 대해 가장 호의적으로 지각하는 것으로 나타났다(Kandel, 1978).

이러한 유사성 이론은 청소년의 괴롭힘 행동에도 적용될 수 있다. 즉, 가해자는 가해자끼리 어울리기 쉽다(Espelage, Green, & Wasserman, 2007; Espelage, Holt, & Henkel, 2003; Swearer, 2011 재인용). 하지만 처음부터 가해학생으로 집단이 구성되기보다는 어떠한 유사성에 근거하여 또래 집단이 형성되면 그 집단 내에서 지위가 높은 1~2명의 학생이 자신의 공격적이거나 착취적인 규범을 집단에 내재화하게 된다(정종진, 2012). 이러한 과정에서 집단 내 응집력을 높이기 위해 이질적인 구성원에게 배타적으로 대하는 경향이 있으므로, 결국 집단 구성원은 집단 내의 공격적인 규범에 동조[1]하게 된다. 특히 동조 행동은 청소년기에 가장 증가하는 경향이 있으며(정옥분, 2005), 실제 국내 연구결과에 따르면 가해자가 직접 원해서 친구를 괴롭히기보다는 집단에 수용되고 싶은 욕구로 인해 가해하는 경우가 더 많은 것으로 나타났

1) 동조성(conformity)이란 모호한 상황에서 정보를 얻기 위해서뿐 아니라 집단의 수용과 인정을 얻기 위해 자신의 행동양식을 집단에 일치시키고 조화시켜 가려는 움직임으로, 긍정적인 행동뿐 아니라 다양한 반사회적 행동에도 적용될 수 있다.

다(강진령, 유형근, 2000; 박경애 외, 2010 재인용). 즉, 가해자 집단 내에 들어감으로써 자신 또한 피해자가 될 수 있다는 불안을 해소하게 되는 것이다. Anna Freud(1936)가 말한 '공격자와의 동일시(identification with the aggressor)'라는 개념에 따르면, 심지어는 과거에 괴롭힘을 당한 적이 있는 피해자 또한 가해자의 규범을 받아들여 또 다른 가해자가 되는 현상이 나타나기도 한다. 피해자가 되는 아이 역시 집단 내에서 다른 구성원과 이질적인 특성을 가진 경우가 많다는 점 또한 집단괴롭힘을 이해하는 데 유사성 이론이 중요하다는 사실을 지지한다.

2) 지위와 지배성에 대한 욕구

발달심리학자는 집단에서 높은 지위를 확보한 아동이 더 많은 자원을 얻을 수 있고, 또래에 대해 더 많은 통제와 영향력을 행사할 수 있음을 증명해 왔다(Pellegrini & Long, 2002; Swearer, 2011 재인용). 이러한 지위는 공격성을 통해 확립될 수 있다. Salmivalli(2010)는 또래 괴롭힘에 관한 논문에서 가해자들이 또래 괴롭힘을 통해 궁극적으로 얻고자 하는 것은 또래 집단 내에서의 '높은 지위(status)'와 '지배적인 역할(position)'임을 보여 주었다. 특히 청소년기는 또래 지위가 강조되는 시기로(Eder, 1985), LaFontana와 Cillessen(2010)은 연구를 통해 청소년 참가자의 3분의 1이 우정보다 지위 강화를 우선시한다는 점과 74~79%의 참가자가 규칙 준수보다 지위 강화를 더 중요하게 간주한다는 사실을 확인하였다. 따라서 가해자는 큰 노력을 들이지 않고도 자신의 지위를 공고화할 수 있는 순종적이고(Schwartz et al., 1998), 불안정하고(Salmivalli, Ojanen, Haanpaa, & Peets, 2005), 신체적으로 약하며, 집단 내에서 쉽게 거부당하는 피해자를 택하는 경우가 많다(Hodges & Perry, 1999). 또한 대부분의 괴롭힘 역시 자신의 힘을 인정해 줄 목격자나 동조자가 있는 장면에서 일어나게 된다(Atlas & Pepler, 1998; Lynn Hawkins, Pepler, & Craig, 2001).

3) 독립성에 대한 욕구 및 또래의 영향

청소년기에 관찰되는 대인관계에서의 변화 중 가장 두드러지는 점은 부모로부터 독립하고자 하는 욕구를 강하게 느끼며, 이전에 비해 또래 집단의 영향을 더 많이 받게 된다는 것이다(박경애 외, 2010). 따라서 이 시기에는 어른의 기준과 가치에 도전하는 비행, 비순응, 공격성을 보이는 청소년에게 끌리는 반면, 아동기의 특징인 순응, 순종을 보이는 청소년은 상대적으로 덜 매력적일 수 있다(Swearer, 2011 재인용; 정종진, 2012). 따라서 청소년기의 또래 괴롭힘은 또래로부터 지위를 획득함은 물론 인기를 얻는 데에도 강력하게 작용할 수 있고(Moffitt, 1993), 실제 몇몇 연구에서는 가해자를 포함한 공격적인 청소년이 또래에게 더 멋지고, 강하고, 인기가 많다고 지각된다는 결과를 보여 주었다(Caravita, Di Blasio, & Salmivalli, 2009; Juvonen, Graham, & Schuster, 2003; Rodkin, Farmer, Pearl, & Acker, 2006; Vaillancourt, Hymel, & McDougall, 2003). 또 다른 연구에서도 가해자가 더 쉽게 친구를 사귀고(Nansel et al., 2001), 괴롭힘에 관여하지 않은 청소년과 비슷한 수준으로 급우의 지지를 얻는다는 결과가 관찰되었다(Demaray & Malecki, 2003). 이러한 결과는 다른 또래로 하여금 괴롭힘의 긍정적인 영향(예, 강한 사람으로 인식되는 것, 인기를 얻는 것)을 학습하도록 하는 계기를 제공하게 되어 향후 괴롭힘 행동의 발생과 유지 가능성을 증가시킬 수 있다는 점에서 우려를 낳는다.

4) 공감능력의 결함

Olweus(1995)는 괴롭힘 가해자가 폭력을 자신의 욕구 충족을 위해서 사용하며, 폭력을 행사하는 것을 즐기거나 다른 사람들을 고통스럽게 하고 괴롭히는 행동을 통해 만족감을 느끼고, 공감능력이 부족하여 상대방에 대한 배려를 거의 하지 않는 경향이 크다고 보고하였다. 이처럼 괴롭힘을 행하는 가해자는 피해자가 느낄 공포심이나 고통이 어떠할지 충분히 이해하거나 공감하지 못하므로 괴롭힘의 대상인 피해자를 불쌍히 여기지 않으며, 자신이 행하는 괴롭힘 행동에 대한 죄책감을 느끼지 않는 모습을 보일 수 있다.

5) 중화 이론

Sykes와 Matza의 중화(neutralization)이론(1957)에 따르면, 비행청소년도 합법적이고 바람직한 규범을 숙지하고 있으며 비행이 나쁘다는 것을 알고 있지만, 비행

을 정당화하는 구실을 찾으므로 비행을 저지르게 된다고 한다. 비행청소년이 비행을 정당화하는 유형에는 다른 것에 원인을 돌리는 책임의 부정, 피해자의 과실과 책임을 탓하는 피해자 부정, 비행을 비난하는 사람은 더 비난받을 행동을 한다고 주장하는 비난자 부정, 자기가 소속해 있는 집단에 대한 의리와 충성심의 강조 등이 있다(Akers & Sellers, 2011 재인용).

청소년의 집단괴롭힘에서 가해자는 가해의 이유를 괴롭힘을 당하는 아이가 괴롭힘을 당할 만한 행동을 하기 때문이라고 보는 경우가 대부분이었다는 결과를 고려할 때, 이러한 중화이론은 청소년의 집단괴롭힘을 이해하는 데에도 적용될 수 있다(김용태, 박한샘, 1997; 임준태, 강소영, 2009; Clarke & Kiselica, 1997; Horne & Socherman, 1996).

한편 이와 같은 폭력에 대한 정당화가 사회적 정보를 처리함에 영향을 미쳐 결과적으로 공격행동 및 또래 괴롭힘으로 이어진다는 연구결과도 있다(Calvete & Orue, 2010). 타인과 모호한 상황에 접했을 때 폭력의 정당화에서 높은 점수를 받은 청소년은 타인의 의도를 적대적인 것으로 귀인하려는 경향이 있고, 따라서 공격적인 반응을 선택하는 경향이 많다는 것이다.

6) 생태학적 이론

생태학적(ecological) 이론은 개인이 어떠한 행동을 보이는 것은 개인적인 요인으로만 결정되는 것이 아니라, 가정, 사회, 문화가 상호작용하는 과정에서 나타나는 현상이라고 설명하는 가장 종합적인 모델이다(Orpinas & Horne, 2005). Bronfenbrenner(1974)에 의하면, 아동과 청소년이 발달하는 데에는 네 가지의 상호 관련 체계인 미시체계(microsystem), 중간체계(mesosystem), 외체계(exosystem), 거시체계(macrosystem)가 작용한다. 가족이나 또래, 학교와 같이 아동이 자주 직접 접하는 환경과 아동의 상호작용인 미시체계로부터 사회, 문화적 영향력과 아동의 상호작용을 포함하는 거시체계까지 아동과 청소년의 행동 및 성격 발달은 복잡한 상호작용의 결과라는 것이다.

생태학적 이론은 학교폭력을 설명하는 관점으로 확장되었다. 이러한 관점에 따르면, 정서적 문제나 문제해결능력의 부족과 같은 개인요인, 가정 내 폭력이나 자녀에

대한 감독 부족과 같은 가정요인, 지역사회 내의 자원 부족과 같은 사회요인 등이 복합적으로 학교폭력에 기여한다고 보고 있다(정종진, 2012). 각각의 요인에 대해서는 본 책의 '학교폭력의 원인: 개인, 가정, 학교, 사회요인' 장에서 더 자세히 다루고 있으므로 그 장을 참조하기 바란다.

생태학적 이론은 각각의 요인의 영향력을 중시하면서도 요인 간의 상호영향을 종합적인 관점으로 봄으로써 학교폭력 문제에 대한 개입과 예방에 중요한 함의를 갖는다. 어떤 한 요인과 관련된 개입만을 실시하였을 때 문제가 해결되지 않는 경우에는 그것을 둘러싼 다른 요인을 고려하는 것이 도움이 될 수 있으며, 학교폭력 예방을 위해서는 여러 가지 요인을 종합적으로 고려한 대책 마련이 중요하다(Orpinas & Horne, 2005).

3. 개입을 위한 시사점

욕구 좌절이 분노를 일으키기는 하지만 그것이 꼭 공격적 행동으로 이어지지 않을 수 있다는 연구결과를 고려할 때, 일차적으로는 분노 발생 가능성을 줄이고 이차적으로는 분노를 잘 조절하여 공격적 행동을 예방토록 하는 방법이 고안되어야 할 것이다.

분노 발생 가능성을 낮추는 방법으로 타인의 행동에 대한 적대적 귀인 편향 등의 인지적 오류를 다루어 줄 필요가 있다. 또한 사회적 단서를 지각하는 과정에서 자신의 해석이 꼭 맞지 않을 수 있음을 인지하고, 또 다른 해석 가능성에 대해 생각해 볼 수 있도록 돕는 인지적 재구조화와 상대방의 고통을 이해하고 공감하는 능력을 훈련시키는 인지행동 치료적 개입이 도움이 될 것이다. 또한 분노를 경험하더라도 이를 타인에 대한 폭력적 행동으로 표출하지 않게 하기 위해 다양한 에너지 발산 활동을 통한 정화작용이 도움이 될 수 있다. 하지만 폭력적인 내용의 영화나 게임은 오히려 공격적 행동을 학습하게 할 수 있다는 연구결과가 있으므로 이에 대해서는 세심한 주의가 필요하다. 폭력물보다는 운동이나 스포츠 활동에 참여하거나 관람하고, 노래 부르기와 같은 보다 중립적인 경로를 통해 에너지를 분출할 수 있도록 돕는 것이 바람직하다.

폭력에 대한 정당성은 상대방의 의도를 부정적으로 귀인하는 경향성에 영향을 미칠 뿐 아니라, 분노 경험 시 공격행동을 사용 가능한 대처 방식으로 간주하게끔 할 수 있다. 따라서 '(언어/신체) 폭력은 정당화될 수 없다.'는 것을 교육하고, 타당하고 합리적인 기준에 의해 아동, 청소년들의 폭력적 행동을 엄격하게 처벌하거나 바람직한 행동에 대해서는 강화할 필요가 있다. 이때 부모나 교사 또한 훈육과정에서 체벌이나 공격적 언어를 사용하는 것을 자제하고 주의해야 한다.

한편 집단괴롭힘은 집단과정이므로(O'connell, Pepler, & Craig, 1999; Salmivalli, Lagerspetz, Björkqvist, Österman, & Kaukiainen, 1996) 개별적인 가해자, 피해자보다는 집단의 과정으로 이해하고 개입할 필요가 있다. 앞서 살펴본 바와 같이 또래 괴롭힘을 통해 얻고자 하는 것이 또래 집단 내에서의 지위라는 점을 고려해 볼 때, 괴롭히는 행동을 통해서는 인기나 지위와 같은 보상(강화물)을 얻지 못한다는 것을 알 수 있도록 또래의 인식과 행동을 변화시키고, 더 나아가 가해자가 공격행동의 부당함을 깨닫게 할 수 있도록 개입이 이루어진다면 괴롭힘의 빈도는 현저히 감소될 수 있을 것이다. 실제 Salmivalli(2010)는 방관자가 가해자보다 개입에 대한 효과가 더 크다는 사실과 한 명의 비동조자만으로도 집단 내 동조효과가 급격히 감소할 수 있다는 사회 심리 연구결과를 통해(Asch, 1955) 피해자를 도와주고 옹호해 줄 수 있는 건강한 방관자를 양성하는 프로그램이 효과적일 수 있다고 주장하였다.

또한 가족, 또래 집단, 대중매체의 영향, 지역사회 관련 요인 모두를 포함시키는 포괄적이고 다면적인 접근 방식을 취하는 것이 중요하다(김현실, 2003). 청소년이 새로 배운 기술을 일상생활에 적용하고 일반화하기 위해서는 현재 생활하고 있는 환경 모두를 포함시켜서 개입하는 것이 바람직하다. 실제로 Mrazek과 Haggerty(1994)는 가정, 학교 및 지역사회에 대한 소속감을 높여 주는 프로그램이 청소년의 공격성을 감소시키는 데 효과적임을 보여 주었다.

이 장의 요약

1. 추동 이론에서 Freud는 삶을 유지하려는 본능인 '에로스' 와 삶을 파괴하고 태어나기 전의 평형상태로 돌아가려는 죽음의 본능인 '타나토스' 에 의해 인간의 행동이 결정된다고 보았다. 공격성 역시 타나토스에서 비롯된 자연스러운 본능으로, 이러한 에너지가 자신보다 타인으로 전치되어 공격적인 행동으로 발현되는 경우가 더욱 많다고 설명하였다.

2. 사회 학습 이론에서는 직접적인 강화나 처벌을 경험하지 않아도 타인의 행동과 그러한 행동의 결과를 관찰하는 것만으로도 대리학습이 가능하다고 주장하였다. 즉, 공격을 가하는 장면을 관찰하거나 폭력적인 매체나 게임을 시청하는 것만으로도 공격성을 학습할 수 있으며, 특히 모델의 공격적인 행동이 강화받는 모습을 관찰했을 때 공격성이 발현될 가능성은 더욱 증가한다.

3. 좌절-공격성 이론에서는 사람들이 목표지향적 행동을 제지당했을 때, 혹은 결핍이나 부정적 자극이 있을 때 욕구 좌절이 되면서 공격성이 발생한다고 설명한다. 이 이론은 추후에 좌절과 공격성 사이의 관계가 필연적인 것은 아니라는 내용으로 수정되었고, 여러 학자는 좌절-공격성 사이에 인지적 · 정서적 과정이 개입되어 있음을 주장하기도 하였다.

4. 생물학적 이론에서는 뇌기능 장애나 신경전달물질, 호르몬이 공격성과 관련되어 있다고 설명한다. 공격성과 관련된 뇌의 부위로는 전두엽, 시상하부, 편도체 등이 있으며, 세로토닌은 공격성을 제어하는 역할을 하고, 테스토스테론은 공격성을 높이는 역할을 하는 것으로 알려져 있다.

5. 사회적 정보처리 이론에서는 사람들이 사회적 단서를 지각하고 해석하여 반응을 결정하는 인지적 과정 중에 발생한 오류로 인해 공격성을 보이게 된다고 설명한다. 특히 타인의 행동을 적대적 의도가 있는 것으로 해석하는 귀인 편향이 공격성 발생에 큰 영향을 미친다고 설명한다.

6. 유사성 및 가해자에 대한 동일시 이론에서는 사람들은 서로 비슷한 취미, 생활환경, 습관 등을 가진 사람에게 호감을 느낀다고 설명한다. 또래 괴롭힘의 경우에도 공격성 수준이 높은 가해학생끼리 어울리며 집단을 형성하거나, 또는 집단 내에서 지위

가 높은 1~2명의 학생의 공격적인 규범에 동조하여 괴롭힘 행동을 보이는 경우가 많다.

7. 지위와 지배성에 대한 욕구 이론에서는 집단 내에서 높은 지위를 획득하기 위해 공격성을 사용한다고 가정한다. 실제 가해자는 자신의 지위를 공고화할 수 있는 약한 대상을 피해자로 정하고, 자신의 힘을 인정해 줄 목격자나 동조자가 있는 장면에서 괴롭힘 행동을 보이게 된다.

8. 독립성에 대한 욕구 및 또래의 영향 이론에서는 청소년기에는 부모로부터 독립하고자 하는 욕구를 많이 느끼게 되기 때문에 어른의 가치와 기준에 도전하는 반항적이고 공격적인 행동을 보이는 청소년이 또래로부터 인기가 많다고 지각된다는 결과를 보여 주었다. 나아가 이를 관찰한 또래는 괴롭힘의 긍정적인 영향(인기를 얻는 것)을 학습하게 되어 향후 괴롭힘 행동의 발생과 유지 가능성이 증가될 수 있다.

9. 괴롭힘을 행하는 가해자는 공감능력이 부족하여 피해자가 느낄 공포심이나 고통이 어떠할지 이해하거나 공감하지 못하므로 괴롭힘의 대상인 피해자를 불쌍히 여기지 않게 되며, 자신이 행하는 괴롭힘 행동에 대한 죄책감을 느끼지 않는 모습을 보일 수 있다.

10. 중화 이론은 비행을 하는 아동, 청소년도 관습적이고 적절한 사회규범을 알고는 있으나, 비행을 정당화하는 구실을 찾아 그와 같은 문제행동을 지속한다고 설명한다. 또래 괴롭힘에 있어서도 가해자가 괴롭히는 행동의 원인을 피해자에게서 찾음으로써 폭력을 정당화하는 경우가 많이 나타나고 있다.

11. 생태학적 이론은 개인의 행동을 개인적인 요인뿐만 아니라, 가정, 학교, 사회가 상호작용하는 과정에서 나타나는 현상이라고 설명한다. 즉, 정서적 문제나 문제해결 능력의 부족과 같은 개인요인, 가정 내 폭력이나 자녀에 대한 감독 부족과 같은 가정요인, 지역사회 내의 자원 부족과 같은 사회요인 등이 복합적으로 학교폭력에 기여한다고 보고 있다.

생각해 볼 문제

1. 인간의 공격적 본능에 대하여 생각해 보세요.
2. 사회 학습 이론에 입각하여 공격적인 게임이나 TV시청이 공격성에 어떠한 영향을 미치는지 생각해 보세요.
3. 전두엽의 발달 및 기능장애와 공격성의 연관성에 대해 생각해 보세요.
4. 사회적 정보처리 이론의 5단계를 기술하고, 이러한 처리과정이 공격성과 어떻게 연관되는지 생각해 보세요.
5. 또래 괴롭힘 가해자의 행동을 '지위와 지배성에 대한 욕구'에 관한 설명에 입각해서 생각해 보세요.

참고문헌

강진령, 유형근(2000). 집단괴롭힘. 서울: 학지사.

고영복(2000). 사회학 사전. 서울: 사회문화연구소.

김붕년(2012). 집단따돌림 및 학교폭력 예방 및 치료교육 프로그램-서울대학교병원 개발. 대한소아청소년정신의학회 학술대회논문집(2012년도 개원의 연수교육), 15-38.

김용태, 박한샘(1997). 청소년 친구 따돌림의 실태조사. 청소년대화의 광장, 청소년상담 문제 연구보고서, 29.

김찬영, 김지웅(1998). 공격성의 신경생물학. 대한정신약물학회지, 9(1), 3-18.

김현실(2003). 청소년기의 공격성: 기여 요인 및 관련이론. 청소년 행동연구, 1(8).

김혜리, 이진혜(2006). 마음읽기 능력과 괴롭힘 행동. 한국심리학회지: 발달, 19(2), 1-19.

박경애, 김혜원, 주영아(2010). 청소년 심리 및 상담. 서울: 공동체.

박덕규(1983). 청소년의 성격 형성과 공격성. 서울: 배영사.

박민철(1999). 공격성의 정신분석적 개념. 한국 정신분석 학회지, 10(1), 3-15.

송운석(2012). 신뢰중심의 인간관계론. 서울: 탑북스.

우충환, 신민섭(2010). 정신분열증과 정신증적 양극성장애 환자들의 신경인지 결함: 정신증적 증상과의 관련성. 한국심리학회지: 임상, 29(2), 471-489.

이상신, 유병국, 김양태, 김희숙(2007). 안와전두피질의 기능. 생물치료정신의학, 13(1), 36-44.

이수정, 김혜진(2009). 사이코패스의 전두엽 집행기능 및 정서 인식력 손상기전. 한국심리학회지: 사회 및 성격, 23(3), 107-121.

이태연(2012). 심리학의 이해. 서울: 신정.

임준태, 강소영(2009). 청소년 집단괴롭힘의 심리적 기제와 통제방안. 사회과학연구, 16(1), 179-203.

정옥분(2005). 청년심리학. 서울: 학지사.

정종진(2012). 학교폭력상담05-이론과 실제 편-. 서울: 학지사.

최현석(2011). 인간의 모든 감정. 서울: 서해문집.

함혜현(2011). 청소년 비행유발에 있어 신경전달물질에 관한 연구. 한국범죄심리연구, 7(1), 227-250.

Akers, R. L., & Sellers, C. S. (2011). 범죄학 이론 (민수홍, 박기석, 박강우 공역). 서울: 나남.

Anderson, C. A., & Bushman, B. J. (2001). Effects of violent video games on aggressive behavior, aggressive cognition, aggressive affect, physiological arousal, and prosocial behavior: A meta-analytic review of the scientific literature. *Psychological science, 12*(5), 353-359.

Anderson, C. A., & Bushman, B. J. (2002). The effects of media violence on society. *Science, 295*(5564), 2377-2379.

Anderson, C. A., & Dill, K. E. (2000). Video Games and Aggressive Thoughts, Feelings and Behavior in the Laboratory and in Life. *Journal of Personality and social psychology, 78*(4), 772-790.

Andy, O., & Jurko, M. (1972). Thalamotomy for hyperresponsive syndrome: lesions in the centermedianum and intralaminar nuclei. *Hitchcock, Laitinen and Vaernet Psychosurgery,* 127-135.

Asch, S. E. (1955). Opinions and social pressure. *Readings about the social animal,* 17-26.

Atlas, R. S., & Pepler, D. J. (1998). Observations of bullying in the classroom. *The Journal of Educational Research, 92*(2), 86-99.

Bandura, A. (1965). Influence of models' reinforcement contingencies on the acquisition of imitative responses. *Journal of personality and social psychology, 1*(6), 589-595.

Bandura, A. (1977). *Social learning theory.* Englewood Cliffos, NJ: Prentice Hall.

Bandura, A., & McClelland, D. C. (1977). *Social learning theory.* Northbrook, IL: General Learning Corporation.

Bandura, A., Ross, D., & Ross, S. A. (1963). Imitation of film-mediated aggressive models. *The Journal of Abnormal and Social Psychology, 66*(1), 3.

Baron-Cohen, S. (1995). Mindblindness: As essay on autism and theory of mind: Wiley Online Library.

Barker, R. G., Dembo, T., & Lewin, K. (1941). *Frustration and regression: An experiment with young children*(Vol. 18): University of Iowa Press Iowa City, IA.

Bartholow, B. D., Sestir, M. A., & Davis, E. B. (2005). Correlates and consequences of exposure to video game violence: Hostile personality, empathy, and aggressive behavior. *Personality and Social Psychology Bulletin, 31*(11), 1573-1586.

Berkowitz, L. (1989). Frustration-aggression hypothesis: Examination and reformulation. *Psychological bulletin, 106*(1), 59-73.

Blair, R. (2004). The roles of orbital frontal cortex in the modulation of antisocial behavior. *Brain and cognition, 55*(1), 198-208.

Bronfenbrenner, U. (1974). Developmental research, public policy, and the ecology of childhood. *Child development, 45*(1), 1-5.

Brower, M., & Price, B. (2001). Neuropsychiatry of frontal lobe dysfunction in violent and criminal behaviour: a critical review. *Journal of Neurology, Neurosurgery & Psychiatry, 71*(6), 720-726.

Byrne, D. E. (1971). *The attraction paradigm* (Vol. 11). San Diego, CA: Academic Press.

Calvete, E., & Orue, I. (2010). Cognitive schemas and aggressive behavior in adolescents: the mediating role of social information processing. *The Spanish journal of psychology, 13*(1), 190-201.

Caravita, S., Di Blasio, P., & Salmivalli, C. (2009). Unique and interactive effects of empathy and social status on involvement in bullying. *Social Development, 18*(1), 140-163.

Carnagey, N. L., Anderson, C. A., & Bushman, B. J. (2007). The effect of video game violence on physiological desensitization to real-life violence. *Journal of Experimental Social Psychology, 43*(3), 489-496.

Christensen, P., Wood, W., Preiss, R., Gayle, B., Burrell, N., Allen, M., & Bryant, J. (2007). Effects of media violence on viewers' aggression in unconstrained social interaction. *Mass media effects research: Advances through meta-analysis,* 145-168.

Clarke, E. A., & Kiselica, M. S. (1997). A Systemic Counseling Approach to the Problem of Bullying. *Elementary School Guidance & Counseling, 31*(4), 310-325.

Crick, N. R., & Dodge, K. A. (1994). A Review and Reformulation of Social Information-Processing Mechanisms in Children's Social Adjustment. *Psychological Bulletin, 115*(1), 74-101.

Crick, N. R., & Dodge, K. A. (1996). Social information-processing mechanisms in reactive and proactive aggression. *Child development, 67*(3), 993-1002.

Damasio, A. R., Tranel, D., & Damasio, H. (1990). Individuals with sociopathic behavior caused by frontal damage fail to respond autonomically to social stimuli. *Behavioural brain research, 41*(2), 81-94.

Demaray, M. K., & Malecki, C. K. (2003). Perceptions of the Frequency and Importance of Social Support by Students Classified as Victims, Bullies, and Bully/Victims in an Urban Middle School. *School Psychology Review, 32*(3), 471-489.

Dodge, K. A. (1980). Social cognition and children's aggressive behavior. *Child development, 51* (1), 162-170.

Dodge, K. A., & Coie, J. D. (1987). Social information-processing factors in reactive and proactive aggression in children's play groups. *Journal of Personality and Social Psychology, 53*, 1146-1158.

Dollard, J., Doob, L. W., Miller, N. E., Mowrer, O. H., Sears, R. R., Ford, C. S., Sollenberger, R. T. (1939). *Frustration and aggression*. CT: Yale University Press(New Haven).

Eder, D. (1985). The cycle of popularity: Interpersonal relations among female adolescents. *Sociology of education, 58*(3), 154-165.

Espelage, D. L., Holt, M. K., & Henkel, R. R. (2003). Examination of Peer-Group contextual effects on aggression during early adolescence. *Child development, 74*(1), 205-220.

Espelage, D. L., Green, H. D., & Wasserman, S. (2007). Statistical analysis of friendship patterns and bullying behaviors among youth. *New directions for child and adolescent development, 2007*(118), 61-75.

Freud, A. (1936). Identification with the aggressor. *The ego and the mechanisms of defence*, NY: International Unversities Press.

Geen, R., Stonner, D., & Shope, G. (1975). The facilitation of aggression by aggression: A study in response inhibition and disinhibition. *Journal of Personality and Social Psycholigy, 31*(4), 721-726.

Hodges, E. V., & Perry, D. G. (1999). Personal and interpersonal antecedents and consequences of victimization by peers. *Journal of personality and social psychology, 76*(4), 677.

Hogben, M. (1998). Factors moderating the effect of televised aggression on viewer behavior. *Communication Research, 25*(2), 220-247.

Horne, A. M., & Socherman, R. (1996). Profile of a Bully: Who Would Do Such a Thing?. *Educational Horizons, 74*(2), 77-83.

Institute of Medicine. (1994). Reducing Risks for Mental Disorders: Frontiers for

Preventive Intervention Research. In P. J. Mrazek & R. J. Haggerty, (Eds.), *Committee on Prevention of Mental Disorders, Division of Biobehavioral Sciences and Mental Disorders*. Washington, DC: National Academies Press.

Juvonen, J., Graham, S., & Schuster, M. A. (2003). Bullying among young adolescents: the strong, the weak, and the troubled. *Pediatrics, 112*(6), 1231-1237.

Kandel, D. B. (1978). Homophily, selection, and socialization in adolescent friendships. *American Journal of Sociology*, 427-436.

Kaplan H., & Sadock, B. (1998). Synopsis of psychiatry (8th ed.). *Baltimore: Williams & Wilkins.*

Kuo, Z. Y. (1961). *Instinct.* Princeton, NJ: Van Nostrand.

LaFontana, K. M., & Cillessen, A. H. (2010). Developmental changes in the priority of perceived status in childhood and adolescence. *Social Development, 19*(1), 130-147.

Lueger, R. J., & Gill, K. J. (1990). Frontal-lobe cognitive dysfunction in conduct disorder adolescents. *Journal of Clinical Psychology. 46* (6), 696-706

Lynn Hawkins, D., Pepler, D. J., & Craig, W. M. (2001). Naturalistic observations of peer interventions in bullying. *Social development, 10* (4), 512-527.

Mallick, S. K., & McCandless, B. R. (1966). A study of catharsis of aggression. *Journal of Personality and Social Psychology, 4*(6), 591.

Mazur, J. E. (2013). 학습심리학 (이영애, 이나경, 이현주 공역). 서울: 시그마프레스.

McAuliffe, M. D., Hubbard, J. A., Rubin, R. M., Morrow, M. T., & Dearing, K. F. (2006). Reactive and proactive aggression: Stability of constructs and relations to correlates. *The Journal of Genetic Psychology, 167*(4), 365-382.

Moffitt, T. E. (1993). Adolescence-limited and life-course-persistent antisocial behavior: a developmental taxonomy. *Psychological review, 100*(4), 674.

Mrazek, P. B., & Haggerty, R. J. (1994). *Reducing risks for mental disorders: Frontiers for preventive intervention research*. Washingtion DC: National Academies Press.

Nansel, T. R., Overpeck, M., Pilla, R. S., Ruan, W. J., Simons-Morton, B., & Scheidt, P. (2001). Bullying behaviors among US youth. *Journal of the American Medical Association, 285*(16), 2094-2100.

O'connell, P., Pepler, D., & Craig, W. (1999). Peer involvement in bullying: Insights and challenges for intervention. *Journal of adolescence, 22*(4), 437-452.

Olweus, D. (1995). Bullying or peer abuse at school: Facts and intervention. *Current Directions in Psychological Science, 4*(6), 196-200.

Olweus, D., Limber, S., & Mihalic, S. (1999). *Blueprints for violence prevention, book nine:*

Bullying prevention program. Boulder, CO: Center for the Study and Prevention of Violence.

Orpinas, P., & Horne, A. M. (2005). Bullying prevention: Creating a positive school climate and developing social competence. *Handbook of bullying in schools: An international Perspective,* 49-59

Patterson, A. H. (1974). Hostility catharsis: A naturalistic quasi-experiment. *Personality and Social Psychology Bulletin, 1*(1), 195-197.

Pellegrini, A. D., & Long, J. D. (2002). A longitudinal study of bullying, dominance, and victimization during the transition from primary school through secondary school. *British Journal of Developmental Psychology, 20*(2), 259-280.

Randall, P. (1997). Pre-school routes to bullying. In D. Tattum & G. Herbert (Eds.), *Bullying: Home, school, and community*. London: David Fulton.

Repetti, R. L., Taylor, S. E., & Seeman, T. E. (2002). Risky families: family social environments and the mental and physical health of offspring. *Psychological bulletin, 128*(2), 330.

Rice, F. P., & Dolgin, K. G. (2009). 청소년심리학 (정영숙, 신민섭, 이승연 공역). 서울: 시그마프레스.

Rodkin, P. C., Farmer, T. W., Pearl, R., & Acker, R. V. (2006). They're cool: Social status and peer group supports for aggressive boys and girls. *Social Development, 15*(2), 175-204.

Russell, G. (1981). Aggression in sport. *Multidisciplinary approaches to aggression research,* 431-446.

Salmivalli, C. (2010). Bullying and the peer group: A review. *Aggression and violent behavior, 15*(2), 112-120.

Salmivalli, C., Lagerspetz, K., Björkqvist, K., Österman, K., & Kaukiainen, A. (1996). Bullying as a group process: Participant roles and their relations to social status within the group. *Aggressive behavior, 22*(1), 1-15.

Salmivalli, C., Ojanen, T., Haanpaa, J., & Peets, K. (2005). "I'm OK but you're not." and other peer-relational schemas: explaining individual differences in children's social goals. *Developmental psychology, 41*(2), 363-375.

Schwartz, D., Dodge, K. A., Coie, J. D., Hubbard, J. A., Cillessen, A. H., Lemerise, E. A., & Bateman, H. (1998). Social-cognitive and behavioral correlates of aggression and victimization in boys' play groups. *Journal of Abnormal Child Psychology, 26*(6), 431-440.

Swearer, S. M., Espelage, D. L., & Napolitano, S. A. (2011). 괴롭힘의 예방과 개입 (이동형, 이승연, 신현숙 공역). 서울: 학지사.

Sykes, G. M., & Matza, D. (1957). Techniques of neutralization: A theory of delinquency. *American sociological review, 22*(6), 664-670.

Vaillancourt, T., Hymel, S., & McDougall, P. (2003). Bullying is power: Implications for school-based intervention strategies. *Journal of Applied School Psychology, 19*(2), 157-176.

제2부

학교폭력 관련 법과 제도

학교폭력 관련 정책 흐름과 대응의 관점

〈학습개요 및 학습목표〉

이 장에서는 학교폭력 현상을 정책문제로서 살펴보기 위해 학교폭력 현상을 보는 정책적 관점을 소개하고, 외국의 학교폭력 현상과 이에 대한 정책적 대응을 살펴봄으로써 우리나라의 학교폭력 현상에 대한 이해의 폭을 넓히고자 한다. 또한 정책흐름모형을 활용하여 학교폭력 문제가 정책의제로 설정되는 과정 및 관련 정책의 변화 과정을 통해 학교폭력 관련 정책의 흐름과 대응의 관점에 대해 살펴보고자 한다. 마지막으로 학교폭력 정책에 대한 평가와 이를 통한 지속적인 개선 과제를 제시하고자 한다.

이 장의 구체적인 학습목표는 다음과 같다.

1. 학교폭력 현상을 정책 문제로서 이해할 수 있다.
2. 학교폭력 정책을 보는 관점을 통해 정책의 흐름과 변동 과정을 이해할 수 있다.
3. 학교폭력 정책을 평가하고, 향후 정책의 개선 방향을 도출할 수 있다.

1. 정책 문제로서의 학교폭력 현상

1) 학교폭력 현상에 대한 정책적 관점

학교에서의 폭력은 매우 흔하게 볼 수 있는 문제이면서도 피해학생에게는 씻을 수 없는 신체적 · 정신적 상처를 남긴다는 점에서 매우 심각한 문제라고 할 수 있다. 특히 학교에서의 폭력은 사회의 폭력과 직접 연결되어 있으며, 사회의 전체적인 폭력을 줄일 수 있는 기회라는 점에서 학교폭력에 대한 정책적 대응은 매우 중요한 의미를 갖게 된다.

우리나라에서 중요한 교육정책으로 여겨져 왔던 입시정책이나 교육과정 등의 정책과는 달리 학교폭력은 문제의 심각성에 비해 정책의제로 채택된 것은 오래되지 않은 상황이다. 우리나라에서 과거에 비해 학교에서의 폭력이 심각해지고 있는지에

대해서 단정적으로 말하기는 어렵다. 예전에는 학교에서 발생하는 폭력은 주로 교사에 의해 이루어진 경우가 많았지만 최근에는 교사의 체벌이나 폭력은 거의 찾아보기 어려운 상황이다. 학생을 대상으로 이루어지는 신체적 폭력의 총량은 줄어들고 있다고 할 수 있다. 하지만 학생이 인식하고 있는 폭력에 대한 민감성은 매우 높아지고 있으며, 폭력에 대해 극복해 내는 회복 탄력성(resilience)은 점점 약해지는 특징을 보이고 있다(정제영, 2012). 즉, 문제를 보는 관점에 따라 학교폭력에 대한 심각성은 달라질 수 있음을 의미한다.

교육 문제에 대한 정책적 대응은 병에 대한 의학적 처방에 비유할 수 있다. 병이 발생한 다음에 처방을 하고 치료를 하는 것은 사후적인 조치에 해당하고, 병이 발생할 것에 대비하여 사전에 조치를 취하는 것은 예방활동이라고 할 수 있다. 이러한 의학적 처방과 조치는 병의 원인과 현상에 대한 연구에 기반하고 있다는 점에 주목할 필요가 있다. 사후 조치 과정에서 환자에게 열이 나는 현상은 겉으로 보기에는 동일하게 보일 수 있지만 다양한 원인에 의해 열이 날 수 있기 때문에 원인을 진단하여 처방하는 것이 매우 중요하다. 물론 병이 일어날 가능성을 예상하여 사전에 예방조치를 취하는 것은 더욱 의미 있는 일이며, 이를 위해서도 병이 발생할 수 있는 조건과 상황에 대해 연구하고, 이를 바탕으로 대상자의 특징을 고려하여 예방적 조치를 취할 수 있다. 일반적인 예방을 위해 모든 사람에게 예방주사를 놓을 수도 있고, 특정 질환에 취약한 사람에게는 특별한 예방조치를 할 수도 있다. 학교폭력의 문제도 이와 유사한 특징을 보여 준다. 학교폭력의 유형도 다양하지만 그 원인은 더 다양하다고 할 수 있다. 따라서 획일적인 예방정책이나 사후 조치 정책은 학교폭력의 문제를 근원적으로 해결할 수 없는 한계를 갖고 있다.

일반적으로 정책의 과정은 정책형성(policy formulation), 정책집행(policy implementation), 정책평가(policy evaluation)의 3단계로 구분할 수 있다(남궁근, 2012). 이를 보다 구체화하면 문제의 규명, 정책형성, 정책채택, 정책집행, 정책평가의 5단계로 구분하거나(Anderson, 2002), 의제설정, 정책형성, 정책채택, 정책집행, 정책평가 등으로 구분할 수 있다(Dunn, 1981). Dunn(1981)의 정책 단계 구분의 의미를 좀 더 구체적으로 살펴보면, 의제설정이란 선출된 정책결정자와 임명된 공직자가 공공의제를 인식하여 정부의 정책의제로 채택하는 단계를 의미한다. 사회에서 발생하는 모든 문제가 정책의제로 채택되지는 않으며, 이 단계에서 정책의제로 선정되

는 것은 매우 중요한 의미를 갖는다. 정책형성은 전문가와 관료가 문제를 해결하기 위하여 여러 가지 정책적 대안을 찾는 단계라고 할 수 있다. 정책의 형성과정에서는 다양한 제약 요인이 있는데, 법령과 예산, 인력 등 주어진 조건에서 정책을 형성해야 하는 어려움이 있다. 정책채택은 마련된 정책대안 중에서 입법부나 행정부의 관리자, 사법부의 결정자의 합의에 의해 최종적인 정책으로 채택되는 단계로 법안, 시행령 및 시행규칙 등 법령의 형태로 이루어지거나 정부의 정책보고서와 예산, 사법부의 판결 등의 형태로 결정된다. 정책집행은 채택된 정책이 재정적 자원과 인적 자원을 동원하는 각 행정부처 단위에 의해 수행되는 단계다. 정책평가는 정책에 대한 내부와 외부의 평가와 함께 정책감사, 회계감사 등을 통해 정책목표가 효율적으로 달성되었는지를 평가하는 단계이고, 이러한 평가결과는 정책의 개선이나 보완에 활용된다.

학교폭력을 예방하거나 사후 조치를 위한 정책을 만드는 일은 매우 중요하지만 현상과 원인에 대한 정확한 이해가 선행되어야 한다. 학교폭력의 심각성은 여러 가지 특징을 보이고 있지만, 조기 개입의 중요성과 학교폭력에 대한 인식의 변화가 핵심적인 과제라는 점을 보여 준다. 사소한 괴롭힘도 학교폭력이 될 수 있다는 인식이 필요하다. 또한 학교폭력은 소수 학생의 문제가 아니라 모든 학생과 관련된 문제이며, 다른 학생의 문제가 아닌 본인 자신의 문제라는 것을 인식하도록 하는 예방교육이 필요하다. 그리고 사소한 학교폭력에 대해서는 재발이 되지 않도록 조기에 철저한 교육과 치료가 이루어져야 한다.

학교폭력에 대한 정책의 영역은 크게 두 가지 관점으로 나누어 살펴볼 수 있다. 첫째, 일반적 정책(general policy)과 특정 상황에 대한 정책(specific policy)이다. 일반적 정책은 모든 학교폭력에 대해 적용되는 것인 반면, 특정 상황에 대한 정책은 학교폭력의 유형에 따라 특별한 정책을 수립하는 것을 의미한다. 둘째, 사전에 실시하는 예방 정책(prevention policy)과 사후에 실시하는 조치 정책(intervention policy)이 있다.

학교폭력에 대한 시점에 따라서는 단기대책과 장기대책으로 나누어 볼 수 있다. 단기대책은 학교폭력에 대해 비교적 단기간 동안에 직접적으로 예방하고 조치하는 정책을 의미한다. 반면에 장기대책은 학교폭력의 근본적인 원인을 분석하여 장기간에 걸쳐서 예방하고 조치하는 정책을 의미한다. 2012년에 발표된 정책은 단기에 해

당하는 직접대책과 장기대책으로 나누어 구성된 특징을 갖고 있다.

학교폭력 정책의 대상에 따라 구분이 가능하다. 우선 학생에 대한 정책이 있고, 교사에 대한 정책, 학부모에 대한 정책, 그밖에 학교 밖의 유관기관 담당자에 대한 정책이 있을 수 있다. 지역적 수준에 따라서는 개인에 대한 정책, 교실 수준, 학교 수준, 가정 수준, 지역사회 수준, 국가 수준의 정책으로 나누어 볼 수 있다. 따라서 학교폭력 정책 담당자는 반드시 네 가지 영역에 있어서 정책이 고르게 구성되어 있는지에 대해 검토해 볼 필요가 있다.

2) 외국의 학교폭력 현상과 정책

학교폭력 문제는 우리나라만의 고유한 현상이라기보다는 세계적으로 나타나는 보편적인 현상이라고 할 수 있다. 나라별로 비교해 보면 학교폭력 문제의 양상, 심각성의 인식 수준에 따라 정책적 대응도 다양하게 이루어지고 있음을 알 수 있다. 미국은 학교 내에서의 총기사건이 지속적으로 발생하면서 대응방안을 마련하느라 국가적으로 노력하고 있다(박주형, 정제영, 2012). 일본은 이지메의 문제가 심각하게 대두되어 왔고, 이에 대한 적극적 대응으로 인해 최근에는 어른들이 발견하기 어려운 수준으로 음습화(陰濕化)되고 있다는 특징을 보여 주고 있다(정제영, 2012). 외국의 사례를 비교 · 분석함으로써 우리나라의 문제를 이해하고 해결할 수 있는 시사점을 찾아볼 수 있다.

(1) 미국의 사례

미국은 1999년 콜럼바인(Columbine) 고등학교에서 총기살인사건이 발생하면서 학생 간의 집단따돌림과 괴롭힘 등 학교폭력 문제가 전국적인 이슈가 되었다(Kupchik, 2010). 미국의 학교폭력 실태와 관련한 자료를 살펴보면, 2007년도의 전국 대상 학교폭력 실태조사 결과 전체 응답자의 32%가 학교에서 괴롭힘(bullying)을 당한 경험이 있으며, 4%의 학생은 사이버 괴롭힘을 당했다고 응답하였다(DeVoe & Bauer, 2010). 그리고 2008년 7월부터 2009년 6월의 학교폭력 경험을 보여 주는 조사에 따르면, 12~18세 학생들 중 약 12%의 학생이 신체적 폭행, 20%의 학생이 따돌림 피해를 입었다고 보고되었다(고성혜 외, 2012).

미국은 역사적으로 연방정부와 주정부가 법령과 재정지원을 통해 학교가 학생의 학습을 위한 안전한 공동체가 되도록 노력해 왔다(Sacco et al., 2012). 1989년의 '전미교육목표(The National Education Goals)'에서뿐만 아니라 1994년에 개정된 「초 · 중등교육법(The Improving America' Schools Acts of 1994)」에도 학교폭력을 줄이기 위한 규정이 포함되어 있다(박주형, 정제영, 2012). 이 법의 일부인 「안전한 학교법(Safe and Drug-Free Schools And Communities Act)」에는 학교폭력을 높일 수 있는 요인인 마약과 술, 담배 등의 유해물질을 규제하고 있으며, 교사에 대한 교육과 안전한 학교 만들기를 위한 프로젝트 지원 등을 담고 있다. 「안전한 학교법」에 따르면 학교를 질서정연하고 약물 없는 배움의 공간으로 만들기 위한 요건으로 ① 부모 및 시민 참여, ② 학교단위의 학교폭력근절팀, ③ 학교안전계획, ④ 학교환경의 점검, ⑤ 학생의 적극적 참여, ⑥ 추진 상황의 모니터링 등을 강조하고 있다(고성혜 외, 2012). 이와 더불어 「학생낙오방지법(No Child Left Behind Act)」의 4장인 21세기 학교(21st Century Schools)에는 1965년의 「초 · 중등교육법」이 담고 있었던 위험한 학교 선택권, 즉 학교폭력이 만연한 학교에 다니는 학생에게 전학의 기회를 부여하고 있다. 또한 연방정부는 학교폭력 예방을 위한 학교단위 프로그램의 개발 및 시행을 위해 다음과 같은 재정적 지원을 하고 있다. ① 건강, 정신건강, 환경건강, 체육 프로그램, ② 약물 및 학교폭력 예방을 위한 주정부의 프로그램, ③ 약물 및 학교폭력 예방을 위한 연방 프로그램, ④ 인격 및 시민교육 프로그램, ⑤ 정책 및 융합 프로그램 등에 대해 지원을 하고 있다.

(2) 일본의 사례

일본은 학교폭력의 문제를 이미 30여 년 전인 1980년대에 '이지메'로 표현되는 집단따돌림 현상으로 심하게 경험했다. 특히 1986년에 이지메로 인해 중학생이 자살을 하였고, 그 학생이 당했던 괴롭힘에 대한 상세한 기록이 공개되면서 일본 사회는 큰 충격에 빠지게 되었다(Naito & Gielen, 2005). 1990년대 후반까지의 이지메로 인한 수많은 학생 자살사건으로 일본의 학교폭력 문제는 정부의 적극적인 개입이 필요한 사회적인 이슈가 되었다(Akiba et al., 2002).

일본에서의 학교폭력 문제는 이지메, 즉 당한 사람의 입장에서 어떤 학생이 다른 학생으로부터 심리적 · 신체적 피해를 입는 것뿐만 아니라 폭력행위, 무단결석 및 자

살까지도 학교폭력의 범주에 포함하고 있다. 특히 교사에 대한 학생의 폭력행위도 학교폭력에 포함된다(정재준, 2012). 일본에서의 학교폭력에 대한 통계적 추이를 보여주고 있는 2006년 이후의 자료를 살펴보면, 교내폭력의 경우 2009년까지 꾸준히 증가하다가 2010년에 약간 감소한 반면, 이지메의 경우는 2006년 이후에 지속적으로 감소세를 보이고 있다. 문부과학성(文部科学省, 2011)에 따르면 교내폭력의 경우 중요한 특징 중 하나는 중학생이 교내폭력의 절대 다수(71.5%)를 차지하는 반면, 이지메의 경우 초등학생이 전체의 50%를 차지하는 경향이 나타났다(정재준, 2012 재인용).

표 5-1 일본 학생의 문제행동에 대한 통계적 추이(2006~2010년)

(단위: 건)

유형 \ 연도	2006	2007	2008	2009	2010
교내폭력	40,019	47,935	54,378	54,908	53,045
이지메	124,898	101,097	84,648	72,778	75,295
무단결석	184,438	182,296	179,829	174,160	168,055
자살	171	159	136	165	147
총계	349,526	331,487	318,991	302,011	296,542
1,000명당 발생 건수	24.47	23.41	22.64	21.54	22.32

출처: 정재준(2012).

일본에서도 우리나라와 유사하게 정부 주도형 학교폭력 예방 및 근절 대책이 시행되고 있다. 우리나라의 교육부에 해당하는 문부과학성의 책임 하에 지방교육위원회의 협력으로 정책을 시행하고 있다(정재준, 2012). 1996년 일본에서는 전문가가 모여 학교폭력 문제와 관련된 '종합적인 조치(the Notice of July 1996 on Comprehensive Measures Related to Bullying Problems)'라는 제목으로 선언문이 채택되었다. 이 선언문에는 다음 네 가지를 주요 내용으로 포함하고 있다. 첫째, 약한 자를 괴롭히는 행위는 용납될 수 없으며 가해자는 항상 잘못된 것이다. 둘째, 가해 행위를 그대로 두는 것은 받아들여질 수 없다. 셋째, 학교폭력을 예방하기 위해 모든 교사는 괴롭힘의 문제가 교사의 학생에 대한 인식과 교사의 생활지도 문제와 관련 있다는 것을 알아야 한다. 마지막으로, 학교폭력은 가정교육과 밀접하게 관련되어 있으므로 가족은 학생에게 애정과 정신적 지원을 하며 믿음에 근거한 훈육을 시

행해야 함을 주요 내용으로 한다(Plischewski & Tveitereid, 2008).

최근 일본의 학교폭력 방지 대책은 법률을 통해 학교폭력을 예방하기 위한 노력을 명시하고, 학교폭력 발생 시 강력하게 대응하는 방안과 학교의 자체적인 생활지도 노력을 강화시키는 양방향으로 진행되고 있다. 법령 개정과 관련해서는 2000년에 개정된 「아동학대 방지에 관한 법률」의 시행, 소년법의 2001년 개정 및 학교교육법의 2001년 개정 등이 대표적이다. 「아동학대 방지에 관한 법률」은 학교에 학교폭력에 대한 관찰의무를 부과하였고, 개정된 소년법은 형사법원으로의 역송가능연령을 기존의 만 16세 이상에서 만 14세 이상으로 낮추고, 흉악범죄를 행한 청소년과 보호자의 처분을 강화함으로써 학교폭력을 일으키는 학생에 대하여 강력한 처벌을 할 수 있게 하였다. 2003년에 개정된 학교교육법은 근본적인 관점에서 학생의 사회성과 인성교육을 위한 다양한 교육적 방법을 활용하여 문제행동에 대응할 것을 요구하였다(문용린 외, 2008). 학교의 질서를 확립하고 다른 학생의 교육을 위해 2003년에 개정된 학교교육법에는 다음의 경우 필요에 따라 가해학생에 대한 출석정지를 하도록 허가하였다. '첫째, 학생이 타 학생을 괴롭혀 심리적 · 육체적 상처를 주거나 재산상의 손실을 입힌 경우' '둘째, 학교 교직원에게 심리적 · 육체적 피해를 입힌 경우' '셋째, 학교시설을 훼손시킨 경우' '넷째, 수업분위기를 해치거나 수업활동을 방해한 경우' 가해학생에 대한 출석정지를 할 수 있다(Plischewski & Tveitereid, 2008).

(3) 노르웨이의 사례

스칸디나비아 지역의 국가에서는 1960년대부터 학교폭력의 심각성이 사회적 이슈로 대두되어 국가 수준에서 학교폭력을 근절하기 위한 대책을 수립 · 시행하고 있다. 노르웨이를 비롯하여 핀란드, 스웨덴에서는 학교폭력 예방 프로그램이 오래전부터 개발되어 운영되어 왔으며, 그 효과가 입증되어 전 세계적으로 프로그램이 확산되고 있다. 노르웨이의 경우에는 Olweus의 학교폭력 예방 프로그램(School Bullying Prevention Program)이 대표적이며, 핀란드의 경우에는 KiVa Koulu 프로그램이 국가 전역에 걸쳐 운영되고 있다(조균석 외, 2013).

노르웨이는 안정적인 사회보장제도를 기반으로 하여 복지국가로서 유명하다. 하지만 1980년대 초반에 따돌림으로 인해 학생이 자살함에 따라 학교폭력의 문제는 사회적인 이슈가 되었다. 이에 대처하기 위해 정부는 국가 수준의 캠페인과 국가

차원의 조사 및 프로그램 개발 등을 시행하였으며, 유럽의 주변 국가와의 협력을 통해 학교폭력 문제를 해결하고자 노력하였다(고성혜 외, 2005). 1983년의 실태조사에서 학교폭력 가해경험 학생의 비율은 약 50% 정도였으며, 지속적인 피해경험이 있는 학생 역시 약 15% 정도였다. 2001년의 조사에서는 학교폭력을 주 1~2회 이상 경험한 학생이 10세의 경우에는 12.5%, 11세의 경우에는 11%였으며, 13세는 약 10%였다.

노르웨이에서는 학교폭력을 예방하기 위해 1983년부터 전국적으로 학교폭력 추방을 위한 노력을 하고 있다. 1999년에 학교단위 갈등 중재 활동과 괴롭힘 예방 프로그램의 시행 등을 기초로 한 학교폭력 프로그램을 시행하였다(고성혜 외, 2005). 학령기 이전부터 학교폭력 예방교육을 시행하고, 초등학교 저학년 때 집중적으로 학교폭력을 방어할 수 있는 다양한 능력을 배양하기 위한 교육을 받기 시작한다. 학교폭력 예방은 학교교육과정 전반에 걸쳐 다뤄지고 있다. 학교폭력 예방을 위한 특별 프로그램이 진행될 뿐만 아니라 학생들에게 스포츠, 문화, 예술 활동 등의 다양한 프로그램을 경험하게 함으로써 학교폭력을 예방할 수 있는 학생간의 소통이나 협동 능력을 배양하는 데 관심을 기울이고 있다. 또한 초등학교 저학년부터 기본적인 인성교육을 실시함으로써 상호존중이나 인간존중 정신을 키우고 있다. 예컨대, 2002년부터 진행된 'Values in Schools' 운동을 통해 학교에서 가치의 문제를 논의하고 실천할 수 있는 기회를 제공하고 있다(박효정, 2012).

노르웨이의 체계적인 학교폭력에 대한 대처는 기본적으로 학교폭력이 이슈화되기 이전에 진행되어 오던 학교폭력의 실태와 대책에 대한 연구가 있었기 때문에 가능하였다. 베르겐 대학의 교수인 Olweus의 주도로 학교폭력 연구가 진행되어 왔으며, 1982년에 학교폭력 사안이 이슈화된 이후에 진행된 실태조사 역시 Olweus에 의해 진행되었다(박효정, 2012). 이와 더불어 베르겐 대학에서는 교사를 대상으로 한 학교폭력 대처 연수 프로그램을 시행함으로써 교사의 학생지도 능력을 키워 주고 있다. 우리나라에서는 교육부에서 2012년에 이화여자대학교의 학교폭력예방연구소를 정책중점연구소로 지정하여 학교폭력 실태와 정책에 대한 연구를 진행하고 있다는 점에서 유사성을 갖고 있다.

3) 우리나라의 학교폭력 현상

우리나라에서는 2012년부터 학교폭력 실태에 대한 전수조사를 교육부에서 실시하고 있지만, 그 이전에 학교폭력 실태를 조사한 기관은 민간단체인 청소년폭력예방재단[1]이다. 청소년폭력예방재단에서는 2001년부터 매년 전국적으로 학교폭력 실태조사를 실시하고 있으며, 이 조사결과는 우리나라의 학교폭력 현상을 종단적으로 비교할 수 있는 자료라고 할 수 있다.

청소년폭력예방재단이 2013년에 발표한 학교폭력 실태조사는 초등학교 4학년부터 고등학교 2학년에 재학 중인 5,530명의 학생을 대상으로 실시되었다(청소년폭력예방재단, 2013). 2011년에는 학교폭력 피해율이 18.3%, 가해율이 15.7%였는데, 2012년 조사결과 피해율이 12.0%, 가해율이 12.6%로 조사되어 학교폭력 현상이 일부 줄어든 것으로 나타났다. 하지만 학교폭력의 심각성에 대한 인식은 2011년에는 41.7%, 2012년에는 40.8%로 여전한 것으로 나타났다. 특히 학교폭력으로 인해 자살을 생각하는 경우가 44.7%로, 2011년의 31.4%에 비해 13.3%가 늘어난 것으로 나타나 심각성을 더해 주고 있다.

표 5-2 학교폭력 경험과 심각성에 대한 인식(2006~2012년)

연 도	학교폭력 경험		심각성 인식도(%)
	피해율(%)	가해율(%)	
2006	17.3	12.6	–
2007	16.2	15.1	–
2008	10.5	8.5	28.6
2009	9.4	12.4	32.8
2010	11.8	11.4	38.1
2011	18.3	15.7	41.7
2012	12.0	12.6	40.8

출처: 청소년폭력예방재단(2013).

1) 이 청소년폭력예방재단은 1995년 6월 학교폭력의 피해자로 16세의 나이에 죽음을 선택한 외아들을 기리며 피해자의 아버지가 학교폭력 예방과 치료를 위해 1995년 11월에 설립한 비영리공익법인이다.

학교폭력의 저연령화(低年齡化)는 심각한 문제로 나타나고 있는데, 학교폭력을 처음으로 경험한 시기가 초등학교 저학년은 30.5%, 고학년은 47.8%로 전체 78.3%의 학생이 초등학교 때 학교폭력을 처음 경험하는 것으로 나타났다. 초등학교 때 처음으로 학교폭력을 경험한 경우 2010년에는 53.4%, 2011년에는 72.7%였는데, 2012년에는 78.3%로 높아진 것이다. 초등학교 시기는 사회성을 형성하는 중요한 시기라는 점을 고려한다면 초등학교에 대한 집중적인 예방대책이 필요함을 보여 주는 결과다.

학교폭력 피해와 가해를 모두 경험한 학생은 2011년에 8.6%에서 2012년에는 5.1%로 줄어들기는 했지만 여전한 것으로 나타났다. 한 학생이 학교폭력의 가해자가 될 수도 있고, 피해자가 될 수도 있다는 것이며, 피해와 가해가 악순환되고 있음을 보여 준다. 특히 학교 내 소위 '일진' 학생을 정점으로 학생 사이에 보이지 않는 서열구조가 존재하며, 이러한 서열구조의 중간에 위치한 학생은 가해와 피해를 모두 경험하게 된다는 점이다.

학교폭력 피해를 목격한 후에 도움을 요청하지 않는 학생이 33.8%로 나타났는데, 학교폭력을 당하거나 보고도 도움을 요청하지 않는 이유를 살펴보니 '일이 커질 것 같아서'라는 응답이 29.8%, '이야기해도 소용없을 것 같아서'가 25.8%로 나타났다. 아직도 학교폭력을 숨기는 경향이 있음을 보여 주는 결과다. 또한 심각한 문제는 학교폭력을 보고도 모르는 척하는 소위 방관자 학생이 전체의 44.5%인 것으로 나타났다. 학교폭력이 일어나는 장소는 '교실'이 50.0%로 나타났고, 학교폭력을 경험한 시간은 '쉬는 시간'이라고 응답한 학생이 48.9%로 나타났다. 이러한 결과는 학교폭력이 쉬는 시간에 교실에서 주로 일어남을 보여 주는 것으로, 이에 대한 적극적인 대책이 필요함을 알 수 있다.

교육부에서는 2011년 말부터 연속적으로 발생한 자살사건에 대응하는 정책 중 하나로 2012년부터 학생 전체를 대상으로 학교폭력 실태조사를 실시하고 있다. 2012년 1차 조사는 우편조사로 실시하였으나, 2차 조사부터는 온라인으로 실시하고 있다.

교육부의 2012년과 2013년 실태조사 결과를 살펴보면, 학교폭력 피해 · 가해 · 목격 응답이 크게 감소한 것으로 나타났다. 피해경험의 경우 2012년에는 8.5%에서 2013년에는 2.2%로 급감하였고, 가해경험은 4.1%에서 1.1%로 줄어들었다. 목격경험의 경우에도 2012년에는 17.6%에서 7.6%로 줄어든 것으로 나타났다. 이는 2012년의 강력한 정책추진으로 눈에 보이는 학교폭력이 상당히 감소한 것을 보여

표 5-3 교육부의 학교폭력 실태조사 개요

구 분	2012년 2차	2013년 1차
대 상	초등학교 4~6학년, 중 · 고등학교 전체 학생(약 514만 명)	초등학교 4~6학년, 중 · 고등학교 전체 학생(약 519만 명)
참 여	약 379만 명 참여, 참여율 73.7%	약 424만 명 참여, 참여율 81.7%
기간/방법	2012. 8. 27.~2012. 10. 12. / 온라인 조사	2013. 3. 25.~2013. 4. 30. / 온라인 조사

출처: 관계부처합동(2013).

주는 결과다.

학교폭력의 유형별 피해 응답을 살펴보면([그림 5-1] 참고), 강제적 심부름(80.2% 감소), 금품갈취(77.2% 감소) 등 쉽게 드러나는 유형의 폭력이 크게 감소한 반면에, 집단따돌림(46.2% 감소), 사이버 괴롭힘(54.1% 감소) 등 조직화되고 은밀해지기 쉬운 유형의 폭력은 상대적으로 적게 감소한 특징을 보여 주고 있다.

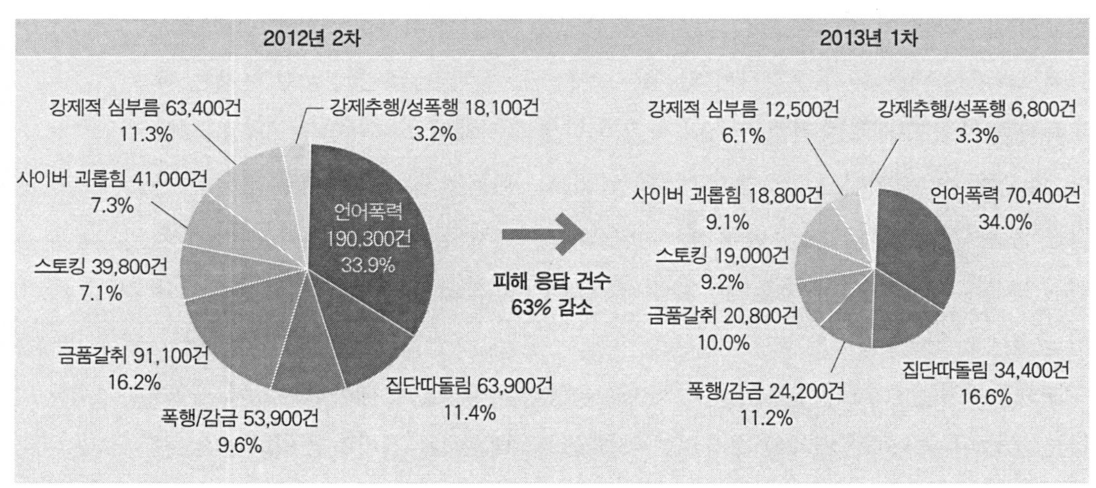

그림 5-1 학교폭력 유형의 변화

출처: 관계부처합동(2013).

학교폭력이 일어나는 장소([그림 5-2] 참고)는 교실(39.0%), 복도(8.0%) 등 학생이 주로 생활하는 학교의 공간에서 발생하는 것으로 나타났고, 학교폭력을 경험한 시간

은 쉬는 시간(42.7%), 점심시간(10.0%), 하교 후(17.1%)로 나타났다. 이러한 결과는 청소년폭력예방재단의 조사결과와 매우 일치하는 결과라고 할 수 있다.

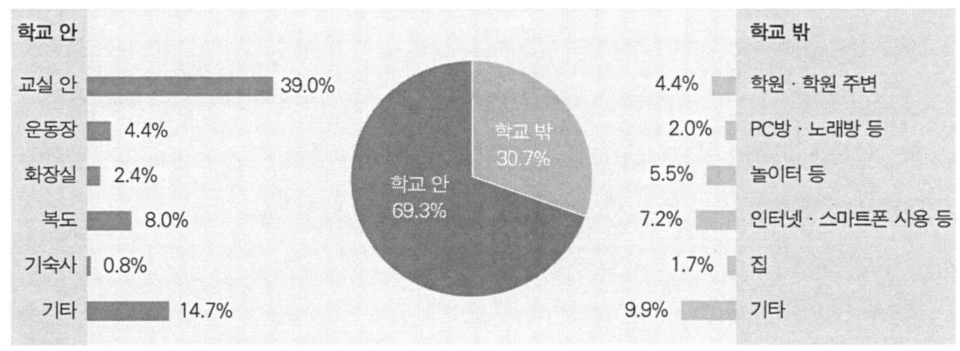

그림 5-2 학교폭력이 주로 발생하는 장소

출처: 관계부처합동(2013).

학교폭력 피해를 본 후에 도움을 요청하지 않는 학생이 2012년에는 25.7%에서 2013년에는 19.2%로 줄어들었지만 여전히 상당수의 학생이 학교폭력을 숨기는 경향이 있음을 보여 주는 결과다. 학교폭력을 보고도 모르는 척하는 소위 방관자 학생의 응답은 2012년에는 31.3%에서 2013년에는 28.9%로 아직 비슷한 수준을 유지하고 있는 반면에, 괴롭히는 학생을 말리는 방어자 학생 비율은 2012년에는 24.5%에서 25.7%로 약간 상승한 것으로 나타났다.

학교폭력 실태에 대한 조사는 지속적으로 시행되어야 학교폭력의 현상을 이해할 수 있다. 학교폭력에 대한 정책을 수립하기 위해서는 학교폭력의 양상과 특징에 대해 정확하게 이해해야 하며, 실태조사 결과는 정책의 효과를 살펴볼 수 있다는 점에서 매우 의미 있다고 할 수 있다.

2. 학교폭력 정책의 흐름[2)]

우리나라 교육정책의 흐름을 살펴보면 학교폭력 문제가 정부의 중요한 정책의제

로 채택되어 정책으로 확정된 것은 1995년이 최초라고 할 수 있다. 1995년에는 학교폭력과 관련하여 교내 폭력과 불량 서클 문제가 심각하게 이슈가 되어 정책적 관심이 고조되었다. 교육부의 발표내용을 살펴보면 당시의 문제 인식을 이해할 수 있다.

> 교육부는 1995년 1월부터 11월까지 금품을 빼앗긴 학생이 42만 명, 피해액은 17억 원인 것으로 조사됐다면서, 학교폭력 근절에 가장 큰 문제점은 학부모의 이웃 자녀에 대한 무관심으로 학교폭력에 적극적이고 능동적으로 대처하는 사회 분위기가 전혀 없는 데 있다고 밝혔다(한국일보, 1995. 12. 2.).

1995년 당시 교육부는 이에 따라 학부모교실운영, 명예교사, 상담자원봉사자, 학교운영위원회 등을 통해 학부모가 학교교육에 참여할 수 있는 기회를 확대함으로써 학교폭력을 예방하고, 시 · 도 교육청과 각급 학교에 학교폭력 피해신고 센터를 설치하여 피해학생 보호와 폭력 예방활동을 강화하는 방안을 발표하였다. 이와 함께 당시 발표에서는 상습폭력 학생은 종합생활기록부에 기재하여 대학입학사정에 참고토록 하는 방안도 검토하기로 했으나, 여러 가지 부작용을 우려하여 정책으로 확정되지는 않았다. 또한 당시에 내무부와 법무부는 경찰과 검찰의 학교담당제를 통해 교내 폭력 · 불량 서클 해체 등 학교폭력배를 집중 단속하는 한편, 학교 주변의 불법유흥업소 단속 등을 통해 위해환경을 없애 나가는 정책을 발표하였다(고성혜 외, 2012; 매일경제, 1995. 12. 2.). 1995년 이후에도 국무총리 주관으로 학교폭력 예방과 근절을 위한 범정부적인 정책이 추진되었다(박효정 외, 2006).

이 장에서는 Kingdon의 정책흐름모형을 활용하여 학교폭력 문제가 정책의제로 설정되는 과정 및 관련 정책이 변화하는 과정 등을 살펴보고, 이러한 정책형성 및 변화, 즉 정책흐름이 어떠한 요인과 과정을 거쳐 이루어졌는지를 살펴보고자 한다. 이를 통해 지속적인 정책대응을 위한 정책적 관점을 제시하고자 한다.

---

2) 이 장은 이희숙과 정제영(2012)의 「학교폭력 관련 정책의 흐름 분석: Kingdon의 정책흐름모형을 중심으로」 연구 결과를 주로 참고하여 작성한 것이다.

1) 학교폭력 정책을 보는 관점: 정책과정의 흐름과 결합

학교폭력에 대한 정책도 일반적인 정책의 흐름과 유사한 양상을 보이고 있다. 정책이 결정되는 과정에 대해 설명하는 이론은 합리모형, 만족모형, 점증주의, 혼합주사모형, 최적모형 등 다양하다. 학교폭력 정책의 흐름을 이해하기 위해 이 장에서는 Kingdon의 정책흐름모형을 중심으로 살펴보고자 한다.

Cohen 등(1972)은 정책이 결정되는 상황이 정책결정자들의 합리적인 판단에 의한 것이 아니라 구성원 사이에 응집성이 약하고 혼란스러운 상태에서 이루어지는 의사결정의 현실을 설명하는 '쓰레기통 모형(garbage can model)'을 발표하였다. 이는 의사결정의 상황이 마치 쓰레기통 속에 있는 쓰레기들이 뒤섞여 있는 것과 같다는 의미에서 붙여진 이름이다(정정길, 2001). 관료적 체제가 분명치 않은 대학 조직에서의 의사결정은 주로 쓰레기통 모형이 적용될 수 있다고 지적하고 있다. 하지만 일반적인 정책결정 과정에서도 쓰레기통 모형처럼 우연히 의사결정이 이루어지는 경우가 종종 발생하고 있다.

John Kingdon은 1984년에 쓰레기통 모형을 발전시켜서 정책의제 설정 및 정책결정 과정에 대한 모형을 제시하였다(Sabatier, 1991). Kingdon이 제시한 모형을 흔히 '정책흐름모형(policy stream model)' 또는 '정책의 창(policy window)' 이론이라고 한다(남궁근, 2012; Kingdon, 2011). 쓰레기통 모형은 정책의 과정을 문제, 해결책, 선택의 기회, 참여자 등 네 가지 흐름으로 구분하고 있는데, Kingdon의 정책흐름모형은 정책문제, 정치, 정책대안 등 세 가지의 흐름으로 보고 있다(남궁근, 2012; 정정길, 2001; 최성락, 박민정, 2012). 또한 쓰레기통 모형에서는 과정과 참여자를 구분하지 않고 있으나, 정책흐름모형에서는 과정과 참여자를 구분하고 있고, 쓰레기통 모형에서는 정치를 중시하지 않고 있으나, 정책흐름모형에서는 정치적 변화와 정책활동가의 역할을 강조한다는 점에서 차이가 있다(공병영, 2003; 최성락, 박민정, 2012).

쓰레기통 모형으로 일반적인 정책을 설명하는 데 나타나는 한계를 극복하기 위하여 정책흐름모형이 정책현상을 설명하는 틀로 많이 활용되고 있다(최성락, 박민정, 2012). Kingdon의 정책흐름모형은 정책문제의 흐름, 정치의 흐름, 정책대안의 흐름 등 세 가지 흐름이 특정한 순간에 결합(coupling)되어 정책의 창(policy window)이 열리고, 이때 정책활동가(policy entrepreneurs)의 역할이 중요하게 강조된다.

Kingdon의 정책흐름모형은 정책과정이 정책문제의 흐름, 정치의 흐름, 정책대안의 흐름 등 독자적으로 흘러가는 세 가지 흐름이 있다는 것을 전제로 한다. 첫째, 정책문제의 흐름은 사회적으로 다양한 문제가 발생하고 해결되는 과정을 의미하는데, 정부가 여러 가지 사회적 문제 중에서 특정의 문제에 대해 관심을 갖게 되는 과정에 초점을 맞추고 있다. 다양한 문제 중에서 정책담당자의 관심을 받게 되는 경우는 세 가지로 나누어 볼 수 있는데, 주요 지표의 변동(indicators), 사회적으로 주목을 받는 사건의 발생(focusing events), 정책적 환류(feedback) 등이 이루어질 때다. 주목받은 문제는 곧 이슈에서 사라지는 경향이 있는데, 이것은 일반 시민이 새로운 문제로 관심을 돌리기 때문이다(Kingdon, 2011).

둘째, 정치의 흐름은 정책문제나 정책대안의 흐름과는 독립적으로 그 자체의 역동성(its own dynamics)과 자체의 법칙(its own rules)에 따라 흘러간다. 정치의 흐름에 영향을 주는 요인은 크게 다섯 가지로 나누어 볼 수 있는데, 국가적 분위기의 변화, 선거 결과, 행정부의 교체, 국회에서 이데올로기나 다수집권당의 교체, 이익집단의 압력 행사 등으로 이루어져 있다. 정치의 흐름에서는 합의의 도출을 위해서 협상의 과정이 주로 활용된다(Kingdon, 2011).

셋째, 정책대안의 흐름은 정책이 채택되는 과정을 의미하는데, 정책 아이디어가 생성되고(generated), 토론되고(debated), 조정(redrafted)된 후에 심도 있는 논의와 고려(serious consideration)를 거쳐서 정책으로 채택되는 과정이다. 정책대안의 흐름에서는 다양한 정책적 아이디어가 제안되지만 그중에서 소수의 정책 제안만이 정책으로 생존하게 된다. 정책공동체에서 모든 조건을 갖춘 완벽한 정책 아이디어만 정책으로 받아들여지는 것은 아니고, 상대적으로 우수하다고 판단되는 아이디어가 정책으로 선택되는 경우가 많다(Kingdon, 2011). 정책대안의 흐름에서는 합의의 도출을 위해 설득의 과정이 강조된다는 특징이 있다.

정책문제, 정책대안, 정치의 흐름은 각각 분리되어 독자적으로 흘러가지만 결정적인 순간에 결합(coupling)을 하게 된다. 정책대안이 정책문제와 결합되고, 두 개의 결합은 다시 정치적으로 우호적인 세력과 결합하게 된다. 이러한 결합은 대부분 '정책의 창(a policy window)'이 열릴 때 이루어진다(공병영, 2003; Kingdon, 2011). 정책의 창은 심각한 정책문제가 발생하거나 정치의 흐름에서 중요한 변화가 일어날 때 열리게 된다. 심각한 정책문제가 발생한 경우를 '문제의 창(problem window)'이 열

렸다고 하고, 정치적인 변화가 일어난 경우를 '정치의 창(political window)'이 열렸다고 할 수 있다. 정책의 창이 열린 경우에는 정책문제의 흐름이나 정치의 흐름이 정책대안의 흐름과 결합하여 정책의제가 설정되고, 새로운 정책이 결정될 가능성이 높아진다.

정책의제는 정책문제나 정치의 흐름에 따라 우연히 설정되지만 정책결정은 실행 가능한 대안에 초점을 맞추게 된다(Kingdon, 2011). 정책문제의 흐름, 정책대안의 흐름, 정치의 흐름 등 세 가지 흐름이 동시에 결합될 때 정책결정이 이루어질 확률이 높아진다. 하나의 정책 영역에서 성공적으로 정책이 결정되면 그와 인접한 영역에서도 정책결정이 이루어질 가능성이 높아진다. 왜냐하면 정치적 연합을 통해 하나의 정책을 성공적으로 결정한 경우에는 그 정치적 연합을 활용하여 관련된 다른 정책들도 결정함으로써 이익을 얻으려 하기 때문이다.

학교폭력 문제는 매우 심각한 문제이고, 최근에는 국가적으로 관심을 집중시키고 있다. 하지만 이러한 정책적 관심이 오래 유지되지 못하고 주기적으로 새로운 정책 결정이 이루어지고 있다. 정책흐름모형에서는 정책문제의 흐름, 정치의 흐름, 정책대안의 흐름이 결합되어 정책의 창이 열리고, 이때 정책활동가의 역할을 통해 정책이 결정되는 과정을 강조한다. 하지만 정책의 창이 열리는 기간이 오래 지속되지 않는다는 것이 중요하며, 사회적 관심을 잃게 되면 결합되었던 세 가지 흐름은 분리되어 독자적인 흐름으로 바뀌게 된다. 학교폭력 문제는 특정 시점에 정책의 창이 열리고 새로운 정책이 발표되는 흐름을 볼 수 있다.

2) 과거의 학교폭력 정책 흐름: 1991~2010년

학교폭력은 오래전부터 지속적으로 발생해 왔다. 언론에 나타난 학교폭력 관련 기사 건수를 분석해 보면 학교폭력 이슈의 흐름을 파악할 수 있다. 1991년 1월부터 2012년 7월 31일까지 약 22년간의 전국종합일간신문의 학교폭력 관련 기사를 분석해 본 결과, 학교폭력과 관련된 총 기사 건수는 27,615건으로 월평균으로 계산하면 106.6건이다. 이 기간 동안 학교폭력과 관련된 언론 기사 건수의 평균은 지속적으로 증가하는 추세를 보이고 있다.

학교폭력 관련 월평균 기사 건수의 일반적인 추세에서 벗어나 갑자기 증가한 시점은 학교폭력이 사회적 이슈가 된 것으로 추정해 볼 수 있다. 1990년대에는 1996년에 월평균 89.4건, 1997년에 97.5건으로 평균적 추세보다 높은 수준의 기사가 검색되었다. 학교폭력 이슈에 대응하여 정부는 1995년에 김영삼 대통령의 학교폭력 근절 지시로 교육부, 검찰청, 경찰청 등 범정부 차원에서 '학교폭력 예방 및 근절 종합대책'을 발표하였다(고성혜 외, 2012). 1997년에는 국무총리 주관 관계부처 합동으로 '학교폭력 예방 · 근절 종합대책'을 발표하고 추진하였다(박효정 외, 2006). 교육부는 학교폭력 예방근절대책본부(교육부), 학교폭력 예방근절대책반(교육청), 학교폭력추방위원회(학교)를 구축하여 학교폭력 추방 추진체제를 구축하였고, 행정자치부는 학교 주변의 업소에 대한 인 · 허가 절차 및 지도를 강화하였으며, 대검찰청은 '자녀 안심하고 학교 보내기 운동본부'를 운영하는 등 각각의 관계부처는 학교폭력을 해결하기 위한 대책을 마련하여 시행하였다. 1999년에는 학생생활지도 업무를 교육부 수준에서 시 · 도 교육청으로 이양하여 지역 실정에 맞는 세부 추진계획을 수립하여 추진할 수 있도록 하는 한편, 교육부에서는 기본계획을 수립하고 시 · 도 교육청의 추진상황을 점검하여 평가하는 방식으로 협력 체제를 구축하였다.

2000년대 이후의 언론 보도의 특징을 살펴보면, 2005년에 월평균 기사 건수가

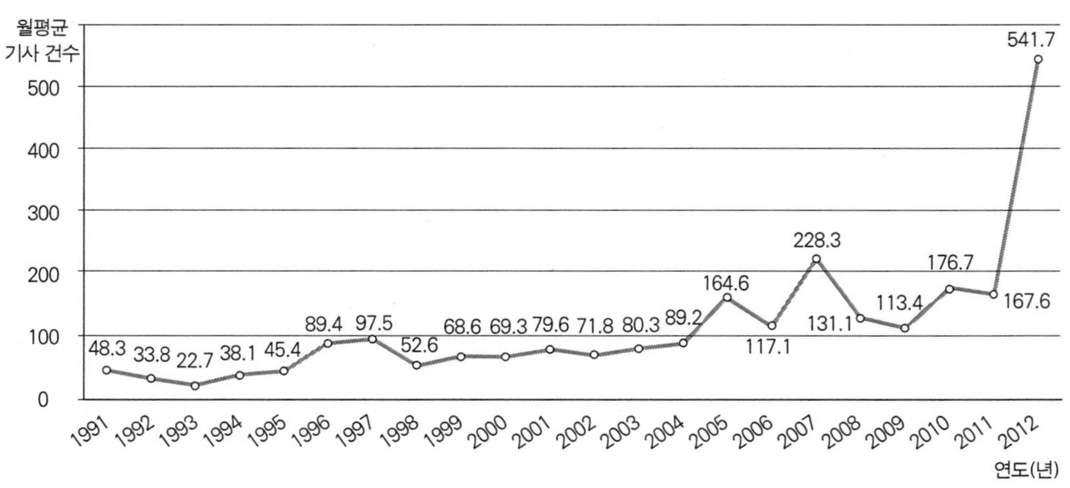

그림 5-3 전국종합일간신문의 학교폭력 관련 기사 건수 추이(1991~2012년)

* 2012년 기사 건수는 7월 31일까지의 기사 건수를 월평균으로 계산한 것임.
출처: 이희숙, 정제영(2012).

164.6건이고, 2007년에 228.3건, 2010년에 176.7건으로 해당 연도에 학교폭력이 사회적 이슈가 되었음을 보여 준다. 정부는 2004년에 「학교폭력예방법」 및 동법 시행령을 제정하여 시행하는 등 제도적 노력을 하였다. 하지만 2005년에 학교폭력 가해 집단인 '일진회'의 실상이 언론에 노출되면서 사회적으로 주목받는 이슈가 되었다. 이에 교육인적자원부에서는 민관 합동으로 '학교폭력 실태조사 기획위원회'를 구성하여 초등학교 4학년부터 고등학교 3학년 13,000명을 대상으로 학교폭력에 대한 설문조사를 실시하였다(박효정 외, 2006). 또한 생활지도 담당교사 800명과 불량 서클 등 학교폭력 경험 학생 800명을 대상으로 심층 면담조사를 실시하였으며, 학교 내에 CCTV 설치를 통해 학교폭력을 예방하려는 노력을 기울였다.

2005년에는 '제1차 학교폭력 예방 및 대책에 관한 기본계획(2005~2009년)'을 수립하여 시행하였다(교육인적자원부, 2005). '제1차 기본계획'의 정책과제는 '첫째, 학교폭력 예방 · 근절 지원 추진체 운영의 활성화' '둘째, 학교폭력 예방 · 근절을 위한 교육 및 지원 강화' '셋째, 교원의 학생 생활지도 전문능력 제고' '넷째, 피해자 보호 및 가해자 선도 강화' '다섯째, 범정부 차원의 사회적 분위기 조성'으로 설정하였다. 제1차 기본계획은 5개의 정책과제에 따라 49개의 세부사업을 설정하고 추진하였다.

하지만 2007년 초에 중학생들이 연루된 성폭행 사건과 심각한 학교폭력 사건이 연속적으로 발생하였다.[3] 정부는 이에 대한 대응으로 '학교폭력 SOS 지원단'을 구성하고 전문연구단을 운영하였다(고성혜 외, 2012). 학교폭력이 자주 일어나는 학교를 중심으로 주변 지역 3~5개 학교를 하나로 묶어 학교폭력 전담 경찰관을 배치하는 대책도 이때 마련되었다.

2010년 초에는 중학교를 중심으로 소위 '졸업식 뒤풀이'가 사회적인 이슈로 대두되어 다시 학교폭력에 대한 관심이 높아지는 계기가 되었다.[4] 이에 따라 정부에서

---

3) 2007년 3월 15일 중학교 남학생 6명의 성폭행 사건, 3월 21일 다른 중학교 남학생 6명이 한 여학생을 여섯 차례에 걸쳐 성폭행하고, 다른 여학생을 상대로 다시 성폭행한 사건이 보도되었다. 3월 30일에는 여중생 5명이 같은 학교 친구가 어울리지 않는다는 이유로 집단폭력을 휘두른 사건이 발생하였고, 중학생이 낀 10대들이 중학생을 야산으로 끌고 가 폭행한 뒤 구덩이에 머리만 내놓게 한 채 파묻는 비행을 저질렀다.

4) 졸업식 뒤풀이 사건은 2월에 집중적으로 발생하는데, 2010년 2월 경기도에서 발생한 사건을 예로 들면 한 중학교 출신 고교생 20명은 이 학교 졸업생 15명을 학교 근처 아파트 뒤로 불러내 밀가루를 뿌리고 옷을 모두 벗도록 한 뒤 인간 피라미드를 쌓는 졸업 뒤풀이를 강요하였고, 이 장면을 담은 사진 40여 장이 인터넷을 통해 급속히 확산되어 사회적인 문제가 되었다. 또한 하반기에는 초등학교 학생을 대상으로 한 성폭행 사건이 연이어 발생하면서 장애학생에 대한 특별한 보호가 강조되었다.

는 「학교폭력예방법」을 개정하였고, '제2차 학교폭력 예방 및 대책에 관한 기본계획(2010~2014년)'의 시행과 더불어 '배움터 지킴이' 확대 등의 대책을 발표하였다(교육과학기술부, 2010). '제2차 기본계획'은 정책과제를 기존 5개에서 6개로 확대하였고, 세부사업은 49개에서 78개로 확대하였다.[5] 제2차 기본계획의 핵심전략은 맞춤형 예방 대책 강화, 학교폭력 무관용 원칙(zero tolerance)의 적용, 가해학생 · 피해학생을 위한 전문 진단 · 상담 시스템 마련, 단위학교 책무성 강화, 지역사회와 함께하는 학교폭력 안전망을 구축하는 것으로 설정하고 있다.

그동안 학교폭력 관련 정책이 추진된 과정을 살펴보면, 사회적으로 커다란 이슈가 된 사건이나 사고가 발생한 이후에 새로운 정책과 제도가 발표되고 시행되는 과정을 반복해 왔다는 것을 확인할 수 있다. 즉, 정책문제의 흐름에서 문제의 창이 열리고, 이에 따라 정책적 관심을 받게 되어 정책의 창이 열린 것으로 볼 수 있다. 하지만 정책적 관심이 줄어들면 정책의 창은 닫히게 되고, 정책의제로서의 지위를 상실하게 될 것으로 볼 수 있다.

3) 최근 학교폭력 정책의 흐름: 2011년 이후

정책문제의 흐름 중에서 정책의 창이 열리는 계기가 되는 '문제의 창(problem window)'이 열리는 경우는 정책의 주요 지표가 급격히 바뀌거나, 사회적으로 주목을 받는 사건이 발생하거나, 다양한 방식의 정책평가와 환류 등이 이루어질 때다. 최근 학교폭력 문제는 사회적으로 주목을 받는 사건(focusing events)이 발생하여 문제의 창이 열린 경우에 해당한다. 2011년 하반기부터 학교폭력과 관련된 자살사건이 잇따라 발생하면서 사회적인 이슈로 부상하였다.

전국종합일간신문의 학교폭력 관련 월별 기사 건수([그림 5-4] 참조)를 살펴보면, 2011년 10월 이후에 급격히 증가한 것을 알 수 있다. 특히 2011년 12월에 발생한 4건의 자살사건이 2012년 1월에까지 이어지면서 전국종합일간신문의 기사 건수가

---

5) 6개의 정책과제를 살펴보면, 학교폭력 안전 인프라 확충, 맞춤형 예방교육 강화, 단위학교의 대응능력 및 책무성 제고, 가해자 선도 · 피해자 치유 시스템 질 제고, 존중과 배려의 학교문화 조성, 지역사회와 함께하는 학교 안전망 구축이 있다.

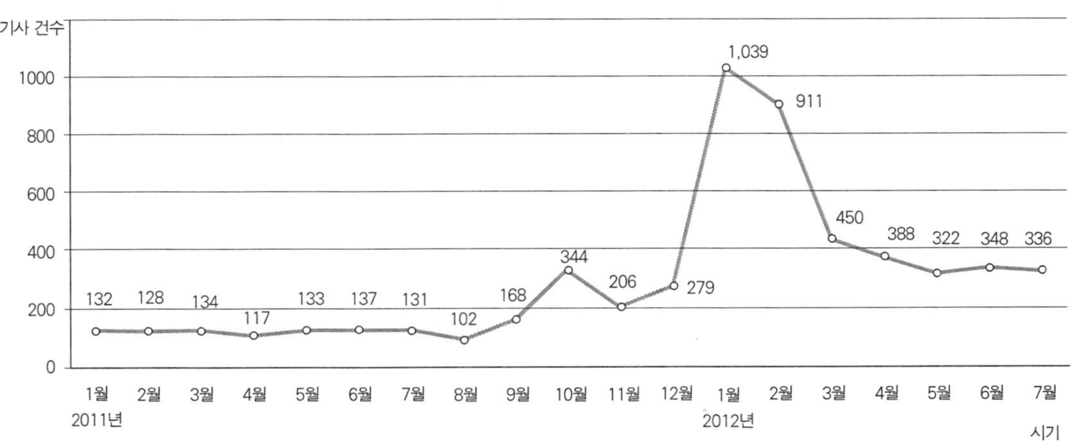

그림 5-4 전국종합일간신문의 학교폭력 관련 월별 기사 건수(2011년 1월~2012년 7월)

출처: 이희숙, 정제영(2012).

1,039건으로 폭증한 것을 보면 사회적으로 주목받는 이슈로 발전한 것을 보여 준다. 2011년 7월에 시작된 학생의 자살은 2011년 12월과 2012년 초에 연속적으로 발생하여 사회적 이슈가 되었다.[6)]

2012년 1월을 정점으로 관련 기사의 건수가 줄어드는 추세를 보이고 있지만 일반적인 수준으로 회귀하지 않고 지속적으로 언론의 주목을 받고 있는 이유는 2012년 2월 6일에 '학교폭력근절 종합대책'을 발표했음에도 불구하고 학생의 자살사건이 지속하여 발생하였기 때문이다. 또한 학교폭력 가해학생에 대한 처분이 학교생활기록부에 기재되는 문제와 관련하여 사회적 갈등이 표출된 것도 이유라고 할 수 있다. Kingdon의 정책흐름모형에 따르면, 2011년 12월에 심각한 정책문제의 발생으로 '문제의 창'이 열린 것으로 볼 수 있다.

정치의 흐름에 영향을 주는 요인은 국가적 분위기의 변화, 선거 결과, 행정부의 교

6) 2011년 7월 대구 지역의 중학교 2학년 여학생이 같은 반에 왕따가 있다는 사실을 담임에게 알렸다가 반 친구들에게 추궁당한 후 자살을 한 사건이 발생하였고, 11월에 서울에서 여중생이 학교폭력에 시달리다가 투신자살을 한 사건이 발생하였다. 2011년 12월 이후에도 자살사건이 계속 발생하였는데, 12월 2일에 대전의 여고생, 12월 20일에 대구의 남중생, 12월 25일에는 제주의 여고생, 12월 29일에는 광주의 남중생이 자살을 하였고, 1월 4일에는 전북, 1월 16일에는 대전에서 학교폭력으로 인한 자살사건이 발생했다.

체, 국회에서 이데올로기나 다수집권당의 교체, 이익집단의 압력 행사 등으로 이루어져 있다. 2012년은 중요한 정치적 변화가 이루어진 해라고 할 수 있다. 2012년 4월 11일은 제19대 국회의원 선거가 있었고, 12월 19일에는 제18대 대통령 선거가 진행되었다. 국회의원 선거는 4년마다 있고, 대통령 선거는 5년마다 실시되기 때문에 2개의 큰 선거가 같은 해에 치루어지는 것은 20년에 한 번씩 찾아오는 것이다. 그 정도로 2012년은 정치의 흐름에 있어서 매우 중요한 의미를 갖고 있다.

국가 수준의 분위기 변화는 정치의 흐름에서 중요한 역할을 차지한다. 여론의 변화나 언론보도 등은 정치의 흐름에 큰 영향력을 발휘한다고 할 수 있다(박균열, 2012). 앞에서 살펴본 바와 같이 2012년 초부터 언론에서 학교폭력 문제에 상당한 집중을 하고 있다는 점에서 정치의 흐름에도 큰 영향을 줄 수밖에 없다. 2012년 4월 국회의원 선거 공약을 살펴보면, 여당인 새누리당은 '학교폭력 방지'를 10대 핵심공약에 포함시켰고, 제1야당인 민주통합당은 7대 비전, 33대 정책약속, 250개 실천과제 중에서 '학교폭력 없는 평화로운 학교 만들기'라는 내용으로 실천과제를 제시하였다. Kingdon의 정책흐름모형에 따르면, 2012년은 '정치의 창'이 열리는 과정에 2개의 큰 선거가 영향을 미친 것으로 볼 수 있다.

2011년 말부터 시작된 학교폭력 문제의 흐름으로 인해 정책의 흐름은 큰 변화를 맞이하게 되었다. 기존의 계획대로라면 2014년까지 제2차 기본계획이 시행되어야 한다. 하지만 2011년 말과 2012년 초의 경우 학교폭력의 문제는 정책적 의제로 채택되었고, 2012년 2월 6일 국무총리 주재 학교폭력관련 관계 장관 회의를 열고 '학교폭력근절 종합대책'을 최종 확정하여 발표하였다(관계부처합동, 2012). 3월 14일에는 전국의 초등학교 4학년 학생부터 고등학교 3학년까지의 학생 558만 명 전원을 대상으로 한 학교폭력 실태 전수조사 결과를 발표하였고(교육과학기술부, 2012), 3월 21일에는 「학교폭력 예방 및 대책에 관한 법률」을 개정하였다.

2012년에 발표된 '학교폭력근절 종합대책'은 '학교폭력 없는 행복한 학교'라는 정책 목표를 설정하고, 4개의 직접대책과 3개의 근본대책으로 구성되어 있다. 직접대책은 '첫째, 학교장과 교사의 역할 및 책임 강화' '둘째, 신고-조사체계 개선 및 가해학생 · 피해학생에 대한 조치 강화' '셋째, 또래활동 등 예방교육 확대' '넷째, 학부모교육 확대 및 학부모의 책무성 강화'다. 근본대책은 '첫째, 교육 전반에 걸친 인성교육 실천' '둘째, 가정과 사회의 역할 강화' '셋째, 게임 · 인터넷 중독 등 유해 요인

대책'이다(관계부처합동, 2012).

2012년 정책대안의 흐름에서 특징적인 것은 학교폭력 관련 정책이 인성교육 강화로 확대되고 있다는 점이다. 정부는 3월에 11개의 인성교육 영역을 설정하여 정책연구를 추진하였고, 5월에는 전문가 중심의 인성교육실천포럼을 결성하였다. 7월에는 민간단체 중심의 '인성교육범국민실천연합'이 결성되어 인성교육을 사회적 실천운동으로 발전시켰다. Kingdon은 하나의 정책 영역에서 성공적으로 정책이 결정되면 그와 인접한 영역에서도 정책결정이 이루어질 가능성이 높아진다는 점을 지적하였다(Kingdon, 2011). 유 · 초 · 중 · 고등학교에서 인성교육을 강화하고, 고등학교 입학과 대학입학에 인성교육의 결과를 반영하도록 하는 정책 등은 학교폭력 정책의 범위가 인근 교육정책으로 확장되고 있음을 보여 준다.

Kingdon의 정책흐름모형에서 정책활동가의 역할은 매우 중요하다고 볼 수 있다. 정책활동가는 정책의 창이 열리는 순간 정책문제의 흐름, 정책대안의 흐름, 정치의 흐름을 결합시키는 데 주도적인 역할을 담당하기 때문이다. 2012년의 정책활동가를 보면 우선 공무원을 살펴볼 수 있다. 위로는 대통령에서부터 교육부(2012년 당시에는 '교육과학기술부') 담당자에 이르기까지 공무원이 정책활동가의 역할을 수행한 것으로 볼 수 있다. 특히 2011년 12월 말에 학교폭력 정책을 담당하는 TF팀이 구성되었고, 2012년 8월 8일에는 직제 시행규칙을 개정하여 학교폭력근절과를 신설하여 공식조직화되면서 담당 인력은 지속적으로 늘어나 15명에 이르고 있다. 시 · 도 교육청 수준에서도 학교폭력 정책 전담 부서의 조직과 인력이 확대되고 있으며, 특히 교육청별로 1명 이상의 변호사를 고용하여 학교 현장의 법적 분쟁을 조정해 주고 있다.

정책활동가로서 언론인의 역할은 매우 중요하다. TV와 신문 등 다양한 언론 매체에서 학교폭력 문제를 다루고 있다. 언론인은 문제를 분석하는 것에서부터 학교폭력의 문제를 해결한 우수사례의 소개를 통해 다양한 정책 대안을 제시하고 있다. 2012년의 학교폭력 정책의 흐름에서 언론인의 역할은 매우 중요하다고 평가할 수 있다. 특히 학교폭력의 사건을 중심으로 부각시키던 언론이 최근에는 일부 언론을 중심으로 학교폭력을 예방하고 근절하는 사례와 방법 중심으로 논점을 바꾸고 있다는 점은 긍정적인 정책활동가의 역할로 평가할 수 있다.

민간기관의 전문가도 정책활동가로서 중요한 역할을 수행하고 있다. 정부출연연구기관인 한국교육개발원, 한국청소년정책연구원, 한국형사정책연구원 등은 2000년

대 이후에 학교폭력과 관련한 연구를 지속적으로 추진해 왔다. 이들이 수행한 연구물에서 제시하였던 문제 진단과 정책대안은 정책결정 과정에서 중요한 역할을 했다. 2012년에 정부에서는 이화여자대학교의 학교폭력예방연구소를 9년간 정책중점연구소로 지정하였는데, 연구를 통한 정책지원 기능을 강화한 것으로 볼 수 있다. 민간단체인 청소년폭력예방재단도 매우 중요한 역할을 수행하였다. 2006년부터 학교폭력 현황에 대해 꾸준히 실태조사를 실시해 왔고, 2007년부터는 당시 교육인적자원부와 연계하여 '학교폭력 SOS 지원단' 사업을 추진하는 등 학교폭력과 관련한 다양한 활동을 통해 학교 현장의 변화를 유도해 왔다. 이러한 민간단체의 활동과 정책 아이디어는 정책의 창이 열리는 순간에 중요한 정책대안으로 채택되었다고 할 수 있다.

Kingdon은 정책문제의 흐름, 정치의 흐름, 정책대안의 흐름은 각각 분리되어 흘러가지만 결정적인 순간에 결합(coupling)을 하여 정책의 창이 열리는 것을 강조하고 있다(Kingdon, 2011). 2011년부터 시작된 정책문제의 흐름은 2012년 1월까지 심각한 학교폭력 사건이 연속하여 발생하면서 '문제의 창'이 열렸다고 할 수 있다. 정치의 흐름을 살펴보면 2012년 4월 11일의 제19대 국회의원 선거와 12월 19일의 제18대 대통령 선거가 한 해에 실시되어 '정치의 창'이 열렸다고 볼 수 있다. 이들 중 하나만으로도 '정책의 창'이 열리는 계기가 될 수 있는데, 2012년에는 문제의 창과 정치의 창이 모두 열림으로써 세 가지 정책 흐름이 결합되어 정책의 창이 열리게 된 것이다.

2011년 12월 말에 학교폭력 정책을 담당하는 TF팀이 구성된 시점에 정책의 창이 열렸다고 할 수 있다. 2012년 1월에 당시 교육과학기술부는 국가 수준의 학교폭력 데이터 수집 · 분석체계 구축과 학교폭력 근절을 위한 기초자료 마련을 위해 한국교육개발원에 위탁하여 '학교폭력 실태 전수조사'를 실시하였다. 2월 6일에는 국무총리 주재 학교폭력관련 관계 장관 회의를 열고 '학교폭력근절 종합대책'을 최종 확정하여 발표하였다(관계부처합동, 2012). 3월 14일에는 전국의 초등학교 4학년 학생부터 고등학교 3학년까지의 학생 558만 명 전원을 대상으로 한 학교폭력 실태 전수조사 결과를 발표하였다(교육과학기술부, 2012). 3월 21일에는 「학교폭력 예방 및 대책에 관한 법률」을 개정하여 정책결정의 과정이 마무리되었고, 정책의 창은 닫히게 되었다.

2013년 2월 25일에 대한민국 제18대 박근혜 대통령이 취임하였고, 교육부는 3월

28일에 2013년 국정과제 실천계획을 대통령께 보고하면서 7월에 새로운 학교폭력 대책을 마련하는 것으로 보고하였다. 2013년 7월 23일에 국무총리 주재로 제2차 학교폭력대책위원회를 열어 관계부처 합동으로 '현장 중심 학교폭력 대책'을 발표하였다(관계부처합동, 2013). 2013년에 행정부의 교체로 인해 다시 정책의 창이 열린 것으로 볼 수 있다.

학교폭력 관련 정책은 2012년에 정책의 창이 열림으로써 정책대안의 흐름에서 해결방안이 정책문제의 흐름과 결합되고, 두 개의 결합은 다시 정치적으로 우호적인 세력과 결합하게 된 것이다. Kingdon의 정책흐름모형에서는 정책의 창이 열리는 경우 빠른 시간에 창이 닫히는 것으로 보고 있고, 다른 교육정책의 사례에서도 상당히 주목을 받는 정책이 어느 순간 다른 정책이슈로 바뀌는 것을 많이 경험할 수 있다. 2012년에 발생한 학교폭력의 문제는 3개월 정도 정책의 창이 열려 있다가 닫혔고, 2013년에는 행정부의 교체로 인해 다시 정책의 창이 열려서 새로운 정책을 발표한 것으로 볼 수 있다.

3. 학교폭력 정책의 평가와 지속적인 개선

2012년 2월 6일 정부에서 발표한 학교폭력근절 종합대책은 학교폭력으로 조치를 받은 가해학생에 대해 학교생활기록부에 기록하도록 하고, 그 결과를 상급학교 진학시 자료로 활용할 수 있도록 함으로써 매우 강력한 대책이라는 평가를 받았다. 이러한 정책의 실시로 청소년폭력예방재단의 실태조사나 교육부의 실태조사에서 모두 학교폭력 가해와 피해경험이 감소한 것으로 나타났다. 하지만 학교폭력이 신체적 폭력에서 관계적 폭력과 사이버 괴롭힘 등으로 다양화되고 있다는 문제가 제기되고 있다. 즉, 눈에 보이는 폭력을 줄이는 데 효과를 거뒀지만, 학교폭력의 근원적 문제를 해결한 것으로 평가했다고 보기에는 다소 무리가 있어 보인다. 최근에 일본에서도 발견하기 어렵게 따돌리는 새로운 유형의 학교폭력이 음습화(陰濕化)되고 있다는 점을 눈여겨 볼 필요가 있다.

2013년에는 2012년에 발표된 정책에 대해 전반적인 평가가 실시되었다. 대표적인 평가는 한국교원단체총연합회(이하 '한국교총')에서 발표한 정책평가결과다. 한국

교총은 '학교폭력근절 종합대책' 발표 1년을 맞아 학교 현장 교원의 인식을 확인하고, 학교폭력근절 종합대책의 개선 방안을 찾기 위해 2013년 1월 31일부터 2월 4일까지 전국 유 · 초 · 중 · 고 · 대학의 교원 및 교육전문직을 포함한 1,447명을 대상으로 온라인 설문조사를 실시하였다. '학교폭력근절 종합대책 시행 1년을 어떻게 평가하는가'에 대한 질문에 교원들은 '긍정적 평가(57%)'로 대체로 좋은 평가를 내렸지만 '보통(30%) 및 부정적(13%) 평가'도 43%에 달해 현장성을 반영한 지속적인 대책 보완 필요성도 여전히 확인됐다.

교원이 꼽은 가장 효과적인 대책은 학교폭력 가해사실 학교생활기록부 기재(18%)이고, 교원이 꼽은 가장 효과성이 적은 대책은 복수담임제(2%)인 것으로 나타났다. 학교폭력근절 종합대책 중 가장 효과적인 대책을 묻는 질문에 교원은 학교폭력 가해사실 학생부 기재(18%), Wee 프로젝트 확대(15%), 학교장과 교사의 역할 및 책임 강화(12%), 피해학생 우선적 보호와 치유지원(11%), 학교폭력 실태 전수조사(7%), 117 학교폭력 신고센터 운영(5%), 일진경보제 도입 등 폭력서클 엄정 대응(5%), 어울림 프로그램 등 폭력 예방프로그램 보급(5%), 중학교 체육활동 확대(4%), 복수담임제(2%) 순으로 응답했다. 또한 효과적인 대책이 없다는 응답률은 10%였다.

한편 전국교직원노동조합(이하 '전교조')의 참교육연구소는 전국 16개 시 · 도 초 · 중 · 고등학교 교사 1,007명을 대상으로 2013년 4월 8일부터 4월 23일까지 15일간 정부의 학교폭력 정책에 대한 현장실태 온라인 설문조사를 실시하였다. 학교폭력 가해사실의 학교생활기록부 기재에 대해서는 70.4%의 교사가 부정적으로 응답하였다. 형평성 문제(93.9%), 교사의 개입을 오히려 어렵게 한다는 점(86.5%), 가해학생의 보복(82.4%) 등이 부정적 평가의 이유였다. 일벌백계를 통해 학교폭력 예방에 도움을 준다고 답한 교사는 25%에 그쳤다. 또한 일회성에 그치는 인성교육(95.4%)은 물론, 복수담임제(84.6%), 학교폭력 전수조사(79%), 정서행동반응검사(68.1%) 등 정부가 내놓은 정책이 학교폭력 해결에 도움이 되지 않는다고 답했다. 가해학생 · 피해학생에 대한 치유 대책인 Wee 클래스 설치 및 상담사 배치만 절반이 넘는 교사(65.5%)가 긍정적으로 평가하였다.

우리나라의 대표적인 교원단체인 한국교총과 전교조의 정책평가결과는 아이러니하게도 매우 상반된 결과를 보여 준다. 특히 사회적인 이슈였던 학교폭력 가해사실의 학교생활기록부 기재에 관해서는 매우 상반된 결과가 나타났다. 한국교총의

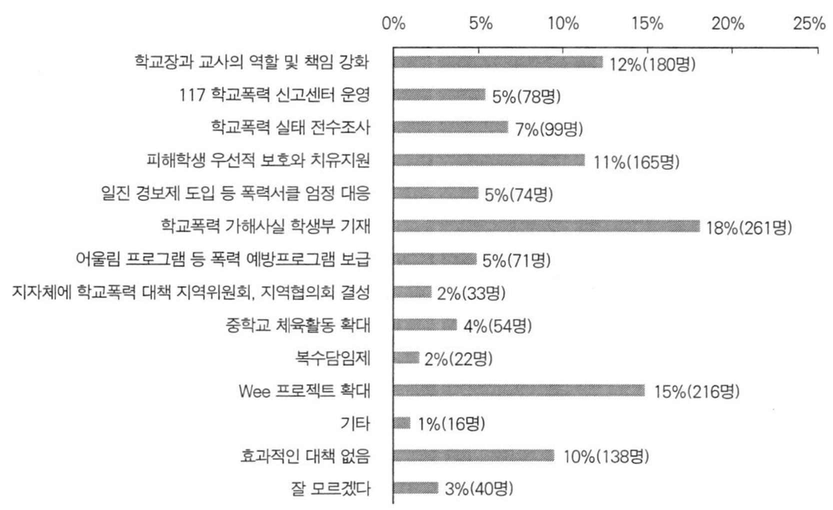

그림 5-5 학교폭력 정책에 대한 교원의 평가결과

출처: 한국교원단체총연합회(2013).

설문조사에서는 가장 효과적인 학교폭력 대책으로 '학교폭력 가해사실의 학교생활기록부 기재(18%)'가 뽑혔고, 학교폭력 가해사실의 학교생활기록부 기재에 대해서는 61%가 찬성한다고 답했다. 반면 전교조에서는 70.4%의 응답자가 부정적인 의견을 제시했다. 기존의 설문조사 결과를 살펴보면, 2012년 1월에 한국교육개발원에서 실시한 국민인식 조사 결과 '학교폭력 가해사실을 학교생활기록부에 기재하는 방안이 학교폭력 근절에 도움이 될 것이다'라는 항목에 교장 및 교감(86.6%), 학부모(81.2%), 교사(79.9%), 학생(68.9%)의 절대 다수가 동의하는 것으로 나타난 바 있다. 2012년 8월 이화여자대학교 학교폭력예방연구소에서 한국리서치에 의뢰하여 공동으로 실시한 온라인 설문조사 결과에 의하면, 학생의 63.7%, 교사의 62.9%가 학교폭력 가해학생의 조치를 학교생활기록부에 기재하는 것이 학교폭력 예방에 도움이 된다고 생각하는 것으로 나타났다. 2013년에 이화여자대학교 학교폭력예방연구소에서 리서치앤리서치에 의뢰하여 공동으로 실시한 온라인 설문조사 결과에 의하면, 가해학생 조치사항 학교생활기록부 기재에 대해 학생의 74.0%, 교원의 62.4%가 찬성하는 것으로 나타났다. 이러한 상반된 결과는 조사의 주체나 대상, 문항 내용, 설문 방법의 차이에 기인한 것으로, 설문조사 주체의 관점이 상당히 투영된 결과로 해

석할 수 있다.

정부에서 2013년 7월 23일에 발표한 '현장 중심 학교폭력 대책'은 정책에 대한 현장의 의견을 수렴하고 다양한 평가를 거쳤다는 평가를 받고 있다. 기존 대책에 대해 현장의 의견을 수렴하기 위해 온라인 국민정책제안(4,830건 응모), 현장릴레이 토론회(15회) 등을 개최하였고, 학교폭력예방연구소, 부처 추천 전문가, 현장 교원 등으로 연구진을 구성하여 전문가 TFT를 운영하는 등 노력을 하였다(관계부처합동, 2013).

이화여자대학교 학교폭력예방연구소가 주관한 현장릴레이 토론회 결과를 살펴보면, 학교폭력 예방 우수사례의 공통적인 특징을 통해 몇 가지 사실을 알 수 있다. 첫째, 학생이 주체가 되는 활동이 효과적이다. 또래조정이나 자치법정, 학생 스포츠 운영위원회 등 학생이 주체가 되어 이끌어 가는 프로그램은 학생이 스스로 문제를 해결해 나갈 수 있는 역량을 높여 주는 효과가 있다. 둘째, 학교 내에서의 활동이 중요하다. 궁극적으로 학교폭력의 피해학생과 가해학생이 교육활동에 정상적으로 복귀하도록 하기 위해서는 학교 내에서 장기적인 관심과 특별한 돌봄이 필요하기 때문이다. 셋째, 학교폭력 예방을 위해서는 일회성이 아닌 지속적인 프로그램이 필요하다. 변화는 학교 구성원의 장기적인 노력에 의해 이뤄지며, 천천히 이뤄지는 변화야말로 실제(reality)가 변화된 것이다. 넷째, 학교 구성원 간에 소통과 협력 중심의 긍정적인 학교문화를 만들어 가려는 노력이 필요하다. 학교문화의 변화를 통해 자연스럽게 학생의 인성과 감성이 변화되고, 그로 인해 학생의 생각과 행동이 변화되도록 하는 것이 중요하다는 것이다.

학교폭력 정책이 현장에 안정적으로 정착하기 위해서는 정책담당자와 학교 현장의 끊임없는 소통이 필요하다. 정부의 정책은 너무 거시적일 수 있어서 현장의 미세한 조정 없이는 성공적으로 집행되기 어렵다. 다양한 경로를 통한 정책의 평가와 현장의 의견 수렴을 통한 정책의 미세 조정이 필요한 이유가 여기에 있는 것이다. 학교 현장의 의견을 바탕으로 향후 정책의 방향을 제시하면 다음과 같다.

첫째, 학교폭력 피해학생에 대한 적극적인 지원 정책이 필요하다. 가장 심각한 어려움을 겪고 있는 피해학생에 대한 조치가 상대적으로 취약한 상황이다. 사안 발생 후 피해학생을 적극적으로 보호하는 조치가 부족하고, 사안 처리가 오래 걸려 피해학생과 학부모가 겪는 심리적 고통이 지속된다. 피해학생이 하루빨리 학교생활에 안

정적으로 복귀할 수 있도록 하는 조치가 최우선적으로 시행되어야 한다.

둘째, 당사자 사이의 갈등을 해결할 수 있는 적극적인 조정제도가 필요하다. 가해학생에 대한 강력한 조치는 문제를 일단락시키는 효과는 있지만 관계를 회복시키는 데는 한계를 갖고 있다. 갈등을 해결하기 위해서는 피해학생과 가해학생 모두 교육적으로 건강하게 성장할 수 있는 최적의 대안을 도출해야 하고, 양측이 원하는 방향으로 문제가 해결될 수 있도록 적극적으로 지원해야 한다. 이를 위해 전문성을 갖춘 전문가가 참여해 객관적 관점에서 공정하게 해결할 수 있는 조정, 화해제도가 필요하다.

셋째, 예방교육이 체계적으로 내실화되어야 한다. 초등학교 때부터 적극적인 예방교육이 실시되어야 하고, 가장 심각한 문제를 보이는 중학교 때는 차별화된 예방교육이 실시되어야 한다. 학교폭력 상황에서 대다수를 차지하는 목격자, 즉 주변인 집단이 학교폭력의 해결에 결정적 역할을 할 수 있도록 이들의 인식과 역량을 키워 주는 것도 중요하다. '주변인이 침묵을 깨도록 하는 학교폭력 예방 프로그램'이 체계적으로 제공되어야 한다.

넷째, 학교와 사회의 문화를 바꾸는 노력도 함께 이루어져야 한다. 학교폭력은 한 가지 원인으로 일어나는 것이 아니라 학생의 개인요인, 가정요인, 학교요인, 사회요인 등 다양한 요인들이 서로 상호작용을 하며 영향을 미치는 것이다. 따라서 이를 종합적으로 고려하는 '생태학적인 접근'이 필요하다. 다양한 원인에 따른 전문적 처방이 이뤄질 수 있는 지원체계의 마련이 필요하다.

학교폭력 문제해결의 기본 원칙은 '교육적 회복과 성장적 접근'이 되어야 하며, 처벌은 최종적인 수단이 되어야 한다. 학교폭력 예방 정책의 방향을 '학교 차원에서 지속적인 관심을 갖고, 학생 스스로 주체가 되도록 하며, 교육활동을 통해 장기적인 인성교육이 이뤄지도록 하는 것'으로 설정해야 한다.

이 장의 요약

이 장은 학교폭력 현상을 정책문제로서 살펴보았다. 첫째, 학교폭력 현상을 보는 정책적 관점을 소개하였다. 외국의 학교폭력 현상과 이에 대한 정책적 대응을 살펴봄으로써 우리나라의 학교폭력 현상에 대한 이해의 폭을 넓히고자 하였다. 또한 우리나라의 학교폭력 현상을 이해하기 위해 청소년폭력예방재단의 실태조사와 교육부의 실태조사 결과를 제시하였다. 둘째, 우리나라의 학교폭력 관련 정책의 흐름과 대응의 관점에 대해 살펴보았다. 학교폭력 문제의 흐름은 지속되고 있지만 정책적 대응은 특정한 순간에 이루어지게 되는 현상에 대해 정책흐름모형을 바탕으로 설명하였다. 마지막으로 학교폭력 정책에 대한 평가와 이를 통한 지속적인 개선 과제를 제시하였다.

더 읽어 보기

조균석, 정제영, 장원경, 박주형(2013). 학교폭력 근절을 위한 법령해설 및 체제 연구. 이화여자대학교 학교폭력예방연구소. 학교폭력 근절을 위한 법령을 체계적으로 정리하여 이해하기 쉽도록 제시하고 있음.

이희숙, 정제영(2012). 학교폭력 관련 정책의 흐름 분석: Kingdon의 정책흐름모형을 중심으로. **한국교육**, 39(4), 61-82. 학교폭력과 관련하여 어떠한 사건으로 인해 정책문제로 제기되어 정책으로 형성되는지에 대해 이론적으로 설명하고 있음.

박효정 외(2006). 학교폭력 예방 및 대처를 위한 지원체제 구축 및 운영 방안 연구. 한국교육개발원. 학교폭력 예방과 대처를 위한 지원체제 모형을 제시함으로써 체계적으로 대응할 수 있는 틀을 제시하고 있음.

참고자료

관련 웹사이트

http://www.stopbullying.or.kr/ewha_intro 이화여자대학교 학교폭력예방연구소 홈페이지.

http://www.stopbullying.or.kr/kedi 한국교육개발원 학교폭력 예방연구 · 지원특임센터 홈페이지.

생각해 볼 문제

1. 미국, 일본, 노르웨이의 학교폭력 현황과 정책을 살펴보고, 우리나라와 비슷한 점과 다른 점에 대해 생각해 보세요.
2. 2012년 2월에 학교폭력근절 종합대책이 발표된 계기가 된 사건에 대해 살펴보고, 그런 특징이 다시 나타나게 된다면 어떤 상황일지에 대해 설명해 보세요.
3. 2013년 7월에 발표된 현장 중심 학교폭력 대책을 찾아보고, 현장과 어떤 방식으로 소통하였는지 확인해 보세요. 정책평가를 통해 어떻게 정책이 개선되는지에 대해 생각해 보세요.

참고문헌

고성혜(2005). 유형별 통계결과에 나타난 학교폭력 실태. 교육개발, 32(5), 14-23.

고성혜(2006). 학교폭력 추이분석을 위한 지표 개발 및 배움터 지킴이 활동 평가 연구. 학교폭력 전문연구단.

고성혜, 이완수, 정진희(2012). 국내 · 외 학교폭력 관련 정책 연구. 서울: 교육과학기술부.

고성혜, 최병갑, 이완수(2005). 학교폭력 피해자 치료 · 재활 및 가해자 선도의 효율성 방안 연구. 서울: 교육인적자원부.

관계부처합동(2012). 학교폭력근절 종합대책.

관계부처합동(2013). 현장 중심 학교폭력 대책.

교육과학기술부 국제협력관(2012). 학교폭력 대응 해외사례.

교육과학기술부(2010). 제2차 학교폭력 예방 및 대책에 관한 기본계획(2010~2014년).

교육과학기술부(2012). 2012년 학교폭력 실태 전수조사 결과 중간 발표(2012년 3월 14일자 보도자료).

교육과학기술부(2012). 학교폭력 피해 및 가해학생 · 학부모 교육 · 치료지원 운영 지침(안). 2012. 3. 14. 발표자료.

교육인적자원부(2005). 제1차 학교폭력 예방 및 대책에 관한 기본계획(2005~2009년).

김병찬(2012). 학교폭력에서의 교원의 역할과 책임의 한계. 제61차 한국교원교육학회 학술대회 자료집, 31-73.

김주환(2011). 회복 탄력성. 서울: 위즈덤하우스.

남궁근(2012). 정책학. 서울: 법문사.

박균열(2012). Kingdon의 정책흐름모형을 적용한 교원능력개발평가제 정책변동 분석. 교육문제연구, 42, 41-71.

문용린(2011). 학교폭력의 현황과 과제. 서울: 한국교육개발원.

문용린 외(2006). 학교폭력 예방과 상담. 서울: 학지사.

문용린, 이승수(2010). 학교폭력의 현황과 과제. Issue Paper. 서울: 한국교육개발원.

문용린, 임재연, 이유미, 강주현, 김태희, 김충식, 김현수, 김영란, 이정옥, 박종효, 이진국, 신순갑, 최지영, 김미란, 리하르트 귄더, 최정원, 장맹배, 이기숙, 김미연 (2008). 학교폭력 위기 개입의 이론과 실제. 서울: 학지사.

박세정(1998). 효과적인 학교폭력 대책으로써의 학교-경찰 연계 제도 도입에 관한 연구. 한국공안행정학회보, 7(1), 216-258.

박주형, 정제영(2012). 한국과 미국의 학교폭력 예방 및 근절관련 법령 및 정책 비교 연구. 초등교육연구, 25(4), 107-126.

박주형, 정제영, 김성기(2012). 학교폭력 예방 및 대책에 관한 법률과 동법 시행령의 문제점 및 개선방안 연구. 교육행정학연구, 30(4), 305-325.

박효정 외(2006). 학교폭력 예방 및 대처를 위한 지원체제 구축 및 운영 방안 연구. 서울: 한국교육개발원.

박효정(2012). 노르웨이의 학교폭력 실태와 대책, 그리고 한국교육에의 시사점. 서울: 한국교육개발원.

박효정, 정미경, 박종효(2007). 학교폭력 예방 프로그램 개발 연구. 서울: 한국교육개발원.

박효정, 정미경, 한세리, 한경아(2005). 학교폭력 실태의 이해와 진단. 서울: 한국교육개발원

윤철경(2005). 한국의 위기청소년 지원정책진단 및 청소년 상담센터의 역할. 2005 수원시 청소년 심포지엄 수원시 위기청소년의 실태 및 지원방안 (pp. 11-31). 수원시 청소년상담센터.

이희숙, 정제영(2012). 학교폭력 관련 정책의 흐름 분석: Kingdon의 정책흐름모형을 중심으로. 한국교육, 39(4), 61-82.

전국교직원노동조합(2013). 학교폭력 정부정책 현장 실태 설문조사 결과 발표. 보도자료.

정미경, 박효정, 진미경, 김효원, 박동춘(2008). 학교폭력 예방 프로그램 적용효과 분석 연구. 서울: 한국교육개발원.

정재준(2012). 학교폭력 방지를 위한 한국 · 일본의 비교법적 연구. 부산대학교 법학연구, 53(2), 79-108.

정정길(2001). 정책학원론. 서울: 대명출판사.

정제영(2012). 학교폭력 관련 교육의 현황과 과제. 제61차 한국교원교육학회 학술대회.

정제영, 정성수, 주현준, 이주연, 박주형(2013). 학교폭력 피해 및 가해학생 교육 · 치료지원 프로그램 운영 지원 연구. 대구: 대구광역시교육청.

정제영, 박주형, 이주연(2012). 학교폭력과 관련된 현안 연구(1): 학교폭력사안 학교생활기록부

기재 방안의 쟁점과 대안. 서울: 이화여자대학교 학교폭력예방연구소.

정제영, 박주형, 이주연(2012). 학교폭력과 관련된 현안 연구(2): 학교폭력실태와 「학교폭력근절 종합대책」의 효과성 논의. 서울: 이화여자대학교 학교폭력예방연구소.

정제영, 박주형, 이주연(2013). 학교폭력 관련 언론 보도 분석 및 정책적 시사점 도출에 관한 연구. 서울: 이화여자대학교 학교폭력예방연구소.

정제영, 한유경, 김성기, 신인수, 이지혜, 이한종, 정성수, 이주연, 박주형(2013). 현장 중심의 학교폭력 예방대책 수립을 위한 조사연구. 서울: 이화여자대학교 학교폭력예방연구소.

조균석, 정제영, 장원경, 박주형(2013). 학교폭력 근절을 위한 법령해설 및 체제 연구. 서울: 이화여자대학교 학교폭력예방연구소.

청소년보호위원회(2001). 청소년 폭력 실태조사.

청소년폭력예방재단(2012). 2011년 전국 학교폭력 실태조사 연구. 서울: 청소년폭력예방재단.

최인섭, 이순래(2009). 청소년의 재범예방 프로그램 개발에 관한 연구. 서울: 한국형사정책연구원.

최인재, 김경준, 백혜정, 강진구, 김태희, 송미경, 이유미(2007). 학교폭력 피해학생 치유 및 가해학생 선도 프로그램 개발 연구. 서울: 한국교육개발원.

한국교원단체총연합회(2013). 교원, 학교폭력근절 대책 추진 가장 큰 장애로 '학생 개별지도 어려움' 꼽아. 보도자료.

한국형사정책연구원(1997). 학교주변 폭력의 실태와 대책.

동아일보(1995. 12. 2.). 폭력학생 「대입」 불이익 정부대책회의. 1995년 12월 2일자 기사(38면).

매일경제(1995. 12. 2.). 1995년 12월 2일자 기사(02면). '학원폭력사범 사회봉사명령' 범정부차원 근절대책 추진.

서울신문(1995. 12. 2.). 1995년 12월 2일자 기사(23면). 상습폭행학생 「사회봉사」명령 정부대책회의.

연합뉴스(1996. 5. 3.). 학교폭력 근절에 전국민 참여.

한국일보(1995. 12. 2.). 1995년 12월 2일자 기사(07면).'학원폭력 방치 못할 상황' 관계장관회의 강력조치 배경.

Akiba, M., LeTendre, G. K., Baker, D. P., & Goesling, B. (2002). Student victimization: National and school system effects on school violence in 37 nations. *American Educational Research Journal, 39*(4), 829-853.

Cohen, M. D., March, J. G., & Olsen, J. P. (1972). A Garbage Can Model of Organizational Choice. *Administrative Science Quarterly, 17*(1), 1-25.

Cook, P. J., Gottfredson, D. C., & Na, C. (2010). School Crime Control and Prevention. *Crime and Justice, 39*(1), 313-440.

DeVoe, J. F., & Bauer, L. (2010). *Student victimization in US. schools: Results from the 2007 School Crime Supplement to the National Crime Victimization Survey* (NCES 2010-319). Institute of Education Sciences, U. S. Department of Education. Washington, DC: National Center for Education Statistics.

Hoover, J. H., & Oliver, R. (1996). *The Bullying Prevention Handbook: A Guide for Principals, Teachers, and Counselor*. Bloomington, IN: National Educational Service.

Kingdon, J. W. (2011). *Agenda, alternatives, and Public Policies* (2nd Ed.). Washington, DC: Pearson.

Kupchik, A. (2010). *Homeroom Security: School Discipline in an Age of Fear*. New York, NY: New York University.

Munthe, E., Solli, E., Ytre-Arne, E., & Roland, E. (2004). *Taking fear out of schools*. Stavanger: University of Stavanger, Center for Behavioural Research.

Naito, T., & Gielen, U. P. (2005). Bullying and ijime in Japanese schools. A sociocultural perspective. Denmark, T. F., Krauss, H. H., Wesner, R. W., Midlarsky, E., & Gielen, U. P. (Eds.), *Violence in schools: Cross-national and cross-cultural perspectives*. (pp. 169-190). New York: Springer.

Olweus, D. (1993). *Bullying at School: What We Know and What We Can Do*. Malden, MA: Blackwell Publishers.

Olweus, D. (1994). Building at School: Basic Facts and Effects of a School Based Intervention Program. *Journal of Child Psychiatry, 35*, 1-10.

Orpinas, P., & Horne, A. M. (2006). Bulling Prevention: Creating a Positive School Climate and Developing Social Competence. American Psychological Association.

Phipps, A. S., Barnoski, P., & Lieb, R. (1999). *The comparative costs and benefits of programs to reduce crime: a review of national research findings with implications for Washington state*. Olympia: Washington State Institute for Public Policy.

Plischewski, H., & Tveitereid, K., T. (2008). Policy overview of school bullying and violence among 8 members of the SBV network. International Network on School Bullying and Violence.

Ravitch, D. (2011). 미국의 공교육 개혁, 그 빛과 그림자 (윤재원 역). 서울: 지식의 날개.

Sabatier, P. A. (1991). Toward Better Theories of the Policy Process. *Political Science and Politics, 24*(2), 147-156.

Sacco, D. T., Silbaugh, K., Corredor, F., Casey, J., & Doherty, D. (2012). An Overview of State Anti-Bullying Legislation and Other Related Laws. Berkman Center for Internet & Society, Harvard University.

Sanders, M. R., Dadds, C. M., & Turner, M. T. (2003). Theoretical, Scientific and Clinical Foundations of the Triple P-Positive Parenting Program: A Population Approach to the Promotion of Parenting Competence. Parenting and Family Support Centre, The University of Queensland.

Shaw, M. (2004). Comprehensive approaches to school safety and security: An international view. International Center for Prevention of Crime, Canada.

Shepherd, J. (2009). Evaluation of the ESCAPE parenting programme. Young People in Focus Ltd.

Swearer, S. M., Espelage, D. L., & Napolitano, S. A. (2011). 괴롭힘의 예방과 개입 (이동형, 이승연, 신현숙 공역). 서울: 학지사.

Tefertiller, T. (2011). Out of the Principal's Office and into the Courtroom: How Should California Approach Cr iminal Remedies for School Bullying. *Berkeley Journal of Criminal Law, 16*(1), 168-220.

日本 文部科学省(2006). 生徒指導体制の在り方について, 調査研究報告書(概要)－規範意識の醸成を目指してー.

日本 文部科学省(2011). 平成22年度「児童生徒の 問題行動等 生徒指導上の 諸問題に関する調査」について, 平成23年, 文部科学省初等中等教育局児童生徒課.

학교폭력 지원 시스템

〈학습개요 및 학습목표〉

이 장에서는 학교폭력의 예방 및 대책과 관련된 지원 시스템을 정부, 지역, 단위학교로 나누어서 살펴보고자 한다. 사실 학교폭력 문제는 더 이상 학교만의 문제가 아니라 가정과 사회 등 학교 내 · 외를 둘러싼 모든 환경과 관련되어 있으며, 이를 해결하기 위해서는 학교뿐만 아니라 지역사회와 정부의 모든 부처가 함께 노력해야 한다. 현행 학교폭력 지원시스템은 중앙과 지역 및 학교가 유기적으로 연결되어 있고, 경계가 모호한 부분이 있기 때문에 완벽하게 따로 분리하여 설명하기가 쉽지 않다. 그럼에도 불구하고, 이 장에서는 한국의 학교폭력 지원 시스템에 대한 이해를 위해 중앙과 지역 및 학교를 가능한 한 구분하여 제시해 보고자 한다.

이 장의 구체적인 학습목표는 다음과 같다.

1. 정부의 학교폭력 예방대책에 대한 자신의 견해를 말할 수 있다.
2. Wee 프로젝트에 대해 설명할 수 있다.
3. 단위학교의 학교폭력근절 및 예방대책에는 무엇이 있는지 말할 수 있다.

우리나라 학교폭력 지원 시스템의 근간은 「학교폭력 예방 및 대책에 관한 법률」(이하 학교폭력예방법)과 「학교폭력 예방 및 대책에 관한 법률 시행령」(이하 시행령)이라고 할 수 있다(7장 참고). 즉, 기본적으로는 「학교폭력예방법」과 시행령에 근거하여 정부와 시 · 도 교육청 및 단위학교에서는 학교폭력을 예방하거나 발생한 학교폭력을 처리하기 위한 시스템과 절차를 마련하게 된다.

관련 법령에 근거하여 우리나라의 학교폭력근절 추진체계 및 지원시스템을 구체적으로 도식화하여 살펴보면 다음과 같다. 이하에서는 이와 같은 지원시스템을 중앙정부 수준, 지역 수준(시 · 도 및 시 · 도 교육청), 단위학교 수준으로 구분하여 구체적으로 제시하고자 한다.

교육청 단위	수준	위원회	협력
교육부 • 학교폭력 예방 및 대책에 관한 기본계획 수립 • 교육청의 학교폭력 예방 및 대책과 성과평가 및 공표 • 학교폭력실태조사	중앙	학교폭력대책위원회 (위원장: 국무총리, 민간전문가) • 학교폭력 예방 및 대책 기본계획 심의 • 중앙행정기관 및 지자체 단체장이 요청하는 사항 등에 대한 심의	• 여가부, 경찰청 등 관계부처 협력 • 종교단체, 청소년폭력예방재단 등 관련 대표기관
교육감 • 시 · 도 교육청별 자체 추진계획 수립 • 학교폭력 예방 전담부서 설치 • 학교폭력에 따른 전학 대상 학생에 대한 필요한 조치	광역 단위	학교폭력대책지역위원회 (위원장: 부단체장) • 기본계획에 따라 매년 학교폭력 예방 대책 수립	• 광역 117 학교폭력 신고센터 운영 • 지방경찰청, 교육청 등 관계기관 및 민간단체 협력
교육장 • 학부모 예방교육 실시 및 홍보	기초 단위	학교폭력대책지역협의회 (위원장: 부단체장) • 지역단위 학교폭력 예방 사업 추진	• Wee센터, CYS-Net 등 지역 상담센터, 자율방범대, 자원봉사 센터 등 민간단체 연계
학교장 • 학교폭력 예방 및 대책에 관한 실시계획 수립 및 시행 • 학교폭력전담기구 설치	학교	학교폭력대책자치위원회 (위원장: 호선) • 학교폭력 예방 및 대책을 위한 학교체제 구축 • 피해 학생 보호, 가해 학생 선도 및 징계, 가해 학생과 피해 학생의 분쟁 조정	• 경찰서, 학부모, 민간전문가 등 협력

그림 6-1 학교폭력 근절 추진체계

출처: 관계부처합동(2012).

1. 중앙정부의 학교폭력 지원 시스템

학교폭력에 대처하기 위한 범정부적인 노력은 1995년 이후에 지속되었다. 1997년 국무조정실 주관 관계부처 합동으로 학교폭력 대책이 추진되었고, 2003년에는 교육청을 중심으로 지방자치단체와 지방유관기관이 협력하는 지역협의체가 구성 · 운영

되어 왔다(교육인적자원부 외, 2005). 하지만 이전까지의 정책은 각 부처 간에 유기적 협조체제가 부족했으며, 학교폭력 가해자의 단속 및 교육에 집중하는 등 학교폭력 예방 및 근절을 위한 종합적인 접근을 실시하지 못하였다. 즉, 종합적인 계획이 부재하였다(박주형, 정제영, 2012).

학교폭력 예방 및 근절을 위한 정부의 가장 기본적인 정책은 '학교폭력 예방 및 대책 5개년 기본계획'이다. 「학교폭력예방법」은 교육부 장관에게 5년마다 학교폭력 예방 및 대책에 관한 기본계획을 수립하도록 하고 있고, 기본계획은 학교폭력의 근절을 위한 조사 · 연구 · 교육 및 계도, 피해학생에 대한 치료 · 재활 등의 지원, 학교폭력 관련 행정기관 및 교육기관 상호 간의 협조 · 지원, 전문상담교사의 배치 등의 내용을 포함해야 한다고 규정하고 있다. 교육부는 제1차 계획을 2005~2009년에 시행하였으며, 제2차 계획을 2010~2014년까지 실행하고 있다.

하지만 2011년 말에 생긴 대구 중학생 자살사건과 연이은 학교폭력 피해자의 자살로 학교폭력이 커다란 사회적 이슈가 되면서 정부는 2012년 2월 6일 '학교폭력근절 종합대책'을 수립하였고, 「학교폭력 예방 및 대책에 관한 법률」 개정, 인성교육 강화 등의 노력을 기울이고 있다. 그럼에도 불구하고 학교폭력의 근본적인 해결책이 되지는 못하고 있다. 따라서 최근의 학교폭력 예방 · 대책 및 제도는 지금까지의 대책이나 제도가 가지는 문제점[1]을 분석하여 좀 더 효과적이고 실효성 있는 대책을 세우는 데 초점을 두고 있다. 그 결과로 2013년 7월에 현장 중심의 학교폭력 대책을 발표하였는데, 이전의 학교폭력 대책과의 차이점으로는 현장 중심과 예방 중심이라는 것이다. 즉, 단위학교의 실효성 있는 자율적 예방활동을 활성화하고, 학교폭력의 유형별 · 지역별 맞춤형 대응을 강화하며, 피해학생 보호의 대폭 강화와 가해학생 재발방지 등으로 요약될 수 있다. 현재까지 정부에 의해 이루어진 학교폭력 예방을 위한 주요 시책을 간략히 살펴보면 다음과 같다.

---

1) 관계부처합동(2012). 학교폭력근절 종합대책에서는 기존의 학교폭력 예방 · 대책 및 제도의 한계를 여섯 가지로 정리하고 있다. '첫째, 성적 중심의 입시위주 교육으로 핵심가치인 '인성'교육 소홀' '둘째, 학교폭력에 대한 신고와 조사처리 과정의 문제점' '셋째, 가해학생에 대한 조치와 피해학생 보호의 한계' '넷째, 학교폭력 사안에 대한 교사의 권한과 역할 부족 및 개입 곤란' '다섯째, 규칙을 준수하는 학교문화 미정립' '여섯째, 학교폭력 유발 환경에 대한 견제와 감시 장치 미비' 등이 그것이다.

표 6-1 학교폭력 예방을 위한 정부의 주요 시책

연 도	발표 시책	주요 내용
1995	학교폭력근절 종합대책 발표	• 학교 등에 학교폭력 예방 및 근절 대책반 구성 • 학교 담당 지도 검사제와 학교 담당 경찰관제 – 초 · 중 · 고등학교 3~4개교를 묶어 담당 – 자녀 안심하고 학교 보내기 운동 등 추진
1996	학교폭력근절 대책협의회 발족	• 지방경찰청, 경찰서, 파출소에 설치 • 경찰, 학교, 지방자치단체, 민간사회단체 공동 참여
	우범자 명단 관리제 시행	• 우범자의 명단을 검찰과 경찰에 통보하여 특별 관리
	학교폭력 예방 종합대책 발표	• 정서 순화를 위해 중 · 고교를 남녀 혼성반으로 편성
1997	안심하고 자녀 학교 보내기 운동 전개	• 청소년 유해환경 단속 및 자녀 안심 운동 시범학교 지정 등
	「청소년 보호에 관한 법률」 시행	• 각종 유해환경으로부터 청소년의 보호 · 구제 – 19세 미만 청소년의 유해업소 출입금지, 술 · 담배 판매금지 등
	학교폭력추방 대책본부 설치	• 경찰청을 통해 폭력서클 특별단속활동 전개
2001	학교폭력대책 국민협의회 발족	• 시민사회단체 등과 연합하여 학교폭력 추방운동 전개 (예, '아동안전지킴이 집' 지정)
2004	「학교폭력 예방 및 대책에 관한 법률」 시행	• 학교폭력의 정의, 학교폭력대책자치위원회 설치, 상담실 설치 및 전문상담교사 등 배치, 분쟁 조정 및 조치(출석 정지제 실시 등), 신고 및 비밀엄수
2005	학교폭력 예방 및 대책 5개년 기본계획 수립	• 범정부차원의 학교폭력 예방 · 근절 지원체계 구축 등 5개 정책과제, 46개 세부사업 추진 – 스쿨폴리스(배움터 지킴이) 제도 본격 시행
2007	학교폭력 SOS지원단 설립	• 학교폭력 피해 아동을 위한 심리정서적 지원 및 법률, 의료, 사안처리 등 지원
2009	「청소년 보호에 관한 법률」 개정	• 인터넷 게임 셧다운제, 중독성 경고 문구 표시 의무화, 중독 피해 청소년 국가 지원 등
2010	제2차 학교폭력 예방 및 대책 5개년 기본계획	• 학교폭력 조기예방 강화를 위한 6개 정책과제 78개, 세부사업 추진 – 등 · 하교 안심알리미 서비스, 맞춤형 예방교육 등
2012	학교폭력근절 종합대책 발표(2차)	• 인성교육 실천 등 폭력 없는 행복한 학교 만들기 7대 실천정책과 78개 세부과제 선정 – 광역단위 학교폭력신고센터(117) 설치
	「학교폭력 예방 및 대책에 관한 법률」 개정	• 피해학생의 보호 강화, 가해학생에 대한 신속 처리 등

2013	현장 중심 학교폭력 대책	• 행복하고 안전한 학교를 위해 현장중심 · 예방중심 대책(5개 영역, 20개 중점과제) 추진 – 체험 중심 예방프로그램(어울림) 도입, 대안교실 운영 등

출처: 송재홍 외(2012)를 수정 · 보완함.

정부에 의해 추진된 학교폭력 예방대책이나 제도를 좀 더 구체적으로 살펴보면 다음과 같다.

1) 국무총리 소속 학교폭력대책위원회

학교폭력대책위원회(이하 대책위원회)는 2012년 법률 개정 과정에서 교육부 소속 학교폭력대책기획위원회(위원장: 교육부 차관)를 국무총리 소속으로 격상시킨 것으로서 학교폭력근절 대책 정책을 총괄하는 기구다(박주형, 정제영, 2012). 교육부 소속 기구를 국무총리 소속으로 격상시킨 것은 학교폭력에 대한 범정부적 책임을 높이기 위한 조치다. 대책위원회는 학교폭력의 예방 및 대책에 관한 기본계획을 수립하고 그 시행에 대한 평가를 담당한다.

2) 교육부 · 법무부 협조 체계

학교폭력 문제가 교육부만의 문제가 아니라는 인식하에 법무부와 협조 체계를 구축하여 학교폭력 예방을 위한 다양한 노력을 기울이고 있는데, 학교문화 개선을 위한 학생자치법정 확대, 학교폭력 예방 프로그램 개발, 법 교육 강화 등이 주요 활동이다.

한편 대한법률구조공단(상담센터 132)은 법률상담 서비스를 통해 경제적으로 어렵거나 법을 몰라 법의 보호를 충분히 받지 못하는 사람들에게 법률상담, 변호사 또는 공익법무관에 의한 소송대리 및 형사변호 등의 법률적 지원을 하고 있다.

표 6-2 청소년비행예방센터 현황

구 분 (설치일)	기관 명칭(대외명칭)	주요 기능	관할지역
설치 기관 (2007. 7. 23.) 6개 기관	부산청소년비행예방센터 (부산대안교육센터)	• 상담조사, 검사결정 전 조사 • 대안교육, 보호자교육, 청소년심리상담 • 가족솔루션캠프	부산, 울산
	창원청소년비행예방센터 (창원대안교육센터)	• 상담조사, 검사결정 전 조사 • 대안교육, 보호자교육, 청소년심리상담	경남
	광주청소년비행예방센터 (광주대안교육센터)	• 상담조사, 검사결 정전 조사 • 대안교육, 보호자교육, 청소년심리상담	광주, 전남
	대전청소년비행예방센터 (솔로몬로파크)	• 법 교육(전 국민 대상)	전국
	청주청소년비행예방센터 (청주대안교육센터)	• 상담조사, 검사결정 전 조사 • 대안교육, 보호자교육, 청소년심리상담 • 가족솔루션캠프	충북
	안산청소년비행예방센터 (안산대안교육센터)	• 상담조사, 검사결정 전 조사 • 가족솔루션캠프	경기 전역
신설 기관 (2012. 6.) 4개 기관	서울남부청소년비행예방센터 (서울남부대안교육센터)	• 상담조사, 검사결정 전 조사 • 대안교육, 보호자교육, 청소년심리상담 • 가족솔루션캠프	서울 남부, 동부, 서부
	서울북부청소년비행예방센터 (서울북부대안교육센터)	• 상담조사, 검사결정 전 조사 • 대안교육, 보호자교육, 청소년심리상담 • 가족솔루션캠프	서울 북부, 의정부, 고양
	인천청소년비행예방센터 (인천대안교육센터)	• 상담조사, 검사결정 전 조사 • 대안교육, 보호자교육, 청소년심리상담 • 가족솔루션캠프	인천, 부천, 김포, 강화
	대구청소년비행예방센터 (대구대안교육센터)	• 상담조사, 검사결정 전 조사 • 대안교육, 보호자교육, 청소년심리상담 • 가족솔루션캠프	대구, 경북

출처: 교육과학기술부(2012).

3) 타 부처의 학교폭력 지원 노력

안전행정부는 사이버 폭력에 대한 대응, 학생의 정신건강을 위해 인터넷 중독 정책과 정보윤리 확립을 위한 노력을 기울이고 있으며, 여성가족부는 학교 내 갈등을

해소하기 위한 또래 상담 활성화 정책을 추진하고 있다. 여성가족부에서 운영하는 CYS-Net은 Community Youth Safety-Net의 약자로 청소년 전화 1388[2)]로 전화하면 원스톱으로 지원받을 수 있다. CYS-Net은 100만 위기청소년의 심리적, 경제적, 학업, 대인관계 등의 어려움을 해결할 수 있도록 지원하는 지역사회 네트워크로, 위기청소년에게 적합한 맞춤형 서비스를 제공하는 원스톱 지원센터다. 한편 청소년사이버 상담센터(www.cyber1388.kr)에 접속하면 공개상담실, 비밀상담실, 1:1 채팅상담실을 통해 상담을 실시할 수 있으며, 청소년폭력예방재단(www.jikim.net) 홈페이지에 접속하면 학교폭력관련 사이버 상담을 받을 수도 있다.

그림 6-2 지역사회 청소년통합지원체계(CYS-Net)

출처: 교육과학기술부(2012).

앞에서도 언급하였듯이, 학교폭력 문제는 더 이상 교육부만의 문제가 아니라는 인식이 확산되면서 2013년부터는 교육부와 타 부처와의 협력 체제가 더욱 강화되어

2) 여성가족부에서 운영하는 1388은 청소년의 위기, 학교폭력 등에 대한 상담 · 신고 전화로서 법률, 건강, 교육 등 다양한 분야와 연계하여 맞춤형 서비스를 제공하고 있다.

거의 모든 정부 부처와 교육부가 협력하여 학교폭력 문제를 해결하기 위해 공동의 노력을 기울이고 있다. 이와 같은 부처 간 협력 · 추진 과제를 정리하여 제시하면 다음과 같다.

표 6-3 학교폭력 해결을 위한 정부 부처 간 협력 · 추진 과제

부처명	부처별 추진 과제
미래부	• 인터넷 중독 대응센터 전국 17개 시 · 도 설치 • 사이버폭력 가상체험 시뮬레이션 개발 추진 • 범국민 '건전한 스마트폰 이용 캠페인' 추진(민간기업 및 관계부처 MOU)
법무부	• 예방교육자료 '행복나무 프로그램' 보급 • 학생자치법정 운영 확대 및 내실화 • '청소년비행예방센터' 증설 및 가족단위 치유 · 교육 프로그램 운영 확대 • '대한법률구조공단'과 연계하여 무료 법률 서비스 지원 • 학교폭력 피해학생에게 검찰청과 범죄피해자지원센터를 통한 범죄피해구조금, 이전비 등 지원
안행부	• 국가 · 공공기관 직장교육 시 학교폭력 등 예방교육 연 1회 이상 실시 • 지자체 평가에 학교폭력 지표 반영 • 전문상담교사 확대 추진 • 학생안전지역(학교 경계선 200M) 통합(관계부처 공동) • 지역단위 학교폭력 예방 · 근절 활동 지원 사업' 시행(교육부 공동)
경찰청	• 체험 중심의 '청소년 경찰학교 프로그램' 운영(교육부 공동) • 학교전담경찰관 증원 및 교육 · 연수 확대 • SNS상의 친구 등록 등을 통해 사이버폭력 즉시 대응 • 폭력서클 실태 파악 및 맞춤형 대응 • 117 학교폭력 신고상담센터 기능 개선 및 운영 내실화 • 학생안전지역(학교 경계선 200M) 통합(관계부처 공동)
문체부	• 연극, 뮤지컬 등 문화 예술을 활용한 체험형 예방교육 확대 • 찾아가는 국어문화 학교 운영 • 협력방송사(KBS)와 함께하는 언어문화개선 운동 전개 • 게임 과몰입 상담 · 치유 전문 인력 Wee센터 배치 확대 • 언론 홍보 강화
복지부	• 학생 정신 · 건강지원을 위한 지역사회 협력 • 국립 정신병원 내 '학교폭력 피해 · 가해학생 전문 심리치료센터' 운영 • 노인일자리사업 연계 CCTV 관제, 순찰 인력 지원 • 학생안전지역(학교 경계선 200M) 통합(관계부처 공동)
여가부	• 또래상담 활성화를 위한 지원 확대 • 청소년상담복지센터 내 사이버폭력 관련 전문상담사 배치 • 인터넷 · 게임 중독 상담 · 치료 지원 및 온라인상 청소년유해정보 모니터링

여가부	• 범국민 '건전한 스마트폰 이용 캠페인' 추진(민간기업 및 관계부처 MOU) • 성폭력 피해청소년 치유·보호 및 가해 청소년 특별교육 확대 • 가족관계회복 프로그램 활성화 • 청소년상담복지센터를 통한 학업중단청소년 지원 프로그램 확대 • 117 학교폭력 신고상담센터 기능 개선 및 운영 내실화
방통위	• 학교폭력 의심문자 알림서비스 개발·보급 • 청소년 대상 스마트폰 유해정보 차단 앱 서비스 • 교과서 분석을 통한 교유학습안내서 등 사이버폭력 예방 교육자료 개발 • 사이버폭력 대처를 위한 교원 및 전문상담 교사 대상 원격연수 지원 • 범국민 '건전한 스마트폰 이용 캠페인' 추진(민간기업 및 관계부처 MOU)

출처: 교육부(2014. 3.).

4) 학교폭력근절 종합대책(2012. 2. 6.)

2012년 2월에 발표된 학교폭력근절 종합대책은 '학교폭력 없는 행복한 학교'라는 목표를 두고 4개의 직접대책과 3개의 근본대책 등 7대 실천 정책으로 구성되어 있다(관계부처합동, 2012). 직접대책은 사소한 괴롭힘도 범죄라는 인식 하에 피해자 보호를 최우선으로 하고 학교폭력이 은폐되지 않도록 철저하게 대응하는 정책으로 ① 학교장과 교사의 역할 및 책임 강화, ② 신고-조사체계 개선 및 가해학생 · 피해학생에 대한 조치 강화, ③ 건전한 학교문화 형성을 위한 또래활동 등 예방교육 확대, ④ 학부모교육 확대 및 학부모의 책무성 강화의 4개 대책으로 구성되어 있으며, 3개의 근본 대책은 학생이 더불어 살아가는 능력을 갖출 수 있도록 학교, 가정, 사회가 협력해서 인성교육을 실천할 수 있도록 ① 교육 전반에 걸친 인성교육 실천, ② 가정과 사회의 역할 강화, ③ 게임 · 인터넷 중독 등 유해요인 대책으로 구성되어 있다.

표 6-4 학교폭력근절 7대 실천 정책

직접대책	근본대책
'사소한 괴롭힘'도 '범죄'라는 인식하에 철저히 대응	학교-가정-사회가 함께 인성교육 실천
• 학교장과 교사의 역할 및 책임 강화 – 대처 권한 및 역할 대폭 강화 – 은폐 시 엄중조치로 책무성 확보	• 교육 전반에 걸친 인성교육 실천 – 바른생활습관, 학생생활규칙 준수 등 실천적 인성교육 추진

• 신고-조사체계 개선 및 가해학생 · 피해학생에 대한 조치 강화 – 신고체계 일원화 – 조사 · 지원기능 체계화 – 가해학생 · 피해학생 조치 강화 • 또래활동 등 예방교육 확대 – 학생 간의 자율적 갈등해결 – 학교단위 예방교육 체계화 • 학부모교육 확대 및 학부모의 책무성 강화 – 학부모 교육 · 자원봉사 확대	• 가정과 사회의 역할 강화 – 민 · 관 협력체제 강화 – 가정의 교육기능 회복 • 게임 · 인터넷 중독 등 유해요인 대책 – 게임 · 인터넷 심의 · 규제 및 예방 · 치유 교육 확대

출처: 관계부처합동(2012)을 재구성함.

이와 같은 학교폭력근절 7대 실천 정책을 좀 더 구체적으로 살펴보면 다음과 같다(관계부처합동, 2012).

(1) 학교장과 교사의 역할 및 책임 강화(직접대책 1)

첫 번째 실천 대책은 학교장과 교사가 학교폭력 근절의 중심에 설 수 있도록 학교폭력 대응에 대한 학교장과 담임교사의 권한 및 책무성을 강화하고, 변화하는 학교폭력의 양상을 정확히 파악하여 적기에 대응할 수 있도록 교원의 생활지도 역량 강화를 지원하기 위한 것이다. 이를 위해 크게 학교장의 역할 및 책무성 강화, 담임교사의 역할 강화 및 생활지도 여건 조성, 교원양성 – 임용 – 연수단계에서 생활지도 역량 강화로 나누어서 방안을 제시하고 있다.

(2) 신고–조사체계 개선 및 가 · 피해학생에 대한 조치 강화(직접대책 2)

두 번째 실천 대책은 학교폭력은 은폐되지 못하며 신고하면 반드시 해결된다고 인식될 수 있도록 신고와 조사 등의 대응체계를 개선하고, 학교폭력 피해학생에 대한 우선적 보호와 치유 지원을 신속하게 실시하며, 가해학생에 대한 엄격한 조치 및 재활치료를 추진하기 위한 것이다. 이를 위해 크게 117 학교폭력 신고센터 설치 및 조사 기능 강화, 학교폭력 은폐 방지를 위한 제도 개선, 피해학생에 대한 우선적 보호와 치유 지원, 가해학생에 대한 엄격한 조치 및 재활치료 지원, 일진 등 학교폭력 서클 엄정 대응으로 나누어서 방안을 제시하고 있다.

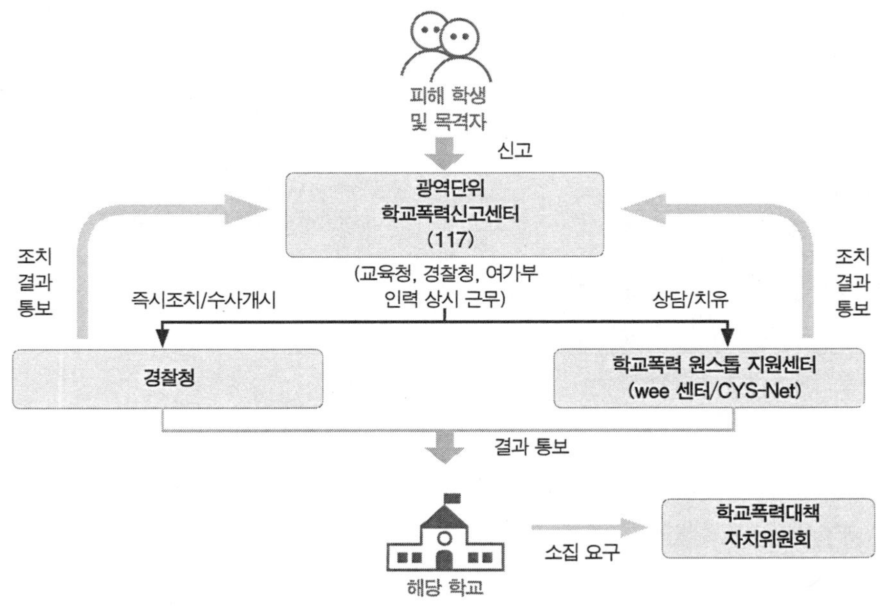

그림 6-3 학교폭력 신고센터 체계도

출처: 교육과학기술부(2012).

[그림 6-3]에서 보듯이, 학교폭력 신고는 대표전화 117로 통합되어 24시간 운영된다. 신고센터는 접수된 학교폭력 사안의 경중을 판단하여 경찰청 또는 학교폭력 원스톱 지원센터(Wee 센터, CYS-Net)로 사건을 이송한다. 한편, 경찰청 및 상담센터에서는 신고센터로부터 이송을 받은 사안의 최종처리 결과를 해당 학교 및 학교폭력신고센터에 통보하고, 통보를 받은 학교의 장은 자치위원회를 소집하여 심의를 거쳐 사건을 종결하게 된다.

(3) 또래활동 등 예방교육 확대(직접대책 3)

세 번째 실천 대책은 학교폭력 발생단계에 이르기 전에 학교 내에서의 갈등과 문제를 학생 스스로 해결하는 건전한 또래문화(Peer Culture)를 조성하고, 학교단위에서의 체계적인 학교폭력 예방 활동을 연중 실시하여 사소한 괴롭힘도 폭력이고, 학교폭력은 범죄라는 인식을 확산시키기 위한 것이다. 이를 위해 크게 건전한 학교문화 형성을 위한 또래 문화 지원(여가부, 법무부 협조), 사소한 괴롭힘도 폭력임을 단계적으로 교육, 학교폭력 예방 사이버 상담 지원으로 나누어서 방안을 제시하고 있다.

(4) 학부모교육 확대 및 학부모의 책무성 강화(직접대책 4)

네 번째 실천 대책은 학부모가 학교폭력과 자녀교육에 대해 제대로 알고 가정교육을 실천할 수 있도록 모든 학부모(약 1,000만 명)를 대상으로 교육 확대, 일과 후 학교 설명회 개최(연 2회) 및 교사-학부모 간의 상담 기회 대폭 확대, 자녀에 대한 학부모의 책무성 강화, 학부모 교육기부 인력풀을 확보(약 10만 명)하여 학교폭력 예방을 위한 학부모의 학교교육 참여 강화를 위한 것이다. 이를 위해 크게 자녀이해 지원을 위한 학부모교육 및 교육정보 제공 대폭 확대, 교사-학부모 간 소통 강화 및 학부모의 책무성 제고, 교육기부형 학부모 학교참여 활성화로 나누어 방안을 제시하고 있다.

(5) 교육 전반에 걸친 인성교육 실천(근본대책 1)

다섯 번째 실천 대책은 누리과정부터 고등학교까지 학생들이 반드시 인성교육을 실천할 수 있도록 하고, 학교에서 인성교육이 지식교육만큼 비중을 두고 실천될 수 있도록 인성관련 학교생활기록부 기재를 내실화하고, 이를 입학전형에 반영하는 것이다. 이를 위해 크게 바른 인성의 기초를 형성하는 3~5세 누리과정 운영, 배움이 실천으로 연결되는 프로젝트형 인성교육 실시, 중학교 체육활동 대폭 확대, 학생-학부모-교사가 함께 학생생활규칙을 통한 인성교육 실천, 인성 관련 학교생활기록부 기재 강화 및 입학전형에 반영, 생활지도 등 인성교육을 잘하는 교원과 학교 우대, 시 · 도 교육청 평가를 통해 책무성 확보로 나누어 방안을 제시하고 있다.

(6) 가정과 사회의 역할 강화(근본대책 2)

여섯 번째 실천 대책은 주5일 수업제 시행에 발맞추어 가정과 사회가 학생의 바른 인성을 키우고 학교폭력을 예방 · 근절하기 위해 협력하기 위한 것이다. 이를 위해 크게 가정과 사회의 교육적 기능 회복, 가정과 사회의 참여 확대를 위한 홍보 및 캠페인 추진으로 나누어 방안을 제시하고 있다.

(7) 게임 · 인터넷 중독 등 유해요인 대책(근본대책 3)

마지막으로 일곱 번째 실천 대책은 게임 · 인터넷 중독, 음주 · 흡연 등 학교폭력과 관련이 높은 유해요인으로부터 학생이 벗어날 수 있도록 법령을 개정하고 관련 제도를 개선하는 것이다. 이를 위해 크게 게임 · 인터넷 중독 예방을 위한 제도 개선

추진(문화부, 여가부), 게임 · 인터넷 중독 예방교육 강화 및 치유활동 확대, 흡연 · 음주 치유 및 예방 프로그램 활성화로 나누어 방안을 제시하고 있다.

5) 현장 중심 학교폭력 대책(2013. 7. 23.)

2012년 2월부터 추진된 '학교폭력근절 종합대책' 이후로 학교폭력에 대한 경각심이 높아지고, 학교폭력 실태조사 결과 학교폭력이 감소하는 등의 성과가 나타났으나 여전히 학교폭력이 근절되지 않고 심각한 피해는 크게 줄어 들지 않는 등 학생 · 학부모의 불안감이 계속되자 정부는 문제해결의 근원적 해법은 현장에 있다는 판단하에 실태조사 결과 지난 대책에 대한 평가, 현장의 의견 등을 종합적으로 수렴하여 현장 중심의 맞춤형 대책을 발표하였다(관계부처합동, 2013). 즉, 그동안의 대책이 어느 정도 효과를 거두고는 있으나 계속적인 실태조사, 전문가 간담회, 릴레이 토론회, 온라인 정책 제안 등을 실시한 결과 현장의 낮은 자율성, 형식적인 예방교육, 학생상담 인력의 부족, 피해학생에 대한 보호조치 미흡 등의 문제점이 나타났고, 이를 개선하기 위해 좀 더 현장 중심적이고 예방 중심적인 대책을 수립 · 추진하게 되었다. 현장 중심 학교폭력 대책을 구체적으로 살펴보면 다음과 같다(관계부처합동, 2013).

표 6-5 현장 중심 학교폭력 대책

5개 영역	20개 중점 과제
학교 현장의 다양한 자율적 예방 활동 지원 강화	• '어울림 프로그램' 개발 · 보급 등 예방교육 내실화 • 학교의 자율적인 예방활동 활성화 • 학교의 자율적인 예방활동 적극 지원 및 유도 • 꿈과 끼를 살리는 교육과정 운영 및 대안교육 활성화
폭력 유형별 · 지역별 · 학교급별 맞춤형 대응 강화	• 언어문화 개선을 통한 언어폭력 예방 • 사이버 폭력 신고 및 예방교육 활성화 • 처벌보다는 관계 회복에 역점을 둔 집단따돌림 해소 • 성폭력 예방 및 피해학생 치유 · 보호 강화 • 유관기관 협력을 통한 폭력서클 대응 강화 • 지역별 · 학교급별 맞춤형 대책 수립 · 추진
피해학생 보호 및 가해학생 선도 강화	• 학교폭력 진단 및 관리 강화 • 피해학생 보호 및 치유 지원 강화 • 가해학생 선도 및 조치 강화 • 학생생활지도 및 상담 여건 등 조성

학교역량 제고 및 은폐 · 축소에 대한 관리 · 감독 강화	• 학교역량 강화 및 지원 확대 • 은폐 · 축소 및 부적절 대처 관리 · 감독 강화
안전한 학교 환경 및 전 사회적 대응 강화	• 학교폭력 신고 시스템 개선 • 학교 안전 인프라 확충 및 운영 내실화 • 지역사회의 예방 및 근절 활동 확산 • 학교폭력 대책 추진체계 재정비

출처: 관계부처합동(2013).

한편 이전의 학교폭력근절 종합대책과 현장 중심 학교폭력 대책의 차이를 살펴보면 다음과 같다.

표 6-6 학교폭력근절 종합대책과 현장 중심 학교폭력 대책 비교

구분	학교폭력근절 종합대책(2012. 2. 6.)	현장 중심 학교폭력대책(2012. 7. 23.)
예방 교육	• 학생 · 학부모 · 교원 대상 예방교육 연 2회 실시 의무화(「학교폭력 예방 및 대책에 관한 법률」 개정) • 또래상담, 또래조정, 학생자치법정 확대 • 체육 · 예술교육 등을 통한 인성교육 확대	• 체험 · 공감 중심 '어울림 프로그램' 개발 · 보급(한국형 Kiva, 총 96종) • 연극, 뮤지컬 등 체험형 예방교육 강화 • 학교장에게 학교폭력 예방 · 대책 수립 · 시행 책무를 명확히 부여 • 학교의 다양한 예방활동 지원 강화(꿈키움학교 3,000개교 육성) • 학교의 자율적 예방활동 공시 · 평가 강화 • '대안교실' 등 대안교육 기회 확대
맞춤형 대응		• 학교전담 경찰관, 교내 전문상담인력 등의 사이버 폭력 즉시 개입 · 지원체계 • '교우관계 회복기간' 도입 • 유관기관 협력을 통한 폭력서클 대응
피해 학생 보호	• 피해학생 '선치료비 지원 시스템' 도입	• 모든 시 · 도에 '피해학생 전담지원기관' 설치 • 선치료비 지급절차 간소화 및 대상 확대 • '분쟁조정지원센터' 지정 · 운영
가해 학생 선도	• 가해학생 즉시 출석정지 • 출석정지 기간 제한 삭제 및 '강제전학' 도입 • 가해학생 조치사항 학생부 기재(5년)	• 재심청구 시 가해학생에 긴급조치 가능 • 재발 시 가중조치, 강제전학 이후 피해학생 인근학교 재전학 금지 등 • 전학 · 퇴학 시 대안교육 기회 제공 • 학생부 기재 및 졸업 후 2년간 유지(자치위원회 심의를 거쳐 졸업 후 즉시 삭제 여부 결정)

은폐 · 축소 방지	• 학교폭력 은폐 · 축소 교원에 대해 4대 비위 수준에서 징계 • '학교폭력 예방 컨설팅'을 통한 수시 · 상시점검	• 사안 발생 시 즉시 보고 · 처리 시스템 구축 • 은폐 · 축소 · 부적절 화해종용 등 중요민원신고 '민원신문고' '특별점검단' 운영
안전한 학교 환경 및 전 사회적 대응 강화	• 117 학교폭력신고센터 통합 · 확대(17개) • 등 · 하교 알림기능 중심 '안심알리미' 보급 • 학교전담 경찰관 도입(1인당 17개교) • 학교폭력대책지역위원회(시 · 도) 및 지역협의회(시 · 군 · 구) 설치	• 117을 긴급번호로 지정 • 긴급신고, 위치전송 가능 U-안심서비스 보급 • 온라인기반 익명신고 · 상담 기능 제공 • 교내 취약지역 고화소 CCTV 지속 확대 • '범죄예방 환경설계(CPTED) 도입' • 학교전담 경찰관 확대(1인당 10개교) • 지자체와 교육청 공동으로 매년 지역단위 시행계획 수립 • '학교폭력 예방 · 근절 우수 지역' 도입

출처: 관계부처합동(2013).

2. 지방자치단체의 학교폭력 지원 시스템

학교폭력에 효과적으로 대처하기 위해서는 지역의 여러 자원체제를 효과적으로 활용해야 한다. 학기 초 각 학교에서는 안전사고예방대책을 세울 때 학교에서 가까운 거리에 있는 지구대, 병원, 법률기관, 상담기관 등과 업무협약을 맺어 평상시에 긴밀한 협조체제를 유지하는 것이 좋다. 지방자치단체의 학교폭력 지원 시스템은 크게 시 · 도 차원의 시스템과 시 · 도 교육청 차원으로 나누어 볼 수 있다.

1) 시 · 도의 학교폭력 지원 시스템: 학교폭력대책자치위원회

학교폭력대책자치위원회(이하 자치위원회)는 지역의 학교폭력 예방대책 수립, 상담 · 치료 및 교육을 담당할 상담 · 치료 · 교육기관을 지정할 뿐만 아니라 학교폭력 예방대책의 수립과 기관별 협력을 통한 대책 협의를 주도하는 기구다. 따라서 지역위원회는 현재 17개 시 · 도(광역단위)에 설치되어 분기별로 1회 이상 회의를 개최하고, 기관별 상호협력 · 지원방안, 기관별 추진상황 평가 등을 실시하며, 시 · 도 부지사(부시장) 회의에서 우수사례 공유 및 운영 현황을 점검하는 역할을 하고 있다.

시 · 군 · 구 단위(기초단위)에서는 학교폭력대책지역협의회(이하 지역협의회)를 신설하여 운영하고 있다. 지역협의회는 자치단체, 교육지원청, 경찰서, 자율방범대(3,916개대, 98,379명), 자원봉사단체, 녹색어머니회 등 기타 시민단체가 참여하는 협의체를 구성하여 지역 밀착형 대책을 수립한다.

한편 지역의 각종 유관 민간단체와의 연계 · 협력도 강화되고 있다. 청소년폭력예방재단의 학교폭력 SOS 지원단, 학교폭력피해자가족협의회 등 민간단체의 학교폭력 예방 및 상담 활동이 활성화되고 있으며, 종교계의 청소년 문화체험 프로그램 운영 및 인성교육 현장 교실, 예절교육 활동에 대한 지원도 이루어지고 있다.

2) 시 · 도교육청의 학교폭력 지원 시스템: Wee 프로젝트

시 · 도 교육감은 학교폭력 예방과 대책을 위한 전담부서를 설치 · 운영하고, 학교의 장으로 하여금 학교폭력의 예방 및 대책에 관한 실시계획을 수립 · 시행하도록 할 책임이 있다. 또한 학교폭력이 발생했을 경우에는 해당 학교장 및 관련 학교장에게 그 경과 및 결과의 보고를 요구할 수 있으며, 학교폭력의 실태를 파악하고 학교폭력에 대한 효율적인 예방대책을 수립하기 위하여 학교폭력 실태조사를 연 2회 이상 실시하여야 한다.

시 · 도 교육청 차원에서 이루어지는 학교폭력 지원 시스템의 핵심은 학교안전통합시스템인 Wee 프로젝트[3]라고 할 수 있다. Wee 프로젝트는 2008년 12월 17일 교육과학기술부에서 발표한 '2008~2012 이명박 정부 교육복지 대책'의 추진 과제 중 하나로, 지나친 입시 위주의 학교교육으로부터 소외되고, 가정적 · 개인적 위기상황에 있는 학생을 조기에 발견하여 위기상황으로 인한 청소년 범죄, 학교폭력과 같은 문제를 예방, 해결하고자 '진단-상담-치유'라는 전문적인 원스톱 서비스를 제공하기 위해 설립되었다(최상근 외, 2011).

3) 'Wee'는 'We + education' 'We + emotion(감성)'의 이니셜이며, 학업중단 위기학생과 중도탈락 청소년을 대상으로 대안교육을 실시하는 '학교안전통합시스템' 구축 사업으로서 학생, 학부모에게 보다 편리하고 양질의 표준화된 서비스를 제공하기 위해 브랜드화되었음(최상근 외, 2011). Wee 프로젝트와 관련된 좀 더 자세한 내용은 홈페이지(http://www.wee.or.kr)를 참조 바람.

먼저 Wee 프로젝트의 추진 경과를 살펴보면 다음과 같다.

표 6-7 Wee 프로젝트 추진 경과

시 기	추진 경과
2008. 3.	• 대통령 공약 사업으로 선정
2008. 4.	• 교육과학기술부 학생건강안전과에서 대통령께 업무 보고 – 학교안전관리통합시스템(돌볼학생통합지원센터) 시범 운영(30개소) – 학교 내 대안교실 친한 친구 교실 운영(200개교) – 학교 상담망 구축 정책연구학교 운영(47개교)
2008. 6.	• 범정부 차원의 안전한 교육환경 조성 방안 계획 수립 발표
2008. 6.~8.	• Wee 프로젝트 정책 연구 추진
2008. 8. 14.~8.15.	• 통합시스템 사업추진을 위한 관련 단체 전문가 회의 – 당초 추진하고자 한 통합시스템이 교육청으로 한정되었기 때문에 위기학생을 위한 학교 안전망으로는 한계가 있음. – 단위학교 → 교육청 → 지역사회를 연결하는 통합시스템 구축 방안이 요구됨. – 청소년의 심리 및 발달단계에 맞게 문화와 감성 등을 접목한 통합시스템 브랜드 Wee 프로젝트 설계를 제안함.
2008. 10.	• Wee 프로젝트 사업 추진
2009. 6. 23.	• 학교부적응 및 학업중단 청소년 예방 · 지원 방안 대통령 보고
2009. 7.	• 2009년 Wee 프로젝트 계획 수립 및 추진 – 2009년 2월 충남 천안교육청 Wee 센터 개소 등 31개 Wee 센터 운영
2010. 4. 26.	• 지역교육청 기능개편방안 Wee 센터 전국 설치 계획 발표
2010. 8.	• 한국교육개발원을 Wee 프로젝트 운영 주관 기관으로 지정
2010. 10.	• Wee 스쿨(청명학생교육원) 개소
2011. 4.	• Wee 프로젝트 활용 만족도 조사 분석 및 위기학생비율 변화 분석
2011. 7.	• Wee 프로젝트 운영모델 개발 연구
2011. 12.	• Wee 프로젝트 매뉴얼 개발 완료(사업 종료)

출처: Wee 학생위기 종합지원 서비스(http://www.wee.or.kr), 최상근 외(2011).

Wee 프로젝트는 크게 세 가지의 단계로 구성된다. 첫째, 학생 가까이에서 부적응과 위기를 예방하는 단위학교 차원의 1차 안전망인 'Wee 클래스', 둘째, 전문상담가들이 전문적인 진단과 상담을 제공하는 지역교육청 차원의 2차 안전망 'Wee 센터', 셋째,

학교생활에 심각한 어려움을 겪고 있는 고위기군 학생들에게 새로운 교육환경을 제공하는 시 · 도 교육청 차원의 3차 안전망 'Wee 스쿨'이 그것이다(최상근 외, 2011).

표 6-8 시 · 도별 Wee 프로젝트 현황(2014.3.)

시 · 도	'Wee 클래스' 수	'Wee 센터' 수	'Wee 스쿨' 수
서울	654	17	-
부산	359	5	-
대구	411	9	1
인천	288	7	1
광주	152	3	1
대전	199	5	-
울산	150	3	-
세종	21	2	-
경기	1,121	22	1
강원	272	13	1
충북	198	12	1
충남	190	14	2
전북	238	12	-
전남	345	20	-
경북	341	19	-
경남	424	11	1
제주	79	2	-
합계	5,442	176	9

출처: Wee 학생위기 종합지원 서비스(http://www.wee.or.kr.)

이와 같은 세 가지 단계의 안전망으로 이루어진 Wee 프로젝트는 주변의 각종 유관기관과도 긴밀한 연계와 협력 체제를 유지하고 있는데, Wee 서비스 네트워크를 도식화하여 제시하면 다음과 같다.

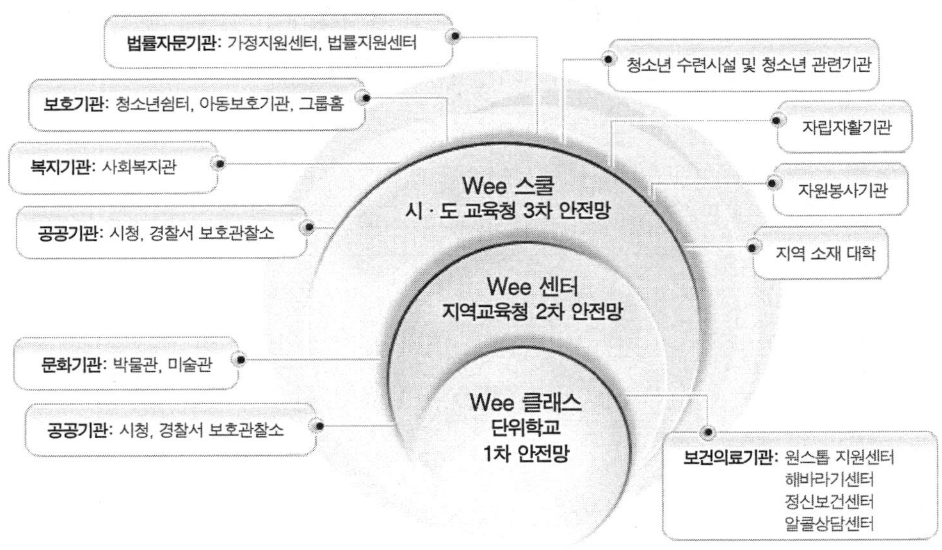

그림 6-4 Wee 서비스 네트워크

출처: Wee 학생위기 종합지원 서비스(http://www.wee.or.kr)

이처럼 Wee 클래스, Wee 센터, Wee 스쿨은 서로 다른 역할과 기능을 수행하는 동시에 유기적인 연계를 통해 학교폭력 및 위기학생을 줄이는 데 기여하고 있다. 이하에서는 시 · 도 교육청 차원의 학교폭력 지원 시스템이라고 할 수 있는 Wee 센터와 Wee 스쿨에 대해 좀 더 자세하게 살펴보고자 한다(1차 안전망인 Wee 클래스는 단위학교 학교폭력 지원시스템 부분에서 자세히 소개한다).

(1) Wee 센터: 2차 안전망[4)]

3단계로 이루어진 Wee 프로젝트에서 Wee 센터는 2차 안전망(Wee 클래스와 Wee 스쿨의 중간 단계)의 기관으로서 지역의 교육지원청 차원에서 설립되며, 전문상담교사와 전문상담사 외에도 사회복지사, 임상심리사, 상담인턴교사 등으로 인력이 구성되어 있으며, 고위기 학생에 대한 개인상담과 집단상담, 체험활동이나 단기 숙박형

4) Wee 센터는 '돌봄학생지원센터'란 명칭으로 180개 교육지원청에서 지원하려던 사업에서 '돌봄학생'이라는 부정적 의미의 이름을 바꾸고 시범교육청의 수를 축소하여 실현 가능하도록 재구조한 학생지원센터(최상근 외, 2011)로서 보호관찰학생, 학칙 위반 등으로 중징계를 받은 학생, 가정해체로 도움이 필요한 학생, 학교폭력 가해 및 피해학생 등 전문가의 지속적인 관리 및 지원이 필요한 학생을 주요 대상으로 한다.

캠프와 같은 집중 프로그램, 성격, 진로, 심리 검사 및 평가 서비스를 제공하고 있다. 또한 학교폭력 가해학생을 위한 인성교육, 학교폭력 피해학생을 위한 치유 프로그램 등을 운영하고, 학생뿐 아니라 학부모와 교사를 대상으로 하는 전문적인 상담, 교육 프로그램을 제공하며(최상근 외, 2011; 한국교육개발원, 2012), 필요 시 지역사회 내의 유관기관과의 연계를 통해 위기학생의 문제해결을 지원하기도 한다.

2008년에 5개소를 시작으로 처음 구축된 Wee 센터는 전체 센터의 44.9%에 해당하는 61개의 센터가 Wee 프로젝트가 본격적으로 추진된 2009년에 개소하였으며, 2012년 말 기준(2014. 3.) 17개의 시 · 도에 176개의 센터가 운영되고 있으며 추후 계속 확대될 전망이다.

Wee 센터의 조직구성은 지역별로 편차가 있으나 일반적인 조직 및 업무내용은 [그림 6-5]와 같다. 한편 Wee 센터의 서비스 체계는 [그림 6-6]과 같이 이루어진다.

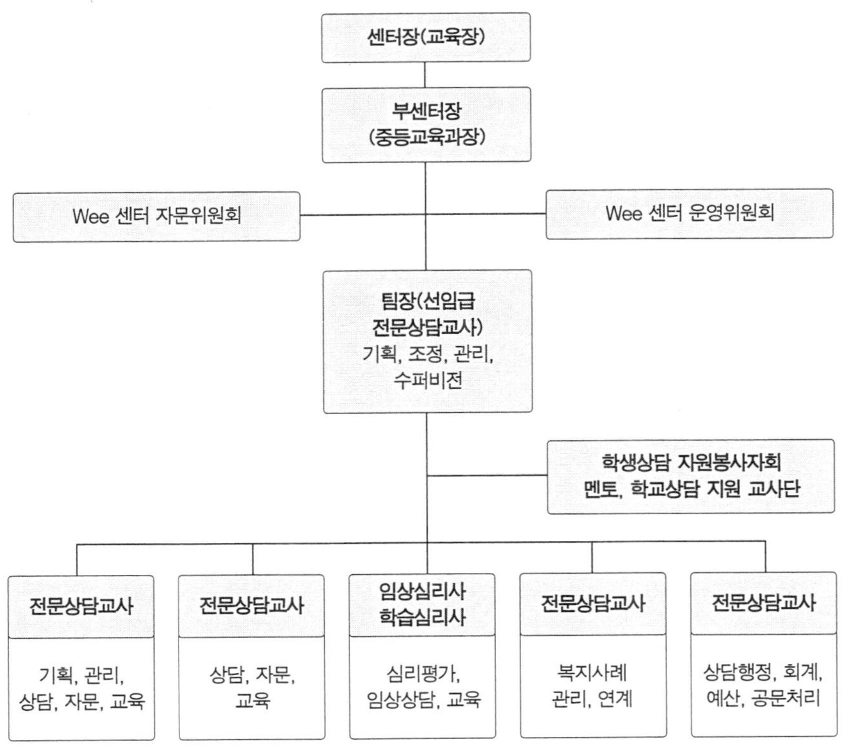

그림 6-5 Wee 센터 조직

출처: 박태수(2010).

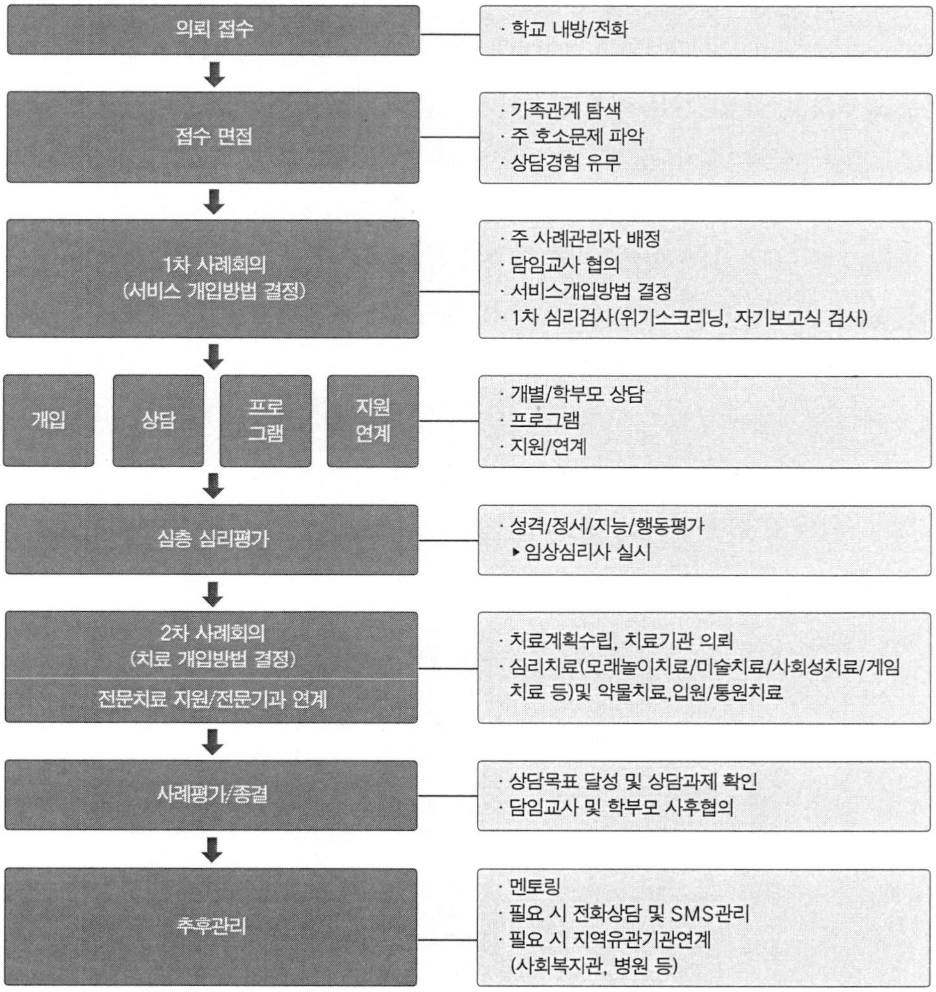

의뢰 접수	· 학교 내방/전화
⬇	
접수 면접	· 가족관계 탐색 · 주 호소문제 파악 · 상담경험 유무
⬇	
1차 사례회의 (서비스 개입방법 결정)	· 주 사례관리자 배정 · 담임교사 협의 · 서비스개입방법 결정 · 1차 심리검사(위기스크리닝, 자기보고식 검사)
⬇	
개입 / 상담 / 프로그램 / 지원 연계	· 개별/학부모 상담 · 프로그램 · 지원/연계
⬇	
심층 심리평가	· 성격/정서/지능/행동평가 ▸ 임상심리사 실시
⬇	
2차 사례회의 (치료 개입방법 결정) 전문치료 지원/전문기관 연계	· 치료계획수립, 치료기관 의뢰 · 심리치료(모래놀이치료/미술치료/사회성치료/게임치료 등)및 약물치료,입원/통원치료
⬇	
사례평가/종결	· 상담목표 달성 및 상담과제 확인 · 담임교사 및 학부모 사후협의
⬇	
추후관리	· 멘토링 · 필요 시 전화상담 및 SMS관리 · 필요 시 지역유관기관연계 (사회복지관, 병원 등)

그림 6-6 Wee 센터 원스톱 서비스 체계도

출처: 한국교육개발원(2012).

학교급별로 Wee 센터 참여 학생 수를 살펴보면, 중학생이 가장 많이 참여하고 있고, 다음으로는 초등학생, 일반계 고등학교 학생, 전문계 고등학교 학생 순으로 나타났다. 참여 유형별로는 개인상담에 참여하는 학생 수가 가장 많았고, 다음으로 집단상담, 심리검사 순이었다. 월평균 상담사례 수 또한 개인상담이 가장 많았고, 심리검사, 집단상담, 학부모상담, 특별교육 순으로 이루어지고 있었다(최상근 외, 2011).

한편 학교폭력과 관련한 Wee 센터 프로그램으로는 가해학생 대상 프로그램, 피

해학생 대상 프로그램, 가해학생 · 피해학생 부모교육 프로그램 및 예방을 비롯한 사후관리 프로그램 등이 운영되고 있다(한국교육개발원, 2012).

Wee 센터 운영 이후 학생의 학교생활 만족도는 비교적 상승한 결과를 보였으며, 자기이해 및 문제해결 능력 향상, 진로성숙 및 탐색능력 향상 등에서 어느 정도 효과가 있었지만 학업태도 및 성적 향상에서의 효과는 높지 않은 것으로 보고되고 있다. 반면, 장기적인 관점에서 Wee 센터가 '긍정적인 학교문화 형성'에 기여하고, 위기학생 복교를 증진시키며 위기행동을 예방하는 데 효과적으로 기여하고 있다는 점에서 보통 이상의 긍정적 평가를 받고 있다(최상근 외, 2011). 하지만 사업 시행 초기인 점을 감안한다면 문제점이 있는 것도 사실이다.

첫째, Wee 센터가 관할하는 학교 수가 지나치게 많고 지역별 편차도 매우 크다. Wee 센터가 담당하는 관할지역 내 학교 수를 학교급별로 살펴보면, 초등학교는 적게는 23.2개교(전남)에서 많게는 96.6개교(서울)를 담당하고 있었으며, 전국 평균적으로 1개 센터가 약 45개교를 담당하고 있다. 중학교의 경우에는 1개 Wee 센터가 평균 24개교를 담당하고 있는 가운데, 충북과 전남이 각각 11.7개교, 13.2개교로 가장 적게 나타났으며, 서울이 60.8개교로 가장 많은 학교를 관할하고 있었다. 고등학교는 Wee 센터당 전국 평균 약 18개교를 담당하고 있었는데, 충북과 전남지역이 각각 7.7개교, 8.8개교로 가장 적은 수의 학교를 담당하고 있었으며, 서울이 가장 많은 42개교를 담당하고 있다.

표 6-9 Wee 센터 평균 관할 학교 수

(단위: 개)

지 역	Wee 센터별 관할지역 평균 학교 수			전체 평균
	초등학교	중학교	고등학교	
서울	96.6	60.8	42.0	199.4
인천	67.7	38.0	34.0	139.7
대전	47.7	29.3	20.3	97.3
대구	43.4	24.6	16.0	84.0
울산	40.3	20.3	17.3	77.9
광주	49.3	28.7	22.7	100.7

경기	54.4	27.9	20.8	103.1
강원	35.9	14.7	11.0	61.6
충북	23.8	11.7	7.7	43.2
충남	35.4	16.2	10.2	61.8
경북	30.1	18.8	13.5	62.4
경남	40.2	21.6	15.8	77.6
전북	29.4	14.0	9.2	52.6
전남	23.2	13.2	8.8	45.2
제주	55.0	21.5	15.0	91.5
평균	44.83	24.09	17.62	86.53

* 세종시는 2012년 기준으로 제외하였으며, 부산은 일부 데이터가 누락되어 생략함
출처: 정제영 외(2013).

둘째, Wee 센터당 관할하는 학생의 수 또한 지나치게 많고 편차가 커서 제대로 된 서비스를 제공하기가 힘들다. Wee 센터별 관할 학생 수는 서울(약 29,969명)과 경기(약 28,832명)가 가장 많았고, 전남(약 5,477명)과 충북(약 6,413명)이 가장 적어 크게는 약 4~5배의 편차를 보이고 있었다. 특히 초등학생의 경우에는 센터별 담당 학생 수가 전국 평균 18,602명인데 비해 서울 센터는 평균 40,436명의 학생을 담당하고 있어 그 편차가 매우 큰 것으로 나타났다. 전반적으로 주요 도시(서울, 대전, 대구, 경기)에서 센터별로 2만 명 이상의 학생들을 담당하고 있어 이에 대한 조치가 필요할 것으로 보인다.

표 6-10 Wee 센터 관할지역 평균 학생 수

(단위: 명)

지 역	Wee 센터별 관할지역 평균 학생 수			전체 평균
	초등학생	중학생	고등학생	
서울	40,436	25,641	23,831	29,969
인천	24,256	15,201	15,781	18,412
대전	32,986	21,645	21,377	25,336

대구	29,624	19,694	21,221	23,513
울산	26,055	15,988	16,292	19,445
광주	23,184	14,802	15,737	17,908
경기	39,950	23,460	23,087	28,832
강원	10,314	6,596	5,706	7,539
충북	8,661	5,277	5,301	6,413
충남	12,466	7,610	7,651	9,242
경북	11,076	6,240	6,901	8,072
경남	20,570	12,877	12,980	15,476
전북	9,409	5,959	5,999	7,122
전남	7,145	4,631	4,656	5,477
제주	20,101	12,030	11,914	14,682
평균	21,082	13,177	13,229	15,829

* 세종시는 2012년 기준으로 제외하였으며, 부산은 일부 데이터가 누락되어 생략함
* 광주의 경우, 일부 센터에서 학교급별로 데이터를 구분하지 않아 학교급 평균 학생 수는 학교급을 제시한 센터에 한해 산출함

출처: 정제영 외(2013).

셋째, Wee 센터는 전문상담교사, 전문상담사 외에도 임상심리사, 사회복지사 등 다양한 전문인력으로 구성되어 있다. 하지만 전문인력의 수가 관할 학교 수나 학생 수에 비해 지나치게 적어 올바른 서비스를 제공하기엔 역부족이다. 또한 고용된 인력의 상당수가 계약직이어서 고용의 안정성이 매우 불안정한 것도 큰 문제다.

다음 〈표 6-11〉에서 볼 수 있는 바와 같이, 센터별 평균 전문인력 확보 인원은 총 7명이었으며, 전국적으로 6~7명의 전문인력을 확보하는 것으로 나타나 비교적 큰 편차를 보이지는 않았다. Wee 센터별로 가장 많은 인원이 있는 지역은 충북(8.3명), 대구(8.2명), 울산(8.0명)이었고, 가장 적은 인원이 있는 지역은 인천(6.0명), 충남(6.0명)으로 나타났다.

한편, Wee 센터 전문인력 1인당 관할 학교 수는 총 12.5개교이었으며, 총 6,712명의 학생을 담당하는 것으로 나타났다. 평균적으로 1인당 관할 학교가 20개교가 넘는 지역은 서울(25.3개교), 인천(23.3개교)이었으며, 두 지역은 1인당 관할 학생 수 또한 각각 약 11,417명, 9,206명으로 다른 지역에 비해 비교적 많은 학생을 담당하는 것으로 나타났다. Wee 센터 전문인력 1인당 관할 학교 수와 학생 수가 가장 적은 지역은 충북(5.7개교, 2,537명), 전남(6.8개교, 2,484명) 순이었다. 즉, 센터별 전문인력의 인원은 전국적으로 비슷하나 관할 학교 및 학생 수의 지역별 편차가 크기 때문에 전문인력 1인당 관할 학교 및 학생 수 또한 지역별로 큰 차이가 있는 것으로 나타났다.

표 6-11 Wee 센터 평균 전문인력 확보 인원 및 1인당 관할 학교 수, 학생 수

지 역	Wee 센터 평균 전문인력 수(명)	1인당 관할 학교 수 평균(개교)	1인당 관할 학생 수 평균(명)
서울	7.9	25.3	11,417
인천	6.0	23.3	9,206
대전	7.0	13.9	10,858
부산	6.6	-	-
대구	8.2	10.2	8,602
울산	8.0	9.8	7,292
광주	7.0	14.4	7,701
경기	7.1	14.6	12,259
강원	6.1	10.0	3,682
충북	8.3	5.7	2,537
충남	6.0	10.3	4,621
경북	6.5	9.5	3,704
경남	7.4	10.4	6,237
전북	6.5	8.1	3,310
전남	6.6	6.8	2,484
제주	6.5	14.1	6,776
합계	7.0	12.5	6,712

* 세종시는 2012년 기준으로 제외되었으며, 부산은 일부 데이터가 누락되어 생략함
출처: 정제영 외(2013).

표 6-12 Wee 센터 전문인력 구성

(단위: 명, %)

<table>
<tr><th colspan="2">전문인력 구분</th><th>Wee 센터별 평균 인원</th><th colspan="2">전국 총인원</th></tr>
<tr><td rowspan="2">전문상담교사</td><td>정규직</td><td>1.3</td><td>182 (16.3)</td><td rowspan="2">362 (32.4)</td></tr>
<tr><td>계약직</td><td>1.3</td><td>180 (16.1)</td></tr>
<tr><td colspan="2">전문상담사</td><td>2.8</td><td colspan="2">375 (33.6)</td></tr>
<tr><td colspan="2">임상상담사</td><td>0.7</td><td colspan="2">90 (8.1)</td></tr>
<tr><td colspan="2">사회복지사</td><td>1.0</td><td colspan="2">136 (12.2)</td></tr>
<tr><td colspan="2">일반교사자격</td><td>0.2</td><td colspan="2">31 (2.8)</td></tr>
<tr><td colspan="2">게임과 몰입치료</td><td>0.4</td><td colspan="2">49 (4.4)</td></tr>
<tr><td colspan="2">기타</td><td>0.5</td><td colspan="2">72 (6.5)</td></tr>
<tr><td colspan="2">합계</td><td>8.2</td><td colspan="2">1,115 (100)</td></tr>
</table>

* 자격이 중복 산출되어 평균 인원의 합계는 Wee 센터 평균 총인원과 다름
출처: 정제영 외(2013).

〈표 6-12〉에서 보듯이, Wee 센터의 전문인력으로는 전문상담사가 전체의 약 34% 정도로 가장 많은 부분을 차지하고 있었으며, 그 다음으로는 전문상담교사(계약직 포함)가 약 32%, 사회복지사가 약 12%, 임상상담사가 약 8%를 차지하고 있음을 알 수 있다. 채용된 전문상담교사 중 정규직은 182명, 계약직은 180명으로 절반 정도는 계약직으로 채용되고 있으며, 전문상담교사 이외의 다른 인력은 대부분 계약직으로 운영되는 경우가 많아 전반적으로 계약직 채용이 정규직보다 훨씬 많음을 알 수 있다.

(2) Wee 스쿨: 3차 안전망

Wee 스쿨은 Wee 프로젝트의 3차 안전망으로 시 · 도 교육청 차원에서 설치되어 운영되며, 교과교사, 전문상담교사, 전문상담사, 임상심리사, 사회복지사, 치료사 등 전문가팀이 배치된다(한국교육개발원, 2012). Wee 클래스와 Wee 센터에서 의뢰받은 학생에게 치유 프로그램을 제공하고, 학교 복귀를 지원하며, 고위기 학생에 대해서는 장기간의 치료 및 교육을 제공하며, 상담 외에도 교과활동과 직업진로교육, 방과 후 활동 등의 프로그램을 운영한다.

Wee 스쿨은 일반 학교 교육과정에 비해 국민공통기본교과의 시수가 적으며, 대신 다양한 대안 교과 및 재량활동을 병행한다(최상근 외, 2011). 2014년 3월 현재, Wee 스쿨로 지정된 학교는 총 9개교로 인천(인천해밀학교), 대구(마음이 자라는 학교) 광주(돈보스코 학교), 경기도(새울학교), 강원도(강원 Wee 스쿨), 충북(청명학생교육원), 충남(여해학교, 충무학교), 경남(경남꿈키움학교)에 있으며, 향후 확대될 전망이다.

3. 단위학교의 학교폭력 지원 시스템

단위학교의 학교폭력 지원 시스템은 크게 학교폭력전담기구, 학교폭력대책자치위원회, Wee 클래스 등으로 이루어져 있다.

1) 학교폭력전담기구(「학교폭력 예방 및 대책에 관한 법률」 제14조 제3항)

단위학교에 설치되어 있는 학교폭력전담기구는 그 구성권 자가 학교장이며, 교감, 전문상담교사, 보건교사 및 책임교사 등 학교폭력과 관련된 자로 구성된다. 따라서 생활지도부장이나 상담부장 등의 보직교사도 구성원이 될 수 있다. 구성원은 학교폭력 사안을 효과적으로 처리할 수 있도록 서로 유기적으로 협력한다.

주요한 역할은 학교폭력 사안 발생 시 대응(학교폭력 신고 접수 및 관련학생 보호자에게 통보, 학교폭력 사안조사, 학교폭력대책자치위원회 개최 전 사전 심의, 집중보호 또는 관찰대상 학생에 대한 생활지도 등)과 학교폭력 예방활동(학교폭력 실태조사, 학교폭력 예방교육 등)이 있으며, 학교의 장이나 자치위원회의 요구가 있을 때는 조사결과 등의 활동결과를 보고하여야 할 의무가 있다.

2) 학교폭력대책자치위원회

학교폭력대책자치위원회는 학교폭력의 예방 및 대책수립을 위한 학교체제 구축, 피해학생의 보호, 가해학생에 대한 선도 및 징계, 피해학생과 가해학생 간의 분쟁조정 등의 역할을 한다. 앞에서 살펴보았듯이, 각 학교장은 학교폭력 문제를 담당하는

전담기구를 설치해야 하며, 학교폭력 사태를 인지한 경우에는 지체 없이 전담기구 또는 소속 교원으로 하여금 가해 및 피해 사실 여부를 확인하도록 한다. 또한 학교의 장에게는 학교폭력 예방교육을 실시하고, 장애학생에 대한 특별한 보호 및 학교폭력 발생 사실을 보고할 의무가 있다.

3) Wee 클래스: 1차 안전망

단위학교 내에 설치되어 있는 Wee 클래스는 Wee 프로젝트의 1차 안전망으로 단위학교 내에 상담실을 설치하고, 전문상담교사 및 전문상담사를 배치하여 개인 · 집단상담 및 특성화 프로그램을 실행하는 형식으로 운영된다. Wee 클래스는 학교 내 부적응 학생을 조기에 발견하고, 위기학생의 예방 및 학교 적응력 향상을 지원하는 것을 목적으로 한다. 나아가 Wee센터와 지역사회 내의 유관기관에 의뢰 또는 연계를 할 수 있도록 하는 1차 안전망으로서의 의미를 지닌다(한국교육개발원, 2012).

Wee 클래스는 단위학교 내에 설치되므로 상담실 공간 확보가 가능하거나 예산 편성 및 지속적인 운영에 의지가 있는 학교에 우선적으로 설치되며, 전문인력으로 전문상담교사와 전문상담인턴교사(기간제)가 배치된다. 학교생활 부적응이 학습 부진뿐만 아니라 정상적인 발달 저해와 청소년 비행까지도 이어지므로 예방적 접근과 발생 초기 개입을 목표로 학생이 학교생활에 잘 적응할 수 있도록 돕는 데 주력한다.

잠재적 위기학생에 대한 학교생활 적응을 중심으로 프로그램을 구성하거나 문제 초기 발생단계에서 상황을 진단하고 대처를 돕는 프로그램, Wee 센터 및 지역사회 내의 유관기관과 연계한 프로그램 등이 운영되고 있다(최상근 외, 2011).

현재 가해학생에 대한 조치를 학교생활기록부에 기재하도록 하고 있다. 이렇게 함으로써 학교폭력을 예방할 수 있다고 보는 것이다.

경미한 사안에 대한 조치로는 1호(서면사과), 2호(접촉, 협박 및 보복행위 금지), 3호(학교에서의 봉사), 7호(학급교체)가 있으며, 이 네 가지 조치는 졸업 즉시 그 기록을 삭제하도록 하고 있다. 한편 4호(사회봉사), 5호(특별교육이수 또는 심리치료), 6호(10일 이내의 출석정지), 8호(전학), 9호(퇴학) 조치에 대해서는 졸업 후에도 5년간 학교생활기록부에 기재된 기록을 보존하도록 하고 있다. 한편 최근에는 언어사이버 폭력도 심각한 학교폭력으로 간주하여 9호(퇴학) 조치까지 처분할 수 있으며, 자녀의 휴대전화로 학교폭력 의심 메시지가 오면 이를 부모에게 알려주는 서비스도 시행한다.

이와 같은 학교폭력 가해 조치 및 기록 보존 기간 등에 대해 찬반 논란이 상당하다. 경미한 사안에 대한 판단기준이 모호하다는 의견, 경미한 사안에 대해서도 기록을 보존하는 것이 학교폭력 예방에 효과가 있다는 의견, 중대한 사안에 대한 조치라도 졸업 후에는 기록을 삭제해야 한다는 의견, 지나친 인권침해라는 의견 등이 있다. 여기에 대해 여러분의 생각은 어떤지 찬반 토론을 진행해 보자.

이 장의 요약

이 장은 학교폭력 지원 시스템을 정부차원, 지역차원, 단위학교 차원에서 설명하고 있다. 정부차원의 학교폭력 지원 시스템은 학교폭력근절 종합대책 및 현장 중심 학교폭력 대책을 중심으로, 지역과 단위학교의 학교폭력 지원 시스템은 Wee 프로젝트를 중심으로 살펴보았다.

생각해 볼 문제

1. 현행 학교폭력 지원 시스템의 문제점과 개선 방안을 정부, 지역, 단위학교 차원으로 나누어서 생각해 보세요.
2. 학교폭력근절 종합대책에서 제시한 일곱 가지 정책 각각에 대한 세부 실천정책들을 조사해서 발표해 보세요.
3. 자신이 정책입안자라고 생각하고, 학교폭력을 근절하거나 예방할 수 있는 좋은 정책적 방안을 생각해 보세요.

참고문헌

관계부처합동(2012). 학교폭력근절 종합대책.

관계부처합동(2013). 현장 중심 학교폭력 대책: 학교폭력, 현장에서 해결한다.

교육과학기술부(2012). 학교폭력사안처리 가이드북.

교육부(2014. 3). 현장중심 학교폭력 대책 '14년 추진계획

교육인적자원부 외(2005). 학교폭력 예방 및 대책 5개년 기본계획(2005~2009년)

교육과학기술부 외(2010). 학교폭력 예방 및 대책 5개년 기본계획(2010~2014년)

박주형, 정제영(2012). 한국과 미국의 학교폭력 예방 및 근절 관련 법령 및 정책 비교 연구. 초등교육연구, 25(4). 한국초등교육학회.

박태수(2010). Wee 센터 인적구성표.

송재홍, 김광수, 박성희, 안이환, 오익수, 은혁기, 정종진, 조붕환, 홍종관, 황매향, 안연선, 김경환, 김대환(2012). 교대용 맞춤형 학교폭력 예방 및 대책 교재 개발. 한국연구재단.

정제영, 정성수, 주현준, 이주연, 박주형(2013). 학교폭력 피해 및 가해학생 교육 · 치료지원 프로그램 운영 지원 연구. 대구: 대구광역시교육청.

최상근, 김동민, 오인수, 신을진, 김인규, 이일화, 이석영, 최보미(2011). Wee 프로젝트 운영 성과 분석 및 발전계획 수립 연구. 서울: 한국교육개발원.

한국교육개발원(2012). Wee 센터 운영 가이드.

http: //www.wee.or.kr (Wee 학생위기 종합지원 서비스)

http: //www.cyber1388.kr (청소년사이버 상담센터)

http: //www.jikim.net (청소년폭력예방재단)

학교폭력의 법적 이해

〈학습개요 및 학습목표〉

사소한 말다툼과 달리 학교폭력은 당사자 간의 개인적 차원에서 해결할 수 있는 문제가 아니다. 법적으로 다루어야 할 사안이다. 특히 그 심각성이 더해감에 따라 학교폭력을 법적으로 규율하게 되었다. 이에 따라 관련 법령이 제정되기에 이르렀다. 학교폭력을 예방하고 대처하기 위해서는 학교폭력에 대한 법을 제대로 이해할 필요가 있다. 여기서는 학교폭력과 관련된 법령의 체계를 설명하고, 어떻게 변천되어 왔으며, 주요 내용은 무엇인지, 관련 판례와 발전 방향을 제시하였다.

이 장의 구체적인 학습목표는 다음과 같다.

1. 학교폭력의 법적 개념을 정의할 수 있다.
2. 학교폭력 관련 법령의 변천사를 설명할 수 있다.
3. 학교폭력 관련 법령의 핵심내용을 설명할 수 있다.

1. 학교폭력에 대한 법 제정의 의의

학교의 고유한 업무는 교육이지만 오늘날 우리나라 학교에서 대부분의 교사는 교육 외의 다른 일로 인해 교육에 전념하지 못하고 있다. 물론 생활지도도 교육활동의 하나로 볼 수 있지만 단순한 행동수정이 아니라 조직적 · 지속적 폭력에 대한 지도의 문제일 경우 교사로서는 감당하기 힘든 일이 된다. 특히 의무교육단계에서는 심각한 학교폭력을 행한 학생에 대해 퇴학 조치를 할 수 없기 때문에 학교에서는 전학 등의 조치를 취하고 있지만 이것이 완전한 해결책은 되지 못하고 있다(김성기, 2008).

학교폭력으로 인해 학생이 사망하거나 폭력의 후유증으로 자살을 하는 등 학교 내 · 외에서의 폭력으로 인한 문제가 사회적으로 부각되어 왔다. 이러한 문제에 대해서 정부는 사건이 터질 때마다 대책을 내놓았다. 1995년에는 '학교폭력근절 종합대책'이 발표되기도 했다. 그러나 학교폭력은 줄어들지 않았다. 학교폭력은 더 이상 생

활지도 차원에서 해결할 문제가 아니라는 인식이 생겨났다. 학교폭력을 예방하고 사안발생 시 합리적으로 처리할 수 있도록 하기 위하여 2004년에 「학교폭력 예방 및 대책에 관한 법률」과 「동법 시행령」(이하 '학교폭력령')이 제정되었다. 학교폭력에 대해서 법적으로 규율한다는 것은 이 문제를 중차대한 문제로 인식하고 대처하겠다는 의지의 표현이기도 하다.

그러나 법 제정 후에도 학교폭력으로 인한 자살이 빈발했다. 법만 만들어 놓는다고 해서 문제가 해결되는 것은 아니다. 교원은 학교폭력 관련 법령의 내용과 사안처리 방법 및 절차에 대해서도 잘 모르는 경우가 있다. 심지어 법적으로 그 구성 · 운영이 의무화되어 있는 법정기구조차 제대로 구성 · 운용되지 않는 학교도 있었다. 법이 있어도 학교구성원이 이것을 제대로 이해하고 준수하지 않는다면 학교폭력이 법적으로 다루어지기 어렵다.

한편으로는 이러한 법령이 다양한 학교현실을 제대로 반영하지 못하고 있거나 학교구성원의 요구를 충분히 수렴하지 못한 데 기인했기 때문에 이러한 문제가 생긴다고 볼 수도 있다. 이에 따라 2008년과 2012년에 학교폭력 관련 법령에 주요한 개정이 있었다. 그 주요 내용을 살펴보자.

2. 학교폭력 관련 법령의 체계

학교폭력에 관한 법은 「특별법」이다. 즉, 학교폭력을 예방하고 대책에 관한 사항을 규율하기 위해 특별히 제정된 법이다. 우선 법률로서 「학교폭력 예방 및 대책에 관한 법률」이 제정되고 이를 구체적으로 시행하기 위한 대통령령으로서 「학교폭력 예방 및 대책에 관한 법률 시행령」이 제정되어 있으며, 각 지방자치단체별로는 조례가 제정되어 있다.

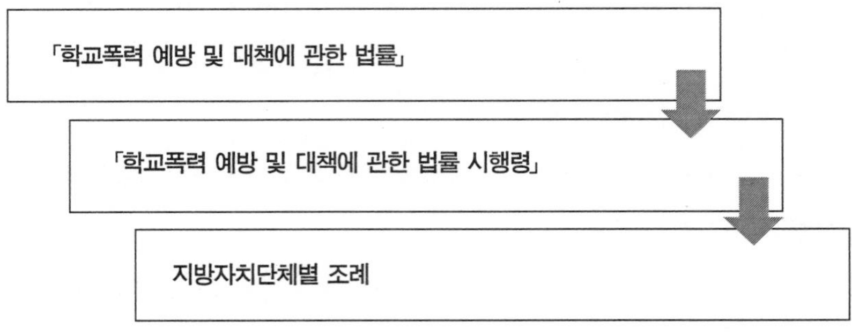

그림 7-1 학교폭력 관련 법령의 체계

현행 「학교폭력 예방 및 대책에 관한 법률」은 다음과 같은 조문으로 구성되어 있다.

제1조 목적

제2조 정의

제3조 해석 · 적용의 주의의무

제4조 국가 및 지방자치단체의 책무

제5조 다른 법률과의 관계

제6조 기본계획의 수립 등

제7조 학교폭력대책위원회의 설치 · 기능

제8조 대책위원회의 구성

제9조 학교폭력대책지역위원회의 설치

제10조 학교폭력대책지역위원회의 기능 등

제10조의2 학교폭력대책지역협의회의 설치 · 운영

제11조 교육감의 임무

제11조의2 학교폭력 조사 · 상담 등

제11조의3 관계기관과의 협조 등

제12조 학교폭력대책자치위원회의 설치 · 기능

제13조 자치위원회의 구성 · 운영

제14조 전문상담교사 배치 및 전담기구 구성

제15조 학교폭력 예방교육 등

제16조 피해학생의 보호

제16조의2 장애학생의 보호

제17조 가해학생에 대한 조치

제17조의2 재심청구

제18조 분쟁조정

제19조 학교의 장의 의무

제20조 학교폭력의 신고의무

제20조의2 긴급전화의 설치 등

제20조의3 정보통신망에 의한 학교폭력 등

제20조의4 정보통신망의 이용 등

제20조의5 학생 보호 인력의 배치 등

제20조의6 영상정보처리기기의 통합 관제

제21조 비밀 누설 금지 등

제22조 벌칙

「학교폭력 예방 및 대책에 관한 법률 시행령」은 다음과 같은 조문으로 구성되어 있다.

제1조 목적

제2조 성과 평가 및 공표

제3조 학교폭력대책위원회의 운영

제4조 학교폭력대책실무위원회의 구성 · 운영

제5조 학교폭력대책지역위원회의 구성 · 운영

제6조 학교폭력대책지역실무위원회의 구성 · 운영

제7조 학교폭력대책지역협의회의 구성 · 운영

제8조 전담부서의 구성 등

제9조 실태조사

제10조 전문기관의 설치 등

제11조 학교폭력 조사 · 상담 업무의 위탁 등

제12조 관계기관과의 협조 사항 등
제13조 자치위원회의 설치 및 심의사항
제14조 자치위원회의 구성 · 운영
제15조 상담실 설치
제16조 전담기구 운영 등
제17조 학교폭력 예방교육
제18조 피해학생의 지원범위 등
제19조 가해학생에 대한 조치별 적용 기준
제20조 가해학생에 대한 전학 조치
제21조 가해학생에 대한 우선 출석정지 등
제22조 가해학생의 조치 거부 · 기피에 대한 추가 조치
제23조 퇴학학생의 재입학 등
제24조 피해학생 재심청구 및 심사 절차 및 결정 통보 등
제25조 분쟁조정의 신청
제26조 자치위원회 위원의 제척 · 기피 및 회피
제27조 분쟁조정의 개시
제28조 분쟁조정의 거부 · 중지 및 종료
제29조 분쟁조정의 결과 처리
제30조 긴급전화의 설치 · 운영
제31조 정보통신망의 이용 등
제32조 영상정보처리기기의 통합 관제
제33조 비밀의 범위

학교폭력에 관한 조례의 예를 들어 보면 다음과 같다.

인천광역시교육청 학교폭력 예방 및 대책에 관한 조례 [시행 2012. 6. 11.]
서울특별시 노원구 학교폭력 예방 및 대책에 관한 조례 [시행 2012. 6. 28.]

이러한 조례에는 목적, 정의, 다른 조례와의 관계, 구청장의 책무, 학교폭력 예방 및

교육, 학교폭력대책지역협의회의 설치 및 기능, 협의회의 구성, 위원의 임기, 위원의 해촉, 협의회의 운영, 사업비의 지원, 시행규칙 등이 규정되어 있다.

3. 제 정

1) 법률 제정

「학교폭력 예방 및 대책에 관한 법률」은 현승일 의원의 대표발의로 2004년 1월 29일에 제정 · 공포되었다. 심각한 사회문제로 대두하고 있는 학교폭력 문제에 효과적으로 대처하기 위한 전담기구의 설치, 정기적인 학교폭력 예방교육의 실시, 학교폭력 피해자의 보호와 가해자에 대한 선도 · 교육 등 학교폭력의 예방 및 대책을 위한 제도적 틀을 마련하려는 것이 입법취지다. 주요 내용은 다음과 같다.

- 교육인적자원부 장관은 학교폭력 예방 및 대책에 관한 정책목표 및 방향을 설정하고, 이에 따라 학교폭력의 근절을 위한 조사 · 연구 · 교육 및 계도에 관한 사항 등이 포함된 학교폭력 예방 및 대책에 관한 기본계획을 5년마다 수립하도록 함(제6조).
- 특별시 · 광역시 · 도의 교육감은 기본계획에 따라 학교폭력의 예방 및 대책에 관한 시행계획을 수립하도록 하고, 교육감은 학교의 장으로 하여금 학교폭력의 예방 및 대책에 관한 실시계획을 수립 · 시행하도록 함(제9조).
- 학교폭력 예방 및 대책과 관련된 사항을 심의하기 위하여 초등 · 중등 및 고등학교 등에 당해 학교의 장을 위원장으로 하고 교사 및 학부모 등을 위원으로 하는 학교폭력대책자치위원회를 두도록 하고, 동 위원회에서 학교폭력 예방 프로그램의 구성 및 실시, 피해학생의 보호 및 가해학생에 대한 선도 · 징계에 관한 사항 등을 심의하도록 함(제10조).
- 학교의 장은 학교에 상담실을 설치하고 전문상담교사를 두도록 하며, 교사 중에서 학교폭력 문제를 담당하는 책임교사를 선임하도록 함(제12조).
- 학교의 장은 학생의 육체적 · 정신적 보호와 학교폭력의 예방을 위한 교육을 정

기적으로 실시하도록 함(제13조).

- 학교폭력대책자치위원회는 피해학생의 보호와 가해학생의 선도 · 교육을 위하여 필요하다고 인정하는 때는 당해 피해학생 및 가해학생에 대한 학급교체, 전학권고 또는 전학 등 필요한 조치를 할 것을 학교의 장에게 요청할 수 있도록 함(제14조 및 제15조).

2) 시행령 제정

「학교폭력 예방 및 대책에 관한 법률」(법률 제7119호, 2004. 1. 29. 공포, 2004. 7. 30. 시행)에서 심각한 사회문제로 떠오르고 있는 학교폭력 문제에 효과적으로 대처하기 위하여 시 · 도 교육청에 학교폭력의 예방 및 대책을 전담하는 기구를 설치하도록 하고, 학교폭력 예방교육을 정기적으로 실시하도록 하는 등 학교폭력의 예방 및 대책을 위한 제도적 틀을 마련함에 따라 동법에서 위임된 사항과 그 시행에 관하여 필요한 사항을 정하기 위하여 시행령을 제정하였다. 주요 내용은 다음과 같다.

- 학교 내 · 외에서 학생 간에 발생하는 학교폭력 종류를 상해 · 폭행, 감금, 협박, 약취 · 유인, 추행, 명예훼손 · 모욕, 공갈, 재물손괴, 집단따돌림 등의 행위로 정함(제2조).
- 시 · 도 교육청에 두는 학교폭력 예방과 대책을 담당하는 전담부서는 장학관 1인, 초등학교를 담당하는 장학사 1인 이상 및 중 · 고등학교를 담당하는 장학사 1인 이상으로 구성하도록 함(제5조).
- 학교폭력의 예방 및 대책에 관한 사항을 심의하기 위하여 학교에 두는 학교폭력대책자치위원회의 운영, 자치위원회 위원의 임기, 위원의 제척 · 기피 및 회피사유에 관한 사항을 규정함(제6조 내지 제8조).
- 학교에 두어야 하는 학교폭력 상담실은 인터넷 이용시설, 전화 등 상담에 필요한 시설 · 장비와 피상담자의 사생활 노출 방지를 위한 칸막이 및 방음시설 등을 갖추도록 함(제10조).
- 학교가 실시하여야 하는 학교폭력 예방교육은 학기별로 정기적으로 실시하도록 하고, 강의, 토론, 역할연기 등의 다양한 방법에 의한 교육이 이루어지도록

함(제11조).

- 학교폭력과 관련하여 발생한 분쟁에 관한 조정신청 및 개시절차, 분쟁조정의 거부 · 중지 및 종료 사유, 분쟁조정 결과처리에 필요한 절차 등을 규정함(제13조 내지 제16조).

4. 「학교폭력 예방 및 대책에 관한 법률」의 개정

제정한 지 1년도 안 되어 국회를 비롯하여 학계, 시민단체에서 문제가 제기되었다. 그 결과 동법은 2008년 3월 14일(9월 15일 시행)에 개정되기에 이른다. 그리고 2012년에는 학교폭력의 개념부터 전면적으로 수정되었다. 순차적으로 개정 내용을 살펴보자.

1) 2008년 개정

(1) 법 률

학교폭력의 개념 속에 성폭력을 포함시키도록 하되 다른 법률에 특별한 규정이 있는 경우에는 이 법을 적용하지 않도록 하여 성폭력 피해자의 사생활 보호를 강화하고, 피해자 치료비용에 대한 구상권을 신설하며, 가해학생의 보호자도 함께 특별교육을 받게 할 수 있도록 하는 등 피해학생에 대한 보호와 치료 및 가해학생에 대한 선도를 강화한다는 것이 그 개정 이유다. 주요 내용은 다음과 같다.

- 학교폭력에 성폭력 포함(제2조 및 제5조 제2항)
  - 학교폭력의 개념 속에 성폭력을 포함시키도록 하되 다른 법률에 특별한 규정이 있는 경우에는 이 법을 적용하지 않도록 하여 성폭력 피해자의 사생활 보호를 강화함.
- 학교폭력대책기획위원회의 구성(제8조 제3항)
  - 학교폭력대책기획위원회 위원에 학생생활지도 경력이 10년 이상인 교원, 의사의 자격이 있는 자와 학교운영위원회 활동 및 청소년보호활동의 경험

이 풍부한 학부모를 참여시킴.

• 전담기구의 구성(제14조 제3항 및 제5항)
 - 학교의 장은 학교폭력 문제를 담당하는 전담기구를 구성하고 행정적 · 재정적 지원을 할 수 있도록 함.

• 피해학생의 보호(제16조 제5항)
 - 피해학생 치료비용은 가해학생의 보호자가 부담하도록 하되, 가해학생의 보호자가 이를 부담하지 않을 경우에는 학교안전공제회 또는 시 · 도 교육청이 부담하고, 구상권을 행사할 수 있도록 함.

• 가해학생 보호자에 대한 교육(제17조 제8항)
 - 학교폭력자치위원회는 가해학생이 특별교육을 이수할 경우 해당 학생의 보호자도 함께 교육을 받게 할 수 있도록 함.

(2) 시행령

학교폭력 정의에 성폭력을 추가하고, 학교폭력대책기획위원회 위원장을 교육과학기술부 차관으로 하며, 시 · 도에 학교폭력대책지역위원회를 설치하는 등의 내용으로 「학교폭력 예방 및 대책에 관한 법률」이 개정(법률 제8887호, 2008. 3. 14. 공포, 9. 15. 시행)됨에 따라 학교폭력대책지역위원회의 구성 등 법률에서 위임된 사항과 그 시행에 관하여 필요한 사항을 규정하기 위하여 「동법 시행령」이 2008년 9월 12일에 개정되었다. 주요 내용은 다음과 같다.

• 학교폭력대책지역위원회 및 실무위원회의 구성 등(제4조 및 제5조)
 - 학교폭력대책지역위원회를 시 · 도 지사 소속하에 두도록 하고, 위원장은 시 · 도의 부단체장이 되도록 하며, 위원은 청소년보호에 관련 있는 사람 중에서 시 · 도 지사가 해당 시 · 도의 교육감과 협의하여 위촉하도록 함.
 - 학교폭력대책지역위원회의 효율적인 운영을 위하여 두는 실무위원회는 해당 시 · 도 지사는 7명 이내의 학교폭력 예방 및 대책과 관련한 업무의 실무자 및 민간의 전문가로 구성함.

• 전담부서의 구성 등(제6조)
 - 학교폭력의 정의에 성폭력, 정보통신망을 이용한 음란 · 폭력 정보를 포함

하는 등 학교폭력의 범위가 확대됨에 따라 전담부서 구성 범위를 다양화할 필요가 있어 지역 여건을 고려하여 장학관 및 장학사 등을 포함한 3명 이상으로 구성하도록 함.

• 비밀의 범위(제17조)
  – 학교폭력 예방 및 대책에 관련된 업무수행자가 지켜야 할 비밀의 범위를 학교폭력 가해학생과 피해학생 개인 및 가족의 성명, 주민등록번호, 주소, 학교폭력 가해학생과 피해학생에 대한 심의 · 의결과 관련된 개인별 발언 내용 및 분쟁당사자 간에 논란을 일으킬 우려가 명백한 사항으로 정함.

2) 2009년 개정

(1) 법 률

학교폭력 예방과 대책 마련을 위한 노력에도 불구하고 학교폭력 발생 건수는 해마다 증가하고, 그 양상 또한 중범죄화됨에 따라 긴급상담전화 설치, 피해학생에 대한 보복행위 금지, 장애학생 보호규정 마련 등 관련 규정을 정비하여 학교폭력 예방에 기여한다는 취지에서 법률 개정이 이루어졌다. 주요 내용은 다음과 같다.

• 학교폭력으로 피해를 입은 장애학생의 보호를 위해 장애인전문상담가의 상담 또는 장애인 전문 치료기관의 요양을 가능케 함(제2조 제5호 및 제16조의2 신설).
• 피해학생은 피해사실 확인을 위해 전담기구에 조사를 요구할 수 있음(제14조 제5항 신설).
• 피해학생에 대한 보복행위를 금지함(제17조 제1항 제2호).
• 학교폭력 신고 및 상담을 위해 긴급전화를 설치함(제20조의2 신설).

(2) 시행령

학교폭력 예방을 위하여 학교폭력을 수시로 신고받고 이에 대한 상담에 응할 수 있는 긴급전화를 설치하는 내용으로 「학교폭력 예방 및 대책에 관한 법률」이 개정(법률 제9642호, 2009. 5. 8. 공포, 8. 9. 시행)됨에 따라 시 · 도 교육청 또는 지역교육청에 전국적으로 통일된 번호로 긴급전화를 설치 · 운영하도록 하려는 취지에서 제

16조의2(긴급전화의 설치 · 운영) 조항을 신설하였다.

3) 2011년 개정

(1) 법 률

학교폭력대책자치위원회의 구성과 회의결과의 공개, 학교폭력 예방교육과 관련하여 다음과 같이 개정이 이루어졌다.

- 학교폭력대책자치위원회 전체 위원의 과반수를 학부모 전체회의에서 직접 선출한 학부모대표로 위촉하도록 함(제13조 제1항).
- 학교폭력대책자치위원회의 위원장은 학교폭력대책자치위원회 재적위원 3분의 1 이상이 요청하는 경우, 학교의 장이 요청하는 경우, 피해학생 또는 그 보호자가 요청하는 경우, 학교폭력이 발생한 사실에 관한 신고 또는 보고를 받은 경우, 위원장이 필요하다고 인정하는 경우에 회의를 소집하도록 함(제13조 제2항 신설).
- 학교폭력대책자치위원회는 회의의 일시 · 장소 · 출석위원 · 토의내용 · 의결사항이 기록된 회의록을 작성 · 보존하여야 하며, 가해학생 · 피해학생 또는 그 보호자의 신청이 있을 때는 회의록을 신청자에게 공개하도록 함(제13조 제3항 및 제21조 제3항 단서 신설).
- 교육장은 연 1회 이상 학교폭력 예방교육 홍보물을 제작하여 학부모에게 배포하도록 함(제13조 제4항 신설).

(2) 시행령

학교폭력대책자치위원회의 회의 소집 요건을 법률에 명시하는 등의 내용으로 「학교폭력 예방 및 대책에 관한 법률」이 개정(법률 제10642호, 2011. 5. 19. 공포, 11. 20. 시행)됨에 따라 관련 규정을 정비하려는 취지에서 관련 내용을 개정하였다.

4) 2012년 1월 26일 개정

(1) 법 률

따돌림 등의 형태로 이루어지는 학교폭력을 학교폭력의 개념에 포함시키는 등 현행 제도의 운영상 나타난 일부 미비점을 개선 · 보완하려는 취지에서 개정이 이루어졌다.

- 따돌림의 심각성을 인식하도록 따돌림의 정의를 신설하고, 강제적인 심부름도 학교폭력의 정의에 추가함(제2조).
- 교육과학기술부 장관으로 하여금 시 · 도 교육청의 학교폭력 예방 및 대책을 평가하고 이를 공표하도록 함(제6조 제3항 신설).
- 학교폭력대책기획위원회 위원에 심리학자를 포함하도록 함(안 제8조 제3항 제4호).
- 피해학생과 가해학생의 치료 등을 위하여 상담 · 교육 · 치료기관을 지정하였을 때는 이를 인터넷 홈페이지에 게시하고, 학부모에게 알릴 수 있도록 함(제10조 제3항 및 제4항).
- 학교폭력대책자치위원회 구성에 있어 대통령령으로 정하는 규모 이하의 학교는 교육감의 보고를 거쳐 둘 이상의 학교가 공동으로 자치위원회를 구성할 수 있도록 함(제12조 단서 신설).
- 학교폭력대책자치위원회의 소집요건을 재적위원 3분의 1 이상에서 4분의 1 이상으로 완화함(제13조 제2항 제1호).
- 성폭력 등 특수한 학교폭력사건에 대해서는 학교폭력을 전담하는 기구가 전문기관에 조사를 의뢰할 수 있도록 함(제14조 제7항).
- 피해학생의 치료를 위한 요양비 뿐만 아니라 심리상담 · 조언 및 일시보호에 소요되는 비용까지 가해학생의 보호자가 부담하도록 하고, 가해학생 또는 그 보호자가 불분명하거나 부담능력이 없는 경우에는 학교안전공제회 또는 시 · 도 교육청이 우선 부담하고, 이후에 가해학생의 보호자에 대하여 구상권을 행사할 수 있도록 하며, 피해학생의 보호자로 하여금 필요 시 공제급여를 학교안전공제회에 직접 청구할 수 있도록 함(제16조 제5항 및 제6항).
- 학교폭력 가해학생에 대한 조치를 '경한 조치'에서 '중한 조치' 순으로 변경함

(제17조 제1항).

- 자치위원회가 가해학생에 대한 조치를 요청할 경우 30일 이내에 이행하도록 하고, 가해학생이 다른 학교로 전학을 간 이후에는 피해학생 소속 학교로 다시 전학오지 못하도록 함(제17조 제5항 및 제8항).
- 자치위원회가 내린 전학 및 퇴학 조치에 대하여 이의가 있는 학생 및 보호자는 시 · 도 학생징계조정위원회에 재심을 청구할 수 있도록 함(안 제17조의2 신설).
- 교원이 학교폭력의 예비 · 음모 등을 알게 되었을 때는 학교의 장뿐만 아니라 해당 학부모에게도 통지하도록 함(제20조 제4항).
- 국가와 지방자치단체는 긴급전화의 설치 · 운영을 대통령령으로 정하는 기관 또는 단체에 위탁할 수 있도록 함(제20조의2 제2항 신설).
- 학교폭력 관련 업무를 수행하였거나 수행 중인 자가 직무상 알게 된 학교폭력 신고자나 고발자와 관련한 자료를 누설하지 못하도록 함(제21조 제1항).

(2) 시행령

학교폭력 가해학생이 피해학생을 협박하거나 보복하는 것을 방지하기 위하여 피해학생 보호에 충분한 거리 등을 고려하여 가해학생이 전학할 학교를 배정하도록 하는 등 가해학생에 대한 전학 조치에 필요한 사항을 정하려는 취지에서 다음과 같은 조항을 신설하였다.

제11조의2(가해학생에 대한 전학 조치) ① 초등학교 · 중학교 · 고등학교의 장은 자치위원회가 법 제17조 제1항에 따라 학교폭력 가해학생에 대한 전학 조치를 요청하는 경우에는 초등학교 · 중학교의 장은 교육장에게, 고등학교의 장은 교육감에게 해당 학생이 전학할 학교의 배정을 지체 없이 요청하여야 한다.

② 교육감 또는 교육장은 학교폭력 가해학생이 전학할 학교를 배정할 때는 학교폭력 피해학생의 보호에 충분한 거리 등을 고려하여야 하며, 관할구역 외의 학교를 배정하려는 경우에는 해당 교육감 또는 교육장에게 이를 통보하여야 한다.

③ 제2항에 따른 통보를 받은 교육감 또는 교육장은 해당 가해학생이 전학할 학교를 배정하여야 한다.

5) 2012년 3월 21일 개정

(1) 법 률

학교폭력 피해학생의 보호 등 현행 제도의 운영상 나타난 일부 미비점을 개선 · 보완하려는 취지에서 개정되었다.

- 기존의 학교폭력의 범위를 '학생 간에 발생한' 사건에서 '학생을 대상으로 발생한' 사건으로 확대하여 학교 밖 청소년 등에 의한 학교폭력도 이 법에 따라 지원을 받을 수 있게 하고, 사이버 따돌림을 추가함(제2조 제1호).
- 교육과학기술부 장관이 수립하는 기본계획에 전문상담교사의 배치 및 이에 대한 행정적 · 재정적 지원을 추가하도록 함(제6조 제2항 제4호 신설).
- 국무총리 소속으로 학교폭력대책위원회를 설치하고, 국무총리와 민간 대표가 공동 위원장이 되며, 이를 지원하기 위한 실무위원회를 설치하도록 함(제7조, 제8조).
- 학교폭력 예방 대책을 수립하고, 기관별 추진계획 및 상호 협력 · 지원방안 등을 협의하기 위하여 시 · 군 · 구에 학교폭력대책지역협의회를 둠(제10조의2 신설).
- 교육감으로 하여금 연 2회 이상 학교폭력 실태조사를 실시하도록 하고, 학교폭력에 대한 조사 · 상담 · 치유 프로그램 운영 등을 위한 전문기관을 설치 · 운영할 수 있도록 함(제11조 제8항, 제9항).
- 학교폭력을 축소 · 은폐한 학교의 장 및 교원에 대해서는 징계위원회에 징계를 요구하도록 하고, 학교폭력 예방에 기여한 학교 또는 교원에 대해서는 상훈을 수여하거나 근무성적 평정에 가산점을 부여할 수 있도록 함(제11조 제10항, 제11항).
- 교육감으로 하여금 학교폭력 예방과 사후조치 등을 위한 조사 · 상담 등을 수행할 수 있도록 하고, 교육과학기술부 장관 등은 학교폭력과 관련한 개인정보 등을 경찰청장 등 관련기관의 장에게 요청할 수 있는 근거를 마련함(제11조의2 및 제11조의3 신설).
- 자치위원회를 분기별로 1회 이상 개최하도록 함(제13조 제2항).
- 학교폭력 전담기구에 교감이 포함되도록 함(제14조 제3항).

- 학교폭력 예방교육 대상에 학부모를 추가함(제15조 제2항).
- 피해학생에 대한 조치 유형 중에 '전학권고' 규정을 삭제하고, 피해학생에 대한 조치를 자치위원회 요청 7일 이내에 이행하도록 함(제16조 제1항 및 제3항).
- 피해학생의 신속한 치료를 위하여 학교의 장 또는 피해학생의 보호자가 원하는 경우에는 학교안전공제회 또는 시 · 도 교육청이 비용을 부담한 후 구상권을 가해학생 학부모에게 행사할 수 있도록 함(제16조 제6항).
- 가해학생에 대해서는 출석정지, 전학 등의 조치를 내릴 것을 의무화하고, 협박 또는 보복행위에 대해서는 병과하거나 가중조치할 수 있도록 함(제17조 제1항, 제2항).
- 가해학생에 대한 조치를 자치위원회 요청 14일 이내에 이행하도록 함(제17조 제6항).
- 가해학생의 특별교육에 학부모가 동참하도록 의무화하고, 이를 위반할 경우에는 300만 원 이하의 과태료를 부과하도록 함(제17조 제9항, 제22조 제2항).
- 자치위원회의 처분에 대한 재심청구의 기회를 피해학생까지 확대함(제17조의2).
- 정보통신망을 이용한 학교폭력과 관련해서는 따로 법률로 정할 수 있는 근거 규정을 마련함(제20조의3 신설).
- 학교폭력 예방에 정보통신망을 이용할 수 있도록 하고, 학교에 학생보호인력을 배치할 수 있도록 하며, 국가 및 지방자치단체는 학교 내 · 외에 설치된 영상정보처리기기를 통합관제할 수 있도록 함(제20조의4, 제20조의5, 제20조의6 신설).

(2) 시행령

학교폭력에 대한 조사 · 상담 · 치유를 위한 전문기관을 설치 · 운영할 수 있는 근거를 마련하고, 피해학생의 신속한 치료를 위하여 학교의 장 또는 피해학생의 보호자가 원하는 경우에는 학교안전공제회 또는 시 · 도 교육청이 비용을 부담한 후 가해학생의 보호자에게 구상권을 행사할 수 있도록 하는 내용 등으로 「학교폭력 예방 및 대책에 관한 법률」이 개정(법률 제11388호, 2012. 3. 21. 공포, 4. 1. 시행)됨에 따라 법률에서 위임된 사항과 그 시행에 필요한 사항을 정하려는 취지에서 개정되었다.

- 학교폭력 전문기관의 설치 · 운영 등(제10조)

- 교육감은 시 · 도 교육청 또는 지역교육청에 학교폭력 조사 · 상담 및 치유 프로그램의 운영 등을 수행하는 전문기관을 설치 · 운영하고, 특히 치유프로그램의 운영 업무의 경우에는 국가 · 지방자치단체가 운영하는 청소년 보호시설 등 관련 업무를 수행하는 데 적합하다고 인정하는 기관에 위탁할 수 있도록 함.

• 피해학생에 대한 지원범위(제18조)

- 학교안전공제회 또는 시 · 도 교육청이 피해학생에게 지원하는 비용은 심리상담, 일시보호, 치료 및 요양에 사용한 비용 등으로 함.

• 가해학생에 대한 조치 시 고려할 사항(제19조)

- 자치위원회가 학교의 장에게 가해학생에 대한 조치를 요청하는 경우에는 학교폭력의 심각성 · 지속성 · 고의성, 가해학생의 반성의 정도 및 해당 조치로 인한 가해학생의 선도 가능성 등을 종합적으로 고려하여 조치를 결정하도록 함.

• 학교폭력 가해학생에 대한 우선조치(제21조)

- 학교의 장은 2명 이상의 학생이 고의적 · 지속적으로 폭력을 행사한 경우, 학교폭력으로 인해 전치 2주 이상의 상해를 입힌 경우 등 가해학생에 대한 선도가 긴급하다고 인정되는 경우에는 자치위원회가 개최되기 전이라도 우선조치로서 출석정지 조치를 할 수 있도록 함.

6) 2013년 개정

현행법은 학생보호인력의 자격요건 등에 관한 규정이 없어 학생을 보호하기에 적합하지 않은 사람이 학생보호인력으로 채용될 우려가 있는바, 학생보호인력의 자격요건을 정하고, 학생보호인력을 희망하는 사람에 대한 범죄경력 조회가 가능하도록 함으로써 학생을 안전하게 보호하려는 취지에서 법률을 개정하였다.

5. 현행 「학교폭력 예방 및 대책에 관한 법률」의 주요 내용

현행 「학교폭력 예방 및 대책에 관한 법률」의 주요 내용은 다음과 같다.

표 7-1 「학교폭력 예방 및 대책에 관한 법률」의 내용

구분	내용
학교폭력의 개념 (제2조)	• 학생을 대상으로 하는 폭력 • '사이버 따돌림'도 포함
기본계획 수립 및 성과평가(제6조)	• 교육부 장관은 5년마다 기본계획 수립 • 교육부 장관은 지자체와 교육청의 학교폭력 예방 · 대책 평가, 공표
추진체계 및 구성 (제7조, 제8조)	• 학교폭력대책위원회를 국무총리 소속으로 둠(공동위원장: 국무총리와 민간 전문가)
지역위원회 설치	• 시 · 도별로 학교폭력대책지역위원회 설치
학교폭력대책지역협의회 (제10조의2)	• 시 · 군 · 구에 학교폭력대책지역협의회 구성 · 운영
교육감 역할 확대 (제11조, 제11조의2)	• 교육감이 학교폭력 실태조사 연 2회(전국단위 1회 포함) 실시 • 조사 · 상담 · 치유 프로그램 운영을 위한 전문기관 설치 근거 마련 • 학교폭력 예방 및 사후조치를 위한 조사 · 상담인력 지정
정보 요청 (제11조의3)	• 교과부 장관, 교육감, 교육장, 학교장 등은 경찰청, 경찰서 등 관련 기관에 개인정보 요청 가능
학교폭력대책자치위원회 (제12조, 제13조)	• 분기별로 1회 이상 자치위원회를 개최하여 위원회 운영 활성화
	• 학교의 장과 관할 경찰서장에게 자료 요청 가능
학교장 책임강화 (제14조, 제20조의5)	• 학내 전담기구에 교감 포함 및 역할 강화 • 학교폭력을 인지한 경우에는 지체없이 전담기구 또는 교원으로 하여금 사실 여부를 확인 • 학교폭력 예방을 위한 학생보호인력 배치 근거 마련
교원 징계 및 인센티브 (제11조)	• 학교폭력 은폐 · 축소 교원 징계 • 학교폭력 예방에 기여한 교원 가산점 부여 및 포상
예방교육(제15조)	• 매 학기마다 학생, 교직원, 학부모 대상 실시
피해학생보호조치 (제16조, 제17조의2)	• 피해학생 '전학 권고' 규정 삭제 • 피해학생 및 보호자 의견진술 기회 부여 • 학교장 또는 피해학생 보호자 요청 시 학교안전공제회에서 치료비 선보상 후 구상하여 피해학생의 신속한 치료 지원

	• 자치위원회 요청 시 학교장은 7일 이내에 조치 시행
	• 가해학생에 대한 조치에 대해 이의가 있는 경우 피해학생 · 학부모는 지역위원회에 재심청구 가능
가해학생조치 (제17조, 제22조)	1. 피해학생에 대한 서면사과 2. 피해학생 및 신고 · 고발 학생에 대한 접촉, 협박 및 보복행위의 금지 3. 학교에서의 봉사 4. 사회봉사 5. 학내외 전문가에 의한 특별교육이수 또는 심리치료 6. 출석정지 7. 학급교체 8. 전학 9. 퇴학처분(의무교육과정은 제외) • 피해학생 및 신고 · 고발학생과의 접촉금지 • '출석정지' 기간제한 없음 • 협박 또는 보복행위에 대한 병과 및 가중조치 • 특별교육 또는 심리치료 실시 • 가해학생이 해당 조치 거부 및 기피하는 경우 추가 조치 가능 • 자치위원회 요청 시 학교장은 14일 이내에 조치 시행 • 가해학생 학부모 특별교육 의무화
	• 가해학생 학부모가 특별교육을 미이수하는 경우 300만 원 과태료 부과
정보통신망이용 예방 (제20조의3, 제20조의4, 제20조의6)	• 정보통신망에 의한 학교폭력 피해 예방법 근거 마련
	• 학교폭력 예방 업무에 정보통신망 이용 • 영상정보처리기기(CCTV)의 통합관제 가능

1) 학교폭력의 개념

법에서는 학교폭력을 '학교 내 · 외에서 학생을 대상으로 발생한 상해, 폭행, 감금, 협박, 약취 · 유인, 명예훼손 · 모욕, 공갈, 강요 · 강제적인 심부름 및 성폭력, 따돌림, 사이버 따돌림, 정보통신망을 이용한 음란 · 폭력 정보 등에 의하여 신체 · 정신 또는 재산상의 피해를 수반하는 행위'로 정의하고 있다. 아울러 따돌림은 '학교 내 · 외에서 2명 이상의 학생들이 특정인이나 특정집단의 학생들을 대상으로 지속적이거나 반복적으로 신체적 또는 심리적 공격을 가하여 상대방이 고통을 느끼도록 하는 일체의 행위'로, 사이버 따돌림은 '인터넷, 휴대전화 등 정보통신기기를 이용하여 학생들이 특정 학생들을 대상으로 지속적 · 반복적으로 심리적 공격을 가하거나, 특정

학생과 관련된 개인정보 또는 허위사실을 유포하여 상대방이 고통을 느끼도록 하는 일체의 행위'로 정의하고 있다.

2) 학교폭력 예방과 대책을 위한 정부의 책무

학교폭력 예방과 대책을 위해 국무총리 소속으로 '학교폭력대책위원회'를 설치하고, 교육부 장관은 대책위원회의 심의를 거쳐 5년마다 '학교폭력 예방 및 대책에 관한 기본계획'을 수립 · 시행해야 한다. 아울러 광역자치단체인 시 · 도는 '학교폭력대책지역위원회'를 설치하고, 매년 예방대책을 수립해야 한다. 또한 기초자치단체인 시 · 군 · 구는 '학교폭력대책지역협의회'를 설치한다. 교육감은 교육청에 학교폭력 전담부서를 설치하고, 학교폭력 실태조사를 연 2회 이상 실시해야 한다.

3) 학교에서의 조치

학교에서는 '학교폭력대책자치위원회'를 설치하여 학교폭력 사안을 심의한다. 소규모 학교 등의 경우에는 공동으로 자치위원회를 구성할 수 있다. 자치위원회는 해당 지역에서 발생한 학교폭력에 대하여 학교장 및 관할 경찰서장에게 관련자료를 요청할 수 있다. 자치위원회는 분쟁조정을 할 수 있으나 그것이 법적 구속력을 갖지는 못하기 때문에 한계가 있다.

학교장은 상담실을 설치하고 전문상담교사를 두도록 되어 있다. 또한 교감, 전문상담교사, 보건교사 및 책임교사(학교폭력 문제를 담당하는 교사) 등으로 학교폭력 문제를 담당하는 전담기구를 구성하여 실태조사 등을 하도록 한다.

학교폭력 예방교육은 교직원, 학생, 학부모를 대상으로 매학기에 1회 이상 실시해야 한다. 자치위원회는 피해학생에게 심리상담 및 조언, 일시보호, 치료 및 치료요양, 학급교체 등의 조치를 취할 수 있으며, 그 조치에 필요한 결석은 출석일수에 산입할 수 있다. 치료비는 가해학생의 학부모가 부담하나 신속한 치료를 위해서는 우선 학교안전공제회나 교육청이 부담하고 나중에 공제회나 교육청은 가해학생 학부모에게 구상권을 행사할 수 있다.

가해학생에 대해서는 서면사과와 같은 약한 조치부터 퇴학에 이르는 강한 조치까

지 학교의 장에게 요청할 수 있다. 선도조치가 긴급하게 필요하거나 피해학생이나 신고 · 고발학생에 대한 협박 또는 보복 행위를 행할 경우에는 여러 조치를 병과하거나 가중조치할 수 있다. 가해학생이 이러한 조치를 거부 · 회피하는 경우에는 「초 · 중등교육법」상 징계로 이어진다. 조치 이행에 따른 결석은 출석으로 인정할 수 있으며, 특별교육은 가해학생의 학부모도 함께 이수하여야 한다. 또한 가해학생 조치로서 전학을 간 경우에는 전학 전의 피해학생 소속 학교로 다시 전학을 올 수 없다.

피해학생 또는 그 보호자는 조치에 대해 불만이 있을 때는 지역위원회에 재심을 청구할 수 있고, 가해학생 또는 그 보호자는 전학과 퇴학 조치에 대해 불만이 있을 때는 시 · 도 학생징계조정위원회에 재심을 청구할 수 있다.

4) 기타 의무사항

학교폭력 현장을 보거나 그 사실을 알게 된 자는 학교 등 관계기관에 이를 즉시 신고하여야 한다. 또한 관련된 업무를 수행하거나 수행하였던 자는 그 직무로 인하여 알게 된 비밀 또는 가해학생 · 피해학생 및 제20조에 따른 신고자 · 고발자와 관련된 자료를 누설하여서는 안된다. 가해학생 · 피해학생 또는 그 보호자가 회의록의 열람 · 복사 등 회의록 공개를 신청한 때는 학생과 그 가족의 성명, 주민등록번호 및 주소, 위원의 성명 등 개인정보에 관한 사항을 제외하고 공개하여야 한다.

6.「학교폭력 예방 및 대책에 관한 법률」의 발전 방향

현재 「학교폭력 예방 및 대책에 관한 법률」과 관련하여 가장 문제가 되는 것은 학교폭력의 정의다. 즉, 현재는 학생을 대상으로 하는 폭력은 모두 학교폭력으로 규정하고 있으나 현실적으로 일반인이 길거리에서 학생을 폭행한 경우도 학교폭력으로 다룰지에 대해서는 의문이다. 왜냐하면 실질적으로 학교는 사법권을 행사할 수 없어서 설령 일반인이 학생에게 폭력을 행사했다고 하더라도 소환하거나 벌을 부과할 수 없기 때문이다. 본래는 비재학 청소년에 의한 폭력을 포함시키기 위한 의도가 있었으나 중학생까지는 학적을 보유하고 있으므로 이 또한 고등학교에만 해당하는 내

용으로서 사실상 학교 밖에서 다룰 내용이다. 관련 법령에서도 '가해학생' '피해학생'으로 되어 있어 사실상 '학생 간 폭력'을 다루는 법으로 되어 있다. 현실을 고려하여 학교폭력의 정의에 대해 다시 한번 생각해 볼 필요가 있다.

학교폭력대책자치위원회에서는 실질적으로 성폭력을 다루기 어렵도록 되어 있다. 법 제5조(다른 법률과의 관계) 제1항에 학교폭력의 규제, 피해학생의 보호 및 가해학생에 대한 조치에 있어서 다른 법률에 특별한 규정이 있는 경우를 제외하고는 이 법을 적용한다고 되어 있으나, 제2항에는 제2조 제1호 중 성폭력은 다른 법률에 규정이 있는 경우에 이 법을 적용하지 아니한다고 하여 사실상 성폭력에 관한 한 이 법이 특별법으로서 작동하지 못하도록 하는 한계를 갖고 있다. 이 부분은 앞서의 정의와도 관련된다. 따라서 명확한 규정이 필요하다.

학교폭력 사실에 대한 학생생활기록부(이하 '학생부'라 함) 기재 문제와 관련해서도 사회적 논의의 결과를 반영할 필요가 있다. 학교폭력에 대한 공소시효에 대한 규정이 없어 학생부 기재가 인권침해의 소지가 있다는 것이다. 뿐만 아니라 자치위 개최는 가능하나 학생부에 어떻게 기록해야 하는지에 대한 명확한 근거 규정이 없다. 학생부 기재를 가해시점을 기준으로 해야 하는지 아니면 자치위가 소속된 학교를 기준으로 해야 하는지가 문제다. 이에 학교폭력 사실에 대한 학생부 기재에 대해 법령으로 명확한 규정을 둘 필요가 있다.

1. 교사의 체벌도 학교폭력으로 다루어야 하나요?
2. 학교폭력 사실을 학생부에 기재하고 상급학교 진학에 반영되도록 하는 것이 적절한가요?

이 장의 요약

학교폭력은 학생을 대상으로 하는 폭력을 말한다. 학교폭력을 예방하고 그에 대한 대책을 시행하기 위해 2004년에 「학교폭력 예방 및 대책에 관한 법률」이 제정된 후 2008년과 2012년에 주요 내용이 개정되었다. 현재 학교폭력의 개념과 학교생활기록부 기재 문제와 관련하여 논란이 되고 있다.

생각해 볼 문제

1. 「학교폭력 예방 및 대책에 관한 법률」의 문제점은 무엇이고, 이것을 해결하기 위해서는 어떻게 개정해야 하는지 생각해 보세요.
2. 학교폭력에 대한 학교생활기록부 기재 문제를 판단함에 있어 다른 법률에는 어떠한 유사한 조항이 있는지 생각해 보세요.

참고문헌

김성기(2008). 학교폭력 예방 및 대책에 관한 법률과 동법 시행령의 문제점과 개정방안. 교육법학연구, 20(2), 대한교육학회, 27-45.

문용린, 신종호, 원혜욱, 김성기, 장맹배, 김미정, 김진숙(2009). 학교폭력 사안처리 가이드북. 교육과학기술부.

박주형, 정제영, 김성기(2012). 「학교폭력 예방 및 대책에 관한 법률」과 「동법 시행령」의 문제점 및 개선방안 연구. 교육행정학연구, 30(4), 한국교육학회, 303-323

이덕난(2010). 학교폭력 피해학생 보호를 위한 입법정책의 방향. 교육법학연구, 22(2), 145-169.

조균석, 정제영, 장원경, 박주형(2013). 학교폭력근절을 위한 법령해설 및 체제 연구. 이화여자대학교 학교폭력 예방연구소.

학교폭력 사안처리 절차

〈학습개요 및 학습목표〉

이 장에서는 학교폭력이 발생한 후 효과적인 피해학생 보호와 가해학생 선도 등이 이루어지기 위해 필요한 절차를 살펴보고자 한다. 특히 학교폭력 문제를 담당하는 전담기구(이하 '전담기구')와 학교폭력대책자치위원회(이하 '자치위원회')의 핵심 역할인 사안조사, 피 · 가해학생에 대한 조치 및 분쟁조정 과정을 중점적으로 살펴보고자 한다.

이 장의 구체적인 학습목표는 다음과 같다.

1. 학교폭력이 일어났을 경우 어떤 절차에 따라 학교폭력 사안이 처리되는지를 설명할 수 있다.
2. 학교폭력 사안처리 과정에서 교원이 담당해야 하는 역할을 설명할 수 있다.
3. 학교폭력 사안처리 과정에서 갈등을 최소화하기 위해 필요한 사항들을 관련 당사자(피 · 가해학생 측 및 학교구성원 등)의 입장에서 기술할 수 있다.

1. 학교폭력 근절을 위한 학교의 역할

학교폭력은 피해학생뿐만 아니라 가해학생 및 주변학생(조력자, 방관자 등)에게도 부정적인 영향을 미친다. 특히 학교폭력의 피해학생은 불안이나 공포감, 분노, 적개심 등의 정신적 부작용을 겪게 되는 경우가 많고, 학교생활에 흥미를 잃어 결석이 잦아지고, 학업을 포기하는 등의 학교생활 위기학생이 되는 경우가 많다(교육과학기술부, 2012a). 이러한 이유로 학교폭력이 발생한 후에 이루어지는 사후 조치보다는 학교폭력을 예방하는 노력이 최우선적으로 필요하다. 하지만 일단 학교폭력이 교내 · 외에서 일어난 경우에는 즉각적인 개입을 통해 더 이상 피해가 확대되지 않도록 하고, 가해학생의 선도를 통해 학교폭력이 재발하지 않도록 하는 것 역시 중요한 과제다(문용린 외, 2008). 학교폭력이 발생한 경우 교원은 가해학생의 입장보다는 피해학생 편에서 피해학생을 보호하기 위한 적극적인 조치를 취해야 할 의무가 있고 지속

적인 사후관리를 통해 피해학생의 고통과 아픔을 치유해야 할 의무가 있다.

학교폭력 문제는 단위학교의 노력만으로 해결이 불가능한 복잡한 사회문제로 인식되어야 한다(박효정 외, 2006). 개인과 가정 배경뿐만 아니라 동료학생, 학교 그리고 사회 환경 등 다양한 원인으로 일어나는 학교폭력 문제는 범사회적인 관심과 개입으로 해결될 수 있다. 개인의 심리 문제에서 학교폭력이 비롯될 뿐만 아니라 부모의 학대 등의 가정 문제, 학교 내 불법 폭력 집단의 존재 등으로 인해 학교폭력 문제가 발생한다. 또한 학교의 물리적 · 심리적 환경과 학교 주변의 유해환경 역시 학교폭력에 직 · 간접적으로 영향을 미친다. 이러한 문제가 종합적으로 고려되고 해결되어야만 학교폭력 문제가 근절될 수 있다.

하지만 현실적인 측면에서 볼 때 학생이 가장 많은 시간을 보내며 학교폭력이 가장 빈번하게 발생하는 장소가 학교이고, 학교폭력 가해학생의 상당수가 동료학생이며, 실질적으로 학생에게 도움을 줄 수 있는 기관이 학교라는 점을 고려할 때 정책적으로 학교라는 조직에 큰 책임이 부여될 수밖에 없다. 특히 국가가 학교폭력 근절을 위해 가장 직접적이고 개별적으로 영향을 줄 수 있는 수단이 학교에서 행해지는 다양한 학교폭력 예방 및 근절 활동이라는 점에서 학교폭력 문제를 해결하기 위한 학교의 노력은 강조되어야 한다.

이러한 원칙은 「학교폭력 예방 및 대책에 관한 법률」에서도 확인된다. 법에서는 학교 밖의 여러 기관의 협력을 통해 학교폭력 예방 및 근절 노력이 이루어져야 한다고 규정되어 있지만, 특별히 학교 내의 다양한 구성원(담임교사, 책임교사, 학교행정가 등)과 기관(전담기구, 자치위원회 등)의 의무와 역할을 강조하고 있다.

2. 학교폭력 사안의 증가와 학교 현장의 갈등

2011년 말, 학교폭력에 대한 전사회적 관심 아래 수립된 범정부 학교폭력 대책인 '학교폭력근절 종합대책'(2012. 2. 6.)은 학교 현장의 온정주의적 분위기에 따라 은폐되던 학교폭력 사안을 공식적인 절차에 의해 학교단위에서 다루어지도록 강제하였다. 또한 「학교폭력 예방 및 대책에 관한 법률」 제17조 제1항에 따라 자치위원회가 가해학생에 대해 내리는 처분을 학교생활기록부(이하 '학생부')에 기재하고 일정 기

간[1] 동안 보존토록 하였다.

이러한 정부의 정책은 피해학생 보호를 정책의 최우선 과제로 삼겠다는 의지를 보여 주고 있다. 하지만 이로 인해 과거보다 더 많은 사안이 자치위원회에서 처리되고 있다. 〈표 8-1〉에서 나타난 것처럼 2008년 월 734건의 자치위원회 심의 건수가 2009년에는 467건, 2010년에는 651건, 2011년에는 620건으로 전반적으로 줄어들었으나 새로운 학교폭력 대책이 발표된 2012년에 들어서 심의 건수가 급증하였다. 이러한 심의 건수 증가는 전 학교급(초·중·고등학교)별로 나타나고 있다.

표 8-1 자치위원회 심의 건수의 변화

연 도	학교급별 심의 건수							
	초등학교		중학교		고등학교		합 계	
	월 별	전 체	월 별	전체	월 별	전 체	월 별	전 체
2008	17.3	207 (2.3)	507.4	6,089 (69.1)	209.8	2,517 (28.6)	734.4	8,813 (100.0)
2009	12.6	151 (2.7)	320.5	3,846 (68.6)	133.8	1,608 (28.7)	467.1	5,605 (100.0)
2010	19.3	231 (3.0)	448.0	5,376 (68.7)	184.7	2,216 (28.3)	651.9	7,823 (100.0)
2011	24.9	299 (4.0)	435.8	5,229 (70.3)	159.6	1,915 (25.7)	620.3	7,443 (100.0)
2012 (3~8월)	68.5	411 (6.1)	731.3	4,388 (64.6)	332.3	1,994 (29.4)	1132.2	6,793 (100.0)

출처: 정제영 외(2012).

1) 가해학생에 대한 조치사항의 보존기간은 학교폭력 대책이 발표될 때마다 다소간 변동이 있었다. 현재는 현장 중심 학교폭력 대책(2013. 7. 26)에 따라 2014년 3월 1일부터 학교폭력 가해학생에 대한 조치사항 보존기간이 경미한 사안(서면사과, 접촉금지, 교내봉사, 학급교체)의 경우에는 졸업 후 즉시 삭제, 중대한 사안(사회봉사, 특별교육, 출석정지, 전학, 퇴학)의 경우에는 졸업 2년 이후 삭제로 단축되었다. 또한 중대한 사안인 경우에도 해당 학생의 반성 정도, 긍정적 행동변화 정도를 고려해 졸업 직전에 자치위원회의 심의를 거쳐 졸업과 동시에 삭제 가능하게 되었다.

증가한 학교폭력 사안은 학교 내에서 학교폭력 사안처리와 관련해 가해학생 · 피해학생 측 간의 첨예한 의견대립을 발생시키고 있다. 특히 가해학생 조치의 학생부 기재는 가해학생의 상급학교 진학에 영향을 미치는 것으로, 가해학생 측과 학교간의 지속적인 갈등을 일으키는 이유가 되었다(한유경 외, 2013). 학교폭력 당사자 간의 학교폭력 개념에 대한 인식 차이, 기존의 온정주의적 학교문화가 학교폭력 대책과 마찰을 일으키면서 생겨나는 문제, 전문성이 부족한 사안처리 등의 문제가 결부되어 학교에서 학교폭력 사안처리를 둘러싸고 갈등이 확대되고 있다.

학교폭력 사안처리에서 발생하는 갈등은 학교폭력 사안처리가 부당하게 이루어진 경우에 더욱 심각해질 수 있다. 이러한 경우 학생 및 학부모는 학교를 불신하게 되고, 이로 인해 학교의 행정행위인 가해학생에 대한 조치의 실효성이 상실 되는 경우도 발생하고 있다.

학교폭력 사안의 학생부 기재가 가해학생의 진로에 큰 영향을 줌으로써 학교 밖에서도 학교폭력 재심청구와 학교폭력 징계불복 등으로 많은 갈등이 발생하고 있다(이영주, 2013. 12. 10.). 2013년 12월 기준으로 경기도 교육청의 경우 총 48건의 학교폭력 징계처분 취소 청구소송이 행정심판위원회에서 심의되었다. 이는 2011년의 0건, 2012년의 29건과 비교하여 소송청구가 급격하게 증가하고 있음을 보여 준다. 비록 관계부처합동(2013)으로 '현장 중심 학교폭력 대책'이 새롭게 수립 · 집행되는 등 학교폭력을 둘러싼 학교 현장의 혼란을 줄이고자 하는 노력이 시도되고 있지만 현재 나타나고 있는 학교 내의 갈등은 쉽게 사라지지 않을 전망이다.

3. 신속하고 공정한 학교폭력 사안처리의 필요성

학교폭력은 발생하지 말아야 하지만 일단 발생하게 되면 「학교폭력 예방 및 대책에 관한 법률」에 규정된 공식적인 절차에 의해 신속하고 공정하게 처리되어야 한다. 이는 피해학생에 대한 보호를 위해서뿐만 아니라 가해학생에 대한 올바른 선도를 위한 교육적 목적으로도 필수적인 것이다. 학교폭력에 대한 조기 개입만이 학교폭력으로 인해 학교공동체 구성원들이 겪을 수 있는 피해를 최소화할 수 있다. 또한 신속하고 공정한 사안처리는 학생에게 학교폭력에 대한 민감성을 높임으로써 예방효과

를 가져올 수 있다. 2013년 1차 학교폭력 실태조사 결과 분석에 따르면, 학교폭력 피해학생은 학교나 교사(20.4%) 또는 117 학교폭력 신고센터 및 외부기관(2.9%)보다는 가족(36.3%)이나 친구 · 선배(17.4%)에게 학교폭력 피해를 신고하는 경향이 있다. 또한 알리지 않는다고 응답한 학생도 19.2%였다(관계부처합동, 2013). 공식적인 절차를 이용하지 않거나 신고를 회피하는 것은 학교폭력 문제가 신속하고 공정하게 처리되고 있지 않다고 학생들이 인식하기 때문이다. 보다 적극적인 학교폭력 사안처리를 통해 학생들의 학교에 대한 신뢰를 회복할 필요가 있다.

하지만 학교폭력이 발생한 경우에 효과적인 사안처리의 필요성은 비단 가해학생과 피해학생의 교육과 보호를 위해서만 존재하는 것은 아니다. 학교폭력이 발생한 후 이를 적절히 처리하지 못하는 경우에는 교원에 대한 도덕적 책임뿐만 아니라 법적 책임까지 발생할 수 있다. 「학교폭력 예방 및 대책에 관한 법률」 제20조(학교폭력의 신고의무)는 학교폭력을 발견한 경우 학교 등 관계기관에 즉시 신고하도록 되어 있으며, 학교폭력의 예비 · 음모 등을 알게 된 자도 학교의 장이나 자치위원회에 고발하도록 의무화되어 있다. 특히 교원의 경우에는 학교의 장에게 보고하고 해당 학부모에게 알려야 한다. 이를 어길 시에는 엄중조치 등을 받을 수 있다. 더불어 교원은 학교폭력 사안을 다루는 전담기구나 자치위원회에 소속되어 학교폭력 사안을 처리할 수 있다. 또한 상부기관에 학교폭력 발생 사실 및 조치결과를 통보해야 하며, 학교폭력 사안에 대한 비밀누설 금지의 의무도 진다.

이러한 책임을 제대로 이행하지 못한 경우에는 법적 책임이 따를 수 있다. 학교폭력 사고에 대한 교원의 법적 책임으로는 형사, 민사, 행정 책임이 존재하는데, 학교에서 학생에 대한 지도 · 감독을 소홀히 하여 학교폭력이 발생한 경우에는 법적 책임 여부가 논란이 될 수도 있다. 대법원 판례에 따르면, 가해학생으로부터 오랜 기간 동안 집단따돌림을 받아 자살한 피해학생에 대한 교사의 과실을 인정하였다. 또한 교원소청심사위원회의 결정에서 중학생의 집단폭행 사망사고 당시 가해학생 중 복교생에 대한 특별적응훈련 미실시 및 학교폭력추방대토론회 미실시 등을 교원 직무소홀로 인정해 교원에 대한 행정 책임을 인정하기도 하였다(이대성, 2012). 이상과 같이 학교폭력에 대한 사안처리가 미비할 경우 교원에 대한 법적 책임이 부여되는 경우가 발생한다.

이와 더불어 '학교폭력근절 종합대책(2012)'과 '현장 중심 학교폭력 대책(2013)'에

서는 학교폭력에 대한 학교장과 교사의 역할 및 책임을 강화하였는데, 학교폭력 은폐 · 축소를 엄격하게 금지하고, 사안 발생 후 가해학생에 대한 즉각적인 출석정지 등을 비롯한 조치를 신속하게 할 수 있도록 규정하였다.

신속하고 공정한 사안처리를 위해 교육부를 비롯한 시 · 도교육청은 다양한 형태의 자료집과 우수사례 발굴 · 전파 그리고 교원연수를 통해 지속적인 교육의 기회를 제공하고 있다. 학교장을 비롯하여 생활지도부장, 학교폭력 관련담당 교사뿐만 아니라 일반 교원에 대해서도 단위학교 차원이나 교육지원청 차원의 교육이 활발하게 이루어지고 있다.

그러나 아직까지도 학교폭력 사안처리를 담당하거나 함께 진행할 가능성이 높은 담임교사의 학교폭력에 대한 인식도가 낮게 나타나고 있다. 특히 초등학교의 경우 학교폭력 사안이 빈번하지 않고, 낮은 수준의 학교폭력으로 인해 많은 교원이 학교폭력 사안처리를 정확히 알 필요가 없다고 인식하고 있다. 담임교사 혹은 일반교사의 경우 학교폭력은 본인의 업무가 아니고 학교폭력 전담교사나 상담교사 등이 해결해야 할 일이라고 인식하는 경우도 많다. 하지만 학교폭력 문제는 생활지도라는 차원에서 인식되어야 하며, 수업과 더불어 생활지도가 교원의 핵심업무 영역이라고 할 때 학교폭력에 관련된 지식 등도 학습되어야 한다. 교원의 역할과 직무의 범위에 대해서 「초 · 중등 교육법」 제20조(교직원의 임무)는 '교사는 법령에서 정하는 바에 따라 학생을 교육한다.'라고 규정하고 있다. 이에 따라 교원은 「학교폭력 예방 및 대책에 관한 법률」에 정해진 책임을 다해야 한다.

교사는 학교폭력이 발생하였을 경우에 사안처리를 신속하고 공정하게 시행하기 위해서는 학교폭력이 어떤 절차에 의해 처리되는지, 가해학생과 피해학생이 이 과정에서 어떤 조치를 받게 되는지, 학교폭력 사안처리와 관련된 유관기관이 있는지, 있다면 어떤 역할을 하는지를 명확하게 알아야 한다. 이에 따라 이 절에서는 [그림 8-1]에서 제시된 사안처리 과정에 기반을 두어 어떻게 학교폭력 사안이 처리되어야 하는지를 구체적으로 설명하였다.

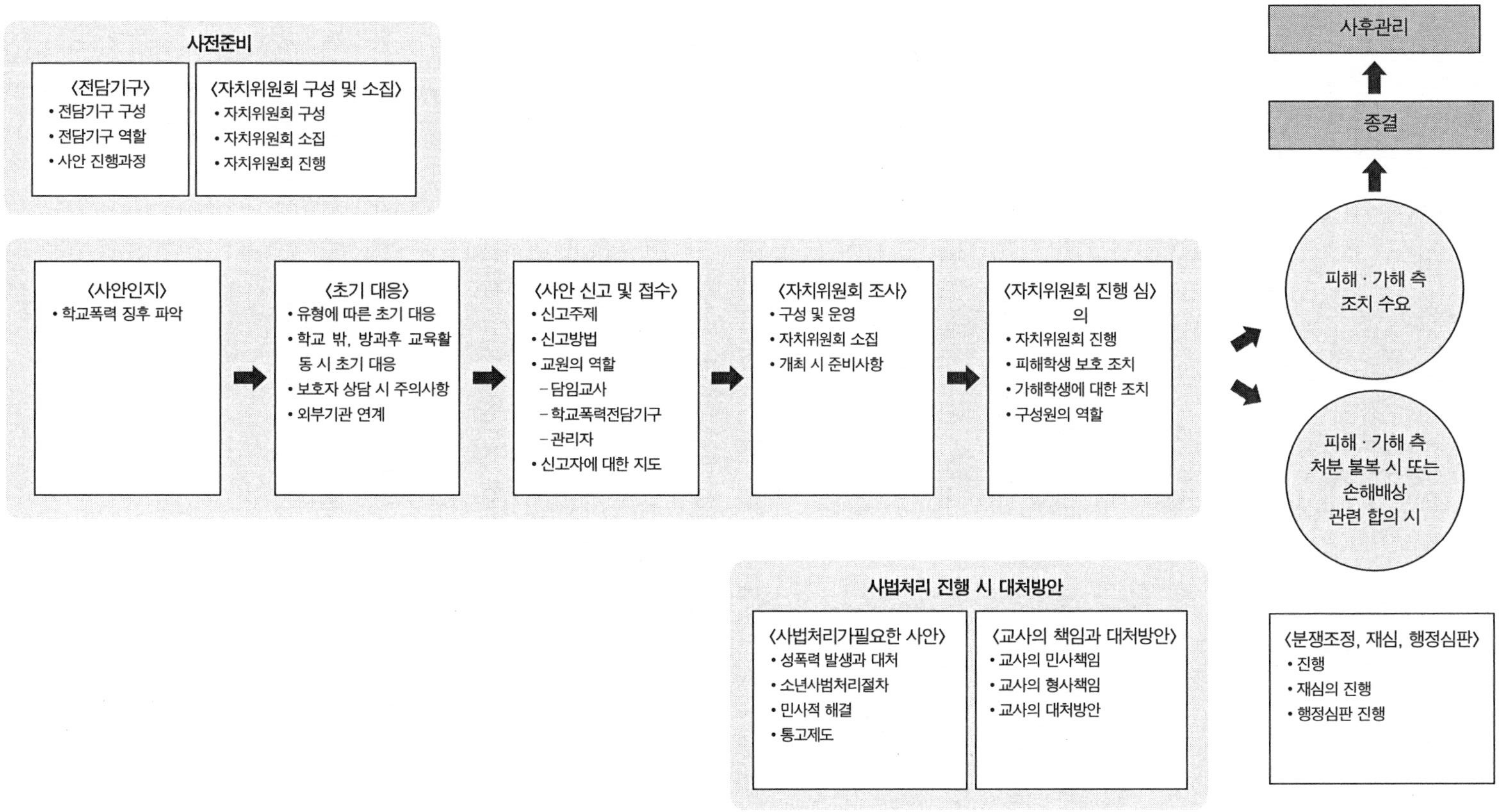

사전준비

〈전담기구〉
- 전담기구 구성
- 전담기구 역할
- 사안 진행과정

〈자치위원회 구성 및 소집〉
- 자치위원회 구성
- 자치위원회 소집
- 자치위원회 진행

〈사안인지〉
- 학교폭력 징후 파악

➡

〈초기 대응〉
- 유형에 따른 초기 대응
- 학교 밖, 방과후 교육활동 시 초기 대응
- 보호자 상담 시 주의사항
- 외부기관 연계

➡

〈사안 신고 및 접수〉
- 신고주제
- 신고방법
- 교원의 역할
  - 담임교사
  - 학교폭력전담기구
  - 관리자
- 신고자에 대한 지도

➡

〈자치위원회 조사〉
- 구성 및 운영
- 자치위원회 소집
- 개최 시 준비사항

➡

〈자치위원회 진행 심의〉
- 자치위원회 진행
- 피해학생 보호 조치
- 가해학생에 대한 조치
- 구성원의 역할

피해 · 가해 측 조치 수요 → 종결 → 사후관리

피해 · 가해 측 처분 불복 시 또는 손해배상 관련 합의 시

〈분쟁조정, 재심, 행정심판〉
- 진행
- 재심의 진행
- 행정심판 진행

사법처리 진행 시 대처방안

〈사법처리가필요한 사안〉
- 성폭력 발생과 대처
- 소년사범처리절차
- 민사적 해결
- 통고제도

〈교사의 책임과 대처방안〉
- 교사의 민사책임
- 교사의 형사책임
- 교사의 대처방안

그림 8-1 학교폭력 사안처리 흐름도

출처: 교육과학기술부(2012a).

4. 학교폭력 사안처리 절차

학교폭력 사안처리 과정에서 가장 중요한 것은 피해학생에 대한 보호다. 또한 사안조사 과정이나 자치위원회의 심의 및 결정과정에서 관련 당사자의 의견이 충분히 반영될 필요성이 있다. 이와 관련하여 다음의 사항은 학교폭력 사안처리를 진행할 때 준수되어야 한다.

학교폭력 사안처리 10대 유의사항

- 학교폭력 사안조사는 방과후 등 수업시간 이외의 시간을 활용한다.
  - 수업시간 중 조사로 인한 '학습권 침해' 민원 방지
- 사안조사 시 강압적인 언사를 사용하지 않는다.
  - '교사 강요에 의한 진술이므로 증거능력이 없다'는 민원을 제기하는 것을 막고, 학부모와의 불필요한 감정적 소모전으로 확산되는 것을 예방
- 자치위원회를 개최할 경우 가·피해자 출석은 반드시 서면으로 요청하고, 서면진술, 진술권 포기 동의 등 불출석 시 조치방법을 안내한다.
  - 전담기구 조사결과에 대한 가·피해자 측 '진술 기회 제한' 민원 방지
- 자치위원회 결과는 반드시 '학교장 명의'로 서면통보하고, 재심 등 불복 절차(「행정절차법」 제24조 제1항, 「학교폭력 예방 및 대책에 관한 법률」 제17조의 2)를 안내한다.
  - 학교폭력 사안처리의 '절차적 하자'를 제기하는 민원 방지
- 학교폭력 사안은 선도위원회에서 다루는 것은 법령 위반이라는 점을 유의한다.
  - 피해학생(보호자)의 학교폭력 사안을 선도위원회에서 조치하는 것은 학교폭력 은폐·축소, 학생부 기재 회피를 위한 것이라는 민원 제기 예방
- 자치위원회에서 피해학생에 대한 조치결정 시 피해학생 및 보호자의 의견을 반드시 청취한다.
  - 피해학생(보호자)이 반대하는 조치 결정 시 거부 민원 예방
- 자치위원회 회의록과 같이 법률상 근거가 있는 경우를 제외하고, 가·피해 당사자, 목격자 등의 진술서 등 사안조사 자료는 비공개를 원칙으로 한다.
  - 「학교폭력 예방 및 대책에 관한 법률」 제21조 비밀 누설 금지 의무 위반 예방 및 사안 관련 학생·학부모(특히 목격자) 보호

- 일사부재리의 원칙을 적용하여 동일한 사안에 대하여 재심 성격의 자치위원회는 개최하지 않는다.
  – 학교폭력 사안처리의 절차상 하자로 인한 민원 방지
- 성범죄 관련 사안을 인지한 경우 반드시 수사기관에 즉시 신고한다.
  –「아동 · 청소년의 성보호에 관한 법률」 제22조 제2항에 따른 신고의무 위반 방지
- 학교폭력 사안발생 시 초기에 학교폭력 사안처리를 적극적으로 하는 등 가 · 피해 학부모와 신뢰를 구축하기 위해 노력해야 한다.
  – 사안 관련 학부모가 학교, 교사에 대해 신뢰하지 못할 경우 학교의 사안처리에 만족하지 못하고 사안이 장기화되는 사례가 많아 특별히 유의

출처: 교육과학기술부(2012a).

교육부는 사안처리에 대한 정보를 정확하게 제공하기 위해서 연수 및 교재 배부 등의 여러 방안을 활용하고 있다. 특히 '현장 중심 학교폭력 대책'에서는 신고와 더불어 보다 나은 치유 · 상담 · 보호기관 등에 대한 정보를 검색할 수 있는 학교폭력 내비게이터 서비스를 준비 중이다(관계부처합동, 2013). [그림 8-2]에 나타나 있듯이 수요자 필요에 따라 관련 기관을 검색할 수 있는 프로그램이 2014년 상반기 중 제공될 예정이다.

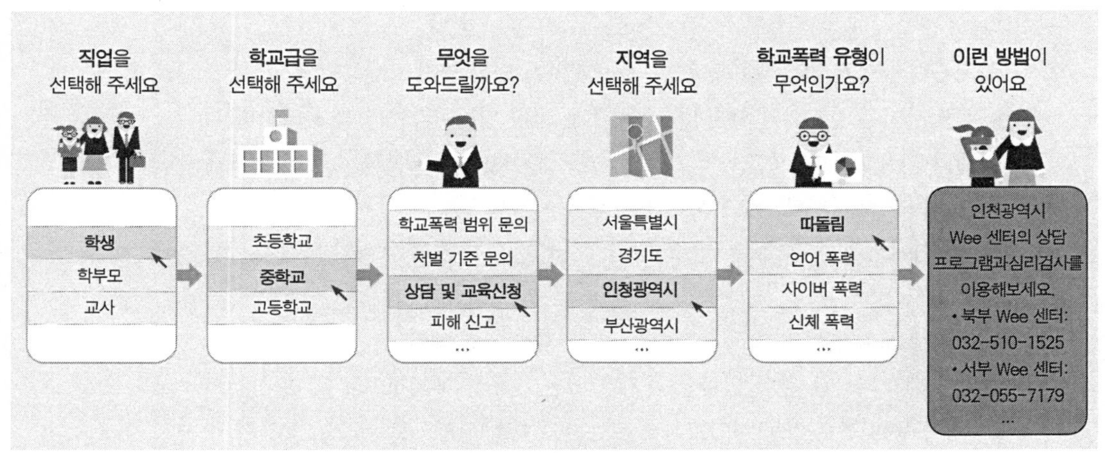

그림 8-2 학교폭력 내비게이터 사용 예시

출처: 관계부처활동(2013).

1) 학교 내 사안처리 절차

(1) 사안 신고

학교폭력이 신고된 후 혹은 학교에 의해 인지된 이후에는 학교 내 학교폭력 사안처리 절차가 시작된다. 피해학생이나 일반학생이 담임교사나 생활지도부장, 학교폭력책임교사 등에 신고하거나 117 학교폭력 신고센터나 전문상담기관 혹은 학교폭력 실태조사에 의해 드러난 학교폭력 사안이 학교에 접수된 후에 절차가 시작된다. 또한 초등학생의 경우 상당수가 학교폭력을 학부모를 비롯한 가족에게 신고한다는 점에서 가족이 담임교사에게 신고함으로써 절차가 시작될 수 있다. 이와 더불어 가해학생이 직접 자진신고기간에 학교폭력을 신고한다든지 담임교사 혹은 학교가 학생의 위기징후를 포착하고 상담함으로써 학교폭력 사안이 드러나게 되어 공식적인 절차가 시작되기도 한다.

117 학교폭력 신고센터를 통해 접수된 다양한 사안도 여러 절차를 통해 처리된다. 2012년 6월에 확대 개소된 117 학교폭력 신고상담센터는 상담에서부터 사후관리를 제공하는 기관으로, 2013년 5월까지 월평균 9,300여 건의 학교폭력 신고를 접수하였다. 대부분의 사안이 상담종결(85% 내외) 되었지만 점차 전담경찰과의 연계나 수사 등의 사후관리가 강화되고 있다(교육부, 경찰청, 2013).

이외에도 청소년폭력예방재단의 학교폭력 SOS 지원단이나 청소년 전화 1388, Wee · 학생위기상담 종합지원서비스, 한국청소년상담복지개발원, (재)자녀안심하고 학교보내기운동 국민재단, 여성 긴급전화, 해바라기아동센터 및 한국성폭력상담소 등을 통해 접수된 학교폭력 사안도 절차에 따라 학교에 통보되기도 한다.

상담 및 신고체계 개선 노력

학교폭력 상담 및 신고체계가 갖추어졌다고 해서 학교폭력을 목격한 학생이나 경험한 학생이 신고를 쉽게 할 수 있는 것은 아니다. 앞에서 살펴본 것처럼 학교폭력 실태조사에 따르면, 상당수의 학생이 신고를 망설이는 경우가 많다. 이러한 문제를 해결하기 위해 단위학교 차원에서의 노력이 다양하게 나타나고 있다.

규암초등학교의 경우, '도와주세요' 홈페이지방을 개선하고 학교폭력 신고 전화에

대한 홍보를 활성함으로써 학교폭력 Zero를 달성하는 데 기여하였다. 또한 천안부성중학교의 경우 학교폭력 예방스마트폰(일명 예스폰)을 운영함으로써 안전한 학교 만들기 성과를 거두었다. 학교는 예스폰을 입학식, 예방교육, 전체 조회, 학부모 회의 시간에 적극적으로 홍보하였고, 학교폭력과 관련된 상담이나 신고를 카카오톡이나 문자 또는 전화로 24시간 접수가 가능하도록 하였다.

출처: 교육과학기술부(2012b).

(2) 사안 접수

학교폭력 사안이 학교에 공식적으로 보고되면, 먼저 「학교폭력 예방 및 대책에 관한 법률」에 의해 학교에 구성된 전담기구에서 사안의 조사가 시작된다. 신고대장에 신고 사실을 기록하고 학교폭력 사안을 담임교사, 가해학생 · 피해학생 학부모, 학교장 및 자치위원회 위원장에게 보고하는 것이 필요하다. 담임교사가 학교폭력 발생 사실을 인지한 후 사건의 조용한 해결을 위하여 학교에 알리지 않고 가해학생과 피해학생과의 화해를 권유하거나 해당 학부모와의 협의를 통해 사건을 처리하는 것은 금지되어 있다. 단, 다음의 사안에 해당하는 경우 담임교사가 단독으로 사안을 종결할 수 있다.

담임교사 종결 사안

판단의 기준

- 가해행위로 인해 피해학생에게 신체 · 정신 또는 재산상의 피해가 있었다고 볼 객관적인 증거가 없는 경우
- 가해학생이 즉시 잘못을 인정하여 피해학생에게 화해를 요청하고, 이에 대해피해학생이 화해에 응하는 경우

조치 방안

- 담임교사가 또래상담, 또래중재, 학생자치법정, 학급총회 등 학생이 스스로 문제를 해결할 수 있는 또래 프로그램을 활용할 수 있도록 여건을 마련한다.
- 학교 실정에 맞는 또래 프로그램을 도입하고, 이를 운영할 수 있도록 담임교사

의 전문성 향상을 위한 연수를 지원한다.
- 담임교사가 사안 인지 후 3일 이내에 해결을 하지 못하는 경우 일반적인 절차를 거쳐야 하는 사안으로 처리한다.

출처: 교육과학기술부(2012a).

(3) 긴급 조치

신고된 학교폭력 사안은 전담기구의 조사와 자치위원회의 결정에 따라 처리된다. 하지만 상황에 따라 학교장이 피해학생의 보호 및 가해학생의 선도가 긴급하다고 판단되면 자치위원회가 열리기 전에도 긴급조치를 시행할 수 있다. 피해학생에 대해서는 심리상담 및 조언, 일시보호, 그 밖에 피해학생의 보호를 위한 조치를 할 수 있으며, 가해학생에 대해서는 피해학생에 대한 서면사과, 피해학생 및 신고 · 고발학생에 대한 접촉, 협박 및 보복행위의 금지, 학교에서의 봉사, 학내외 전문가에 의한 특별교육이수 또는 심리치료(출석정지와 동시에 취해질 수 있음), 출석정지(학내외 전문가에 의한 특별교육이수 또는 심리치료와 동시에 취해질 수 있음)를 내릴 수 있다.

우선 출석 정지 조치가 가능한 경우

「학교폭력 예방 및 대책에 관한 법률 시행령」 제21조 제1항

- 2명 이상의 학생이 고의적 · 지속적으로 폭력을 행사한 경우
- 학교폭력을 행사해서 전치 2주 이상의 상해를 입힌 경우
- 학교폭력에 대한 신고, 진술, 자료제공 등에 대한 보복을 목적으로 폭력을 행사한 경우
- 학교장이 피해학생을 가해학생으로부터 긴급하게 보호할 필요가 있다고 판단하는 경우

「학교폭력 예방 및 대책에 관한 법률 시행령」 제21조 제2항

학교장은 출석정지 조치를 취할 때 가해학생 또는 그 보호자의 의견을 들어야 한다. 다만 학교장이 가해학생 또는 그 보호자의 의견을 들으려 했으나 이에 따르지 않은 경우에는 의견을 듣지 않을 수 있다.

출처: 교육과학기술부(2012a).

(4) 학교폭력 전담기구의 조사

학교폭력이 발생한 경우 학교구성원 전체가 책임지고 처리해야 한다. 이를 위해서는 학교장을 중심으로 학내의 모든 교원과 학부모 및 지역사회의 전체적인 노력이 필요하다. 하지만 학교폭력 사안처리의 효율성을 위해 「학교폭력 예방 및 대책에 관한 법률」은 모든 학교에 전담기구와 자치위원회가 구성되도록 하였다.

전담기구는 학교장에게 구성권이 있으며, 교감, 전문상담교사, 보건교사 및 책임교사 등 학교폭력과 관련된 자로 구성된다. 이 기구는 학교폭력 사안의 최초 접수 및 통보, 사안조사 및 1차적인 가해학생 · 피해학생에 대한 보호 및 조치를 시행한다.

학교폭력 사안의 초기 대응은 매우 중요하다. 이는 피해학생의 보호뿐만 아니라 공정한 사안처리를 위한 정확한 사실관계 확인과 관계자의 진술을 가급적 초기에 확보하는 데 필수적이다. 또한 행정기관으로서 학교의 행정행위(자치위원회 결정)에 대해 학부모들의 재심요청 및 행정심판이나 행정소송을 제기하는 경우가 많아지고 있다는 점을 고려할 때, 초기 대응을 통해 근거자료를 확보하고 정해진 절차를 투명하게 이행하는 것은 향후 사안 처리과정에서 학교에 긍정적으로 작용한다.

사안조사 과정에서의 유의사항

전담기구에서 가해학생 · 피해학생 및 관련 학생을 대상으로 학교폭력 사안에 대한 조사를 실시할 때는 국민의 권리가 부당하게 침해되지 않도록 주의해야 한다. 비록 「학교폭력 예방 및 대책에 관한 법률」에는 사안조사와 관련된 구체적인 절차나 유의사항이 규정되어 있지 않지만 일반적인 법률인 「형사소송법」에 따라 강요에 의한 자백이나 불법행위로 확보된 증거자료는 증거능력이 부정될 수 있다.

국가인권위원회 침해구제 제1위원회(2008. 9. 25. 07진아4677 결정)

- 사안조사 시 가해학생이 소속되어 있는 학급의 전 학생의 사진을 촬영하여 피해학생에게 보여 주면서 지목하도록 한 행위에 대하여 국가인권위원회에 인권침해로 진정
- 학교폭력에 대한 진실을 밝혀 학교폭력 예방에 필요한 대책 수립과 관련 당사자에게 적절할 조치를 취하기 위한 공익적인 목적을 가지고 있다고 하더라도 자신이 지도하고 있는 학생 모두의 사진을 찍는 행위는 교육기관인 학교에서는 최후의 수단이거나 긴급한 수단이어야 함. 하지만 피진정인은 폭행 가해자를

찾는 데 있어 목격자의 자세한 진술을 통해 용모나 복장 등의 정보를 이용해 가해자를 찾아내거나 개별적 상담을 실시해 볼 수 있었으나 하지 않음. 또한 이미 학기 초에 확보된 학생의 사진이 있어 이를 통해 가해자를 찾아내는 방법을 우선적으로 시행한 후에도 가해자를 찾아내지 못하는 경우에 사진촬영을 모색해 볼 수 있었고, 사진 제공을 부탁받은 즉시 촬영을 해야 할만한 긴박한 사정이 없었음에도 불구하고, 피해자(가해학생)의 권리침해를 최소화하기 위한 어떤 조치도 취하지 않고 즉시 피해자(가해학생)를 임의로 촬영한 것은 초상권(촬영거부권)을 침해한 것임.

출처: 조균석 외(2013).

(5) 자치위원회의 역할

자치위원회는 학교폭력의 조사를 실시하고, 그 결과에 따라 심의를 열어 피해학생 보호에 필요한 조치와 가해학생 선도 조치를 실시할 수 있다. 자치위원회는 학교 내 학교폭력 사안처리의 핵심적인 역할을 하는 기관으로, 공정성을 위해 학교장을 제외한 교원, 학부모, 지역사회 전문가 등으로 구성되는 법적 필수 기관이다. 전담기구에서 조사한 내용과 피해학생 · 가해학생의 의견을 종합하여 피해학생의 보호, 가해학생에 대한 선도 및 징계, 피해학생과 가해학생 간의 분쟁조정 등의 역할을 한다. 교육부 지침에 따르면, 학교폭력 사안이 학교에 의해 인지된 후 7일 이내에 자치위원회의 개최가 이루어져야 한다. 이외에도 자치위는 분기별로 1회 이상 회의를 개최하여야 하며, 자치위원회 재적위원 4분의 1 이상이 요청하는 경우, 학교의 장이 요청하는 경우, 그 밖에 위원장이 필요하다고 인정하는 경우에도 회의가 소집된다.

사안조사 및 심의진행

자치위원회는 담임교사와 전문상담교사를 통한 조사결과와 전담기구를 통한 조사결과를 바탕으로 사안조사를 실시한다. 또한 자치위원회는 사안조사와 더불어 피해학생과 가해학생의 진술을 듣고 필요에 따라서는 가해학생 · 피해학생의 보호자에게도 의견을 진술할 기회를 부여함으로써 공정한 조치를 내리는 데 필요한 다각적인 심의를 시행한다.

자치위원회는 원칙적으로 비공개로 진행되며, 비밀누설의 금지 원칙에 따라 자치

위의 회의록은 비공개된다. 하지만 가해학생 · 피해학생 또는 그 보호자가 회의록의 열람 · 복사 등 회의록 공개를 신청한 경우에는 학생과 그 가족의 성명, 주민등록번호 및 주소, 위원의 성명 등 개인정보에 관한 사항을 제외하고 공개될 수 있다(「학교폭력 예방 및 대책에 관한 법률」 제21조 제3항 단서).

가해학생 · 피해학생에 대한 조치

자치위원회는 사안조사와 심의를 바탕으로 다음의 가해학생 · 피해학생에 대한 조치를 학교장에게 요청할 수 있다. 「학교폭력 예방 및 대책에 관한 법률」 제16조 제1항에 따르면, 피해학생의 보호를 위하여 심리상담 및 조언, 일시보호, 치료 및 치료를 위한 요양, 학급교체, 그 밖에 피해학생의 보호를 위해서 필요한 조치를 학교장에게 요청할 수 있으며, 학교장은 피해학생 보호자의 동의를 받아 7일 이내에 해당 조치를 하여야 하고, 이를 자치위원회에 보고하여야 한다.

피해학생이 전문단체나 전문가로부터 상담 등을 받는 데 사용되는 비용은 가해학생의 보호자가 부담하여야 한다. 다만 피해학생의 신속한 치료를 위하여 학교의 장 또는 피해학생의 보호자가 원하는 경우에는 「학교안전사고 예방 및 보상에 관한 법률」 제15조에 따라 학교안전공제회 또는 시 · 도 교육청이 부담하고 이에 대한 구상권을 행사할 수 있다.

자치위는 피해학생의 보호와 가해학생의 선도 · 교육을 위하여 피해학생에 대한 서면사과, 피해학생 및 신고 · 고발학생에 대한 접촉, 협박 및 보복행위의 금지, 학교에서의 봉사, 사회봉사, 학내외 전문가에 의한 특별교육이수 또는 심리치료, 출석정지, 학급교체, 전학, 퇴학 처분 등을 학교장에게 요청할 수 있다. 최종적으로 학교장이 내린 가해학생에 대한 조치는 2012년 3월 1일부터 초 · 중 · 고등학생의 학생부에 학교폭력 가해 사실이 기재된다. 학생부에 기록된 가해학생에 대한 조치사항은 고등학교와 대학교에서 입시전형자료로 활용될 수 있다.

2008년부터 2012년 상반기까지 가해학생 및 피해학생에 대한 조치사항 실태는 〈표 8-2〉 〈표 8-3〉과 같다. 2011년에 비해 2012년에는 심의 건수나 가해학생 수의 급격한 증가를 보이고 있다. 서면사과, 사회봉사 및 특별교육이수조치의 비율은 다소 상승한 반면 접촉금지와 학급교체 비율은 줄어들었다. 학교폭력 피해학생 조치사항은 2011년에 비해 2012년에 급증하였다. 하지만 상담조언 조치가 피해학생 조치

표 8-2 학교폭력 가해학생 조치사항의 실태 변화

연도	심의 건수	가해학생수		가해학생 선도조치									
		월 별	전 체	서면 사과 (1호)	접촉 금지 (2호)	교내 봉사 (3호)	사회 봉사 (4호)	특별 교육 이수 (5호)	출석 정지 (6호)	학급 교체 (7호)	전학 조치 (8호)	퇴학 처분 (9호)	합 계
2008	8,813	2001.5	24,018	1,619 (6.8)	525 (2.2)	10,711 (45.1)	5,330 (22.5)	2,484 (10.5)	1,648 (6.9)	97 (0.4)	1,179 (5.0)	142 (0.6)	23,735 (100.0)
2009	5,605	1217.1	14,605	947 (6.6)	410 (2.9)	5,731 (40.1)	2,758 (19.3)	2,209 (15.5)	1,132 (7.9)	52 (0.4)	911 (6.4)	128 (0.9)	14,276 (100.0)
2010	7,823	1662.4	19,949	1,849 (9.5)	816 (4.2)	7,211 (36.9)	3,488 (17.8)	3,437 (17.6)	1,395 (7.1)	135 (0.7)	1,129 (5.8)	93 (0.5)	19,553 (100.0)
2011	7,443	2251.8	27,021	4,329 (18.0)	2,846 (11.8)	2,472 (10.3)	3,779 (15.7)	2,811 (11.7)	1,277 (5.3)	3,969 (16.5)	2,497 (10.4)	104 (0.4)	24,084 (100.0)
2012 (3~8월)	6,793	2977.7	17,866	3,752 (20.9)	1,722 (9.6)	1,737 (9.7)	3,076 (17.1)	2,615 (14.6)	1,332 (7.4)	2,089 (11.6)	1,520 (8.5)	128 (0.7)	17,967 (100.0)

출처: 정제영 외(2012).

표 8-3 학교폭력 피해학생 조치사항의 실태 변화

연도	심의 건수	피해학생수		피해학생 보호조치							
		월 별	전 체	상담 조언 (1호)	일시 보호 (2호)	요양 (3호)	학급 교체 (4호)	전학 권고 (5호)*	보호 조치 (6호)	기 타	합 계
2008	8,813	1292.5	15,510	12,603 (75.8)	1,028 (6.2)	360 (2.2)	136 (0.8)	646 (3.9)	-(0.0)	1,851 (11.1)	16,624 (100.0)
2009	5,605	1004.5	12,054	9,107 (75.4)	522 (4.3)	450 (3.7)	26 (0.2)	67 (0.6)	587 (4.9)	1,295 (10.7)	12,072 (100.0)
2010	7,823	1145.7	13,748	10,567 (76.7)	635 (4.6)	590 (4.3)	23 (0.2)	73 (0.5)	608 (4.4)	1,252 (9.1)	13,770 (100.0)
2011	7,443	1178.9	14,147	10,443 (75.9)	830 (6.0)	512 (3.7)	91 (0.7)	95 (0.7)	622 (4.5)	1,027 (7.5)	13,763 (100.0)
2012 (3~8월)	6,793	2136.5	12,819	8,971 (74.7)	1,030 (8.6)	728 (6.1)	216 (1.8)	-	- (0.0)	1,072 (8.9)	12,017 (100.0)

*5호 전학권고 조치는 법령 개정에 의해 삭제됨.

출처: 정제영 외(2012).

의 대다수를 차지하는 것은 유사하였다.

분쟁조정

자치위원회는 학교폭력과 관련한 분쟁이 있는 경우에 그 분쟁을 조정할 수 있는 권한을 가진다. 분쟁당사자의 분쟁조정 신청이 있으면 자치위원회 또는 교육감은 분쟁조정의 신청을 받은 날로부터 5일 이내에 분쟁조정을 시작해야 한다. 「학교폭력예방 및 대책에 관한 법률」 제18조 제2항에 학교폭력과 관련한 분쟁조정의 대상으로 피해학생과 가해학생 간 또는 그 보호자 간의 손해배상에 관련된 합의조정과 그 밖에 자치위원회가 필요하다고 인정하는 사항을 규정하였다. 전자의 예로는 피해학생의 치료에 드는 비용, 피해학생의 금전적 손해에 대한 배상, 피해학생의 정신적 피해에 따른 위자료 등이 해당되며, 후자의 경우에는 자치위원회의 심의결과에 따라 가해학생에게 조치가 취해졌음에도 불구하고 피해학생 측이 가해학생에 대해 또 다른 처분을 요구하는 경우, 학교폭력과 관련된 새로운 사실이 밝혀져 재심의가 필요한 경우 등이 해당된다(스쿨로, 2013. 12. 1.).

분쟁조정은 기본적으로 자치위원회가 담당한다. 하지만 자치위원회 또는 교육감은 자치위원회 위원이나 학교폭력대책지역위원회 위원 중에서 분쟁조정 담당자를 지정할 수 있으며, 필요한 경우에는 외부 전문기관과 분쟁에 관련된 사항에 대한 자문 등을 할 수 있다. 이에 '현장 중심 학교폭력 대책'에서는 화해 · 분쟁조정 지원을 안정적으로 수행할 수 있도록 청소년폭력예방재단과 학교폭력분쟁조정 지원센터를 지정 · 운영하고 있다. 학교 내 학교폭력사안으로 발생한 갈등해결을 돕기 위해 전문기관의 도움이 지원된다.

하지만 분쟁조정은 자치위원회의 가해학생 · 피해학생에 대한 조치와는 다르게 당사자들의 의견에 반해서 내려질 수 있는 결정은 아니다. 자치위원회 또는 교육감은 다음 어느 하나에 해당하는 사유가 발생하면 분쟁조정의 개시를 거부하거나 분쟁조정을 중지할 수 있는데, 분쟁당사자 중 어느 한 쪽이 분쟁조정을 거부한 경우, 피해학생 등이 관련된 학교폭력 건에 대해서 가해학생을 고소 · 고발하거나 민사상 소송을 제기한 경우, 분쟁조정의 신청내용이 거짓임이 명백하거나 정당한 이유가 없다고 인정되는 경우가 이에 해당된다. 특히 분쟁조정 중 학교폭력 사안이 수사기관에 정식으로 고소, 고발되거나 민사상 소가 제기된 경우에 분쟁조정은 중단될 수 있다.

분쟁조정은 분쟁당사자 사이에 합의가 이루어지거나 자치위원회 또는 교육감이 제시한 조정안을 분쟁당사자가 수락하는 등 분쟁조정이 성립한 경우나 분쟁조정 개시일로부터 1개월이 지나도록 분쟁조정이 성립하지 않은 경우에 종료된다. 하지만 분쟁조정의 법적 강제성은 존재하지 않아 합의에도 불구하고 한 당사자가 이를 따르지 않은 경우에는 이를 강제할 방법은 없다. 이럴 경우 법원에 소송을 제기함으로써 이행을 강제할 수 있다.

자치위원회가 학교장에게 요청한 가해학생 · 피해학생의 조치를 학교장이 14일 이내에 취하고 이에 대한 피해학생 측과 가해학생 측이 이견이 없고, 처분조치가 잘 이행된 경우에는 학교장이 상급행정기관에 처리 결과를 통보함으로써 학교폭력 사안처리가 종결된다. 하지만 자치위원회의 결정에 학교폭력 당사자가 불복하는 경우에는 학교 밖에서 학교폭력 사안처리가 계속된다.

2) 학교 밖 사안처리 절차

(1) 재심청구

현행 「학교폭력 예방 및 대책에 관한 법률」에는 피해학생 및 그 보호자나 가해학생 및 그 보호자가 자치위원회나 학교장이 내린 결정에 대해 이의가 있는 경우 상급행정기관에 재심을 청구할 수 있다. 피해학생 측의 경우, 자치위원회 또는 학교의 장이 내린 피해학생에 대한 조치와 가해학생에 대한 조치에 대해 이의가 있는 경우 피해학생 또는 그 보호자가 조치를 받은 날로부터 15일 이내, 조치가 있음을 안 날로부터 10일 이내에 학교폭력대책지역위원회에 서면으로 재심을 청구할 수 있다. 이에 대해 학교폭력대책지역위원회는 청구인, 가해학생 및 보호자 또는 해당 학교에 심사에 필요한 자료 또는 정보의 제출을 요구할 수 있고, 청구인, 가해학생 또는 해당 학교는 특별한 사유가 없으면 이를 즉시 제출해야 한다. 또한 청구인, 가해학생 및 보호자 또는 관련 교원 등을 출석하여 진술하게 할 수 있고, 전문가 등 참고인을 출석하게 하거나 서면으로 의견을 들을 수 있다. 학교폭력대책지역위원회는 재심청구를 받은 때부터 30일 이내에 이를 심사 · 결정하여 청구인과 가해학생에게 서면으로 통보해야 한다.

반면 가해학생 측은 자치위원회의 전학 또는 퇴학 처분에 대해 이의가 있는 학생 또는 그 보호자만이 조치를 받은 날로부터 15일 이내, 조치가 있음을 안 날로부터 10일 이내에 시 · 도 학생징계조정위원회에 서면으로 재심을 청구할 수 있다. 학생징계조정위원회는 청구인이나 피청구인에게 심사에 필요한 자료 또는 정보의 제출을 요구할 수 있고, 청구인이나 피청구인은 특별한 사유가 없는 한 이를 즉시 제출해야 한다. 또한 청구인, 피청구인 또는 관련 교원 등을 출석해 진술하게 할 수 있고, 전문가 등 참고인을 출석하게 하거나 서면으로 의견을 들을 수 있다. 시 · 도 학생징계조정위원회는 재심청구를 받으면 30일 이내에 심사 · 결정하여 청구인에게 통보해야 한다.

하지만 피해학생 측과 가해학생 측이 재심결과에 대해서도 이의가 있는 경우에는 결과통보를 받은 날로부터 60일 이내에 행정심판이나 행정소송을 제기할 수 있다.

(2) 행정심판 및 행정소송

가해학생이나 피해학생이 학교의 학교폭력 관련 결정이나 재심기관의 결정에 대해 불복한 경우 행정청의 위법, 부당한 처분이나 부작위로 권리 또는 이익을 침해받은 국민이 이를 회복하기 위하여 행정기관에 제기하는 권리구제제도인 행정심판이나 행정소송[2)]을 제기할 수 있다. 피해학생이 학교폭력대책지역위원회의 결정에 이의가 있는 청구인은 통보를 받은 날로부터 60일 이내에 중앙행정심판위원회에 행정심판을 제기할 수 있으며(「학교폭력 예방 및 대책에 관한 법률」 제17조의 2 제4항), 가해학생이 학교폭력대책지역위원회의 결정에 이의가 있는 청구인은 통보를 받은 날로부터 60일 이내에 해당 교육청 행정심판위원회로 행정심판을 제기할 수 있다(「학교폭력 예방 및 대책에 관한 법률」 제17조의2 제4항). 이러한 행정심판 절차와 별도로 행정소송이 제기될 수 있다.

---

2) 행정심판이나 행정소송은 행정청의 위법, 부당한 처분 등에 대해 국민이 권리 또는 이익을 회복하기 위한 절차라는 공통점이 있으나 행정심판은 행정기관에 설치된 기구(「행정심판법」)에 일회성 판결을 요구하는 반면, 행정소송은 사법부의 절차(「행정소송법」)에 따라 진행되는 차이가 있다.

(3) 기타 과정[3)]

학교폭력 사안처리는 앞에서 설명된 학교 내 · 외의 절차로만 해결되는 것이 아니다. 때로는 학교폭력 사안에 대해 경찰이 직접 개입하여 형사사건으로 처리되는 경우가 많다. 가해학생이 만 14세 이상인 경우에는 형법에 의해 형사처벌을 받을 수 있으며, 만 10~14세 미만인 경우에는 소년법에 따라 보호처분을 받을 수 있다. 반면 만 10세 미만인 경우에는 가해학생에 대한 처벌을 할 수 없다. 이러한 형사법적, 소년법적 처분은 학교의 자치위원회에서 내리는 선도적 목적의 조치와는 다른 목적으로 내려지는 것으로 이중 처벌이 아니다.

2012년 '학교폭력근절 종합대책'에서 학교 현장의 문제에 대해 외부기관의 협력을 강조하고, 사소한 장난도 학교폭력이며, 이는 엄연히 범죄라는 사실을 강력하게 심어줌으로써 학교폭력 문제가 학교 내에서 조용히 처리되어야 할 사안이 아니라 밖으로 드러내고 공식적으로 처리되어야 할 사안으로 인식되기 시작했다. 이로 인해 가해학생에 대한 학교 내에서의 처벌과 별도로 경찰의 인지 및 신고에 따른 법적 절차가 진행되는 경우가 늘어나고 있다.

통상적인 경우 이 과정은 경찰고소 이후에 검찰조사 및 법원의 판단 등의 사법적 과정을 거치게 된다. 사법적 판단에는 다양한 형태가 존재하는데, 형사합의, 형사조정, 보호처분, 형사처벌 등이 있다. 폭행 · 상해와 같은 형사사건에서 다른 사람에게 피해를 입힌 경우에는 그 피해를 당연히 보상해야 하는데, 이는 형사합의를 통해 진행된다. 형사사건 처리과정에서 검사나 판사는 피의자(피고인)에게 합의를 권유하는 경우가 많다. 단, 가해학생이 단순폭행죄로 기소된 경우, 피해학생의 의사에 반해서 처벌할 수 없기 때문에(반의사불벌죄) 형사합의서에 처벌하지 않겠다는 의사를 작성하면 가해학생에 대한 형사절차가 더 이상 진행되지 않는다. 반면 반의사불벌죄가 아닌 폭행치상이나 상해사건의 경우에는 피해학생의 처벌의사와는 관계없이 형사절차가 진행된다.

학교폭력에 대해 또 다른 사법적 판단인 형사조정이 이루어질 수 있다. 형사조정이란 피의자 및 범죄 피해자 사이의 형사분쟁에 대한 공정하고 원만한 해결을 통해

---

3) 스쿨로(2013. 12. 1.)의 학교폭력 사건처리 내용을 요약 · 정리함.

범죄 피해자의 피해를 실질적으로 회복하고, 지역사회의 동참을 통해 형사분쟁의 자율적 해결을 촉진하기 위해 운영되는 제도로서 학교폭력 사안에도 적용될 수 있다.

이외에도 보호처분이나 형사처벌이 이루어질 수 있다. 보호처분의 경우 가해학생이 만 10세 이상, 19세 미만일 때 이루어질 수 있다. 만 10세 이상인 가해자가 경찰 등 수사기관에 고소 또는 고발되면 송치 · 통고(소년부의 접수)→조사→심리→보호처분 집행의 순으로 소년보호재판절차가 진행되며, 가정법원 소년부 또는 지방법원 소년부에서 다루어진다. 보호처분은 전과기록이 남지 않기 때문에 가해자의 장래 신상에 불이익을 주지 않는다. 반면 형사처분은 가해학생이 만 14세 이상인 경우 가해자가 경찰 등 수사기관에 고소 또는 고발된 경우에는 수사→기소(공소제기)→형 집행의 순으로 형사재판절차가 진행된다.

5. 효과적인 학교폭력 사안처리를 위한 과제

학교폭력의 당사자는 학교 내의 학교폭력 사안처리 절차나 경찰의 수사 등의 사법적 절차 과정에서 다양한 갈등을 겪고 있으며, 이 과정에서 서로 간에 불신과 반목이 발생하여 학교폭력 문제가 더 심각해지기도 한다. 사건 초기에 적절한 개입이 이루어지지 않고 피해상황에 대한 사실관계 확인이나 진상 등이 명확하지 않은 상태에서 학교폭력 사안처리가 진행되는 경우에는 당사자를 더욱 힘들게 한다. 사안처리 과정에서의 정보부재와 의사소통의 부족 역시 효과적인 사안처리 절차를 방해하게 된다(서정기, 2012). 특히 학교 내에서 학교폭력 문제가 해결되지 않고 법적인 절차를 밟게 되면 당사자 간의 오해와 대립이 심해지게 된다. 또한 학교공동체 구성원도 학교폭력 사안과 관련하여 여러 심각한 분열을 겪기도 하고, 학교의 핵심 업무인 교수-학습과정이 지장받기도 한다(한유경 외, 2013). 더욱이 학교폭력 사안처리가 적절하게 이루어지지 않은 경우에는 당사자 사이의 불만이 팽배하여 학교폭력 사안처리가 원활하게 진행되지 못한다.

학교폭력으로 발생하는 모든 문제는 학교폭력 사안처리 과정이 신속하고 공정하게 이루어짐으로써 모두 해결되는 것은 아니다. 때론 학교폭력과 관련된 학교 현장의 혼란 및 갈등은 관련 당사자 간의 학교폭력에 대한 인식 차이와 학교폭력을 근절

하기 위한 정책적 노력(학교폭력 가해학생 조치의 학생부 기재 등)의 결과이기 때문이다. 더욱이 학교폭력의 경우 사안이 발생하고 나면 당사자를 비롯하여 학교구성원 모두가 피해를 보기 때문에 무엇보다도 예방이 우선적으로 이루어져야 한다.

근본적으로는 학교폭력 문제가 학교 현장에서 예방될 수 있도록 교육부를 비롯한 교육청 및 학교의 노력이 선행되어야 한다. 만약 학교폭력 문제가 발생하지 않는다면 학교폭력 사안처리 과정이 필요하지 않기 때문이다. 이를 이해서 단기적으로는 사소한 학교폭력도 문제라는 인식의 확산이 필요하고 엄격한 규정을 통해 학교폭력 문제를 엄단할 필요성이 있다. 하지만 장기적으로는 학교가 학생 간의 소통과 공감을 증진시키고 서로에 대한 이해를 바탕으로 더불어 살아가는 능력, 남을 배려하는 능력을 통해 행복하고 안전한 배움의 장소로 거듭날 수 있는 정책이 필요하다. 그럼에도 불구하고 학교폭력이 지속적으로 발생하고 있는 현 시점에서 이 장에서 다루어진 학교폭력 사안처리 과정이 효과적으로 이루어진다면 일정 부분 학교폭력 문제 해결에 도움이 될 것이다.

이 장의 요약

이 장은 학교폭력이 발생한 이후 효과적인 사안처리를 위해 필요한 절차와 주의사항 등을 살펴보았다. 학교 내 사안처리 절차와 학교 외 사안처리 절차를 구분한 후 교원의 역할과 책임을 중심으로 살펴보았다.

생각해 볼 문제

1. 학교폭력 사안처리 절차가 신속하고 공정하게 이루어져야 하는 이유를 설명하고, 이를 위해 갖추어야 할 교원의 자질이 무엇인지에 대해 생각해 보세요.
2. 학교폭력을 인지한 이후 학교폭력 사안처리가 종결될 때까지의 절차를 기술하고, 각 과정에서 교원이 주의해야 할 사항을 생각해 보세요.
3. 이 장에서 논의된 효과적인 학교폭력 사안처리를 위한 유의점 이외에 추가로 어떤 점을 유의해야 학교폭력 발생 시 갈등 없이 학교폭력 문제를 종결할 수 있을지 생각해 보세요.

참고문헌

관계부처합동(2013). 현장 중심 학교폭력 대책: 학교폭력, 현장에서 해결한다.

교육과학기술부(2012a). 학교폭력 사안처리 가이드북.

교육과학기술부(2012b). 학교폭력 예방 우수사례 모음집: 제2회 학교폭력 예방 우수사례 공모전 선정작.

교육과학기술부(2012c). 학교폭력 사안처리 Q & A.

교육부, 경찰청(2013). 학생 · 학부모와 함께한 117 학교폭력신고상담센터 운영 1주년 학교폭력 해결 대표 브랜드로 자리매김 하다. 보도자료.

문용린, 임재연, 이유미, 강주현, 김태희, 김충식, 김현수, 김영란, 이정옥, 박종효, 이진국, 신순갑, 최지영, 김미란, 리하르트 귄더, 최정원, 장맹배, 이기숙, 김미연(2008). 학교폭력 위기개입의 이론과 실제. 서울: 학지사.

박주형, 정제영(2012). 한국과 미국의 학교폭력 예방 및 근절 관련 법령 및 정책 비교 연구. 초등교육연구, 25(4). 한국초등교육학회.

박효정, 정미경, 박종효(2006). 학교폭력 대처를 위한 지원체제 구축 연구. 한국교육개발원.

서정기(2012). 학교폭력 이후 해결과정에서 경험하는 갈등의 구조적 요인에 대한 질적 사례연구. 교육인류학연구, 15(3), 133-164.

송재홍, 김광수, 박성희, 안이환, 오익수, 은혁기, 정종진, 조붕환, 홍종관, 황매향, 안연선, 김경환, (2012). 교대용 맞춤형 학교폭력 예방 및 대책 교재 개발 연구. 한국연구재단.

스쿨로(2013. 12. 1.). 학교폭력 사건처리.

이대성(2012). 판례를 통해서 본 학교폭력 사고에 대한 교사의 법적 책임. 교육법학연구, 24(1), 99-129.

이영주(2013. 12. 10.). '학교생활기록부 흔적 남을라' 학교폭력 징계불복 학생 급증. 연합뉴스.

정제영, 박주형, 이주연(2012). 학교폭력실태와 학교폭력근절 종합대책의 효과성 논의. 학교폭력예방연구소.

정제영, 정성수, 주현준, 이주연, 박주형(2013). 학교폭력 피해 및 가해학생 교육 · 치료지원 프로그램 운영 지원 연구. 대구광역시교육청.

조균석, 정재영, 장원경, 박주형(2013). 학교폭력 근절을 위한 법령해설 및 체제 연구. 이화여자대학교 학교폭력 예방연구소.

한유경, 이주연, 박주형(2013). 학교폭력 대책 강화방안에 따른 단위학교 사안처리 과정에서의 갈등 분석. 교육과학연구, 44(4), 73-97

판례에 나타난 학교폭력 사건의 주요 쟁점

〈학습개요 및 학습목표〉

이 장에서는 학교폭력 사건과 관련된 주요 법적 쟁점을 법원의 판례를 통하여 살펴보고자 한다. 학교폭력 사건과 관련된 소송은 학교장이 '가해학생에 대한 조치'의 취소를 구하는 행정소송, 가해학생에 대한 처벌과 관련한 형사소송, 피해학생이 입은 손해의 배상을 구하는 민사소송으로 구분된다. 각각의 소송에서 주요 쟁점이 되었던 사항을 살펴보고, 법원의 판결문을 통하여 주요 쟁점에 관한 법원의 입장을 알아보고자 한다.

이 장의 구체적인 학습목표는 다음과 같다.

1. 학교폭력 사건과 관련하여 제기될 수 있는 소송의 유형을 이해하고, 소송의 유형별 주요 법적 쟁점을 설명할 수 있다.
2. 학교폭력 사건의 주요 법적 쟁점에 대한 법원의 입장에 기초하여 학교폭력이 발생한 경우에 교사나 보호자로서 취하여야 할 적절한 대처방안을 제시할 수 있다.

1. 학교폭력과 행정소송: '가해학생에 대한 조치'의 취소 청구

1) '가해학생에 대한 조치'의 취소를 구할 법률상의 이익

「학교폭력 예방 및 대책에 관한 법률」 제17조 제1항에 규정된 '가해학생에 대한 조치'를 받은 경우에 이러한 조치를 받은 국 · 공립학교 학생은 학교장을 피고로 하여 법원에 가해학생에 대한 조치의 취소를 구하는 행정소송을 제기할 수 있다. 사립학교 학생의 경우에는 학교법인을 상대로 당해 조치의 무효 확인을 구하는 민사소송을 제기할 수 있다.

국 · 공립 학교장의 가해학생에 대한 「학교폭력 예방 및 대책에 관한 법률」 제17조 제1항에 의거한 조치는 행정소송법 제2조 제1항 제1호 소정의 '처분'에 해당한다. 이러한 처분에 효력기간이 정하여져 있고, 그 기간이 이미 경과한 경우에도 그 처분

의 취소를 소구할 수 있는지에 대하여 법원은 외형상 그 처분이 잔존하여 어떠한 법률상의 이익이 침해되었다고 볼만한 특별한 사정이 없는 한 그 처분의 취소를 구할 법률상의 이익이 없다고 보고 있다. 이러한 견지에서 법원은 출석정지기간이 경과한 학교장의 출석정지처분에 대하여서는 가해학생에게 출석정지처분의 취소를 구할 법률상의 이익이 없다고 판단하였으나, 이미 완료된 학교장의 전학처분에 대하여서는 상급학교 진학 시 학교배정문제 등과 관련하여 가해학생에게 전학처분의 취소를 구할 법률상의 이익이 있다고 판단하였다.

◆대전지방법원 2012. 11. 28. 선고 2012구합3479 판결

사실관계

중학교 3학년에 재학 중인 가해학생(원고)이 학교장(피고)을 상대로 가해학생에 대한 출석정지처분과 전학처분의 취소를 구하는 행정소송을 제기하였다. 가해학생과 피해학생은 ○○중학교 3학년 9반에 재학 중이었다. 피해학생의 아버지는 2012. 6. 21. ○○경찰서에 '가해학생이 2012. 학기 초부터 자습시간에 아무런 이유 없이 피해학생의 팔과 다리를 때려 멍이 들었고, 피해학생이 학교를 나올 경우 밟아 버리겠다고 협박하였다'는 취지의 학교폭력 신고를 하였고, 같은 날 ○○경찰서로부터 학교폭력 신고접수 통지를 받은 학교장은 사실조사를 하였다.

2012. 6. 25.과 2012. 6. 28. 학교폭력대책 자치위원회가 개최되어 추가적인 사실조사를 하였고, 위 위원회는 회의를 거쳐 가해학생에 대하여 전학 및 2012. 7. 6.부터 전학 전까지 출석정지 조치를 하도록 결의하였다. 학교장은 2012. 6. 29. 가해학생에 대하여 학교폭력예방 및 대책에 관한 법률 제17조에 근거하여 전학처분 및 2012. 7. 6.부터 전학 전까지 출석정지처분을 하였다. 가해학생의 법정대리인인 부친은 2012. 7. 5. 이 사건 각 처분에 불복하여 ○○○도 교육감에게 징계 재심청구를 하였으나 2012. 7. 23. 기각되었다.

학교장은 2012. 8. 6. ○○○도 ○○교육지원청 교육장에게 가해학생에 대한 학교폭력가해학생 전학 학교배정 요청을 하였고, 이에 ○○○도 ○○교육지원청 교육장이 2012. 8. 13. 가해학생을 ●●중학교로 배정하는 학교폭력 가해학생 전학 학교배정 처분을 하였으며, 그 무렵 학교장이 가해학생의 학적부 등을 ●●중학교로 이관시킴으로써 행정적으로 가해학생의 전학절차가 완료되었다.

출석정지기간이 경과한 출석정지처분 취소 청구에 관한 법원의 판단

행정처분에 그 효력기간이 정하여져 있는 경우 그 처분의 효력 또는 집행이 정지된 바 없다면 그 기간의 경과로 행정처분의 효력은 상실되므로 그 기간의 경과 후에는 그 처분이 외형상 잔존함으로 인하여 어떠한 법률상 이익이 침해되고 있다고 볼 만한 별다른 사정이 없는 한 그 처분의 취소를 구할 법률상의 이익이 없다(대법원 2002. 7. 26. 선고 2000두7254 판결 등 참조).

이 사건에 관하여 보건대, 원고에 대한 출석정지처분은 이미 그 집행이 이루어졌고, 2012. 7. 6.부터 전학 전까지의 출석정지기간도 이미 경과하여 그 처분의 효력이 현재까지 존속한다고 볼 수 없는 바, 이 사건 출석정지처분이 외형상 잔존함으로 인하여 원고에게 어떠한 법률상의 이익 침해 가 계속되고 있다고 볼 만한 특별한 사정이 인정되지 않으므로, 이 사건 출석정지처분에 대하여는 원고가 더 이상 그 처분의 취소를 구할 법률상의 이익을 보유한다고 보기 어렵다. 그러므로 이 사건 소 중 출석정지처분의 취소를 구하는 청구부분은 부적법하다고 할 것이다.

이미 완료된 전학처분 취소 청구에 관한 법원의 판단

피고가 이 사건 전학처분은 이미 그 집행이 종료되었으므로 그에 대한 취소청구는 소의 이익이 없어 부적법하다고 본안 전 항변을 하므로 살피건대, 원고가 이 사건 전학처분에 의하여 ●●중학교로 전학되어 기존에 다니던 ○○중학교를 다닐 수 없는 상태가 계속되고 있을 뿐만 아니라, 학교폭력예방 및 대책에 관한 법률 시행령 제20조 제4항에 따라 교육감 또는 교육장은 전학 조치된 가해학생과 피해학생이 상급학교로 진학할 때에는 각각 다른 학교를 배정하여야 하는 점 등에 비추어 보면, 그 집행이 이미 완료되었다고 하더라도, 원고로서는 이 사건 전학처분의 취소를 구할 법률상 이익이 있다고 봄이 상당한 바, 피고의 이 부분 본안 전 항변은 이유 없다.

살피건대, 인정되는 다음과 같은 여러 사정, 즉 ① 원고와 피해학생의 같은 반 급우들은 이 사건 학교폭력과 관련하여 학교 측의 조사를 받으면서 원고가 이따금 피해학생을 괴롭히고 때렸다는 취지로 진술한 점, ② 담임교사도 이 사건 처분에 관한 재심사건에서 원고가 수차에 걸쳐 피해학생을 때리고 괴롭혔다는 취지로 진술한 점, ③ 원고도 수차에 걸쳐 피해학생의 팔을 때리거나 딱밤을 때린 사실을 인정하고 있는 점, ④ 피해학생은 2012. 6. 8.부터 2012. 6. 22.까지 ○○아동발달센터에서 학교

폭력으로 인한 학교부적응문제로 인한 심리치료를 받은 점, ⑤ 피해학생의 부친이 ○○경찰서에 한 학교폭력 신고와 관련하여 ○○지방검찰청 ○○지청 검사는 2012. 7. 27. 원고에 대하여 폭행 및 강요죄로 소년보호사건송치처분을 한 점 등에 비추어 보면, 학교폭력 가해자인 원고에 대한 피고의 이 사건 전학처분은 적절한 조치였던 것으로 판단되는바, 이와 반대의 견지에서 이 사건 처분이 재량권을 일탈 · 남용한 것으로서 위법하다는 취지의 원고의 주장은 이를 받아들일 수 없다.

2) 학교장의 징계재량권의 행사 기준

가해학생에게 학교장의 조치에 대한 취소를 구할 법률상의 이익이 있는 경우에 학교장의 가해학생에 대한 조치가 학교장의 징계재량권의 범위 내에서 이루어졌는지 여부가 주로 문제가 된다. 법원은 학교장의 퇴학처분에 관한 징계재량권 행사에 대하여 가해행위의 동기와 정도, 가해학생의 비행전력과 평소의 성행 및 행위 후의 태도, 부모의 태도, 개선 가능성 등을 충분히 참작하여야 한다는 교육목적에 기한 한계를 제시하고 있다.

(1) 서울행정법원 2010. 10. 21. 선고 2010구합32181 판결

사실관계

고등학교 2학년에 재학 중인 가해학생(원고)이 학교장(피고)을 상대로 가해학생에 대한 전학조건부 퇴학처분의 취소를 구하는 행정소송을 제기하였다. 가해학생은 ○○고등학교 2학년에 재학하고 있는 학생이다. 학교장은 2010. 2.경 가해학생이 위 ○○고등학교 1학년 4반에 재학할 당시인 2009. 12. 17. 같은 동 소재 ○○역 근처 ○○천에서 위 고등학교 1학년 8반 학생인 피해학생과 서로 싸우던 중 피해학생의 얼굴을 주먹으로 수 회 때려 우측 눈 부위에 멍이 들게 하고 피해학생에게 치아파절상을 입혔다는 이유로 가해학생과 피해학생 및 위 싸움에 연루된 다른 학생에게 전학조치를 하였으나(제1차 처분), 가해학생이 이에 응하지 아니하자 2010. 3. 24. 가해학생에 대하여 2010. 3. 24.부터 2010. 4. 2.까지 등교정지를 명하고 2010. 4. 5.자로 퇴학처분을 하였으며(제2차 처분), 그 후 2010. 5. 6. 가해학생의 ○○시 교육청 학생징계조정위원회에 대한 재심청구가 받아들여져서 제2차 처분 중 퇴학처분은 취소되

었다. 학교장은 2010. 7. 8. 다시 가해학생에 대하여 이 사건 폭행을 이유로 학교폭력 예방 및 대책에 관한 법률 제17조 제1항 제4호 및 제9호에 의하여 '2010. 8. 18.까지 타 학교로 전학을 가지 아니하면 2010. 8. 19.자로 퇴학처분을 하겠다'라는 내용의 전학조건부 퇴학처분을 하였다(이 사건 처분).

가해학생은 이 사건 폭행 당시 피해학생에게 상해를 입히기는 하였으나, 그 이전부터 피해학생으로부터 줄곧 괴롭힘을 당하여 왔고 폭행 당일에도 피해학생의 폭행을 저지하다가 그와 같은 상해를 입히게 된 것으로서 경위에 있어 참작할 만한 사정이 있는 점, 이 사건 폭행 이전에 비행을 저지르거나 친구들과 싸움을 하는 등으로 징계를 받은 적이 없었던 점 등을 고려하면, 가해학생이 ○○고등학교 학생선도규정 제21조 제7항 제1호에 규정하는 '형사입건되어 학업을 계속할 수 없다고 판단되는 자'에 해당하지 아니할 뿐만 아니라 이 사건 처분은 원고에게 지나치게 무거워서 징계재량권의 범위를 일탈하거나 이를 남용한 것이라고 주장하였다.

학교장의 징계재량권 일탈 · 남용 여부에 관한 법원의 판단

원고가 비록 형사입건되기는 하였으나 학업을 계속할 수 없다고 판단되는 자에 해당한다고 보기는 어려울 뿐만 아니라, 이 사건 처분은 원고에게 지나치게 무거워서 징계재량권의 범위를 일탈하거나 이를 남용한 것으로 봄이 상당하다.

원고는 2009. 12. 17. 점심시간 무렵에 원고의 반에 찾아온 1학년 8반 재학생 피해학생과 사소한 말다툼을 벌이다가 몸싸움을 하였고 그 후 같은 날 방과 후에 ○○천에서 피해학생과 다투던 중 이 사건 폭행을 하여 피해학생에게 상해를 입혔는데, 피해학생의 피해 정도가 크고 피해학생과 사이에 합의가 이루어지지 아니한 상태이다. 그러나 2009. 12. 17. 점심시간에 사소한 이유로 말다툼을 벌이다가 피해학생이 먼저 원고의 멱살을 잡으면서 몸싸움으로 번지게 된 것으로 보이고, 친구들에 의하여 위 몸싸움이 제지된 이후에도 피해학생이 먼저 원고에게 방과 후에 싸우자고 제의하였으며 방과 후에는 친구들과 함께 원고의 반으로 찾아왔던 점 등에 비추어 보면, 이 사건 폭행은 피해학생에 의하여 유발된 것으로 봄이 상당하므로 폭행의 정도나 결과만을 두고 원고에 대한 징계수위를 결정하여서는 아니 될 것이다.

원고는 ○○초등학교를 재학할 당시 6년 동안 개근하였고, ○○중학교 재학 당시부터 이 사건 폭행 이전까지 무단지각이 7회 정도 있었을 뿐 결석을 한 적은 없다.

원고는 2009. 9. 3. 피고로부터 '수업태도 불량, 장난, 교실 내를 돌아다니면서 장난'을 이유로 교내봉사 3일의 징계를 받은 적이 있으나 그 외 징계를 받은 전력이 없었고, ○○고등학교의 학교생활세부사항기록부의 '행동특성 및 종합의견'란 중 1학년 부분에는 '원고는 과묵하며 심성은 착하나 일에 대한 적극성이 다소 부족함. 학습 태도는 양호한 편이나 노력이 꾸준하지 않아 학습 성과가 높지 않음'이라고 기재되어 있는 것 등을 보면, 원고가 이 사건 폭행 이전에 특별히 선도가 필요한 학생이었던 것으로 보이지 아니한다.

원고와 같은 고등학생이 불미스러운 폭행 사건을 일으켰다는 이유로 다른 학교로 전학을 가게 될 경우 새로운 환경에 적응하는 과정에서 상당한 심적인 고통을 겪게 될 것이 예상되고, 이로 인하여 더 좋지 않은 길로 빠지게 될 가능성도 크다(초등학교 시절부터 결석이 없었던 가해학생이 이 사건 폭행 이후에 여러 번 가출을 감행하였던 것을 보면 더욱 그러하다). 한편 피해학생과 싸움에 연루된 다른 학생이 이미 다른 학교로 전학을 갔으므로 원고가 피해학생 등과 같은 학교에 재학하면서 다시 충돌할 가능성은 없어졌다고 할 것이고, 원고의 부모는 원고에 대한 선도를 다짐하고 있다.

피고는 폭행을 주도한 학생들에 대하여 예외 없이 모두 전학처분을 하였다고 주장하면서 동종사건 징계사례(을 17호증, 대상자들이 모두 여학생들이다)를 제시하고 있으나, 학교폭력 예방을 위한 인성교육 프로그램(을 14호증) 중 '2009년도 제1차 심성수련의 날 행사계획'에는 폭행 가해자인 남학생이 폭행을 이유로 사회봉사 3일의 징계를 받은 적이 있었던 것으로 보이고, 을 17호증의 전학사례에 남학생이 관련되지 아니한 것을 보면 을 14호증에 언급된 폭행과 관련하여서는 어느 누구도 전학처분을 받지 아니하였던 것으로 보인다. 그리고 사안의 경중과 내용 및 재발가능성 등을 제대로 살피지 아니하고 폭행사고를 저지른 학생을 예외 없이 전학시키는 것은 비교육적일 뿐만 아니라 행정편의주의적 조치이어서 그 자체로 비판의 대상이 될 수 있다.

(2) 전주지방법원 2011. 5. 3. 선고 2010구합2699 판결

사실관계

고등학교 1학년에 재학 중인 가해학생(원고)이 학교장(피고)을 상대로 가해학생에 대한 퇴학처분의 취소를 구하는 행정소송을 제기하였다. 가해학생은 2010. 3. ○○고

등학교에 입학하여 1학년에 재학하고 있었다. 위 학교는 '가해학생이 ○○○ 등 5명과 함께 2010. 4. 6.부터 2010. 4. 9.까지 사이에 실시된 현장학습 기간 동안 같은 반 급우인 피해학생1, 2를 가해학생의 숙소로 불러 집단으로 폭행하고 같은 기간 수차례 금품을 갈취하였다'는 이유로, 2010. 4. 30. 제1차 학교폭력대책자치위원회 회의를, 2010. 5. 6. 제2차 학교폭력대책자치위원회 회의를 각 개최하여 가해학생 등에 대한 징계문제를 심의한 후, 가해학생을 비롯한 적극가담자 4명에게는 1주일의 시간을 주어 전학을 가도록 하고 만일 기간이 넘도록 전학을 가지 않을 경우에는 다시 징계를 논의하기로 하는 내용으로 의결하고, 이를 가해학생 등과 그 부모들에게 통보하였다.

이에 전학조치를 받은 나머지 세 명 중 두 명은 자퇴를 하였고 한 명은 전학을 갔으나 가해학생은 위 의결사항에 불응하였고, 위 학교는 2010. 6. 17. 학생 생활 선도 협의회를 개최하여 가해학생에 대한 징계문제를 재차 심의한 후, 가해학생에게 2010. 6. 26.까지 전학을 위한 시간을 주고, 다시 2010. 7. 3.까지를 가정학습 기간으로 준 뒤, 그때까지도 전학을 가지 않으면 퇴학처리를 하기로 결의하고, 이를 가해학생 및 그 부모에게 통지하였다. 그러나 가해학생은 위 의결사항에도 불응하여 전학을 가지 않았고, 학교장은 2010. 7. 8. 가해학생에 대하여 퇴학처분(이 사건 처분)을 하였다.

이후 가해학생은 ○○○도 교육청 학생징계조정위원회에 이 사건 처분에 대한 재심청구를 하였으나, 위 학생징계조정위원회는 2010. 8. 10. 가해학생의 폭력의 정도가 심하고, 개전의 정이 엿보이지 않으며 피해자 학생과 부모에 대한 진정한 사과의 노력이 부족하다는 이유로 재심청구를 기각하였다.

학교장의 징계재량권 일탈 · 남용 여부에 관한 법원의 판단

(징계사유에 대한 판단) 원고 등은 2010. 4. 6.부터 2010. 4. 9.까지 사이에 실시된 현장학습 기간 동안 피해학생1, 2가 당시 체류하던 숙소 내에서 담배를 피웠다는 이유로 피해학생1과 피해학생2를 원고의 숙소로 불러들인 뒤, 돌아가면서 주먹과 발 등으로 피해학생1, 2의 얼굴, 가슴, 배 부위를 여러 차례 때려 집단으로 폭행한 사실, 또한 같은 기간 원고 등은 피해학생1, 2와 함께 각출하여 치킨과 맥주 등을 시켜먹는 과정에서 피해학생1, 2에게 돈을 더 많이 내게 하기도 하고, 1~2천 원씩 돈을 빼

앗기도 한 사실, 현장학습이 끝나고 학교로 돌아온 이후 원고 등은 피해학생1, 2에게 심부름을 시키거나 돈을 구해 오라고 요구하면서 말을 듣지 않으면 때리겠다고 협박하여 이에 겁을 먹은 피해학생2가 결석을 하기도 한 사실 등이 인정되는바, 이와 같이 원고가 집단폭행에 가담하고 피해학생들로부터 금품을 갈취한 것은 결코 사안이 경미하다고 할 수 없는 것으로서, 교육상 원고를 징계할 필요가 있다고 할 것이다.

(징계양정의 적정 여부) 학교가 그 교육목적 실현과 내부질서 유지를 위하여 자율적으로 학칙을 제정하고 그 학칙 위반자에 대하여 징계처분을 하는 것은 가능한 한 존중되어야 할 것이다. 그러나 한편 학교의 장이 교육상 필요에 의하여 학생에 대하여 징계처분을 하는 경우에도 징계사유와 징계처분 사이에 사회통념상 상당하다고 인정할 수 있는 균형이 요구된다 할 것이므로 그 한도 내에서 재량권의 한계가 있다. 특히 학생의 신분관계를 소멸시키는 퇴학처분은 징계의 종류 중 가장 가혹한 처분으로서 학생의 학습권 및 직업선택의 가능성을 제한할 수 있는 중대한 처분이므로, 아직 배움의 단계에 있고 인격적으로 성숙해 가는 과정에 있는 학생이라는 점을 고려하여, 적어도 객관적으로 학생 신분을 유지하게 하는 것이 교육상의 필요 및 학내질서의 유지라는 징계의 목적에 비추어 현저히 부당하거나 불합리하다고 인정될 수 있을 정도로 중한 징계사유가 있고 개전의 가능성이 없어 다른 징계수단으로는 징계의 목적을 달성할 수 없는 경우에 한하여 예외적으로 이루어져야 한다고 봄이 상당하다.

「초 · 중등교육법 시행령」(2011. 3. 18. 대통령령 22712호로 개정되기 전의 것) 제31조 제2항에서 학교의 장이 학생에 대하여 징계를 할 때에는 '학생의 인격이 존중되는 교육적인 방법으로 하여야 하며, 그 사유의 경중에 따라 징계의 종류를 단계별로 적용하여 학생에게 개전의 기회를 주어야 한다'고 규정하고, ○○고등학교 학생 생활규정 제62조에서 '학생징계는 학생의 인격 존중을 우선적으로 고려하여 문제학생에 대한 대응조치보다 예방지도에 중점을 두고, 학생의 평소 품행과 교육적인 면을 참작한다'고 규정하고 있는 것 역시 퇴학처분은 중한 징계사유가 있는 경우에 한하여 예외적으로 이루어져야 한다는 취지라 할 것이다.

이 사건으로 돌아와 보건대, 앞에서 본 바와 같은 원고의 폭행 및 금원의 갈취사실 뿐만 아니라 그 경위나 정도에 대하여 다투며 잘못을 뉘우치는 모습을 보이지 않

는 원고나 그 학부모의 태도로 인하여 피해학생1, 2 및 그 부모들이 정신적으로 큰 상처를 받았고 계속하여 고통을 겪고 있으리라는 것은 어렵지 않게 짐작할 수 있다.

그러나 다음과 같은 사정, 즉 ① 원고의 행위는 비난가능성이 크지만, 교육상의 필요 및 학내질서의 유지라는 징계의 목적에 비추어 누가 보더라도 학생신분을 유지하게 하는 것이 현저히 부당하거나 불합리하다고 인정될 정도라고 볼 수 있을지 의문인 점, ② 원고는 이전에 동종의 징계사유로 징계를 받은 전력이 없으므로 원고에게 개전의 가능성이 전혀 없었다고 단정할 수 없고 퇴학처분보다 경한 징계로는 그 교육적 목적을 달성할 수 없었다고 단정할 수도 없는 점, ③ ○○고등학교 학생 생활 규정 징계기준에 의하더라도 원고의 행위가 퇴학의 중징계를 받아야 하는 경우에 해당한다고 단정하기 어렵고, 당초 원고에 대한 징계를 심의하기 위하여 개최된 ○○고등학교 학교폭력대책자치위원회 회의에서도 원고에 대한 전학조치를 의결하였으나, 원고가 이에 응하지 않자 이 사건 퇴학처분을 하게 된 것인바, 당시 학생정원 등의 문제로 인해 원고가 다른 학교로 용이하게 전학을 갈 수 있는 여건도 아니었던 것으로 보이는 점, ④ 원고가 ○○고등학교로 복귀하더라도 피해학생1, 2와 다른 반에 배치하는 등 학교에서 적절한 조치를 취하여 위 피해학생1, 2가 원고와 마주칠 일이 줄어들게 할 수 있는 점, ⑤ 아직 배움의 과정에 있고 인격적으로 성숙하지 못한 학생을 교육하여 인격을 완성시키고 어엿한 사회의 구성원으로 길러내야 할 책무 또한 교육기관의 장인 피고에게 주어진 중요한 임무 중의 하나임에도 원고에 대하여 배움의 기회 자체를 박탈하는 것은 교육적 견지에서도 타당하지 않은 점, ⑥ 이 사건 처분은 징계의 종류 중 가장 무거운 처분으로서 원고에게 교육을 통해 우리 사회의 건강한 구성원으로 거듭날 수 있는 기회를 박탈하는 결과를 초래할 수 있을 뿐만 아니라 사회에 진출할 적절한 시기를 놓치게 하는 등 원고의 현재 및 장래의 삶에 미치는 불이익이 매우 큰 점 등을 종합해 보면, 피고가 원고에게 개전의 기회를 주지 않고 징계의 종류 중 가장 중한 퇴학처분을 내려 학생신분을 소멸시킨 것은 원고에게 지나치게 가혹하여 재량권을 벗어나거나 남용한 것으로서 위법하다.

2. 학교폭력과 형사소송: 가해학생에 대한 처벌

1) 학교폭력 가해학생에 대한 형사사법절차

가해학생은 「학교폭력 예방 및 대책에 관한 법률」 제17조 제1항에 의거한 조치를 받은 경우에도 형사상 처벌의 대상이 될 수 있다. 「학교폭력 예방 및 대책에 관한 법률」은 가해학생의 형사책임에 관한 형법 또는 소년법과는 별개로, 가해학생의 선도 · 교육을 위하여 학교에서 자율적으로 취할 수 있는 조치를 규정하고 있는 법이기 때문이다.

학교폭력의 가해학생이 형벌법령을 위반하여 일반 형사범죄를 저지른 경우에 가해학생의 연령에 따라 그 처리절차가 달라진다. 형법 제9조는 만 14세가 되지 아니한 자는 형사미성년자로서 처벌하지 않도록 하고 있다. 따라서 형벌법령을 위반하였다고 하더라도 가해학생이 만 14세 미만인 경우에는 일반 형사사건으로 처리되지 않는다. 그러나 만 10세 이상의 경우에는 소년법 제4조 제1항 제2호의 '형벌법령에 저촉되는 행위를 한 만 10세 이상 만 14세 미만인 소년(촉법소년)'에 해당하게 되어 소년보호사건으로 가정법원 소년부나 지방법원 소년부에서 소년법에 따른 조치를 받게 된다. 반면에 형벌법령을 위반한 가해학생이 만 14세 이상 만 19세 미만의 경우에는 소년형사사건으로서 소년법 제48조에 의하여 일반 형사사건의 예에 따라 처리되고 있다.

또한, 소년법 제4조 제1항 제3호 소정의 '① 집단적으로 몰려다니며 주위 사람들에게 불안감을 조성하는 성벽이 있거나, 정당한 이유 없이 가출하거나, 술을 마시고 소란을 피우거나 유해환경에 접하는 성벽이 있으면서, ② 그의 성격이나 환경에 비추어 앞으로 형벌법령에 저촉되는 행위를 할 우려가 있는 만 10세 이상인 소년(우범소년)'에게도 소년법이 적용된다. 따라서 학교폭력의 가해학생이 만 10세 이상 만 19세 미만의 소년으로서, 형벌법령에 저촉되는 행위를 하지 않았더라도 이러한 우범소년에 해당되는 경우에는 형사사법기관에서 소년보호사건으로 처리될 수 있다.

2) 소년형사사건의 예

(1) 대구지방법원 2012. 4. 13. 선고 2012노653 판결

1심: 대구지방법원 2012. 2. 20. 선고 2012고단381 판결

사안의 개요

학교폭력 피해학생이 자살한 후, 폭력행위 당시 만 14세의 중학생이었던 가해학생 두 명(피고인들)이 폭력행위 등 처벌에 관한 법률 위반(상습공갈), 폭력행위 등 처벌에 관한 법률 위반(상습상해), 폭력행위 등 처벌에 관한 법률 위반(상습강요), 폭력행위 등 처벌에 관한 법률위반(상습재물손괴 등)으로 기소되었다. 제1심 법원은 피고인1을 징역 장기 3년 6월, 단기 2년 6월에, 피고인2를 징역 장기 3년, 단기 2년에 처하였고, 피고인들은 선고된 형이 너무 무거워서 부당하다고 항소하였다. 항소심 법원은 원심판결을 파기하고, 피고인1에게는 폭력행위 등 처벌에 관한 법률 위반(상습공갈)로 징역 장기 3년, 단기 2년 6월을, 피고인2에게는 폭력행위 등 처벌에 관한 법률 위반(상습공갈)로 징역 장기 2년 6월, 단기 2년을 선고하였다.

학교폭력 가해학생의 폭력행위에 관한 법원의 판단

살피건대, ① 피고인들과 피해자는 같은 학교, 같은 학급의 친구 사이임에도 불구하고, 피고인들의 위 피해자에 대한 이 사건 범행이 장기간에 걸쳐 반복적으로 이루어졌고, 가해행위의 정도도 점차 심해진 점, ② 이 사건 범행이 대부분 가장 안전하고 편히 쉴 수 있는 곳이어야 할 위 피해자의 집 안에서 이루어진 점, ③ 피고인들의 범행수법을 보면, 위 피해자를 욕실로 데려가 세면대에 받아 놓은 물에 얼굴을 강제로 집어넣고, 위 피해자의 목에 전기줄을 감아 잡아당기면서 바닥에 떨어진 과자를 주워 먹게 하는 등 위 피해자의 인격을 모독하여 정신을 피폐하게 할 정도에 이른 점, ④ 피고인1은 늦은 시간까지 위 피해자로 하여금 인터넷 게임을 하도록 강요하였고 자신이 써야 할 반성문을 대신 쓰게 하거나, 과제물을 대신하게 하였으며, 심지어 위 피해자가 인터넷 게임을 열심히 하지 않았다는 이유로 위 피해자의 영어 자습서를 찢는 등 위 피해자가 정상적인 학교생활을 하지 못하도록 한 점, ⑤ 피고인들이 평소 주고받은 문자메시지 내용 등을 살펴볼 때, 피고인들은 이 사건 범행이 이루

어지는 동안 자신들의 행위가 얼마나 잘못된 것인지 전혀 인식하지 못하고 있었던 것으로 보이는 점, ⑥ 피고인1은 초기부터 장기간에 걸쳐 주도적으로 이 사건 범행을 저질렀으며, 위 피해자 외에도 2명의 피해자가 더 있는 점, ⑦ 피고인2는 피고인들과 같은 학교, 같은 학급 친구들의 참고인 진술에서 보듯이, 피고인1에 비하여 상대적으로 약자의 위치에 있었다고 보기 어려움에도 불구하고, 수사기관에서 당심 법정에 이르기까지 자신도 학교폭력의 피해자라는 취지로 주장하며, 피고인1에게 책임을 전가하는 듯한 태도를 보이고 있는 점, ⑧ 피고인들은 피해자가 사망한 당일에도 위 피해자의 집에 들어가 자신들의 흔적을 없애는 등 반성하고 있는 모습을 보이기보다는 자신들의 잘못을 덮기에 급급하였던 점, ⑨ 피고인들의 이 사건 범행으로 인하여 피해자가 자살이라는 극단적인 선택에 이르게 되었고, 그 유족들은 씻을 수 없는 상처를 안고 살아가게 되었으며, 아직도 피고인들의 엄한 처벌을 탄원하고 있는 점, ⑩ 그럼에도 피고인들은 위 피해자의 유족들에게 아직까지 아무런 피해 회복 조치도 취하지 않고 있는 점, ⑪ 최근 만연하고 있는 학교폭력의 실태를 볼 때, 나이 어린 학생이라 하여 관용을 베푸는 것만이 능사라 할 수 없고, 오히려 자신의 잘못에 대한 책임을 지는 것을 배우도록 할 필요도 있다고 보이는 점 등에 비추어 볼 때, 피고인들은 그에 상응하는 엄한 처벌을 받아야 마땅하다.

다만, 기록에 의하여 인정되는 다음과 같은 사정, 즉 ① 피고인들은 이 사건 범행 당시 만 14세의 중학생으로서 아직 인격이 완전히 형성되지 아니한 상태의 청소년들인 점, ② 피고인들이 초등학교 시절에는 비교적 성실하게 학교생활에 임하였던 것으로 보이고, 이러한 점에 비추어 볼 때 향후 어느 정도 개선의 여지가 있다고 볼 수 있는 점, ③ 피고인들이 이 사건 범행 이전에는 형사처벌을 받은 전력이 없는 점, ④ 피고인들의 부모가 피고인들에 대하여 무한한 애정을 가지며 앞으로 이들을 적극적으로 선도하겠다고 굳게 다짐하고 있는 점, ⑤ 피고인들 또한 이 사건 범행을 모두 인정하면서 장기간의 구금 생활을 통하여 자신들의 잘못을 깊이 뉘우치고 있는 점, ⑥ 청소년들 사이에 만연한 인터넷 게임의 폐해 또한 이 사건 범행에 일정 부분 영향을 미친 것으로 보이는 점, ⑦ 피고인1의 경우 피해자의 유족과는 합의를 한 점, ⑧ 피고인2의 경우 범행 초기에는 피고인1에 비하여 비교적 소극적으로 가담하였던 것으로 보이고, 피해자와 주고받은 문자메시지 내용 등을 살펴볼 때, 위 피해자와 서로의 고민에 관한 대화를 나눈 정황도 엿보이는 점에다가 이 사건 범행과 유사한 다

른 범행에 대한 형사처벌과의 형평을 비롯하여 피고인들의 성행, 환경, 이 사건 범행에 이르게 된 동기와 경위, 범행의 방법 및 결과, 범행 전후의 정황, 그 밖에 이 사건 기록과 변론에 나타난 양형의 조건이 되는 여러 가지 사정들을 보태어 보면, 원심의 양형은 다소 무거워 부당하다고 판단된다.

3. 학교폭력과 민사소송: 피해학생의 손해에 대한 배상청구

1) 피해학생의 손해에 대한 배상

학교폭력 사건이 발생한 경우에 피해학생은 가해학생에 대한 학교폭력대책자치위원회의 요청에 따른 학교장의 조치 또는 형사상의 처벌과는 별도로, 가해학생의 폭력행위로 인하여 발생한 손해에 대한 배상을 청구할 수 있다.

◆수원지방법원 2011. 9. 22. 선고 2010가단61539

사실관계

피해학생과 그 부모(원고들)가 가해학생과 그 부친(피고들)을 상대로 가해학생의 폭력행위로 인하여 발생한 손해에 대한 배상을 청구하였다. 피해학생은 2010. 5. 7.경 같은 반 친구인 가해학생과 사이에 몸을 부딪친 것과 관련하여 말다툼을 벌이던 중 학교 인근 공원에서 가해학생과 상호 폭행을 하였는데, 당시에는 가해학생보다 피해학생이 더 많은 폭행을 가한 상태였다. 이에 가해학생은 억울한 나머지 피해학생에게 다시 한 번 더 싸우자는 의사를 표시하였으나 피해학생은 계속 싸움을 피하였는데, 가해학생이 2010. 5. 13. 16:00경 ○○아파트 단지 내에서 피해학생을 수차례 폭행하여 피해학생에게 약 3주간의 치료를 요하는 안면비골골절, 안면부 중등도 타박 및 찰과상 등의 상해를 가하였다.

학교폭력자치위원회의 조치와 민사상 손해배상청구권 사이의 관계에 관한 법원의 판단

피고들은 2010. 6. 17. 열린 학교폭력대책자치위원회에서 이 사건 사고로 인한 분쟁에 관하여 원고 피해학생은 피고 가해학생에게 서면사과를 하고, 피고 가해학생은

교내봉사 20시간을 하는 것으로 합의를 하였으므로, 원고들의 청구에 응할 수 없다는 취지로 주장하나, 을 제1호증의 1, 2, 3의 각 기재만으로는 위 학교폭력대책자치위원회에서 원고들과 피고들 사이에 위 사고로 인한 원고들의 피고들에 대한 손해배상청구권을 포기하기로 합의하였다고 인정하기 부족하고, 달리 이를 인정할 증거가 없으므로, 피고들의 위 주장은 이유가 없다.

2) 가해학생 및 보호자의 책임

가해학생의 손해배상책임은 불법행위에 관하여 규정하고 있는 민법 제750조에 따라, 가해학생의 고의 또는 과실로 인한 위법행위로 타인에게 손해가 발생한 경우에 발생한다. 그러나 민법 제753조에 따르면, 가해학생이 미성년자이고 자신의 행위의 책임을 변식할 지능이 없는 경우에는 손해배상책임을 부담하지 않는다. '행위의 책임을 변식할 지능'을 책임능력이라고 하는데, 자신의 행위가 위법한 것으로서 법률상 일정한 책임을 발생하게 한다는 것을 인식할 수 있는 정신능력을 의미한다. 책임능력은 연령을 기준으로 일률적으로 정하여져 있지 않고 사람에 따라 개별적으로 결정되는데, 대체로 판례는 만 12세 미만의 미성년자는 책임무능력자로 보는 반면에, 만 14세 이상의 미성년자에게는 책임능력을 인정하고 있다.

가해학생이 책임무능력자인 경우에 그 보호자(친권자)는 책임무능력자를 감독할 법적 의무가 있는 사람이므로 민법 제755조 제1항에 따라 가해학생의 불법행위로 인한 손해배상책임을 부담하게 된다. 다만 미성년자인 가해학생에게 책임능력이 있어 스스로 손해배상책임을 부담하는 경우에도 법원은 '그 손해가 당해 미성년자의 감독의무자의 의무위반과 상당인과관계가 있으면 감독의무자는 일반불법행위자로서 손해배상책임이 있다'고 판시하고 있다(대법원 1994. 2. 8. 선고 93다13605 전원합의체 판결).

(1) 울산지방법원 2006. 12. 21. 선고 2005가단35270 판결

사실관계

중학생인 피해학생과 그 부모(원고들)가 가해학생들의 부모들과 학교를 설치 · 운영하는 지방자치단체(피고들)를 상대로 가해학생들의 폭력행위로 인하여 발생한 손

해에 대한 배상을 청구하였다. 피해학생과 가해학생들은 모두 ○○중학교 1학년 6반 학생들인데, 피해학생은 평소에도 수업시간에 이따금 엎으려 잠을 자고, 친구들과 말을 거의 하지 않으며, 친구들이 장난을 걸어도 대꾸도 하지 않는다는 등의 이유로 같은 반 친구들로부터 놀림을 당하거나 따돌림을 당하는 일이 가끔 있었다. 2005. 6. 20. 09:05경 ○○중학교 1학년 6반 교실에서, 가해학생1, 2, 3이 피해학생이 자율학습시간인데도 책상에 엎드려 있다는 이유로 피해학생의 등, 얼굴, 팔을 때리고 멱살을 잡았다. 그 후, 가해학생1이 2005. 6. 20. 16:15경 학교수업이 끝난 후 청소시간에 장난삼아 주먹으로 피해학생의 등을 수 회 때리자, 이를 보고 있던 가해학생들 7명이 합세하여 특별한 이유 없이 피해학생의 머리, 어깨, 가슴, 등, 팔 등을 주먹으로 때리거나 발로 걷어찼다. 피해학생은 가해학생들의 폭행으로 인하여 안면부 좌상, 구내 열상 등 약 3주간의 치료를 요하는 상해를 입게 되었고, 폭행을 당한 이후 사고 상황에 대한 반복적 회상, 대인관계기피, 가해자에 대한 적개심, 우울증 등의 증상으로 외상후 스트레스장애의 진단을 받고 그 무렵부터 2005. 9. 8.까지 신경정신과적 치료를 받았다. 피해학생의 담임교사는 이 사건 집단폭행이 있기 전에 가해학생들 중 한 명이 피해학생을 괴롭히고 있다는 사실을 듣고 그 학생과 상담을 한 적이 있고, 2005. 6. 11.경 가해학생들이 같은 반의 여학생을 집단적으로 괴롭힌다는 이야기를 듣고 동인들을 불러 질타하기도 하였다.

가해학생의 보호자의 책임에 관한 법원의 판단

책임능력이 있는 미성년자의 불법행위로 인하여 손해 가 발생한 경우에도 그 발생된 손해 가 미성년자의 감독의무자의 부주의와 상당인과관계가 있으면 당해 감독의무자는 민법 제750조에 따라 손해배상책임을 진다고 할 것이다. 그런데 위 인정사실에 의하면, 가해학생들은 모두 이 사건 집단폭행 당시 12세 5개월부터 13세 2개월 남짓된 중학교 1학년생들로서 자신들의 행위에 대한 책임을 변식할 지능이 있었다고 할 것이지만, 경제적인 면에서는 전적으로 각자의 부모들에게 의존하면서 부모들의 보호 · 감독을 받고 있었고, 당시 우리 사회에서는 학교 내 폭력과 집단따돌림 등이 이미 사회문제화 되어 있었으므로, 피고 부모들로서는 나이가 어려서 변별력이 부족한 가해학생들이 다른 학생을 폭행하거나 집단적으로 괴롭히는 등의 행위를 하지 않도록 교육하고, 보호 · 감독하여야 할 주의의무가 있음에도 이를 게을리한 과실

로 가해학생들이 원고 피해학생에게 이 사건 집단폭행을 가하는 것을 방치하였다고 할 것이므로, 피고 부모들은 민법 제750조에 따라 이 사건 집단폭행으로 인하여 원고들이 입은 손해를 배상할 의무가 있다.

(2) 대법원 2011. 4. 14. 선고 2011다12675 판결

2심: 서울고등법원 2010. 12. 24. 선고 2010나8893 판결

1심: 서울동부지방법원 2009. 12. 16. 선고 2008가합16224 판결

사실관계

정신지체 2급의 지적장애가 있는 피해학생과 그 부모와 동생(원고들)이 가해학생들과 그 부모들, 학교를 설치 · 운영하는 지방자치단체(피고들)를 상대로 가해학생들의 폭력행위로 인하여 발생한 손해에 대한 배상을 청구하였다. 피해학생은 2006. 3. 2. ○○고등학교에 입학하였는데, 2006.경 가해학생들은 피해학생을 바보라고 놀리고 손으로 때렸다. 가해학생들은 2007. 10. 12. 가을 소풍날 ○○해수욕장에서 물에 빠지기 싫어하는 피해학생을 물에 빠뜨릴 것처럼 장난을 치고, 2007. 11.경 난로에 데워진 뜨거운 동전을 피해학생이 줍도록 하여 손가락에 화상을 입히는 등 피해학생을 괴롭혔다. 피해학생은 2007. 12. 11. ○○병원에서 정신분열증 진단을 받았고, 같은 달 17. ○○병원에서 재진단을 받았으나 상세불명의 정신분열증 진단을 받았다. 이후 피해학생은 입원치료와 통원치료를 받았고, 2009. 7. 6. ○○병원에서 향후 불특정 장기간 동안 외래 치료와 상담치료를 요하고, 보호자의 일상생활 관리 및 감독도 지속적으로 요구되는 상태의 정신분열병 진단을 받았다. 한편 가해학생들은 위의 행위로 ○○지방법원으로부터 2008. 9. 11. 가해학생1, 2, 3, 4, 5, 6은 폭행, 가해학생7은 상해로 각 보호자의 감호에 위탁하는 소년법 제32조 제1항 제1호의 보호처분결정을 받았다.

가해학생의 책임에 관한 법원의 판단

피고 학생들이 원고 피해학생에게 한 행위를 개별적으로 보면 고등학교 남학생들끼리 통상적으로 장난을 치는 정도로 볼 가능성도 있으나, 피고 학생들은 앞서 언급된 행동 외에도 원고 피해학생을 만만하게 보고 약 1년 동안 지속적으로 놀리고 때

리는 등의 장난을 쳐 온 것으로 보이고 이러한 행위들을 당하는 입장에서 종합적으로 보면 단순한 장난의 정도를 넘어서는 일종의 집단 따돌림으로 볼 수도 있는 점, 원고 피해학생은 정신지체 2급의 장애를 가진 학생으로 장애가 없는 학생들에 비하여 정신사회적인 스트레스에 취약한 점, 고등학교 2학년은 감수성이 예민하고 또래와 관계를 중요시하는 시기라는 점에서 정신적 장애가 없는 학생이라도 같은 반 다수의 학생에게 약 1년 동안 지속적으로 앞과 같은 취급을 받는다면 정신적인 고통을 받고 정신병이 발병할 가능성을 배제할 수 없는 점, 달리 원고 피해학생이 학교 외에 다른 곳에서 정신분열증이 발생할 정도의 정신적 스트레스를 받았다고 볼 사정이 없는 점을 보태어 고려해 보면, 원고 피해학생은 피고 학생들로부터 약 1년 동안 지속적으로 괴롭힘을 당하였고, 그로 인하여 정신분열증의 상태에 이르게 되었다고 봄이 상당하다. 따라서 피고 학생들은 불법행위자로서 원고들이 입은 손해를 배상할 의무가 있다.

가해학생 보호자의 책임에 관한 법원의 판단

피고 학생들의 부모들로서 미성년자인 피고 학생들이 앞과 같은 불법 행위를 하지 아니하도록 보호감독하여야 할 주의의무가 있음에도 이를 게을리한 과실이 인정되어 피고 학생들과 공동불법행위자로서 원고에게 손해배상책임이 있다.

3) 교사 및 학교를 설치 · 운영하는 지방자치단체의 책임

피해학생이 교사 또는 학교를 설치 · 운영하는 지방자치단체를 상대로 손해배상청구소송을 제기하는 경우도 있다. 교사는 학생을 감독할 법정의무가 있는 친권자를 대신하여 학교 내에서 학생을 보호 · 감독하는 대리감독자로 볼 수 있으므로 법원은 교사에게 학생의 학교생활 전반에 대한 보호 · 감독의무를 부과하고 있지는 않지만, 사안에 따라 제한된 범위 내에서 보호 · 감독의무를 인정하고 그 위반에 대한 책임을 묻고 있다.

(1) 대법원 2000. 4. 11. 선고 99다44205 판결

2심: 인천지방법원 1999. 4. 16. 선고 99나687

1심: 인천지방법원 1998. 12. 10. 선고 97가단15127

사실관계

중학생인 피해학생과 그 부모(원고들)가 학교를 설치 · 운영하는 지방자치단체(피고)를 상대로 가해학생의 폭력행위로 인하여 발생한 손해에 대한 배상을 청구하였다. 피해학생은 ○○중학교 2학년에 재학 중이던 1996. 12. 14. 10:00경 체육시간이 끝나고 교실로 들어와 쉬는 시간에 같은 반 학생인 가해학생으로부터 폭행을 당하여 좌측 안와골절상을 입게 되었다. 폭행을 당한 이유는 피해학생 등이 체육시간에 학교 담을 넘어 나갔다 오다가 들키는 바람에 체육교사로부터 같은 반 학생들이 단체로 약 5분 정도에 걸쳐 쪼그려뛰기 20회, 엎드렸다 일어나기 20회, 팔벌려뛰기 20회의 벌을 받아 화가 났기 때문이라는 것이다.

교사 및 학교를 설치 · 운영하는 지방자치단체의 책임에 관한 법원의 판단

지방자치단체가 설치 · 경영하는 학교의 교장이나 교사는 학생을 보호 · 감독할 의무를 지는 것이지만, 이러한 보호 · 감독의무는 교육법에 따라 학생들을 친권자 등 법정감독의무자에 대신하여 감독을 하여야 하는 의무로서 학교 내에서의 학생의 전생활관계에 미치는 것은 아니고, 학교에서의 교육활동 및 이와 밀접 불가분의 관계에 있는 생활관계에 한하며, 그 의무범위 내의 생활관계라고 하더라도 교육활동의 때와 장소, 가해자의 분별능력, 가해자의 성행, 가해자와 피해자의 관계, 기타 여러 사정을 고려하여 사고가 학교생활에서 통상 발생할 수 있다고 하는 것이 예측되거나 또는 예측가능성(사고발생의 구체적 위험성)이 있는 경우에 한하여 교장이나 교사는 보호 · 감독의무 위반에 대한 책임을 진다고 할 것이다(대법원 1993. 2. 12. 선고 92다13646 판결, 1997. 6. 13. 선고 96다44433 판결, 1999. 9. 17. 선고 99다23895 판결 등 참조).

이 사건 사고가 일어난 체육시간 수업 직후의 휴식시간은 다음 수업을 위하여 잠시 쉬거나 수업의 정리 · 준비 등을 하는 시간으로서 교육활동과 질적 · 시간적으로 밀접 불가분의 관계에 있어, 그 시간 중의 교실 내에서의 학생의 행위에 대하여는 교사의 일반적 보호 · 감독의무가 미친다고 할 수 있다. 그러나 기록에 의하면, 이 사건 사고 당시 가해자인 가해학생은 만 14세 4개월 정도로서 충분한 분별능력이 있고, 비록 공부를 못하고 성격이 급하나 본성이 착하여 평소 친구들을 때리거나 괴롭힌

일이 없으며, 피해자인 원고 피해학생과 같은 급우로서 별 문제 없이 지내왔고, 원고 피해학생도 비록 공부는 못하나 심성이 고운 학생으로 친구들 사이에서 별다른 문제가 없는 학생이었으며, 체육교사가 단체기합을 주게 된 동기와 약 5분 정도에 걸쳐 쪼그려뛰기 20회, 엎드렸다 일어서기 20회, 팔벌려뛰기 20회를 실시한 체벌의 방법과 정도로 보아 교육적 차원에서 정당하고, 그 단체기합으로 인하여 같은 반 학생들이 원고 피해학생 등에게 반감을 가질 정도의 것은 아니라고 보이므로 이러한 가해자의 성행, 피해자와의 관계, 사고발생의 때와 장소 등을 고려할 때 체육교사나 담임교사 등이 이 사건 사고를 예측하거나 예측할 수 있었다고 보기 어렵고, 사고에 앞서 체육교사가 앞과 같은 단체기합을 주었다는 사정만으로 사고의 발생에 대한 구체적 위험성이 있다고도 할 수 없다. 따라서 이 사건 사고는 돌발적이거나 우연한 사고로서 체육교사 등 교사에게 보호 · 감독의무 위반의 책임을 물을 수 없다고 보아야 할 것이다.

(2) 대구지방법원 안동지원 2006. 12. 22. 선고 2005가합814 판결

사실관계

사망한 피해학생(망인)의 부모(원고들)가 학교를 설치 · 운영하는 지방자치단체(피고)를 상대로 가해학생의 폭력행위로 인하여 발생한 손해에 대한 배상을 청구하였다. 가해학생은 2005. 9. 20. 11:25경 ○○중학교 2학년 교실에서 수학교사로부터 3교시 수학수업을 받던 중, 앞자리에 앉아 있던 망인이 그 옆자리에 앉아 있던 ○○○의 팔을 친 것에 대하여 ○○○에게 고자질했다는 이유로 망인이 '너희 엄마 창녀'라는 말을 하자, 이에 격분하여 망인의 얼굴을 주먹으로 3회 때려 바닥에 넘어져 머리를 부딪치게 하여 정신을 잃게 하였다. 이에 수업을 진행하던 수학교사는 즉시 망인을 ○○의원으로 이송하였으나, 보다 큰 병원의 치료가 필요하다는 의사의 소견에 따라 다시 ○○병원으로 이송하였음에도, 피해학생은 같은 날 14:38경 외상성 지주막하 출혈로 사망하였다.

교사 및 학교를 설치 · 운영하는 지방자치단체의 책임에 관한 법원의 판단

사고 발생의 구체적 예견가능성에 관하여 보건대, 수학교사는 수업시간 칠판에 글씨를 쓰던 중 가해학생과 피해학생이 앉아 있던 부근이 소란스러워 조용히 하도

록 1회 지적한 바 있는 사실, 이후 곧바로 같은 반 학생인 ●●●이 수학교사에게 질문을 하자, 수학교사는 ●●●이 앉아 있던 자리로 가 질문한 문제를 풀어 주고 있던 중 이 사건 사고가 발생한 사실, ●●●의 자리는 교탁을 중심으로 가운데 열의 앞에서 두 번째 자리이고, 피해학생은 그 왼쪽 열의 앞에서 네 번째, 가해학생은 그 바로 뒤의 앞에서 다섯 번째 자리로서 고개를 들어 주시할 경우 쉽게 가해학생, 피해학생의 동태를 확인할 수 있는 거리 및 각도에 위치한 사실을 인정할 수 있으나, 앞서 본 수학교사의 지적으로 인해 가해학생과 피해학생 사이의 소란이 잠시 잦아들었다가 다시 동인들이 서로 장난을 하던 중 피해학생이 가해학생에게 어머니에 관한 욕설 등을 하자, 이에 흥분한 가해학생의 피해학생에 대한 순간적인 3회의 가격행위로 이 사건 사고가 발생한 사실, 가해학생과 피해학생 사이의 말장난이 폭행으로 진행된 시간은 불과 수초에 지나지 않아 옆자리에 있던 ○○○ 등이 이들을 말리지 못했던 사실, 가해학생은 반원들의 선거로 반장으로 선출되는 등 원만한 교우관계를 유지하고 있었고, 피해학생 역시 축구부원으로서 오전 수업만을 참여하고, 오후에는 훈련에 참가하는 생활 속에서도 학업성적이 우수하고, 원만한 교우관계를 유지하고 있었던 사실, 가해학생과 피해학생은 평소 자주 서로 장난을 치는 정도의 친분관계가 있었던 사실을 인정할 수 있는 바, 평소 가해학생이 피해학생을 비롯한 반원들에게 자주 폭력을 행사하는 등의 폭력성향을 보인다거나, 피해학생과의 사이에 지속적인 갈등관계에 있었다는 점 등에 관하여 이를 인정할만한 어떠한 자료가 없는 이 사건에서 위에서 인정되는 가해학생의 평소 성향, 가해학생과 피해학생 사이의 친소관계, 이 사건 사고의 발생 경위, 사고 발생의 때와 장소 등을 종합하여 볼 때, 앞서 인정한 사실만으로는 수학교사가 자신이 진행하는 정규 수업시간 중에 수업을 받는 학생인 가해학생이 같은 반 학우인 피해학생을 사망에 이를 정도로 구타할 수 있다는 점을 예측하였거나 예측할 수 있었다고 단정하기 어렵고, 달리 이를 인정할 만한 증거가 없으므로, 이를 전제로 한 원고들의 주장은 이유 없다.

(3) 울산지방법원 2006. 12. 21. 선고 2005가단35270 판결

사실관계

'가해학생 및 보호자의 책임'에서 울산지방법원 2006. 12. 21. 선고 2005가단35270 판결의 사실관계와 동일함.

교사 및 학교를 설치 · 운영하는 지방자치단체의 책임에 관한 법원의 판단

이 사건 집단폭행은 두 차례 모두 교실 내에서 수업이 시작되기 전의 자율학습시간과 수업이 끝난 후 청소시간에 같은 반 급우들인 가해학생들에 의하여 이루어진 점, 위 집단폭행이 이루어질 당시 우리 사회에서는 교내폭력과 집단따돌림 등이 심각한 사회문제로 대두되어 있었던 점, 가해학생들은 모두 한창 장난기가 많을 뿐 아니라 성숙하지 못한 사고로 인하여 때로는 동료 학생들에게 거친 행동을 할 수 있는 연령대의 중학생들인 점, 당시 담임교사도 이 사건 폭행이 발생하기 이전에 가해학생들 중 한 명이 원고 피해학생을 가끔 괴롭히고 있다는 것을 들었고, 같은 반 여학생 중 한 명이 가해학생들로부터 집단괴롭힘을 당하기도 했다는 이야기를 듣고, 가해학생들을 불러서 질타를 하기도 한 점에 비추어 보면, 담임교사는 당시의 사회분위기나 자신이 맡고 있는 학급 내 상황에 비추어 원고 피해학생이 가해학생들로부터 집단괴롭힘이나 집단폭행을 당할 수도 있다는 것을 어느 정도 예상할 수 있었다 할 것이므로, 이러한 경우에 담임교사로서 수업시간 전후로 수시로 돌아보고, 학급의 반장을 통하여 학급 내에서의 집단괴롭힘이나 폭행사건이 발생할 경우 즉각적으로 보고를 하도록 하며, 학급 내에서 종종 동료 학생들을 괴롭히는 가해학생들에 대하여는 보다 적극적인 자세로 훈육을 하고 앞과 같은 집단괴롭힘 등이 발생되지 않도록 필요한 예방조치를 취해야 할 주의의무가 있음에도 불구하고, 이를 소홀히 함으로써 결과적으로 원고 피해학생으로 하여금 앞과 같이 집단폭행을 당하도록 하는 상황에 이르도록 하였다고 할 것이므로, 피고 지방자치단체는 국가배상법 제2조에 따라 그 소속 공무원인 담임교사의 앞과 같은 위법한 공무수행으로 인하여 원고들이 입은 손해를 배상할 책임이 있다.

(4) 대법원 2007. 6. 15. 선고 2004다48775 판결

2심: 서울고등법원 2004. 8. 11. 선고 2003나71916 판결

1심: 서울남부지방법원 2003. 9. 26. 선고 2002가합13943 판결

사실관계

사망한 피해학생(망인)의 부모와 동생(원고들)이 학교를 설치 · 운영하는 지방자치단체(피고)를 상대로 가해학생의 폭력행위로 인하여 발생한 손해에 대한 배상을 청

구하였다. 사고 발생 당시 망인은 공립학교인 ○○중학교 3학년 4반에, 가해학생은 위 학교 3학년 5반에 각 재학 중이던 학생이다. 망인은 2002. 4. 15. 점심시간에 학교 운동장 구석 공사장에 쌓여져 있는 흙더미 뒤로 가해학생의 친구인 친구1을 끌고 가서, 망인의 친구 네 명이 지켜 보는 가운데 친구1를 폭행하였는데, 마침 운동장에 나와 있던 가해학생이 그 현장을 목격하였다. 망인은 평소 ○○○ 등과 어울려 학교에서 힘이 약한 친구들을 때리고 괴롭히거나 금품을 빼앗는 등으로 다소 문제를 일으켰는데, 앞과 같이 친구1를 폭행한 이후에도 ○○○은 가해학생의 친구인 친구2를 화장실로 불러내 폭행을 하기도 하였다. 가해학생은 평소 망인 등의 앞과 같은 행위에 불만을 품고 있던 중, 망인 등으로부터 친구들이 폭행을 당하는 것을 보자 그것을 말리지 못하는 자신에게 화가 나고 자존심이 상하여 망인 등을 상대로 복수를 해 주고 싶다는 생각을 하게 되었다.

가해학생은 앞과 같이 친구1이 폭행을 당하는 것을 목격한 점심시간이 끝나고 5교시 수업이 시작된 직후인 13:35경 집에 있는 칼을 가지고 와서 망인을 찔러 혼을 내줘야겠다는 생각을 하게 되었다. 이에 당시 수업을 진행하던 담당교사에게 배가 아파서 양호실에 가겠다고 하면서 교실을 나왔다. 가해학생은 교실에서 나와 바로 집으로 가려고 하였으나 1층 현관에서 담임교사를 만났고, 위 담임교사가 수업시간인데 어디를 가느냐고 물어 보는 바람에 양호실에 간다고 하면서 양호실로 가게 되었다. 가해학생은 양호교사로부터 소화제를 받아먹고 밖으로 나와 집으로 가려다가 교장과 마주쳤으나 위 교장으로부터 아무런 제지를 받지 않은 채 학교 밖으로 나가 집으로 갔다.

가해학생은 집에서 부엌칼(길이 약 25cm)을 달력 종이에 말아 싼 후 이를 가지고 다시 학교로 돌아와, 망인이 6교시 수업을 받고 있는 3학년 4반 교실 뒷문으로 들어가 운동장 쪽 창가 맨 뒤에 앉아 있던 망인의 등 부위를 찔렀고, 이에 망인이 자리에서 일어나 칠판이 있는 앞쪽으로 도망을 가자 뒤따라가며 등과 목 부위를 2, 3회 정도 더 찔렀다. 당시 위 교실에서 수업을 진행하고 있던 담당교사는 자신의 뒤로 숨은 망인에게 다가오는 가해학생에게 소리 지르며 그만 두라고 제지하였고, 이에 가해학생이 잠시 멈칫하는 순간 위 담당교사 뒤에 있던 망인이 튀어나오며 가해학생에게 발길질을 하자, 망인이 다시 위 부엌칼을 치켜들었고, 이에 위협을 느낀 위 담당교사가 멈칫하는 사이, 흥분한 가해학생이 위 부엌칼로 몇 차례 더 망인을 찔렀다. 그 후

가해학생은 교실을 나갔고, 경찰차량을 이용하여 망인을 ○○병원으로 후송하였으나 후송 도중 저혈량성 쇼크로 사망하였다. 가해학생은 그 후 친구1이 수업을 받고 있는 3학년 8반 교실에 들어가 친구1을 쳐다보고는 그 곳 교실 바닥에 위 부엌칼을 떨어뜨린 후, 학교를 나와 ○○○파출소로 가서 자수를 하였다.

교사 및 학교를 설치 · 운영하는 지방자치단체의 책임에 관한 법원의 판단

이 사건 사고는 수업시간 중에 발생한 ○○학교에서의 교육활동 중에 발생한 것이므로 교장이나 교사의 일반적 보호감독의무가 미친다고 할 수 있다. 또한 학교폭력이 상당히 사회문제화 되고 있는 현실에서 ○○학교를 설립하여 운영하는 지방자치단체인 피고 및 그 소속 교사들은 어느 특정 개인의 폭력성 여부를 떠나 ○○학교 내에서 학교폭력이 발생하지 않도록 함으로써 학생들을 보호할 일반적 주의의무가 있다고 할 것인데, 이 사건을 살펴보면, 평소 망인과 그의 친구들은 학생들을 상대로 폭력을 행사하고 금품을 빼앗는 등의 행동을 해옴으로써 많은 학생들이 피해의식을 느껴왔고 교사들도 이를 알고 있었으므로 실효성 있는 대책을 강구하지 않으면 또 다른 폭력이 행해지라라는 것은 예견이 가능한 상태였다는 점, 이러한 와중에 망인과 그 친구들이 사고 당일 휴식시간 및 점심시간에 여러 학생들에 대한 폭행을 한 것이 결국 이 사건 사고의 직접적인 원인이 되었다는 점, 이러한 위 학교의 상황에 비추어 볼 때, 폭력성 있는 학생들로 인하여 시작된 폭력이 또 다른 폭력을 야기할 위험성을 내포하고 있었고 가해학생의 이 사건 가해행위는 이러한 위험성이 구체화되어 나타난 것으로 볼 수 있다는 점, 이 사건 ○○학교 수업시간 중에 담당교사가 수업을 진행하는 면전에서 일어났다는 점 등을 종합하여 보면, 이 사건 사고가 피고나 그 소속 교사들의 예견가능성의 범위를 벗어난 영역에서 발생하였다고 보기는 어렵다.

(5) 대법원 2011. 4. 14. 선고 2011다12675 판결

2심: 서울고등법원 2010. 12. 24. 선고 2010나8893 판결

1심: 서울동부지방법원 2009. 12. 16. 선고 2008가합16224 판결

사실관계

2) 가해학생 및 보호자의 책임, (2) 대법원 2011. 4. 14. 선고 2011다12675 판결

의 사실관계와 동일함.

교사 및 학교를 설치 · 운영하는 지방자치단체의 책임에 관한 법원의 판단

이 사건 사고에 가담한 학생들이나 피해자인 원고 피해학생 모두 한 학급의 학생들로서 가해행위도 수업시간을 전후한 쉬는 시간 또는 점심시간, 소풍과 같은 야외활동시간 등에 발생하였는바, 앞과 같은 시간은 수업을 정리, 준비하거나 이를 위하여 휴식을 취하는 시간으로서 교육활동과 질적 · 시간적으로 밀접, 불가분의 관계에 있는 점, 가해학생들은 고등학교 2학년 학생으로 미성년자로서 동료 학생들에게 장난을 지나쳐 거친 행동을 할 수 있는 연령대인 점, 당시 담임교사도 이 사건 사고가 발생하기 전에 가해학생들이 원고 피해학생을 가끔 괴롭히고 있다는 것을 들었고, 원고 피해학생의 모친인 원고로부터 직접 같은 반 학생들이 원고 피해학생을 괴롭히지 않도록 신경을 써 달라는 부탁을 받았으며, 이에 가해학생들을 불러서 질타를 하기도 한 점에 비추어 보면, 위 담임교사로서는 수업시간 전후로 수시로 돌아보고, 학급의 반장을 통하여 학급 내에서의 집단 따돌림이나 폭행사건이 발생할 경우 즉각적으로 보고를 하도록 하며, 학급 내에서 종종 동료 학생들을 괴롭히는 가해학생들에 대하여는 보다 적극적인 자세로 훈육을 하고 앞과 같은 집단 따돌림 등이 발생되지 않도록 필요한 예방조치를 취해야 할 주의의무가 있음에도 불구하고 이를 소홀히 함으로써 결과적으로 원고 피해학생으로 하여금 이 사건 사고를 당하도록 하는 상황에 이르도록 하였다고 할 것이다.

따라서 이 사건 사고는 ○○고등학교의 교사의 일반적인 보호, 감독의무가 미치는 범위 내의 생활관계에서 발생하였다고 할 것인바, 원고 피해학생의 담임교사를 비롯한 위 학교의 교사는 학교 내에서 원고 피해학생을 괴롭히는 이 사건 사고가 지속적으로 일어나고 있음을 알면서도 피고 학생들에 대하여 적절한 조치를 취하지 아니하였으니, 이 사건 사고는 위 학교의 교장 및 교사들이 보호, 감독의무를 다하지 않음으로 말미암아 발생한 것이라고 봄이 상당하고, 피고 지방자치단체는 ○○고등학교 교사의 사용자로서 지휘 · 감독의무를 위반한 과실이 있다 할 것이므로, 이 사건 사고로 인하여 원고들이 입은 손해를 배상할 의무가 있다.

4) 피해학생의 자살에 대한 책임

상당한 기간 동안 지속적으로 괴롭힘, 집단따돌림 등을 당하던 피해학생이 자살한 경우에 피해학생의 유족은 가해학생이나 그 보호자, 또는 교사나 학교를 설치 · 운영하는 지방자치단체를 상대로 손해배상을 청구할 수 있다. 법원은 가해학생의 폭력행위와 피해학생의 자살 사이에 상당인과관계가 존재하는 경우에 한하여 가해학생이나 그 보호자, 또는 교사나 학교를 설치 · 운영하는 지방자치단체에 피해학생의 사망에 대한 손해배상책임을 인정하고 있다. 다만 피해학생의 자살에 예견 가능성이 없어 가해학생이나 그 보호자, 또는 교사나 학교를 설치 · 운영하는 지방자치단체에 피해학생의 사망에 대한 책임이 인정되지 않는 경우에도 법원은 피해학생이 가해학생의 폭력행위로 인하여 겪은 고통 등의 피해를 인정하여 그로 인한 손해배상책임을 긍정하기도 한다.

(1) 대법원 2007. 4. 26. 선고 2005다24318 판결

2심: 서울고등법원 2005. 3. 31. 선고 2004나52844 판결

1심: 수원지방법원 2004. 6. 17. 선고 2002가합1935 판결

사실관계

자살한 피해학생(망인)의 유족들(원고들)이 가해학생들의 부모들과 학교를 설치 · 운영하는 지방자치단체(피고들)를 상대로 망인의 자살에 대한 배상을 청구하였다. 망인은 ○○초등학교 6학년에 재학하던 중, 2001. 11. 15. 망인의 집인 ○○시 소재 ○○아파트에서 12m 아래 아파트 화단으로 추락하여 같은 달 30. 사망하였다. 가해학생들은 특별한 이유 없이 수회에 걸쳐 망인을 폭행하였고, 그밖에도 2001. 3.경부터 2001. 10.경까지 사이에 망인이 숙제를 해 오지 않았다는 이유로 욕설을 하고, 망인에게 땅바닥에 떨어져 있는 것을 주워먹도록 시키면서 먹지 않으면 죽인다고 협박하였으며, 플라스틱 막대기로 망인을 때리는 등 망인을 괴롭혔다. 가해학생들은 ○○초등학교 화장실, 교실, ○○아파트 놀이터에서 주먹으로 망인의 얼굴과 머리를 수회 때리고, 주먹과 발로 망인의 온몸을 수회 때렸다. 망인은 가해학생들로부터 지속적으로 폭행 등을 당하면서도 폭행사실을 어른들에게 알리면 죽여버리겠다는 가

해학생들의 협박 때문에 부모나 담임교사에게 그 사실을 말하지 않았다.

담임교사는 2001. 10. 17. 같은 반 학생으로부터 망인과 가해학생들이 싸운다는 말을 전해듣고 망인과 가해학생들을 추궁한 후에야 비로소 망인이 가해학생들로부터 지속적으로 폭행을 당해 온 사실을 알게 되었으며, 망인의 부모 역시 담임교사로부터 전화연락을 받고서야 이러한 사실을 알게 되었다. 한편 망인은 앞과 같은 폭행 등으로 집중력 장애, 불안, 우울증상에 시달렸고, 2001. 10. 17.자 폭행 직후 정신과 의사로부터 진찰을 받은 결과 충격 후 스트레스 장애로 약물치료와 상담치료가 필요하다는 진단을 받았다.

담임교사는 앞과 같이 망인에 대한 폭행사실이 드러나자 가해학생들에게 반성문을 쓰도록 하고 망인과 가해학생들의 부모에게 그 사실을 알린 다음 2001. 10. 18. 망인의 부모와 가해학생들의 어머니들이 함께 모인 자리에서 망인에 대한 폭행문제에 관하여 협의를 하였다. 협의과정에서 망인의 부모는 망인과 가해학생들의 격리가 필요하다는 정신과 의사의 견해에 따라 담임교사와 교장에게 가해학생들을 전학시키거나 다른 반으로 보내는 등 망인과 가해학생들을 격리하여 줄 것을 요구하였으나, 교장은 문제 있는 아이라고 해서 임의로 전학을 가도록 할 수는 없고 또한 전학이 근본적인 해결책은 아니라고 하면서 전학과 분반 문제는 더 지켜 보도록 하되, 망인과 가깝게 지내던 같은 반 친구로 하여금 망인을 보살피도록 할 것이며, 가해학생들을 철저히 지도할테니 학교를 믿고 맡기라고 하였다. 그리고 가해학생들의 어머니들도 망인의 부모에게 사죄를 하면서 망인에 대한 정신과 진료비 부담과 차후에 같은 일이 발생할 경우 가해학생들의 전학을 약속하는 내용의 각서를 작성해 주었다.

한편 ○○초등학교 6학년생들은 2001. 10. 28.부터 2001. 10. 31.까지 2박 3일간 수학여행을 가기로 예정되어 있었는데, 망인의 모친은 망인이 수학여행을 갈 경우 문제가 생길 것을 우려하여 망인을 보내지 않으려고 하였으나, 수학여행 중 망인을 가해학생들과 격리해 놓고 특별히 감독하겠다는 담임교사의 권유에 따라 망인을 수학여행에 보냈다. 그런데 망인은 수학여행 기간 중 가해학생들 중의 한 명과 같은 방을 쓰게 되었고, 친하게 지내던 친구로부터도 '저리 꺼져 재수 없어'라는 말을 들었으며, 망인과 같은 방에 배정된 학생들이 망인을 밖에 둔 채 방문을 잠그고 자기들끼리 귓속말을 하는 등 따돌림을 당하였다.

망인은 수학여행을 다녀온 후 우울증세가 더욱 심해져 망인의 부모가 학교에서

있었던 일을 물으면 화를 내고, 손톱을 물어뜯거나 다리를 떨면서 불안해하기도 하였으며, 어린애처럼 행동하다가 갑자기 화를 내고 우는 등 자신의 감정을 통제하지 못하였고, 정신과 치료를 받는 것도 거부하였다. 그러던 중 망인은 2001. 11. 15. 학교에서 돌아와 저녁 식사를 마치고 자기 방에 들어가 창문을 열고 의자 위에 올라서서 창문 밖을 쳐다보다 갑자기 창문 밖으로 투신하였고, 이로 인하여 급성 경막하 혈종, 중증 뇌부종 등의 상해를 입고 ○○병원에서 치료를 받다가 2001. 11. 30. 사망하였다.

가해학생의 폭력행위와 망인의 자살 사이의 인과관계에 관한 법원의 판단

초등학교 내에서 발생하는 폭행 등 괴롭힘은 통상 나이가 어리고 정신적으로 성숙하지 못한 피해자에게 육체적 · 정신적으로 상당한 고통을 주고, 그 폭행 등 괴롭힘이 상당기간 계속될 경우에는 그 고통과 그에 따른 정신장애로 피해자가 자살에 이를 수도 있다는 것은 예측이 가능하다 할 것인데, 이 사건에서 가해학생들은 12세 남짓된 초등학교 6학년 학생들로서 비록 책임을 변식할 지능을 갖추지 못하고 있다고 하더라도 상당한 정도의 자율능력, 분별능력은 가지고 있다고 보아야 할 것이고, 당시 학교에서의 집단괴롭힘이 사회문제화 되어 학교에서 이에 대한 예방교육이 실시되고 있었으며, 가해학생들 역시 그와 같은 교육을 받아 그 폐해를 잘 알고 있었다 할 것인바, 이러한 사정들을 종합하여 보면, 가해학생들의 폭행 등 괴롭힘과 망인의 자살 사이에는 상당인과관계가 있다 할 것이다. 나아가 망인이 수학여행에서 다른 급우들로부터 따돌림을 당하였고, 자살 당일 부모로부터 꾸중을 듣는 등 다른 원인이 자살이 일부 작용하였다고 하더라도 가해학생들의 폭행 등 괴롭힘이 주된 원인인 이상 상당인과관계는 인정된다 할 것이다.

가해학생 보호자의 책임에 관한 법원의 판단

망인은 가해학생들로부터 수개월에 걸쳐 이유 없이 폭행 등 괴롭힘을 당한 결과 충격 후 스트레스 장애 등의 증상에 시달리다 결국 자살에까지 이르게 되었음을 알 수 있고, 가해학생들은 위 사고 당시 만 12세 전후의 초등학교 6학년 학생들로서 자신의 행위로 인한 법률상 책임을 변식할 능력이 없는 책임무능력자라 할 것이므로, 가해학생들의 부모로서 그들을 감독할 법정의무가 있는 위 피고인들은 보호감독자

로서의 주의의무를 해태하지 아니하였음을 입증하지 못하는 이상 민법 제755조 제1항에 따라 가해학생들의 앞과 같은 불법행위로 망인 및 망인의 부모가 입은 손해를 배상할 의무가 있다.

교사 및 학교를 설치 · 운영하는 지방자치단체의 책임에 관한 법원의 판단

망인은 가해학생들로부터 수개월에 걸쳐 이유 없이 폭행 등 괴롭힘을 당한 결과 충격 후 스트레스 장애 등의 증상에 시달리다 결국 자살에까지 이르게 되었음을 알 수 있고, 가해학생들의 망인에 대한 폭행 등은 거의 대부분 학교 내에서 휴식시간 중에 이루어졌고, 또한 수개월에 걸쳐 지속되었으며 당시 학교 내 집단괴롭힘이 심각한 사회문제로 대두되어 있었으므로, 망인의 담임교사는 학생들의 동향 등을 보다 면밀히 파악하였더라면 망인에 대한 폭행 등을 적발하여 망인의 자살이라는 결과를 사전에 예방할 수 있었던 것으로 보이며, 나아가 망인에 대한 폭행사실이 적발된 후에도 망인의 담임교사와 학교장은 망인의 정신적 피해상태를 과소평가한 나머지 망인의 부모로부터 가해학생들과 망인을 격리해 줄 것을 요청받고도 이를 거절하면서 가해학생들로부터 반성문을 제출받고 가해학생들의 부모들로부터 치료비에 대한 부담과 재발방지 약속을 받는데 그치는 등 미온적으로 대처하였고, 또한 그 이후의 수학여행 중에도 망인에 대하여 보다 특별한 주의를 기울였어야 함에도 불구하고, 특별교우관계에 있는 학생을 붙여주는 이외에 별다른 조치를 취하지 아니함으로써 결과적으로 망인이 자살에 이르게 하도록 한 원인을 제공한 과실이 있다고 할 것이므로, 피고 지방자치단체는 국가배상법 제2조 제1항에 의하여 그 소속 공무원인 담임교사와 학교장의 앞과 같은 공무수행상의 과실로 인하여 망인 및 원고들이 입은 손해를 배상할 책임이 있다.

(2) 대법원 2007. 11. 15. 선고 2005다16034 판결

2심: 서울고등법원 2005. 1. 26. 선고 2004나46689 판결

1심: 춘천지방법원 원주지원 2004. 6. 3. 선고 2002가합157 판결

사실관계

자살한 피해학생(망인)의 모친(원고)이 담임교사와 학교를 설치 · 운영하는 지방

자치단체(피고들)를 상대로 망인의 자살에 대한 배상을 청구하였다. ○○중학교 3학년에 재학하던 망인은 2001. 9. 27. 17:00경 자신이 거주하던 아파트 건물 16층에서 투신하여 자살하였다. 망인은 2001. 3. 초경부터 자신이 소속된 3학년 2반 학생인 친구2, 친구3과 친하게 지내다가 2001. 3. 말경 ●●중학교에서 전학 와 같은 반에 배정된 친구1과도 가까워지게 되어, 자신을 포함한 네 명만이 배타적으로 어울리는 작은 집단을 형성하게 되었다. 그런데 2001. 4.경부터 친구1이 위 집단을 주도하면서 망인을 위 집단으로부터 배척하였다가 다시 위 집단에 끼워주는 것을 되풀이하였고, 그 때문에 평소 밝고 명랑하였던 망인은 2001. 여름이 시작될 무렵부터 말수가 적어지고 우울하여 풀이 죽은 모습을 보이기 시작하였다.

여름방학이 끝나고 2학기가 되면서, 친구1, 친구2, 친구3은 망인을 그 집단에서 완전히 배제하여 더 이상 망인과 어울리지 않는 한편 같은 반의 다른 학생들에게도 망인과 놀지 말 것을 요구하였는데, 친구1은 학교에서 싸움을 잘하는 아이로 요구를 무시하면 어떤 피해를 입지나 않을까 두려워 다른 학생들도 망인과 함께 놀아 주지도 않고 망인에게 말도 걸지 않게 되었다. 그러던 중 망인은 2001. 9. 24. 자신의 필통이 없어지자 친구1이나 친구2가 이를 숨긴 것으로 알고 이들에게 이를 따졌다가 자신의 오해로 밝혀져서 다른 친구들 앞에서 친구1과 친구2에게 사과하였는데, 이들은 망인의 사과를 받아 주지 않고 오히려 망인을 몰아세움으로써 친구1과 망인의 관계는 더욱 악화되었다. 앞과 같은 일이 발생한 뒤 망인은 넋이 나간 듯한 표정에 아무 말이 없었고, 2001. 9. 26.경에는 교복 대신 검은 스웨터를 입고 오고 자율학습 시간에 자주 교실을 드나드는 등 상당히 불안한 모습을 보였으며, 그러한 상황에서 친구3에게 자신과 함께 놀아줄 것을 요청하였는데, 이를 알게 된 친구1, 친구2로부터 '친구3이 니 쫑이냐'라는 말과 함께 면박을 당하였다.

망인은 2001. 9. 27. 함께 등교하던 다른 반 친구인 친구4에게 그 전날 친구1, 친구2로부터 앞과 같이 면박당한 일을 이야기하면서 '왕따당하니까 괴롭고 힘들다. 친구1이 '친구3이 니 쫑이냐'고 말하여 상처받았다'고 말하였고, 같은 날 점심시간에 친구1과 친구2가 교실에 있던 다른 학생들에게 '야, 망인이 성격 이상하다. 같이 놀지 마라'고 하면서 그들과 함께 학교급식소로 몰려가 버려 자신만 교실에 남게 되자, 자신의 어머니에게 전화하여 친구들이 자기들끼리만 식사하러 갔다고 하면서 '엄마, 나 사실은 왕따야. 전학시켜 줘. 죽을 것 같아'라고 울면서 이야기하였다. 같은 날

16:00 하교할 무렵 친구1과 친구2는 교실에서 망인에게 약을 올리고 무엇인가를 따지며 망인을 몰아세웠고, 친구4와 함께 하교하는 망인을 운동장에서 노려보고 지나가기도 하였는데, 망인은 집으로 가는 길에 친구4에게 '전교생이 다 알게 될 거다'라고 말하며 흐느껴 울었고, 귀가한 직후인 같은 날 17:00경 자신이 살던 아파트 16층에서 4장의 유서를 남기고 투신하여 자살하였다.

망인의 담임교사는 2001. 3. 말경 친구1이 ●●중학교에서 폭행사건으로 문제를 일으키고 ○○중학교로 전학을 와 자신의 반에 배정되자 친구1이 학교생활에 잘 적응하고 다시 문제를 일으키는 일이 없도록 하기 위하여 특별히 당시 학교에서 실시하고 있던 1교사 1학생 결연 상담 제도에 따라 친구1과 결연을 맺고 교우관계 등 학교생활 전반에 관하여 상담지도를 하였다. 담임교사는 망인이 친구1과 급속히 가까워지자 이를 염려하여 망인에게 친구1과 시간을 두면서 천천히 사귈 것을 권유하기도 하였다. 담임교사는 친구1과 망인의 관계에 관하여 친구1이 망인, 친구2, 친구3과 함께 집단을 형성하여 친밀하게 지내면서 망인을 위 집단에서 배척하였다가도 다시 위 집단에 끼워주는 등의 행태를 보이는 정도로만 알았고, 이에 대하여 학창시절 교우관계에서 겪는 과정 중의 일부라고 생각하여 별다른 조치를 취하지 않고 평소 조례시간과 종례시간을 통하여 학생들에게 '친구들과 사이좋게 지내라'는 정도의 말만 하였다. 담임교사는 필통 분실 사건으로 인하여 망인과 친구1 등이 다툰 일을 알지 못하였으나 위 사건 이후 2001. 9. 26. 망인이 상당히 불안한 상태에 있는 것을 감지하고, 망인에 대하여 개별적인 상담이 필요한 것으로 판단하였다.

담임교사는 2001. 9. 27. 오후 임원회의에 참석하러 온 망인의 어머니로부터 망인이 그 날 점심 때 자신에게 전화하여 친구1 등으로부터 집단 따돌림을 당하여 전학을 원할 정도로 고통을 받고 있다고 하였다는 말을 듣고, 망인의 어머니에게 자신도 사실 봄부터 친구1, 친구2, 친구3이 망인을 그 집단에 끼워주었다가 빼놨다 하는 것을 알고 있는데 그러면서도 잘 지낼 테니 너무 걱정하지 말아라, 자신이 잘 이야기해보겠다고 이야기하였다. 담임교사는 망인과 자주 상담을 하였는데, 주로 공부문제에 관하여 상담을 하였고, 망인으로부터 친구1 등과의 교우관계로 인한 고통에 관하여 도움을 요청받은 바는 없다.

망인이 학교폭력의 피해자였는지 여부에 관한 법원의 판단

집단따돌림이란 학교 또는 학급 등 집단에서 복수의 학생들이 한 명 또는 소수의 학생들을 대상으로 의도와 적극성을 가지고, 지속적이면서도 반복적으로 관계에서 소외시키거나 괴롭히는 현상을 의미한다고 할 것인바, 망인이 친구1 등으로부터 집단따돌림을 당하였다고 인정된다.

'망인의 자살'에 대한 교사 및 학교를 설치 · 운영하는 지방자치단체의 책임에 관한 법원의 판단

집단따돌림으로 인하여 피해학생이 자살한 경우, 자살의 결과에 대하여 학교이 교장이나 교사의 보호감독의무 위반의 책임을 묻기 위하여는 피해학생이 자살에 이른 상황을 객관적으로 보아 교사 등이 예견하였거나 예견할 수 있었음이 인정되어야 한다. 다만 사회통념상 허용될 수 없는 악질, 중대한 집단따돌림이 계속되고 그 결과 피해학생이 육체적 또는 정신적으로 궁지에 몰린 상황에 있었음을 예견하였거나 예견할 수 있었던 경우에는 피해학생이 자살에 이른 상황에 대한 예견가능성도 있는 것으로 볼 수 있을 것이나, 집단따돌림의 내용이 이와 같은 정도에까지 이르지 않은 경우에는 교사 등이 집단따돌림을 예견하였거나 예견할 수 있었다고 하더라도 이것만으로 피해학생의 자살에 대한 예견이 가능하였던 것으로 볼 수는 없으므로, 교사 등이 집단따돌림 자체에 대한 보호감독의무 위반의 책임을 부담하는 것은 별론으로 하고 자살의 결과에 대한 보호감독의무 위반의 책임을 부담한다고 할 수는 없다.

이 사건의 사실관계를 위 법리에 비추어 살펴보면, 망인의 자살에 직접적인 계기가 된 필통 분실 사건 이후 친구1 등의 망인에 대한 행동은, 망인이 필통을 감춘 것으로 오해한 데 대한 사과를 받아 주지 않고 망인을 계속 비난한 것으로 이를 사회통념상 허용될 수 없는 악질, 중대한 따돌림에 이를 정도라고는 보기 어렵고, 그 이전에 망인을 집단에서 배제한 행위도 빈번하지는 않았던 것으로 보이며, 행위의 태양도 폭력적인 방법에 의하지 않고 무관심으로 소외시키는 것이 주된 것이었던 점, 망인의 행동에 관하여 보면, 자살 전날 교복 대신 검정 스웨터를 입고 등교하여 불안한 모습을 보인 점이 평소와 다른 행동으로 보이지만, 결석이나 지각을 하지도 않고, 가정에서도 특별히 우울한 모습을 엿볼 수 없었던 점 등에 비추어, 당시 사회적으로

학생들의 집단따돌림으로 인한 피해 사례들이 보고되고 있었다고 하더라도 이 사건 사고 발생 당시 담임교사가 망인의 자살에 대한 예견가능성이 있었다고 인정하기는 어렵다고 할 것이다.

'학교폭력 피해'에 대한 교사 및 학교를 설치 · 운영하는 지방자치단체의 책임에 관한 법원의 판단

다만, 앞서 본 사실에 의하면, 담임교사로서는 망인이 친구1 등과 친밀한 관계를 맺고 싶어 함에도 이러한 관계를 맺지 못하고 집단에서 배척되었다가 끼워졌다 하는 등의 갈등이 있음을 알고 있었음에도 이러한 일들이 학창 시절 교우관계에서 발생할 수 있는 일상적인 문제로 생각하고 이에 대한 대처를 소홀히 한 과실을 인정할 수 있으므로, 그의 직무상 불법행위로 발생한 집단따돌림의 피해에 대하여는 그가 소속한 지방자치단체가 손해배상책임을 부담한다고 할 것이다.

(3) 수원지방법원 2007. 7. 19. 선고 2006가합100 판결

사실관계

자살한 피해학생(망인)의 부모와 형(원고들)이 가해학생과 그 부모(피고들)를 상대로 망인의 자살에 대한 배상을 청구하였다. 망인은 ○○중학교 2학년에 재학하던 중 2006. 2. 14. 16:00경 집인 ○○시 ○○아파트에서 뛰어내려 자살하였다. 가해학생은 망인과 같은 학급의 학생인데, 가해학생은 2학년이던 2005. 3.경부터 특별한 이유 없이 망인을 상습적으로 괴롭히거나 폭행하였다. ① 숙제가 하기 싫어지면 망인에게 대신 시키곤 하였고, ② 2학년 2학기 초반에는 한자쓰기 숙제를 망인에게 시켰으나, 망인이 이를 거부하자 주먹과 발로 망인의 얼굴과 가슴 등을 심하게 폭행하여 그 사실이 교사에게까지 알려지게 되었다. ③ 화장실에 갈 때도 특별한 이유 없이 망인을 끌고 다녔고, 망인이 이를 거부하면 주먹으로 망인의 얼굴을 여러 차례 폭행하였다. ④ 망인을 폭행하다가 망인이 소리를 치면 더 으슥한 곳으로 끌고 가 폭행을 계속하였고, 그 ○○학교 친구들이 보게 하였다. ⑤ 망인이 사망하기 전날인 2006. 2. 13. 21:00경 가해학생이 망인에게 전화하여 망인이 같은 학원에 등록하지 않는다는 이유로 '야 이 개새끼야 너 왜 학원등록 하지 않고 장난하냐' '이 개새끼야 너 왜 매일 내일로 미루냐'고 욕설을 하였다.

'망인의 자살'에 대한 가해학생 및 보호자의 책임에 관한 법원의 판단

앞 인정사실에 의하면 피고 가해학생이 특별한 이유 없이 장기간에 걸쳐 상습적으로 망인을 육체적 · 정신적으로 괴롭혀온 것은 사실이나, 그러한 사실만으로는 망인이 그로 인해 자살하게 되었다고 단정할 수 없다.

'학교폭력 피해'에 대한 가해학생 및 보호자의 책임에 관한 법원의 판단

앞서 본 바와 같이 피고 가해학생이 망인을 폭행하고, 상습적으로 괴롭히는 등의 불법행위를 지속적으로 하였으므로 그로 인해 망인이 정신적 고통을 받았을 것은 경험칙상 명백하다. 한편 가해학생은 불법행위 당시인 2005년경(중학교 2학년 때) 만 14세 정도였으므로 책임능력이 있다 할 것이나, 경제적인 면에서는 전적으로 부모들에게 의존하면서 부모들의 보호 · 감독을 받고 있었고, 당시 우리 사회에서는 학교 내 폭력과 집단따돌림 등이 이미 사회문제로 제기되어 있었으므로 피고 가해학생의 부모들로서는 나이가 어려서 변별력이 부족한 가해학생이 다른 학생을 폭행하거나 괴롭히는 등의 행위를 하지 않도록 교육하고, 지도하는 등 민법 제913조에 따라 생활 전반에 걸쳐 사회규범에 관한 이해와 인식을 깊게 하고 그것이 몸에 배도록 교육을 시켜야 할 교양 및 감독의무가 있음에도 이를 게을리한 과실로 가해학생이 망인을 수개월에 걸쳐 괴롭히고 폭행하는 것을 방치하였다 할 것이므로 가해학생의 부모인 피고들도 피고 가해학생과 공동불법행위자로서 민법 제750조에 따라 망인 및 망인의 부모와 형인 원고들이 받은 정신적 피해에 대한 위자료를 배상할 의무가 있다.

5) 가해학생의 폭력행위에 대한 피해학생 및 보호자의 과실

학교폭력으로 인한 피해사실이 인정되면 피해학생은 가해학생과 그 부모, 또는 교사와 학교를 설치 · 운영하는 지방자치단체에 대하여 가해학생의 폭력행위로 인하여 발생한 손해에 대한 배상청구권을 갖게 된다. 그러나 이러한 경우에도 법원은 피해학생이 가해학생의 폭력행위를 유발하였거나 피해학생의 보호자가 가해학생의 폭력행위에 적절히 대처하지 못한 과실이 있는 경우에는 가해학생과 그 부모, 또는 교사나 학교를 설치 · 운영하는 지방자치단체의 손해배상책임의 범위를 제한하고 있다.

(1) 대구고등법원 2003. 12. 11. 선고 2003나4915 판결

1심: 대구지방법원 2003. 6. 10. 선고 2002가합13670 판결

사실관계

사망한 피해학생(망인)의 부모와 동생(원고들)이 가해학생들의 부모들과 학교를 설치 · 운영하는 지방자치단체(피고들)를 상대로 가해학생의 폭력행위로 인하여 발생한 손해에 대한 배상을 청구하였다. 망인은 ○○학교 2학년에 재학 중이던 2002. 8. 26. 16:40경 ○○학교 교사 뒤편에 위치한 야산 오솔길에서 ○○학교 2학년에 재학 중이던 가해학생들로부터 주먹으로 가슴부위를 구타당하여 심장진탕으로 사망하였다. 가해학생1은 망인이 여름방학 중인 2002. 7. 중순경 컴퓨터 채팅 도중 자신이 상급생임을 알면서도 '너는 어떤 새끼냐'라고 하는 등 욕을 하였다는 이유로 개학일인 같은 해 8. 26. 15:30경 망인을 ○○학교 강당에 불러 야단을 치고 있던 중 ○○학교 3학년인 가해학생2로부터 가해학생3 등이 이 사건 사고 장소에서 ○○학교 학생인 ○○○ 등을 불러 모아 폭행할 것이라는 이야기를 듣고 망인을 데리고 ○○학교 운동장 스탠드로 갔다.

한편 ○○학교 3학년에 재학하면서 폭력조직인 일진회에 가입한 가해학생3은 ○○학교 학생인 ○○○ 등이 자신의 말을 듣지 않았다는 등의 이유로 이들을 폭행하기로 마음먹고, 같은 날 15:10경 가해학생2를 시켜 ○○○ 등에게 수업을 마친 후 학교 운동장 스탠드로 모이라고 하였다. ○○학교 3학년에 재학 중이던 가해학생4는 같은 날 15:10경 위 학교 교실에서 가해학생2로부터 앞과 같은 이야기를 듣고 가해학생2, 가해학생3, 가해학생5와 함께 ○○○ 등을 폭행하기로 하고 같은 날 16:10경 가해학생1, 가해학생2, 가해학생5와 위 학교 운동장 스탠드에 모인 망인과 ○○○ 등을 데리고 이 사건 사고 장소로 가서 같은 날 16:40경 이 사건 사고 장소에 도착한 가해학생2와 함께 ○○○ 등을 일렬로 세워놓고 주먹과 발로 폭행하여 그들로 하여금 약 4주 내지 2주간의 치료를 요하는 흉벽좌상 및 피하출혈상 등을 입게 하였다.

앞과 같이 가해학생4 등이 ○○○ 등을 폭행하고 있던 도중 가해학생2는 가해학생1이 망인을 폭행하지 아니하고 머뭇거리고 있는 것을 보고 망인에게 다가가 양손으로 망인의 양쪽 얼굴을 1회 때렸고, 가해학생1은 가해학생3으로부터 망인을 때리라는 이야기를 듣고 주먹으로 망인의 가슴부위를 3회에 걸쳐 때려 망인이 사망하였

다. 이 사건 사고 장소는 ○○학교에서 약 300m 정도 떨어진 곳인데, 인적이 드물어서 가해학생3 등이 다른 학생들을 폭행하는 장소로 자주 이용하는 곳이었다.

피해학생의 과실에 관한 법원의 판단

(법원은 망인의 사망에 대한 피고들의 손해배상책임을 인정한 후, 다음과 같은 이유로 그 책임의 범위를 제한하였다.) 망인으로서도 인터넷 채팅 도중 별다른 이유 없이 먼저 상급생인 가해학생1에게 욕을 하여 이 사건 폭행사고를 유발하였고, 이 사건 사고 당일 가해학생1이 이를 이유로 자신을 불러내어 교사들의 감시가 소홀한 이 사건 사고 장소로 데리고 가 가해학생3 등과 함께 폭행하려 한다는 사실을 알면서도 이를 교사들에게 알려 신변보호를 요청하지 않은 잘못이 있다할 것인바, 앞과 같은 망인의 잘못도 이 사건 사고 발생의 한 원인이 되었다고 할 것이므로, 원고들에 대한 배상액을 정함에 있어서 이를 참작하기로 하되, 그 과실 정도에 비추어 볼 때 피고들의 책임을 80%로 제한함이 상당하다.

(2) 수원지방법원 2011. 9. 22. 선고 2010가단61539 판결

사실관계

1) 피해학생의 손해에 대한 배상, (1) 수원지방법원 2011. 9. 22. 선고 2010가단61539 판결의 사실관계와 동일함.

피해학생의 과실에 관한 법원의 판단

(법원은 피해학생의 피해사실에 대한 피고들의 손해배상책임을 인정한 후, 다음과 같은 이유로 그 책임의 범위를 제한하였다.) 이 사건 사고가 원고 피해학생이 2010. 5. 7.경 피고 가해학생과 상호 언쟁 중 피고 가해학생에게 폭행을 가한 상황에서 피고 가해학생이 보복을 하기 위하여 발생하였던 점, 위 사고 당시 원고 피해학생이 피고 가해학생에게 일부 폭행을 가하였던 점에 비추어 볼 때, 이러한 사정도 위 사고 발생의 한 원인이 되었다고 할 것이므로, 피고들의 원고들에 대한 손해배상책임을 60%(원고들 과실 40%)로 제한함이 상당하다.

(3) 서울고등법원 1999. 12. 7. 선고 98나65344 판결

1심: 서울지방법원 1998. 10. 30. 선고 96가합57823 판결

사실관계

피해학생과 그 부모와 동생(원고들)이 가해학생들과 그 부모들, 학교를 설치 · 운영하는 지방자치단체(피고들)를 상대로 가해학생들의 폭력행위로 인하여 발생한 손해에 대한 배상을 청구하였다. 피해학생은 선천성 대동맥판협착 및 폐쇄부전 환자로서 1996. 3. 2. ○○시가 운영하는 ○○학교에 입학하였는데, 1995. 2. 27. 신입생 예비소집 때 피해학생의 모친이 위 학교를 찾아가 교장 및 교사들에게 원고 피해학생의 건강상태를 말하며 격한 운동의 자제 및 특별배려를 요청하여, 위 ○○학교에서는 피해학생을 요양호자 명단에 올려 체육, 교련시간 등에서 특별배려를 하였다. 가해학생들은 1995. 3.부터 1996. 2.까지 피해학생과 같은 반인 ○○학교 1학년 10만에 재학하면서, 위 학급의 담임교사로부터 학기 초인 1995. 3. 초순경부터 수회에 걸쳐 피해학생이 심장병 환자라서 몸이 약하다는 사실을 들어서 알고 있음에도 불구하고, 피해학생의 부모가 피해학생을 승용차로 등하교시켜 주고, 담임교사, 체육교사 등으로부터 특별배려를 받는가 하면, 몸이 약해서 급우들과 적극적으로 잘 어울리지 못하고 힘없이 멍청하게 보이며, 때리거나 말을 걸어도 대꾸를 하지 않는 등 다른 학생들과 너무 달라서 재수없다는 이유로 피해학생을 폭행, 협박하고, 상해를 가하였다.

가해학생1은, 1995. 3. 22. 위 ○○학교 1학년 10반 교실에서 '네가 뭔데 담임선생님으로부터 특별대우를 받느냐, 겉으로 보기에는 정상으로 보이는데 아프기는 어디가 아파'라며 주먹으로 원고 피해학생의 얼굴을 3, 4회 때리고 발로 그의 양쪽 무릎을 4, 5회 차 치료일수 미상의 슬관절종창 등의 상해를 가하였다. 가해학생1, 2, 3, 4는 쉬는 시간에 위 교실과 화장실에서 아무 이유 없이 피해학생의 얼굴, 머리, 가슴, 다리 등을 수회 때리고 찼고, 피해학생에 대한 악의적인 소문을 퍼뜨리는가 하면, 돈을 주지 아니한 채 과자나 담배 등을 사오라고 심부름을 시키기도 하고 이를 듣지 아니하면 때렸다. 가해학생1, 2, 3, 4는 같은 해 6월 초순경 쉬는 시간에 위 교실에서 피해학생에게 다가가 가해학생3은 '우리 반에서 제일 무서운 애가 누구냐, 무서운 순서대로 1위부터 10위까지를 말해라'고 하여 피해학생이 당황하여 대강 순서를

대자 위 피고들 전원이 합세하여 각자 자신들의 순위가 뒤졌다며 각 주먹과 발로 위 원고의 얼굴, 머리, 가슴, 허리, 배, 다리 등을 수회 때렸다.

같은 해 7. 14.경 피해학생의 가정교사가 과외 수업 중 피해학생의 다리에 멍든 상처를 발견하고 피해학생으로부터 그동안 급우들에게 폭행당해 온 사실을 듣고 이를 피해학생의 부모와 위 담임교사에게 알렸다. 이어 피해학생의 부친도 같은 달 15. 위 학교를 방문하여 위 담임교사에게 위 사실에 대하여 대책을 강구하여 줄 것을 요구하였으며 가해학생들로부터 반성문을 받고 훈계하기도 하였다. 이에 위 담임교사는 가해학생1, 2, 3, 4를 차례로 교무실로 불러 폭행사실을 확인하고 반성문과 앞으로 피해학생을 괴롭히지 않겠다는 내용의 각서를 제출받았으나 아직 불려 가지 않은 채 교실에 남아 있는 가해학생들은 '네가 고자질했지, 네가 이런 식으로 나가면 계속 손해 보는 것은 너다'라면서 각 주먹과 발로 원고 피해학생의 전신을 수회 때려 동인을 폭행하였다. 그리고 훈계가 끝난 후 4층 화장실로 피해학생을 데려가 주먹으로 때리고 발로 찼다.

위 담임교사는 같은 해 8월 2학기가 시작된 후 교실에서 반학생들에게 피해학생을 절대로 괴롭히지 않도록 주의를 주고, 피해학생에게는 위 담임교사의 전화번호와 무선호출기 번호를 적어 주고 피해 발생 시 어디서든지 신고하도록 하였으며, 가해학생 1, 2, 3, 4에게도 개인면담을 통하여 다시는 피해학생을 괴롭히지 않겠다는 약속을 받았다. 그러나 가해학생1, 2, 3, 4는 피해학생에게 무서운 순서를 이유로 계속 시비를 걸었고, 주먹과 발로 피해학생의 전신을 때리고, 피해학생이 교실 바닥에 넘어지면 발로 밟고 차 그의 머리를 교실 벽에 부딪히게 하고 바닥에 쓰러진 피해학생을 밟는 등으로 상해를 가하였다. 그 외에도 가해학생들은 피해학생에게 교사들이 교실 내에 있는 수업시간에 조차 콤파스로 허벅지와 손등을 찍기도 하고 교사에게 화장실 간다고 거짓말하고 매점에 가서 과자를 사오라고 시키는가 하면, 피해학생의 손가락 사이에 연필을 끼워 돌리며 소리를 지르지 못하게 하였다. 그리고 수업시간 중에 갑자기 일어나서 노래를 부르게 하거나 모자를 계속 쓰고 있도록 시키고 또는 아무 이유 없이 두 손을 들라고 시켜 피해학생으로 하여금 교사나 다른 학생들로부터 이상한 학생이라는 취급을 받게 하였고, 점심시간에 피해학생의 자연식 반찬이 더럽다면서 교실에서 점심을 먹지 못하게 하거나 피해학생의 도시락에 침을 뱉기도 하였다.

위 담임교사는 피해학생이 쉬는 시간에 매점에 가는 것을 자주 목격하고는 피해학생의 부모에게 전화하여 피해학생이 군것질을 많이 한다고 전화 연락하거나, 피해학생의 부친으로부터 피해학생이 도시락을 그냥 가져온다는 말을 듣고는 피해학생에게 도시락을 먹도록 권유하는 등 피해학생이 앞과 같은 집단괴롭힘을 당한다는 것을 전혀 몰랐고, 가해학생들에 대하여도 주위가 산만하고 장난이 심하여 남을 놀려주기 좋아하는 학생들로만 생각하고 있었다. 그러다나 피해학생의 모친은 1996. 2. 12. 피해학생의 손등의 상처를 발견하고, 그 이유를 같은 반 학생들에게 수소문하여 그 동안 거의 매일 앞과 같은 집단괴롭힘을 당하였다는 것을 알게 되어 앞과 같은 집단괴롭힘은 일단락되었다.

가해학생들은 앞과 같은 행위로 인하여 조사받고 기소되어 단기로 소년원에 송치되거나 보호관찰을 받는 보호처분을 받았다. 피해학생은 앞과 같은 폭행 등으로 인하여 좌측 슬관절 좌상 등과 반월상 연골의 퇴행성 파열상을 입게 되었고, 더욱이 지속적인 불안과 정서적 불안정 상태를 겪어 완치가 불가능한 만성 외상후 스트레스 장애를 입게 되었으며, 이 때문에 매사에 자신감과 의욕을 잃어 대인 및 사회관계를 회피하게 되어 ○○학교 및 사회생활에 적응이 어려운 상태에 이르렀다.

피해학생 보호자의 과실에 관한 법원의 판단

(법원은 피해학생의 피해사실에 대한 피고들의 손해배상책임을 인정한 후, 다음과 같은 이유로 그 책임의 범위를 제한하였다.) 원고 피해학생의 부모는 원고 피해학생이 앞과 같은 괴롭힘을 당한다는 것을 1995. 7.경 알았으므로, 담임교사에게 이를 이야기하고 근절대책을 촉구함에 그칠 것이 아니라, 피고 학생들이 고등학교 1학년 정도의 미성년자라는 점을 고려하여 그들의 보호자이자 감독의무자인 부모들에게 담임교사를 통하여 그 사실을 알리거나 혹은 직접 면담하여 추가적인 폭행이나 보복을 방지할 수 있도록 위 피고들에 대한 교육과 훈계를 요구하거나 협조를 구하는 등 적절한 조치를 취하고(위 피고들의 부모들이 손해배상의무자가 되므로 더욱 그러하다), 그 이후에 앞과 같은 집단폭행이 근절되었는지 여부에 관심을 가지며 원고 피해학생의 몸상태나 행동상태(잠잘 때 끙끙 앓는 소리를 내거나 자다가 깜짝 놀라고 공포에 질려 벌떡 일어나기도 하고, 옷이나 책가방 등이 흙투성이가 되어 오고, 책, 공책 등이 찢겨 있으며, 학교에 안 가려고 하고 이민 가자고 하는 것 등) 등을 관찰하여 특이한 점이 있으면 의문을

갖고 원고 피해학생, 교사, 다른 학생 등을 통하여 그 이유를 알도록 노력하여야 함에도 불구하고, 이를 게을리하여 집단괴롭힘 사실을 뒤늦게 재확인할 때까지 별다른 조치를 취하지 아니한 채 상당기간을 방치한 잘못이 있는 사실을 인정할 수 있다. 이러한 원고 부모의 과실은 원고들의 손해 확대에 한 원인이 되었다 할 것이므로, 피고들이 배상하여야 할 손해액을 산정함에 있어 이를 참작하기로 하되, 그 비율은 위 사실관계에 비추어 10% 정도로 봄이 상당하여 피고들의 책임을 위 과실 비율을 제외한 나머지 90%로 제한한다.

6) 가해학생의 보호자와 학교를 설치 · 운영하는 지방자치단체 사이의 책임 비율과 구상권

피해학생과 그 부모가 가해학생과 그 부모, 그리고 교사와 학교를 설치 · 운영하는 지방자치단체를 공동 피고로 하여 손해배상을 청구한 경우에 법원에서 공동 피고들 모두의 손해배상 책임이 인정되어 손해배상금이 확정되면 피해학생과 그 부모는 공동 피고 중 어느 누구로부터라도 손해배상금 전액을 지급받을 수 있다. 통상적으로 피해학생과 그 부모는 학교를 설치 · 운영하는 지방자치단체를 상대로 손해배상금의 지급을 청구하는데, 피해학생과 그 부모에게 손해배상금 전액을 지급한 지방자치단체는 공동 피고였던 가해학생의 부모에게 이미 지급한 손해배상금에 대한 구상권을 행사할 수 있다. 이러한 경우에 법원은 가해학생의 폭력행위에 대한 가해학생과 학교의 책임 비율에 따라 가해학생의 부모가 지방자치단체에게 상환하여야 할 구상금의 액수를 정하고 있다.

(1) 서울지방법원 2000. 12. 8. 선고 2000가합31880 판결

사실관계

학교를 설치 · 운영하는 지방자치단체(원고)가 가해학생들과 그 부모들(피고들)을 상대로 피해학생과 그 부모와 동생에게 지급한 손해배상금에 대한 구상금청구소송을 제기하였다. 지방자치단체는 (5) 가해학생의 폭력행위에 대한 피해학생 및 보호자의 과실, (3) 서울고등법원 1999. 12. 7. 선고 98나65344 판결)에 따라, 피해학생과 그 가족에게 법원에서 확정한 판결금액과 지연이자를 지급하였다.

구상권의 발생에 관한 법원의 판단

인정사실에 의하면 원고와 피고들은 피해학생 등 피해자들에 대하여 공동불법행위자로서 위 판결에 따라 각자 그 손해금 전액을 배상할 의무가 있으나, 공동불법행위자인 원고와 피고들 사이에는 위 손해금에 대하여 그 손해의 발생 및 확대에 기여한 정도 즉 각자의 책임비율에 따라 이를 부담한다 할 것인데, 원고는 위 피해학생 등에게 위 손해배상금을 모두 지급함으로써 공동불법행위자인 피고들이 공동 면책되었으므로, 원고는 피고들의 책임비율에 상응하는 손해금에 대하여 구상권을 취득하였다.

공동불법행위자들 사이의 책임 비율에 관한 법원의 판단

나아가 원고가 피고들에 대하여 취득한 구상권의 범위에 관하여 살펴보면, 공동불법행위자들인 원고와 피고들이 각기 부담하여야 할 부분은 형평의 원칙상 원고와 피고들이 이 사건 손해의 발생 및 확대에 기여한 비율, 즉 책임비율에 따라 정하여야 할 것인데, 비록 이 사건 집단괴롭힘이 피고 학생들의 주도하에 이루어진 것이기는 하나 위 집단괴롭힘이 학교 내에서 발생하였고 학교로서는 적극적인 감독 및 보호활동을 펼칠 경우 이를 제지할 수도 있었다는 점에서 원고의 책임이 작다고만은 할 수 없을 것인바, 앞서 본 바와 같이 집단괴롭힘의 경위, 피고 학생들의 가해 정도, 피고 학생들 부모의 감독 소홀, 원고의 피고 학생들에 대한 감독 소홀 및 피해학생에 대한 보호 소홀의 정도 등 모든 사정에 비추어 볼 때 원고 대 피고들의 책임비율은 4 대 6 정도라고 봄이 상당하다.

(2) 수원지방법원 2008. 7. 24. 선고 2007가합21149 판결

사실관계

학교를 설치 · 운영하는 지방자치단체(원고)가 가해학생들의 부모들(피고들)을 상대로 사망한 피해학생의 부모와 동생에게 지급한 손해배상금에 대한 구상금청구소송을 제기하였다. 지방자치단체는 (4)피해학생의 자살에 대한 책임, (1) 대법원 2007. 4. 26. 선고 2005다24318 판결)에 따라, 사망한 피해학생의 유족들에게 법원에서 확정한 판결금액과 지연이자를 지급하였다.

구상권의 발생에 관한 법원의 판단

공동불법행위자는 채권자에 대한 관계에서 부진정연대채무를 지되, 공동불법행위자들 내부관계에서는 일정한 부담 부분이 있고, 공동불법행위자 중 1인이 자기의 부담 부분 이상을 변제하여 공동의 면책을 얻게 하였을 때에는 다른 공동불법행위자에게 그 부담 부분의 비율에 따라 구상권을 행사할 수 있는바(대법원 2006. 2. 9. 선고 2005다28426 판결), 위 인정사실에 의하면, 원고는 공공불법행위자 중의 1인으로서, 2007. 5. 28.경 피해자인 망인의 유족들에게 손해배상금을 지급하고, 2007. 7. 11.경, 2007. 8. 31.경 국민건강보험공단에게 망인의 치료비와 장제비에 대한 구상금을 지급함으로써 다른 공동불법행위자인 피고들을 공동 면책하게 하였으므로, 피고들은 원고에게 구상금으로 위 지급 손해배상금 및 구상금 중 각자의 과실비율에 해당하는 부분과 각 면책된 날로부터의 지연손해금을 지급할 의무가 있다.

공동불법행위자 사이의 책임 비율에 관한 법원의 판단

이 사건 사고는 피고들의 자녀들인 가해학생들의 집단괴롭힘과 원고의 법정감독의무자에 대신하여 학생들을 보호 · 감독을 할 의무를 게을리하여 발생한 사고인 점, 원고는 학생들의 동향 등을 더 면밀히 파악하였더라면 망인에 대한 폭행 등을 적발하여 망인의 자살이라는 결과를 사전에 예방할 수 있었던 것으로 보이는 점, 망인에 대한 폭행사실이 적발된 후에도 담임교사, 교장은 망인의 정신적 피해상태를 과소평가한 나머지 망인의 부모로부터 가해학생들과 망인을 격리해 줄 것을 요청받고도 이를 거절하면서 가해학생들로부터 반성문을 제출받고 가해학생들의 부모들로부터 치료비에 대한 부담과 재발방지 약속을 받는데 그치는 등 미온적으로 대처하여 결국 이 사건 사고에 이르게 된 점, 그 이후의 수학여행 중에도 망인에 대하여 보다 특별한 주의를 기울였어야 함에도 불구하고, 특별교우관계에 있는 학생을 붙여주는 이외에 별다른 조치를 취하지 아니함으로써 결과적으로 망인이 자살에 이르게 한 원인을 제공한 과실이 있는 점, 또한 가해학생들의 부모인 피고들은 가해학생들이 집단괴롭힘 등의 행동을 하지 않도록 사전에 지도 · 감독을 하였어야 하고, 그러한 망인에 대한 집단괴롭힘의 사실을 안 이후 가해학생들이 망인을 더 이상 괴롭히지 못하도록 주의를 주는 등 지도 · 감독하였어야 함에도 그러한 지도 · 감독 의무를 게을리 한 점 등 앞서 본 사실관계에서 나타난 망인이 사망에 이르게 된 원인 및 과정과

그 결과, 원고와 피고들의 지위와 망인과의 관계 등을 고려하면, 결국 원고와 피고들의 과실비율은 원고 35%, 피고들 65%로 봄이 상당하다.

원고는, ① 원고, ② 가해학생1의 부모, ③ 가해학생2의 부모, ④ 가해학생3의 부모가 각 4분의 1씩 균등하게 그 책임을 분담하여야 한다고 주장하나, 이러한 책임 분담방식은 집단괴롭힘에 가담한 학생의 수에 따라 법정감독의무자에 대신하여 학생들을 보호하고 감독하여야 할 의무자로서의 원고의 책임비율이 달라지게 될 뿐만 아니라 앞서 본 사실관계에 비추어 보아도 수긍하기 어렵다.

또한 피고들 내부적 부담비율에 관해 살피건대, 가해학생1과 가해학생2가 주도적으로 망인을 괴롭혔고, 가해학생3은 이에 가담한 정도가 약한 점 등 이 사건에 나타난 가해정도 및 빈도, 망인의 사망에 미친 영향 등에 비추어 보면, 피고측 65%의 부담비율 중, 가해학생1의 부모와 가해학생2의 부모는 각 25%의 비율로, 가해학생3의 부모는 15%의 비율로 책임을 부담함이 상당하다.

이 장의 요약

학교폭력 사건과 관련된 소송은 학교장의 '가해학생에 대한 조치'의 취소를 구하는 행정소송, 가해학생에 대한 처벌에 관한 형사소송, 피해학생의 손해에 대한 배상을 청구하는 민사소송으로 구분된다. 행정소송에서는 가해학생에게 학교장의 처분에 대한 취소를 구할 법률상의 이익이 있는지와 학교장의 조치가 징계재량권의 범위 내에서 이루어졌는지가 주로 문제가 되고 있다. 형벌법령을 위반한 가해학생에 대한 형사상의 처리절차는 가해학생의 연령에 따라 달라지는데, 가해학생이 만 10세 이상 만 14세 미만인 경우에는 소년보호사건으로서 가정법원 소년부나 지방법원 소년부에서 처리된다. 가해학생이 만 14세 이상 만 19세 미만인 경우에는 소년형사사건으로서 일반 형사사건의 예에 따라 처리되고 있다. 피해학생은 가해학생에 대한 학교장의 조치 또는 형사상의 처벌과는 별도로, 가해학생의 폭력행위로 인하여 발생한 손해에 대한 배상을 청구할 수 있다. 피해학생은 가해학생과 그 보호자뿐만 아니라 교사와 학교를 설치 · 운영하는 지방자치단체를 공동 피고로 하여 손해배상청구소송을 제기할 수 있는데, 법원에서 공동 피고 모두의 책임이 인정되면 공동 피고 중 어느 누구에게서라도 손해배상금 전액을 지급받을 수 있다. 그러나 가해학생의 폭력행위에 피해학생이나 그 보호자의 과실이

있는 경우에는 그 과실의 비율에 따라 가해학생과 그 부모, 교사와 학교를 설치 · 운영하는 지방자치단체의 손해배상 책임의 범위가 제한된다.

생각해 볼 문제 

1. 학교장이 가해학생에 대하여 「학교폭력 예방 및 대책에 관한 법률」에 따라 퇴학처분의 조치를 취할 때, 판례에 나타난 적절한 징계재량권 행사의 기준을 제시해 보세요.
2. 형벌법령에 저촉되는 학교폭력 행위를 한 만 14세의 중학교 2학년 학생에 대한 학교폭력대책자치위원회의 조치 절차와 형사상의 처리 절차에 대하여 생각해 보세요.
3. 교사와 학교를 설치 · 운영하는 지방자치단체가 어떠한 경우에 학교폭력 사건에 대한 손해배상 책임을 부담하는지에 관하여 판례에 제시된 기준을 설명해 보세요.
4. 피해학생의 담임교사나 보호자가 피해학생의 피해사실을 알게 되었을 때, 판례를 통해 알 수 있는 담임교사나 보호자가 취하여야 할 적절한 대처방안에 대하여 논의해 보세요.

참고문헌

김왕식, 곽한영(2007). 학교폭력과 법. 경기: 한국학술정보(주).

김용수(2012). 알기 쉬운 학교폭력 · 성폭력 관련 법령의 이해. 서울: 진원사.

송재홍, 김광수, 박성희, 안이환, 오익수, 은혁기, 정종진, 조붕환, 홍종관, 황매향(2013). 학교폭력의 예방 및 대책. 서울: 학지사.

조균석, 정제영, 장원경, 박주형, 최호열, 이윤석, 전수민, 이희관, 성수민, 전준호(2013). 학교폭력 근절을 위한 법령해설 및 체제 연구. 서울: 이화여자대학교 학교폭력 예방연구소.

제3부

학교폭력의 예방과 개입

학교폭력의 평가와 진단

〈학습개요 및 학습목표〉

이 장에서는 학교폭력 평가 및 진단의 정의와 필요성을 살펴보고, 학교폭력 평가에 적용할 수 있는 포괄적 평가모델과 학교폭력의 대표적인 평가방법으로 관찰법, 자기보고식 평가, 또래 참조평가, 면접법에 대해 학습한다. 또한 학교 현장에서 구체적인 평가목적에 맞게 최적의 학교폭력 평가안을 구성할 수 있도록 실제적인 평가전략에 대해 알아보고자 한다.

이 장의 구체적인 학습목표는 다음과 같다.

1. 학교폭력 평가 및 진단의 정의와 필요성을 이해한다.
2. 학교폭력 평가에서 포괄적 평가(중다방법, 중다정보원, 중다장면 평가)모델의 특징을 이해한다.
3. 대표적인 학교폭력 평가방법의 장단점을 비교하여 이해한다.
4. 구체적인 평가목적에 따라 학교 현장에서 활용할 수 있는 최적의 학교폭력 평가전략에 대해 논의할 수 있다.

학교폭력에 효과적으로 대응하기 위한 첫 단계는 학교폭력의 현황과 실태를 정확히 파악하는 일이다. 학교폭력이 다양한 유형의 행동을 포괄한다는 점을 감안한다면, 구체적으로 어떤 형태의 학교폭력이 얼마나 자주 발생하며, 언제, 어디서 발생하는지, 그 현상이 얼마나 심각한지, 그리고 가해학생 및 피해학생은 누구인지, 학교폭력이 발생하는 상황에서 주변학생은 어떻게 반응하고 행동하는지 등을 정확히 파악해 보는 노력이 필수적이다. 이와 같이 학교폭력에 대한 평가를 통해 얻어진 구체적인 정보에 기초하여 교사 및 학교행정관리자는 개별 학교에 적합한 개입 프로그램(예, 피해 및 가해학생을 위한 상담 프로그램, 학급 단위의 집단 프로그램, 학교 차원의 개입 프로그램 등)이나 예방교육 프로그램을 선정 또는 개발할 수 있으며, 더 나아가 학교폭력에 대한 정책을 수립하거나 학생 규율 지침을 개발하는 데 이러한 정보를 활용할 수 있다(특정 학교의 독특한 상황과 여건에 맞는 학교폭력 예방 및 개입 전략의 개발에

대해서는 12장과 13장을 참조할 것).

이 장에서는 학교 현장에서 활용할 수 있는 학교폭력의 대표적인 평가방법을 소개하고, 학교폭력의 평가 및 진단과 관련된 이론적 · 실제적 문제를 살펴보고자 한다. 구체적으로는 학교폭력 평가와 진단의 정의 및 필요성, 학교폭력 평가의 이론적 접근, 학교폭력의 평가방법, 학교폭력의 평가전략을 중심으로 살펴볼 것이다. 이 장에서는 학교폭력 가해학생이나 피해학생 개인의 심리적 상태 또는 문제에 대한 임상적인 평가영역은 다루지 않는다. 이는 별도의 전문적 논의를 요구하는 영역으로 이 책의 범위를 넘어서기 때문이다.

1. 정의와 필요성

1) 정 의

평가(assessment 혹은 evaluation)란 개인이 가지고 있는 특성의 질적 · 양적 수준을 풍부한 자료를 활용하여 다각적으로, 그리고 객관적으로 추정, 감식, 판단하는 절차(Aiken, 1989)를 의미한다. 평가는 간혹 검사(testing)나 진단(diagnosis) 등의 용어와 혼용되는 경향이 있지만, 검사는 평가를 위해 필요한 정보를 수집하는 하나의 방법에 불과하며, 진단은 평가를 통해 얻어진 정보를 활용하여 미리 정한 기준에 따라 개인의 문제나 상태를 전문적으로 판단하는 과정으로 볼 수 있다. 즉, 평가는 다양한 정보수집 방법을 통해 개인 혹은 현상의 특성을 추론하고 예측하는 일련의 과정을 총칭하는 가장 포괄적인 용어다(김영환, 문수백, 홍상황, 2005). 따라서 학교폭력의 평가와 진단이라 함은 학교폭력의 다양한 측면에 대하여 관찰, 심리검사, 또래참조 평가, 면접 등 다양한 자료수집 방법을 통해 신뢰롭고 타당한 정보를 얻어 이러한 정보를 활용하여 학교폭력의 여러 측면에 대해 객관적 · 전문적으로 이해하고 판단(예, 학교폭력이 얼마나 자주 발생하는지, 학교폭력의 피해와 가해 실태는 어떠한지, 피해학생과 가해학생은 누구인지 등)하는 과정이라고 정의할 수 있다.

2) 필요성

학교폭력의 평가와 진단은 다음과 같은 몇 가지 이유에서 필요하다고 할 수 있다. 첫째, 학교폭력의 평가는 문제에 대한 객관적이고 정확한 이해를 위해 필수적이다. 어떠한 형태의 학교폭력이 언제, 어디서, 얼마나 자주 발생하며, 학교폭력의 피해학생과 가해학생은 누구인지, 그리고 학교폭력에 대한 학생의 태도나 반응, 대응 행동은 어떠한지 등을 정확히 이해하고 판단하려면 이러한 정보를 '신뢰롭고 타당한' 방식으로 수집하는 일이 매우 중요하다. 여기서 '신뢰롭다(신뢰도, reliability)'는 의미는 학교폭력을 일관성 있게, 정확하게 측정한다는 뜻이며, '타당하다(타당도, validity)'는 의미는 실제로 측정하고자 하는 학교폭력의 개념에 부합되게 학교폭력을 측정하는 것을 의미한다.

둘째, 학교폭력의 평가는 구체적인 개입계획을 개발하는 데 필수적이다. 예컨대, A학교의 경우 수업시간보다는 방과후 시간이나 쉬는 시간에 신체폭력이 빈번하게 발생한다는 자료를 얻었다면, 이 학교는 해당 시간에 발생하는 이러한 행동을 효과적으로 개입하고 예방할 수 있는 대책을 세워야 한다. 마찬가지로, B학교의 경우 학생 사이에서 언어폭력이 심각한 것으로 드러난다면, 이 학교는 학생이 고운 말을 쓸 수 있도록 관련 교칙이나 학급규칙을 강화하고 고운 말 사용에 관한 백일장 대회를 개최하는 등의 특정 문제를 감소시키기 위한 구체적인 노력을 기울여야 할 것이다. 한 학교가 학내에서 발생하는 학교폭력에 대해서 정확하게 이해하고 학교폭력이 일어나는 맥락, 상황, 조건, 그리고 학교폭력에 관여하는 학생에 대해서 정확한 지식을 갖추고 있는 만큼, 학교행정관리자와 교사는 학교의 실정에 맞는 개입 프로그램을 통해 학교폭력에 효과적으로 대응할 수 있다.

셋째, 학교폭력에 대한 신뢰롭고 타당한 평가는 개입 후 문제의 개선도를 평가하거나, 특정한 개입 프로그램의 효과를 모니터링하고 최종 평가하는 데 중요한 자료를 제공해 준다. 예컨대, 학교폭력에 대한 학생의 태도를 검사하였다면, 이러한 태도가 학교차원의 프로그램을 실시한 이후로 변화하고 있는지 주기적으로 평가를 통해 확인해 보아야 한다. 만일 프로그램의 효과가 태도변화로 나타나지 않고 있다면 프로그램을 수정하거나 변경할 필요가 있는 것이다. 학교폭력에 대한 평가는 개입 프로그램 종료 후 평가하는 것은 물론이요, 학교폭력 문제를 개입하는 과정에서 여러

번 이루어질 필요가 있다. 또한 학교가 학생과 교직원을 포함한 구성원뿐 아니라 정책이나 교육과정 등 많은 부분이 지속적인 변화를 거듭해 가는 역동적 시스템인 점을 감안한다면, 학교폭력의 현황과 실태에 대한 평가 또한 주기적으로 이루어져 얻어진 정보가 학교폭력 개입이나 예방 정책 및 프로그램을 개선해 나가는 데 지속적인 피드백을 제공할 수 있어야 한다.

2. 학교폭력 평가의 이론적 접근

「학교폭력 예방 및 대책에 관한 법률」에서 정의하고 있는 학교폭력의 개념을 살펴보면(1장 참조), 학교폭력은 '학교 내외에서 학생을 대상으로 발생'하여 '신체 · 정신 또는 재산상의 피해'를 입히는 다양한 유형의 반사회적 행동(예, 신체폭력, 언어폭력, 금품갈취, 강요, 따돌림, 성폭력, 사이버 폭력 등)을 포괄하는 개념으로, 언어적 · 신체적 · 관계적 폭력을 총칭하는 용어로 이해할 수 있다. 또한 이러한 학교폭력은 가해학생 및 피해학생의 개인 특성을 넘어 또래관계, 가정환경, 학교환경, 지역사회 환경, 사회문화적 환경 등 중다체제의 영향과 이들의 상호작용에 의해 나타나는 행동으로 이해할 수 있다. 학교폭력이 이처럼 다양한 유형의 반사회적 행동을 포괄하며, 중다체제적 · 생태학적-체제적 관점에서 이해되어야 하는 복잡한 행동이라면 학교폭력에 대한 평가는 여느 행동의 평가처럼 아동 · 청소년의 심리평가 이론을 활용함으로써 보다 체계적 · 과학적으로 접근할 수 있다. 이 점을 전제로 하여 이 절에서는 학교 현장에서 학교폭력의 평가안을 설계하는 데 참조할 수 있는 대표적인 이론적 모델로서 Merrell(2008)의 '중다방법, 중다정보원, 중다장면 평가(multi-method, multi-source, multi-setting assessment)'를 간단히 소개함으로써 학교폭력에 대한 최적의 평가를 돕고자 한다.

■ '중다방법, 중다정보원, 중다장면 평가'모델

1980년대 이후 아동 · 청소년 대상의 심리평가 분야의 연구와 실제에 있어서 괄목할 만한 발전이 있었는데, 그 중 하나가 포괄적 평가모델이 제시되어 활용되고 있

다는 점이다(Merrell, 2008). 이러한 포괄적 평가모델은 서로 다른 학자에 의해 '경험적 다축평가'(Achenbach et al., 1987), '중다장면, 중다정보원, 중다도구 평가'(Martin, Hooper, & Snow, 1986), '중다방법, 중다정보원, 중다장면 평가'(Merrell, 2008) 등의 이름으로 소개되었는데, 어느 명칭을 사용하든 이들의 핵심적인 특징은 동일하다. 즉, 평가자가 다양한 평가방법을 사용하여 여러 장면에서 나타나는 평가 대상인 아동 · 청소년의 행동을 여러 정보제공자로부터 수집한다는 점이다. 이러한 평가모델의 목적은 평가과정에서 필연적으로 발생하는 편향과 오류(즉, 오차변량)를 줄임으로써, 결과적으로 해당 아동 · 청소년의 현재 행동, 정서, 사회적 기능을 잘 대표하는 보다 타당하고 통합적인 평가결과를 얻는 데 있다. Merrell(2008)의 중다방법, 중다정보원, 중다장면 평가모델이 [그림 10-1]에 도식으로 제시되어 있다.

이 모델에 따르면 평가의 구성요소는 크게 세 범주로 구분해 볼 수 있으며, 평가자는 각 범주에서 두 가지 이상의 방법, 정보원 및 장면을 선정하여 평가하고자 하는 심리적 특성(즉, 학교폭력을 포함한 다양한 종류의 정서, 행동, 사회성 문제 등)을 어떻게 평가할 것인지 평가안을 계획할 수 있다. 예를 들어, 평가자는 전체 재학생의 학교폭력 피해경험을 파악하고자 학교폭력 피해경험을 묻는 일련의 질문으로 구성된 자기보고식 질문지를 구성하여 이 질문지를 모든 재학생에게 실시함으로써 학교폭력의 실태를 평가하고자 할 수 있다. 이때 이러한 평가안은 단일 방법(자기보고), 단일 정보원(학생), 단일 장면(학교)에 기초한 평가로 볼 수 있다. 그러나 평가자가 이러한 평가안을 개선하고자 학교 밖 지역사회에서의 피해경험을 묻는 문항을 추가하고, 많은 학생이 자기보고식 질문지에 피해경험을 솔직하게 보고하지 않을 수도 있는 점을 감안하여 같은 반 급우들로 하여금 피해학생을 지명하게 하는 또래참조 평가를 추가로 실시하였다면, 이는 중다방법(자기보고식 질문지, 또래참조 평가), 중다정보원(학생, 또래 집단), 중다장면(학내, 지역사회) 평가를 계획하고 있는 것이다. 물론 평가자는 자기보고식 평가에서 피해경험의 점수가 높게 나타나거나 또래참조 평가에서 피해학생으로 지명된 학생, 혹은 이 두 방법을 통해 공히 피해학생으로 나타난 학생을 대상으로 개인면접을 추가로 실시하여 구체적인 피해경험을 확인하고 피해 실태에 대한 보다 심층적인 정보를 얻고자 할 수도 있는데, 이 경우에는 세 방법, 두 정보원, 두 장면의 포괄적 평가 설계로 볼 수 있다. 다음 절에서는 [그림 10-1]에 제시된 평가모델의 구성 요소 중 '방법'에 중점을 두어 학교폭력의 평가에 활용될 수 있는 대

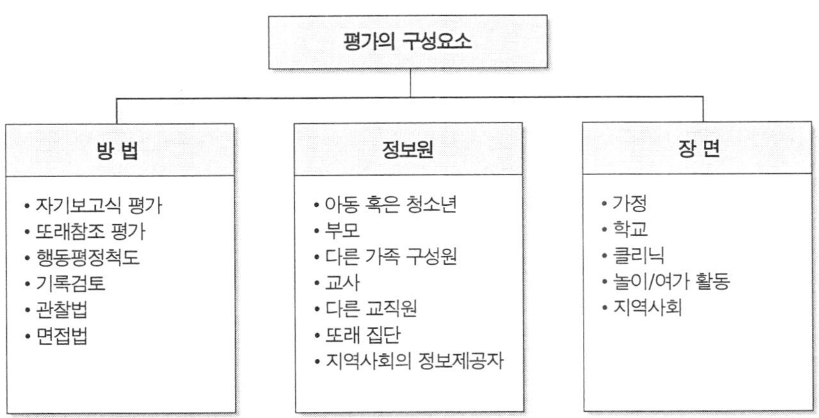

그림 10-1 아동 · 청소년의 중다방법, 중다정보원, 중다장면 평가모델

표적인 평가방법을 소개한다.

3. 학교폭력의 평가방법

이 절에서는 학교폭력의 여러 측면을 평가하기 위해 학교 현장에서 사용할 수 있는 대표적인 평가방법으로, 관찰법, 자기보고식 평가방법, 또래참조 평가방법, 면접법을 소개하고, 각 평가방법의 장점과 제한점을 살펴보고자 한다.

1) 관찰법

관찰법(observation)은 교사가 평소 학생의 학교폭력 관련 행동이나 징후를 주의 깊게 관찰함으로써 학교폭력의 가능성에 대해 평가하는 방법이다. 학교폭력의 특성상 학교폭력 가해행동이나 피해 상황을 교사가 직접 목격하는 경우는 흔하지 않을 수 있다. 또한 학교폭력과 관련하여 나타나는 학생의 인지나 정서적 특성 등 내적 특성은 관찰에 의해서 직접 평가하기 어렵다. 그러나 이러한 한계에도 불구하고 관찰법은 가해나 피해의 행동적 징후를 초기에 감지하고 잠재적인 학교폭력 가해 및 피해학생을 확인하는 일차적인 방법이 될 수 있다. 특히 학교폭력 사례가 같은 학교,

같은 학년, 같은 반 내에서 발생하는 경우가 많으므로 교사는 평소 수업시간뿐만 아니라 쉬는 시간, 점심시간 동안에 학생의 행동을 주의 깊게 살펴보고 학생의 행동 변화에 민감할 필요가 있다.

교사는 구체적으로 학생의 어떤 행동을 관찰하고 주목할 필요가 있을까? 〈표 10-1〉은 교사에 의해 흔히 관찰될 수 있는 학교폭력 피해나 가해의 행동적 징후를 제시하고 있다.

표 10-1 학교폭력 피해와 가해의 행동적 징후

유 형	행동적 징후
피해	• 수업시간에 특정 학생에 대한 야유나 험담이 많이 나온다. • 주변학생한테 험담을 들어도 반발하지 않는다. • 잘못했을 때 놀리거나 비웃거나 한다. • 이름보다는 비하성 별명이나 욕으로 호칭된다. • 친구가 시키는 대로 그대로 따르거나 친구의 심부름을 잘한다. • 특정 학생을 빼고 이를 둘러싼 다른 학생이 이유를 알 수 없는 웃음을 짓거나 눈치를 보는 것 같은 낌새가 있다. • 지우개나 휴지, 쪽지가 특정 학생을 향한다. • 체육 시간이나 점심시간, 야외활동 시간에 집단에서 떨어져 따로 행동한다. • 자주 점심을 먹지 않거나 점심을 혼자 먹을 때가 많고 빨리 먹는다. • 교복이 젖어 있거나, 지저분하거나, 단추가 떨어져 있고, 구겨져 있다. • 교과서와 노트, 가방에 낙서가 많다. • 자주 준비물을 챙겨 오지 않아 야단을 맞는다. • 종종 무슨 생각에 골몰하고 있는지 정신이 팔려 있는 듯이 보인다. • 코피 또는 얼굴에 상처가 나 있지만 괜찮다거나 별일 아니라고 한다. • 청소당번을 돌아가면서 하지 않고 항상 동일한 학생이 한다. • 자주 지각을 하거나 몸이 아프다는 이유로 결석한다. • 특별한 볼일 없이 교무실, 상담실, 양호실이나 교사 주위를 배회한다. • 학교성적이 급격히 혹은 서서히 떨어진다.
가해	• 교실에서 큰 소리를 많이 내고, 반 분위기를 주도한다. • 교사와 눈길을 자주 마주치지만, 자신에게 관심을 갖는 것에 반발한다. • '잘 나가는' 아이들 혹은 '일진'과 가깝게 지내며, 이들 이외의 학생에 대해서는 배타적인 태도가 있다. • 비행(금품갈취, 절도, 집단폭력, 약물 등) 전력이 있다. • 교사가 질문 시 다른 학생의 이름을 대며 그 학생이 대답하게끔 유도한다. • 부모와 대화가 적고, 반항하거나, 종종 교사의 권위에 도전하는 행동을 한다. • 성미가 급하고, 화를 잘 내며, 이유와 핑계가 많다. • 친구들이 자신에 대해서 말하는 것을 두려워한다.

	• 고가의 물건을 가지고 다니며 친구가 빌려준 것이라고 말하곤 한다. • 작은 칼 등 흉기를 소지하고 다닌다. • 등하교시 책가방을 들어주는 친구나 후배가 있다. • 신체적 힘, 리더십 등 우월한 요소를 가지고 있다.

출처: 교육과학기술부, 법무부(2009)와 송재홍 외(2013)를 토대로 재구성함.

〈표 10-1〉에 제시된 특성은 학생이 보일 수 있는 잠재적인 피해나 가해행동징후로 이러한 특성이 자주, 일관되게, 특히 여러 징후가 관찰될 경우 교사는 해당 학생의 학교폭력 피해나 가해를 의심해 볼 수 있다. 물론 여기에 제시된 특성 외에도 다른 행동적 징후가 있을 수 있다. 또한 특정 학생이 〈표 10-1〉에 제시된 특성을 보인다고 해서 피해학생이나 가해학생으로 단정할 수도 없다. 그러나 이러한 징후를 교사가 잘 숙지하고 학생들을 평소 유심히 관찰하며, 특히 이러한 특성이 관찰되었을 때 해당 학생을 개별적으로 면접하거나, 자기보고식 평가방법, 또래참조 평가방법 등을 활용하여 좀 더 자세한 정보를 얻는 등 추가적인 노력을 기울인다면 학교폭력을 조기에 감지하고 적절한 조치를 취하는 데 유용할 수 있다.

2) 자기보고식 평가방법

자기보고식 평가(self-report assessment)방법은 학생의 학교폭력 관련 경험, 인식, 행동, 태도 등을 묻는 일련의 질문이나 척도를 구성하여 이에 응답하게 함으로써 정보를 수집하는 대표적인 학교폭력 평가방법이다. 질문 구성은 개방형 질문, 선택형 질문, 혹은 이들 질문이 혼합된 형태로 이루어질 수 있으며, 척도의 경우 리커트식의 4~5점 척도가 일반적이다.

자기보고식 평가는 다른 평가방법에 비해 실시가 용의하고, 특히 대단위 평가에서 사용하기 편리하다는 특성으로 대표적인 학교폭력 평가방법으로 인기를 얻고 있다. 자기보고식 평가방법은 국내의 각종 학교폭력 실태조사에서 흔히 활용되고 있는 평가방식이며, 국외의 학교폭력 관련 연구에서도 가장 흔히 사용되어 왔다. 그러나 학교폭력을 자기보고식 방법으로 평가하였을 때 얼마나 신뢰롭고 타당한 정보를 얻을 수 있는지에 대한 실증 연구가 아직은 충분하지 않은 실정이어서 평가도구의 선정에 있어서 세심한 주의가 필요하며, 특히 학교 현장에서 새롭게 문항을 구성하여

사용할 때는 이 점을 충분히 감안하여야 한다. 학교폭력의 자기보고식 평가도구는 학생의 솔직한 반응을 유도하기 위해 익명으로 실시되는 것이 일반적이다. 그러나 평가를 통해 잠재적인 학교폭력 가해나 피해학생을 선별하거나 확인하고자 하는 경우처럼 평가의 목적에 따라 적정 수준의 감독하에 '비밀보장'을 전제로 기명으로, 혹은 최소한의 개인 식별 정보만을 적게 하는 방식으로 실시할 수도 있다. 여기서는 학교폭력의 자기보고식 평가방법 중 괴롭힘 가해 및 피해경험과 학생의 인식과 태도 등 괴롭힘의 실태를 주로 측정하도록 구성된 괴롭힘 실태조사 질문지를 예시하고, 아울러 가해 및 피해경험뿐 아니라 괴롭힘 주변학생의 다양한 역할을 자기보고식으로 측정하도록 고안된 '괴롭힘 관련자 역할 척도'(서미정, 2008), 그리고 집단괴롭힘에 초점을 두어 주변학생의 동조 행동과 태도를 측정하도록 개발된 '집단괴롭힘 동조 유형 척도'(김현주, 2003)를 소개하고자 한다.

(1) 괴롭힘 실태조사 질문지

괴롭힘 실태조사에 국제적으로 많이 사용되는 질문지 중 하나는 Olweus(2007)가 개발한 Olweus 괴롭힘 질문지(Olweus Bullying Questionnaire: OBQ)로, 국내에서는 이 질문지의 초판을 이춘재와 곽금주(2000)가 처음 번안하여 소개한 바 있다. 여기서는 이춘재와 곽금주(2000)가 OBQ 문항과 청소년 대화의 광장(1997)의 연구를 기초로 작성한 질문지와 최신판 Olweus 질문지의 내용을 주로 참조하여 국내의 실정에 맞도록 수정 · 보완한 것을 〈표 10-2〉에 제시하였다.

표 10-2 괴롭힘 실태조사 질문지 예시

괴롭힘에 대한 설문조사

날짜__________ 학교__________ 학년__________ 반__________ 성별__________

이 질문지는 여러분의 학교생활에 대해 알아보기 위한 것입니다. 각 질문에 대한 몇 개의 답 중에서 자신의 생각이나 느낌을 가장 잘 나타내는 답을 선택하십시오. 가령 다음 1번 질문에서 자신이 학교를 정말로 싫어한다면 '나는 학교를 매우 싫어한다.'에 √표 하시고, 만일 학교를 정말 좋아한다면, '나는 학교를 매우 좋아한다.'에 √표 하시면 됩니다. 각 질문에 대해서 하나의 답만을 선택해야 합니다. 자 그럼, 자신이 학교에 대해서 어떻게 느끼는지 가장 잘 나타내는 답을 골라 답해 보세요.

1. [학교 선호도] 나는 학교를 좋아합니까?
① 나는 학교를 매우 싫어한다. ② 나는 학교를 싫어한다.
③ 나는 학교를 좋아하지도, 싫어하지도 않는다.
④ 나는 학교를 좋아한다. ⑤ 나는 학교를 매우 좋아한다.

만일 답을 잘못 표기하였다면, 잘못 표기된 답에 ×표를 하고 원하는 답에 다시 √표를 하십시오. 이 질문지에 자신의 이름은 쓰지 마십시오. 아무도 여러분이 다음의 질문에 어떻게 답하였는지 알 수 없습니다. 하지만 모든 질문에 신중하고 솔직하게 답변하는 것이 매우 중요합니다. 하나의 답을 고르기가 어려운 경우에는 가장 가까운 답을 고르시면 됩니다. 질문이 있으면 조용히 손을 들어 주십시오.

다음의 질문은 대부분 지난 2~3달 동안(개학 후 지금까지)의 학교생활에 대한 것입니다. 따라서 지금 어떠한지 뿐만 아니라 지난 2~3달 동안에 어떠하였는지에 대해 생각해 보고 답변하기 바랍니다.

2. [친한 친구 수] 같은 반에 나와 친한 친구가 몇 명이나 있습니까?
① 없음 ② 1명 ③ 2~3명 ④ 4~5명 ⑤ 6명 이상

'괴롭힘'이란?

괴롭힘에 대해서 몇 개의 질문을 하려고 합니다. 먼저 '괴롭힘'이란 무엇인지 설명하겠으니 잘 읽어 보세요. 어떤 학생(한 명 혹은 여러 명)이 다른 학생에게 다음과 같은 일을 할 때 '괴롭힘'이라고 합니다.

- 상스럽고 불쾌한 말을 하거나, 놀리거나, 욕을 한다.
- 완전히 무시하거나, 따돌리거나, 어떤 일을 할 때 고의로 끼워 주지 않는다.
- 때리거나, 발로 차거나, 떠밀거나, 어떤 곳에 밀어 넣고 못 나오게 한다.
- 거짓말을 하거나, 나쁜 소문을 퍼트리거나, 쪽지를 보내거나 하여 다른 아이들이 싫어하게 끔 한다.
- 이 외에 다른 방식으로 상처 주는 일을 한다.

이러한 일들이 반복해서 일어나고, 당하는 학생이 자기 스스로를 방어하기가 어려운 경우가 괴롭힘입니다. 또 반복해서 놀리며 못 되게 구는 경우도 괴롭힘입니다. 하지만 친한 사이에서 장난스럽게 골리는 것은 괴롭힘이 아닙니다. 또한 비슷한 힘을 가진 두 학생이 말다툼을 하거나 서로 싸우는 것도 괴롭힘이 아닙니다.

3. [피해 빈도] 지난 2~3달 동안 나는 학교에서 얼마나 자주 괴롭힘을 당하였습니까?
① 지난 2~3달 동안 괴롭힘을 당한 일이 전혀 없다. ② 한두 번 있었다.
③ 한 달에 두세 번 있었다. ④ 일주일에 한 번 정도 있었다. ⑤ 일주일에 여러 번 있었다.

* 4~13번: 지난 2~3달 동안 학교에서 다음 중 한 가지 이상의 방식으로 다른 아이가 나를 괴롭힌 일이 있었는지를 묻는 질문입니다. 3번과 동일한 방법으로 ①~⑤번 중에 하나를 선택하여 √표 하시면 됩니다.
① 지난 2~3달 동안 괴롭힘을 당한 일이 전혀 없다. ② 한두 번 있었다.
③ 한 달에 두세 번 있었다. ④ 일주일에 한 번 정도 있었다. ⑤ 일주일에 여러 번 있었다.

다른 아이 혹은 아이들이 나를 괴롭힌 일	①	②	③	④	⑤
4. [언어폭력] 나에게 욕을 하거나, 나를 놀리거나 조롱하면서 괴롭혔다.					
5. [따돌림] 나를 완전히 무시하거나, 따돌리거나, 어떤 일을 할 때 고의로 끼워 주지 않았다.					
6. [신체폭력] 때리거나, 발로 차거나, 떠밀거나, 어떤 곳에 밀어 넣고 못 나오게 하였다.					
7. [따돌림] 거짓말을 하거나, 나에 대해 헛소문을 퍼트려 다른 아이들이 나를 싫어하게끔 했다.					
8. [금품갈취] 내 돈 또는 물건을 빼앗거나 내 소지품을 망가뜨렸다.					
9. [강요 · 협박] 내가 원하지 않는 일(강제적인 심부름 포함)을 하라고 협박하거나 강요했다.					
10. [언어폭력] 내 신체 특징이나 외모에 대해서 욕을 하거나 조롱하며 괴롭혔다.					
11. [성폭력] 성적인 욕이나 말, 몸짓 등으로 괴롭혔다.					
12. [사이버 폭력] 휴대전화나 인터넷을 통해서 저속하거나 불쾌한 글, 문자 메시지, 그림 등을 보내거나 전화를 걸어 괴롭혔다.					
13. [기타] 그 외의 다른 방식으로 괴롭혔다. 어떻게 괴롭혔는지 간단히 적으십시오. (____________________)					

14. [가해학생 수] 지난 2~3달 동안 얼마나 많은 아이가 나를 괴롭혔습니까?
① 지난 2~3달 동안 괴롭힘을 당한 일이 전혀 없다. ② 주로 1명의 아이
③ 2~3명의 아이들 ④ 4~9명의 아이들 ⑤ 10명 이상의 아이들

15. [가해학생 소속] 지난 2~3달 동안 나를 괴롭힌 학생은 어느 반에 있습니까?
① 지난 2~3달 동안 괴롭힘을 당한 일이 전혀 없다. ② 우리 반에 있다.
③ 같은 학년의 다른 반에 있다. ④ 나보다 한 학년 위에 있다.
⑤ 나보다 한 학년 아래에 있다. ⑥ 그 밖의 다른 학년에 있다.

16. [피해 장소] 내가 괴롭힘을 당한 장소는 어디입니까?
① 지난 2~3달 동안 괴롭힘을 당한 일이 전혀 없다. → 17번으로
② 지난 2~3달 동안 나는 다음과 같은 장소에서 괴롭힘을 당했다.
→ ②번을 선택하였다면 다음 중 여러분이 괴롭힘을 당한 모든 장소에 √표 하십시오.
☐ 쉬는 시간이나 점심시간에 놀이터나 운동장 ☐ 복도나 계단
☐ 교실(교사가 있을 때) ☐ 교실(교사가 없을 때) ☐ 화장실
☐ 체육관이나 탈의실, 샤워장 ☐ 학교 식당
☐ 그 외 학교 내 다른 장소 (__________) ☐ 등하교 길에
☐ 학원이나 학원 주변 ☐ 버스정류장이나 버스 안
☐ 오락실, PC방, 노래방 ☐ 그 외 학교 밖 다른 장소 (__________)

17. [피해 지속성] 나는 얼마나 오랫동안 괴롭힘을 당하였습니까?
① 지난 2~3달 동안 괴롭힘을 당한 일이 전혀 없다.
② 1~2주 ③ 약 1달 ④ 약 6개월 ⑤ 약 1년 ⑥ 몇 년

18. [피해 후 대응] 괴롭힘을 당한 후 나는 어떤 행동이나 생각을 했습니까? 해당되는 것에 모두 √표 하십시오.
① 지난 2~3개월 동안 괴롭힘을 당한 일이 전혀 없다. ② 말로 대항하였다.
③ 무기력하게 당하고만 있었다. ④ 묵묵히 참으며 아무 일도 없던 것처럼 행동하였다.
⑤ 죽고 싶다는 생각을 하였다. ⑥ 언젠가 꼭 되갚아 주겠다고 다짐하였다.
⑦ 나도 다른 아이를 괴롭혔다. ⑧ 선생님께 알렸다.
⑨ 부모님이나 가족에게 알렸다. ⑩ 경찰서나 117, 1388로 신고하였다.
⑪ 다른 친구에게 알렸다.

19. [가해 빈도] 지난 2~3개월 동안 내가 다른 학생(한 명 혹은 여러 명)을 괴롭힌 일이 얼마나 자주 있었나요?
① 지난 2~3달 동안 다른 학생을 괴롭힌 일이 전혀 없다.
② 한두 번 정도는 있었다. ③ 한 달에 두세 번 있었다.
④ 한 주에 한 번 정도 있었다. ⑤ 한 주에 여러 번 있었다.

* 20~29번: 지난 2~3달 동안 학교에서 다음 중 한 가지 이상의 방식으로 내가 다른 아이를 괴롭힌 일에 대해 묻는 질문입니다. 18번과 동일한 방법으로 ①~⑤번 중에 하나를 선택하여 √표 하시면 됩니다.
① 지난 2~3달 동안 다른 학생을 괴롭힌 일이 전혀 없다. ② 한두 번 정도는 있었다.
③ 한 달에 두세 번 있었다. ④ 한 주에 한 번 정도 있었다. ⑤ 한 주에 여러 번 있었다.

내가 다른 아이를 괴롭힌 일	①	②	③	④	⑤
20. [언어폭력] 어떤 아이에게 욕을 하거나, 그 아이를 놀리거나 조롱하면서 괴롭혔다.					
21. [따돌림] 어떤 아이를 완전히 무시하거나, 따돌리거나, 어떤 일을 할 때 고의로 끼워 주지 않았다.					
22. [신체폭력] 어떤 아이를 때리거나, 발로 차거나, 떠밀거나, 어떤 곳에 밀어 넣고 못 나오게 하였다.					
23. [따돌림 · 명예훼손] 거짓말을 하거나 어떤 아이에 대한 헛소문을 퍼트려 다른 학생들이 그 아이를 싫어하게끔 했다.					
24. [금품갈취] 어떤 아이의 돈 또는 물건을 빼앗거나 그의 소지품을 망가뜨렸다.					
25. [강요 · 협박] 어떤 아이가 원하지 않는 일(강제적인 심부름 포함)을 하도록 협박하거나 강요했다.					

26. [언어폭력] 어떤 아이의 신체 특징이나 외모에 대해서 욕을 하거나 조롱하며 괴롭혔다.					
27. [성폭력] 어떤 아이를 성적인 욕이나 말, 몸짓 등으로 괴롭혔다.					
28. [사이버 폭력] 휴대전화나 인터넷을 통해서 저속하거나 불쾌한 글, 문자 메시지, 그림 등을 보내거나 전화를 걸어 어떤 아이를 괴롭혔다.					
29. [기타] 그 외의 다른 방식으로 괴롭혔다. 어떻게 괴롭혔는지 간단히 적으십시오. (______________________)					

30. [가해 동조 태도] 내가 싫어하는 어떤 아이를 다른 친구가 괴롭힌다면 나는 그 친구와 한편이 되어 그 아이를 함께 괴롭힐 수도 있습니까?
① 그렇다. ② 아마 그럴 것이다. ③ 잘 모르겠다.
④ 아마 그렇지 않을 것이다. ⑤ 아니다. ⑥ 절대로 아니다.

31. [주변학생 행동] 지난 2~3달 동안 다른 아이가 학교에서 괴롭힘 당하는 것을 볼 때 나는 어떻게 행동하였습니까?
① 지난 2~3달 동안 다른 아이가 괴롭힘을 당하는 일을 본 적이 없다. ② 그 아이를 함께 괴롭혔다.
③ 아무 일도 하지 않았다. 괴롭힘은 있을 수 있는 일이기 때문이다. ④ 그저 지켜보기만 하였다.
⑤ 아무 일도 하지 않았다. 하지만 괴롭힘을 당하는 아이를 도와야한다고 느꼈다.
⑥ 어떠한 식으로든 괴롭힘을 당하는 아이를 도왔다.

32. [주변학생 태도] 다른 아이가 학교에서 괴롭힘을 당할 때 나의 마음속에 드는 생각이나 느낌은 무엇입니까?
① 아마도 괴롭힘을 당할 만한 이유가 있을 것이다. ② 별 느낌이 없다.
③ 좀 안됐다는 생각이 든다. ④ 너무 불쌍하다고 느끼며 도움을 주고 싶다.

33. [주변학생 노력] 어떤 학생이 학교에서 괴롭힘을 당할 때 다른 학생들은 이를 막기 위해 얼마나 노력합니까?
① 전혀 노력하지 않는다. ② 아주 가끔 노력한다. ③ 가끔 노력한다.
④ 자주 노력한다. ⑤ 거의 항상 노력한다.

34. [학교의 노력] 어떤 학생이 학교에서 괴롭힘을 당할 때 선생님들은 이를 막기 위해 얼마나 노력합니까?
① 전혀 노력하지 않는다. ② 아주 가끔 노력한다. ③ 가끔 노력한다.
④ 자주 노력한다. ⑤ 거의 항상 노력한다.

35. [학교의 노력] 지난 2~3달 동안 여러분의 학급이나 담임선생님은 학생끼리 괴롭히는 일을 줄이기 위해 얼마나 많이 노력하였다고 생각합니까?
① 전혀 혹은 거의 노력하지 않았다. ② 약간 노력하였다. ③ 어느 정도는 노력하였다.
④ 상당히 노력하였다. ⑤ 정말 많이 노력하였다.

출처: Olweus(2007) 및 이춘재와 곽금주(2000)를 참조하여 재구성함.

〈표 10-2〉에 예시한 괴롭힘 실태조사 질문지는 전반적인 괴롭힘 피해 및 가해경험뿐만 아니라 구체적인 행동유형별 피해 및 가해의 빈도, 학교 선호도, 친한 친구 수, 가해학생 수와 소속, 피해 장소, 피해 지속성, 피해 후 대응, 가해 동조 태도, 주변학생의 행동과 태도, 주변학생 및 학교의 개입 노력 등 다양한 괴롭힘 관련 경험, 인식, 태도를 묻는 질문으로 구성되어 있다. 이 질문지는 Olweus(2007)의 괴롭힘 질문지의 특징을 그대로 반영하여 익명으로 실시되도록 구성되었으며, 괴롭힘에 대한 구체적인 정의가 제시되어 학생이 무엇이 괴롭힘이고 아닌지를 이해한 후 답변하도록 유도하고 있고, 답변 시 참조할 수 있는 구체적인 시간 틀(예, '지난 2~3달')을 제시하여 학생의 회상을 돕도록 구성되었다. 또한 선택지에 들어간 빈도가 구체적이어서(예, '한 달에 2~3번' '일주일에 한 번' 등) 주관적 해석을 최소화할 수 있도록 구성되었다.

괴롭힘 피해 및 가해경험의 빈도를 측정하기 위해 이 질문지는 Olweus(2007)의 구성 방식에 따라 전반적인 질문(3번과 18번)과 함께 특정한 형태(즉, 신체폭력, 언어폭력, 금품갈취, 강요 · 협박, 따돌림, 성폭력, 사이버 폭력)의 괴롭힘 피해나 가해경험을 묻는 문항을 포함하고 있는데, 이는 이 두 유형의 질문이 모두 유용할 가능성이 있기 때문이다. 최근 연구(Cornell & Cole, 2012)에 따르면, 전반적으로 질문이 괴롭힘 가해 혹은 피해경험이 실제로 전혀 없는 학생을 간단하게 가려내는 데는 효과적이지만, 이러한 질문에서 '아니요'라고 응답한 학생 중 일부는 구체적으로 묻는 문항에서 괴롭힘 경험을 보고하는 경우가 있어서 구체적인 질문이 실제 괴롭힘 경험이 있는 학생을 보다 민감하게 탐지해 낼 가능성이 있다고 한다. 현재로서는 구체적인 질문이 보다 정확한 회상을 돕는 것인지 아니면 오히려 괴롭힘 경험을 과잉보고하도록 유도하는지는 명확히 알려져 있지 않다. 따라서 괴롭힘 피해 및 가해경험 조사 시 전반적인 질문과 구체적인 질문 모두를 사용하여 괴롭힘 발생률을 추정해 보는 것이 바람직할 것으로 보인다. 〈표 10-2〉에 예시한 괴롭힘 실태조사 질문지는 학교 현장에서 대단위로 학교폭력에 대한 실태나 현황을 조사하여 학교폭력의 발생률을 추정하거나 학교폭력 프로그램의 실행에 따른 효과를 평가 또는 모니터링하는 평가도구로서 적절히 활용될 수 있다.

(2) 괴롭힘 관련자 역할 척도

괴롭힘 관련자 역할이란 괴롭힘의 상황에 학생이 관여하는 방식을 나타내는 말로, Salmivalli(1999)는 이러한 역할을 크게 '가해학생(bully)', 가해학생의 '보조학생(assistant)', 가해학생의 '강화학생(reinforcer)', 피해학생의 '방어학생(defender)' '방관학생(outsider)' '피해학생(victim)'의 여섯 가지로 구분하였다. 학교폭력 가해학생이 피해학생을 괴롭히는 과정에서 이들 당사자 이외의 다른 학생, 곧 '주변학생(bystanders)'의 반응과 행동이 학교폭력 행동의 유지나 중지, 악화에 중요한 영향을 미칠 수 있음이 알려짐에 따라(Olweus, 1993), 가해 및 피해학생뿐 아니라 이들을 둘러싼 또래 집단의 역할에 대하여 관심을 기울일 필요가 있다.

괴롭힘 관련자 역할 척도는 원래 또래지명 방식에 의해 측정하도록 개발된 Salmivalli(1999)의 괴롭힘 관련자 역할 질문지(Participant Role Questionnaire)를 자기보고식 도구로 서미정(2008)이 수정하여 개발한 것이다. 이 척도에서는 괴롭힘 가해학생 및 피해학생 역할에 더하여 주변학생의 세 가지 역할을 가해행동에 대해 강화 또는 저지하는 ① 가해행동에 대한 적극적 강화 역할을 하는 '가해 동조 학생'('보조학생'과 '강화학생'을 하나의 역할로 간주), ② 암묵적인 강화학생인 '방관학생', ③ 강화 기능을 차단하는 피해학생의 '방어학생' 역할로 구분하여 각 역할을 측정한다. 여기서는 지면 관계상 가해학생 및 피해학생 역할 문항은 제외하고, 주변학생의 세 가지 역할을 측정하는 문항만을 〈표 10-3〉에 제시하였다.

표 10-3 괴롭힘 관련자 역할 척도

다음 문항을 읽고, 지난 ~부터 현재까지 괴롭힘 상황에서 자신은 어떻게 행동하였는지 자신과 가장 비슷하다고 생각되는 곳에 √표를 하십시오.

	지난 ~부터 현재까지 나는 ……	전혀 그렇지 않다	약간 그렇다	보통 그렇다	자주 그렇다	항상 그렇다
1	괴롭힘 상황을 보고 모르는 체한다.	1	2	3	4	5
2	괴롭힘 상황을 보고 그냥 지나친다.	1	2	3	4	5
3	괴롭힘 상황에서 가만히 있는다.	1	2	3	4	5
4	괴롭힘 상황을 보아도 평소대로 내 할 일을 한다.	1	2	3	4	5
5	괴롭힘 상황에서 아무것도 하지 않고 보기만 한다.	1	2	3	4	5

6	괴롭힘 상황에 별 관심이 없다.	1	2	3	4	5
7	괴롭힘을 당하는 아이에게 힘과 용기를 준다.	1	2	3	4	5
8	괴롭힘을 당하는 아이와 잘 놀아 준다.	1	2	3	4	5
9	괴롭힘을 당하는 아이를 위로해 준다.	1	2	3	4	5
10	괴롭힘을 당하는 아이를 도와주기 위해 괴롭힘 상황을 선생님께 말씀드린다.	1	2	3	4	5
11	다른 친구에게 괴롭힘 당하는 친구를 도와주라고 말한다.	1	2	3	4	5
12	괴롭히는 아이에게 괴롭히는 것을 그만하라고 말한다.	1	2	3	4	5
13	반 아이들이 한 아이를 괴롭힐 때 옆에서 부추긴다.	1	2	3	4	5
14	다른 아이가 누군가를 괴롭히기 시작하면 나도 괴롭히는 데 동참한다.	1	2	3	4	5
15	누군가 괴롭힘을 당하고 있으면 구경하려고 그 주변으로 간다.	1	2	3	4	5
16	괴롭힘 상황을 구경하라고 다른 아이들을 부른다.	1	2	3	4	5
17	괴롭힘을 당하는 아이를 보고 비웃는다.	1	2	3	4	5
18	괴롭힘을 당하는 아이를 붙잡는 등 괴롭히는 아이를 돕는다.	1	2	3	4	5

채점: 방관학생 역할(1~6번 문항 합산), 방어학생 역할(7~12번 문항 합산), 가해 동조 학생 역할(13~18번 문항 합산)

해석: 세 가지 역할에 대하여 점수가 높을수록 괴롭힘 상황에서 해당 역할을 자주 하는 것으로 해석할 수 있다. 서미정(2008)은 학년별 평균을 산출하여 어떤 학생의 특정 역할 점수가 학년 평균값보다 높고, 다른 역할 점수에 비해서 높을 때 그 역할을 하는 학생인 것으로 해석하였다.

출처: 서미정(2008).

(3) 집단괴롭힘 동조 유형 척도

김현주(2003)가 개발한 집단괴롭힘 동조 유형 척도[1]는 집단괴롭힘 상황에서 주변 학생의 동조 유형을 '가해학생 동조' '피해학생 동조' 및 '방관'으로 유형화하고 이를 자기보고식 평가방법으로 평가하기 위한 척도다. 이들 세 유형은 앞의 괴롭힘 관련

1) 이 척도의 원저자(김현주, 2003)는 '집단따돌림'이라는 용어를 사용하였다. 그러나 이 척도에서 사용하고 있는 집단따돌림의 정의를 보면 비단 '따돌림'뿐 아니라 놀림, 조롱, 때리기 등 집단으로 행해지는 다양한 형태의 괴롭힘 행동을 포함하고 있다. 따라서 용어 사용의 일관성을 위해 여기서는 '집단괴롭힘'으로 바꾸어서 제시하였다.

자 역할 척도에서 사용된 '가해 동조 학생' '방어학생' 및 '방관학생'과 각각 유사한 개념으로 이해할 수 있다. 이 척도는 59문항으로 구성되어 있는데, 괴롭힘 상황에서의 행동만을 측정하는 괴롭힘 관련자 역할 척도와는 다르게 특별히 '집단괴롭힘' 상황에 초점을 두어 행동은 물론이고, 집단괴롭힘에 대한 태도적 측면까지 측정하는 보다 포괄적인 자기보고식 도구다. 이 척도는 세 가지 동조 유형을 측정하는 총 9개의 하위요인으로 구성되어 있다. 〈표 10-4〉에 집단괴롭힘 동조 유형 척도의 각 문항 내용과 9개의 하위요인별 문항 구성, 그리고 채점 및 해석에 대한 정보가 제시되어 있다.

표 10-4 집단괴롭힘 동조 유형 척도

다음 질문에서 집단괴롭힘이란 같은 반에서 여러 명의 친구가 한 명을 반복하여 놀리기, 조롱하기, 욕하기, 협박하기, 때리기, 따돌리기, 심한 장난하기 등으로 괴롭히는 것을 말합니다. 여러분의 주위에서 괴롭히는 장면을 볼 수 있었을 것입니다. 그런 장면을 볼 때 자신의 행동이나 생각과 비슷한 번호를 다음 질문에서 골라 √표 해 주십시오.

가해학생 동조 (1~6: 피해학생 귀인, 7~12: 공격성, 13~15: 가해학생 지지, 16~20: 상황 동조)		전혀 그렇지 않다	대체로 그렇지 않다	대체로 그렇다	매우 그렇다
1	괴롭힘 당하는 아이의 성격에 문제가 있다고 생각한다.	1	2	3	4
2	괴롭힘 당하는 아이에게 불만을 말한다.	1	2	3	4
3	괴롭힘 당하는 아이가 잘난 척을 너무 한다고 생각한다.	1	2	3	4
4	괴롭힘 당하는 아이는 재수 없는 행동만 한다고 생각한다.	1	2	3	4
5	괴롭힘 당하는 아이가 잘못했으므로 괴롭힘은 당연하다고 생각한다.	1	2	3	4
6	괴롭힘 당하는 아이가 괴롭힘을 당하는 데는 이유가 있다고 생각한다.	1	2	3	4
7	괴롭힘 당하는 아이의 별명을 나쁘게 부른다.	1	2	3	4
8	괴롭힘 당하는 아이에게 이유 없이 시비를 건다.	1	2	3	4
9	괴롭힘 당하는 아이의 말을 조롱한다.	1	2	3	4
10	괴롭힘 당하는 아이에게 잘못을 덮어씌운다.	1	2	3	4
11	괴롭힘 당하는 아이에게 빈정대는 말을 한다.	1	2	3	4
12	괴롭힘 당하는 아이의 잘못으로 몰아간다.	1	2	3	4
13	괴롭히는 아이의 심부름을 해 준다.	1	2	3	4

14	힘센 아이들에게 잘 보이려고 한다.	1	2	3	4
15	힘센 아이들과 잘 어울려 다닌다.	1	2	3	4
16	친구들이 하니까 나도 같이 괴롭힌다.	1	2	3	4
17	옳지 않다고 생각하지만 친구를 따라 괴롭히게 된다.	1	2	3	4
18	애들이 하는 대로 똑같이 괴롭힘 당하는 아이를 놀린다.	1	2	3	4
19	친구들이 나를 싫어할까 봐 같이 괴롭힌다.	1	2	3	4
20	괴롭히는 분위기에 따라 같이 괴롭힌다.	1	2	3	4
방관 (21~28: 자기방어, 29~34: 무관심, 35~39: 쌍방과오)		전혀 그렇지 않다	대체로 그렇지 않다	대체로 그렇다	매우 그렇다
21	내가 말해서 더 안 좋은 일이 일어날까 봐 아무 말도 안 한다.	1	2	3	4
22	괴롭히는 것을 보고 모르는 척 자리를 피한다.	1	2	3	4
23	괴롭힘을 당할까 봐 무서워 가만히 있는다.	1	2	3	4
24	괴롭힘 상황에서 아이들이 뭐라고 할까 봐 아무 말도 안 한다.	1	2	3	4
25	괴롭히는 아이들의 보복이 두려워 가만히 있는다.	1	2	3	4
26	괴롭히는 쪽의 숫자가 더 많아서 겁이 나기도 한다.	1	2	3	4
27	괴롭힘 상황에서 다른 아이들의 눈치를 살핀다.	1	2	3	4
28	괴롭힘 당하는 아이와 아는 사이가 아니어서 쳐다보기만 한다.	1	2	3	4
29	괴롭힘이 나와는 관계없는 일이라고 생각한다.	1	2	3	4
30	괴롭히는 상황에서 내 할 일이나 한다.	1	2	3	4
31	괴롭히는 장면을 보아도 평소대로 행동한다.	1	2	3	4
32	괴롭힘에 별관심이 없다.	1	2	3	4
33	괴롭힘 상황에 대해 내가 모르는 일이면 가만히 있는다.	1	2	3	4
34	괴롭히는 장면을 보고도 그냥 지나친다.	1	2	3	4
35	괴롭히는 아이와 당하는 아이 양쪽 모두 문제가 있다고 생각한다.	1	2	3	4
36	괴롭히는 아이와 당하는 아이가 서로의 잘못을 알아야 한다고 생각한다.	1	2	3	4
37	괴롭히는 아이와 당하는 아이의 수준이 똑같다고 생각한다.	1	2	3	4
38	괴롭히는 아이와 당하는 아이가 서로의 행동을 조심해야 한다고 생각한다.	1	2	3	4
39	괴롭히는 아이는 괴롭히지 말고, 당하는 아이는 성격을 고쳐야 한다고 생각한다.	1	2	3	4

	피해학생 동조 (40~47: 피해학생 지지, 48~59: 규범 지향)	전혀 그렇지 않다	대체로 그렇지 않다	대체로 그렇다	매우 그렇다
40	괴롭힘 당하는 아이에게 "신경 쓰지 마!" "참아!"라고 말한다.	1	2	3	4
41	괴롭힘 당하는 아이에게 자신감을 가지라고 말한다.	1	2	3	4
42	쉬는 시간에 괴롭힘 당하는 아이와 함께 있어 준다.	1	2	3	4
43	나중에 괴롭힘 당하는 아이를 위로해 준다.	1	2	3	4
44	괴롭힘 당해서 우는 아이를 달래 준다.	1	2	3	4
45	괴롭힘 당하는 아이에게 용기를 내라고 말한다.	1	2	3	4
46	괴롭힘 당하는 아이를 도와주려고 노력한다.	1	2	3	4
47	괴롭힘 당하는 아이의 물건을 정리해 준다.	1	2	3	4
48	자기보다 약한 친구를 괴롭히면 벌을 받아야 한다고 생각한다.	1	2	3	4
49	친구를 괴롭히는 사람은 이기적이라고 생각한다.	1	2	3	4
50	괴롭힘은 옳지 못하다고 생각한다.	1	2	3	4
51	괴롭히는 아이는 처벌받아야 한다고 생각하기도 한다.	1	2	3	4
52	선생님께 가서 괴롭힘에 대해 말하기도 한다.	1	2	3	4
53	서로 배려하고 인정하면 괴롭힘은 없어질 것이라고 생각한다.	1	2	3	4
54	괴롭힘은 대화로 해결해야 한다고 생각한다.	1	2	3	4
55	친구끼리 싸우는 것을 막아야 한다고 생각한다.	1	2	3	4
56	괴롭히는 아이와 괴롭힘 당하는 아이를 화해시키려고 한다.	1	2	3	4
57	괴롭힘이 더 커지지 않기를 바란다.	1	2	3	4
58	괴롭힘을 해결하기 위해 상대방의 입장을 이해시키려고 한다.	1	2	3	4
59	괴롭힘을 해결하기 위해 양쪽 모두에게 좋은 방법을 찾으려고 노력한다.	1	2	3	4

채점: 각 유형(가해학생 동조, 방관, 피해학생 동조)에 해당하는 문항을 합산하여 각 학생에 대해 유형별 점수를 기록한다.

해석: 각 유형에 대하여 점수가 높을수록 집단괴롭힘 상황에서 해당 유형과 관련된 행동을 많이 하고 관련 태도가 높은 것으로 해석할 수 있다. 김현주(2003)는 서로 다른 학급 간에 평균과 표준편차가 다를 수 있는 점을 감안하여 각 학급별로 표준점수(평균 0, 표준편차 1의 z점수)로 전환한 후, 한 유형의 표준점수가 학급의 평균값(0)보다 높고 다른 두 유형의 표준점수보다 0.1점 이상 높은 경우 그 유형에 속하는 학생으로 판정하였다.

출처: 김현주(2003).

괴롭힘 관련자 역할 척도와 집단괴롭힘 동조 유형 척도는 (집단) 괴롭힘 상황에서 학생이 어떻게 행동하는지에 대한 실태와 관련 태도를 평가하기 위해, 혹은 서로 다른 학급이나 학년, 혹은 학교 간에 관련 행동이나 태도의 차이를 알아보기 위해 활용될 수 있다. 또한 비밀보장하에 기명으로 실시되는 경우 괴롭힘 상황에서 서로 다른 역할을 하는 학생을 확인하고, 그들을 대상으로 특정 역할에 따라 차별화된 개입 프로그램, 예방교육 등을 실시하여 이러한 프로그램의 효과를 모니터링하고, 평가하는 데도 활용될 수 있다.

이상으로 살펴본 자기보고식 질문지나 척도들은 무엇보다도 그 실시가 용이하다는 장점이 있으며, 특히 학교폭력과 관련된 실태나 행동, 태도를 파악하는 데 적절하게 활용될 수 있다. 그러나 제한점 또한 있다. 무엇보다도 자기보고식 평가에는 반응왜곡(부인, 과장 등)의 가능성이 늘 내재되어 있다는 점을 염두에 둘 필요가 있다. 학생의 솔직한 반응을 유도하기 위해서 학교폭력에 대한 자기보고식 도구는 대개 익명으로 실시되지만, 잠재적인 피해학생이나 가해학생을 선별하거나 확인하는 목적으로 평가하는 경우라면 비밀보장을 전제로 한 기명 방식도 고려해 볼 수 있다. 실제로, 학교폭력과 같이 민감한 정보에 대해서는 반드시 익명성을 보장해야 한다는 일반적인 신념과는 달리 익명 대 기명 방식 간의 괴롭힘 보고율에서 유의한 차이를 나타내지 않는다는 연구결과가 보고된 바 있으며, 익명성 자체보다는 학교 분위기가 지지적이며 교사가 괴롭힘 문제에 대해 적극 개입할 것이라고 믿을 때 학생이 괴롭힘 문제를 보다 솔직하게 노출한다는 연구결과 또한 보고되었다(Cornell & Cole, 2012). 따라서 학교 현장에서 괴롭힘 평가 시 이러한 잠재적 요소를 충분히 감안하여 자기보고식 평가도구를 통해 최대한 신뢰로운 자료를 얻을 수 있도록 노력하여야 할 것이다.

또 한 가지 중요한 제한점은 학교폭력 관련 자기보고식 도구는 주로 연구용으로 개발된 것이므로 이러한 도구에서 얻은 점수를 객관적으로 해석하도록 도울 수 있는 대표성 있는 표본에 기초한 규준을 제공하지 않는다는 점이다. 이러한 문제를 부분적으로 선회하기 위해 시 · 도 교육청, 또는 개별 학교별로 대단위로 검사를 실시하고 검사 점수의 분포에 기초하여 상대적인 해석을 하는 방법을 고려해 볼 수 있다. 또한 동일한 검사를 시간 차이를 두고 주기적으로 반복 실시하여 기준 시점의 자료와 비교함으로써 평가결과를 해석하는 방법도 활용될 수 있다. 그러나 이러한 방

법은 학교폭력의 실태 또는 관련 행동 및 태도를 파악하거나, 개입프로그램의 실시 후의 변화를 모니터링하여 그 효과성을 평가하는 등의 목적에는 도움이 될 수 있지만, 잠재적인 피해학생, 가해학생 혹은 그 외의 특정 역할을 하는 주변학생을 확인하는 경우처럼 보다 진단적인 목적으로 활용하는 데는 여전히 한계가 있을 수밖에 없다. 따라서 이러한 목적의 평가에서는 다음 절에 소개할 또래참조 평가방법, 면접 등의 다른 평가방법을 통해 학생에 대한 추가적인 정보를 얻음으로써 진단의 타당성을 높이려는 시도가 필수적이라고 할 수 있다.

3) 또래참조 평가방법

또래참조 평가(peer-referenced assessment)는 또래의 지각에 기초하여 학생의 사회, 정서, 행동적 기능을 평가하는 방법으로, 크게 또래지명(peer nominations) 방법과 또래평정(peer ratings) 방법으로 나누어 볼 수 있다(Kamphaus & Frick, 1996). 또래지명은 가장 흔히 사용되는 또래참조 평가방법으로, 학급과 같은 한 집단의 전체 구성원에게 어떤 특성(좋아하거나, 싸우거나, 수줍어하는 등)을 지닌 다른 구성원을 지명하게 하는 방법이다. 이에 비해, 또래평정은 한 집단의 전 구성원에게 다른 모든 구성원이 지니는 특성에 대하여 각 구성원별로 리커트식 척도 상에 그 정도(약간-상당히-매우 등)나 빈도(결코-가끔-자주 등)에 따라 평정하도록 하는 방법이다.

또래지명 방법은 구체적인 지명 방식에 따라 다시 강제선택형과 무제한선택형으로 구분할 수 있다. 강제선택형은 미리 지명할 또래의 숫자를 정해 놓고 지명하게 하는 방식이며, 무제한선택형은 지명될 또래의 숫자를 전적으로 학생이 선택할 수 있게 하는 방식이다.

학교폭력 가해학생을 지명하는 경우처럼 특히 부정적인 특성을 가진 또래를 지명하도록 하는 경우에는 일반적으로 무제한선택형이 선호되지만, 학교폭력의 평가에서 한 방식이 다른 방식에 비해 뚜렷하게 나은지에 대해서는 정확히 알려진 바가 없다. 어느 방식을 사용하든 또래에 의해 선택된 수를 계수하여 관심 특성이나 행동의 지표로 삼는 채점 방법이 일반적이다. 이 절에서는 보다 흔히 사용되는 또래지명 방법을 중심으로 사회성 측정법과 또래지명에 의한 가해, 피해 및 주변학생 평가방법을 소개하고, 또래평정에 의한 사회성 측정법도 간단히 소개하고자 한다.

(1) 또래지명에 의한 사회성 측정법

사회성 측정법(sociometrics)은 또래참조 평가방법 중 가장 많이 사용되는 방법으로, 구체적인 학교폭력 관련 행동을 평가하기보다는 또래 집단에서 학생이 수용되고 거부되는 정도, 즉 사회성 지위(social status)를 측정하기 위해 고안된 방법이다. 연구결과에 따르면 사회성 지위는 공격성, 불안, 우울 등 학생의 정서행동적 · 적응적 특성과 밀접하게 관련되어 있다(Kamphaus & Frick, 1996). 따라서 사회성 측정법은 그 자체로서 학교폭력 관련 행동을 측정하지는 않지만, 또래관계 문제를 보이는 학생을 조기에 발견하고, 잠재적으로 학교폭력에 관여된 학생을 선별하는 간접적 평가로 활용할 수 있다.

사회성 측정법에서 가장 일반적으로 사용하는 방법은 '가장 친한 아이' '가장 좋아하는 아이' '주말에 함께 놀고 싶은 아이' 혹은 '자신의 생일파티에 가장 초대하고 싶은 아이' 등 학생의 연령에 적합한 질문을 하나 제시하고, 이러한 질문에 반응하여 미리 정한 수의 또래 이름을 적게 하는 것이다. 그러나 또래 수용과 거부가 반대 개념이기보다는 어느 정도 상호독립적인 차원의 개념이라는 주장에 근거하여 수용을 알아보는 문항과 함께 거부를 알아보는 별도의 문항을 실시하기도 한다. 예컨대, '가장 덜 친한 아이' '가장 덜 좋아하는 아이' '주말에 함께 놀러가고 싶지 않은 아이' 혹은 '자신의 생일에 제일 마지막으로 초대하고 싶은 아이' 등을 지명하게 할 수 있다.

이렇게 얻어진 자료를 구체적으로 어떻게 해석할 수 있을까? 가장 일반적인 방법은 선호 피선택수(즉, '가장 친한 아이'로 지명된 수)와 거부 피선택수(즉, '가장 덜 친한 아이'로 지명된 수)를 함께 고려함으로서 사회성 지위에 따라 학생을 분류하고 이에 따라 해석하는 것이다. 이때 선호 피선택수에서 거부 피선택수를 차감한 수를 '사회적 선호지수(social preference)'라고 하며, 이 두 점수의 합을 '사회적 영향지수(social impact)'라고 하는데, 이러한 점수의 양상에 따라 학생의 사회성 지위를 '인기아(popular)' '거부아(rejected)' '무시아(neglected)' '의문아(controversial)' '평균아(average)'로 분류할 수 있다. 〈표 10-5〉에서는 이러한 다섯 가지 사회성 지위와 이에 대한 정의, 표준점수를 사용한 계산법(Coie, Dodge & Coppotelli, 1982) 및 각 지위별 관련 특성(Kamphaus & Frick, 1996)을 요약하여 제시하고 있다.

표 10-5 사회성 측정법을 활용한 사회성 지위 평가

사회성 지위	정 의	표준점수(z)에 기초한 계산법*	관련 특성
인기아	높은 사회적 선호 지수 + 낮은 거부 피선택수	1. ZP-ZR 〉1.0 2. ZP 〉0 3. ZR 〈 0	긍정적인 사회적 행동, 효과적인 또래 집단 참여 전략 사용, 대화에서 기여도 높음
거부아	낮은 사회적 선호 지수 + 낮은 선호 피선택수	1. ZP-ZR 〈 -1.0 2. ZP 〈 0 3. ZR 〉0	높은 수준의 공격행동, 외현화 행동 문제, 이후의 부적응 예측
무시아	낮은 사회적 영향 지수 + 선호 피선택수가 0임	1. ZP+ZR 〈 -1.0 2. P = 0	불안 등 적응문제
의문아	높은 사회적 영향 지수 + 평균 이상의 선호 및 거부 피선택수	1. ZP+ZR 〉1.0 2. ZP 〉0 3. ZR 〉0	높은 수준의 공격행동, 학급 내 질서를 해치는 행동, 그러나 (인기아처럼) 사회성 기술이 뛰어나고 '리더' 역할을 하는 것으로 지각됨
평균아	평균 수준의 사회적 선호 지수	-.5 〈 ZP-ZR 〈 .5	

* 선호 피선택수와 거부 피선택수는 각각 평균과 표준편차가 서로 다를 수 있으므로, 원점수(즉, 피선택수)를 표준점수(즉, 평균 0, 표준편차 1)로 변환할 필요가 있다. ZP: 선호 피선택수의 표준점수, ZR: 거부 피선택수의 표준점수, P: 선호 피선택수.

출처: Kamphaus & Frick(1996)을 기초로 수정 · 보완하여 제시함.

(2) 또래지명에 의한 가해, 피해 및 주변학생 평가방법

사회성 측정법은 또래들 간의 일반적인 수용과 거부 정도를 양적으로 쉽게 측정할 수 있는 방법인 반면, 또래지명 방법을 활용하여 가해학생, 피해학생, 그리고 괴롭힘 상황에서 다양한 역할을 하는 주변학생도 선별할 수 있다. 예컨대, 한영주(1999)는 ① '안 좋은 별명으로 부르며 놀림을 받거나, 발표를 할 때 야유를 듣거나, 빈정거림 · 욕을 듣는 친구는?'(언어적 폭력), ② '반 친구들의 놀이나 대화에 잘 끼지 못하고, 급식을 혼자 먹거나 소외당하는 친구는?'(관계적 폭력), ③ '지나가면서 다른 아이(들)가 일부러 툭툭 치거나, 의도적으로 발을 걸고, 혹은 장난을 빙자하여 구타하는 친구는?'(신체적 폭력)의 세 질문과 각 질문에 후속하여 '이러한 행동을 주로 시작하거나 이러한 행동에 적극 가담하는 친구는?'의 추가 질문을 제시하여 각 질문별로 해당 학생을 세 명까지 지명하도록 함으로써 학교폭력의 피해학생, 가해학생, 가해 동조 학생 선별에 또래지명법을 사용하였다.

또한 차윤희(2005)는 Salmivalli와 Voeten(2004)이 개발한 간편형 관련자 역할 질문지를 번안하여 괴롭힘 상황에서 관련자, 즉 가해학생 및 피해학생뿐 아니라 주변 학생을 네 가지의 서로 다른 역할(즉, 보조학생, 강화학생, 방어학생, 방관학생)에 따라 지명하는 질문지를 구성하여 사용하였다. 〈표 10-6〉은 또래지명 방식을 활용하여 괴롭힘 관련자의 여섯 가지 역할에 따라 관련 역할을 하는 학생을 선별할 수 있도록 개발된 괴롭힘 관련자 선별 질문지의 문항내용과 채점 방법 및 선별기준을 제시하고 있다.

표 10-6 또래지명에 의한 괴롭힘 관련자 선별 질문지

괴롭힘이란 한 학생이 다른 학생으로부터 다음과 같은 행위를 당하는 것입니다.

(괴롭힘에 대한 정의 제시)

먼저, 지난 1년 동안 우리 반에서 어떤 친구가 괴롭힘을 당했던 상황을 생각해 보고, 그 때 우리 반 친구들의 행동에 대해서 답해 주십시오. 다음의 행동을 하는 반 친구의 이름에 ○표 해 주십시오. 자신의 이름에는 표시하지 않으며, 수에는 제한이 없으므로 한 사람의 이름을 여러 번 표시할 수 있습니다.

(각 문항 다음에 학급의 모든 학생의 이름을 제시하여 해당 학생 이름에 ○표 할 수 있도록 구성한다.)

1. 누군가가 괴롭히는 일이 생길 때, 먼저 괴롭히는 행동을 시작한다.
2. 괴롭히는 아이(들)에게 괴롭히는 것을 그만하라고 말한다.
3. 다른 아이(들)도 괴롭히는 행동을 같이 하도록 끌어들인다.
4. 반 친구를 못살게 굴 새로운 방법을 찾는다.
5. 괴롭힘을 당하는 친구를 위로하거나, 괴롭힘을 당하는 친구에게 "괴롭힘을 당한 것에 대해 선생님께 얘기해 보면 어떨까?" 라고 말한다.
6. 괴롭히는 일이 생길 때 누구의 편도 들지 않는다.
7. 누군가 괴롭힘을 당하는 일이 생길 때, 보통 그 자리에 없는 편이다.
8. 친구가 어떤 아이를 괴롭힐 때 '조수'같은 역할을 한다.
9. 친구가 다른 아이를 괴롭힐 때 이를 도와주고, 가끔 괴롭힐 만한 아이를 찾아내기도 한다.
10. 누군가 괴롭힘을 당하고 있어도 그것과 상관없이 지낸다.
11. 누군가 괴롭힘을 당하고 있으면 구경하려고 근처로 간다.
12. 다른 아이가 누군가를 괴롭히기 시작하면 자신도 옆에서 같이 괴롭힌다.
13. 괴롭힘을 당하는 것을 보면서 웃는다.
14. 괴롭히는 행동을 그만하게 하기 위해 노력한다.
15. 친구가 어떤 아이를 괴롭힐 때, "본때를 보여 줘!" 라고 말하며 옆에서 거든다.
16. '괴롭힘을 당하는 편' 이거나 '괴롭힘을 당한 적이 있다'고 생각하는 친구의 이름은?

채점: 각 관련자 역할별 문항 구성은 다음과 같다. 가해학생(1, 3, 4번), 보조학생(8, 9, 12번), 강화학생(11, 13, 15번), 방어학생(2, 5, 14번), 방관학생(6, 7, 10번), 피해학생(16번). 각 하위 역할의 문항별 지명 횟수를 종합하여 학생명렬표에 기록한다.
해석: 각 학생에 대해서 각 역할별로 산출된 지명 횟수가 가장 높은 역할을 그 학생의 역할로 간주할 수 있다. 그러나 여러 학급을 대상으로 실시할 경우 각 학급 간에, 그리고 각 역할에 따라 지명 횟수의 평균과 표준편차가 각기 다를 것이므로 소속 집단의 평균과 표준편차를 감안하여 표준점수(z점수)로 환산한 후 표준점수가 가장 높은 역할을 해당 학생의 역할로 해석하도록 한다.

출처: 차윤희(2005).

(3) 또래평정에 의한 사회성 측정법

또래지명만큼 일반적이지는 않지만 또래평정 방법도 사회성 측정법으로 활용할 수 있다. 가령, 또래의 이름을 지명하도록(적도록) 하는 대신에 학급의 구성원 각각에 대해서 얼마나 좋아하는지, 얼마나 친한지, 함께 놀고 싶은지, 생일파티에 초대하고 싶은지, 다른 아이를 못살게 구는지 등의 질문에 대하여 3~5점 척도상에 평정하게 한 후, 각 학생에 대한 다른 학생의 평정치를 합산하며 평균을 구하면 각 학생에 대한 또래의 수용 및 거부 정도를 평가할 수 있다. 또래지명 방법과 달리 또래평정 방법은 학급 내 '모든' 학생에 대해 평정하도록 요구함으로써 모든 학생에 대한 정보를 얻을 수 있다는 장점이 있다. 여러 학급을 대상으로 얻은 또래평정 점수를 해석하기 위해서는 소속 학급의 평균과 표준편차를 고려하여 표준점수(z점수)를 산출한 후 표준점수에 기초하여 서로 다른 학급에 소속된 학생들의 점수의 의미를 해석할 수 있을 것이다.

이상으로 살펴본 또래참조 평가에서는 여러 명의 또래로부터 얻은 정보를 합산하는 방식으로 채점이 이루어지므로 자기보고식 평가에서 나타날 수 있는 왜곡에 의한 편향이나 오류의 가능성을 줄일 수 있다는 장점이 있다. 물론 또래참조 평가에서도 일부 학생들은 여전히 편향된 보고를 할 수 있지만 또래 집단 전체의 판단을 활용하므로 일단 이러한 효과를 최소화할 수 있다고 볼 수 있다.

이와 같은 장점에도 불구하고 또래참조 평가를 통해 얻은 점수의 객관적 해석을 위해 활용할 수 있는 타당한 규준이나 절단점 등을 확립하기가 쉽지 않은 문제점이 있다. 대부분의 경우 개별 학생이 속한 또래 집단 전체의 평균과 표준편차를 고려하여 상대적인 해석을 하는 것(예, z점수 1.0 이상)이 최선이지만, 이때 피해학생, 가해학

생 혹은 특정한 역할을 하는 주변학생에 대한 판단 기준은 다분히 임의적이라는 면에서 논란의 여지가 있다.

또래참조 평가의 또 한 가지 문제는 또래참조 평가가 또래 간의 상호판단을 유도함으로써 또래 간의 거부를 조장하거나 다른 부정적인 정서적 반응을 초래할 수 있다는 우려로 인해 일부 교사들의 경우 시행을 꺼려한다는 점이다. 사실 이러한 우려와는 달리 여러 연구결과는 교사의 감독하에 적절히 시행될 경우 또래참조 평가는 또래 집단에 결코 부정적 효과를 초래하지 않는다는 것을 보여 주었다(McConnell & Odom, 1986). 그럼에도 불구하고 이러한 선입관이 쉽게 변하지 않는 한 교육 현장에서의 수용도, 활용도를 높일 수 있는 창의적인이 방안이 모색되어야 한다.

이러한 제한점에도 불구하고 또래참조 평가방법은 자기보고식 평가만을 통해서는 얻을 수 없는 정보, 즉 또래의 지각에 기초한 잠재적인 가해학생, 피해학생, 주변학생에 대한 정보를 얻을 수 있게 해 줌으로써 자기보고식 평가와 함께 학교폭력 평가에 있어서 매우 중요한 역할을 할 수 있다. 특히 상대적으로 매우 높은 수의 지명을 받거나 높은 평정점수를 받은 학생을 중심으로 가해학생 및 피해학생을 선별하고 확인하는 데 또래참조 평가의 유용성은 매우 크다.

4) 면접법

학교폭력 평가에 있어서 면접법(interview)은 가장 융통성이 있는 방법으로, 또래참조 평가나 자기보고식 평가(기명으로 실시된 경우)에서 잠재적인 학교폭력 가해학생 혹은 피해학생으로 선별된 학생을 대상으로 그들의 가해나 피해 사실을 확인하고 앞서 소개한 관찰법, 자기보고식 평가, 또래참조 평가에서 얻어진 자료를 보완하여 학교폭력과 관련된 보다 구체적인 정보를 파악하는 데 활용될 수 있다. 면접을 통해서 얻은 정보는 해당 학생에 대한 적절한 개입 프로그램을 제공하는 데 유용한 정보를 제공할 수 있다. 면접은 일차적으로 학생을 대상으로 이루어져야 하지만, 필요한 경우 학생에 대해서 잘 알고 있는 교사나 또래, 부모를 대상으로도 시행될 수 있다. 〈표 10-7〉은 괴롭힘 가해 및 피해학생 면접 시 사용할 수 있는 대표적인 질문을 예시하고 있다.

표 10-7 괴롭힘 피해 및 가해학생 면접 시 사용할 수 있는 질문 예

괴롭힘 피해학생 면접 질문 예	괴롭힘 가해학생 면접 질문 예
• 자신을 괴롭히는 학생은 누구입니까? • 언제부터, 얼마나 자주 괴롭힘을 당하였습니까? • 괴롭힘을 당한 장소와 상황에 대해서 자세히 말해 보세요. • 어떤 식으로 괴롭힘을 당했는지 자세히 말해 보세요. • 괴롭힘을 당하는 이유는 무엇이라고 생각합니까? • 괴롭힘을 당하는 상황에서 보통 어떻게 반응합니까? • 괴롭힘을 당한 후 자신에게 생긴 변화가 있다면 무엇입니까? • 괴롭힘 당하는 문제를 해결하기 위해 그동안 어떤 노력을 기울였나요? • 괴롭힘 당하는 사실에 대해서 다른 사람에게 말해 본 적이 있나요? • 괴롭힘 당하는 문제를 해결하기 위해 다른 학생, 선생님, 학교가 도울 수 있는 방안은 어떤 것이 있을까요?	• 자신이 괴롭히는 학생은 누구입니까? • 언제부터, 얼마나 자주 괴롭혔습니까? • 괴롭히는 장소와 상황에 대해서 자세히 말해 보세요. • 어떤 식으로 괴롭혔는지 자세히 말해 보세요. • 다른 학생을 괴롭히기 전에 어떤 생각을 했나요? • 다른 학생을 괴롭힌 후 그 학생이나 다른 학생의 반응은 어떠하였나요? • 다른 학생을 괴롭히면서 혹은 괴롭힌 후에 마음속에 드는 생각은 무엇이었나요? • 다른 학생을 괴롭히는 이유는 무엇이라고 생각합니까? • 다른 학생을 괴롭히는 사실에 대해서 선생님이나 부모님이 알고 있나요? • 괴롭히는 행동을 바꾸기 위해 다른 학생, 선생님, 학교, 부모님이 도울 수 있는 방법은 어떤 것이 있을까요?

4. 중다방법, 중다정보원, 중다장면에 기초한 학교폭력 평가전략

학교폭력 평가자는 앞 절에서 살펴본 학교폭력의 다양한 평가방법을 활용하여 중다방법, 중다정보원, 중다장면 평가모델([그림 10-1] 참조)을 기초로 학교폭력에 대한 다양한 평가안을 설계할 수 있다. 이 절에서는 앞서 제시한 아동 · 청소년 평가의 중다방법, 중다정보원, 중다장면 평가모델([그림 10-1] 참조)을 학교 현장에서 학교폭력의 평가에 어떻게 적용할 수 있을지 구체적인 전략에 대해서 살펴보고자 한다.

일반적으로 중다방법, 중다정보원, 중다장면에 기초한 평가는 평가의 원래 목적에 부합하게 최적의 평가정보를 얻도록 도우므로 아동 · 청소년의 다양한 정서, 행동, 사회성 문제 등의 평가에서 '최적의 실무(best practice)'로 간주되고 있다(Merrell, 2011). 이 모델은 학교폭력 평가 시 적어도 두 가지 이상의 방법을 사용하고, 두 개 이상의 정보원을 활용하며, 두 개 이상의 장면에서의 학교폭력 관련 행동을 평가할 것을 요구한다. 이러한 평가안을 실행함으로써 평가자는 한 가지 도구만을 사용하

는 평가에 비해 학교폭력에 대한 보다 포괄적이고, 통합적인 그림을 얻을 수 있다. 뿐만 아니라 학교폭력 평가 시 서로 일치하는 정보(예, 또래 집단의 보고와 자기보고의 일치)와 모순되는 정보를 함께 고려할 수 있으므로 평가과정에 관여될 수 있는 잠재적인 편향과 오류를 줄임으로써 보다 신뢰로운 자료를 얻을 수 있다. 이러한 측면에서 여러 전문가는 학교폭력의 평가에 있어서 이와 같은 포괄적 평가가 매우 필요하고 유용하다는 점을 거듭 지적해 왔다(Juvonen, Nishina, & Graham, 2001; Ladd & Kochenderfer-Ladd, 2002; Swearer et al., 2010).

그러나 이러한 모델을 적용할 때 실제적인 문제점도 고려할 필요가 있다. 첫째, 실제 평가에서 이처럼 다양한 평가방법을, 다양한 정보원에 기초하여, 다양한 장면에서 동시에 정보를 수집하는 일은 한 가지 방법, 정보원, 장면에 기초한 평가에 비해 유의하게 많은 시간과 노력을 요구한다는 점이다. 학교 현장의 평가자는 늘 가용한 시간과 자원, 기타 제약에 의해 제한을 받기 때문에 모든 가능한, 혹은 선호하는 방법, 정보원 및 장면을 활용하여 평가정보를 얻는 것은 대부분의 상황에서는 거의 불가능할지도 모른다. 그러면 학교폭력의 평가를 위해 어떤 실제적인 지침을 제시할 수 있을까? Merrell(2011)은 아동 · 청소년의 우울과 불안 같은 정서문제 평가에 대해 최적의 실무 측면에서 적절한 평가안의 구성요소에 대하여 일반적인 권고사항을 제시한 바 있다. 즉, 평가의 목적이 선별이라면 최소한 한 방법만을 사용할 수 있겠지만, 개별 학생에 대한 평가가 목적이라면 최소한 두 방법, 두 정보원, 두 장면을 활용하라는 것이다. Merrell(2011)의 이러한 지침에 기초하여 학교폭력에 대하여 다음과 같은 평가전략을 제안하고자 한다. 이러한 제안은 최적의 평가실무를 위한 '권장사항'으로 이를 기준으로 하여 학교가 채택하는 실제 평가안은 학교가 가진 인적 · 물적 · 시간적 자원, 그리고 과학적 · 객관적 자료수집에 대한 의지와 가치 등에 따라 조정될 수 있다.

- 평가의 목적이 학급이나 학년, 학교 전체 학생을 대상으로 학교폭력의 가해 혹은 피해경험 실태, 학교폭력에 대한 태도나 지각, 주변학생의 행동 경향성을 파악하기 위한 것이라면 학생을 대상으로 하여 익명으로 실시하는 자기보고식 질문지나 척도를 활용하여 기초 자료를 얻을 것을 권장한다.
- 평가의 목적이 피해 혹은 가해학생을 선별하거나 주변학생의 구체적인 역할을

측정하는 것이라면 비밀보장을 전제로 하는 자기보고식 평가방법이나 학생의 발달 수준에 적절한 질문을 통한 또래지명이나 또래평정 방식의 또래참조 평가방법을 사용하되, 가능한 경우라면 언제나 이 두 방법을 병행할 것을 권장한다.

- 평가의 목적이 제한된 수의 가해학생 혹은 피해학생에게 학교폭력 개입 프로그램(예, 개인상담, 집단상담)을 제공하고자 하는 경우처럼 개인에 대한 정확한 판단(혹은 진단)을 포함하는 경우라면 두 가지 방법(비밀보장을 전제로 하는 자기보고식 평가, 또래참조 평가), 두 가지 정보원(학생 자신, 또래 집단), 두 장면(학교와 지역사회, 혹은 학내의 서로 다른 장면)을 활용할 뿐 아니라 학생면접을 추가로 실시할 것을 권장한다. 가능하다면 부모나 교사면접, 또래면접, 부모용이나 교사용 행동평정척도, 교사 지명방법 등을 통해 보다 포괄적인 정보를 얻을 것을 권장한다.

중다방법, 중다정보원, 중다장면 평가를 실행함에 있어서 부딪힐 수 있는 또 한 가지 어려움은 얻어진 자료의 해석에 관한 것이다. 설령 다양한 정보를 수집했다고 하더라도 다른 평가방법, 정보원, 장면 간에 서로 상반되는 정보가 나타나는 경우 어떻게 정보를 취사선택할 것인가 하는 문제다. 이러한 상황이 발생할 경우 가장 손쉬운 해결책은 불일치하는 정보를 단순히 배제시키는 것이다. 그러나 보다 바람직한 접근은 불일치가 나타나는 잠정적인 원인에 대하여 가설을 세우고, 이러한 가설을 확인할 수 있도록 추가 정보를 얻고, 이러한 정보에 기초하여 최선의 결정을 내리는 것이다. 이러한 절차 자체가 추가적인 시간과 노력, 전문성을 요하는 부분이지만, 개별 학생의 학교폭력 관련 행동을 평가할 때는 고려되어야 할 중요한 절차다. 그러나 학교 전체 학생을 대상으로 한 대단위 평가에서는 이러한 절차가 현실적으로 매우 어려운 과정일 수 있다.

학교폭력의 평가는 언제나 중다방법, 중다정보원, 중다장면 평가를 목표로 구성하되, 구체적인 평가의 목적과 학교의 자원 등 실제적인 제약 요인에 따라 적절히 조정되어야 한다. 그러나 어떤 경우에든 평가와 진단에 있어서 편향이나 오류를 최소화하여 타당한 자료를 얻고, 이러한 객관적 자료에 기초하여 과학적 · 합리적 의사결정을 내리는 것은 '책무성의 시대'에 학교폭력의 평가와 관련한 학교의 중요한 교육적 · 윤리적 책임인 것이다.

이 장의 요약

이 장에서는 학교폭력 평가 및 진단의 정의와 필요성에 대해 살펴보고, 학교폭력의 평가를 위한 이론적 모델로서 중다방법, 중다정보원, 중다장면 평가모델의 특징에 대해서 알아보았다. 이어 학교폭력의 대표적인 평가방법으로 관찰법, 자기보고식 평가방법, 또래참조 평가방법, 면접법을 소개하였다. 관찰법은 학교폭력의 가해나 피해 징후를 초기에 감지하여 잠재적인 가해 혹은 피해학생을 확인하는 일차적인 평가방법으로 유용할 수 있다. 가장 일반적인 학교폭력 평가방법인 자기보고식 평가는 학교폭력의 실태나 가해학생, 피해학생 및 주변학생의 행동, 태도, 인식 등을 알아보는 데 활용할 수 있다. 그러나 자기보고식 평가도구에서 반응 왜곡의 가능성과 규준에 의한 객관적 해석이 어려운 점은 주요 제한점으로, 특히 진단적 목적으로 활용할 경우에는 평가의 타당성을 높이기 위해 다른 평가방법을 병행하는 것이 바람직하다. 학교폭력 평가에서 또래참조 평가는 자기보고식 평가를 보완할 수 있는 매력적인 대안이며, 왜곡에 의한 오류 가능성을 줄일 수 있다는 큰 장점이 있지만 해석 기준이 종종 임의적이라는 문제가 있으며, 또래 간의 상호판단을 활용한다는 점에서 윤리적 논쟁이 있을 수 있다. 면접법은 가장 융통성 있는 평가방법으로 선별된 학생들을 대상으로 보다 구체적이고 심층적인 정보를 파악하는 데 활용될 수 있다. 끝으로 학교 현장에서 학교폭력의 평가안을 구성할 때 참조할 수 있도록 중다방법, 중다정보원, 중다장면 평가의 맥락에서 구체적인 평가의 목적을 고려하여 적용할 수 있는 실제적인 평가전략에 대해 살펴보았다.

생각해 볼 문제

1. 학교폭력에 대한 정확한 평가와 진단이 개입 및 예방 프로그램의 개발이나 활용에 있어서 어떤 역할을 할 수 있는지 생각해 보세요.
2. 인근 학교의 학교폭력 평가 사례에 대해 조사해 보고, 이 장에서 학습한 내용에 비추어 어떻게 개선될 수 있을지 생각해 보세요.
3. 학교폭력 평가의 다양한 목적을 열거해 보고, 각 목적에 비추에 가장 적절한 평가안을 생각해 보세요.
4. 또래참조 평가에서 발생할 수 있는 윤리적인 문제나 우려점에 대해서 생각해 보고, 이러한 문제를 최소화하거나 줄일 수 있는 현실적인 방안에 대해서 생각해 보세요.

참고문헌

교육과학기술부, 법무부(2009). 굿바이 학교폭력: 학교폭력, 성폭력 예방 및 대처 가이드북.

김영환, 문수백, 홍상황(2005). 심리검사의 이론과 실제. 서울: 학지사.

청소년 대화의 광장(1997). 따돌리는 아이들, 따돌림 당하는 아이들. 청소년 상담문제 연구보고서, 29.

김현주(2003). 집단따돌림에서의 동조집단 유형화 연구. 청소년복지연구, 5(2), 103-118.

서미정(2008). 방관자의 집단 특성에 따른 또래 괴롭힘 참여 역할행동. 아동학회지, 29(5), 79-96.

송재홍, 김광수, 박성희, 안이환, 오익수, 은혁기, 정종진, 조붕환, 홍종관, 황매향(2013). 학교폭력의 예방 및 대책. 서울: 학지사.

이춘재, 곽금주(2000). 학교에서의 집단따돌림: 실태와 특성. 서울: 집문당.

차윤희(2005). 또래 괴롭힘 상황에서 학령기 아동의 역할과 사회적 이해. 연세대학교 대학원 석사학위논문.

한영주(1999). 중 · 고등학교 집단따돌림 가해자 및 피해자 특성에 관한 연구. 이화여자대학교 대학원 석사학위논문.

Achenbach, T. M., McConaughy, S. H., & Howell, C. T. (1987). Child/adolescent beavioral and emotional problems: Implications of cross-informant correlations for situational specificity. *Psychological Bulletin, 101*, 213-232.

Aiken, L. R. (1989). *Assessment of personality*. Boston, MA: Allyn & Bacon.

Coie, J. D., Dodge, K. A., & Coppotelli, H. (1982). Dimensions and types of social status: A cross-age perspective: *Developmental Psychology, 18*, 557-570.

Cornell, D., & Cole, J. C. M. (2012). Assessment of bullying. In S. R. Jimerson, A. B. Nickerson, M. J. Mayer, & M. J. Furlong (Eds.), *Handbook of school violence and school safety: International research and practice* (pp. 289-303). New York: Routledge.

Juvonen, J., Nishina, A., & Graham, S. (2001). Self-views versus peer perceptions of victim staus among early adolescents. In J. Juvonen & S. Graham (Eds.), *Peer harassment in school: A plight of the vulnerable and victimized* (pp. 105-124). New York: Guilford.

Kamphaus, R. W., & Frick, P. J. (1986). *Clinical assessment of child and adolescent personality and behavior*. Needham Heights, MA: Allyn & Bacon.

Ladd, G. W., & Diaz, E., M. (2002). Identifying victims of peer aggression from early to middle childhood: Analysis of cross-informant data from concordance, estimation of relational adjustment, prevalence of victimization, and characteristics of identified victims. *Psychological Assessment, 14*, 74-96.

Ladd, G. W., & Kochenderfer-Ladd, B. (2002). Identifying victims of peer aggression from early to middle childhood: Analysis of cross-informant data from concordance, estimation of relational adjustment, prevalence of victimization, and characteristics of identified victims. *Psychological Assessment, 14*, 74-96.

Matin, R. P., Hooper, S., & Snow, Jr. (1986). Behavioral assessment of childhood disturbance. In E. J. Mash & L. G. Terdal (Eds.), *Behavioral assesment of childhood disorders* (pp. 3-76). New York: Guilford Press.

McConnell, S. R., & Odom, S. L. (1986). Sociometrics: Peer-referenced measures and the assessment of social competence. In P. S. Strain, M. J. Guralnick, & H. M. Walker (Eds.), *Children's social behavior: Development, assessment, and modification* (pp. 215-286). New York: Academic Press.

Merrell, K. W. (2008). *Behavioral, social and emotional assessment of children and adolescents*. New York, NY: Lawrence Erlbaum Associates.

Merrell, K. W. (2011). 우울 · 불안의 예방과 개입 (이승연, 신현숙, 이동형 공역). 서울: 학지사.

Olweus, D. (1993). *Bullying at school*. Cambridge, MA: Blackwell.

Olweus, D. (2007). *The Olweus Bullying Questionnaire*. Center City, MN: Hazelden.

Salmivalli, C. (1999). Participant role approach to school bullying: Implications for interventions. *Journal of Adolescence, 22*, 453-459.

Salmivalli, C., & Voeten, M. (2004). Connections between attitudes, group norms, and behavior in bullying situations. *International Journal of Behavioral Development, 28*(3), 246-258.

Swearer, S. M., Espelage, D. L., Vaillancourt, T., & Hymel, S. (2010). What can be done about school bullying?: Linking research to educational practice. *Educational Researcher, 39*, 38-47.

학교폭력과 정신건강

〈학습개요 및 학습목표〉

학교폭력은 청소년의 정신건강 문제와 밀접한 관계가 있다. 학교폭력의 가해학생과 피해학생은 모두 정신적으로 건강하지 않은 아이들이다. 청소년의 건강한 발달을 위해 학교폭력과 관련된 정신 병리적 문제를 미리 알아차리고 도움의 손길을 건네는 것도 청소년 교육에 일차적인 책임이 있는 교사와 교육전문가가 해야 할 일이다. 따라서 이 장에서는 학교폭력과 관련된 청소년의 뇌 발달문제를 이해하고, 학교폭력 가해자, 피해자, 주변인과 연관된 정신병리와 이들을 위한 정신건강 의학적 진단과 치료에 대해 알아본다.

이 장의 구체적인 학습목표는 다음과 같다.

1. 학교폭력과 관련된 청소년의 뇌 발달문제에 대해 이해할 수 있다.
2. 학교폭력 가해자, 피해자, 주변인과 연관된 정신병리에 대해 설명할 수 있다.
3. 학교폭력 가해자, 피해자, 주변인을 위한 정신건강 의학적 진단과 치료에 대해 설명할 수 있다.

1. 청소년의 뇌와 학교폭력

1) 청소년의 뇌 발달

(1) 청소년의 뇌 속에서는 어떤 일이 일어나고 있는가

미국 국립정신건강연구소(National Institute of Mental Health: NIMH)의 Jay. N. Giedd 박사는 청소년의 뇌는 어떻게 자라는가에 대해 지난 10년간 연구하였다. 그 결과 뇌과학자는 사춘기 청소년의 대뇌 회백질에서 수상돌기(dendrite)와 시냅스(synapse)가 과도하게 많이 생성된다는 것과 이 시기에 어떠한 경험과 학습을 하는가에 따라 시간이 지났을 때 수많은 시냅스가 유지되기도 하고, 소멸이 되기도 한다는 것을 알게 됐다. 이는 청소년기의 활동과 교육이 사람의 뇌 발달에 얼마나 중요한

역할을 하고 있는지를 보여 준다. 그런데 안타깝게도 이 시기는 아직 이성을 관장하는 전두엽이 충분히 자라지 못한 상태다. 이로 인해 충동을 조절하는 능력이 떨어지며, 감정을 자제하지 못하거나, 쉽게 폭력적인 행동을 보이게 되고, 거짓말을 문제해결의 한 방식으로 사용하게 된다. 이때 부모도 자녀가 갑자기 거짓말을 지어내기 시작하고, 사소한 일에도 화를 내는 등 자녀의 변화된 모습을 보게 되면서 큰 충격을 받아 불안해질 수밖에 없다.

사춘기의 뇌는 감정 중추인 편도체의 지배를 받는다. 어른은 정보를 분석하고 문제해결을 하기 위해 논리적인 전두엽을 사용하지만, 아직 전두엽이 미발달된 사춘기 아이들은 감정의 중추라고 할 수 있는 편도체를 사용하여 문제를 해결한다. 예를 들어, 어린 10대에게 두려움에 찬 누군가의 얼굴을 보여 주면 그 표정을 이해하기 위해 편도핵(amygdala)을 활성화시키게 되는데, 공격, 도피, 분노, 감정 기억을 담당하는 편도핵은 이를 실제와 다르게 공격적이거나 감정적으로 해석해 버린다는 것이다. 이는 어른에 비해 청소년이 어떤 정보를 더욱 감정적으로 해석하여 오해를 일삼는 근거가 된다. 감정뇌가 발달하게 되는 청소년기는 성인에 비해 도파민의 수치가 높은 편이어서 즐거운 감정을 더 많이 느끼고, 스릴을 추구하며, 이러한 감정을 지속적으로 경험하기 위해 어떤 일에 지나치게 몰입하는 모습을 나타낸다. 이러한 사춘기 뇌의 변화도 청소년들이 더욱 쉽게 컴퓨터 중독이나 게임 중독 등 각종 중독에 빠지게 하는 원인이 된다.

(2) 청소년들이 폭력을 휘두르는 이유

유난히 사춘기가 되면 아이들은 그전에는 잘 사용하지 않던 욕설을 하고, 신체적 폭력을 행사하는 것을 볼 수 있다. 이것은 뇌에서 내리는 지시에 따라 아동기에 잠들어 있던 고환과 난소가 깨어나고, 성호르몬 분비가 활성화되는 것과 관련이 있다. 소년의 테스토스테론 수치가 높아지면 소년은 다른 사람과 경쟁하는 것을 좋아하고, 위험을 감수하려 하며, 충동적이고 공격적인 행동을 취하게 된다. 또한 주변에서 흔히 생기는 여러 가지 크고 작은 경쟁 상황은 테스토스테론의 양을 추가적으로 증가시켜서 공격성을 더욱 강화하기도 한다. 테스토스테론 호르몬의 증가는 공격성뿐만 아니라 위계를 형성하고 남을 지배하려는 성향을 만들기 때문에 더욱 타인에 대해 경쟁적이고 자기주장성이 강해지게 하는 역할을 한다. 10대 여름 캠프 현장을 보

면 처음 2~3일까지는 싸움이 잦지만 그 후부터는 안정적인 상태가 되는데, 분명한 위계질서가 생기기 전까지 위계를 정하기 위한 싸움이 일어나지만 그 후에는 권력 구조가 명확해지면서 신체나 언어적 공격의 필요성이 줄어들고 안정적이 되는 것도 테스토스테론 호르몬의 영향이라 할 수 있다.

1990년대에 미국에서 수감자를 대상으로 테스토스테론 수치와 폭력성과의 관계를 연구한 결과, 테스토스테론 수치가 평균에 비해 월등히 높은 사람일수록 폭력 범죄를 저지를 가능성이 더 높은 것으로 나타났고, 성범죄로 거세당한 남성에게 테스토스테론을 투여하여 인과관계를 살펴보았던 노르웨이의 한 연구에서도 거세를 당한 남성이라 할지라도 테스토스테론을 투여한 후 원래의 남성적인 태도를 회복했다는 연구보고가 있다. 이는 테스토스테론의 양이 그 이전의 시기보다 20배가 증가하는 10대 남자아이가 더욱 공격적이고 자기주장적인 모습을 갖게 되는 등 보다 폭력적인 모습을 보이는 중요한 근거가 된다.

소녀의 경우 사춘기가 되었을 때 뇌는 에스트로겐과 프로게스테론에 민감하게 반응한다. 생리를 마치고 월경 주기가 시작되는 처음 절반 동안(약 2주가량)은 에스트로겐만 분비되기 때문에 행복감, 자아 존중감, 쾌락, 성적 흥분을 느끼게 해 준다. 이러한 에스트로겐의 양이 점차적으로 높아져 배란이 일어나고 난자가 배출될 때까지 절정에 달했다가 배란 후에 감소하기 시작하는데, 이 시기부터는 프로게스테론이라는 또 하나의 성호르몬 분비가 시작된다. 프로게스테론은 불안감과 피로감으로 우울함을 느끼게 하며 성욕을 감퇴시킨다. 그리고 월경 4~5일전 행복감을 느끼게 해 주었던 에스트로겐의 양이 급격히 줄어들면서 월경 전 증후군의 증상으로 적대감과 공격성이 나타나고, 까닭 없는 심한 우울감을 느끼게 된다.

(3) 빨라진 사춘기

100년 전 여자 아이들의 평균 초경 연령은 15세였으나, 지금은 영양상태, 식품첨가물, 목축업에 사용하는 호르몬 제재 등이 영향을 미쳐 평균 초경 연령이 12세로 낮아졌다. 그러나 이러한 신체적인 변화에 앞서 사춘기는 뇌에서 먼저 시작된다. 우리의 몸에 일정한 양의 지방을 비축하게 되면 지방세포에서 형성되는 호르몬 렙틴이 지방의 양을 파악하여 뇌에 전달한다. 그 후 시상하부에서 억제성 신경전달물질인 GABA를 분비하는 뉴런이 정리되고, 시상하부가 작동하면서 고환과 난소를 동면

에서 깨워 성호르몬의 분비를 활성화시킨다. 이 시기는 보통 여아의 경우 8세 전후, 남아의 경우 10세 전후로 시작된다. 따라서 신체적 변화가 일어나기 전부터 여아는 8세, 남아는 10세 전후로 사춘기가 시작된다고 볼 수 있으며, 여성은 평균 12세인 초경 때, 남성은 14세 무렵에 정자 생산과 더불어 성호르몬의 수치가 정점에 이른다는 것을 알 수 있다.

2) 가해하는 아이, 피해 당하는 아이

(1) 가해자가 될 위험이 높은 아이

학교폭력을 예방하는 방법 중 가장 효과적인 방법은 학교폭력 가해학생이 되기 쉬운 아이가 가해자가 되지 않도록 예방하고, 학교폭력 피해학생이 되기 쉬운 아이가 피해자가 되지 않도록 예방하는 방법일 것이다. 가해학생의 절반 이상이 피해 경험을 가지고 있었던 것을 근거할 때 사실상 가해학생과 피해학생을 구분하는 것이 모호한 경우가 많으나 분명 가해학생이 될 위험이 높은 유형과 피해학생이 될 위험이 높은 유형은 구분이 된다. 학교폭력 가해학생은 보통 타인의 어려움과 고통에 무감각하고 콤플렉스나 우월감이 있으며, 쉽게 스트레스를 받고 불만을 밖으로 행동화한다(〈표 10-1〉 학교폭력 피해와 가해의 행동적 징후 참조).

(2) 피해자가 될 위험이 높은 아이

학교폭력의 피해학생이 되기 쉬운 유형은 두 가지로 나뉘게 되는데, 무기력하고 수동적이며 자신감이 없어 보이는 유형과 잘난 척하고 상대를 무시하며 배려심이 없는 유형이다. 그러나 두 유형 모두 학교폭력 후 높은 우울감이나 불안증을 느끼며 자신을 과소평가하는 경우가 많이 발생한다. 피해학생은 이와 같은 특성으로 인해 대인관계를 쉽게 풀어가지 못하는 상황이 점차적으로 누적되면서 집단따돌림이나 학교폭력에 휘말리게 된다(〈표 10-1〉 학교폭력 피해와 가해의 행동적 징후 참조).

(3) 언제 전문가를 찾아야 하나

사춘기 아이들이 어느 정도 반항심을 가지고 엉뚱한 행동을 하는 것을 비정상적이라고 할 수는 없다. 때로 엉뚱한 행동을 하더라도 친구들과 원만하게 지내고 학교

생활을 잘 해낸다면 문제가 되지 않는다. 호기심에 친구들과 어울려 포르노 잡지를 보는 것이나 친구를 따라 담배를 피워 보는 것도 문제가 없는 사춘기 아이들이 할 수 있는 행동이다. 하지만 간혹 어떤 아이는 전문가를 찾아가야 할 만큼 심각한 행동을 보이기도 한다. 이때 부모 혹은 교사가 우리 아이의 모습이 위험 신호인지 아닌지를 정확히 구분할 수 있다면 우리 아이가 심각한 우울 상태에 빠지거나, 자살 시도를 하거나, 범죄에 연루되기 전에 도움을 줄 수 있다. 다음의 증상이 어느 한 가지라도 2주간 지속된다면 전문가와 상담이 필요하다.

- 별다른 이유 없이 머리, 배 등의 신체적 고통을 호소한다.
- 좋아하던 일조차 흥미를 잃고 의욕저하를 보인다.
- 부모–자녀 관계가 악순환에 빠져 있다.
- 여러 과목의 성적이 떨어지거나 학교에서 지속적인 학습부진을 보인다.
- 죽음에 대해 자주 이야기하고 불면증에 시달리거나 계속 잠만 자려고 한다.
- 친구가 거의 없고 사회적으로 위축되는 등 왕따 현상이 생긴 듯 보인다.
- 등교 거부가 지속되거나 귀가 시간이 이유 없이 늦어지고 가출을 한다.
- 교실에서 용납되지 않는 행동을 하며 교사가 반복적으로 행동에 문제를 지적하게 된다.
- 주변 사람들에게 과격하고 난폭한 행동을 보인다.
- 한 번이라도 자해 행동을 나타낸다.
- 거짓말을 자주하고 남의 물건을 훔친다.
- 성격이 변했다고 느낄 만큼 기분에 큰 변화를 보인다.
- 공상과 현실을 구분하지 못하는 경향이 있다.
- 비행청소년 집단과 어울리며 문제행동이 많아진다.
- 잘못된 행동을 저지하거나 방해하면 크게 흥분한다.

충동적인 행동을 하며 폭력적이고 갑자기 성격이 달라 보이거나 부모가 알아들을 수 없는 말을 계속 한다면 심각한 정신적인 문제를 의심할 수 있다. 이와 같은 위험 신호를 보내는 사춘기 아이의 정신적인 문제는 부모나 교사가 해결할 수 있는 문제가 아니라 할지라도 정신적인 문제가 있는 자녀 혹은 학생이 조기에 진단을 받고 치

료를 받을 수 있도록 해 줄 수 있는 사람은 부모와 교사밖에 없다.

2. 학교폭력 가해자의 정신병리

1) ADHD와 학교폭력

(1) ADHD란

무모하고 충동적이며 위험한 일을 즐기는 청소년의 일반적인 특징이나 ADHD (Attention Deficit Hyperactivity Disorder: 주의력결핍 과잉행동장애)가 있는 청소년은 이와 같은 특성이 보통의 아이들보다 수십 배 이상으로 나타난다. ADHD 청소년은 한 가지 대상에 집중하는 시간이 짧고 매우 충동적이며 산만한 행동문제를 어린 시절부터 경험해 왔고, 청소년기에 이르렀을 때는 보통의 경우 학습 성취도가 상당히 낮아지며 공격적인 성향이 강해 아주 사소한 이유로도 흥분하고 자주 친구들과 싸움을 벌인다. 하지만 적절한 치료적 조치를 받지 못하여 청소년 비행이나 학교폭력 문제를 보이게 된 후 뒤늦게 전문가를 찾아올 때가 많다.

Klein과 Mannuzza(1991)의 종단연구에서는 아동기의 ADHD 증상이 청소년기에도 지속된다고 결론을 내렸다. ADHD 청소년 중 25% 정도가 도둑질이나 방화 같은 반사회적인 행동을 보였고, 56~70%는 유급을 반복했으며 학교를 그만 두거나 퇴학 당하는 빈도도 정상 통제집단에 비해 8배 이상이나 되었다(Barkley, 1990).

미국 국립정신건강연구소(2007)에서 ADHD 청소년(223명)의 뇌를 MRI로 촬영한 결과, 일반 청소년보다 대뇌피질의 성장 속도가 느리고 전두엽의 두께가 얇은 것으로 나타났는데, 이는 일반 청소년에 비해 전두엽의 발달이 5년 이상 늦은 것이었다. 이러한 아이들에게 일반적인 모습을 기대하는 것은 거의 불가능할 수 있기에 무엇보다 조기에 치료하는 것이 중요하다. 청소년기에 들어 문제행동이 더욱 심각해졌을 때는 이미 학교생활을 몹시 힘들어하고 교우 관계가 좋지 못하며 학습의욕이 상당히 저하되어 있거나 학습부진이 심각해 회복이 어려운 수준일 수 있다.

(2) ADHD 증상, 진단, 치료

ADHD의 가장 특징적인 증상은 크게 주의력 결핍, 과잉행동, 충동성으로 나뉜다. 주의력 결핍문제를 가진 아이들은 외부 자극에 쉽게 산만해지고, 실수가 잦으며, 작업수행시간이 지연되는 경향이 있고, 체계적 수행에 어려움이 있으며, 뭐든 잘 잊어버리고, 지속적인 노력이 필요한 과제를 회피하는 등의 문제행동을 나타내며, 이는 초등학교 고학년 때 발견되어지는 경우가 많다. 과잉행동문제를 가진 아이들은 한 자리에 가만히 있지 못할 때가 많고, 위험한 장난을 자주 시도하고, 말이 많으며, 손발을 계속 움직이거나 돌아다니는 문제행동을 나타내어 어린 시절부터 눈에 띄며, 다루기 어렵고, 이로 인해 주변 어른들로부터 지적을 많이 받으며 자란다. 충동성 문제를 가진 아이들은 순서를 잘 기다리지 못하며, 다른 사람이 말할 때 잘 끼어들고, 친구들의 놀이나 대화를 방해하는 문제행동을 나타내어 보통 또래와의 관계가 좋지 못하고 유치원이나 학교에서의 적응에 어려움을 겪을 수 있다.

ADHD를 진단하기 위해서는 병원에 내원하여 의학적 면담을 실시하고, 부모-교사평가와 신경인지검사를 통해 문제 가능성이 드러날 경우 종합심리검사를 거쳐 현재 아동의 전반적인 인지-정서-사회적 상태를 파악한다. 종합심리검사에는 지능검사(K-ABC, K-WISC-III), 집-나무-사람 그림검사(HTP), 가족화(KFD), 문장완성검사(SCT), 다면적 인성검사(MMPI), 로샤검사, 부모용 설문지 등으로 구성되어 있으며, 이를 통해 성격적·기질적 특성, 정서적 특성 또는 정신병리 여부, 대인관계 양상, 전반적인 지적 능력, 좌우 뇌의 기능적 특성, 문제해결능력, 계획력과 조직화 능력 등에 대한 평가가 이루어진다.

사춘기 ADHD의 치료도 아동기 ADHD의 치료와 마찬가지로 기본적으로 약물치료와 부모교육이 병행되어 실시된다. 부모교육은 가족치료적 성격을 띠게 되며, 해결 중심적 접근이 효과적이고 가족 내 의사소통 훈련이 이루어진다. 약물치료는 주의력 결핍, 충동적 행동, 감정 조절 부진, 공격적이고 반사회적인 행동, 실행기능 및 작업기억력의 문제에 매우 효과적이다. 때로 높은 수준의 공격성이나 품행장애를 동반한 경우, 양극성장애가 의심되는 감정기복이 있는 경우에는 기분 조절제, 비전형적 항정신병 약물이 필요할 수 있다. 비약물적 치료에는 인지행동치료, 심리치료, 학습치료 등이 있다. 인지행동치료는 아동의 신체적·사회적 환경 변화를 통해 아동이 스스로의 행동을 향상시켜 줄 수 있도록 하는 치료적 방법이다. 그러나 동기부여

가 되어 있는 경우에 가능하나 사춘기의 심리적 특징 때문에 쉽지 않으며 오히려 중기 청소년기에는 적합한 양상을 보인다. 심리치료는 2차적인 정서적 문제를 경험하고 있는 아이들에게 자신의 억눌렸던 마음을 표현할 수 있도록 하고 심리적 안정감을 주는 치료적 방법으로, 흥미 있는 놀이활동을 통해 자연스럽게 집중력의 훈련을 주기도 한다. 학습치료는 학습검사를 통해 아이의 취약점을 발견하며 자신의 특성에 맞는 치료를 통해 잠재력을 발휘할 수 있도록 돕는 치료적 방법이다.

(3) ADHD 자녀 양육하는 법

ADHD 자녀를 양육하는 것은 쉽지 않지만 아주 방법이 없는 것은 아니다. 우선 항상 정상 아동에 비해서 부모가 기대하는 만큼 행동을 잘하기에는 선천적인 문제점을 가지고 있다는 생각을 기본적으로 간직하면서 자녀를 대하도록 한다. 자녀의 문제를 부모 자신의 잘못으로 돌리지 않고 동시에 자녀의 문제를 자녀만이 가진 문제로 보지 말며 자녀도 힘들어한다는 것을 인정한다. 자녀의 행동을 관리하는 데 있어서 항상 일관성을 유지하며 ADHD 자녀의 행동에 대해서 그 행동이 긍정적이든, 부정적이든 즉각적인 피드백(feedback)을 자주 주는 것이 중요하다. 그리고 올바른 행동을 유도하거나 그릇된 행동을 줄이기 위해 정상 아동에 비해 더 강력한 결과를 주어야 하는데, 향상시키고자 하는 행동의 횟수를 증가시키기 위해 자녀의 마음에 드는 강화물(보상책)을 선택한다. 향상시키고자 하는 행동을 정할 때 한꺼번에 많은 행동을 정하기보다 쉽게 바뀔 수 있는 것부터 조금은 어려운 것까지 다섯 가지 정도가 적당하다. 보상체계가 계속 효과적이 되기 위해서는 보상책을 계속 바꾸어 주어야 하는데, 보상책은 가능할 수 있는 범위로 하고, 동기유발이 가능한 것으로 정한다. 부정적인 결과(예, 야단, 잘못된 행동에 대한 대가를 치르는 것)를 사용하기 전에 반드시 긍정적인 결과를 충분히 사용해 보아야 하고, 어떻게 하면 부정적인 결과를 피할 수 있는지에 대해 자주 설명해 주는 것도 필요하다. 잘못에 대해 대응할 때는 감정을 자제하고, 설교하듯이 또는 장황한 설명을 하지 않는 것이 중요하며 아동과 정한 규칙을 가족 내 다른 구성원도 함께 지키도록 하는 것이 좋다.

ADHD 아동은 학교에서도 흔히 보이는 특징적인 모습이 있는데, 학급 내에서 ADHD 아동을 관리하기 위해서는 분명한 규칙이 존재해야 한다. 다음은 ADHD 아동이 학급에서 흔히 보이는 문제행동 목록과 이러한 아이들을 적절히 다루기 위한

원칙과 간단한 실행 방법이다.

ADHD 아동이 학급에서 흔히 보이는 특성

- 또래보다 정서적으로 미성숙하여 사소한 일에 불쑥 화를 내고 후회하는 경우가 많다.
- 과제나 지시를 따르는 데 쉽게 지루해하며 시간이 오래 걸리고 마무리 짓는 습관이 부족하다.
- 원인-결과 관계를 이해하는 데 정상 아동보다 시간이 더 오래 걸린다.
- 어떤 것은 잘하고, 어떤 것은 못하는 것은 의도적인 것이 아니다.
- 자세가 안정되지 못하고, 자주 시선이 분산되는 등 수업 진행에 방해를 줄 수 있지만 이는 아이가 의도적으로 하는 행동이 아니다.
- 흔히 필체가 안정적이지 못하고, 수리 계산에서 사소한 실수가 많다.
- 자신의 생각을 정돈하여 이야기하는 능력이 부족하다.

학급 내에서 ADHD 아동 관리하기

- ADHD 아동에 대하여 정확히 이해한다(아이의 산만성과 학업성취도는 어느 정도인지, 어려운 과제를 어느 정도까지 할 수 있는지, 관심분야는 무엇인지, 어떤 친구와 어울리는지 등을 구체적으로 알고 있어야 한다).
- 선택적 관심(긍정적 보상) 및 선택적 무시를 사용한 행동변화를 유도한다.
- 수준에 맞는 과제를 지시한다(예, 한 시간에 10번 이상 자리에서 일어나는 아동에게 한 시간에 10번 이상 자리에서 일어나지 않는다면 보상을 받을 수 있다고 제안하기).
  *효과적인 지시법: '~을 하지 마라.'는 식의 부정적인 지시법보다 '~해라.'는 식의 긍정적인 지시법을 사용하는 것이 중요. 예, "교실에서 벗어나지 마라."(×) "퍼즐문제를 풀어라."(○)
- '인지적 자기평가'를 통한 변화를 유도한다(예, 아동에게 일정한 시간 동안 자리에 앉아 있도록 과제 부여 → 지정된 시간 동안 아동이 자리에서 얼마나 자주 벗어났는지를 아동에게 직접 물어 보고 이에 합당한 보상 제공).

ADHD 아동을 위한 교실 프로그램

- 쉬는 시간에 부가적 약속을 정한다(단순한 과제→복잡한 과제로 점차 늘려 간다. 이러한 긍정적인 경험을 통해 ADHD 아동의 제한적인 자기조절 능력과 성취감, 책임감 등을 향상시킬 수 있다. 예, "이 물건을 교무실에 계신 박 선생님께 전해 줄래?").
- 짧게 여러 번 수행할 수 있도록 과제를 나누어 준다.
- 수업은 지루하지 않게 한다.
- 행동과 규칙을 구체적으로 약속하고, 그 보상에 일관성을 유지한다.
- 짝으로 차분한 아이를 앉힌다.
- 원을 만들어 앉히기보다는 일렬로 자리를 배열한다.
- ADHD 아동의 주의가 산만해질 수 있는 환경적 요소를 제거한다.
- ADHD 아동에게는 가능한 한 많은 격려와 칭찬, 애정을 베푼다.
- 소집단으로 학습과 대인관계의 기회를 제공한다.
- 움직임의 기회를 제공한다(수업시간에 안절부절못하는 아동에게 교무실 방문하기, 연필 깎기, 다른 선생님에게 메모 전하기 등과 같은 적절한 움직임의 기회를 제공하는 것이 효과적이다).
- 노력, 인내와 바람직한 행동에 대하여 보상해 준다.
- 교사와 학생 간의 접촉을 꾸준히 자주 갖는다.
- '순교자'가 되지 않는다(교사로서 참을 수 있는 한계를 자각하고, 교사 자신이 불편을 느끼지 않을 정도로 적절히 교실 프로그램을 변화시킨다).
- ADHD 아동에게 분명하고 정확하며 딱 들어맞는 지시를 사용한다.
- 지시는 아이가 산만하지 않을 때, 분명하고 단순하게 한 번에 한 가지씩 한다.
- ADHD 아동에게 멈추라는 지시(예, 복도에서 뛰어다니지 마라)보다는 시작한다는 지시(예, 복도에서 천천히 걸어라)를 사용한다.
- 규칙을 분명하고 일관되게 지키도록 하며, 자연스럽게 학습이 되도록 한다.
- ADHD 아동과 분명하게 대화를 한다(간략하게 '나는~'이라는 문장을 사용한다. 또 길게 말하지 않는다. 그리고 아동의 말을 적극 청취하고 이에 부드럽고 긍정적인 대답을 제공한다).
- 부모와 교사의 의견을 주고받을 수 있는 '가정노트'를 사용한다.

(4) ADHD DSM-Ⅳ 진단기준

DSM-Ⅳ 진단기준에는 부주의가 우세한 유형, 과잉활동-충동성이 우세한 유형,

부주의와 과잉활동－충동성이 결합된 유형 등이 있다.

- ①이나 ② 중에 하나

① 부주의가 우세한 유형: 다음의 부주의 증상 중 적어도 여섯 개의 증상이 부적응적으로 그리고 자신의 발달 수준에 부합하지 않을 정도로 적어도 6개월 이상 꾸준히 지속되어 왔다.

- 세부사항에 세심한 주의를 기울이지 못하고, 학업이나 일 또는 다른 활동에서 부주의한 실수를 자주 한다.
- 과제나 놀이활동에 지속적인 주의를 주는 데 종종 어려움을 겪는다.
- 누군가가 자신에게 말하는 것을 잘 안 듣는 것처럼 보이는 경우가 많다.
- 지시에 따라 일을 하지 못하고, 학업이나 하기 싫은 일, 일터에서의 의무를 완수하지 못하는 경우가 잦다(지시를 제대로 이해하지 못하거나 적대적인 행동 때문에 그러는 것이 아니다).
- 과제나 활동을 조직화하는 데 어려움을 자주 겪는다.
- 지속적으로 정신적 노력을 필요로 하는 (학업이나 숙제 같은) 과제를 하지 않으려 하고, 그런 과제를 혐오하는 일이 자주 발생한다.
- 과제나 활동에 필요한 것을 자주 잊거나 분실한다(예, 학교 숙제, 연필, 책, 도구나 장난감).
- 과외 자극에 쉽게 관심을 빼앗긴다.
- 일상의 활동을 자주 잊는다.

② 과잉활동－충동성이 우세한 유형: 다음의 과잉활동－충동성에 관한 증상 중 적어도 네 가지 증상이 부적응적으로, 그리고 자신의 발달 수준에 맞지 않게 적어도 6개월 이상 꾸준히 지속되어 왔다.

〈과잉활동〉

- 손이나 발을 만지작거리거나 자리에 가만히 앉아 있지를 못한다.
- 자기 자리에 가만히 앉아 있어야 하는 상황이나 수업시간에 자리에 앉아 있지를 못한다.
- 뛰거나 소란을 피워서는 안 되는 장소에서 과도하게 뛰거나 기어오른다(청년이나 성인의 경우에는 들떠 있는 듯한 느낌을 갖게 될 것이다).

- 여가활동에 조용히 참여하지를 못한다.

〈충동성〉

- 질문을 미처 끝내기도 전에 대답이 먼저 나온다.
- 게임이나 집단 상황에서 차례를 기다리거나 줄을 서서 기다리지를 못한다.

• 7세 이전에 시작

• 2개 이상의 상황에서 증상이 나타나야 한다(예, 학교에서, 일터에서, 집에서).

출처: American psychiatric association(1993)

2) 품행장애와 학교폭력

(1) 품행장애란

동물이나 곤충을 학대하는 등 끔직한 놀이를 즐기거나 동생이나 부모를 때리고 친구를 다치게 하는 등 어린 시절부터 공격적 · 파괴적인 성향을 드러내는 아이가 있다. 이러한 아이는 의무를 회피하기 위해 실제처럼 거짓말을 하고 물건을 훔치고도 죄책감이 없으며 쉽게 화를 내고 욕을 하며 불을 지르는 등 타인의 재산을 파괴하는 것을 아무렇지 않게 생각한다. 이러한 특성으로 인해 집단폭행이나 성폭행 등 범죄 영화에 나올 법한 나쁜 행동을 서슴없이 반복해서 따라할 수 있고, 도덕적으로 둔감한 반사회적 성격을 보인다. 이를 품행장애라고 하며, 이런 아이가 청소년기에 이르면 기물파손, 절도, 강간, 폭주, 약물중독, 폭행, 방화 등 치명적인 범죄 행동을 하게 된다. 학교폭력 가해학생의 상당수는 품행장애를 가지고 있으며, 집단따돌림을 주도하거나 학교폭력을 행사한다.

품행장애는 만 12세를 기준으로 조발성 품행장애와 후발성 품행장애로 나뉜다. 발병 연령을 기준으로 유형을 나누는 이유는 발병 시기에 따라 치료 효과가 확연히 달라지기 때문인데, 어린 나이에 발병할수록 예후가 좋지 못하다. 지능과 관련하여서는 지능이 높을수록 치료과정에 적극적으로 협조하기도 하지만 지능이 높을수록 더욱 위험하고 치밀한 반사회적 행동을 하기도 한다. 품행장애가 있는 청소년은 보통 공부를 소홀히 하기 때문에 후천적인 학습장애를 겪거나 언어 능력이 심하게 떨어질 수 있다. 겉으로는 강하고 두려움이 없는 듯해도 속으로는 자존감이 매우 낮고 열등감이 커서 쉽게 좌절하고 분노한다.

(2) 품행장애 증상, 진단, 치료

모든 청소년은 때때로 잘못된 행동을 저지른다. 그러나 품행장애를 가진 청소년은 아주 심각한 방식으로 문제행동을 여러 번 반복한다. 빈번하게 욕을 하며 화를 자주 내고 폭력으로 다른 사람에게 피해를 주며 다른 사람의 물건을 훔친다. 품행장애의 주요 증상에는 네 가지가 있는데, 공격성, 기물파손, 사기나 도둑질, 심각한 규칙위반이다.

품행장애 진단을 내리기 위해서는 청소년의 어린 시절과 범죄 행위에 대한 가족력을 살펴봐야 한다. 품행장애 청소년은 3세 이전의 아주 어린 시절부터 공격적인 성향을 보이면서 형제나 친구들과 자주 다툼을 하고, 유소년 시절에는 동물 학대나 사람들에 대한 공격 등 비교적 가벼운 폭력행동을 벌인다. 성적인 접촉이 있는 놀이를 좋아하며 섹스에 대한 관심도 다른 아이들보다 빠르게 나타나는 특징이 있다. 그리고 품행장애에 대한 취약성이 유전이 된다는 것이 점차 사실로 밝혀지고 있어 가족력에 대한 관심과 품행장애가 가족력과 관계성이 높을 수 있다는 것에 대한 신뢰도도 커지고 있는 실정이다. 부모 중 한 명에게 반사회적 성격장애가 있거나 알콜 중독 등의 문제가 있으면 아이는 품행장애에 취약할 가능성이 훨씬 높다. 부모로부터 선천적이고 기질적인 취약성을 물려받은 아동은 적절한 돌봄이나 훈육을 받지 못한 채 가정 내 불화나 이혼문제, 부모의 알콜 중독 등의 문제에 쉽게 노출되며 방임되거나 학대를 받을 가능성이 있기 때문에 자신의 기질적 한계를 뛰어넘을 수 있는 기회와 가능성이 적어지는 것으로 볼 수 있다.

품행장애 청소년은 최소 50% 이상이 ADHD를 동반하고 있는 것으로 나타났다. ADHD와 품행장애가 동시에 발병할 경우 먼저 품행장애 하나로 진단된 아동에 비해 훨씬 심각한 어려움을 겪고, 질병이 더 빠르며 어렵게 전개될 것을 예측하게 한다. 아동기 동안에는 소년의 59%, 소녀의 56%가, 청소년기 동안에는 소년의 30%, 소년의 37%가 동시 발병적 장애의 비율을 보였다. 또한 품행장애를 가진 아동이나 청소년들에게서 기분장애나 불안장애가 3~4배 이상 많은 것으로 나타나고 있어 품행장애 청소년의 경우 ADHD뿐 아니라 불안장애, 우울장애 등 기타 심리적 문제를 함께 가지고 있으며 치료에 앞서 이에 대해 면밀한 검사와 준비가 필요하다.

품행장애 아이에게 사용되는 인지행동 치료는 품행장애 청소년으로 하여금 부적절한 행동을 일으키게 하고 유지시키는 것으로 여겨지는 생각과 사고를 수정하는

치료기법이다. 예를 들어, 친구의 사소한 지적이나 장난에 심하게 화를 내고, 공격적으로 행동하는 한 청소년에게 공격적으로 반응하기에 앞서 친구의 말과 행동에 대해 어떻게 오해를 하고 있는지를 분석해 보고, 아동에게서 일어나는 자동적 사고가 무엇이었는지를 생각해 본 후 좀 더 효과적인 적응 방법을 같이 계획해 보고 시연하게 한다.

문제해결 능력이 낮은 품행장애 청소년에게 문제해결 능력 훈련 프로그램을 실시하기도 하는데, 불명확한 행동에 대해서 적대적으로 보지 않는 것이야말로 자신에게 처한 문제를 푸는 데 중요하다는 것을 인식할 수 있도록 하고, 모방, 시연, 연습의 방법을 통해 아동에게 개인적이고 사회적인 문제에 대한 보다 효과적이고 비공격적인 해결방법을 훈련시킨다. 그 후 훈련상황에서 익힌 기술과 방법을 실제상황에 적용하게 하여 이런 상황에서 이제까지 해 왔던 방법 중 가장 효과적인 방법을 정하고 연습할 기회를 갖도록 하는 프로그램이다.

하나의 치료방법이 심각한 품행장애에 효과적일 수 없기에 품행장애 아동이 흔히 겪게 되는 법률적 문제와 다른 가족 구성원이 이들의 적응을 돕는 과정에서 경험하게 되는 문제가 무엇인지 알려 주어 대처할 수 있도록 돕는 다중체계적 치료방법을 사용하기도 한다. 다중체계 치료는 부모에게 양육자로서의 한계를 정하고 적절한 관계를 확립할 수 있도록 돕는 부모 훈련과 참가자에게 효과적인 문제해결 기술을 가르치는 CBT가 포함된다. 다중체계 치료는 기본적으로 아동의 발달적 특성에 부합되도록 하며, 구체적이고 정확히 규정된 문제에 대해 현재 중심적이고 행동 지향적으로 진행될 수 있도록 한다. 아동과 가족이 갖고 있는 긍정적인 측면이 무엇인지를 주목하고 아동의 변화를 위해 이러한 강점을 최대한 이용하도록 하며 다중체계 내부와 체계 간에 나타나는 행동결과에 초점을 맞춘다. 치료의 효과는 성공적인 결과를 얻기 위해 장애를 극복했는가를 고려하여 다양한 측면에서 계속적으로 측정하고, 다중체계 상황에서 나타나는 가족 구성원의 요구를 다룰 수 있는 권한을 양육자에게 줌으로써 치료의 일반화와 변화의 효과가 장기적으로 유지되도록 한다. 다중체계 치료자는 프로그램을 임시적 장면에서가 아니라 가정이나 학교에서 작업함으로써 다중체계가 어떻게 작용하는지를 직접 관찰하고, 변화가 아동의 자연적인 환경에서 일어날 수 있도록 한다.

품행장애 아동에게는 ADHD를 함께 보이지 않는 한 약물치료를 하지 않는데,

50%가 넘는 품행장애 아동이 ADHD를 함께 나타내고 있어 대부분 약물치료를 병행하게 된다. 신경 이완제는 일반적으로 활동수준을 낮춤으로써 공격적이고 충동적인 행동을 감소시키는 경향이 있으며, 정서 안정제는 품행장애를 가진 아동이 중립적이거나 긍정적인 정서에서 매우 분노한 정서로 급격히 변화하는 것을 조절해 주는데 효과적이다.

(3) 품행장애 자녀 양육하기

품행장애 자녀를 둔 부모들은 대부분 지속되는 자녀와의 갈등으로 인해 자신은 아무것도 할 수 없다는 느낌을 받게 된다. 보통의 부모가 품행장애 아이를 다루는 것은 결코 쉽지 않은 일이다. 그러나 어린 시절부터 품행장애 자녀를 다루는 몇 가지 규칙을 잘 습득하게 된다면 자녀가 청소년기가 되어 큰 문제행동을 일으키는 것을 예방할 수도 있다.

먼저 부모가 해야 할 일은 평소에 문제행동 이외의 여러 행동에 대해서도 관심을 가져주는 것이다. 이러한 관심은 자녀로 하여금 부모가 감독관이나 잔소리꾼으로 느껴지지 않고 아동의 삶에 애정을 가지고 있는 부모로 느낄 수 있도록 도와준다. 부모가 자녀의 의견을 충분히 들어주고 적절한 자기표현을 할 수 있도록 도와주면 자녀는 자기 확신과 자신감을 가지게 된다. 부모는 평상시 세심한 관찰을 통해 자녀가 언제, 어떤 상황에서 공격행동을 보이게 되는지를 파악해야 한다. 이를 통해 부모는 공격행동이 일어날 수 있는 상황을 미리 조절할 수도 있고, 조절이 어려운 경우라면 자녀가 그 상황을 인지하게끔 하여 공격행동의 직접적인 발생을 예방할 수 있다. 친구를 때리거나 문제행동을 했을 경우 그 상황이나 원인, 행동의 결과를 자녀 스스로 기록하게 하는 것도 좋다. 이는 문제행동이 나타나게 되는 상황을 인지하는 데도 도움이 되며, 자신의 폭력적 행동 후에 이어질 결과를 생각해 볼 수 있도록 하기 때문에 똑같은 문제상황이 반복되지 않도록 도와줄 수 있다.

품행장애 아이는 공감능력이 떨어져 상대방의 감정을 파악하는 것이 쉽지 않기 때문에 상대 친구의 마음도 고려해 보고, 자신의 행동 결과에 대해서도 평가하도록 하는 훈련은 어린 시절부터 할 수 있도록 해야 한다. 또 화가 난 상황에서 친구를 때리거나 물건을 부숴버리는 것 이외의 다른 적절한 대안 행동을 찾아보는 것도 필요하다. 부모도 평소에 아무리 화가 난 상태일지라도 폭력적인 행동을 하지 않고 말로

표현함으로써 자녀에게 모범적인 모습을 보여 준다. 그리고 자녀가 화가 났을 때 그 상황에서 자녀가 느끼는 분노, 좌절감 등의 감정에 대해 차분히 설명해 주면서 자녀의 감정 자체가 나쁘거나 부적절하지 않다는 것과 이 감정을 표현할 수 있는 적절한 방법이 따로 있다는 것을 알 수 있도록 한다. 파괴적인 행동이 나오기 전에 우선 말로 표현할 수 있도록 격려하고, 어떤 말을 할 수 있는지 자유롭게 적어 보는 연습을 할 수 있도록 하며 왜 파괴적인 행동을 했는지, 그 상황을 어떻게 느꼈는지에 대해 말할 수 있는 기회를 줄 수 있어야 한다. 만약 물건을 부수는 행동 혹은 훔치는 행동이 문제가 될 경우 아이가 소중하게 여기는 물건이나 자료를 조심스럽게 잘 다루었을 때 칭찬하고, 다음으로 다른 사람의 물건에 대해 조심스럽게 다루거나 정리를 했을 때 칭찬해 준다.

그리고 남에게 빌려 쓴 물건은 가능한 한 빨리 제자리에 놓거나 돌려주도록 가르치고, 물건을 훔치는 문제행동을 나타내는 자녀의 경우 적당한 용돈을 규칙적으로 주고, 집에 있는 돈을 철저히 관리해서 자녀의 접근을 불가능하게 한다. 부모는 모든 것을 돈으로 해결하려는 태도를 보이지 않도록 조심해야 하며, 정당한 수단으로 물질을 얻고, 그 과정에서 진정한 소유의 기쁨을 찾는 생활태도를 익히게 한다. 거짓말하는 자녀에게는 꾸짖거나 벌로 훈계하기보다는 거짓말로 인해 부모의 마음이 얼마나 상했는지를 인지하게 하고 스스로 잘못한 것을 뉘우치게 하는 것이 좋다. 부모도 평소 지키지 못할 약속을 자주 하여 부모를 신뢰할 수 없다고 느끼거나 거짓말을 한다고 오해하지 않도록 조심하는 것이 필요하다.

(4) 품행장애 DSM-Ⅳ 진단기준

타인의 기본적인 권리 또는 연령에 적절한 사회적 규준을 침해하는 행동을 지속적이고 반복적으로 나타내는 행동유형으로, 이러한 행동유형이 최소한 6개월 이상 지속되며 그 동안 다음의 준거 중 적어도 3개의 행동이 나타난다.

- 가끔 다른 사람들을 위협하고, 협박하며, 못살게 구는 행동을 한다.
- 가끔 육체적인 싸움을 한다.
- 타인에게 심각한 육체적인 해를 끼칠 수 있는 무기를 소지한다(예, 야구 방망이, 벽돌, 깨진 병, 칼, 총).

- 상대방과 대면한 상황에서 금품을 훔친다(예, 소상 강도, 지갑 훔치기, 무장 강도, 금품강탈).
- 타인에게 육체적으로 잔인한 행동을 한다.
- 동물에게 신체적으로 잔인한 행동을 한다.
- 타인에게 강압적인 방법으로 성적 행동을 강요한다.
- 책임을 벗어나기 위해 혹은 자신에게 유리한 경우 자주 거짓말을 하고 약속을 어긴다.
- 13세 이전에 부모가 금지하는 데도 불구하고 자주 외박을 한다.
- 가정에서나 혹은 집 밖에서 다른 사람이 없을 때 비싸지 않은 물건을 훔친다(예, 가게에서 물건 훔치기, 가택 침입 강도).
- 심각한 손상을 입힐 목적으로 방화한다.
- 고의로 타인의 소유물을 파괴한다(방화 이외의 방법으로).
- 부모 또는 부모를 대신하는 사람들의 보호하에서 적어도 2번 이상(혹은 한 번, 오랫동안 돌아오지 않고) 가출을 시도한 적이 있다.
- 13세 이전부터 학교를 무단결석하는 일이 자주 있다(근로자의 경우에는 직장을 결근하는 경우).
- 타인의 집, 건물, 차 등에 무단 침입한 적이 있다.

출처: American psychiatric association(1993)

3) 게임중독과 학교폭력

인형에게 폭력을 가하는 장면을 아이들이 본다면 아이들은 어떤 반응을 보이게 될까? 실제로 1960년대 초반 미국에서 이에 대한 연구가 있었다. 그 결과 아이들은 자신이 관찰한 대로 어른들의 폭력적 행동을 그대로 모방했으며, 아주 별개의 상황에서도 능동적으로 폭력적인 행동을 하였다. 이 연구는 폭력적인 비디오 게임이나 폭력적인 매체가 청소년 범죄나 학교폭력으로 이어질 수 있음을 보여 준다.

청소년이 폭력적인 게임을 하고 있을 때 뇌는 게임을 하고 있지 않은 청소년의 뇌에 비해 편도체의 활성화가 상당히 높았고, 집중력과 통제력을 담당하는 전두엽은 덜 활성화된 상태였으며, 이러한 뇌의 상태는 게임이 끝난 후에도 지속되는 것이 확

인되었다. 이러한 뇌의 변화는 사람을 더욱 쉽게 흥분하고 감정적인 태도를 나타내도록 하며 자기 통제력을 잃게 하기 때문에 폭력적인 게임에 자주 노출되는 아이들이 더욱 쉽게 흥분하거나 화를 내고, 부모나 다른 사람의 말을 쉽게 오해하면서 지나치게 감정적인 태도를 나타내는 것이 가능하게 한다.

또한 수학 문제를 푸는 청소년의 뇌는 학습과 기억, 통제력을 관장하는 전두엽이 활성화되는 반면, 게임하는 청소년의 뇌는 시각적 자극과 운동에 관련한 뇌 영역만 활성화되어 결국 게임에 몰두하면 할수록 학습 뇌인 전두엽은 발달이 늦어지고 만다. 그런데 무려 57만여 명에 달하는 10대 청소년이 게임을 단순히 즐기는 정도가 아니라 게임 중독 수준에 이른다는 사실은 이루 충격적이지 않을 수 없다(한국정보화진흥원 2010년 인터넷 이용 실례조사). 제2의 탄생기를 살아가고 있는 청소년의 뇌가 이러한 게임에 빠져서 청소년기의 가장 중요한 발달적 과제를 가지고 있는 전두엽의 발달을 가로막고 있다는 사실은 전두엽의 미발달로 인해 생겨날 수 있는 많은 문제와 연관하여 볼 때 그 심각성이 크다. 이러한 사실에 근거하여 최근에는 학교폭력의 배후로 게임 중독이 지목되고 있는 것도 사실이다. 이뿐 아니라 게임 중독은 청소년의 학업능력, 주의력, 정신건강을 악화시키고 정상적인 일상생활마저 방해하고 있다.

남학생은 대개 게임에 빠지지만 여학생은 주로 단체 채팅이나 카페 활동에 몰두하는 것으로 나타났는데, 게임뿐 아니라 채팅이나 인터넷 카페 활동을 하는 것에도 상당한 위험성이 도사리고 있다. 먼저 자신이 원하지 않아도 음란 채팅을 수시로 경험할 수 있으며, 드문 일이기는 하지만 채팅 상대자를 실제로 만나 성폭행을 당하기도 한다. 또한 집단따돌림을 목적으로 한 인터넷 카페가 개설되거나 학교폭력 행위 동영상을 카페 게시판에 게시하기도 하는 등 새로운 유형의 학교폭력으로 이어지게 된다. 사이버 왕따는 시·공간적 제약이 없는 온라인 상에서 일어나기 때문에 그 피해가 더욱 심각하다. 집단따돌림을 목적으로 한 인터넷 카페에는 왕따를 받고 있는 피해학생의 실명과 특징, 집주소, 전화번호 등의 신상정보가 노출되어 있으며, 피해학생의 일거수일투족을 감시하고 흉을 보며 더 큰 괴롭힘을 당하도록 조장하는 허위 글이 올라오기도 한다. 몇 년 전에 친구를 괴롭히며 즐거워하는 중학생의 모습이 인터넷 동영상 사이트에 생중계되어 심각한 사회문제로 부각된 적이 있었다. 이로 인해 피해학생은 결국 전학을 가게 되었으나 학교별 왕따 사이트를 통해 이전 학교에서의 일이 전학 간 학교 친구들에게 전해지면서 따돌림이 되풀이되었다고 한다.

인터넷을 활용한 학교폭력 문제는 괴롭힘의 행위가 직접 상대를 만나서 이루어지는 것이 아니므로 가해자가 자신의 행동에 더욱 무책임하고 말과 행위가 잔인하기 쉬우며, 무한 복제가 가능하여 인터넷을 통해 걷잡을 수 없이 빠르게 퍼져 나가기 때문에 피해자가 24시간 내내 폭력에 노출될 수 있다. 그리고 즉각적인 대응이 어려우며 가해자가 쉽게 드러나지 않는다는 점과 사이버 공간의 특성상 폭력이 은밀하고 지속적으로 이루어진다는 점으로 인해 그 심각성이 크다고 할 수 있다. 더구나 인터넷 상에서 시작된 왕따 행위가 오프라인으로 이어지는 현상까지 나타나고 있어 등교거부, 불안장애, 수면장애, 자살 등에 이르기까지 피해학생에게 미치는 악영향은 심각하다.

3. 학교폭력 피해자의 정신병리

1) 청소년 우울증

(1) 우울증이란

학교폭력 피해자는 자신감 저하, 대인관계의 어려움, 적응장애, 우울증, 외상후 스트레스 장애, 그리고 자살의 정신병리 문제를 가질 수 있다. 이 중 우울증은 전 세계적으로 가장 흔한 정신 장애이며, 학교폭력 피해학생에게 나타나는 대표적인 정신병리 문제다. 청소년 우울증의 특징은 집에서 짜증을 내다가도 밖에 나가 친구들을 만나면 갑자기 웃으며 행복해하는 것 같은 심한 감정 기복이다. 이들은 또한 거절당하는 것에 매우 민감하여 사소한 거절에도 무시를 당한다고 느끼며, 극단적으로 반응하고, 부모님의 사소한 꾸중에도 가출을 하고 싶어 하거나 친구들과의 사소한 문제만으로도 죽고 싶다는 생각이나 말을 할 수 있다. 또한 '가면성 우울증'도 청소년기에 흔히 나타날 수 있는데, 겉으로는 우울한 감정이 잘 드러나지 않아 뚜렷한 우울증세나 신체적 변화가 없지만 공격성, 비행, 약물 남용과 같은 행동장애가 동반되기 때문에 반항적인 아이로 보이기 쉽다. 게임에 빠져 있거나, 충동적으로 소소한 비행을 일삼거나, 공격적인 행동을 하는 청소년의 경우 가면성 우울증을 경험하고 있는 것일 수도 있다.

(2) 우울증 증상, 진단, 치료

사춘기에 기분의 동요가 다소 심해지는 것은 사실이나 지나친 짜증, 변덕, 수면과 식욕의 변화, 일상생활의 흥미 상실, 대인관계가 줄어드는 것 등은 우울증의 신호다. 우울한 10대는 슬픔과 분노의 감정 사이를 끊임없이 오가며, 때로는 멍해 보이기도 한다. 사춘기 우울증은 반드시 우울한 기분이 나타나지는 않는다 하더라도 오히려 집중력 장애와 학습저하로 나타날 수 있다. 여기저기 아프다는 신체증상의 호소가 많고 무엇보다 인간관계가 달라진다. 친구들이 줄거나, 그들과 더 이상 만나지 않거나, 예전과는 다른 부류의 친구들을 만나기 시작하면서 부모와의 관계가 악화되고 대화나 만남을 회피하려 한다. 비행이나 일탈 행동이 주된 증상인 경우도 있는데, 이러한 아이들에게는 우울성 품행장애라는 진단명을 내리기도 한다.

우울증 진단도 다른 정신질환과 마찬가지로 의학적 면담과 종합심리검사를 통해 현재 아동의 인지적 · 심리적 · 사회적 상태를 파악하고 치료적 방향을 결정하게 된다. 그러나 신체적으로 감염, 종양, 내분비 장애를 경험하고 있을 때 우울증과 비슷한 증세를 나타내게 되어 이에 대한 감별진단이 꼭 필요하다. 또한 영 · 유아기와 걸음마 시기 때 방임이나 학대를 받았을 경우나 학령 전기의 분리불안장애, 학령기의 적응장애에 의해서도 우울증과 비슷한 증세를 나타낸다.

우울증 치료에는 약물치료, 놀이치료, 인지행동치료, 대인관계중심심리치료, 가족치료, 사회기술훈련 등이 있으며, 몇 가지를 병행하여 치료가 진행되는 경우가 많다. 약물치료는 보통 선택적 세로토닌 재흡수 억제제(SSRI)와 삼환계 항우울제(Tricyclin Antidepressants: TCA)를 사용하여 우울증상을 호전시킨다. 놀이치료는 치료자와의 치료적 관계형성을 통해 안정감을 느끼고, 부정적인 감정을 해소하여 안전하게 공격성을 표출할 수 있으며 자신의 감정을 표현하고 조절하는 법을 배울 수 있어 아동기 우울장애 치료에 가장 효과적인 것으로 알려지고 있다. 인지행동치료는 CBT를 통해 우울장애에서 발견되는 인지적인 왜곡과 결손을 발견하고 교정하는 치료적 방법으로, 성인 우울장애에 효과적인 것으로 알려졌으나 아직 소아 우울장애에 대한 치료효과에 대해서는 엇갈린 연구보고가 나타나고 있다. 대인관계중심심리치료는 우울장애가 대인관계의 맥락에서 발생한다는 가정에 뿌리를 두고 있으며, 대인관계의 개선이 우울증상을 해소하는 데 도움을 준다는 이론적 · 경험적 지식에 기반을 두어 학령기 아이들을 대상으로 많은 연구가 진행되고 있다. 가족치료는 부모를 치료 과

정에 참여시키는 것으로, 이 기간 동안 자녀가 새로운 기술을 학습하는 것을 부모가 촉진시키도록 돕는 방식과 부모와 자녀의 통합치료로 가족의 의사소통 패턴과 문제해결방법을 바꾸는 방식이 있어 청소년 우울장애 환자들을 대상으로 더 많은 연구가 이루어지고 있다. 사회기술훈련은 우울장애 아동들에게 사회성 결핍으로 인해 대인관계의 문제를 갖고 있는 경우가 많으며 이것이 우울 증상을 악화시키고, 절망감과 소외감을 야기하는 것을 고려하여 의사소통 방법, 문제해결 능력 향상법, 자기-통제 훈련, 갈등 해소 방법 등을 배우는 치료방법으로, 개별 및 그룹치료로 진행된다.

또한 우울증 치료에 있어서 부모교육과 학교와의 협조도 중요하다. 자녀의 문제에 대해 부모가 지나친 죄책감을 갖거나 주위 환경의 탓으로 돌리는 경우가 많아 부모에게 우울장애가 자녀나 부모의 잘못으로 인해 생기는 것이 아닌 생물학적인 상태임을 교육해 주기도 하고 그밖에 자녀의 문제행동을 조절하는 방법, 긍정적 · 부정적인 강화를 사용하는 법, 자녀와의 의사소통 방법 등을 교육한다. 그리고 우울 증상은 흔히 학업수행의 저하를 동반하며, 학교에서의 스트레스나 학업의 부담이 우울 증상을 악화시킬 수 있기 때문에 학교와의 협조를 통해 약간의 학교상황을 조절해 줌으로써 스트레스를 경감시킬 수 있다.

(3) DSM-Ⅳ 진단기준

적어도 다음 증상 중 다섯 가지가 연속되거나 2주간의 기간 동안 나타났고, 이전의 기능이 변화를 나타낸다. 증상 중 적어도 한 가지는 ① 우울한 기분이거나, ② 흥미나 즐거움의 상실이다.

- 주관적 보고(예, 슬프거나 공허하게 느낀다) 또는 타인에 의한 관찰(예, 눈물을 보이는 것)로 볼 때 대부분의 나날, 혹은 거의 매일 우울한 기분이 드는 것(아동과 청소년에게서는 과민성(irritability) 반응이 될 수 있다)
- 식이요법을 하지 않는데도 유의미한 체중감소 또는 증가(예, 한 달에 체중의 5% 이상) 혹은 거의 매일 식욕의 증가 또는 감소가 나타남(아동에게는 기대되는 체중 증가가 나타나지 않는 것)
- 거의 매일 수면과다 혹은 불면증

- 거의 매일 정신운동적 흥분(agitation) 혹은 지체(retardation)(타인에 의해 관찰 가능, 단순히 주관적인 불안정한 느낌 혹은 처지는 듯한 느낌이 아님)
- 거의 매일 피로 혹은 에너지의 상실
- 거의 매일 무가치한 느낌 혹은 과도한 부적절한 죄책감(망상일 수도 있음), 단순히 자책이나 질병에 대한 죄책감이 아님
- 거의 매일 생각하거나 집중하는 능력의 부족, 우유부단함(주관적 보고 또는 타인에 의한 관찰로 지적)
- 죽음에 대해 되풀이되는 생각(죽음에 대한 공포가 아니라), 구체적인 계획이 없는 자살에 대해 되풀이되는 생각, 자살기도 혹은 자살기도에 대한 구체적인 계획

출처: American psychiatric association(1993)

2) 외상후 스트레스 장애

외상이란 자신이나 다른 사람의 생명, 신체적 안전에 위협을 느끼는 사건을 듣거나 목격하거나 경험하는 것을 의미한다. 과거에는 외상의 객관적 강도를 중요시하였으나 최근에는 객관적 강도와 함께 주관적 취약성, 발달적 측면을 고려하는 등 외상에 대한 개념이 넓어졌다. 따라서 학교폭력은 피해자, 가해자, 주변인 모두에게 강력한 정신적 외상으로 작용한다. 외상에 대한 급성기 반응에는 두려움, 분노, 회피가 있는데, 이는 생존을 위한 본능적이고 즉각적인 반응으로 볼 수 있다. 특히 소아청소년기에는 과도한 분노가 지속되는 경우가 많으며, 분노에 압도당하게 되면 분노를 적절히 조절하는 긍정적 경험의 기회를 잃게 된다. 만성화되면 다양한 정신질환이 발생할 가능성이 있고, 이러한 분노감정은 청소년기 자살의 강력한 유발요인으로 작용한다.

PTSD의 주요 증상은 재경험, 회피반응, 과도한 각성이다. 재경험이란 학교폭력에 대한 기억이 계속 또는 갑자기 떠오르게 되고, 외상을 경험할 때와 동일한 불안과 두려움을 느끼는 것으로 외상을 생생하게 다시 경험하는 플래시백 현상이 일어날 수 있다. 회피는 외상 반응 중 가장 흔하고 본능적인 반응으로, 외상을 떠올리게 하는 상황, 장소, 감정, 행동을 회피하려는 것이다. 감정의 회피가 일어나면 자신의 감정을 말로 표현하기가 어렵게 되고 외상의 중요한 부분을 회상할 수 없으며 좋아하던 일

에 흥미를 잃고 무기력해져 멍한 상태가 된다. 행동의 회피가 일어날 경우에는 학교폭력을 경험한 장소를 회피하게 되거나 등교거부를 할 수 있고 또래관계에 대해서도 회피하는 증상을 나타낸다. 때로 과도한 각성이 일어나기도 하는데, 각성은 생존을 위한 분노 반응으로서 근육의 긴장이 증가되고 주변에 대한 경계가 일어나며 자신을 지키기 위한 공격적 행동으로 볼 수 있다. 그리고 학교폭력을 경험한 아이들은 '세상은 위험한 곳'이라거나 '내가 다른 사람을 조절해야만 살아남는다.'는 왜곡된 사고를 가질 수 있으며 항상 초조하고 무엇엔가 쫓기는 느낌을 경험하며 기억력이 저하되고 수면 이상을 보이거나 악몽을 꾸고 쉽게 놀라며 화를 내는 증상도 나타난다.

3) 자 살

사춘기 전 아동의 경우 1%, 청소년의 경우 9%가 일생 동안 1회의 자살기도를 하는 것으로 나타났으며, 소아청소년기에서 자살기도와 자살 성공의 비율은 약 50:1로 보고되고 있다. 소아청소년정신과 입원 환아의 1/3이 입원하기 전에 자살기도를 하며, 이들은 일반 인구에 비해 자살률이 약 9배 정도 높았다.

2011년 7월 11일 대구에서 한 중학생이 집단따돌림으로 결국 목숨을 끊고 말았다. 같은 해 12월 20일 오전에도 동급생으로부터 폭력과 물고문을 당하고 금품을 빼앗기는 등 지속적인 괴롭힘을 당해 왔던 한 중학생이 목숨을 끊기도 했다. 2010년 총 15,566명이 자살한 것으로 나타났으며, 이는 1일 평균 42.6명, 34분에 1명꼴로 자살하고 있다는 것을 시사한다. 이 중 10대가 40% 정도를 차지하고 있으며, 10대 자살자 중 대부분은 성적 비관이나 학교폭력으로 인한 고통으로 자살을 선택하고 있다는 사실도 학교폭력의 위험성을 느끼게 해 주는 부분이 아닐 수 없다.

대다수의 자살을 실행한 청소년의 가장 흔한 정신병리는 우울증과 약물 남용, 그리고 품행장애다. 대부분의 우울증 청소년이 자살을 하는 것은 아니지만 자살 생각을 하는 83%의 젊은이들이 우울증의 징후를 보이며, 자살 실행자의 15~33%에게서 약물 남용이 발견되고 있다. '죽고 싶은 심정'은 약물 사용의 시작과 함께 증가하고, 이러한 약물 남용은 자살방법의 치명성과도 관련된다. 또한 자살 실행자의 약 70%가 도둑질, 약물거래, 매춘과 같은 반사회적 행동을 보이며, 실제로 품행장애는 자살행동에 우울증보다 더 큰 영향을 미칠 수도 있다(Capaldi, 1992).

자살을 실행하는 청소년은 충동성(impulsivity), 소외(alienation), 모방(imitation)이라는 특징을 나타낸다. 충동성은 화를 내거나 공격적인 행동에서뿐만 아니라 좌절을 견디는 능력과 계획성이 부족하다. 이러한 공격적 행동, 좌절을 견디는 능력과 계획성의 부족은 학교에서의 훈육문제나 학습부진 등의 어려움에 영향을 미친다. 그리고 자살을 실행하는 청소년은 인지적인 측면에서 문제해결기술이 부족한 것으로 나타나며, 특히 대인관계의 갈등이 포함된 상황에서 대안을 제시하는 기술이 부족하다. 이들은 자신이 환경을 잘 통제할 수 없다고 느끼고 자신이 또래로부터 소외감을 느낀다고 보고한다. 극단적인 경우에는 이것이 정신병적인 현실 왜곡으로 나타날 수도 있다. 마지막으로 모방이 자살 행동에 영향을 미친다. 자살을 실행하는 청소년은 통제집단에 비해 사회적으로 관계가 있는 다른 사람이나 가족의 자살 행동에 노출되는 경우가 많다. 이러한 노출은 자살을 할 수 있는 충분조건이 되기보다는 이미 존재하고 있던 위험요인을 악화시키는 것으로 볼 수 있는데, 요즘처럼 여러 가지 대중매체를 통해 쉽게 자살에 대해 접하게 되는 것도 이러한 위험요인을 높인다.

4. 주변인의 정신병리

1) 주변인도 외상후 스트레스 장애에 시달릴 수 있다

청소년기는 발달학적으로 일생 중 또래에게서 인정받는 것과 또래에게 속하는 것이 생사를 결정할 만큼 삶의 중대한 가치 기준이 되는 시기다. 이로 인해 다수의 또래가 하는 일에 동참하지 않을 경우 배척을 당할 위험을 느끼며, 이에 자발적으로 집단행동에 참여하게 된다. 청소년기의 아이들은 집단적 사고를 통해 왕따에 대한 암묵적인 합의가 이루어지고, 피해자를 지지하고 도와주는 행위를 하는 사람은 집단을 배신한 것으로 간주되어 역시 왕따 대상이 된다. 또래 압력은 더 많은 방관자를 가해자에게 더욱 동조하게 하는 역할을 하며, 동조에 가담하는 참가자 수가 많아질수록 동조 경향 역시 강해지기 때문에 악순환이 더욱 심해진다(이성식, 전신현, 2000).

학교폭력과 관련하여 괴롭히는 행동에 대한 전통적 관점은 학교폭력이나 괴롭힘의 문제는 피해자와 가해자의 특별한 특성으로 인해 발생한다고 생각하여 피해자와

가해자의 측면에만 초점을 맞추었다. 전통적 관점에서는 학교폭력 문제에서 주변인의 역할을 중요하게 생각하지 않는다는 것이다. 가해자나 피해자의 개인적 특성만을 중시하는 생각은 괴롭힘 현상을 이해하는 데 있어 피해자는 언제나 피해자, 가해자는 언제나 가해자라는 잘못된 이분법적 사고로, 이 속에는 엄청난 한계를 가지고 있다. 이 관점은 관찰 가능한 행동만을 대상으로 한다는 것인데, 학교폭력이나 괴롭힘과 관련된 모든 행동을 관찰하는 것이 불가능하며 실제로 은밀히 진행되는 학교폭력이나 괴롭힘이 너무 많다.

괴롭힘 행동에 참여하는 사람들 중 주변인은 그 행동 특성에 따라 다시 강화자, 방관자, 방어자로 분류된다. 강화자는 가해자의 행동을 격려하는 사람으로, 가해자의 주변에서 가해하는 상황을 지켜보면서 웃거나 놀리는 보다 적극적인 모습을 나타낸다. 방관자는 괴롭힘 상황에 반응하지 않거나, 피하거나, 괴롭힘 상황을 잘 모르기도 하며 그 상황에 관여하지 않으려고 하는 모습을 나타내는데, 방어자는 피해자의 편을 들며 피해자에게 다가가 '너무 신경 쓰지 마라.'고 이야기하기도 하고, '가해자에게 괴롭힘 행동을 그만 둬.'라고 이야기하는 유형이다.

핀란드에서 77개 초등학교 385학급의 6,764명이 참가한 조사연구(Christina Salmivalli et al., 2011)에서 주변인을 강화형과 방어형으로 나누어 분석하였는데, 강화형의 주변인 행동은 학급 내 괴롭힘과 폭력을 크게 증가시켰으며($p < .001$), 방어형의 주변인 행동은 의미 있게 폭력을 감소시키는 결과를 보여 주었다($p < .05$). 이 연구결과는 가해자에게 또래로부터의 긍정적 피드백이 가해행동을 지속하는 데 강한 동기부여가 될 수 있다는 것을 시사해 준다. 따라서 주변인의 행동이 괴롭힘과 학교폭력의 발생 빈도에 직접적이고 강한 영향을 미치기 때문에 따돌림 예방교육 활동의 주요 대상이 되어야 한다는 결론을 가져온다.

반복적인 폭력피해를 목격한 77명의 주변인에 대한 연구(Janson & Hazler, 2004)에서도 주변인 역시 피해자와 비슷하게 심리적 · 생리적 외상경험과 스트레스 반응을 경험하는 것으로 나타났으며, 주변인의 스트레스 반응 정도는 재난과 같은 극도의 외상 경험 때 보이는 정도와 크게 다르지 않은 것으로 보고되고 있으며, 주변인에 대한 다른 연구에서는 우울, 불안 등의 정신적 문제가 나타날 확률이 높다는 연구결과를 발표하였다. 왕따나 학교폭력에 적극적으로 가담하지 않은 소극적인 주변인도 실제로 학교폭력을 당한 아이들과 비슷하게 자살의 위험도가 더 높아졌다는 것이다.

따라서 주변인은 피해자와 같은 정도의 두려움을 겪고 있으며, 정신적 외상 수준의 폭력을 목격한 후 잠재적인 피해자 혹은 가해자가 될 위험성이 높다고 볼 수 있다. 이들도 주위의 도움이 없다면 학교폭력에 대해 대처할 능력이 없기 때문에 학교폭력의 발생과 유지에 있어서 중요한 부분을 차지하는 주변인을 학교폭력 예방에 적극적으로 개입하는 것은 꼭 필요하다.

2) 주변인도 피해자와 비슷하게 뇌 손상을 입는다

학창 시절에 또래에게 왕따를 당한 아이들은 괴롭힘을 당하는 당시에도 정신적 상처를 입지만, 자라서 성인이 된 후에도 우울증이나 다른 정신적 후유증에 시달리는 확률이 일반인에 비해 높게 나타난다. 뇌의 좌반구와 우반구를 연결하고, 좌, 우반구의 정보를 전달하는 역할을 하는 뇌량은 인간의 사회성 발달에 있어서 중요한 역할을 한다. 그런데 학교폭력의 피해자는 특히 뇌량에 손상을 받은 흔적을 가지고 있다.

단순히 친구들이 괴롭힘을 당하는 것을 보기만 해도 학교폭력을 당한 아이들처럼 뇌에 비슷한 상처를 남긴다. 청소년의 뇌는 인지적 결정이나 도덕적인 판단을 하는 전두엽의 기능이 미성숙한 상태다. 학교폭력을 지켜보기만 하는 주변인 아이들도 그 순간 자신의 행동이 옳고 그른 판단을 제대로 내리지 못하고 있다고 보아야 한다. 하지만 한편으로 자라고 있는 청소년의 뇌는 자신의 잘못된 행동에 대해서 후회하고 죄책감을 느끼기도 한다. 따라서 학교폭력이 청소년의 뇌 발달에 미치는 영향은 피해자와 마찬가지로 주변인의 뇌에도 영향을 끼칠 수 있다.

5. 3차 예방이란 무엇인가

일단 학교폭력이 일어났을 경우 이로 인한 피해 후유증에는 우울, 불안, 자살, 자해충동 및 시도, 의욕저하, 대인관계의 어려움, 학습저하, 학교생활 곤란, 두통 등의 신체증상, 복수심과 또 다른 폭력의 발생 등 여러 가지가 있다. 따라서 학교폭력은 무엇보다 예방이 중요하다.

학교폭력에 대한 1차 예방은 학교, 교직원, 학생, 학부모가 모두 참여하는 것으로, 학교와 학급은 학교폭력의 정의, 철학, 교육, 해결방안에 대한 구체적인 규칙을 가지고 있어야 하고, 가정은 자녀와의 대화를 통해 공감능력과 도움추구능력을 가지고 있도록 한다. 학생들에게는 학교폭력 예방, 정서행동 교육을 통해 도움을 구하고 학교폭력에 대처하는 법을 가르친다. 2차 예방은 문제가 발생했을 때 주변 사람에게 알리고 도움을 청하는 것이다. 학교는 규칙에 따라 문제를 공개적으로 처리해야 하고 방관학생 문제를 꼭 다루어 준다. 피해학생과 가해학생이 모두 평가와 치료를 받을 수 있도록 의무화하고, 학부모에 대한 교육이나 상담 서비스를 제공하며, 학부모는 자녀의 치료에 협조하고 최선을 다해야 한다.

마지막으로 3차 예방은 정신과 치료를 의미하는데, 피해학생에게는 후유증 예방을 위한 평가와 충분한 치료를 받을 수 있도록 하고, 가해학생에게는 재발방지를 위한 재활교육과 치료를 충분히 받도록 하는 것이다. 피해학생의 평가는 Wee 센터, 정신보건센터 혹은 연계된 병원에서 실시하며, 피해가 가벼운 경우 Wee 센터 등의 상담센터에서 면담치료, 인지치료, 사회기술훈련을 받는다. 그러나 피해가 심한 경우에는 소아정신과나 종합병원에서의 치료가 요구되며, 약물치료와 입원치료를 병행하여 치료가 진행된다. 가해학생의 평가에서는 심리상태에 대한 평가 및 질병에 대한 유무를 확인하는 검사가 실시된다. 그리고 시 · 도 교육감이 필수적으로 운영하고 심리치료를 포함하고 있는 재활 프로그램을 이수하도록 한다. 공격성 및 행동문제의 정도가 가벼운 경우에는 Wee 센터나 소아정신과에서 면담치료, 인지치료, 분노조절 훈련을 받게 되지만 그 정도가 심각한 경우에는 소아정신과나 종합병원에서 약물치료와 입원치료를 병행할 수도 있다. 이를 위해 학교는 지역 내 치료연계 서비스 시스템을 구축하도록 하고 발생한 문제를 지속적으로 추적 관찰하여 문제가 반복되지 않도록 한다.

이 장의 요약

최근에 밝혀진 청소년의 뇌 발달을 살펴보고 학교폭력과의 연관성을 살펴본다. 예전보다 빨라지고 길어진 사춘기를 보내는 현대의 청소년은 이전보다 사회와 부모로부터 과잉보호되고 있으며, 지나친 학업 스트레스를 받으며 오랜 기간을 충분히 성숙하지 않은 상태에 머물러 지내야 한다. 학교폭력 가해자와 연관된 정신병리로는 주의력결핍 과잉행동장애(ADHD)와 품행장애 그리고 게임 중독이 있다. 각각의 정신병리 현상에 대해 이해하고, 학급 내에서 이들을 지도하고 관리하는 법을 알아본다. 학교폭력 피해자는 자존감 저하, 대인관계의 어려움, 적응장애, 우울증과 자살, 외상후 스트레스 장애를 가질 수 있다. 조기 발견과 치료가 중요한 만큼 각각의 증상에 대해 알아본다. 최근에 밝혀진 연구에 의하면 학교폭력 현장에 있었던 주변인도 피해자와 비슷하게 뇌 손상을 입는다. 마지막으로 학교폭력에 대한 3차 예방인 후유증 예방과 치료에 대해서도 알아본다.

생각해 볼 문제

1. 청소년들의 폭력적인 행동과 연관되어 최근에 밝혀진 청소년의 뇌 발달의 특징을 생각해 보세요.
2. 학교폭력 가해자가 가질 수 있는 정신병리 현상은 무엇인지 생각해 보세요.
3. 학교폭력 피해자가 가질 수 있는 정신병리 현상은 무엇인지 생각해 보세요.
4. 학교폭력 주변인의 정신병리적 특징은 무엇인지 생각해 보세요.
5. 학교폭력 피해자를 위한 3차 예방은 무엇인지 생각해 보세요.

참고문헌

김진영(2009). 청소년의 컴퓨터 및 인터넷 이용이 정신건강에 미치는 영향: 이용양태 및 성별에 따른 차이. 한국청소년연구, 20(2), 113-139.

교육과학기술부, 법무부(2009). 굿바이 학교폭력- 학교폭력, 성폭력 예방 및 대처 가이드북.

이성식, 전신현(2000). 학교에서의 집단괴롭힘의 상황요인과 집단역학 과정. 형사정책. 12(1),

155-183.

이시형(2000). 청소년의 인터넷 중독과 자녀교육. 삼성생명공익재단 사회정신건강연구소.

최윤정, 진혜경, 김종원(2001). 학령기 집단따돌림 피해 및 가해아동의 인격성향에 관한 연구. 소아정신의학회, 12(1), 94-102.

한국청소년정책연구원(2011). 한국 아동청소년 정신건강 실태조사.

한영주(1999). 중 · 고등학교 집단따돌림 '왕따' 가해자 및 피해자의 특성에 관한 연구. 이화여자대학교 대학원 석사논문.

홍강의, 강경미, 고복자, 곽영숙, 김경희, 김봉년, 김승국, 김영신, 김은혜, 김종흔, 남민, 노경선, 박선자, 박혜영, 반건호, 송정은, 송동호, 신문자, 신민섭, 신의진, 신지용, 안동현, 엄예선, 연규월, 오경자, 이소희, 이영식, 이정섭, 임계원, 임숙빈, 임태식, 전성일, 정선주, 정유숙, 정철호, 조수철, 천근아, 홍성도(2005). 소아정신의학. 서울: 중앙문화사

American psychiatric association. (1993). *Diagnostic and Statistical manual of mental disorder*(4th ed.). Washington DC: American psychiatric association.

Barkley, R. A. (1990). *Attention deficit hyperactive disorder: A clinical workbook*. New York: The Guilford press.

Capaldi, D. M. (1995). Peer ecology of male adolescent drug use. *Developement and psychopathology, 7*(4), 803-824

Coloroso, B. (2009). *The Bully, the bullied, and the bystander*. New York: Harper Collins.

Fairchild, G., Passamonti, L., Hurford, G., Hagan, C. C., Elisabeth, A. H., Hagen, V.,Stephanie, H. M., Goozen, V., Goodyer, I. M., & Calder, A. J. (2011). Brain Structure Abnormalities in Early-Onset and Adolescent-Onset Conduct Disorder. *The American Journal of Psychiatry, 168*(6), 624-633.

Janson, G. R., & Hazler, R. J. (2004). Trauma reactions of bystanders and victims to repetitive abuse experiences. *Violence Vict, 19*(2), 239-255.

Giedd, J. N., Blumenthal, J., Jeffries, N. O., Castellanos, F. X., Liu, H., Zijdenbos, A., Paus, T., Evans, A. C., & Rapoport, J. L. (1999). Brain development during childhood and adolescence: a longitudinal MRI study. *Nature neuroscience, 2*(10), 861-863.

Giedd, J. N., Lalonde, F. M., Celano, M. J., White, S. L., Wallace, G. L., Lee, N. R., & Lenroot, R. K. (2007). Anatomical brain Magnetic resonanace imaging of typically developing children and adolescence. *J.Am Acad Child and adolescent psychiatry, 48*(5). 465-470.

Klein, R. G., & Mannuzza, S. (1991). Longterm outcome of hyperactive children: A review. *American academy of child and adolescent psychiatry, 30*, 383-387.

Lenroot, R. K., & Giedd, J. N. (2006). Brain development in children and adolescents:

Insights from anatomical magnetic resonance imaging, Neuroscience and Biobehavioral Reviews, 30, 718-729.

Salmivalli C., et al. (2011). Bystander mattter: Association between reinforcing, defending, and the frequency of bulling behavior in classroom. *Journal of clinical child and adolescent psychology*, *40*(5), 668-676.

가해, 피해, 주변학생을 위한 프로그램

〈학습개요 및 학습목표〉

이 장에서는 학교폭력의 가해학생과 피해학생 및 주변학생을 위한 예방 및 개입 프로그램에 대해 살펴보고자 한다. 예방 이론에 기초하여 다양한 프로그램을 사용한 효과적인 괴롭힘 개입 전략을 소개하였다. 개입 프로그램의 경우 가해학생을 위한 프로그램과 피해학생을 위한 프로그램으로 구분하여 제시하였고, 예방 프로그램의 경우 주변학생을 위한 프로그램을 제시하였다. 다양한 프로그램의 구성요소 및 특징을 개관하였고, 이러한 프로그램의 효과적인 실행을 위한 전략을 제시하였다.

이 장의 구체적인 학습목표는 다음과 같다.

1. 학교폭력 예방 프로그램의 세 가지 수준별(보편적 · 선택적 · 지시적) 내용을 이해하고, 그 특징을 설명할 수 있다.
2. 학교폭력 예방 프로그램을 학교에서 활용할 수 있는 전략(교실 수업, 학제적 교육과정 개발, 집단활동, 학부모 워크숍 · 연수)의 특징을 설명할 수 있다.
3. 가해, 피해 및 주변학생을 위한 예방 및 개입 프로그램의 구성요소를 이해하고, 이를 실행하는 방법을 설명할 수 있다.

1. 프로그램을 활용한 학교폭력 예방 및 개입 전략

1) 학교폭력 예방 및 개입의 수준

학교폭력 예방의 중요성은 아무리 강조해도 지나침이 없다. 폭력이 발생한 후에 개입하는 경우에 비해 이를 미연에 예방하는 접근이 보다 효율적이며 효과적이다. 일반적으로 이러한 예방은 다양한 프로그램을 통해 시행된다. Hahn과 동료들(2007)은 학교폭력 관련 53개의 프로그램에 대한 메타분석 결과, 폭력이 발생한 이후에 개입하는 프로그램의 효과성에 비해 학급을 대상으로 실시하는 예방 프로그램의 효

과성이 상대적으로 높은 것으로 확인되었다. 따라서 학교폭력이 발생한 후 반응적(reactive)으로 접근하는 전략보다는 문제가 발생하기 이전에 선제적(proactive)으로 예방하는 프로그램의 개발과 실행이 보다 효과적이다(오인수, 2010).

이와 같은 예방 프로그램을 효과적으로 실행하기 위해서는 학생이 처한 위험의 정도에 따라 다음 〈표 12-1〉과 같이 차별적인 예방 프로그램을 실시하는 것이 필요하다. Gordon(1987)은 예방의 유형을 위험의 정도에 따라 세 가지 수준, 즉 보편적(universal) · 선택적(selective) · 지시적(indicated) 개입으로 구분하였는데, 이처럼 학교폭력에 노출된 정도와 증상에 따라 다음 〈표 12-1〉과 같이 세 가지 수준의 예방 프로그램을 실시하는 것이 가능하다. 보편적 · 선택적 · 지시적 개입은 각각 1차, 2차, 3차 예방적 개입으로 부르기도 한다.

표 12-1 학교폭력 예방 프로그램의 세 가지 수준

프로그램의 수준	예방의 내용
보편적 프로그램 (1차 예방)	모든 학생을 대상으로 학교폭력에 관해 교육하는 것으로, 학교폭력의 가해 혹은 피해 경험이 없는 학생을 포함한 모든 학생에게 보편적으로 실시함
선택적 프로그램 (2차 예방)	학교폭력의 가해 혹은 피해 위험이 있는 학생을 대상으로 개입하는 것을 말함(예, 소심하거나 사회기술이 부족한 학생에게 피해를 예방하기 위한 프로그램을 실시하는 경우 또는 공격적이고 충동적이며 반항적인 성향을 보이는 학생에게 가해를 예방하기 위한 프로그램을 실시하는 경우가 해당됨)
지시적 프로그램 (3차 예방)	학교폭력의 가해 혹은 피해와 관련된 초기 문제행동을 보이는 고위험 학생을 대상으로 개입하는 것을 말함(예, 가해 혹은 피해행동을 보여 보다 심각한 폭력상황으로 악화되지 않도록 예방하기 위해 프로그램을 실시하는 경우가 해당됨)

현재 국내에 개발된 많은 가해 혹은 피해학생을 위한 프로그램은 지시적 프로그램의 성격이 강하며, 주변학생을 위한 프로그램은 보편적 프로그램의 성격이 강하다. 물론 이처럼 앞에서 제시한 세 가지 수준의 서로 다른 프로그램 개발 및 적용이 가능하지만 실제 프로그램은 여러 가지 수준의 개입을 결합한 경우도 적지 않다.

2) 학교폭력 예방 및 개입 전략

학교폭력을 예방하는 전략은 다양하다. 미국학교상담자협회(American School Counselor Association: ASCA)는 이처럼 문제를 미리 예방하기 위한 전략으로 교실 수업(classroom instruction), 학제적 교육과정 개발(interdisciplinary curriculum development), 집단활동(group activities) 및 학부모 워크숍 · 연수 등의 네 가지 형태를 제시하였다(ASCA, 2003). 다음 〈표 12-2〉는 학교폭력을 예방하기 위한 네 가지 전략의 활동 예시를 보여 준다.

표 12-2 학교폭력 예방을 위한 전략

전 략	내 용
교실 수업	• 학급 전체를 대상으로 하여 교실 수업의 형태로 예방 프로그램을 실시함 • 교실 이외의 장소에서 실시하는 것이 가능하며, 담임 혹은 교과지도교사와 팀티칭으로 실시하는 것도 가능함
학제적 교육과정 개발	• 여러 과목에서 학교폭력과 관련된 공통 요소를 추출하여 학제적 교육과정을 개발하여 실시함 • 학교폭력 예방을 위한 포스터를 제작함과(미술교과) 동시에 포스터 내용을 바탕으로 학교폭력 예방의 중요성에 대해 프레젠테이션(국어교과) 하는 교육활동을 개발하여 실시함
집단활동	• 선택적 혹은 지시적 예방 활동을 위해 소집단 혹은 중집단의 규모 집단을 구성하여 집단상담 형태의 프로그램을 실시함 • 피해의 위험성이 높은 학생을 대상으로 사회성 기술 향상 프로그램을 실시하거나 가해의 위험성이 높은 학생을 대상으로 충동성 조절 프로그램을 실시하는 경우가 해당됨
학부모 워크숍 · 연수	• 학부모에게 학교폭력 예방 및 개입에 관한 지식과 기술을 전달하는 부모교육 프로그램을 개발하여 실시함

〈표 12-2〉에 제시된 것처럼 예방 프로그램을 실시할 경우 학급단위로 실시할 수도 있고, 여러 교과를 아우르는 학제적 교과로 개발할 수도 있으며, 소 · 중집단 형태로 실시하거나 학부모 프로그램을 개발하는 등 다양한 형태로 시행하는 것이 가능하다.

3) 효과적인 예방 및 개입의 특징

Rapp-Paglicci와 동료들(2013)은 학교폭력 개입 프로그램의 효과성에 관한 종합적인 검토를 통해 효과적인 프로그램의 특징을 다섯 가지로 요약하고 있다. 각각의 특징과 시사점을 살펴보면 다음과 같다.

(1) 높은 충실도

프로그램 개발 과정에서 효과성이 입증된 프로그램이라 할지라도 프로그램의 충실도(fidelity)가 높지 않으면 효과성이 보장될 수 없다. 충실도란 프로그램을 실행할 때 원래 프로그램의 개발 의도와 절차를 얼마나 정확하게 수행했는지의 정도를 말한다. 따라서 효과적이라고 알려진 프로그램이라 할지라도 이를 변용하거나 수정할 경우 그 효과성은 보장되지 않는다. 따라서 효과성이 입증된 프로그램을 시행할 경우 매뉴얼에 제시된 절차에 따라 충실하게 수행하는 것이 바람직하다.

(2) 보호요인의 강조

학교폭력 관련 프로그램은 학생의 폭력행동을 감소시키는 것도 목적이지만 궁극적으로는 친사회적인 행동을 증가시켜야 한다. 부정적인 행동을 긍정적으로 전환시키기 위해서는 위험요인의 감소와 더불어 보호요인을 강화시키는 전략이 필요하다. 이는 폭력과 관련된 학생을 부정적인 관점에서만 바라볼 것이 아니라 이들이 지니고 있는 잠재적 역량, 장점 및 강점과 자원을 탐색하고 이를 최대화시키는 프로그램의 필요성을 부각시킨다.

(3) 생태체계적 접근

대부분의 효과적인 프로그램은 학교폭력과 관련된 학생만을 개입하지 않고 이들을 둘러싼 환경에 대한 개입을 동시에 시도한 경우다. 폭력적 행동은 유전적 성향과 생리적 영향 이외에도 사회적 환경과의 상호작용을 통해 형성된다. 학생의 행동은 학생을 둘러싼 여러 환경적 요인과 교류하며 형성되기 때문에 효과적인 프로그램은 부모교실, 가정방문, 멘토링과 같은 요소를 제공하고 있다. 따라서 개인과 환경에 대해 동시적으로 개입하는 생태체계적 혹은 다중체제적 접근이 효과적이라고 볼 수

있다.

(4) 조기개입과 지속성

대다수의 효과적인 프로그램은 이른 시기의 개입을 시도하고 있으며, 일회적인 개입이 아닌 지속적인 실행을 통해 효과성을 유지시키고 있다. 조기 진입자 모델(early starter model)에 의하면, 폭력과 같은 문제행동은 이른 시기에 발달되어 지속된다고 가정한다(Shaw & Bell, 1993). 실제로 2012년에 실시된 2차 학교폭력 전수실태 조사결과에서도 중학생(10.0%), 고등학생(4.2%)에 비해 초등학생(11.1%)의 학교폭력 피해 비율이 가장 높았다. 따라서 초등학교와 같은 이른 시기에 조기에 개입하고 지속적으로 실시하는 것이 보다 효과적이며 경제적인 접근이라고 볼 수 있다.

(5) 학교의 문화 개선

가해학생의 공격성을 줄이고 피해학생의 사회기술을 향상시키는 개입만으로는 학교폭력을 근절하기가 쉽지 않다. 많은 연구자는 학교폭력의 근절은 궁극적으로 학교 전체의 문화가 폭력이 허용되지 않는 분위기로 전환될 때 가능하다는 점을 역설하고 있다(Song & Swearer, 2002). 폭력은 공격성이 강한 몇몇 가해학생만의 문제가 아니라 이들의 행동이 환경적 요인에 의해 강화되거나 지속되는 현상이기 때문에 궁극적으로 학교의 문화를 개선하는 접근이 필요하다.

2. 학교폭력 예방 및 개입 프로그램

1) 모든 학생을 위한 예방 프로그램의 효과성

학교폭력 예방을 위한 다양한 프로그램이 개발되고 효과성을 검증하기 위한 시도가 이루어져 왔다. 이러한 예방 프로그램은 다음 〈표 12-3〉과 같이 다양한 기법을 사용하여 시도되었다. 〈표 12-2〉에서 제시한 유형과 비교하면 서진 등(2010)의 프로그램은 교실 수업 전략을 활용한 것이고, 이춘정 등(2010)의 접근은 집단활동을 활용한 경우이며, 양미진 등(2009)는 학제적 교육과정을 시도한 경우라고 볼 수

있다. 대부분의 프로그램은 개인이 개발하여 효과성을 검증한 경우가 많다. Rapp-Paglicci와 동료들(2004)이 제안한 효과적인 개입 전략 중 높은 충실도를 감안하면 상세화된 매뉴얼을 이용할 수 있는 기관 프로그램은 상대적으로 수가 적다.

표 12-3 학교폭력 예방 프로그램의 효과성 검증 연구

연구자	특 징	관련 변인	대 상	회 기	형 식
서진 등 (2010)	역할놀이	• 학교폭력 태도 변화 • 또래 간 갈등해결 전략	초·저	10	심리교육 학급단위
이춘정 등 (2010)	이야기치료	• 허용적 태도 • 학교폭력 피해 및 가해자의 태도 • 학교폭력 발생 시 대처하는 태도	초·저	10	집단상담
이수영 등 (2010)	역할놀이	• 언어폭력 행동(욕설, 조롱, 희롱, 협박, 저주)	초·고	10	집단상담
김동일 등 (2008)	멀티미디어 활용 개입	• 대인관계 능력 및 감정이입 • 공감능력	초·고	6~8	집단상담, 심리교육
김종운 (2011)	카드 시스템 활용	• 학교폭력 실태 • 학교폭력 대처 능력	초·고	한 학기	심리교육
양미진 등 (2009)	정규교과과정과 연계	• 도입타인에 대한 조망 수용, 공감, 배려 행동 • 학교생활만족도, 교우관계	초·고	13	심리교육
정혜란 (2011)	예방교육	• 학교폭력의 정의, 피해의 심각성 • 중재자의 중요성과 대처방안	초~중	2	심리교육
이봉주 등 (2009)	교사, 학부모, 지역사회에 대한 폭넓은 개입을 통한 프로그램 구성 및 교육	• 폭력에 대한 태도 • 폭력 대처 능력 • 학교폭력 발생률 • 학교 내 안전감	중	8	심리교육
이정숙 등 (2008)	교육 프로그램	• 학교폭력 가해행동 점수 • 대인관계 점수	중	10	심리교육
한국교육개발원 (2008)	애니메이션, 동영상 시청 및 교육	• 또래중재자, 학급규칙 세우기		4	심리교육
삼성생명 공익재단 (2006)	피해/가해/방관자의 입장 인식	• 대화기술, 분노조절, 평화적 갈등 해결	초~중	16	심리교육

2) 학교폭력 예방 프로그램의 예시

(1) 어울림 프로그램(2014년 3월 기준)

개요 및 목표

학교폭력 인식 및 대처, 감정조절, 갈등해결, 공감, 자기존중감 및 의사소통 영역별 모듈형 프로그램을 통해 학교구성원의 공감능력과 소통능력을 향상시켜 학교폭력을 효과적으로 예방하고 행복한 학교를 만들기 위한 프로그램이다. 초등학교(저 · 고학년), 중학교, 고등학교별로 프로그램이 구분되고, 각 학교급에서 학생, 교사 및 학부모 프로그램으로 세분화되어 있다. 2012년에 각 시 · 도 교육청별로 어울림 프로그램 우선 적용학교 28개교에서 시범적으로 프로그램을 적용한 바 있으며, 국가 수준의 학교폭력 예방 표준 프로그램을 목적으로 2015년까지 개발하는 계획으로 추진 중에 있다.

대상 및 진행방식

2012년 시범운영의 경우 어울림 프로그램 운영학교로 선정된 학교의 학생, 교사 및 학부모를 대상으로 진행하였다. 학교별로 위촉된 전문위원이 학교의 특성을 반영한 프로그램을 설계하여 적용하였고, 학교 1개교당 최소 8명에서 최대 30여 명의 카운슬러가 학교, 교사, 학부모를 대상으로 프로그램을 실시하였다. 2013년에는 여섯 가지 영역(학교폭력 인식 및 대처, 감정조절, 갈등해결, 공감, 자기존중감, 의사소통)에 대해 학생, 교사 및 학부모를 대상으로 모듈형 기본프로그램을 개발하여 시범 운영하였다. 2014~2015년에는 학생용 심화 프로그램을 개발하여 점차 적용 대상을 확대할 계획을 갖고 있다.

주요 내용

이 프로그램은 다른 프로그램과 달리 모듈형으로 개발되었기에 학교의 실정에 맞게 관련 프로그램을 선택하여 적용할 수 있으며, 학생, 교사, 학부모를 대상으로 개별적 프로그램으로 개발된 점이 특징이다. 각 프로그램별로 프로그램 개요, 교사용 지도안, 학생용 워크북으로 구성되어 있다. 다음에 제시된 내용은 중학교 갈등해결 프로그램의 내용과 특징을 정리한 것이다.

표 12-4 중학교용 갈등해결 어울림 프로그램의 내용 및 특징

영 역	대 상	차 시	프로그램명	프로그램 목표
갈등해결	학생	1	내 마음 왜 이래?	갈등상황과 그 원인을 알고, 서로 간에 관점의 차이가 있음을 이해하기
		2	갈등 시나리오, 레디~고!	갈등상황에 대한 대처 방식이 다름을 인식하고, 더 적절한 문제해결 전략을 모색하기
		3	우리는 Win-Win	평화적인 갈등해결 방법을 찾고 익히기
		4	우리가 도와줄게!	갈등관계에 있는 친구들을 돕는 방법 익히기
	교사	1	엉킴과 꼬임의 실타래 풀기	학생들 간에 일어날 수 있는 다양한 갈등상황을 인식하고 효과적으로 개입하기
		2	생각 열기 마음 담기 갈등 풀기	교사와 학생 간의 갈등을 이해하고 효과적으로 개입하는 방법 익히기
	학부모	1	네게 꼬인 건 네가 풀 수 있을 거야!	친구 간에 일어날 수 있는 다양한 갈등상황을 인식하고 효과적으로 개입하기
		2	힘든 네 마음을 내 품에 펼쳐봐!	부모와 자녀 간의 갈등을 이해하고 효과적으로 대처하는 방법 익히기

어울림 프로그램 학교 운영 성과

어울림 프로그램을 운영한 10개 학교를 대상으로 프로그램의 효과성 및 만족도를 실시한 결과 학생의 공감능력 및 소통능력의 향상에 효과가 있는 것으로 나타났다(교육과학기술부, 한국교육개발원, 2012). 다음 내용은 2012년도에 시범운영했던 학교에서 프로그램의 효과로 보고된 내용을 요약한 것이다.

〈부산산업과학고등학교〉

- 자긍심과 표현력이 부족했던 학생이 프로그램을 통해 자긍심이 높아지고, 자기 감정을 표현하는 능력이 개선됨.
- 교사의 학생에 대한 인식이 긍정적으로 변화되었으며, 학생생활지도에 도움이 됨.

〈충북 가경중학교〉

- 프로그램 운영과정에서 추가 상담 등 지원이 필요한 학생을 발견하여 별도의 개인 상담을 진행.

- 교사와 학생, 학부모가 서로 소통하는 계기가 마련됨.

〈대전 법동중학교〉

- 학생의 자신감, 발표력이 향상되었으며, 학생 간의 사소한 갈등과 따돌림이 사라짐.
- 교사의 학생 이해도가 높아져 생활지도와 진로지도에 도움이 됨.

〈순천 이수초등학교〉

- 학생의 자신감, 발표력이 향상되었으며, 학생 간의 사소한 갈등과 따돌림이 사라짐.
- 학생의 언어표현이 많이 순화되었으며, 교사 및 학부모와 대화가 많아짐.

어울림 프로그램은 학교폭력 인식과 대처 및 공감능력 향상 등을 위해 우선적으로 생활지도특별지원학교 및 희망 학교 등을 대상으로 보급되고, 점차 교원연수 및 프로그램 보완을 통해 2017년까지 모든 학교에 어울림 프로그램 적용을 위한 기반을 구축할 계획을 갖고 있다.

(2) 학교폭력 예방 프로그램(한국교육개발원, 2007)

개요 및 목표

학교폭력의 위험요인은 줄이고, 보호요인을 강화하고자 하는 예방과학의 관점에서 다음과 같은 기본 원칙에 따라 프로그램을 개발하였다.

- 학교폭력을 유발하는 적대적 귀인양식, 분노조절 등 부정적인 특성을 감소시키고, 학교폭력 예방을 돕는 긍정적인 개인 특성인 공감과 관점채택 능력을 발달시킨다.
- 학급 내 갈등을 예방하고 피해자를 보호할 수 있는 또래 중재자를 양성하며, 학교폭력 예방 및 대처를 위한 학급 규칙을 마련하고 실행계획을 세운다.
- 학교 내 폭력문화에 대한 예민성과 의식을 고양하고, 학교 환경 개선을 위한 구체적인 활동계획을 마련하고 실천한다.

대상 및 진행방식

초등학교 4~6학년 학생을 대상으로 구성하였으며, 각 프로그램은 애니메이션 및 동영상으로 제작되었다. 프로그램당 시청 시간은 15분 내외이고, 프로그램 시청 후에 교사가 학생활동을 함께 전개하는 경우 프로그램 시청을 포함하여 대략 40분 정도가 소요된다. 프로그램을 통한 학교폭력 예방교육은 조회시간이나 종례시간, 점심시간 등을 활용하여 프로그램만 시청하도록 하는 방법과 창의적 재량 활동시간이나 도덕교과시간 등 수업 시간을 통해 프로그램 시청을 포함하여 교사가 수업을 진행하는 방법이 있다.

주요 내용

표 12-5 학교폭력 예방 프로그램의 내용 및 특징

구성요소	주요 내용 및 특징
공감/관점채택	집단따돌림(왕따) 사례를 대상으로 피해학생, 가해학생, 방관자 학생 각자의 입장과 기분, 생각을 충분히 이해하고 수용하는 과정을 보여 줌
사회적 문제해결/의사소통	가벼운 신체폭행과 언어폭행을 중심으로 특정 사건에 대한 지각이나 해석방식이 공격적인 행동으로 연결되는 과정을 이해하고, 대안적인 반응으로 긍정적인 의사소통기술을 학습하도록 함
또래 중재/상담	학교폭력 가해학생과 피해학생 간의 갈등을 방관자의 자세와 태도로 대하기보다는 적극적이고 창의적인 방식으로 이를 해결하도록 돕는 또래 중재자의 역할을 소개하고 행동기술을 학습하도록 함
안전하고 즐거운 학교 만들기	학교폭력 발생을 억제하는 학교환경을 만드는 대표적인 교육활동과 학교 문화를 소개하고 이를 벤치마킹하여 이를 바탕으로 학교마다 자체적으로 안전하고 즐거운 학교 환경을 조성하도록 함

(3) '내가 바로 지킴이'(청소년폭력예방재단, 현재 계속 프로그램을 수정하여 활용 중)

개요 및 목표

초등학생용 프로그램은 학교폭력의 개념 정리, 예방법과 대처방안 제시, 예방을 위한 협동심과 책임감 배양이 주요 내용이며, 중 · 고등학교용 프로그램은 학교폭력 상황의 간접 경험과 대안행동 모색, 학교폭력 예방 및 대책에 관한 법률과 대처방안 모색, 학교폭력의 위험성, 법적 처벌 등에 대한 예방교육이다.

• 학생에게 학교폭력을 정확히 이해하도록 하고, 학교폭력의 예방법과 대처방안을 인식하도록 한다.

대상 및 진행방식

각 학년별(초등학교 저학년/초등학교 고학년/중 · 고등학교)로 수준에 맞는 별도의 프로그램이 운영되며, 청소년폭력예방재단의 강사에 의해 10회기, 1회기당 약 80분간 진행된다.

주요 내용

표 12-6 '내가 바로 지킴이' 중 · 고등학교용 프로그램 예시

제 목	내 용	목 표
이게 뭐야!	• 청소년폭력예단방재 및 강사 소개/ '내가 바로 지킴이' 프로그램 내용 및 목표 소개 • 조(모둠)별로 나누어 잘하는 모둠에 스티커를 상으로 주어 동기부여, 프로그램에 대한 기대감 증진	소개 및 관계 형성
무비오케	• 학교폭력 관련 영상물 등을 감상 • 모둠끼리 모여 학교폭력에 대해 느낀 점을 토론하고, 몸으로 표현해 발표함	학교폭력 상황의 간접 경험과 대안행동 모색
이럴 땐 이렇게 (역할극)	• 역할극을 통해 상대방의 입장을 이해하고, 학교폭력 예방의 대안 모색 • 학교폭력을 종류별로 나누어 보고, 각 조별로 상의해서 한 가지 주제를 택하여 역할극 구성 및 발표	학교폭력 상황의 간접 경험과 대안행동 모색
학교폭력 예방 가요제	• 좋아하는 노래를 선정하여 학교폭력 예방과 대처방안이 들어가는 가사로 개사하여 부르는 활동 • 모둠별로 선정한 노래를 개사하여 학교폭력 예방 대처 방안 가요 콘테스트를 열고 시상함	학교폭력 예방법과 대안행동 모색
이것이 학교폭력이다 (예방 교육 강의)	• PPT 자료 등을 통해 학교폭력의 올바른 이해 및 위험성을 인식시키고, 대처 방안을 알려주고 약속함 • 학교폭력의 정확한 정의, 위험성, 법적 처벌, 대처방안 등에 대한 정리	학교폭력의 올바른 이해, 위험성 재고 및 예방을 위함
으랏차차!	• 학교폭력 예방은 혼자 하는 것이 아니라 함께 해야 하는 것임을 알게 함 • 여럿이 함께 손과 발을 맞대고 바닥에서 일어남	예방을 위한 협동심과 책임감 배양

(4) 작은 힘으로 시작해 봐!(삼성생명공익재단, 2006)

개요 및 목표

한 학급 전체를 대상으로 교육하는 '학급단위' 프로그램이며, 다양한 게임과 시청각 자료를 활용한 것이 특징이다. 이와 함께 초등학생의 발달과정에 맞는 새로운 프로그램으로 구성하기 위해서 초등학생의 눈높이에 맞는 어휘를 사용하고, 이해하기 쉬운 그림 자료들을 보강하였으며, 모방범죄의 위험성을 줄이기 위해 초등학생들이 직접적인 폭력장면에 노출되지 않도록 실제 사례를 동물 캐릭터로 재구성하였다. 이 프로그램의 목적은 다음과 같다.

- 슬기로운 생각을 통한 학교폭력 예방: 폭력에 대한 인식 및 가치관 재정립, 입장별 중요성 인식
- 건강한 행동을 통한 학교폭력 예방: 폭력에 대한 개인적 차원, 학급차원의 대처 방법 이해 및 재정
- 배려하는 마음을 통한 학교폭력 예방: 타인의 인격과 권리를 존중하고 이해하는 마음

대상 및 진행방식

초등학생을 대상으로 8회기로 구성되어 있으며, 5~6개의 소집단이 함께 모인 학급단위 프로그램이고, 1명의 메인 진행자와 1명 이상의 보조진행자를 활용하는 것이 효과적이다.

주요 내용

표 12-7 '작은 힘으로 시작해 봐!' 프로그램의 내용 및 특징

구 분	차 시	이야기	주제 및 목표	세부 활동
도입	1	함께해요!	• 프로그램 소개 및 동기화	• 규칙 정하기 • 평화열차 7979게임
	2	폭력에 대한 진실 혹은 거짓	• 학교폭력의 개념 및 정의 이해	• 슬라이드 '학교폭력이란 뭘까' • 퀴즈 '폭력에 대한 진실 혹은 거짓' • 슬라이드 '평화는 힘이 세다'

폭력의 개념이해	3	폭력! 그것이 알고 싶다	• 학교폭력의 범위 및 종류 이해	• 폭력 단어카드 분류(폭력, 비폭력) • 슬라이드 '폭력의 종류' • 동영상 '우정상을 받은 따식이'
	4	학교에서 생긴 일	• 학교폭력의 피해 및 심각성 인식	• 도입 이야기 '하얀 토끼 야니' • 피해예측-피해자/가해자/가족/학교 • 비디오 '제3교실 학교폭력을 말한다'
입장별 이해	5	폭력 트라이앵글	• 피해/가해/방관자 입장 이해 및 공감	• 동영상 '철이 이야기' • 질문에 대한 토론 및 발표 • 슬라이드 '드레스 백벌'
대처행동(TIP)	6	STOP 법칙을 소개합니다	• Stop 법칙 이해 및 연습	• 도입 이야기 '동물 마을이야기' • 슬라이드 'STOP 법칙을 소개합니다' • 동영상 '폭력은 이제 그만'
	7	평화는 힘이 세다	• 수호천사 역할 이해 및 학급규칙 수립	• 비디오 '우리 사이 짱이야' • 슬라이드 '수호천사 되는 길' • 학급규칙 만들기
정리	8	수호천사로 임명합니다!	• 수호천사 임명식 및 프로그램 평가	• 수호천사 임명식 • 프로그램 정리 및 평가

3) 가해학생을 위한 프로그램의 효과성

학교폭력 가해학생을 위한 다양한 개입 프로그램이 개발되고 효과성을 검증하기 위한 시도가 이루어져 왔다. 이러한 개입 프로그램과 구조화된 치료방법은 다음의 〈표 12-8〉과 같이 다양한 기법을 사용하여 시도되었다.

표 12-8 학교폭력 가해학생을 위한 개입 프로그램의 효과성 검증 연구

연구자	개입의 유형 및 특징	관련 변인	대상	회기	형식(인원)
김지영, 정정숙 (2011)	가해 청소년의 심리적 특성 고려	• 가해행동, 공격성, 충동성	중	12	집단상담 (8명)
김화숙 외 (2010)	기존 프로그램의 재구성	• 자기효능감, 정서적 안정성	중	10	집단상담 (12명)
정명선(2010)	공감훈련 집단미술치료	• 정서공감, 공격성	중	10	집단상담 (10명)

허승희, 최태진 (2008)	다양한 활동	• 공격성, 친사회성, 갈등해결 방식 중 협력적인 면	초~고	15	집단상담 (11명)
오은경(2006)	애니어그램 실시	• 자아존중감, 공격성, 우울수준, 대인관계	중	10	심리교육 (12명)
이종화, 심혜숙 (2005)	MBTI 역동적 집단상담	• 자기인식, 타인인식, 대인관계, 교사와의 관계	고	2박 3일	집단상담 (17명)
조성희, 최철환 (2000)	사이코 드라마	• 폭력, 충동성	고	8	집단상담 (7명)
권선애, 안석 (2012)	음악치료	• 공격성	고	20	집단상담 (7명)
도기봉(2006)	또래 집단	• 자아존중감	고	8	심리교육 (10명)

4) 가해학생을 위한 프로그램의 예시

(1) 학교폭력 개입 프로그램 I(청소년희망재단)

개요 및 목표

여러 사전 검사(자아상, 가족 및 학교에 대한 인식 검사, 개인별 문제행동측정)를 통해 개인의 문제를 파악하고 다양한 미술활동(드로잉, 콜라주, 본뜨기, 만다라 색칠하기, 자소상 만들기, 협동화 등)을 통해 성취감 및 자신감, 집중력, 자존감을 향상시켜 자신에 대한 탐색과 집단의 공감대를 형성하는 문제해결을 탐색하고, 나에 대한 객관적인 이해와 정서를 순화하며 의사소통능력을 배우는 것을 목표로 한다.

대상 및 진행방식

총 30회기로, 매주 2회 2시간씩 학기 중에 실시한다.

주요 내용

표 12-9 학교폭력 개입 프로그램 I의 내용 및 특징

회 기	프로그램	활동 목표	준비물
사전 면담	1. 상담원 소개 및 프로그램 취지 설명	• 라포 형성과 규칙 정하기	

1	1. 난화 그리기 2. KHTP(집, 나무, 사람 검사) 3. 집단 이름 정하기	• 매체탐색 • 사전 검사(자아상 등) 및 자기표현 • 집단의식 점검	드로잉 재료
2	1. KFD(동적 가족화), KSD(학교생활화) 2. K-YSR(청소년 행동평가 척도) 3. 공동화(의사소통 통제), 자유협동화(의사소통 허용) 4. 개인면담	• 가족 및 학교에 대한 인식 검사(사전 검사) • 개인별 문제행동 측정(사전 검사) • 공동화 및 협동화(집단 체계 관찰) • 개인문제 파악	드로잉 재료
3	1. 먹물로 자유롭게 그리기 2. 콜라주(듣고 싶은 말, 하고 싶은 말) 3. 협동화	• 통제력 향상과 이완 • 가까운 사람들에 대한 감정표출 • 집단에서의 역할인식	콜라주 및 페인팅 재료
4	1. 찰흙으로 만들기 2. 석고로 손 모양 뜨기 3. 나를 상징하는 것	• 퇴행적인 감정표출 • 자신에 대한 사랑 • 자기표현	콜라주 및 석고 재료
5	1. 데칼코마니 2. 선생님 인기 투표 3. 나의 장단점(신체 본뜨기)	• 성취감 및 자신감 향상 • 창조적인 놀이 경험 • 자신에 대한 관심 유발과 탐색	물감, 드로잉 재료
6	1. 방어기제 및 자존감 검사 2. 협동작품 만들기(찰흙)	• 자신에 대한 탐색 • 창조적인 에너지 발산	검사도구, 소조재료
7	1. 자유화(낙서) 2. 만다라 색칠하기 3. 신체 본뜬 것 완성하기 4. 마스크 본뜨기	• 자유로운 표현 • 집중력 향상 • 자신에 대한 사랑	석고붕대, 드로잉 재료
8	1. 붓글씨로 부모님과 자기 이름 쓰기 2. 시험공부	• 집중력과 자존감 향상을 통한 학습동기 유발 • 중간고사 대비 시험공부	소조재료
9	1. 자소상 만들기(찰흙) 2. 만화 이어 그리기	• 자신에 대한 사랑과 탐색 • 집단의 공감대 문제해결 탐색	드로잉, 페인팅
10	1. 콜라주(나의 문제) 2. 협동화(먹물)	• 나에 대한 객관적인 이해 • 정서순화와 의사소통능력	콜라주, 동양화
11	1. 콜라주(나의 과거, 현재, 미래) 2. 나의 다짐(마스크, 손 본뜬 것을 이용)	• 나에 대한 객관적인 이해 • 변화에 대한 의지 확인	콜라주 재료

(2) 학교폭력 가해학생 선도 · 교육 프로그램(청소년보호위원회, 2003)

개요 및 목표

학교 현장이나 청소년 관련시설에서 가해학생을 대상으로 일회성이거나 단기적인 교육이 아니라 중 · 장기적으로 운영할 수 있는 프로그램이다. 특히 활용도를 높이기 위해 전문적인 기술 없이 교사나 상담교사가 보편적으로 활용할 수 있는 프로그램이다.

- 가해학생의 폭력 재발을 미연에 방지하고, 건전한 발달을 돕는 것을 목적으로 한다.

대상 및 진행방식

중 · 고등학생을 대상으로 전체 12회기로 구성되어 있으나, 전체 회기 진행이 불가능할 경우 각 기관이나 학교의 상황, 대상에 따라 원하는 회기를 현실성 있게 선정하여 진행하는 '맞춤식 프로그램'으로 운영한다. 이 프로그램은 학교나 청소년 복지관 그리고 교육청 상담센터 등에서 실시할 수 있으며, 각 회기는 90분 정도가 적절하다.

주요 내용

표 12-10 학교폭력 가해학생 선도 · 교육 프로그램의 내용 및 특징

단계	주 제	프로그램 내용
탐색단계	나 바라보기 I 자신에 대한 이해	• 프로그램에 대한 소개 및 규칙 정하기 • 자기소개 및 별칭 짓기를 통한 친밀감 구축
		• 지금까지의 자신의 삶에 대한 통찰 • 가족 내 부모-자녀 간의 상호작용에 대한 이해
문제인식단계	나 바라보기 II 나의 폭력행동에 대한 인식	• 프로그램에 참여하게 된 사건에 대한 토론 • 자신의 문제행동(폭력과 리더십의 차이 등)을 분명하게 인식하기
	나 바라보기 III 가해행위자로서의 나에 대한 이해	• 자신의 공격성 및 분노 정도 등 자신의 심리적 특성의 수용
	입장 바꿔 생각해 보기 피해자에 대한 이해	• 자신의 폭력이 타인에게 미치는 영향력에 대한 인식 • 학교폭력의 의미와 심각성, 그 폐해에 대한 이해

	넓은 세상 보기 폭력행위에 대한 법적 책임감 인식	• 범죄로서의 폭력에 대한 인식 • 폭력 관련법에 대한 이해
문제해결단계	성장하는 나 대안적인 기술 습득 및 대인관계 향상	• 분노 조절 및 폭력 충동 억제 기술 습득 등 다양한 자기 통제능력 배양
		• 기능적인 의사소통 기술 습득
		• 갈등상황에서 긍정적인 해결방법의 중요성에 대한 이해
	함께하는 세상 공동체 의식 함양	• 건전한 친구관계 맺기
종결단계	세상에 하나뿐인 나 자아존중감 향상	• 자신의 장점과 단점을 인식하고 수용하기 • 긍정적인 자아상 구축하기
	아름다운 도전, 희망에 찬 나 미래에 대한 계획	• 구체적인 인생목표 정하기 • 목표달성을 위한 다짐

(3) 위풍당당 무지개: 학교폭력 가해 청소년 선도 프로그램(청소년폭력예방재단, 2008)

개요 및 목표

이 프로그램은 역동적인 청소년 집단 프로그램에 맞게 역할극을 적극 활용하고, 후반부에서는 다중지능검사를 통해 피해·가해자라는 역할을 넘어서서 집단이 끝나고 개인의 삶으로 돌아갔을 때 자신의 에너지를 어떤 방식으로 사용할 것인지에 대한 긍정적인 대안을 마련하는 장치로 구성되어 있다. 이 프로그램의 목표는 다음과 같다.

- 학교폭력 사건을 경험한 뒤 느끼게 된 여러 가지 감정을 표현하고 공유한다.
- 학교폭력을 재경험함으로써 피해자를 공감하고, 학교폭력에 대한 비합리적인 생각을 점검한다.
- 올바르게 갈등에 대처하고, 적절한 의사소통의 방법을 익힌다.

대상 및 진행방식

학교폭력의 발생 빈도가 높은 초등학교 5학년~중학교 3학년 학생을 대상으로 10회기에 걸쳐 진행한다.

주요 내용

표 12-11 위풍당당 무지개 프로그램의 내용 및 특징

회기	제 목	목 표	세부 내용	단 계
1	우리 처음이지?	• 본 프로그램에 대한 이해 • 동기화 및 개인 목표 설정 • 규칙 정하기	• 자기소개 • 프로그램 소개 및 동기유발 • 학교폭력 그 이후에 나에게 일어난 일 • 학교폭력은 어떤 일이었나요? • 끝난 후 느낌 나누기	도입
2	콜라주로 보여 줘!	• 대인관계 탐색	• 한 주간에 노력한 과정 나누기 • 대인관계 콜라주 만들기 • 작품 소개 및 느낌 나누기 • 학교폭력 사건이 일어나게 된 요인 찾기	인식 탐색 및 인식 전환
3	나도 화난 적 있다고요	• 자신이 경험한 폭력에 대한 노출을 통해 분노 표현	• 신체 워밍업, 정서적 워밍업 • 맞았던 장면 재연(상황극 재연)	
4	역할극	• 가해한 상황을 재조명하며 피해자의 입장 공감	• 도입을 위한 게임 • 가해상황에 대한 재조명 및 실연	
5	역지사지해 보자	• 피해자의 심정 공감	• 본인 경험의 학교폭력 이야기 나누기 • 학교폭력 피해자 관련 동영상 시청 및 피해 정도 인지, 공감 • 학교폭력 피해자 회복작업	
6	폭력은 범죄다	• 학교폭력 교육을 통해 폭력 인식 제고	• 학교폭력 예방교육 • 학교폭력 솔로몬의 선택 • 자신의 사례 나누기	태도 탐색 및 행동 전환
7	이건 아니잖아	• 나의 갈등상황을 탐색하고, 자기 조절력을 기름으로써 행동 전환	• 갈등을 잘 해결하기 위한 방법 나누기 • 갈등상황 재연을 통해 제시되었던 긍정적 해결 방법을 선택해 보는 연습	
8	말해 보자	• 자신의 비합리적인 생각을 점검 • 대화 요령 익히기	• 긍정적 · 부정적인 반응에 대한 대응 방법 연습 • 학교폭력 예방교육 2탄 • 대처연습(가해상황): 빈의자 기법	
9	미안해, 따랑해	• 피해자와 화해 행동을 실제로 할 수 있도록 함	• 다중지능검사 • 과거 사건 상황의 재연 • 사과편지 쓰기	종결
10	어험, 나는 앞으로 이런 사람이야	• 미래 조망을 통해 꿈과 희망, 비전을 가질 수 있도록 함 • 리더십의 의미를 깨달음	• 다중지능검사 결과 듣기 • 진정한 리더십을 가진 유명인을 알아보기와 본인 탐색 • 10년 후 본인의 성공한 모습 그려 보기 • 집단 마무리 및 상장 수여	

5) 피해학생을 위한 프로그램의 효과성

학교폭력 피해학생을 위한 다양한 개입 프로그램이 개발되고 효과성을 검증하기 위한 시도가 이루어져 왔다. 이러한 개입 프로그램과 구조화된 치료방법은 다음의 〈표 12-12〉와 같이 다양한 기법을 사용하여 시도되었다.

표 12-12 학교폭력 피해학생을 위한 개입 프로그램의 효과성 검증 연구

연구자	개입의 유형 및 특징	관련 변인	대 상	회 기	형식 (인원)
김성혜, 김춘경 (2002)	게임놀이 치료기법	• 문제해결능력 • 사회적 기술	초	11	집단상담 (8명)
김종운 (2003)	분산적 또는 집중적 개입의 차이	• 자신과 타인을 이해하는 능력 • 자신 및 타인의 정서이해능력과 정서표현능력 • 부정적 정서조절능력 • 갈등해결능력 • 사회적 기술	초 · 고	분산적: 10 집중적: 2박 3일	집단상담 (12명)
김종운, 천성문 (2005)	집단상담 프로그램이 자아존중감, 자기주장 및 따돌림 피해에 미치는 영향을 확인	• 인지적 개입 • 사회기술훈련 • 자기규제훈련 • 따돌림보고훈련 • 자기주장훈련	초 · 고	10	집단상담 (10명)
도기봉 외 (2011)	임파워먼트 프로그램	• 개인적 능력 • 집단인식 • 자기결정	고 (여고 생)	8	집단상담 (10명)
도현심 외 (2003)	피해학생의 사회기술 훈련과 더불어 부모교육훈련 병행[부모 개입(부모의 양육행동)을 통한 치료]강의, 집단 토의, 역할극, 게임, 미술활동 및 워크북 등 다양한 활동으로 구성	• 자아인식 • 자아수용력 • 자아존중감 • 사회적 기술훈련(의사소통)	초 · 고	10	집단상담 (6~8명)
		• 자녀를 인격체로서 존중할 수 있는 개념 정리 • 민주적 양육행동	피해 학생 부모	10	집단상담 (6~8명)

변귀연 (2006)	문제해결 자원에 접근하는 개인의 사회적 기능(역량) 향상 지지, 상담, 교육, 옹호 제공	• 동기화 • 자아존중감 • 자원 접근 활동 • 집단의 상호지지	중	10	집단상담
손진희, 홍지영 (2009)	따돌림 상황에 대한 드라마를 통해 대처행동을 실제적으로 연습해 보는 활동 중심으로 구성	• 자기인식(대인관계 패턴 및 감정, 사고)하기 • 사회적 기술 배우기 • 힘 북돋워 주기	중	6 (연속)	집단상담 (5~7명)
김인숙, 안태영 (2012)	신체활동을 통한 예술심리치료	• 자아인식 • 타인인식 • 사회성 증진	중~고	24	집단상담 (6~7명)
김광수, 양곤성 (2012)	용서상담 프로그램이 초등학교 집단따돌림 피해아동의 자아개념에 긍정적인 영향을 줄 수 있음을 확인	• 용서심리 • 자아개념	초	8	집단상담
청소년폭력 예방재단 (2004)	컴퓨터 하기, 읽기, 비디오 보기, 체험 등 경험 중심 교육과정을 통한 프로그램	• 다중지능 • 정서지능 • 문제해결능력		10 (또는 2박 3일)	집단상담
청소년상담원 (2004)	미디어 매체 활용 심리극	• 자아인식 • 타인인식 • 대인관계 능력 • 자아존중감 등	초~중	1단계: 2박 3일 캠프 2단계: 5	1단계: 심리교육 (30~40명) 2단계: 집단상담 (15~20명)

6) 피해학생을 위한 프로그램의 예시

(1) 청소년 무지개 프로그램(청소년위원회)

개요 및 목표

청소년폭력예방재단(2004)에서는 학교폭력 피해학생의 치료와 재활을 위하여 청소년 무지개 프로그램을 개발하였다. 이 프로그램은 학교폭력 피해학생을 선별 · 진단하여 프로그램을 처치해서 이를 다시 평가하는 유기적인 체계로 이루어져 있으며,

학교 장면(10주 집단상담) 및 청소년 기관(2박 3일 주말 캠프)에서 널리 활용할 수 있도록 개발되었다.

청소년 무지개 프로그램은 '마음의 힘 키우기, 관심과 사랑 나누기, 친구상담 연습하기, 학교 갈등 통찰하기, 선배 경험 나누기, 희망 가꾸기, 기타 활동'의 7단계의 내용으로 나누어져 있으며, 각 단계는 책 읽기, 비디오 보기, 기타 세 영역의 활동으로 구성되어 있다. 이 프로그램의 목적은 다음과 같다.

- 학교폭력 피해학생들이 자신의 심리적 상처를 긍정적으로 극복할 수 있도록 돕는 것
- 피해학생이 더 이상 학교폭력의 희생자가 되지 않도록 학교 안팎에서 일어나는 폭력행동을 감소시키는 것
- 피해학생이 미래의 삶에 대한 희망과 계획을 마련하고, 이를 충실하게 실행할 수 있도록 돕는 것

주요 대상자 및 진행방식

- 주요 대상자(프로그램 참여자): 학교폭력 피해학생을 대상으로 시설용에서는 학생 20~30명, 학교용에서는 8~10명 정도 대상으로 이루어짐.
- 진행방식: 집단상담, 총 10회기(또는 청소년 기관에서 실시하는 2박 3일 캠프)

주요 내용

표 12-13 청소년 무지개 프로그램의 내용과 특징

회기	구성	목적	구성 내용		
			책 읽기	비디오 보기	기타 (컴퓨터 하기/신체활동)
1	마음의 힘 키우기	• 다른 사람의 삶 속에서 호연지기, 고난극복, 긍정적 사고 형성 • 자신의 마음속에서 삶의 기백과 혼을 깨우침	• 호연지기 • 고난극복 • 긍정적 사고 • 희생/봉사	• 호연지기 • 고난극복 • 긍정적 사고 • 희생/봉사	• 구족화 그리기 • 컴퓨터 노래방 • 함께 달려 보기 • 자랑스러운 우리나라 • 어려운 사람에게 용기 주기

2	관심과 사랑 나누기	• 가족, 친구와 긍정적 정서 공유 • 타인의 정서에 대한 예민한 이해 • 자기 정서의 적절한 표현과 조절	• 우정, 사랑 • 가족애 • 인류애 • 공감(감정느끼기)	• 우정, 사랑 • 가족애 • 인류애	• 마음의 문 열기 • 믿음의 원 • 칭찬보따리 • 수호천사 • 가족 손 꾸미기 • 효도상품권 만들기
3	친구 상담 연습 하기	• 학교폭력 컴퓨터 모의 상황 속에서 가해자, 피해자, 제삼자의 관점, 생각, 감정, 행동에 대한 이해 증가 • 의사소통과 대인관계 갈등 해결 방법 학습			• 채팅 상담 • 게시판 리플 달기 • 만화 완성하기 • 친사회성 게임
4	학교 갈등 통찰 하기	• 학교폭력 영화나 소설에서 가해자, 피해자, 제삼자의 생각, 감정 대리 경험하기 • 객관적이고 합리적인 시각에서 학교폭력 이해하기	• 학교 갈등	• 학교 갈등	• 벽 뚫기 • 나만의 스트레스 해소법 • 화 날리기 • 고통 받는 친구들
5	선배 경험 나누기	• 가해와 피해 유경험 선배와 만남으로써 학교폭력의 영향과 후유증 공유 • 학교폭력 대처 방법 탐색			• 체험 듣기 • 고백쪽지 쓰기
6	희망 가꾸기	• 다중지능 프로파일을 바탕으로 진로나 직업세계 구체화 • 삶의 이상이나 가치관탐색 • 인생의 모델 조형			• 희망나무 가꾸기 • 명함 만들기 • 추모사 쓰기 • 내가 존경하는 인물 • MI 활동 계획서 • 상장 만들기 • 우린 최고야 • 참여 활동 비디오
7	기타				• 활동지 작성

(2) 학교폭력 피해학생 치유 프로그램(교육과학기술부, 2008)

개요 및 목적

교육과학기술부(2008)에서 학교폭력 피해학생의 치유를 위한 통합 프로그램으로 학교폭력에 대한 사후처리가 즉시적으로 이루어지는 현실을 고려하여 단기간에 활용할 수 있도록 6~14회기로 구성되어 있다. 이 프로그램의 목적은 다음과 같다.

- 학교폭력 피해학생 치유를 위해 정서각성 및 조절기능을 회복시키고, 자신에 대한 인식을 긍정적으로 변화시키며 대인관계능력을 회복시키는 데 초점을 둠.
- 또래관계를 원만히 유지하고 발달시켜 나가는 데 필요한 사회적 기술과 스트레스 대처능력을 함양시키고자 함.

학교폭력 피해학생 치유 프로그램은 피해학생의 심리적인 치유에 초점을 둔 '기본 프로그램'과 피해학생의 개인 내적 및 대인관계 역량 강화를 통해 원만한 또래환경 회복을 위한 '심화프로그램'으로 구성되어 있다.

각 회기는 '설명 – 모델링 – 실행 – 행동시도 – 피드백'의 5단계로 구성되어 있으며, 기본 프로그램은 90분씩 6회기, 심화 프로그램 중 '스트레스 대처훈련 프로그램'은 45분씩 4회기, '사회적 기술훈련 프로그램'은 50분씩 4회기로 진행된다.

주요 대상자 및 진행방식

- 주요 대상자: 초등학생과 중학생 중 학교폭력 피해학생을 대상으로 함.
- 진행방식: 10명 내외의 집단상담, 총 10회기(기본 프로그램 6회기, 심화 프로그램 4회기)

주요 내용

표 12-14 학교폭력 피해학생 치유 프로그램(기본)의 내용과 특징

단계	회기	구성	목적		구성 내용
도입	1	도입	친밀감 형성 및 참여(치유) 동기 유발		• 자기소개 • 오리엔테이션 • 집단의 친밀감 형성 • 신뢰로운 분위기 형성
전개	2	폭력경험의 재경험	감정 조절 능력 회복	• 감정 인식 및 정화 피해로 인한 상처 수용 및 치유 • 감정 관리능력 습득	• 학교폭력 사건 재경험하기 • 감정 구체화하기 • 이해 받고 수용하기(경험 공유) • 감정을 표현하고 관리하기
	3	감정 쏟아 붓기			

	4	어우러지기	긍정적 자아상 정립, 사회적 능력 증진	• 사회적 기본기술 습득 • 사회적 자기효능감 증진 • 성공적 또래관계 경험	• 친구 사귀기 연습하기 • 성공적인 친구 사귀기 경험하기 • 기본적인 사회기술 배우기
	5	나 세우기		• 긍정적 자기 재발견 • 자기비난 중지 • 폭력 대처능력 증진	• 숨겨진 자기 장점을 확인하고 수용 받기 • 부정적 자기 진술방식을 변화시키기 • 폭력에 대한 대처방법 배우기
종결	6	마음 털기	나를 수용하고 희망 찾기		• 자기를 용서하기 • 희망 정리하기

(3) '자, 이제 다시 시작이야!'(한국교육개발원, 한국청소년정책연구원, 2007)

개요 및 목적

한국교육개발원, 한국청소년정책연구원(2007)에서는 학교폭력 피해학생의 치유를 위하여 학교폭력 피해학생 치유 프로그램으로 '자, 이제 다시 시작이야!'를 개발하였다. 이 프로그램의 목적은 다음과 같다.

• 학교폭력 피해학생의 치유 및 폭력 재발 방지

각 회기별로 도입－전개(필수/선택활동)－정리'의 3단계로 구성되어 있으며, 각 회기는 90분씩 총 7회기로 운영된다. 도입인 1회기와 종결인 7회기를 제외한 2~6회기는 기본 프로그램과 심화 프로그램으로 각각 구분되어 개발되었다.

이 프로그램은 각 회기의 목적 달성을 위해 기본적으로 꼭 수행해야 하는 '기본 프로그램'과 기본 프로그램보다 심화된 내용으로 구성함으로써 필요에 따라 회기를 늘려 사용할 수 있는 '심화 프로그램'으로 구성되어 있는데, 필요에 따라 회기를 12회까지 늘려 사용할 수 있다.

주요 대상자 및 진행방식

• 주요 대상자(프로그램 참여자): 중학생 2학년~고등학생 1학년 중 학교폭력 피해학생을 대상으로 함.

• 진행방식: 6~8명 내외의 집단상담으로, 총 7~12회기로 유동적으로 운영 실시

주요 내용

표 12-15 '자 이제 다시 시작이야.' 프로그램의 내용과 특징

회기	단계	제목	목적	구성내용	
				필수활동	선택활동
1	공통	방가방가	• 프로그램과 집단원에 대한 소개 • 집단 구성원 간의 관계 형성	• 내 이름은 • 나를 보여 줄게!	• 내가 바라는 것 • 우리 마음 사러 갈까? • 아자, 아자, 파이팅!
2	기본	나에게 말해 줘!	• 폭력에 대한 올바른 인식 • 폭력 대처에 대한 정보 습득	• 알아봅시다! • 거짓 혹은 진실	• 상황에 대처하는 우리의 자세 • 숨은 기관 찾기
	심화	주인공의 재탄생	• 동화 속에 나타난 다양한 폭력상황을 통해 폭력에 대한 재인식과 대처방안 강구	• 옛날 옛적에 • 이야기의 진실	• 새로 쓰는 이야기 • 요정이 전하는 말
3	기본	숨은 그림 찾기 I	• 자신의 모습 그대로를 수용하고 자신을 사랑하기	• 반갑다, 친구야! • 거울아, 거울아	• 내가 만들어 가는 자서전 • 9시 뉴스를 전해 드립니다
	심화	숨은그림 찾기 II	• 자존감 증진으로 긍정적인 미래상 갖기	• 쇼핑을 알고 • 예산을 세우고	• 어디를 떠날까? • 보물섬에 도착
4	기본	정서와 친해지기	• 감정을 정확하게 인식하고 표현하기	• 정서야, 노~올자 • 감정은 삐리리~다	• 나의 정서 표현하기 • 감정 다루기 I
	심화	정서는 요렇게 다루자고요!	• 감정을 효율적으로 조절하기	• 감정 다루기 II • 나는 어떤 모습?	• 도전 골든벨 • 감정 주사위
5	기본	듣자! 대화를 위한 듣기	• 다양한 대인관계 기술 습득을 통해 갈등상황에 대한 대처능력 향상	• 공감하고 경청하기 • 대화의 달인	• 시네마 '나도 할 수 있어' • 당당한 사과
	심화	말하자! 해결하는 이야기	• 보다 심화된 대인관계 기술습득을 통해 효율적인 대인관계 형성하기	• 이야기 엑스맨 • 나만의 친구 사귀기 • 필살기	• 갈등 경보기 • 대인관계 빙고게임

6	기본	도전! 갈등극복!	• 갈등상황에 효과적으로 대처할 수 있는 방법 습득하기	• 학교폭력 갈등상황 분석하기 • 도전! 학교폭력 갈등 극복하기	• 4컷의 거절 • 학교폭력 예방! 포스터 만들기
	심화	극복! 학교폭력	• 학교폭력 및 갈등에 대한 다양한 대처방법을 찾아보고 익히기	• 요술항아리 • 시네마 학교폭력 대처의 법칙	• 올바른 주장인이 되자 • 변신 방망이
7	공통	빗장을 풀고 (종결)	• 지난 활동을 기억해보며 프로그램을 통해 변화된 모습과 미래에 대한 희망 가지기	• 기억 나니? • 천천히 문을 열고	• 무슨 마음 샀어? • 점 찍어둔 나의 미래

7) 주변학생을 위한 프로그램의 효과성

학교폭력을 목격하는 주변학생을 위한 개입 프로그램의 경우 프로그램의 개발이 제한적으로 진행되어 왔다. 몇몇 예방 프로그램(예, '한 번 더 생각해 봐')의 일부 회기가 주변학생에 초점을 둔 경우가 있지만 주변학생에 초점을 둔 프로그램은 많지 않다. 이러한 개입 프로그램과 구조화된 개입방법의 효과성 검증결과는 다음의 〈표 12-16〉과 같다.

표 12-16 학교폭력 주변학생을 위한 개입 프로그램의 효과성 검증 연구

연구자	개입의 유형 및 특징	관련 변인	대상	회기	형식
서기연 외 (2011)	또래지지 집단상담	• 또래지지 - 정서적 지지 - 평가적 지지 - 정보적 지지 - 물질적 지지	초 · 고	11	심리교육 (학급)
오해영, 김호영 (2005)	자기이해, 따돌림에 대한 개념 정립, 인식 개선, 학급 분위기 조성의 내용으로 구성	• 방관적 태도 • 자아존중감 • 학교생활만족도	중	11	집단상담 (7~8명) 또는 심리교육 (학급)

윤성우, 이영호 (2007)	또래지지 집단상담 비디오 개입, 토론, 왕따 체험 등의 개입 전략 사용	• 집단따돌림에 대한 인식 • 따돌림 상황에서 자신의 태도와 행동 차이 인식 • 공감 • 감정 노출	중 (방관자, 여학생)	8	집단상담 (21명)
법무부 (2012)	역할극	• 방관자 행동 • 공감 • 대처행동	초	12	심리교육 (학급)

8) 주변학생을 위한 프로그램의 예시

◆ 행복나무 프로그램(법무부, 2012)

개요 및 목적

법무부(2012)에서는 학교폭력의 목격자 및 방관자를 건강한 또래 중재자로 이끌기 위해 학교폭력 예방 프로그램인 '행복나무 프로그램'을 개발하였다. 이 프로그램은 학교폭력에 대한 스스로의 다짐 및 학급 규칙을 함께 만들어 감으로써 학교폭력 문제에 적극적으로 대응하는 학급 분위기를 형성하기 위해 개발되었는데, 이에 학교폭력이 발생하는 열 가지 상황별 역할극을 수행하도록 한 뒤, 충분한 토의를 거쳐 10개의 학급규칙을 정하고, 행복나무 가지 아래에 나의 마음이나 행동에 대한 다짐을 쓴 나뭇잎을 붙여 학급의 행복나무를 만들고, 프로그램 종료 후 만들어진 학급의 행복나무 약속을 지킴으로써 행복나무를 지속적으로 가꾸어 나가도록 하는 데 있다. 이 프로그램의 목적은 다음과 같다.

• 학교폭력에 대한 스스로의 다짐 및 학급규칙을 함께 만들어 감으로써 학교폭력 문제에 적극적으로 대응하는 학급 분위기를 형성하기

주요 대상자 및 진행방식

• 주요 대상자: 초등학생
• 진행방식: 총 10회기(5주, 주별 2교시)로 구성

주요 내용

회기별 프로그램 진행은 다음과 같은 방식에 따라 이루어진다.

- 회기별 구성: '설명(5분) – 역할극(10분) – 토론(15분) – 정리(10분)'의 4단계로 구성
- 회기별 진행시간: 각 회기는 40분으로 구성

표 12-17 행복나무 프로그램의 내용과 특징

회 기		주 제	배경 장소	괴롭힘 유형
기초 과정	1	툭툭 치지 말아요	교실	외현적 공격성 – 신체
	2	모두 함께 놀아요	운동장	관계적 공격성
	3	미운 말은 아파요	교실	외현적 공격성 – 언어
	4	이제 그만, 휴대전화 욕설	교실(사이버)	사이버 공격성
기본 과정	5	나는 미키마우스가 아니에요	수돗가	관계적 공격성
	6	모두가 행복한 점심 시간	교실	외현적 공격성 – 도구
	7	심부름은 싫어요	복도	관계적 공격성
심화 과정	8	험담 쪽지는 이제 그만	학원	관계적 공격성
	9	내 친구를 도와줘요	외진 곳	외현적 공격성 – 신체
	10	돈은 그만 빌려요	하굣길	외현적 공격성 – 도구

행복나무 프로그램 이외에도 주변인에 초점을 둔 프로그램으로 헬핑(Help Encouurage yourself as a Leader of Peace-ing!: HELP-ing) 프로그램과 시우보우(視友保友) 프로그램이 있다. 헬핑 프로그램은 학교 구성원의 가장 다수이면서 동시에 문제해결의 핵심인 방관자 집단을 중심으로 하고 있다. 이 프로그램은 한국의 교육 여건을 반영하여 비교적 단기간에 일반 학생을 대상으로 교실에서 실시될 수 있도록 하였으며, 초등용(40분)과 중등용(45분)으로 구성하여 학교 현장에 따라 선택하여 사용할 수 있게 하였다(곽금주 외, 2005). 반면 시우보우 프로그램은 '친구를 보면서(視友) 친구를 보호하자(保友)'는 뜻으로 학생의 인지 · 정서행동 발달 수준에 맞추어 제작되었다. 이 프로그램은 학교폭력의 예방적 차원에서 또래관계, 의사소통, 문화, 이타행동 등 기본 교육을 강조하고 있다. 또한 학교폭력에 노출될 수 있는 학생에게

실질적인 도움이 되기 위해 사례별 대처 요령을 구체적으로 제시하고 있다(곽금주, 2008 재인용). 이 프로그램은 초 · 중 · 고등학교별로 1장의 CD로 제작되었고, 교사가 간단하게 소지한 뒤 교실에서 시연할 수 있다. 시연하는 교사가 별도의 준비나 교육이 없이도 다양하게 활용할 수 있다. 학생이 짧은 시간(매회 10분 이내의 동영상) 동안 시연을 감상하는 것으로도 핵심적인 내용을 전달받을 수 있도록 제작되었으며, 교사는 이에 덧붙여서 다양한 활동(감상쓰기, 토의, 토론하기)을 전개할 수도 있다.

이 장의 요약

이 장에서는 학교폭력의 가해학생과 피해학생 및 주변학생을 위한 예방 및 개입 프로그램에 대해 살펴보았다. 학교폭력을 효과적으로 예방하고 개입하기 위해서는 세 가지 수준—보편적 · 선택적 · 지시적—의 개입이 필요함을 제시하였다. 즉, 폭력이 발생하기 이전에 모든 학생을 대상으로 개입하는 것이 필요하며, 위험요인을 지니고 있는 학생에게 선택적으로 개입해야 하고, 이미 학교폭력을 경험한 학생에게는 집중적인 지시적 개입이 필요하다.

이러한 개입은 다양한 전략을 통해 실현할 수 있는데, 학교에서 활용할 수 있는 전략으로는 교실에서 수업의 형태로 진행할 수도 있고, 여러 과목에서 학교폭력과 관련지을 수 있는 내용을 추출하여 학제적 교육과정을 개발하여 실행할 수도 있다. 집단지도나 집단상담과 같은 다양한 집단활동을 통해서도 실행가능하며, 학부모 워크숍이나 연수 등을 활용하는 방법도 가능하다.

또한 학교폭력 가해학생과 피해학생 및 주변학생을 위한 프로그램을 개관하였다. 프로그램의 개발과 효과성을 검증했던 다양한 연구를 검토하였고, 여러 기관에서 개발하여 보급하고 있는 프로그램을 중심으로 프로그램의 구성요소와 특징을 요약하였다.

이 장에서 제시한 것처럼 가해학생을 위한 프로그램이 효과적이라는 주장도 있지만 일부 학자는 학교폭력 가해학생으로 집단을 구성하여 개입하면 오히려 역효과를 초래할 수 있음을 지적하고 있다(Dishion, McCord, & Poulin, 1999; Falcon, 2002). 왜냐하면 폭력행동을 보이는 또래와 접촉이 증가하면 폭력행동을 강화시키거나 단계적인 확대를 가져올 수 있다고 보기 때문이다. 이처럼 가해학생의 행동을 개선하기 위해 집단을 구성하여 프로그램을 실시하는 것에 대한 자신의 입장을 취하고, 그 근거를 제시하시오.

생각해 볼 문제

1. 이 장에서는 국내 프로그램을 중심으로 소개하였는데, 가해, 피해 및 주변학생을 위한 국외 프로그램을 조사하여 비교해 보세요.
2. 가해, 피해 및 주변학생을 위한 학교폭력 관련 프로그램을 보편적 · 선택적 · 지시적 프로그램의 유형별로 분류하여 비교해 보세요.
3. 학교폭력과 관련하여 학제적 교육과정을 개발하려면 교과별로 학교폭력 관련 요소를 추출해야 합니다. 한 교과를 선정한 후(예, 중학교 2학년 사회과) 학교폭력과 연결할 수 있는 요소를 생각해 보세요.
4. 일부 학자는 학교폭력 가해학생으로 집단을 구성하여 개입하면 오히려 역효과를 초래할 수 있음을 지적하고 있습니다. 가해학생을 위해 프로그램을 실행할 때 주의할 점을 생각해 보세요.

참고문헌

곽금주(2008). 한국의 왕따와 예방 프로그램. 한국심리학회지: 사회문제. 14(1), 255-272.

곽금주, 김대유, 김현수, 구효진(2005). 학교폭력 예방 프로그램 개발에 관한 연구. KT&G 복지재단 연구보고서.

교육과학기술부, 한국교육개발원(2012). 2012년도 하반기 어울림 프로그램 운영학교 결과보고서.

교육과학기술부(2008). 학교폭력 피해학생 치유 프로그램.

권선애, 안석(2012). 학교폭력 가해 및 피해학생을 위한 음악치료 프로그램 연구: 정신역동적 관점을 중심으로. 한국기독교상담학회지, 23(3), 9-57.

김광수, 양곤성(2012). 용서상담 프로그램이 집단따돌림 피해아동의 용서와 자아개념에 미치는 영향. 청소년상담연구, 20(1), 175-192.

김동일, 박알뜨리, 이기정(2008). 초등학생 학교폭력 및 집단따돌림 예방을 위한 대인관계 증진 게임 효과성 평가연구. 아시아교육연구, 9(2), 49-65

김성혜, 김춘경(2002). 또래 괴롭힘을 당하는 초등학생을 위한 사회적 기술 향상 프로그램의 적용효과. 초등교육연구, 15(1), 59-86.

김인숙, 안태영(2012). 브레인댄스 프로그램이 학교폭력 피해 청소년의 스트레스 호르몬 및 자율신경계 변화에 미치는 영향. 예술심리치료연구, 8(2), 27-46.

김종운(2003). 분산적 · 집중적 사회기술훈련 프로그램이 따돌림 아동의 자아존중감과 대인관계 및 자기표현에 미치는 효과 비교. 상담학연구, 4(3), 479-497.

김종운(2011). 구조화가 낮은 지역(low structure areas)에 대한 카드 시스템(Card-System) 활용 초등학교용 학교폭력 예방 프로그램의 개발과 효과: 일반 학교폭력 예방 프로그램과의 비교를 중심으로. 동북아 문화연구, 28, 225-245.

김종운, 천성문(2005). 따돌림 예방 집단상담이 따돌림 아동의 자아존중감과 자기주장 및 따돌림 피해에 미치는 효과. 상담학연구, 6(4), 1335-1349.

김지영, 정정숙(2011). 중학생들의 학교폭력 가해행동 재발방지를 위한 집단상담 프로그램의 효과. 청소년학연구, 18(8), 141-159.

김화숙, 한미경, 천성문(2010). 학교폭력 가해자 집단상담 프로그램이 학교폭력 가해 중학생의 자기효능감과 정서적 안정성에 미치는 효과. 상담평가연구, 3(2), 47-57.

도기봉(2006). 학교폭력 경험 청소년의 자아존중감 향상 및 문제행동 감소를 위한 또래 집단 프로그램의 효과. 사회복지개발연구, 12(2), 127-147.

도기봉, 오주, 신정인(2011). 학교폭력 피해 여고생의 자아존중감과 역량강화를 위한 임파워먼트 프로그램의 효과. 청소년학연구, 18(1), 149-174.

도현심, 권정임, 박보경, 홍성흔, 홍주영, 황영은(2003). 또래 괴롭힘 피해아의 특성에 기초한 중재 프로그램의 개발: 부모교육 프로그램과 사회적 기술 훈련 프로그램을 중심으로. 아동학회지, 24(4), 103-121.

박효정, 정미경, 박종효(2007). 학교폭력 예방 프로그램 개발 연구. 한국교육개발원.

법무부(2012). 행복나무 프로그램: 행복한 교실을 만드는 약속의 나무.

변귀연(2006). 집단괴롭힘 피해학생 역량강화를 위한 집단 프로그램의 개발과 효과. 한국청소년연구, 17(1), 263-295.

사회정신건강연구소(2005). 한 번 더 생각해 봐. 서울: 교육과학사.

사회정신건강연구소(2006). 작은 힘으로 시작해 봐. 서울: 교육과학사

삼성생명공익재단사회정신건강연구소, 숭실대학교(2006). 학교폭력예방프로그램 효과성 평가 연구.

서기연, 유형근, 권순영(2011). 초등학교 고학년을 위한 또래지지 중심 집단따돌림 예방 프로그램 개발. 아동교육, 20(2), 131-146.

서진, 유형근, 권순영(2010). 초등학교 저학년의 역할놀이를 통한 갈등해결 중심 학교폭력 예방 프로그램 개발. 아동교육, 19(1), 197-213

손진희, 홍지영(2009). 따돌림 피해 청소년을 위한 집단상담 프로그램 개발 및 효과 연구. 상담학연구, 10(2), 1013-1033.

양미진, 김은영, 이상희(2009). 초등학생의 학교폭력 예방을 위한 배려증진 프로그램 효과 검증 연구. 초등교육연구, 22(2), 205-232.

오인수(2010). 집단따돌림 해결을 위한 전문상담교사의 전학교 접근. 상담학연구, 11(1), 303-316.

오은경(2006). 애니어그램 프로그램이 학교폭력 가해 청소년의 심리적 적응에 미치는 효과. 에니어그램연구, 3(1), 23-39.

오해영, 김호영(2005). 중학생 집단따돌림 예방 프로그램의 효과에 관한 연구. 미래청소년학회지원 연구보고 RR 2007-9-2.

윤성우, 이영호(2007). 집단따돌림 방관자에 대한 또래지지 프로그램의 효과. 한국심리학회지 임상, 26(2), 271-292.

이봉주, 김예성, 임정임(2009). 학교폭력 예방 프로그램 개발 및 효과성 평가 연구: 논리모델에 기반하여. 한국청소년연구, 20(2), 257-281.

이수영, 유형근, 권순영(2010). 초등학교 고학년의 언어폭력 예방을 위한 역할놀이 중심 집단상담 프로그램 개발. 아동교육, 19(4), 199-214

이정숙, 김수진, 이정자, 최봉실, 권영란, 김보영, 양야기(2008). 학교폭력 예방 프로그램이 중학생의 학교폭력 가해행동, 피해행동 및 대인관계에 미치는 효과. 정신간호학회지, 17(4), 481-490.

이종화, 심혜숙(2005). 따돌림 가해자를 위한 MBTI 적용 정신역동적 집단상담 구성과 효과검증. 한국심리유형학회지, 12, 21-34.

이춘정, 유형근, 권순영(2010). 이야기치료의 기법을 활용한 초등학교 저학년의 학교폭력 예방 프로그램 개발. 상담학연구, 11(1), 265-282.

정명선(2010). 학교폭력 청소년의 공감훈련 집단미술치료 효과. 한국청소년연구, 21(4), 51-77.

정혜란(2011). 학교폭력 예방 프로그램의 효과성 분석에 관한 연구. 한영연구논문, 3, 189-207.

조성희, 최철환(2000). 학교폭력 가해자 집단을 위한 사이코드라마. 한국사이코드라마학회지, 3(1), 25-40.

청소년보호위원회(2003). 학교폭력 가해학생 선도 · 교육 프로그램.

청소년폭력예방재단(2004). 내가 바로 지킴이. 청소년폭력예방재단.

한국교육개발원, 한국청소년정책연구원(2007). 자, 이제 다시 시작이야!.

한국교육개발원(2008). 학교폭력 예방 프로그램 적용효과 분석 연구.

허승희, 최태진(2008). 초등학교 폭력 예방을 위한 집단상담 프로그램의 적용과 그 효과(1) 가해성향 아동을 대상으로. 초등교육연구, 21(3), 175-197.

American School Counselor Association. (2003). *The ASCA national model: A framework for school counseling programs*. Alexandria, VA: Author.

Dishion, T. J., McCord, J., & Poulin, F. (1999). When intervention harm-Peer groups and problem behavior. *American Psychologist, 54*, 755-764.

Falcon, C. T. (2002). *Family desk reference to psychology: Practical, expert, counseling advice at your fingertips*. Ebrandedbooks.

Gordon, R. (1987). An operational classification of disease prevention. In J. A. Steinberg & M. M. Silverman (Eds.). *Preventing mental disorders*. Rockville, MD: U. S. Department of Health and Human Services.

Hahn, R., Fuqua-Whitley, D., Wethington, H., Lowy, J., Liberman, A., Crosby, A., Fullilove, M., Johnson, R., Moscicki, E., Price, L., Snyder, S. R., Tuma, F., Cory, S., Stone, G., Mukhopadhaya, K., Chattopadhyay, S., & Dahlberg, L. (2007). Centers for Disease Control and Prevention (CDC); Task Force on Community Preventive Services. *The effectiveness of universal school-based programs for the prevention of violent and aggressive behavior: a report on recommendations of the Task Force on Community Preventive Services, 56*(RR07), 1-12.

Rapp-Paglicci, L. A., Dulmus, C. N., & Wodarski, J. S. (2013). 아동 · 청소년을 위한 예방적 개입 (오인수 역). 서울: 학지사.

Shaw, D. S., & Bell, R. Q. (1993). Developmental theories of parental contributors to antisocial behaviors. *Journal of Abnormal Child Psychology, 21*, 493-518.

Song, S. Y., & Swearer, S. M. (2002). *An ecological analysis of bullying in middle school: Understanding school climate across the bully-victim continuum*. Paper presented at the annual conference of the National Association of School Psychologists, Chicago, IL.

학교차원 긍정적 행동지원을 활용한 개입

〈학습개요 및 학습목표〉

이 장에서는 긍정적 행동지원의 기본 개념을 바탕으로 학교폭력의 예방과 개입을 위해 학교 전체의 시스템을 어떻게 활용하고 변화시킬 수 있는지 살펴본다. 또래괴롭힘 예방과 관련하여 학교차원 긍정적 행동지원을 활용한 두 가지 예를 살펴보고, 국내 학교폭력 예방을 위한 시사점을 논의한다.

이 장의 구체적인 학습목표는 다음과 같다.

1. 현재 주로 사용되고 있는 학교폭력 예방 프로그램의 문제점을 설명할 수 있다.
2. 효과적 훈육의 기본 요소를 설명할 수 있다.
3. 긍정적 행동지원의 기본 아이디어를 설명할 수 있다.
4. 학교차원 긍정적 행동지원의 핵심요소를 설명할 수 있다.
5. 학교폭력 및 또래괴롭힘 예방 전략으로서 학교차원 긍정적 행동지원의 역할을 설명할 수 있다.

1. 학교폭력 예방 프로그램의 문제점

우리나라에서 학교폭력의 문제는 1990년대 후반에 '왕따' 피해학생의 자살사건을 계기로 표면화되었으며, 이후 많은 학문적 연구와 예방 노력이 본격적으로 시작되었다. 그러나 또래괴롭힘을 포함한 학교폭력은 사라지지 않았을 뿐 아니라, 2011년 12월 이후에 발생한 또래괴롭힘 피해학생들의 연이은 자살사건과 이로 인해 밝혀진 학교폭력의 심각성은 우리 사회에 큰 충격을 던져 주었다. 이를 계기로 2012년 2월 학교폭력근절 종합대책[1]이 새롭게 발표되었고, 학교폭력 해결을 위한 수많은 예방

1) 2012년 2월에 발표된 학교폭력근절 종합대책은 피해학생 보호 최우선, 가해학생에 대한 엄정 조치 및 인성교육 강화를 특징으로 한다. 이 대책은 피해자 전학권고 조항을 삭제하고, 피해학생의 심리상담을 의무

및 개입 프로그램이 양산되고 있다.

그러나 안타깝게도 이러한 조치 및 예방/개입 프로그램은 경험적 연구의 주요 발견을 충분히 고려하고 있지는 않은 듯하다. 학교폭력의 대표적 예인 또래괴롭힘(bullying)의 경우, 많은 연구는 또래괴롭힘이 가해자와 피해자의 이자 관계가 아니라 학급 구성원의 70~80%가 참여하는 집단 현상이며(Salmivalli, Lagerspetz, Björkqvist, Österman, & Kaukiainen, 1996), 괴롭힘이 발생하는 사회적 맥락의 여러 특성, 즉 학교 분위기나 학급환경 등에 의해 영향을 받게 된다는 것(Yoon, Bauman, Choi, & Hutchinson, 2011)을 반복적으로 강조해 왔다. 그러나 현재의 학교폭력 관련 정책이나 예방 프로그램은 여전히 가해자와 피해자를 대상으로 한 개별적 접근에 집중하고 있다.

또래괴롭힘 예방 및 개입전략이 효과적이기 위해서는 개인은 물론 이들이 상호작용하는 다양한 환경적 맥락을 동시에 다루는 다면적 접근이 필수적이다(Espelage & Swearer, 2004). 예를 들어, 대다수 또래괴롭힘 예방 프로그램의 모델이 되어 왔던 Olweus의 또래괴롭힘 예방 프로그램(Olweus Bullying Prevention Program: OBPP)은 전학교 접근(whole-school approach)의 대표적 예로서, 또래괴롭힘 가해자, 피해자에 초점을 둔 학생 수준 개입, 교사와 다른 어른들을 대상으로 한 학급 수준 개입, 학교의 전반적 문화와 분위기를 수정하기 위해 고안된 학교 수준 개입 등 학교 전체를 대상으로 한 포괄적 전략을 활용하고 있다. 마찬가지로, 핀란드의 KiVa antibullying program은 전체 학생을 대상으로 또래괴롭힘에 기여하는 집단의 역할에 대한 인식을 증가시키고, 주변인의 공감과 자기효능감 향상을 목표로 하는 보편적(universal) 개입과 괴롭힘 가해자와 피해자를 대상으로 하는 지시적(indicated) 개입으로 구성되어 있으며, 교사훈련과 부모훈련, 온라인 게임과 교육 등 종합적인 전략을 구사한다(Salmivalli & Poskiparta, 2012). 이 두 프로그램은 학교기반 또래괴롭힘 예방 프로그램 44개에 대한 Ttofi와 Farrington(2011)의 메타분석 결과, 프로그램 실시 후 또래괴롭힘 가해와 피해에서 약 40~50%의 감소를 보이고 있는 것으로

화 하였으며, 시 · 도 교육감으로 하여금 가해학생 재활 프로그램을 필수적으로 운영하도록 하였다. 이에 따라 가해학생은 일정 기간 본인의 학교에서 격리되어 Wee 스쿨, 법무부 소관 청소년비행예방센터, 시 · 도 학생교육원, 민간기관, 직업훈련기관 등에서 재활 프로그램을 필수 이수하도록 되어 있다. 또한 학부모 동의 없이도 가해학생에게 심리치료를 실시할 수 있게 하였다.

나타났다. 이는 나머지 프로그램에서 가해는 평균적으로 20~23%, 피해는 17~20% 감소하는 것과 대비되는 결과로, 개인과 환경 모두에 대한 다면적이고 포괄적인 접근의 중요성을 강조한다.

한편 Ttofi와 Farrington(2011)의 메타분석에 따르면, 또래괴롭힘 감소 측면에서 프로그램 구성요소의 유용성에 분명한 차이가 있었다. 즉, 가해자나 피해자를 개별적으로 다루는 접근은 또래괴롭힘 감소에 전혀 효과가 없었으며, 가장 효과적인 프로그램 구성요소는 학급관리, 훈육방법, 교실의 규칙, 부모훈련, 학교 전체 또래괴롭힘 정책 등이었다. 이와 유사하게, 미국 중학생의 경우 피해자 중심의 개입이나 또래상담, 또래중재 프로그램 등 또래지지 모델(peer support model)을 선호하지 않았으며, 오히려 교사에 의한 철저한 학급관리를 또래괴롭힘 예방전략으로 가장 선호하였다(Crothers, Kolbert & Barker, 2006). 이러한 연구결과는 또래괴롭힘 예방 및 개입활동이 지금처럼 가해자와 피해자의 개인 속성을 변화시키려는 노력에 국한되어서는 안 되며, 무엇보다도 학교정책이나 학급규칙, 훈육방법, 학급관리 등 환경적인 변화를 도모하는 것이 급선무임을 시사한다.

대다수의 학교폭력 예방 및 개입 프로그램은 실제 적용 측면에서도 문제점을 지닌다. 외부 전문가에 의해 개발된 상품화된 프로그램들의 경우, 프로그램 개발 시 학교의 여러 경쟁적 사안이나 시간 부족, 인적 · 물적 자원의 부족 등 현실적인 어려움을 충분히 고려하지 않기 때문에 아무리 이론적으로 우수한 프로그램이라 하더라도 학교 현장에서 이를 충실하게 운영하는 것에는 여러 제약이 따른다. 물론 처음에는 문제해결에 대한 강한 동기로 인해 프로그램의 여러 조건들을 만족시키려 노력하겠지만, 여러 현실적 상황으로 인해 프로그램을 개발자의 원래 의도와 계획에 맞게 충실하게 운영하는 것은 점점 더 어려워질 것이다. 프로그램의 운영에 드는 노력이 너무 큰 것은 교사로 하여금 프로그램을 흔쾌히 받아들여 사용할 수 없게 하거나 실행 충실도(fidelity of implementation)를 떨어뜨리고, 결국 프로그램의 효과성을 감소시키게 된다(Walker et al., 1996). 여기서 더 근본적인 문제는 외부 전문가가 개발한 패키지 프로그램은 특정 학교의 상황을 고려하여 개발된 것이 아니기 때문에 특정 학교의 입장에서 해결해야 하는 문제와 개입 프로그램 간에 맥락적 불일치가 존재하게 되고, 이러한 차이가 클수록 아무리 충실하게 시행한다고 해도 기대했던 긍정적 효과에는 미치지 못하게 된다는 점이다. 결국 학교는 프로그램을 중도에 포기

하게 되고, 또 다른 새로운 프로그램을 시도하게 된다. 이러한 상황이 반복되다 보면 학교폭력을 해결하고자 하는 학교의 노력은 말 그대로 '누더기 상태'가 되고 만다(Merrell, Ervin, & Gimpel, 2006/2008). 학교폭력을 진정으로 예방하기 위해서는 학교 시스템 전체를 관통하는 일관된 정책과 체계적 전략이 결정적이며, 특정 학교의 독특한 상황에 맥락적으로 일치하는 효과적 프로그램의 개발이 필수적이다. 또한 이러한 전략을 지속적으로, 충실하게 시행할 수 있도록 학교의 전폭적 지원체계가 확립되어 있어야 한다.

이 장에서는 학교폭력 해결을 위해 학생 개인 중심의 접근이 아니라 학급규칙이나 훈육, 학급관리 등 환경적 측면에 보다 초점을 둘 뿐 아니라 학교의 독특한 맥락에 부합되는 일관되고 체계적인 전략을 갖춘다는 측면에서 '학교차원 긍정적 행동지원(School-Wide Positive Behavior Support: SW-PBS)'이라는 시스템적 접근을 소개하고자 한다. SW-PBS는 그동안 학교폭력이나 또래괴롭힘과 관련하여 우리나라에서 거의 주목받지 못하였지만, 문제행동에 대한 대표적 훈육체계로서 학교폭력의 해결에도 전도유망한 접근으로 평가받고 있다(Pugh & Chitiyo, 2012).

2. 효과적 훈육

1) 처벌적 훈육의 문제점

최근 학교폭력의 심각성과 해결방법에 대한 논의 때마다 예외 없이 등장하여 청중의 공감을 사는 의견이 하나 있는데, 그것은 바로 학생인권보호 및 그에 따른 체벌금지가 교사로 하여금 학생의 문제행동을 바로잡을 수 없게 하고 결국 이러한 상황이 현재의 학교폭력 문제에 기여했다는 입장이다. 학생이 교실 내에서 보이는 다양한 문제행동은 아무리 사소한 것이라 하더라도 교사의 입장에서는 스트레스 요인이 될 수밖에 없다. 실제로 학교에서의 교육 및 학습은 반항 및 불복종, 공격성, 또래괴롭힘 등 문제행동에 의해 방해받고 있으며(Sugai & Horner, 2006), 약 77%의 교사들이 훈육문제가 그렇게 빈번하지 않다면 학생을 더 잘 교육시킬 수 있을 것이라고 보고하였다(Public Agenda, 2004).

그렇다면 교사가 체벌을 사용할 수 있게 된다면 학생의 사소한 문제행동을 효과적으로 다스릴 수 있을 뿐 아니라 학교폭력의 감소도 기약할 수 있을까? 학교는 보통 문제행동에 대해 사후 처벌적 접근을 사용한다. 즉, 문제 발생 후 꾸짖거나, 특권을 박탈하고, 교무실로 보낸다든지, 정학이나 퇴학을 시키는 등 결과물(consequences)을 나중에 제공한다. 제재와 처벌에 의존하는 이러한 외적 훈육은 문제행동의 즉각적인 중지를 가져옴으로써 교사에게 부적 강화를 제공하며, 부정적이긴 하지만 학생에게 개별적 주의를 주고 학생이 힘들어하는 수업을 일부 회피할 수 있게 도와줌으로써 학생에게도 강화를 제공하게 된다. 따라서 교사는 처벌적 훈육을 효과적이라고 여겨 더 많이 사용하게 될 것이고, 학생의 문제행동 역시 같은 이유에서 증가할 것이다(Osher, Bear, Sprague, & Dolye, 2010). 여기서 기억해야 할 점은 학생의 문제행동은 사실상 교사가 강화시킨 결과일 수 있다는 사실이다. 교사가 문제행동의 기능을 고려하지 않은 채 '처벌'이라 생각하는 결과물을 부여하게 되면 이 처벌이 학생에게 보상으로 작용하게 될 가능성을 배제할 수 없다는 것이다. 예를 들어, 공부가 너무 어렵고 재미가 없어서 학교에 가는 것을 싫어하는 학생이 있다고 하자. 학교에서 학생이 보이는 심각한 문제행동으로 인해 정학을 시킨다고 했을 때, 이 학생은 학교라는 혐오자극을 피할 수 있게 되면서 계속해서 문제행동을 하도록 학습될 것이다. 즉, 정학은 처벌이 아니라 강화물로 작용한다.

한편 처벌적 훈육이 자신의 행위에 논리적으로 연결되지 않으며 다른 학생에게 주어지는 처벌과 비교하여 불공평하다고 여겨질 때 처벌은 오히려 문제행동을 악화시킨다(Anderson & Kincaid, 2005). 예를 들어, 수업 중에 옆 친구와 몇 번 이야기를 나누었는데 선생님이 방과후에 남아 칠판에 '잘못했습니다'를 100번 쓰게 하였다고 하자. 다음 날 다른 학생이 계속해서 옆 사람과 이야기를 나누고 있는데도 선생님이 한 번 주의를 주고는 그냥 넘어간다면 어떻게 될까? 비일관적일 뿐만 아니라, 학생의 행동과 직접적으로 연결되지도 않고 행동의 심각성에도 맞지 않는 이런 식의 훈육은 학생으로 하여금 권위자에 대한 반감과 분노만 경험하게 할 것이다.

이처럼 처벌이 효과적이지 않을 때, 학교는 보통 '강해지기(get tough)' 접근을 사용하는 경향이 있다(Skiba & Peterson, 2000). 이는 반복되는 문제행동에 점점 더 강한 제재를 가하는 것이 학생에게 그들의 행동방식이 수용되지 않음을 명확히 알리게 될 것이라는 가정에 기초한다. 학교폭력에 대한 불관용 정책(zero tolerance

policy)이 대표적인 예인데, 이는 폭력은 용인되지 않는다는 강력한 메시지와 함께 학생에게는 그들의 어떤 말도 듣지 않을 것이라는 메시지를, 교사에게는 훈육문제를 해결하기 위해 그들의 전문적 판단이 필요하지 않다는 메시지를 전달하는 것으로(Orpinas, Horne, & Staniszewski, 2003), 지지적이며 협조적인 학교 분위기 형성에 악영향을 미치게 된다. 한편 가장 심각한 행동문제를 보이는 학생은 강력한 처벌이나 제재에도 크게 신경을 쓰지 않으며, 그들의 행동 강도와 빈도는 오히려 더 악화된다(Horner & Sugai, 2006). Dishion과 Andrews(1995)의 연구에 따르면, 문제행동을 보이는 학생에게 더 많은 제재를 가하고, 반사회적 또래와 함께 더 제한되며, 고립된 장소에 배치하는 것은 더 심각하고 빈번한 훈육문제를 만들어 낼 뿐 아니라, 반사회적 행동의 증가를 가져온다(Dishion, Dodge, & Lansford, 2006; Osher et al., 2010에서 재인용).

2) 예방적 접근의 중요성

사후 처벌적인 접근은 무엇이 기대되는 행동인지에 대해 명확히 가르치지 않는다는 점에서도 비난을 받는다. Bandura(1986)에 따르면, 효과적인 처벌은 명확하고 즉각적이며 행동에 직접적으로 연결될 뿐 아니라, 올바른 행동을 가르치는 것이다(Orpinas et al., 2003). 처벌이 제대로 기능하기 위해서는 학급과 학교에서 기대되는 행동에 대한 명확한 규칙을 세우고, 이러한 행동을 학생에게 직접 반복하여 가르치는 일이 결정적임에도 이 부분은 많은 경우 무시되어 왔다. 문제가 발생했을 때 제재를 가하긴 하지만 미리미리 올바른 행동을 가르치고 이를 적극적으로 강화하지 않는 이러한 접근은 교사, 행정가가 다루는 훈육문제의 50% 이상이 전체의 1~5%에 해당하는 소수 학생의 문제행동에 집중되어 있다는 발견과 무관하지 않다(Sugai et al., 2000). 이처럼 심각한 공격성이나 반사회적 행동을 보이는 학생은 어렸을 때 또래나 주변 어른들과 어떻게 상호작용하는 것이 바람직한지에 대해 배울 기회를 갖지 못했던 경우가 대부분이기 때문에, 특히 이러한 학생에게는 문제의 징후가 발견될 때마다 무엇이 기대되는 행동인지에 대해 직접적으로 가르치는 것이 매우 중요하다(Walker et al., 1996). 그러나 우리는 학생의 문제행동이 주변 사람을 괴롭힐 정도로 심각해 졌을 때에야 비로소 처벌과 제재를 가하여 바로잡으려 할 뿐, 문제행동

의 발생 자체를 예방하는 일에는 소홀해 왔다(Sugai & Horner, 2006). 결국 우리는 매번 가장 심각하고 만성화된 문제행동와 직면하게 되고, 이를 해결하기 위해 가지고 있는 모든 자원을 소진하게 된다(Merrell et al., 2006/2008). 효과적인 훈육은 사후 처벌적인 접근이 아니라, 미리미리 기대되는 행동을 학생에게 명료하게 전달하고 이러한 행동을 직접적으로 반복하여 가르치는 일이 되어야 한다.

3) 환경적 변화의 필요성

한편 교사들이 훈육문제를 다룰 때 가장 선호하는 개입 중 하나는 개인상담 및 심리치료다(Walker et al., 1996). 우리나라에서도 산만하거나 파괴적이며 공격적인 여러 문제행동을 다루기 위해 개인상담은 매우 흔한 처방책이다. 그러나 상담은 문제행동을 일으키고 유지시키는 환경적 변인을 식별하지 않는다. 따라서 아무리 학생이 자신의 행동에 대해 반성하고 각오를 새롭게 한다고 해도, 학급에 돌아갔을 때 자신의 문제행동을 유지시켜 온 결과물이 그대로라면 긍정적 행동을 지속하기는 어렵다. 특히 적절한 행동방식이 무엇인지 명확하게 가르침을 받지 못했다거나, 적절한 행동을 했을 때 즉각적으로 주의를 받고 정적으로 강화 받지 못한다면 행동의 개선은 거의 불가능하다(Anderson & Kincaid, 2005). 상식적으로도 가장 강력하고 직접적인 형태의 개입이 필요한 매우 심각하고 만성적인 문제행동에 상담이라는 간접적인 방식을 적용하는 것은 상당히 비합리적이다(Walker et al., 1996). 그럼에도 불구하고 상담을 통해 문제행동이 개선되지 않을 경우 학생에게는 다양한 처벌적 조치가 부여되며, 이는 앞서 설명했듯이 문제행동의 증가와 악화를 초래하게 된다.

여기서 기억해야 할 점은 학교 훈육문제와 관련된 800개 이상의 연구를 메타분석 했을 때 가장 효과적인 전략은 사회성 기술훈련, 학업 커리큘럼의 수정, 그리고 전체 시스템 차원의 행동개입이었다는 사실이다(Gottfredson, 1997; Luiselli, Putnam, Handler, & Feinberg, 2005에서 재인용). 즉, 문제행동의 발생 및 유지에 관여하는 환경적 조건을 식별하여 이를 변화시키는 행동적 개입이야말로 문제행동의 감소 및 제거에 가장 직접적인 해결책이며, 효과적인 훈육일 수 있다. 실제로 Sherer와 Nickerson(2010)의 설문조사 결과, 학교심리학자들은 학교 시스템 전체에 대해 행동적 개입을 시도하는 대표적 훈육체계, 즉 학교차원 긍정적 행동지원을 또래괴롭힘

예방에 가장 효과적인 전략으로 평가하였고, SW-PBS의 채택 및 운영이야말로 학교가 가장 시급히 보완해야 할 부분이라고 지적하였다. 따라서 이 장에서는 학교폭력 예방과 관련하여 학교차원 긍정적 행동지원을 소개하고자 한다.

3. 학교차원 긍정적 행동지원

1) 긍정적 행동지원

긍정적 행동지원(Positive Behavior Support: PBS)은 1997년에 「장애인 교육법(Individuals with Disabilities Education Act: IDEA)」이 법률(PL 105-17)로 지정되었을 때 '기능적 행동평가(Functional Behavioral Assessment: FBA)'[2)]와 함께 처음으로 소개된 개념이다(Sugai et al., 2000). PBS는 극단적 형태의 자해나 공격성 등 문제행동을 보이는 장애학생에게 사용되던 혐오적 개입을 대체하기 위해 개발되었는데, 최근에는 더 광범위한 학생과 다양한 맥락에 성공적으로 적용되기 시작하여 학교 전체를 위한 개입으로까지 확대되었다(Sugai et al., 2000; Sugai & Horner, 2006). 즉, 학교차원 긍정적 행동지원(SW-PBS)은 PBS의 하위유형이다.

긍정적 행동지원은 장애학생을 포함하여 모든 학생을 대상으로 문제행동의 감소와 바람직한 행동의 증가를 위해 행동의 기능(function)에 기초한 긍정적인 행동개입 프로그램과 시스템을 적용하는 훈육 모델로서, 개별 아동의 문제행동에 대해 사후 처벌적으로 반응하여 문제행동을 감소시키려 하는 대신 문제행동의 발생을 사전에 예방하기 위해 아동을 둘러싼 전반적 환경체계를 변화시키고자 한다. 이때 PBS는 문제행동을 '기술부족'으로 정의하여, 기대되는 행동과 이를 따르는 데 필요한 기술, 방법을 학생에게 직접 가르치고 연습시키는 교육적 접근을 사용하게 된다

2) 기능적 행동평가는 행동의 이유나 목적(function)을 알아내기 위한 평가방법으로, 행동과 그 행동을 둘러싼 선행사건(antecedents), 후속결과(consequences) 등의 관계를 파악하는 것에 초점을 둔다. 예를 들어, 수업 시간의 산만한 행동은 선생님의 주의를 끌기 위한 행동일 수 있으며, 개입은 이 가설에 입각하여 만들어진다. 즉, 선생님은 학생이 수업에 집중할 때에만 관심과 주의를 제공하며, 학생은 선생님의 주의를 끌 수 있는 다른 적절한 방법들을 배울 수 있다. 기능적 행동평가는 평가와 개입을 직접적으로 연결시킨다는 장점이 있다.

(Scheuermann & Hall, 2008/2010). 이러한 PBS의 예방적 관점은 학교 내 모든 시스템에서 일관되게 유지되며, 문제행동의 심각성에 따라 1차, 2차, 3차 예방의 다단계적 접근을 통해 구현된다.

긍정적 행동지원은 행동이론과 응용행동분석[3]에 뿌리를 두고 있으며(Sugai & Horner, 2006), 경험적 연구에 의해 타당하다고 밝혀진 다양한 개입전략을 사용하는 것을 원칙으로 한다. PBS의 기본 원리는 문제행동이 일어나는 환경적 맥락과 행동의 기능을 이해하게 되면 학생에게 보다 직접적으로 관련된 가장 효과적인 개입방법을 마련할 수 있다는 것이다. 즉, PBS는 문제행동, 문제행동이 발생하는 환경, 개입방법 간에 맥락적 일치(contextual fits)를 강조하는 실용적 전략이다(Sugai et al., 2000). 이를 위해 PBS는 개입에 앞서 기능적 행동평가 절차를 사용하게 되는데, 먼저 ① 문제행동을 조작적으로 정의하고, 문제행동의 발생 및 미발생을 예측하는 선행사건(antecedents)을 기술하며, 문제행동을 유지하는 결과물(consequences)을 기술하여 가설을 형성한다. 그 다음, ② 가설을 검증하기 위해 행동관찰 데이터를 수집하고, ③ 그 결과에 기초하여 행동지원계획(behavioral support plan)을 개발한다(Sugai et al., 2000). 이러한 행동지원계획은 문제행동을 일으키는 선행사건이나 이를 유지시키는 결과물을 변화시키며, 바람직한 대체행동을 직접적으로 가르치고 이를 강화하기 위해 보상체계를 확립하여 시행하는 것을 포함한다. 이러한 접근은 별도의 분리된 공간에서 조작적 조건형성의 원리를 사용하여 아동의 문제행동만을 없애고자 했던 기존의 행동주의적 개입, 즉 행동수정과는 차이가 있다(정길순, 노진아, 2011).

이러한 기능적 행동평가는 아동의 문제행동이 실제로는 교사의 잘못된 훈육으로 인한 결과일 수 있음을 보여 준다. PBS의 채택과 시행은 교사 및 행정가에게 처벌이 실제로는 강화로 작용할 수 있음을 이해시키는 것으로부터 시작되며, 이들에게 효과적인 행동관리 기술을 가르쳐 잘못된 훈육을 바로잡는 것에 초점을 둔다. 즉, PBS는 교사의 행동변화 없이는 아동의 문제행동도 변화될 수 없음을 강조한다. 교사의 행동변화에는 학급관리 기술의 변화뿐 아니라, 학습환경의 개선, 즉 수업 커리큘럼을

3) 응용행동분석(applied behavior analysis)은 학습 또는 치료과정에서 개인의 행동을 변화시키기 위해 고전적 · 조작적 조건형성의 원리를 적용하는 학문분야로, 기능적 행동평가나 긍정적 행동지원 등은 응용행동분석에 기초한 절차로 간주된다.

조정하고 새로운 교수방법을 적용하는 것도 포함되는데, 문제행동은 많은 경우 학습의 문제와 밀접한 관련이 있기 때문이다(Scheuermann & Hall, 2008/2010; Sugai et al., 2000).

한편 기능적 행동평가의 결과에 기초하여 아동의 문제행동에 직접적으로 관련된 개입전략을 도출하는 것은 자료주도적 의사결정(data-driven decision making)의 대표적 예다. PBS에서는 효과적인 개입을 마련하기 위해 교무실 훈육의뢰, 지각, 결석, 학업성적, 교실 내 행동 특징 등 다양한 정보를 다양한 방법(인터뷰나 직접 행동관찰, 기록 조사 등)을 통해, 그리고 다수의 출처(학생, 가족, 교사, 또래 등)로부터 수집하고 이를 분석한다. 즉, 문제행동의 훈육과 관련된 모든 결정은 객관적 자료에 근거하며, 이는 책무성(accountability)의 기초가 된다. 개입에 대한 반응을 평가하고, 이를 기초로 개입을 수정 · 보완하는 작업 또한 지속적인 자료 수집과 분석에 근거하며, 이러한 자료주도적 의사결정은 PBS를 다른 상품화된 훈육 프로그램과 차별화시킨다(Sugai et al., 2000).

2) 학교차원 긍정적 행동지원

앞서 언급했듯이, 학교차원 긍정적 행동지원은 PBS를 개인의 행동이 아니라 학교 환경의 변화를 위해 적용한 경우에 해당한다. SW-PBS는 개별 학생을 변화시키는 것이 아니라 학교의 환경 자체를 긍정적으로 개선하는 것을 목표로 하며, 이를 위해 객관적 자료에 기초하여 긍정적이고 예방적인 훈육 전략을 개발하고 이를 학교 내 모든 시스템에 일관되게 적용하는 체계적 지원 시스템이다. Anderson과 Kincaid(2005)는 SW-PBS의 목적을 ① 학교와 학급에서 문제행동의 발달을 예방하며, ② 현재 일어나고 있는 훈육문제를 감소 또는 제거하고, ③ 모든 학생에게 긍정적인 사회행동을 증가시키는 것으로 요약한 바 있다. 여기서 기억해야 할 점은 SW-PBS는 어느 학교에나 동일한 내용으로 실시되는 상품화된 프로그램이 아니며(Anderson & Kincaid, 2005), 학교의 독특한 특성과 필요에 따라 교사 및 교직원이 자체적으로 시행의 세부사항을 결정하는 하나의 방법론적 틀이라는 사실이다. 예를 들어, 학교차원 기대나 행동규칙은 학교마다 서로 다른 내용으로 개발될 수 있으며, 동일한 행동에 대한 강화 시스템 역시 학교마다 다르게 운영될 것이다. 즉, 각 학교

의 SW-PBS가 많은 공통점을 지니고는 있겠지만 완전히 동일한 SW-PBS를 실시하는 학교는 존재할 수 없다. 특정 학교의 SW-PBS는 정확히 그 학교의 고유한 요구와 자원에 부합하여 고안되며, 그 학교 내에서 일어나는 여러 변화와 함께 유연하게 수정 · 보완될 것이다(Scheuermann & Hall, 2008/2010).

(1) 학교차원 긍정적 행동지원의 핵심특성

학교차원 긍정적 행동지원은 기본적으로 앞서 설명하였던 PBS의 특성을 그대로 유지하지만, 특히 다음과 같은 측면에서 기존의 상품화된 훈육 프로그램과 차별화된다.

학교 내 모든 시스템에 대한 강조

SW-PBS에서 강조하는 전체로서의 학교는 실제로는 네 가지 시스템이 상호작용하는 네트워크로 간주된다. 즉, ① 규칙과 기대를 확립하고, 바람직한 학업적 및 사회적 행동을 가르치며, 모든 교직원의 활동을 조직하는 학교차원 시스템, ② 운동장, 복도, 화장실, 식당 등 학교 내 공공장소를 위한 정책과 절차를 제공하는 특정장소 시스템, ③ 학교 전체 정책과 절차를 지원하고, 교육환경 내에서 학생의 학업적 · 사회적 수행을 관리하기 위해 교사가 개발한 학급 시스템, 마지막으로 ④ 가장 심각한 수준의 문제행동을 보이고 있는 학생에게 반응하기 위해 정책과 절차를 제공하는 개별학생 시스템이 그것이다(Walker et al., 1996). SW-PBS는 학교 전체의 긍정적 환경변화와 학생의 학업 및 행동적 변화를 가져오기 위해서 이 네 가지 시스템을 관통하는 일관된 전략을 개발하여 적용하며, 각 하위 시스템에서의 현재 또는 미래의 문제를 예방하기 위해 체계적 개입을 실시한다.

팀기반 접근

SW-PBS에 관한 의사결정과 시행은 학교의 핵심 구성원을 대표하는 팀에 의해 이루어지는데, 이러한 팀기반 접근은 SW-PBS의 가시성을 증가시키고 프로그램의 지속적 시행에 기여하며 결과를 극대화하는 데 있어 필수적이다(Scheuermann & Hall, 2008/2010). Sugai와 Horner(2006)는 학교구 수준에서 정책이나 프로그램에 대한 의사결정권을 지닌 다양한 사람들로 구성된 지휘팀(leadership team)의 확립과

이들의 책임인 여섯 가지 주요 영역에 대해 설명하였다. 먼저 지휘팀은 (a) SW-PBS의 실무와 시스템이 자리 잡도록 정책을 마련하고, (b) 지속적 시행을 가능하게 하는 재정과 자원을 확보하며, (c) 여러 사안 중 SW-PBS가 우선순위를 유지할 수 있도록 정치적 지원을 제공하며, (d) 각 학교 수준에서 지속적으로 정확하게 SW-PBS을 시행할 수 있도록 코칭을 제공하고, (e) 외부 훈련가에 대한 의존을 줄이기 위해 학교구 내에서 훈련을 제공하며, (f) 시행의 진전을 모니터링하기 위해 규칙적 평가를 진행한다.

각 학교 수준에서도 SW-PBS의 효과적 시행을 위해 학교를 대표하는 3~7명으로 구성된 학교 PBS팀이 조직될 필요가 있는데, 학교 PBS팀은 객관적 자료에 기초하여 학교 내 훈육 요구를 판별하고, 시스템 변화에 대한 교사 및 교직원의 동의와 헌신을 끌어내며, 프로그램의 세부사항을 고안하고 시행하는 주도적 역할을 담당한다(Anderson & Kincaid, 2005; Scheuermann & Hall, 2008/2010). 여기에는 교장, 교감 등 학교행정가 1명과 증거기반 개입전략을 안내할 행동전문가 1명이 반드시 포함되어 있어야 하며(Anderson & Kincaid, 2005), 보통 학교행정가, 각 학년별 대표 교사, 특수교사, 관련 지원서비스 대표자, 직원 대표자, 부모, 학생 대표 등이 포함된다(Scheuermann & Hall, 2008/2010). 특히 학교행정가는 팀에 필요한 다양한 인적 · 물적 지원과 지도력을 제공하며 학교활동의 핵심으로 PBS를 각인시키는 데 결정적인 역할을 한다는 점에서 반드시 포함되어야 한다. 실제로 학교행정가의 강력한 지도력 없이 훈육문제를 다루고자 하는 학교는 산발적이고 일시적이며 비효과적인 시도로 끝나게 될 것이다(Sugai et al., 2000).

한편 SW-PBS는 교직원의 약 80%가 학교 환경과 훈육문제의 개선을 위해 SW-PBS의 시행에 참여하고, 적어도 3~4년간은 프로그램을 계속 지원할 것임을 분명히 할 경우에만 시작될 수 있다(Anderson & Kincaid, 2005). 이러한 집단 차원의 동의와 헌신은 SW-PBS라는 시스템 차원의 노력이 장기적으로 충실하게 시행될 수 있게 돕는 주춧돌이 되며, PBS팀은 이러한 동의와 헌신을 이끌어 내는 과정에서 결정적 역할을 한다. 김경양, 남보람, 김영란, 박지연(2010)의 연구에 따르면, SW-PBS에 대한 대부분의 외국 연구는 교직원의 동의를 구하고, 기초 자료를 수집하는 데에만 1년에서 2년의 시간을 들인 것으로 나타났다. 이러한 과정에서 PBS팀은 시행 전에 학교 내의 다양한 자료를 수집 · 분석하여 학교의 훈육요구를 식별하고, 그에 기초하여

SW-PBS의 필요성을 교직원에게 납득시킬 뿐 아니라, 외부 전문가의 지원을 받아 행동관리의 원리, 강화 및 교정절차, PBS와 기존 학교의 훈육방법과의 유사점 및 차이점 등에 대해 교사 연수 및 워크숍을 실시하게 된다. 또한 PBS팀은 시행 동안 학교차원의 PBS 활동 및 진전에 대해 교직원 모두에게 정기적으로 알리고, 프로그램 시행과 관련된 의견을 수렴하며, PBS를 충실하게 시행할 수 있도록 다양한 지원을 제공하게 된다(Scheuermann & Hall, 2008/2010). 즉, 시행 충실도를 높이기 위해 구체적인 시행 관련 스크립트, 단서, 다른 보조도구 등을 제공하고, 교직원 회의를 통해 실행과정을 점검하고 피드백을 제공하며, 시행상 어려움에 대한 질의응답 시간을 갖거나, 실제 장면에서 관찰을 통해 코칭 및 자문을 제공한다(김영란, 2009; Anderson & Kincaid, 2005; Simonsen, Britton, & Young, 2010; Sugai & Horner, 2006).

자료주도적 의사결정

SW-PBS는 다른 상품화된 프로그램과 달리, 개입 전략의 개발 및 실시와 관련된 모든 의사결정이 객관적이고 실제적인 다양한 자료에 기초한다. 앞서 언급했듯이 SW-PBS의 시행을 위해서는 특정 학교의 훈육요구를 판별하는 것이 필수이며, 이를 위해 학교 내의 반복적인 훈육문제 유형과 그러한 훈육문제가 발생하는 시간, 장소, 훈육문제에 대해 주어졌던 결과물, 훈육과 관련된 문제점 등을 검토할 필요가 있다(Anderson & Kincaid, 2005). 교무실 훈육의뢰(Office Discipline Referral: ODR)는 SW-PBS의 시행 전에 훈육 관련 요구를 판별하거나 SW-PBS의 시행 동안 프로그램의 효과를 평가하기 위해 흔히 사용되는 자료다. 예를 들어, 만약 지난 1년간의 ODR 분석을 통해 교무실 의뢰가 오후 2~3시경에 가장 많았음을 알게 되었다면, PBS팀은 이를 학생과 교사 모두에게 상기시키고, 그 시간대를 특별히 더 구조화하도록 만들 뿐 아니라 규칙 및 기술에 대한 재교육과 함께 긍정적 행동에 대한 강화물을 증가시키도록 제안하게 될 것이다(Netzel & Eber, 2003). 또한 적어도 한 달에 한 번 정기적으로 ODR 빈도를 조사함으로써 SW-PBS 시행의 효과를 점검하고 개입을 수정 · 보완할 필요가 있는 영역을 판별하게 된다. 한편 ODR 자료는 학생의 교무실 훈육의뢰가 사전에 정해진 일정 기준을 넘어서게 될 경우, 2차 또는 3차 수준의 추가 개입이 필요한지를 판단하기 위해 개별 평가를 하도록 만드는 역할도 한다(Scheuermann & Hall, 2008/2010).

SW-PBS에서는 현재 프로그램의 시행 상태, 개입의 효과성·효율성·관련성의 평가, 변화 필요성의 타당화 등을 위해 이러한 ODR 자료뿐 아니라, 교사나 교직원과의 면담 및 설문조사(예, SW-PBS에 대한 인식도, 시행 충실도, 만족도 등), 학생 행동의 직접 관찰, 표준화된 검사점수, 출석률, 지각률, 정학·퇴학률 등 다양한 자료가 활용된다(Scheuermann & Hall, 2008/2010). 예를 들어, PBS팀의 검토결과 복도에서는 긍정적 행동 강화를 위해 토큰을 사용하는 빈도가 다른 학교 내 영역에 비해 상당히 낮다는 것이 발견된다면, 교직원 회의에서 이 결과를 알리고 교사가 복도에서 보상을 더 많이 활용할 수 있도록 대책을 강구할 수 있다(Anderson & Kincaid, 2005).

3단계 예방모델

SW-PBS는 문제행동이 나타난 후에 처벌과 제재로 반응하는 대신에 문제행동이 일어나지 않을 수 있도록 미리미리 행동에 대한 기대와 규칙, 이를 따르고 수행하는 데 필요한 기술을 가르친다는 점에서 예방적 접근이라고 할 수 있다. 이러한 예방적 접근은 공중보건의 관점에서 세 가지 수준으로 구분될 수 있으며, 이를 통해 문제행동의 심각성 또는 학생의 필요에 따라 적합한 수준의 지원을 제공하게 된다(Sugai et al., 2000; Walker et al., 1996).

이에 따르면, 1차 예방(보편적 접근)은 모든 학생과 교직원, 장소를 대상으로 하며, 학교차원의 규칙과 절차를 확립하고, 모든 학생에게 기대행동을 할 수 있는 기술과 방법을 직접 가르치며, 적절한 행동을 강화하고 부적절한 행동에 대해서는 일관되게 반응한다든지, 문제행동과 연관된 물리적 환경을 바꾸거나 바람직한 행동을 촉진시키기 위해 시각적 단서를 사용하는 등 선행자극 요인을 변화시키는 것을 포함한다. 2차 예방(선택적 접근)은 심각한 문제행동이나 학업실패의 위험이 있으며, 보편적 접근에 반응하지 않는 5~15%의 학생을 대상으로 사회성 기술, 분노관리 기술 등에 관한 소집단 교육을 실시할 뿐 아니라 개별 학생에 대한 기능적 행동평가를 실시하여 문제행동의 패턴을 수정하고 대체행동을 개발하는 것을 포함한다. 마지막으로, 3차 예방(지시적 접근)은 선택적 접근에도 반응하지 않으며, 다양한 장소에서 심각하고 만성적인 문제행동을 보이는 1~7%의 학생을 대상으로 기능적 행동평가를 실시하여 보다 개별화된 행동개입 계획을 개발하고 시행하는 것을 포함한다. 한편, 3차 예방이 필요할 정도로 매우 심각하고 고질적인 문제행동을 다루기 위해서는 개별화된 긍정적 행동지원뿐 아니라, 가족과 지역사회를 포함하는 다양한 지원서비스를 통합적으로 제공하는 서비스 모델(wraparound approach)을 적극 활용할 필요가 있을 것이다(Netzel & Eber, 2003; Osher et al., 2010; Pugh & Chitiyo, 2012). 이러한 3단계 예방활동은 문제가 매우 심각해진 다음에야 비로소 학생의 문제행동을 개선하고자 모든 자원을 서둘러 투입하는 비효율적인 실무에서 벗어날 수 있게 도우며, 훈육문제를 다루기 위해 학교의 자원과 전문성을 보다 미래지향적으로 사용할 수 있도록 효과적인 시스템을 제공한다.

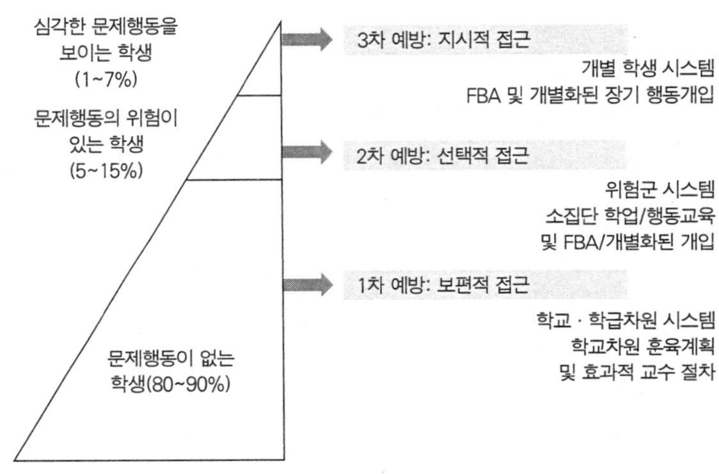

그림 13-1 SW-PBS 3단계 예방모델

학교 시스템의 변화

한편 SW-PBS는 학교 자체의 문제를 해결하기 위해 학교의 능력을 향상시키는 것을 중요시하며, 이를 위해 궁극적인 학교 시스템의 변화를 목표로 한다. 훈육문제를 다루기 위해 매번 외부 전문가가 개발한 패키지 프로그램을 구입하여 실시하고, 효과를 거두지 못하면 또 다시 새로운 프로그램을 시도하는 악순환을 끊기 위해서는 무엇보다도 학교가 스스로의 문제를 파악하고 이를 해결할 수 있는 자체적 역량을 갖추는 것이 필수적이다. SW-PBS는 학교 내의 다양한 객관적 자료를 통해 교사 및 학교행정가가 훈육문제의 패턴과 근본원인(잘못된 훈육이 문제행동을 초래한다)을 스스로 파악하고, 이를 개선할 수 있는 가장 현실적이고 효과적인 개입전략을 도출

하여 지속적으로 적용할 수 있도록 지원한다. SW-PBS는 훈육문제의 해결을 위해서는 문제행동이 매우 심각한 소수의 학생을 변화시키기 위해 노력하는 것보다는 모든 학생을 대상으로 문제행동을 사전에 예방하고 긍정적인 학교환경을 마련하는 것이 더 효율적이라는 사실을 강조하며, 이를 위해 학교의 조직과 정책, 행정 지도력, 일과, 자원을 재조직하고 분배하는 시스템 차원의 변화를 도모한다. 이러한 시스템의 변화는 단기간에 이루어지지 않으며, 보통 SW-PBS의 안정적 실행에는 3~5년이 필요한 것으로 알려져 있다. 또한 점진적인 시스템 변화를 위해서 SW-PBS를 처음 시행 시 적어도 1년간은 학교 전체의 규칙 및 절차를 확립하며 모든 학생과 교직원, 모든 장소를 대상으로 기본적 예방활동을 실시하는 보편적 개입에 집중하도록 권고된다(Scheuermann & Hall, 2008/2010). SW-PBS는 장기적으로 실행되지 않는다면 시스템 변화를 통한 학교의 자체적 역량 강화나 학교 구성원의 의미 있는 행동변화를 얻기 어렵다(Anderson & Kincaid, 2005).

실제로 김경양 등(2010)의 연구에 따르면, SW-PBS에 대한 대부분의 외국 연구는 1년에서 5년까지의 긴 시간 동안 보편적 개입을 실시했던 것으로 나타났다. 이에 비해 국내에서 행해진 SW-PBS 연구는 긍정적 성과를 보고하고는 있으나 개입 기간이 6개월을 넘지 못하고 있어서 이러한 변화가 SW-PBS의 시스템 변화를 통해서 얻어진 것이라고 보기 어려울 뿐 아니라, 이러한 변화가 얼마나 지속될 수 있을지 알 수 없다는 단점이 있다.

(2) 보편적 개입 수준의 SW-PBS 구성요소

학교차원 긍정적 행동지원은 기본적인 학교 시스템 변화를 위해 보통 1차 예방 수준에서 먼저 시행하게 되며, 이를 구성하는 근본 요소는 다음과 같다.

학교차원의 기대와 규칙의 개발

학생의 행동은 학교 내에서 수용되는 행동과 수용되지 않는 행동이 무엇인지 정확히 알고 있을 때 향상됨에도, 우리가 사용하는 규칙은 많은 경우 어떤 행동이 금지되는지만 알려줄 뿐 어떤 행동을 해야 하는 것인지를 명확히 알려주지 않는다(Anderson & Kincaid, 2005). SW-PBS는 학교 전체에 적용되는 기대와 특정 장소에 적합한 세부적 행동규칙을 만듦으로써 이러한 문제를 해결하고자 한다. 이를 위해

광범위하게 진술된 학교차원의 기대를 학교 내 모든 영역에 연계하여 구체적 행동 목록으로 구성한 규칙 매트릭스(rule matrix)의 개발은 필수적이다(Scheuermann & Hall, 2008/2010). 예를 들어, Netzel과 Eber(2003)의 연구에서는 전체 교직원의 합의 하에 '자신을 존중하기' '타인을 존중하기' '기물을 존중하기'라는 세 가지 학교차원의 기대를 만들고, 이를 학교 내 10개 장소에 맞춰 다시 각각 3~5개의 긍정적으로 진술된 규칙을 개발하였다. Anderson과 Kincaid(2005)의 연구에서 '존중하기'라는 학교차원의 기대는 복도에서는 '조용하게 말하기, 쓰레기는 휴지통에 버리기'로, 운동장에서는 '순서 지키기, 운동기구는 교대로 이용하기, 게임 규칙을 따르기'라는 구체적 행동규칙으로 표현되었다. 이러한 규칙 매트릭스의 예는 〈표 13-1〉에 제시하였다. 표에서도 볼 수 있듯이 모든 내용은 긍정적으로 진술되어 있다. 기대 및 규칙개발 시에 긍정적 진술의 중요성은 Orpinas 등(2003)이 학교 규칙의 모음인 행동강령(code of conduct)을 '성공을 위한 핸드북'으로 명칭을 변경하여 사용했던 것에서도 나타난다. 이러한 학교차원의 기대와 특정 영역에서의 행동규칙은 누구에게나 반복적으로 상기될 수 있도록 그림이나 표어 등을 사용하여 학교 곳곳에 게시된다.

표 13-1 규칙 매트릭스: 학교차원 기대에 따른 특정 영역에서의 행동규칙

학교 기대	교 실	복 도	운동장
자신을 존중하기	• 과제에 집중한다. • 최선을 다한다. • 미리 준비한다.	• 조용하게 걷는다. • 다른 사람과 일정한 간격을 두고 걷는다.	• 적절하게 옷을 입는다. • 호루라기 소리가 들리면 멈추고 선생님 말씀을 듣는다. • 문제가 있다면 운동장에 있는 선생님께 알린다.
타인을 존중하기	• 적절한 언어를 사용한다. • 친절하게 행동한다. • 다른 친구를 도와준다.	• 적절한 크기의 목소리로 말한다. • 오른쪽으로 통행한다.	• 활동에 다른 사람들도 참여할 수 있게 한다. • 순서대로 기구를 사용한다. • 안전하게 놀이를 한다.
기물을 존중하기	• 물건을 사용 후 깨끗이 정리한다. • 쓰레기는 휴지통에 버린다.	• 쓰레기를 줍는다. • 복도를 깨끗이 한다.	• 기구들을 적절하게 사용한다. • 사용 후 기구를 제자리에 갖다 놓는다.

적절한 행동에 대한 보상 프로그램의 고안

SW-PBS의 특징은 처벌적이고 제재적인 훈육에서 벗어나 학교의 기대와 규칙에

맞는 바람직한 행동에 대해 이를 인정하고 보상함으로써 긍정적 행동에 대한 동기를 유발하는 환경을 만드는 것에 있다. 즉, 적절한 행동이 부적절한 행동보다 훨씬 더 관심을 받는 환경을 조성하는 것이 목표다(Scheuermann & Hall, 2008/2010). 이를 위해 SW-PBS에서는 수행기준을 만족시키거나 넘는 것에 대해서 긍정적인 강화물을 체계적으로 풍부하게 제공하기 위해 보상 프로그램을 개발하여 시행한다(Luiselli et al., 2005, Osher et al., 2010). 이러한 보상 프로그램은 개별 학생뿐 아니라 학급단위로도 적용되며, 스스로의 훈육행동이나 교수방법 등을 변화시켜야만 하는 교사를 위해서도 적용된다. 예를 들어, 학교의 규칙을 잘 따르는 학급에는 동물 발자국 모양의 스티커를 복도에 붙여 주고, 정해진 선을 넘게 되면 해당 학급 전체가 강화물을 받게 된다든지, 학교 식당에서의 규칙을 잘 따르는 학생에게는 식당 감독자가 학생의 이름을 적은 쿠폰을 발부하고 이 쿠폰은 추첨을 통해 보상받을 수 있게 할 뿐 아니라, 이때 학생의 담임교사 이름도 적어 넣어 추첨을 통해 강화를 받을 수 있게 유도하는 식이다(Scheuermann & Hall, 2008/2010). 또한 문제행동에 대해서 교무실로 훈육을 의뢰하던 것처럼, 칭찬할 만한 행동에 대해서도 교장실로 의뢰하고, 부모에게도 이에 대해 알려 칭찬을 받게 하는 등 다양하고 창의적인 보상체계를 개발하여 활용할 수 있다(Anderson & Kincaid, 2005).

규칙 위반에 대한 연속선상의 결과물 개발

SW-PBS가 긍정적인 훈육방법을 사용한다고 해서 부적절한 행동에 대해 아무런 결과물 없이 넘어간다는 뜻은 아니다. 전통적 훈육방법이 문제행동의 심각성을 고려하지 않은 채 실무율적(all-or-nothing)으로 처벌을 부과했다면, SW-PBS는 규칙 위반의 심각성에 따라 위계적으로 적용할 수 있는 다양한 결과물을 사전에 결정하고, 이를 일관되게 적용하며, 사소한 문제행동에 대해서는 학생이 위반한 규칙과 기대를 다시 가르친다는 점에서 크게 차별화된다(Anderson & Kincaid, 2005; Scheuermann & Hall, 2008/2010). SW-PBS에서는 무엇보다도 문제행동의 심각성을 고려하여 단계적인 개입전략을 미리 계획하는 것이 중요한데, 예를 들어 수업 중 자리 이탈이나 과제 거부 등 학생에게만 영향을 미치는 행동에는 가능한 결과물로 교실 내 타임아웃, 부모면담, 특권 박탈, 자리 이동 등이 포함되지만, 큰 소리로 떠들거나 다른 아이를 때리는 등 다른 학생들의 학습을 방해하는 보다 심각한 행동에는 이와 더불어

PBS팀 책임자의 방에서 타임아웃, 행동계약, 학교행정가 · 부모 · 학생 및 교사 회의 등이 추가된다(Scheuermann & Hall, 2008/2010). '수업 중 집중하지 못하고 과제를 제대로 하지 않는 학생'에게 '학교에서 아이들을 때리고 기물을 파괴한 학생'과 똑같이 방과후에 학교에 남게 하거나 교무실로 훈육을 의뢰하는 것은 문제행동의 심각성을 고려하지 않은 비합리적 결정이다. 문제행동의 심각성에 따라 위계적으로 적용할 수 있는 일련의 결과물을 사전에 개발하여 이를 학교 내의 모든 구성원에게 미리 알릴 뿐 아니라, 어떠한 상황에서든 규칙위반에 대해 일관되게 결과물을 제공하는 것은 학생에게 예측 가능하고 구조화된 환경을 제공한다는 이점이 있다.

한편 SW-PBS는 훈육으로 인한 교수시간의 손실을 최소화하고, 규칙위반에 대해 일관성 있게 대처할 수 있도록 돕기 위해 문제행동의 심각성에 따라 학급관리 차원의 위반행동(예, 수업 준비, 지각, 억양 및 태도, 과제 거부, 복장규범)과 공식관리 차원의 위반행동(예, 싸움, 공격적 언어, 괴롭힘, 흡연, 음주, 약물, 도박)으로 구분한다(Netzel & Eber, 2003; Osher et al., 2010). 학급관리 차원의 위반행동일 경우, 우선적으로 위반한 규칙을 다시 설명하고, 규칙 수행의 좋은 예와 그렇지 않은 예를 설명하거나 시범을 보이고, 규칙 수행에 대한 역할놀이를 통해 이를 연습할 수 있도록 충분한 기회를 제공한다. 그럼에도 문제행동이 개선되지 않을 경우에는 특권의 제거 및 교실 내 타임아웃 등을 실시하게 된다. 즉, 학급관리 차원의 덜 심각한 문제행동인 경우 무조건적인 처벌이 아니라, 규칙에 대한 이해부족이나 기술결핍으로 간주하여 교육과 필요한 도움을 먼저 제공한다는 점이 SW-PBS의 차별화되는 점이라고 할 수 있다.

이와 관련하여 SW-PBS는 문제행동의 관리를 위해 교사와 교직원이 따를 수 있는 의사결정 흐름도(flow chart)를 사용한다는 특징을 지닌다. 예를 들어, 어떤 학생을 대상으로 한 학기 동안 동일한 문제행동에 대해 3~5개의 사건보고서가 작성되었다거나 다양한 다른 종류의 행동에 대해 8~10개의 사건보고서가 작성되었다면 공식관리를 위해 훈육실 의뢰서를 작성하게 되며, 그 전까지는 학급 내 행동관리를 계속하게 된다(Scheuermann & Hall, 2008/2010). 또한 학생이 반복적으로 교무실 훈육 의뢰를 받게 될 경우, PBS팀은 2차 또는 3차 수준의 개입이 필요한지를 판단하기 위해 학생을 평가하게 되며, 이때 문제행동의 기능에 근거한 개별화된 개입전략을 개발하게 된다.

기대, 규칙, 보상 프로그램을 가르치기 위한 커리큘럼 개발 및 시행

한편 SW-PBS팀은 이 프로그램을 학교 구성원 모두에게 가르치기 위한 커리큘럼 개발에 집중하게 되며, 그 구성요소는 다음과 같다(Anderson & Kincaid, 2005). 기대와 규칙 각각에 대한 개관, 규칙이 준수되어야 하는 장소에 대한 설명, 규칙 준수 및 위반에 대한 예, 잘못된 행동과 기대되는 행동에 대한 시범과 연습 기회, 연습에 대한 피드백과 정확한 수행에 대한 강화 제공, 사전에 정해진 수준 이상으로 기대나 규칙을 준수한 학생에 대한 공식적 인정 체계의 설명이 그것이다. Netzel과 Eber(2003)의 경우에는 학교차원의 기대와 각 장소에 따른 행동규칙 확립 후, 이를 12개의 레슨으로 나누어 가르쳤는데, 매주 20~30분 간 하나의 레슨을 가르치고, 한 주의 나머지 요일에는 레슨과 관련된 지정된 장소에서 기대되는 행동을 실제로 연습하고 피드백을 받도록 하였다. Scheuermann과 Hall(2008/2010)은 학기 시작 후 첫 이틀 동안 모든 시간을 할애하여 학교차원의 기대와 규칙을 가르치고 이를 학습시키는 중학교의 예를 제시한 바 있는데, 학생들은 복도, 학교 식당, 체육관, 미술실, 교무실 등 다양한 훈련 영역을 돌며 규칙수행과 규칙위반 각각의 예에 대한 시범과 함께 해당 규칙에 대한 설명을 듣고, 기대되는 행동에 대한 역할시연을 통해 이를 연습하며 시연에 대한 피드백과 적절한 강화를 함께 받았다. 성공적이고 지속적인 학교기반 예방 프로그램의 요소는 이처럼 아동들에게 규칙수행을 위한 기술과 방법을 실제 맥락에서 직접 가르치는 것이다(Sugai & Horner, 2006).

4. 학교차원 긍정적 행동지원과 또래괴롭힘

이 절에서는 이러한 학교차원 긍정적 행동지원 모델을 학교폭력, 특히 또래괴롭힘의 예방과 관련하여 적용할 수 있음을 설명하고자 한다. 특히 Orpinas 등(2003)은 미국 남동부의 한 공립초등학교에 SW-PBS의 원리에 따라 또래괴롭힘 예방 프로그램을 실시하였던 사례를 소개하여 학교폭력 예방 전략으로서 SW-PBS의 잠재적 효과를 확인하고, 더불어 SW-PBS의 주요 개념과 원리에 대해 이해를 돕고자 한다. 이와 함께, SW-PBS가 이미 안정적으로 사용되고 있는 학교를 대상으로 또래괴롭힘 목격 시 행동전략을 학교 규칙의 일부로 포함시켜 교육시킨 Ross와 Horner(2009)의

또래괴롭힘 예방 긍정적 행동지원(Bully-Prevention PBS)을 소개하고자 한다.

1) 또래괴롭힘 예방 전략으로서의 SW-PBS

학교차원 긍정적 행동지원이 또래괴롭힘 예방을 위해 어떻게 활용될 수 있는지를 알아보기 위해 Orpinas 등(2003)의 연구를 소개하고자 한다. 이를 위해 SW-PBS의 실행절차를 중심으로 SW-PBS의 공통요소 일곱 가지를 정리하였던 Anderson과 Kincaid(2005)의 연구를 기본 틀로 사용하여 관련 내용을 정리하였다. 자세한 내용은 Orpinas 등의 2003년도 논문을 참고하기 바란다.

표 13-2 SW-PBS의 요소와 Orpinas 등(2003)의 또래괴롭힘 예방 프로그램 내용

SW-PBS 요소	해당 내용
팀기반 접근	• 각 학년 대표 교사, 준전문가, 학부모 대표, 학교상담자, 그리고 행정가 한 명이 포함된 괴롭힘 예방팀 구성
학교자료의 분석	• 괴롭힘 예방팀은 대학 교수의 자문을 얻어 학생의 공격성, 피해경험, 괴롭힘에 대한 인식을 측정하는 설문지 개발 및 아동 대상 포커스 그룹 면접 실시(문제에 대한 기저선 데이터 수집, 학교행정가 · 교사의 문제에 대한 인식과 학교 전체 개입에 대한 지지를 유도함)
학교차원 기대와 규칙의 개발	• 교사 연수에서 설문과 포커스 그룹 면접 결과가 발표됨. 개입의 우선순위(예, 언어적 공격성)가 결정되고 해결 방안이 논의됨 • 학교기대 결정: 'The Five Bee's: Be respectful, Be responsible, Be honest, Be ready to learn, and Be your personal best.' 이를 Bee(Behavior Excellence Education) 인성교육 프로그램에 통합. 학기 시작 첫날, 학생들은 5개의 Bee에 대한 포스터 제작. 5개 Bee를 반영한 새로운 학교 맹세 학습 후 매일 아침 단체 암송 • 5개 Bee에 직접적으로 관련되는 학급 규칙 개발
적절한 행동에 대한 보상 프로그램의 고안	• 'Beehive Cafe'에서 교사나 교장 선생님과 점심을 먹을 수 있는 기회, 학교방송, 신문, 상을 통한 보상. 1년에 한 번은 모든 학생이 바람직한 행동에 대해 인정받게 하는 것이 목표
규칙위반에 대한 연속선상의 결과물 개발	• 교사들은 규칙위반에 대한 논리적 결과물로 '언어적 공격성 한 번에, 언어적 칭찬 두 번'이라는 규칙 개발(공격성의 대상이었던 아이에 대해 두 가지 좋은 점을 말하게 함). 상담자가 학급 미팅에서 적절한 칭찬 방법에 대해 학생들에게 설명 및 브레인스토밍을 도움

학생, 교사, 직원에게 기대, 규칙, 보상 프로그램을 가르치기 위한 커리큘럼 개발, 시행	• 갈등해결, 분노조절, 자신과 타인에 대한 존중, 효과적 의사소통을 다루는 Peace-Able Place program(Mendez Foundation, 1995) 실시(첫 회기는 상담자, 나머지 회기는 교사가 직접 시행. 이 프로그램의 내용을 다른 교과과정에 포함시킴) • 또래괴롭힘, 공격성 예방을 위한 포괄적 학교차원 전략(예, 갈등해결전략, 인성교육, 행동관리)에 대해 20시간 교사 연수. 학기 시작 전 워크숍에서 그들 학교의 폭력 유병률과 패턴 등에 대해 강의를 받고, 학교 환경 및 학급관리 차원에서 그들이 잘해 온 부분, 문제가 되는 부분, 필요한 기술 등에 대해 논의 진행. 이를 바탕으로 또래괴롭힘 예방 프로그램의 세부사항이 결정됨. 이에 대한 나머지 연수를 한 학기 동안 실시
프로그램의 효과와 시행 충실도를 평가하기 위한 학교 자료 모니터링	• 공격성 척도와 피해경험 척도를 프로그램 시행 전과 후에 실시(1년 간격).

이 연구에서 프로그램의 개발과 시행 과정에서 교사의 역할이 매우 컸다는 점은 주목할 만한데, 이는 프로그램 시행에서 교사들의 헌신을 강화시켰으며, 연구와 이론을 교사가 실제 사용할 수 있는 예방 전략으로 전환시키는 측면에서도 매우 효과적이었다. 프로그램 시행 결과, 유치원~초등학교 2학년은 평균 공격성에서 40% 감소, 평균 피해 정도에서 19%가 감소되었으며, 초등학교 3~5학년은 공격성에서의 감소는 없었으나 평균 피해정도에서 23%가 감소되는 것으로 보고되었다. 외부 전문가가 보통의 학교를 염두에 두고 개발하여 보급한 패키지 프로그램이 아니라, 프로그램 운영의 주체인 교사가 자료주도적 의사결정 과정을 통해 자신의 학교에 잘 맞게 개발한 독자적 프로그램을 사용한다는 아이디어는 우리에게 익숙하지 않기 때문에 훨씬 어렵고 힘든 과정인 것처럼 여겨질 것이다. 그러나 이러한 프로그램은 학교 환경 내 문제행동과 개입전략의 맥락적 일치성을 높여 개입효과가 두드러지며, 개입전략 개발 시 이미 학교 현장의 현실적 장벽에 대해 충분히 고려하게 되므로 훨씬 사용이 간편하고, 따라서 이를 실시하는 교사나 교직원의 시행 충실도가 높아진다. 또한 관련자 모두가 프로그램 개발과 시행에 관여했기 때문에 프로그램에 대한 헌신도도 높아진다. 이러한 특징들은 모두 프로그램의 지속성과 효과에 크게 기여하게 되며, 성공적인 학교폭력 예방과 관련하여 꼭 필요한 부분이다.

2) 또래괴롭힘 예방 긍정적 행동지원

Orpinas 등(2003)의 예가 학교차원 긍정적 행동지원의 요소를 또래괴롭힘 예방에 활용한 것인 반면, 2009년 Ross와 Horner에 의해 제안된 '또래괴롭힘 예방 긍정적 행동지원(Bully Prevention in Positive Behavior Support: BP-PBS)'은 SW-PBS가 이미 정착되어 있는 학교에서 추가적으로 진행되는 프로그램의 예다. Ross와 Horner(2009)는 BP-PBS가 학교 전체를 대상으로 실시되긴 하지만, 학생들에게 가해행동을 유지시켰던 사회적 보상을 제거할 수 있도록 가르치며 가장 큰 수혜자는 가해행위를 할 위험이 있는 학생이라는 점에서 SW-PBS의 2단계 예방 전략에 해당하는 것으로 소개하고 있다. 특히 BP-PBS는 사회적 보상을 제거할 수 있도록 또래괴롭힘 상황에서 학생의 반응을 역할별로 재교육한다는 점에서 크게 주목할 만하다. 실제로 또래괴롭힘은 가해자가 주변학생의 다양한 반응, 예를 들어 관심 있게 지켜보거나 웃고, 부추기거나 옆에서 돕는 반응을 자신의 괴롭힘 행위를 지지하고 승인하는 것으로 잘못 해석하고 이를 통해 자신의 힘을 확신하게 되면서 유지된다. 최근 연구는 이러한 가해강화 행동을 줄이는 것이 방어행동을 늘리는 것보다 더 효과적으로 또래괴롭힘을 감소시킬 수 있음을 보고하고 있다(Kärnä, Voeten, Poskiparta, & Salmivalli, 2010; Salmivalli, Voeten, & Poskiparta, 2011).

BP-PBS의 개입은 2단계 과정, 즉 전체 교직원에게 BP-PBS에 대한 훈련을 제공하고(http://www.pbis.org에서 훈련자료 다운로드 가능), 그 다음 교직원이 BP-PBS 커리큘럼을 사용하여 학생들에게 훈련을 제공하는 것으로 구성된다. 구체적으로, 학교 전체 교직원을 대상으로 프로그램의 구성요소에 관한 1시간용 워크숍, 추가적으로 운동장 감독교사 및 보조교사를 대상으로 교실 밖에서의 행동 감독에 관한 30분용 훈련이 제공된다. 이어서 그 다음 4~5일 간에 걸쳐 각 반마다 교사가 학생들을 대상으로 1시간용 BP-PBS 훈련을 실시한다. 모든 학급의 학생이 BP-PBS 절차에 대해 훈련을 마치게 되면, 학교는 '전면 시행(full implementation)' 단계에 진입하게 된다.

이 커리큘럼은 괴롭힘이 흔히 일어나는 운동장, 복도, 식당, 화장실 등 덜 감독되는 비구조화된 장소를 염두에 두고 실시되는데, 가장 먼저 무엇이 상대를 존중하는 행동이고, 무엇이 무례한 행동인지를 구분하는 것부터 가르친다. BP-PBS의 핵심은 또래괴롭힘 상황에서 피해자와 주변인, 그리고 가해자가 취해야 하는 행동을 간단명

료하게 3단계 반응(Stop, Walk, Talk)으로 구분하여 가르치는 데 있다. 피해자와 주변인이 취해야 하는 3단계 반응 절차는 〈표 13-3〉에 제시하였다.

표 13-3 피해자와 주변인의 3단계 반응 절차

	질 문	피해자	주변인
1단계 Stop	상대방이 나에게(피해자에게) 무례한가?	"그만 둬."(미리 정한 손동작과 함께)	"그만 둬."
2단계 Walk	여전히 무례한 행동이 계속되는가?	그 자리를 떠난다.	피해자가 그 자리를 떠날 수 있게 돕는다.
3단계 Talk	자리를 피했는데도 무례한 행동이 계속되는가?	어른에게 알린다.	어른에게 알린다.

가해자의 경우, 3단계 반응은 누군가 나에게 그만두라고 말했다면 ① 하던 행동을 멈추고, ② 깊은 호흡을 하고, 그 다음에 ③ 다른 일을 하라는 것이다. BP-PBS 커리큘럼에서는 절대 '괴롭힘'이나 '가해'라는 단어를 사용하지 않으며, 단지 남을 존중하는 행동이 어떤 것인지, 누군가 그렇게 행동하지 않을 때 어떻게 상황을 다루어야 하는지를 배우는 것에 집중한다. 특히 아동은 그런 무례한 행동이 다른 사람들의 주의와 칭찬으로 계속된다는 것을 학습하게 되며, 3단계 반응을 통해 가해행동을 지속시키는 사회적 보상을 제거할 수 있게 된다.

운동장 감독교사나 보조교사는 30분용 추가훈련을 통해 학생으로부터 다른 학생에 의한 부적절한 행동을 보고받았을 때 그들이 사용할 수 있는 '검토와 해결' 절차를 학습하게 된다. 즉, 학생이 문제행동을 보고하면, "그만두라고 말했니?" "피하라고 말했니?"라고 묻고 학생이 그렇게 하지 않고 바로 교사에게 왔다면, 다음에는 올바른 반응단계를 따를 수 있도록 이를 재교육시킨 후 돌려보낸다. 이때 학생이 학습한 규칙을 따르지 않은 것이므로 도움행동을 제공하지 않고 재교육에서 멈춘다. 그러나 학생이 두 단계를 모두 따른 후라면, 학생이 보고한 가해학생을 만나 누군가 그만 두라고 했는지, 그때 실제로 멈추었는지를 질문한다. 그리고 가해학생에게 누군가 그만 두라고 말했을 때 따라야 하는 반응단계를 다시 훈련시킨다.

Ross와 Horner(2009)는 이상의 방법으로 오리건 주에 있는 3개 초등학교를 대상

으로 BP-PBS를 시범 운영한 후 6명의 학생을 대상으로 단일피험자 복수 기저선 설계(single-subject multiple baseline design)를 사용하여 효과성 검증을 실시하였다. 그 결과 BP-PBS 전면 시행 후 운동장에서의 신체적 · 언어적 공격성 일일 평균수준이 시행 전 기저선 수준에서 72% 감소하는 것으로 나타났다. 피해자 집단에서 "그만 둬."라고 말하는 빈도가 28%, 그 자리를 떠나는 행동이 10% 상승하였으며, 가해자에 맞서 싸우고 애걸복걸하는 등의 부정적 반응은 19%, 괴롭힘을 당하는 상황에서 웃는 행동도 11% 감소하는 것으로 나타났다. 주변인 집단에서도 "그만 둬."라고 말하는 빈도가 21% 상승하였으며, 웃고 환호하는 가해강화행동 역시 22%가 감소하는 것으로 나타났다. 전반적으로 피해자와 주변인를 막론하고 가해행동을 유지시키는 부적절한 사회적 반응에서 유의한 감소가 있었다. 또한 교직원이 BP-PBS를 충실하게 시행하였을 뿐 아니라, 시행의 용이성이나 효율성, 학생 행동 개선 면에서 사회적 타당도(social validity)가 높은 것으로 평가되었다.

BP-PBS는 괴롭힘 상황에서 가해자와 피해자뿐 아니라 주변인의 대처방식을 3단계 반응절차를 통해 명확하게 가르치고 이를 지지하는 학교 전체의 일관된 시스템을 만듦으로써, 적응적 행동은 향상시키고 문제행동은 예방하는 효율적 학교 환경을 만드는 데 기여하였다. Pugh와 Chitiyo(2012)는 BP-PBS가 학교에서의 또래괴롭힘 발생을 궁극적으로 낮추고, 이에 기여하는 바람직하지 못한 환경을 수정할 수 있는 접근으로서 매우 유용한 것으로 평가하였다. 물론 BP-PBS의 이러한 효과가 학교차원 긍정적 행동지원이 안정적으로 시행되고 있는 학교 환경에서 가능하다는 것은 기억할 필요가 있다.

5. 결 론

학교차원 긍정적 행동지원은 이제까지 학교 장면에서 다양한 문제행동을 줄이기 위한 방편으로 처벌적이고 제재적인 사후 반응적 접근을 주로 사용하여 개별 아동의 행동을 변화시키고자 노력해 왔던 것과는 달리, 학교 환경 자체를 보다 긍정적이고 예방적인 것으로 변화시키고자 하는 시스템적 접근이다. SW-PBS가 효과적이기 위해서는 학교행정가의 강력한 지도력과 지원을 바탕으로, 학교 내 시스템 전체

가 긍정적 학교 환경의 확립이라는 하나의 목표 아래 일관된 전략을 사용할 필요가 있다. 즉, 학교차원의 기대와 규칙은 학급 그리고 학급 외 다양한 장소의 특성을 반영하여 다시 적용되며, 규칙위반에 대한 연속선상의 결과물과 기대되는 행동에 대한 다양한 강화체계 역시 학교 내 모든 맥락에서 일관되게 사용된다. 또한 문제행동이 기술부족 때문이라는 가정 하에 긍정적인 대체행동을 다양한 장면에서 반복하여 교육시키며, 규칙 준수와 긍정적 행동에 대해 풍부한 강화물을 제공하여 행동변화의 동기를 끌어올린다. 또한 결과물이 상황에 따라 비일관적으로 주어질 뿐 아니라, 문제행동과는 직접 관련되지 않거나 문제행동의 심각성에 부합하지 않아 오히려 학생들의 반감과 문제행동의 악화를 낳아 왔던 학교 훈육의 문제점을 해결하기 위해 응용행동분석의 원리에 따라 문제행동의 기능을 파악하고 이를 기초로 효과적인 훈육전략을 개발하게 된다. 기능적 행동평가에 기초한 이러한 훈육전략은 문제행동과 직접적으로 연결되기 때문에 개입의 효과성과 효율성이 증가하는 이점을 지닌다. 한편 SW-PBS의 다양한 개입전략은 학교 내 PBS팀에 의해 수집된 객관적 자료를 근거로 개발되며, PBS팀은 지속적인 자료 수집을 통해 프로그램의 효과성과 시행 충실도를 꾸준히 점검하고, 이에 근거하여 SW-PBS의 여러 세부사항을 수정 · 보완해 나간다. 즉, SW-PBS는 학교가 여러 가지 상황과 집단 구성원의 역동에 따라 끊임없이 변화하는 존재라는 사실을 반영하여 유연하게 적용되며, 이는 규격화된 패키지 프로그램과는 분명하게 차별화된다.

이러한 자료주도적 의사결정은 학교 스스로 자신의 현 상태를 객관적으로 점검하고 이를 해결할 수 있는 여러 전략을 개발할 수 있도록 기회를 제공하며, 바로 이 점이 똑같이 SW-PBS를 사용하면서도 프로그램의 세부사항에서 학교마다 차이가 있게 되는 이유다. 즉, SW-PBS는 교사 및 교직원이 주축이 되어 자신의 학교 환경에 꼭 맞는 프로그램을 개발하여 실행할 수 있게 돕는 방법론적 틀로서, 이러한 맥락적 일치성이 프로그램의 효과와 지속성에 크게 기여하게 될 것임은 자명하다. 지금까지 학교폭력을 해결하기 위해 외부 전문가가 개발한 규격화된 프로그램을 일방적으로 따르면서 느껴왔던 불편함이나 불합리함, 프로그램을 중도에 포기하고 어쩔 수 없이 다른 프로그램을 찾아야만 했던 노고는 분명 해결될 수 있는 문제다. 물론 SW-PBS를 실제로 우리 학교 현장에 사용하기 위해서는 많은 부분에서 관점의 전환과 결단이 필요할 것이며, 이를 받아들여 정착시키기까지 상당한 시간이 소요될 것이다.

SW-PBS를 제대로 운영하기 위해서는 학교행정가의 전폭적인 승인과 지원뿐 아니라, 교사 및 교직원 80% 이상의 승인과 헌신이 보장되어야만 하며, 학교라는 복잡한 시스템이 변화하여 자체적으로 문제해결의 능력을 가질 수 있도록 강화시키는 작업에 보통 3~5년의 시간을 투자해야만 한다(Anderson & Kincaid, 2005; Scheuermann & Hall, 2008/2010).

최근 학교폭력 및 또래괴롭힘에 대한 여러 연구에서는 가해자와 피해자의 개인적 속성을 변화시키려고 하는 접근이 효과가 없으며(Ttofi & Farrington, 2011), 주변인의 행동, 학교나 학급의 지각된 규준, 또는 학급의 분위기를 변화시키는 등 환경적 변화가 훨씬 더 효과적임을 반복적으로 강조하고 있다(Kärnä, Voeten, Poskiparta, & Salmivalli, 2010; Pozzoli & Gini, 2010; Rigby & Johnson, 2006; Salmivalli, Voeten, & Poskiparta, 2011; Yoon et al., 2011). 물론 학교폭력이나 또래괴롭힘 예방 프로그램이 효과적이기 위해서는 개인과 가족, 학급과 학교, 이를 둘러싼 더 큰 사회적 맥락에 동시에 작용하는 포괄적인 프로그램을 구성하는 것이 매우 중요하다. SW-PBS에 관한 이 장의 목표는 학교폭력 및 또래괴롭힘 예방에서 우리가 지금까지는 간과해 왔던 환경적 맥락에 보다 집중해야만 한다는 사실을 알리는 것이다. SW-PBS에서도 보편적 · 선택적 개입에 반응하지 않는 만성화되고 심각한 형태의 폭력을 보이는 아동을 위해서는 기능적 행동평가에 기초한 보다 개별화된 개입을 사용하며, 가족과 지역사회의 자원을 활용한 보다 강도 높은 전략을 사용하게 된다. 다만 이 모든 노력이 긍정적이고 예방적인 학교환경의 변화 없이는 제대로 그리고 지속적으로 효과를 발휘하지 못하게 된다는 사실이 중요하다. 유기적으로 촘촘히 짜여 있는 실제 환경 속에서 문제행동을 보이는 단 한 명만을 따로 떼어 내어 변화시켜 봤자 원래의 환경이 변화하지 않는다면 모든 것은 원점으로 돌아가게 된다. 바로 이 점이 그동안 학교폭력이나 또래괴롭힘의 예방활동에서 애써 외면해 왔던 진실이다.

SW-PBS가 학교 전체의 긍정적 · 예방적 훈육을 위한 프로그램이긴 하지만, 공격성이나 또래괴롭힘 등의 문제행동에 대해서도 유의한 효과를 발휘한다는 것은 잘 알려져 있다. Osher 등(2010)은 개관논문에서 SW-PBS의 시행이 반사회적 행동(Metzler, Biglan, Rusby, & Sprague, 2001), 기물파괴(Mayer, 1995), 공격성(Grossman et al., 1997)의 감소를 가져왔음을 보고하고 있다. Orpinas 등(2003)의 연구에서도 SW-PBS를 또래괴롭힘과 관련하여 실시하였을 때 유치원에서 초등학교 2학년 집단

에서만 공격성 감소가 관찰되긴 하였으나 피해경험은 학년에 상관없이 유의하게 감소되는 것으로 나타났다. 다른 개입 프로그램에 대한 효과성 검증에서와 마찬가지로 SW-PBS도 잘 통제된 경험적 연구를 통해 보다 객관적으로 효과성이 검증될 필요가 있지만, 점차 더 많은 지역에서, 그리고 더 많은 학교에 의해 SW-PBS가 효과적으로 사용되고 있다는 것은 분명한 사실이다. 또한 SW-PBS는 학교 현장에서 일하고 있는 학교심리학자들에 의해 또래괴롭힘을 다루는 데 가장 효과적인 전략으로 평가받고 있으며(Sherer & Nickerson, 2010), 당사자인 학생들 역시 또래괴롭힘 예방 전략으로 교사의 효과적 학급관리를 가장 선호하였다(Crothers et al., 2006)는 사실은 반드시 기억해야 할 부분이다. 최근 Ross와 Horner(2009)에 의해 고안된 BP-PBS는 또래괴롭힘을 다루기 위해 가해자와 피해자뿐 아니라 주변인의 행동전략을 학교 규칙으로서 직접적으로 가르치고 훈련시킴으로써 집단역동을 변화시키고 환경을 변화시킨다는 점에서 특기할 만하다.

학교폭력 문제를 해결하기 위해 교사가 체벌을 사용할 수 있어야 한다는 의견은 학교 내 문제행동을 다룰 수 있는 효과적이고 체계적인 훈육방법이 절실히 필요하다는 뜻이라고 생각한다. 안타깝게도 국내외를 막론하고 교사훈련과정에서 교실 내에서의 행동관리 및 훈육기법에 대한 내용은 집중적으로 다루어지지 않고 있는 형편이다. 학급관리와 훈육기법이 학생들이 가장 선호하는 또래괴롭힘 예방 전략이었다는 연구결과(Crothers et al., 2006)는 교사라면 반드시 생각해 봐야 할 부분이다. 결국 교사와 학생은 학교폭력 또는 또래괴롭힘의 해결책으로 동일한 전략을 원한다는 것인데, 왜 우리는 이에 대해 진지하게 고려하지 않았던 것일까? 이 장을 통해 독자들이 긍정적이고 예방적인 훈육, 이를 학교 시스템 전체에 체계적이고 일관되게 적용하는 SW-PBS의 방법과 그 필요성에 대해 충분히 인식하고, 이러한 전략을 학교폭력 예방을 위한 핵심적 도구로서 적극 활용할 수 있게 되기를 기대해 본다.

이 장의 요약

이 장은 학교폭력 및 또래괴롭힘 예방과 관련하여 가해자와 피해자를 중심으로 한 개별 개입에 주로 치중하고 사후 반응적인 처벌 또는 제재 위주의 훈육을 사용하는 문제점을 살펴보고, 이에 대한 대안으로 개인의 행동을 변화시키는 대신에 학교 환경을 변화시켜 학생의 문제행동을 다루고자 하는 학교차원 긍정적 행동지원 방법에 대해 살펴보았다. SW-PBS는 학교 내 훈육문제를 감소시키고 학생들의 바람직한 행동을 늘리기 위해서 강력한 행정 지도력과 교직원의 동의를 바탕으로 자료주도적 의사결정과 3단계 예방 전략, 팀기반 접근을 활용하여 학교 내 모든 시스템을 지속적 · 체계적으로 변화시켜 나가는 훈육모델이다. 이 장에서는 SW-PBS를, 특히 학교폭력 및 또래괴롭힘의 개입에 적용한 몇몇 예를 살펴보고, 우리나라 학교 현장에서 SW-PBS의 필요성에 대해 논의하였다.

생각해 볼 문제

1. 2012년 2월에 발표된 '학교폭력근절 종합대책'에 따라 또래괴롭힘 가해학생은 일정 기간 동안 본인의 학교에서 격리되어 다양한 관련기관에서 재활 프로그램을 필수 이수하도록 되어 있습니다. 이러한 접근이 어떤 결과를 가져올지 효과적 훈육의 차원에서 생각해 보고, 가능한 대안을 생각해 보세요.
2. 각자의 학교에 맞는 3~5개의 학교차원 기대를 작성하고, 학교 내 다양한 장소에 적합한 행동규칙을 정의하여 규칙 매트릭스를 작성한 후, 이를 어떻게 효과적으로 교육시킬 수 있을지를 생각해 보세요.
3. 각자의 학교에서 주로 사용되고 있는 훈육기법(또는 자신이 경험한 학교 훈육기법)과 SW-PBS 모델을 비교하고, 우리나라의 학교 현장에 SW-PBS를 어떻게 적용할 수 있을지 실현 가능한 방법을 생각해 보세요. 현실적 장벽이 있다면 어떤 것일지에 대해서도 생각해 보세요.

더 읽어 보기

1. Luiselli, J., Putnam, R. F., Handler, M. W., & Feinberg, A. B. (2005). Whole-school positive behaviour support: Effects on student discipline problems and academic performance. *Educational Psychology, 25*(2-3), 183-198. 유치원부터 초등학교 5학년까지를 대상으로 긍정적 행동지원을 실시하고 효과성을 검증한 연구임. 개입 시기별로 PBS의 시행과정과 구체적 내용을 제시하고 있음.
2. Netzel, D. M., & Eber, L. (2003). Shifting from reactive to proactive discipline in an urban school district. *Journal of Positive Behavior Interventions, 5*(2), 71-79. 긍정적 행동개입 및 지원(Positive Behavioral Interventions and Supports: PBIS)을 한 학교구 내에서 처음으로 시행했던 과정 전체를 구체적으로 제시하고, 시행경험에 기초한 실제적 제안을 제공함.
3. Simonsen, B., Britton, L., & Young, D. (2010). School-wide positive behavior support in an alternative school setting. A case study. *Journal of Positive Behavior Intervention, 12*(3), 180-191. 다양한 종류의 장애와 신체적 공격성을 지닌 학생들을 위한 대안학교에서 SW-PBS를 적용하고 개입의 효과를 평가한 사례 연구임. SW-PBS를 대안학교 장면에 시행했던 과정 전체가 순서대로 구체적으로 설명되어 있음.

참고자료

관련 웹사이트

http://www.pbis.org	미국 교육부 특수교육 프로그램 분과가 만든 긍정적 행동개입 및 지원(Positive Behavioral Interventions and Supports)의 기술지원 홈페이지
http://www.apbs.org	미국 긍정적 행동지원 협회의 홈페이지

참고문헌

김경양, 남보람, 김영란, 박지연(2010). 학교차원의 긍정적 행동지원에 관한 문헌연구: 보편적 지원의 실행과 성과를 중심으로. 특수교육, 9(3), 117-140.

김영란(2009). 보편적 차원의 긍정적 행동지원에 관한 문헌연구. 특수교육저널: 이론과 실천, 10(4), 81-106.

정길순, 노진아(2011). 긍정적 행동지원 연구동향 분석: 1997년에서 2010년까지의 국내특수교육 관련 학술지 논문을 중심으로. 특수아동교육연구, 13(1), 103-124.

Anderson, C. M., & Kincaid, D. (2005). Applying behavior analysis to school violence and discipline problems: School-wide positive behavior support. *The Behavior Analyst, 28*, 49-63.

Bandura, A. (1986). *Social foundations of thought and action: A social cognitive theory*. Upper Saddle River, NJ: Prentice Hall.

Crothers, L. M., Kolbert, J. B., & Barker, W. F. (2006). Middle school students' preference for anti-bullying interventions. *School Psychology International, 27*(4), 475-487.

Dishion, T., & Andrews, D. (1995). Preventing escalation in problem behaviors with high-risk, young adolescents: Immediate and one-year outcome. *Journal of Consulting and Clinical Psychology, 63*(4), 1-11.

Dishion, T. J., Dodge, K. A., & Lansford, J. E. (2006). Findings and recommendations: A blueprint to minimize deviant peer influence in youth interventions and programs. In K. A. Dodge, T. J. Dishion, & J. E. Lansford (Eds.), *Deviant peer influences in programs for youth: Problems and solutions* (pp. 366-394). New York: Guilford.

Espelage, D. L., & Swearer, S. M. (2004). *Bullying in American schools: A social-ecological perspective on prevention and intervention*. Mahwha, NJ: Lawrence Erlbaum.

Gottfredson, D. C. (1997). School-based crime prevention. In L. Sherman, D. Gottfredson, D. Mackenzie, J. Eck, P. Reuter, & S. Bushway (Eds.), *Preventing crime: What works, What doesn't, What's promising* (pp. 1-47). College Park, MD: Department of Criminology and Criminal Justice.

Gregory, A., Cornell, D., Fan, X., Sheras, P., Shih, T., & Huang, F. (2010). Authoritative school discipline: High school practices associated with lower bullying and victimization. *Journal of Educational Psychology, 102*(2), 483-496.

Grossman, D. C., Neckerman, H. J., Koepsell, T. D., Liu, P. Y., Asher, K. N., Beland, K. et al. (1997). Effectiveness of a violence prevention curriculum among children in

elementary school: A randomized controlled trial. *Journal of the American Medical Association, 277*, 1605-1611.

Kärnä, A., Voeten, M, Poskiparta, E., & Salmivalli, C. (2010), Vulnerable children in varying classroom contexts: Bystanders' behaviors moderate the effects of risk factors on victimization. *Merrill–Palmer Quarterly, 56*(3), 261-282.

Luiselli, J., Putnam, R. F., Handler, M. W., & Feinberg, A. B. (2005). Whole-school positive behaviour support: Effects on student discipline problems and academic performance. *Educational Psychology, 25*(2-3), 183-198.

Mayer, G. R. (1995). Preventing antisocial behavior in the schools. *Journal of Applied Behavior Analysis, 28*, 467-478.

Mendez Foundation. (1995). *A Peace-Able Place: A curriculum for non-violence living*. Tampa, FL: Mendez Foundation.

Merrell, K. W., Ervin, R. A., & Gimpel, G. A. (2008). 21세기를 위한 학교심리학 (이승연, 신현숙 공역). 서울: 시그마프레스.

Merrell, K. W., Gueldner, B. A., Ross, S. W., & Isava, D. M. (2008). How effective are school bullying intervention programs? A meta-analysis of intervention research. *School Psychology Quarterly, 23*(1), 26-42.

Metzler, C. W., Biglan, A., Rusby, J. C., & Sprague, J. R. (2001). Evaluation of a comprehensive behavior management program to improve school-wide positive behavior support. *Education and Treatment of Children, 24*, 448-479.

Netzel, D. M., & Eber, L. (2003). Shifting from reactive to proactive discipline in an urban school district. *Journal of Positive Behavior Interventions, 5*(2), 71-79.

Osher, D., Bear, G. G., Sprague, J. R., & Doyle, W. (2010). How can we improve school discipline?. *Educational Researcher, 39*(1), 48-58

Orpinas, P., Horne, A. M., & Staniszewski, D. (2003). School bullying: Changing the problem by changing the school. *School Psychology Review, 32*(3), 431-444.

Pozzoli, T., & Gini, G. (2010). Active defending and passive bystanding behavior in bullying: The role of personal characteristics and perceived peer pressure. *Journal of Abnormal Child Psychology, 38*, 815-827.

Public Agenda. (2004). teaching interrupted: Do discipline policies in today's public schools foster the common good?. Retrieved in January 2013, from www.publicagenda.org.

Pugh, R., & Chitiyo, M. (2012). The problem of bullying in schools and the promise of positive behaviour supports. *Journal of Research in Special Educational Needs,*

12(2), 47-53.

Rigby, K., & Johnson, B. (2006). Expressed readiness of Australian schoolchildren to act as bystanders in support of children who are bing bullied. *Educational Psychology, 26*(3), 425-440.

Ross, S. W., & Horner, R. T. (2009). Bully prevention in positive behavior support. *Journal of Applied Behavior Analysis, 42*, 747-759.

Salmivalli, C., Lagerspetz, K., Björkqvist, K., Österman, K., & Kaukiainen, A. (1996). Bullying as a group process: Participant roles and their relations to social status within the group. *Aggressive Behavior, 22*, 1-15.

Salmivalli, C., & Poskiparta, E. (2012). Making bullying prevention a priority in Finnish schools: The KiVa antibullying program. *New Directions For Youth Development, 133*, 41-53.

Salmivalli, C., Voeten, M., & Poskiparta, E. (2011). Bystanders matter: Associations between reinforcing, defending, and the frequency of bullying behavior in classrooms. *Journal of Clinical Child & Adolescent Psychology, 40*(5), 668-676.

Scheuermann, B. K., & Hall, J. A. (2010). 긍정적 행동지원: 행동중재를 위한 최신 이론과 실제 (김진호, 김미선, 김은경, 박지연 공역). 서울: 시그마프레스.

Sherer, Y. C., & Nickerson, A. B. (2010). Anti-bullying practices in American schools: Perspectives of school psychologists. *Psychology in the Schools, 47*(3), 217-229.

Simonsen, B., Britton, L., & Young, D. (2010). School-wide positive behavior support in an alternative school setting. A case study. *Journal of Positive Behavior Interventions, 12*(3), 180-191.

Skiba, R. J., & Peterson, R. L. (2000). School discipline at a crossroads: From zero tolerance to early response. *Exceptional Children, 66*, 335-347.

Sugai, G., & Horner, R. R. (2006). A promising approach for expanding and sustaining school-wide positive behavior support. *School Psychology Review, 35*(2), 245-259.

Sugai, G., Horner, R. H., Dunlap, G., Hieneman, M., Lewis, T. J., Nelson, C. M., Scott, T., Liaupsin, C., Sailor, W., Turnbull III, H. R., Wickham, D., Wilcox, B., & Ruef, M. (2000). Applying positive behavior support and functional behavioral assessment in schools. *Journal of Positive Behavior Interventions, 2*(3), 131-143.

Ttofi, M. M., & Farrington, D. P. (2011). Effectiveness of school-based programs to reduce bullying: A systematic and meta-analytic review. *Journal of Experimental Criminology, 7*, 27-56.

Walker, H. M., Horner, R. H., Sugai, G., Bullis, M., Sprague, J. R., Bricker, D., & Kaufman, M. J.

(1996). Integrated approaches to preventing antisocial behavior patterns among school-age children and youth. *Journal of Emotional and Behavioral Disorders, 4*(4), 194-209.

Yoon, J., Bauman, S., Choi, T., & Hutchinson, A. S. (2011).How South Korean teachers handle an incident of school bullying. *School Psychology International, 32*(3), 312-329.

학교폭력 예방 및 개입 프로그램의 개발

〈학습개요 및 학습목표〉

학교기반의 학교폭력 예방 및 개입 프로그램을 실시함으로써 학교폭력에 더욱 효율적으로 대응할 수 있다. 이미 개발된 학교폭력 예방 프로그램이나 개입 프로그램을 실시하는 것이 현실적이기는 하지만, 학교 자체적으로 학교의 특징과 여건에 맞는 프로그램을 개발하는 경우도 있고, 교사가 교육청이나 교육 관련 전문기관의 프로그램 개발팀에 파견근무를 하는 경우도 있다. 그러므로 프로그램 개발의 절차와 방법에 대한 기초 지식의 학습이 필요하다. 이 장에서는 학교상담 및 심리교육 프로그램 개발의 일반적 모형(김창대, 김형수, 신을진, 이상희, 최한나, 2011)을 참조하여 학교기반의 학교폭력 예방 및 개입 프로그램을 개발하는 방안에 대해 살펴본다. 또한 괴롭힘과 학교폭력의 예방을 위해 긍정적 학교풍토의 조성과 친사회적 상호작용을 목표로 실시하는 사회정서학습에 대해 알아본다.

이 장의 구체적인 학습목표는 다음과 같다.

1. 학교상담 및 심리교육 프로그램 개발의 일반적인 절차를 살펴보고, 프로그램 기획, 구성, 실시, 평가의 4단계에 따라 학교기반의 학교폭력 예방 및 개입 프로그램의 개발을 연습한다.
2. 정신건강 문제의 예방, 사회정서적 유능성의 증진, 학업성취의 향상에 효과적인 사회정서학습에 대해 배우고, 이를 학교기반의 학교폭력 예방 프로그램 실시에 적용한다.

1. 학교기반 프로그램의 필요성

학교폭력 예방 및 개입 프로그램의 개발 절차를 배우기에 앞서, 학교기반의 프로그램을 개발해야 하는 이유를 생각해 보자. Bronfenbrenner(1977)의 인간발달에 대한 생물생태학적 모형을 살펴보면 대답의 단서를 찾을 수 있다.

Bronfenbrenner의 모형에는 개인을 중심으로 서로 다른 크기의 원이 겹구조를

이루고 있다. 개인의 발달과 적응은 개인의 생물학적 특징과 그를 둘러싼 여러 환경체계 변인의 영향을 받는다. 환경체계에는 미시체계, 중간체계, 외체계, 거시체계, 시간체계가 있다. 이중에서 미시체계는 개인에게 직접 영향을 미치기도 하고, 개인이 실제로 생활하고 있는 장면이다. 가정, 학교, 또래 친구가 대표적인 미시체계다. 특히 학교는 예방활동을 지속적으로 전개할 수 있는 최적의 장소다. 대부분의 아동 · 청소년들이 학교에 다니고 있고, 학교에서 많은 시간을 보내며, 학교에는 이들의 적응과 발달을 도울 준비를 갖춘 다수의 전문가가 활동하고 있기 때문이다.

중요한 미시체계인 학교를 기반으로 실시되는 예방 프로그램이 효과적이라는 증거가 있다. 애착, 적응유연성, 자기결정력, 영성, 자기효능감, 미래에 대한 포부, 친사회적 행동 같은 긍정적 특징을 증진시킬 목적으로 개발된 긍정적 아동 · 청소년 발달(Positive Youth Development: PYD) 프로그램 77개 중에서 25개가 엄밀한 평가기준을 통과하였고 효과적인 프로그램으로 입증되었다(Catalano, Berglund, Ryan, Lonczak, & Hawkins, 2002). 효과적인 프로그램에 참여했던 학생의 학업 성취도, 또래관계, 교사-학생관계, 문제해결능력, 의사결정 능력이 향상되었고, 문제행동은 감소하였다. 이중에서 22개가 학교기반의 프로그램이라는 점에 주목하자. 또한 학교기반의 효과적인 PYD 프로그램은 '학생 대상의 기술훈련'과 '안전한 학교풍토의 조성'을 병행하였다. 그러므로 학교폭력 예방 프로그램이 학교기반의 프로그램으로 개발 · 실시될 때 효과적일 가능성이 높다. 학생 개인 또는 소집단 대상의 기술 훈련이나 상담전략에 추가하여 학교와 학급의 풍토를 개선하는 노력을 기울인다면 학교폭력을 더욱 효율적으로 예방하고 감소시킬 수 있다.

2. 프로그램 개발 모형

1) 프로그램의 의미

프로그램은 목표의 달성을 위해 해야 할 활동을 체계적으로 조직한 것이다. 학교에서 학교폭력 예방 및 개입 프로그램을 개발하려 하거나 이미 개발된 학교폭력 예방 및 개입 프로그램을 학교에 도입하여 실시하려 할 때, 프로그램이 다음의 세 가지 요

소를 갖추고 있는지를 확인해야 한다(김창대 외, 2011).

- 프로그램을 통해 달성하고자 하는 '분명한 목표'
- 이론적 및 경험적 '근거가 있는 원칙에 따라' 구성된 프로그램의 활동과 내용
- '구체적인 활동과 내용'

2) 프로그램 개발 모형

프로그램 개발 모형은 프로그램을 개발할 때 단계적으로 밟아나가는 절차를 명확하게 제시한 개념 틀이다(김창대 외, 2011). 대부분의 프로그램 개발 모형은 1단계부터 마지막 단계에 이르기까지 순서대로 하나씩 거치는 직선적 과정이 아닌 재귀적(recursive) 과정을 가정한다(김진화, 정지웅, 2000; 김창대 외, 2011). 즉, 1단계에서 시작하여 다음 단계로 진행하는 중에 이전 단계에 대한 재검토와 수정을 시행한다. 이상적으로 프로그램 개발자는 모형에 제시된 일련의 단계를 거치면서 크고 작은 평가를 반복적으로 실시하고, 평가의 결과를 프로그램에 재투입하여 여러 번에 걸쳐 프로그램을 수정하고 보완해 나간다.

프로그램 개발 모형에 제시된 모든 단계를 재귀적으로 거치려면 시간, 비용, 전문인력이 많이 필요하다. 무엇보다도 문제가 심각하여 긴급하게 문제를 해결해야 할 상황에서는 오랫동안 재귀적 과정을 거치면서 프로그램을 개발할 여유가 없을지도 모른다. 그러나 지속적으로 광범위하게 발생하는 문제를 해결하고 학교의 특징과 잠재적 참여자의 요구를 반영하는 프로그램을 개발하려면 재귀적 과정을 거칠 필요가 있다.

이론적 근거, 프로그램 개발 과정의 재귀성을 강조하는 정도, 실행 가능성, 프로그램 개발 절차의 객관성과 엄격성, 효과의 검증 가능성, 프로그램 개발 및 운영의 독창성 측면에서 상이한 다수의 프로그램 개발 모형이 제안되었다(김진화, 2001; 김창대 외, 2011; Sussman & Wills, 2001). 그럼에도 불구하고 각 학교의 특징에 적합한 학교폭력 예방 및 개입 프로그램을 개발하기 위한 표준화된 절차는 찾기 어렵다. 이 장에서는 프로그램 개발의 여러 일반적 모형을 토대로 제안된 김창대 등(2011)의 상담 및 심리교육 프로그램 개발 모형을 소개하고, 이를 참조하여 학교폭력 예방 및 프로

그램 개발의 절차를 예시할 것이다. 사회 전체나 대규모 집단의 복지 향상을 위한 정책의 제안이나 제도의 개선에 중점을 두는 프로그램과 달리, 김창대 등(2011)의 상담 및 심리교육 프로그램과 학교기반의 학교폭력 예방 및 개입 프로그램은 학생 개인, 소집단, 학급단위, 학년단위, (가장 큰 규모로 실시할 경우에는) 전교생의 정서와 행동 및 신념을 변화시키고 문제를 예방하며 성장을 돕는 데 주력한다.

3. 학교기반 예방 및 개입 프로그램의 개발 절차

일반적으로 상담 및 심리교육 프로그램 개발의 절차는 〈표 14-1〉과 같이 기획, 구성, 실시, 평가의 4단계를 거친다(김창대 외, 2011). 물론 프로그램 개발자가 이 장에 제시된 프로그램 개발의 모든 절차를 따라야 하는 것은 아니다. 표준적 지침을 참고하되, 여건(프로그램 개발자의 전문성, 시간 및 재정 자원, 제공받을 수 있는 행정 지원의 규모 등)을 고려해야 한다.

표 14-1 상담 및 심리교육 프로그램 개발의 절차 및 단계별 활동

기획 단계	① 프로그램 개발 필요성 검토 ② 프로그램 개발팀 구성 ③ 잠재적 참여자 선정 및 분석 ④ 프로그램 환경 분석	⑤ 요구분석 ⑥ 이론적 모형 설정 ⑦ 프로그램 목적과 목표 설정
구성 단계	① 구성요소 선정 ② 활동요소 선정 ③ 활동요소 조직	④ 예비연구 실시 및 프로그램 수정 · 보완 ⑤ 프로그램 지침서 제작
실시 단계	① 프로그램 실시	② 프로그램 모니터링
평가 단계	① 평가 준비 ② 평가목적 확인 및 진술 ③ 평가 설계 ④ 평가 실시	⑤ 평가결과 분석 ⑥ 평가결과 보고서 작성 ⑦ 평가결과 활용

출처: 김창대, 김형수, 신을진, 이상희, 최한나(2011).

1) 1단계-프로그램 기획

프로그램을 개발하고자 할 때 가장 먼저 하는 프로그램 기획의 주요 활동은 다음과 같다.

(1) 프로그램 개발 필요성 검토

프로그램 기획의 첫 걸음은 프로그램 개발의 필요성을 검토하는 일이다(김창대 외, 2011). 프로그램을 개발해야 할 이유가 타당하고 분명할 때 비로소 프로그램 개발자는 프로그램의 개발 과정 내내 프로그램 개발의 동기를 유지할 수 있고 프로그램 개발을 위한 인적 · 재정적 · 행정적 지원을 확보할 수 있다. 또한 프로그램 참여자의 참여 동기를 높일 수도 있다. 다음의 사례는 ○○중학교에서 학교폭력 예방 및 개입 프로그램 개발의 필요성을 어떻게 확인했는지를 보여 준다.

사 례

○○중학교에서는 전국 학교폭력 실태조사(예, 청소년폭력예방재단, 2012) 결과를 검토하고 학교폭력이 전국적으로 심각한 문제라는 데 의견을 모았다. 그래서 ○○중학교에서 발생하고 있을 수도 있는 학교폭력의 실태와 양상을 구체적으로 파악하기 위하여 전교생을 대상으로 학교폭력 실태조사를 실시하였다. 그 결과 ○○중학교에서도 학교폭력 피해 사례가 있는 것으로 밝혀졌다. 그럼에도 불구하고 많은 학생이 학교폭력 사건을 보고하거나 대응할 방법에 대해 모르고 있고, 학교폭력 사건이 발생하면 그냥 모르는 척 지나쳐야 보복당하지 않을 것이라고 응답하였다. 이러한 결과에 근거하여 ○○중학교에서 학교폭력 예방 및 개입 프로그램을 개발해야 할 필요성이 확고해졌다.

또한 유사한 프로그램이 이미 실시되고 있는지, 그것이 효과적인지, (만일 중단되었다면) 이유는 무엇인지 등을 분석한다. 이러한 분석을 통해 이미 실시하고 있는 프로그램을 보완해야 한다거나 새로운 프로그램을 개발해야 한다는 주장을 할 수 있다. 또한 특정 프로그램의 개발과 실시의 과정에서 예상되는 방해요인을 예측하고 극복할 수 있

는 방안을 사전에 모색해야 한다(김진화, 2001). ○○중학교의 사례를 다시 살펴보자.

사 례

○○중학교에서 현재 또는 과거에 학교폭력의 예방 및 개입이라는 이름을 가진 프로그램이나 이와 유사한 프로그램을 실시한 적이 있었는지, (실시한 적이 있다면) 효과가 있었는지, (효과가 없었다면) 그 이유는 무엇인지, ○○중학교와 사정이 비슷한 여타의 중학교에서는 현재 어떤 프로그램을 실시하고 있으며 어떤 효과를 거두고 있는지, (효과가 없다면) 그 이유는 무엇인지, 기존의 프로그램과 현재 검토 중에 있는 프로그램의 차이는 무엇인지를 종합적으로 분석한다. ○○중학교에서는 기존의 학교폭력 예방 및 개입 프로그램이 효과적이지 못했거나 중단된 이유를 면밀히 분석하여 새로운 학교폭력 예방 프로그램을 개발할 필요가 있음을 확신하였다.

(2) 프로그램 개발팀 구성

한 명의 전문가가 프로그램 개발을 기획하고 프로그램을 개발하기보다는 프로그램 개발팀이 프로그램을 개발하는 것이 바람직하다. 프로그램 개발팀에 누가 포함되는지 그리고 참여 인력은 어떻게 선정 또는 모집되는지에 따라 효과적인 프로그램의 개발 여부가 결정되므로 프로그램 개발팀은 신중하게 구성되어야 한다(김창대 외, 2011).

사 례

○○중학교에서 개발하고자 하는 학교폭력 예방 프로그램이 ○○중학교 현장에 실제로 적용될 가능성과 효과성을 높이려면 체계적 모형에 기초하여 프로그램을 개발해야 한다. ○○중학교도 이점을 숙지하고 있고, 이미 학교폭력 예방 프로그램을 성공적으로 실시하고 있는 주변 학교에서는 프로그램 개발팀을 어떻게 구성했는지 문의하였다. 전문가 한두 명의 의견과 경험에 좌우되기보다는 학교 현장 전문가(학교폭력 예방 프로그램을 실시할 교사, 전문상담교사, 생활지도부장, 교육청 관계자), 프로그램 개발 전문가, 학교폭력 문제 전문가가 프로그램 개발팀에 포함되어야 한다는 결론을 내렸다. 전문가 위촉을 위해 교육청과 학교폭력 관련기관에 협조 요청 공문을 발송하였다.

(3) 잠재적 참여자 선정 및 분석

프로그램에 참여할 사람이 누구인지에 따라 프로그램의 구성 내용, 실시 방법, 실시에 필요한 인적 및 물적 자원의 규모가 다르다. 그러므로 잠재적 참여자의 특징을 파악하고 이에 적합한 프로그램을 개발해야 한다(김창대 외, 2011). 잠재적 참여자를 선정할 때는 다음 기준을 고려하는 것이 도움이 된다.

단위학교의 학교폭력 기저율(base rate)

기저율은 특정 문제의 발생 비율을 뜻한다. 학교폭력의 기저율이 매우 낮은 학교에서는 학교폭력의 문제를 경험하고 있거나 그럴 위험에 놓인 소수 또는 개별 학생에게 개입을 실시하길 원할 것이고, 기저율이 매우 높은 학교에서는 전체 학생을 대상으로 할 것이다(Hawkins et al., 2010). 기저율을 고려하여 프로그램을 개발하면 반드시 서비스를 받아야 할 학생을 간과하거나 집중적인 서비스가 불필요한 학생을 선발할 가능성을 줄일 수 있다(Glover & Albers, 2007).

단위학교 학생들이 처한 학교폭력 위험의 심각도

위험의 심각도는 집단 구성원들이 특정 문제를 겪을 위험에 노출된 정도를 뜻한다. 학교에는 학교폭력을 이미 경험하고 있는 학생도 있고, 현재 학교폭력을 경험하고 있지는 않지만 앞으로 그럴 위험에 처한 학생도 있다. 공중보건 분야에서는 3층 예방 모형(three-tiered model of prevention)에 따라 위험의 심각도를 세 수준으로 구분하고, 그 수준에 따라 누구를 대상으로 얼마나 집중적으로 예방 프로그램을 실시할지를 결정한다(Cowen et al., 1996). 이와 마찬가지로 학교폭력 위험의 심각도에 따라 프로그램 참여자를 구성하고 예방활동의 목표와 방법을 결정한다(〈표 14-2〉 참조).

잠재적 참여자들의 연령(발달 수준)

학생의 연령(발달 수준)을 파악하는 일은 학교폭력 예방 및 개입 프로그램의 개발 단계에서 중요하다(Farrell et al., 2001). 예를 들면 다음과 같다. 폭력적이고 공격적인 행동은 정서조절의 결함과 밀접하게 관련되므로(Roberton, Daffern, & Bucks, 2012), 폭력적이고 공격적인 행동의 감소를 목표로 하는 학교폭력 예방 및 개입 프로그램에는 정서조절, 특히 분노조절의 활동요소가 흔히 포함된다. 그런데 아동 초기에는

부모-자녀 간의 상호작용이 정서조절의 발달에 결정적 역할을 하므로 대상 학생의 학년이 낮을수록 학교폭력 예방 프로그램에서 부모훈련이 필수요소로 추가된다.

표 14-2 문제발생 위험의 심각도에 따른 학교폭력 예방활동

수 준	문제발생 위험 심각도	참여자	목 표	학교폭력 예방활동 예시
1차 예방	현재 심각한 문제 없음	전교생의 80~90%	보편적 예방 (향후 문제가 발생할 가능성을 애초에 없앰)	학교폭력이나 괴롭힘 관련 태도, 행동, 인식, 집단규준의 변화(예, 학교폭력 예방 캠페인, 사회적 기술의 사용에 관한 학급 규칙 게시, 사회적 기술의 사용을 강화하는 시스템 가동)
2차 예방	문제의 징후 발현 시작	전교생의 5~15%	선택적 예방 (문제발생과 관련된 위험요인의 조기발견 및 제거)	분노조절, 배려행동, 공감 등 사회적 기술의 훈련(예, 적대적 귀인편향 감소 훈련, 인지적 왜곡 변화 훈련, 1차 예방 전략을 집중적으로 자주 실시, 행동 변화에 대한 모니터링을 자주 실시)
3차 예방	문제를 이미 겪고 있음	전교생의 5% 미만	지시적 예방 (이미 발생한 문제의 악화 방지 및 공병 발생의 최소화)	발생한 학교폭력과 추가적 문제의 해결(예, 폭력행동과 이를 촉발 및 강화하는 환경사건 간의 기능적 관계 평가, 폭력행동의 대체행동 연습 및 강화, 지역사회 내 학교폭력 및 정신건강전문가 · 경찰 · 법기관에 의뢰)

출처: Cowen, E. L., Hightower, A. D., Pedro-Carroll, J. L., Work, W. C., Wyman, P. A., & Haffey, W. G. (1996), Hawkins, R. O., Barnett, D. W., Morrison, J. Q., & Musti-Rao, S. (2010), Merrell, K. W., & Gueldner, B. A. (2011), Salmivalli, C., & Voeten, M. (2004).

(4) 프로그램 환경 분석

프로그램을 개발하는 기관과 개발된 프로그램을 시행할 기관의 특성을 고려하여 프로그램의 목표와 내용을 결정한다(김창대 외, 2011). 일반적으로 프로그램 환경을 분석할 때는 SWOT 분석을 활용한다.

SWOT는 강점(strength), 약점(weakness), 기회(opportunity), 위험요인(threat)을 나타낸다. 개발기관과 시행기관의 이념 및 철학, 인적 및 물적 자원 현황, 행정절차, 기존에 실시한 프로그램, 외부환경과 시대적 요구 등과 관련된 강점, 약점, 기회, 위험요인을 분석하면 프로그램 개발의 방향과 범위를 결정짓는 데 도움이 된다(김진화, 2001).

(5) 요구분석

학교폭력 문제가 심각하니 즉시 해결해야 한다는 생각에서 조급하게 프로그램을 개발하거나 기존의 프로그램을 도입하면 원하는 효과를 거두기 어려울 수 있다. 반면에 잠재적 참여자의 요구를 충실히 반영한 프로그램에는 인적 자원, 시간, 행정적 및 재정적 지원이 제공될 것이고, 참여자는 지속적으로 참여할 것이다(김창대 외, 2011). 그러므로 잠재적 참여자의 요구를 면밀히 분석하여 해당 학교에서 해결해야 할 중요한 문제가 무엇인지를 파악하는 일이 매우 중요하다.

'요구(need)'는 현재 상태와 기대 상태의 차이를 말한다(McKillip, 1987). 프로그램의 목적에 따라 개인 내적 요구와 사회적 요구로 구분된다. 프로그램 개발자는 두 가지 요구의 비중을 결정해야 하고, 요구가 여러 개라면 우선순위를 정해야 한다(김창대 외, 2011).

- '개인 내적 요구'는 개인에게 있어야 할 것이 과도하게 결핍된 상태 또는 없거나 적어야 할 것이 과도하게 많은 상태를 의미한다. 예를 들어, 공감능력의 부족이나 저조한 또래 수용도가 학교폭력이나 또래 괴롭힘의 감소에 문제가 되듯이, 과도한 자기애 성향이나 충동성도 문제가 된다.
- '사회적 요구'는 누가 요구를 정의하고 측정하는지에 따라 〈표 14-3〉과 같이 네 가지로 구분된다(Bradshaw, 1972).

표 14-3 사회적 요구의 유형

유 형	정 의	학교폭력 예방 관련 사례
규범적 요구	전문가, 전문단체, 정부기관이 설정한 규범(규준, norm) 또는 기준(standard)에 도달하지 못한 상태	학교에서 실시한 정서행동발달 선별검사에서 자치위원회가 합의한 정서행동발달 수준의 정상 범위에 못 미치는 점수를 얻은 학생이 많이 있다면, 그 학교는 규범적 요구를 가지고 있는 것이다.
지각된 요구	개인이나 집단이 어떤 프로그램이 필요하다고 지각한 요구	학교폭력 실태조사에서 학생이나 교사가 학교폭력 예방 프로그램을 실시할 필요가 있다고 응답했다면, 이는 지각된 요구가 있음을 나타낸다.
표현된 요구	실제로 특정 프로그램을 사용한 정도, 즉 프로그램 수용의 관점에서 확인된 요구	교육청의 '학교폭력 예방과 대응을 위한 교사 직무연수'에 참가신청서를 제출한 교사의 빈도와 대기자 명단은 표현된 요구를 나타낸다.

비교 요구	특정 프로그램에 참여한 집단의 특징을 다른 집단과 비교하여 파악한 요구	학교폭력 예방 프로그램을 시행한 두 학교 중 프로그램 실시의 질적 수준이 상대적으로 낮은 학교에 행정적 및 재정적 지원이 제공되었다면, 비교요구 분석의 결과를 활용한 셈이다.

출처: Bradshaw, J. (1972)를 토대로 재구성하였음.

이제 요구를 확인하기 위해 어떤 방법으로 어떤 자료를 수집하고 분석할지를 알아보도록 하자. 기존 자료 분석, 주요 정보제공자 조사, 설문조사의 세 가지로 구분된다(김창대 외, 2011).

- '기존 자료 분석'은 이미 존재하는 자료나 보고서의 내용을 분석하는 방법이다. 예를 들어, 이미 개발되었거나 실시되고 있는 학교폭력 예방 및 개입 프로그램의 인벤토리를 검토하여 자신의 학교에 어떤 프로그램이 적합할지를 가늠해 볼 수 있다(Nagle, 2002). 또는 정부 관계부처, 지역교육청, 전문연구기관(예, 청소년폭력예방재단)이 실시한 전국 학교폭력 실태조사의 자료를 검토할 수도 있다. 특히 학교알리미를 통해 공시되는 학교별 결과는 그 학교에서 발생하는 학교폭력 문제의 심각성과 학교폭력 예방 및 개입 프로그램에 대한 요구를 확인하는 데 유용하다. 시간과 비용을 많이 들이지 않고 기존 자료에 쉽게 접근할 수는 있지만 오래되었거나 신뢰할 수 없는 자료의 활용도는 떨어진다는 점에 유의해야 한다.
- '주요 정보제공자 조사'는 프로그램에서 다루려는 문제나 잠재적 참여자를 잘 알고 있는 사람으로부터 자료를 수집하여 분석하는 방법이다. 예를 들면, 델파이(Delphi) 기법이나 초점집단(focus group)을 통해 전문가의 의견을 수렴한다. 델파이 기법은 참가자의 면대면 만남이 없는 상태에서, 즉 익명성이 보장된 상태에서 특정 사안에 대한 견해를 도출하고 합의를 이루는 방법을 말한다. 반면에 초점집단은 참가자가 직접 만나서 주제에 대해 활발하게 토의하고 상호작용하면서 요구를 확인한다. 이러한 방법은 전문적인 정보를 수집할 수 있기는 하지만, 소수의 전문가로부터 수집한 정보가 학교에 일반화될 가능성이 낮다는 약점이 있다(김창대 외, 2011).
- 잠재적 참여자 집단에게 '설문조사(survey)'를 실시한다(김창대 외, 2011). 학교

기반의 예방 프로그램을 개발하는 경우에는 프로그램 참여자 집단이 단위학교에 제한되므로 전교생을 대상으로 학교폭력 가해, 피해, 목격 사례에 관한 지필식 질문지를 실시할 수 있다. 반면에 프로그램의 잠재적 참여자 집단이 매우 크다면, 단순무선표집(simple random sampling)이나 층화무선표집(stratified random sampling)을 통해 참여자 전체 집단을 대표하는 표본을 선정하고 이들에게 설문조사를 실시한다. 설문조사 대상자가 보고를 꺼려하거나 은폐할 가능성이 있는 민감한 사안에 대해서는 비공개 심층면담을 병행하는 것이 바람직하다.

(6) 이론적 모형 설정

프로그램에서 다루는 주요 변인에 관한 이론이나 연구결과를 체계적으로 검토하여 프로그램의 이론적 토대를 구축한다(김창대 외, 2011; Farrell et al., 2001). 이론적 토대를 구축하면 독립변인(프로그램의 실시)과 종속변인(발생한 결과) 간의 인과관계에 관한 가설을 설정할 수 있고, 프로그램의 실시가 어떤 과정을 거쳐(매개변인) 또는 어떤 조건에서(조절변인) 행동변화에 영향을 미칠지를 이해할 수 있으며, 새로운 프로그램의 개발을 위한 아이디어를 모색할 수 있을 뿐만 아니라 프로그램의 실시와 예상 결과 간의 인과관계를 설명할 때 범할지도 모르는 오류를 최소화할 수 있다(Sussman, 2001).

예를 들면, 괴롭힘 가해행동을 엄중히 다루는 학급풍토의 조성(독립변인)을 통해 학교폭력 피해사건(종속변인)을 직접 감소시킬 수도 있지만, 무관용 학급풍토가 방관자의 사회적 효능감을 증진시켜서(매개변인) 피해사건을 줄일 수도 있다. 만일 성별이 조절변인으로 작용하면 무관용 학급풍토의 조성이 학교폭력 피해사건에 미치는 영향력이 성별에 따라 다를 것이므로 남학생 대상의 프로그램과 여학생 대상의 프로그램을 달리 구성해야 한다.

사 례

한국교육개발원(2007)이 학교폭력에 노출된 적이 거의 없는 초등학교 4~6학년을 위해 개발한 학교폭력 예방 프로그램의 이론적 기초는 ① 학교폭력에 영향을 미치는 개인적 변인과 환경적 변인에 관한 선행연구의 결과, ② 학교폭력에 영향을 미

치는 위험요인의 부정적 영향을 완충하는 보호요인에 관한 선행연구의 결과, ③ 국내외 학교폭력 예방 프로그램의 내용요소, 구성원리, 효과성 분석의 결과에 근거하여 확립되었다.

(7) 프로그램 목적과 목표 설정

목적과 목표의 설정은 프로그램을 통해 이루고자 하는 변화의 방향을 제시한다. 목표는 목적과 연결되어 있어서 목적과 혼용되기도 하지만, 다음과 같은 점에서 목적과 목표는 구분된다(김창대 외, 2011).

- 프로그램의 목적(goal)은 프로그램이 추구하는 사명(mission)을 포괄적이고 일반적인 용어로 표현한 것이다. 즉, 프로그램의 실시를 통해 이루고자 하는 이상적인 상태를 뜻한다. 예를 들면, 학교폭력 예방 프로그램의 목적은 '학교폭력 없는 학교 만들기'로 진술된다. 목적은 충분히 구체적이지 않기 때문에 목적 달성을 위한 구체적인 목표와 세부목표가 설정되어야 한다.
- 목표(objective)는 프로그램을 실시하여 최종적으로 달성하려는 결과를 구체적이고 측정 가능한 용어로 표현한 것이다. 일반적으로 목표를 진술할 때는 SMART(simple & specific, measurable, attainable, result-oriented, time-framed) 원칙을 따른다. 즉, 구체적이고, 측정 가능하고, 실현 가능하고, 결과 지향적이어야 하며, 목표달성의 시한이 명시되어 있어야 한다.
  프로그램의 목표는 인식, 태도, 지식, 기술, 행동의 변화로 진술된다. 예를 들면, 학교폭력 예방 프로그램의 목표를 ① 또래괴롭힘은 사소한 장난이 아니라는 인식의 증대, ② 괴롭힘 상황에서 주변인의 개입이 괴롭힘을 즉시 중지시킬 수 있다는 신념의 습득, ③ 괴롭힘 피해학생을 위한 공감 기술의 증가, ④ 괴롭힘 사건 목격 시 "괴롭히지 마!" 외치기 빈도의 증가와 같이 진술할 수 있다.
- 목표마다 여러 개의 '세부목표'를 설정할 수 있다. 프로그램의 목표를 달성하기 위해 의도된 개입이 세부목표에 해당한다. 예를 들면, 괴롭힘 피해학생을 위한 공감 기술의 증가라는 목표 아래에는 괴롭힘 상황에서 피해학생이 느끼는 감정을 느껴보기, 괴롭힘 상황에서 피해학생이 느끼는 감정을 몸짓, 얼굴표정, 말로

표현해 보기와 같은 세부목표가 있다. 이론과 실증연구의 고찰을 통해 확인된 매개변인을 제시하거나 철회하는 활동도 세부목표로 적합하다(김창대 외, 2011).

2) 2단계–프로그램 구성

프로그램 구성 단계에서는 다음과 같은 일련의 과정을 거친다(김창대 외, 2011).

(1) 구성요소 선정

프로그램의 구성요소란 프로그램의 한 회기 동안에 또는 여러 회기에서 다룰 핵심 주제다. 다음의 절차를 거쳐 프로그램의 구성요소를 탐색하고 그중 일부를 선정한다.

- 프로그램 기획 단계에서 검토한 선행 이론이나 경험적 연구가 다룬 개념이나 주제를 키워드로 정한다.
- 선정한 키워드를 중심으로 국내외 학술논문, 단행본 서적, 정부기관이나 연구소의 출판자료 또는 보고서, 관련학회의 학술대회 또는 워크숍 자료집, 프로그램 인벤토리, 프로그램 관련 국내외 웹사이트를 검색한다.
- 수집한 다양한 자료를 검토한 다음에 프로그램 개발자가 중요하다고 판단한 내용을 중심으로 프로그램의 구성요소를 선정한다.

사 례

주변인 대상 학교폭력 예방 프로그램을 개발하기 위하여 피해학생 방어행동에 관한 이론이나 연구결과를 검토하여 주요 개념이나 변인을 추출한다. 이러한 키워드에서 출발하여 더 많은 자료를 검색한다. 검색된 내용의 상호연관성, 유사성, 논리적 관계를 고려하여 프로그램의 구성요소를 선정한다. 이렇게 선정된 구성요소로는 공감, 배려, 방어행동의 위험부담, 자기주장과 감정표현, 사회적 자기효능감 등이 있다. 이 구성요소는 주변인 대상 학교폭력 예방 프로그램의 회기별 주제가 된다.

(2) 활동요소 선정

'활동요소'란 프로그램을 구성하는 주제 및 이론적 요소를 현실적이며 효과적으로 실현하는 활동을 말한다. 상담 및 심리교육 프로그램에서는 최소 내용 단위나 과정 단위를 활동요소라고 한다. 프로그램의 한 회기에는 보통 2~3개의 활동요소가 포함되고, 활동요소별 소요시간은 15~40분으로 다양하다(김창대 외, 2011).

기존의 프로그램 또는 다양한 자료(예, 국내외 학술논문, 메타분석 논문, 관련 도서, 전문학회의 학술대회 자료집 및 워크숍 자료, 정부기관 및 연구소의 보고서)를 검색하여 그것에 제시된 활동요소를 추출하거나 새로운 활동요소를 브레인스토밍한다. 다음 〈표 14-4〉의 네 가지 기준을 참고하여 프로그램 활동요소를 선정한다(Sussman, 2001).

표 14-4 프로그램 활동요소의 선정 기준

선정 기준	정 의	사 례*
수용 가능성	프로그램 참여자, 실시자, 관리자가 해당 프로그램 또는 프로그램의 활동요소를 유의미하고 유용하여 수용할 수 있다고 지각하는 정도	○○중학교 학생이 상상글 쓰기 활동을 재미있고 유익하다고 느낀다면, 이는 수용 가능한 활동요소임.
접근 가능성	잠재적 참여자 집단이 활동요소에 참여할 수 있다고 지각하는 정도	○○중학교에서 글쓰기 활동이 여러 교과수업 시간에 자주 실시되고 있다면, 학생은 괴롭힘 주제의 상상글 쓰기 활동에도 자연스럽게 참여할 수 있을 것이므로 이는 접근 가능성이 높은 활동요소임.
목표달성에 기여하는 정도	프로그램의 목표와 밀접하게 관련되고 목표달성에 도움이 되는 정도	학교폭력 예방 프로그램이 지향하는 목표(예, 공감능력의 증진)의 달성에 상상글 쓰기 활동이 도움이 된다면, 이는 목표달성에 기여하는 정도가 높은 활동요소임.
참여자 집단에 미칠 영향력	프로그램의 활동요소를 실시했을 때 참여자 집단에게 의도했던 효과가 나타나는 정도	다른 중학교 학생이 상상글 쓰기를 통해 피해학생에 대한 공감과 방어행동을 더 잘 이해하게 되었다면, 이는 ○○중학교의 참여자 집단에도 큰 영향을 미칠 수 있는 활동요소임. 또는 상상글 쓰기를 하면 학교에서 괴롭힘 문제가 감소될 것이라고 보는지를 묻는 면접이나 자기보고 질문조사를 잠재적 참여자인 학생들에게 실시하여 지각된 효율성이 높은 활동요소를 선정할 수도 있음.

* 사례는 '학교에서 또래들에게 따돌림을 당한 아이가 바로 나라면?' 주제의 상상글 쓰기 활동에 관한 것임.
출처: 김창대, 김형수, 신을진, 이상희, 최한나(2011), Sussman, S. (2001).

(3) 활동요소 조직

프로그램에는 여러 활동요소가 포함된다. 활동요소의 배치 순서에 따라 프로그램의 효과가 다를 수 있으므로 활동요소의 배치 순서가 매우 중요하다(김창대 외, 2011). 프로그램의 활동요소를 조직할 때는 개인적 경험이나 직관에 의존하기보다는 이론적 및 경험적 근거를 갖춘 과학적 절차와 원칙에 따른다. 일반적으로 활동요소의 관계 유형, 범이론적 모형에서 제시한 행동변화의 단계, 프로그램 참여자 사이에 나타나는 대인관계 역동의 변화, 프로그램 활동요소의 복잡한 정도를 고려하여 프로그램 활동요소를 조직한다. 각각의 원칙에 대해 살펴보면 다음과 같다.

- 프로그램 활동요소의 관계유형을 고려하여 조직한다. 〈표 14-5〉는 프로그램 활동요소의 관계 유형에 대한 Sussman(2001)의 정의를 제시하고, 유형별 사례를 예시한 것이다.

표 14-5 프로그램 활동요소의 관계 유형

유 형	정 의	사 례
동일목표 지향형 (Similar Goals)	서로 다른 형태의 활동요소 2~3개가 동일한 목표를 이루기 위하여 한두 회기에 걸쳐 연달아 제시되는 유형	주변인 대상 괴롭힘 예방 프로그램에서 피해학생 방어행동의 증진이라는 공통의 목표를 달성하기 위하여 '가해학생 동조행동의 위험부담과 피해학생 방어행동의 위험부담을 비교하는 활동'과 '피해학생 방어행동을 연습하는 활동'을 연달아 실시함
빌딩 블록형 (Building Blocks)	활동요소 2~3개 중 한 요소가 다음 요소의 기초가 된다면 기초활동은 전반부에, 그 활동을 발전시키거나 응용하는 활동은 후반부에 제시되는 유형	주변인 대상 괴롭힘 예방 프로그램에서 '피해학생 방어행동' 전략의 내용에 대한 학습을 전반부에, 그 전략들을 활용하여 역할연습을 하는 활동요소를 후반부에 배치함
상보적 관계형 (Complementarity)	상이한 내용의 활동요소 2~3개가 따로 제시되기보다는 시너지 효과를 거둘 수 있도록 연달아 제시되는 유형	괴롭힘 가해행동이 충동성 조절의 어려움과 학습에 대한 자신감 부족에 관련된다면 '충동성 조절 훈련'과 '학업적 효능감 증진 훈련'을 병행함

실시집단에 따른 유형 (Constellation)	동명의 프로그램이라도 참여자 집단(예, 학생, 학부모, 교사) 또는 연령대에 따라 특정 활동요소를 더욱 강조하거나 상이한 활동요소를 실시하는 유형	초등학생용 학교폭력 예방 프로그램에는 '또래 친구의 장점 찾아 별명 붙이기' 활동을, 고등학생용 프로그램에는 '인성 강점 찾기' 활동을 실시함

출처: Sussman, S. (2001)를 토대로 재구성하였음.

• 범이론적 모형(transtheoretical model)에서 다음과 같이 열거한 행동변화의 5단계를 고려하여 활동요소의 제시 순서를 정할 수 있다(Prochaska, Redding, & Evers, 2002).

전숙고 단계(precontemplation stage)

변화에 대한 의지가 없음.

숙고 단계(contemplation stage)

6개월 안에 문제행동을 변화시킬 것에 대해 생각함.

준비 단계(planning stage)

1개월 안에 문제행동을 변화시킬 계획을 세우고 준비를 함.

실행 단계(action stage)

변화를 실천하고 있음.

유지 단계(maintenance stage)

변화된 행동을 6개월 이상 계속 실천하고 있음.

만일 변화에 대한 참여자 집단의 의지가 부족하다면 우선적으로 참여자에게 변화의 필요성을 인식시켜야 한다. 이를 위해 변화의 동기를 유발하는 흥미로운 활동요

소를 프로그램의 전반부에 제시한다. 이로써 변화에 대한 저항감을 자극하지 않으면서 자연스럽게 변화의 의지를 높일 수 있다. 또한 실행 단계나 유지 단계에 있는 사람들조차 숙고 단계 또는 심지어 전숙고 단계로 되돌아간다는 점을 유념하여 프로그램 중반부 이후에도 변화에 대한 의지와 실행계획을 점검한다.

- 프로그램 참여자 사이에 형성되는 '대인관계의 역동'은 프로그램이 진행되면서 변화한다. 학교기반 예방 프로그램에서는 여러 명의 학생과 함께 작업하는 경우가 많기 때문에 학생 사이에서 또는 실시교사와 학생 사이에서 형성되고 발전하는 집단역동을 고려하여 다음과 같이 프로그램 활동요소의 배치 순서를 정할 수 있다(김창대 외, 2011).

도입 단계

집단 구성원이 새로운 분위기에 어색해하지만 집단활동에서 기대되는 행동을 안내받은 후 시험 삼아 부정적 감정이나 위험한 행동을 매우 제한적으로 시도해 봄으로써 점차 집단에 익숙해짐

시험 단계

집단환경이 안전한지, 자신의 말과 행동이 집단 구성원에게 수용될지에 대한 의문과 염려가 생기며, 이를 확인하기 위해 집단 지도자나 여타의 집단 구성원을 시험해 보고, 집단 안에서 위험을 무릅쓰고 새로운 시도를 할지 고심하면서 자기 인식이 점차 증가함

작업 단계

집단 구성원 사이에서 응집력과 상호 믿음이 높아지고, 개방적 의사소통, 자유로운 상호작용, 개인적 경험의 표출이 증가하며 새로운 행동을 용기 있게 시도함

종결 단계

헤어질 것에 대한 슬픔과 집단 밖에서는 실행하지 못할 것 같은 두려움을 느끼는 동시에 희망을 안고 종결을 준비하며 집단 구성원이 집단과정을 평가함

- '프로그램 활동요소의 복잡한 정도'에 따라 순서를 정한다. 일반적으로 프로그램은 단순한 활동부터 시작하여 점차 복잡한 활동으로 진행된다. 예를 들면, 학교

폭력 예방 프로그램의 전반부에서는 학교폭력의 실태에 대해 알고 용어를 이해하기 위한 활동지를 작성할 수 있다. 중반부 또는 그 이후에는 피해학생의 고통을 헤아리는 마음을 가져 보고, 피해학생을 방어하는 자기주장 행동을 연습하는 활동요소를 배치해 볼 수 있다. 이때 체계적 순환성의 원리를 유념해야 한다. 중요한 목표의 달성에 기여하는 활동요소를 전반부에 배치했다면 중 · 후 반부에 반복할 필요가 있다(김창대 외, 2011). 어떤 활동요소에 단 한 번 참여한 것만으로는 진정한 변화가 이루어지지 않기 때문이다. 다만 동일한 활동요소를 반복할 경우에 참여자의 흥미도가 떨어질 수 있으므로 활동지 작성, 짝 작업, 동영상 시청, 역할연습 등 다양한 방식으로 활동요소를 구성해야 한다.

(4) 예비연구 실시 및 프로그램 수정 · 보완

프로그램(안)이 구성되면 이를 목표집단과 유사한 소수에게 예비적으로 실시한다. 예비연구의 단계에서 프로그램의 장기적인 효과를 파악할 수는 없지만, 예비연구의 결과에 비추어 프로그램(안)을 평가하고 수정 · 보완할 수는 있다. 예비연구에서는 다음의 네 가지 측면에서 프로그램의 예비적 실시에 대해 검토한다(김창대 외, 2011).

- 운영: 프로그램이 원래의 계획대로 실행되었는가?
- 과정: 참여자가 프로그램을 수용 가능하고 유용하며 만족스럽다고 보는가?
- 성과: 프로그램의 실시가 어떤 변화를 일으켰는가?
- 비용-효과: 프로그램의 실시에 투입한 비용만큼의 가치를 얻을 수 있는가?

예비 프로그램의 운영과 과정을 검토하기 위해서는 설문지, 면접, 직접 관찰을 실시한다. 예비 프로그램의 성과를 평가하기 위해서는 프로그램 참여자의 태도, 신념, 지식, 행동이 참여 이전과 이후에 다른지를 검증한다.

(5) 프로그램 지침서 제작

프로그램 지침서를 제작 · 배포하여 프로그램 실시자에게 프로그램에 대한 이해를 제공하고 프로그램의 진행을 돕는다. 정밀하고 간명하게 제작된 프로그램 지침서는 프로그램의 개입 충실성(처치 충실성, treatment fidelity, intervention integrity: 개입

이 원래의 의도와 계획대로 실시된 정도)을 높이는 데 기여한다.

프로그램에 따라 지침서에 포함되는 내용이 다르다. 일반적으로 프로그램의 목표, 회기별 활동목표, 주요 활동내용, 진행절차 및 운영지침, 준비물, 운영 시 유의사항이 포함된다[학교폭력 예방 프로그램 지침서의 예시를 보려면 김창대 등(2011: 197-200)을 참고할 것].

3) 3단계-프로그램 실시

앞 단계에서 프로그램 구성이 완료되면 이제 그 프로그램을 실시해 보는 단계에 들어간다. 프로그램을 실시하는 과정에서 유념해야 할 사항이 몇 가지 있는데, 이와 관련된 문제가 프로그램의 초기 시험 단계에서 나타난다면 이를 기록하고 이후에 프로그램을 개선할 때 참고한다. 이를 위해서 프로그램의 실시 과정을 모니터링할 필요가 있다.

(1) 프로그램 실시

제작된 프로그램을 실시하는 데 필요한 준비를 잘 갖추었다면 계획된 절차와 방법에 따라 프로그램을 실시함으로써 원하는 성과를 얻을 수 있다. 그러나 사전에 계획했던 그대로 프로그램을 실시하기란 쉬운 일이 아니다. 프로그램이 진행되면서 참여자 사이에 예상치 못했던 집단역동이 일어날 수도 있고 방해요인이 나타날 수도 있기 때문이다. 프로그램 실시자는 집단역동의 변화와 방해요인의 출현을 예측하고 이에 대응하는 방법을 숙지해야 한다. 프로그램 개발자는 이러한 사항에 대해 프로그램 지침서에 언급하는 것이 바람직하다.

(2) 프로그램 모니터링

프로그램 모니터링은 프로그램이 실행되는 과정에서 얻은 정보를 활용하여 프로그램을 점검하고 개선하는 활동을 말한다. 이는 일종의 과정평가(process evaluation)로서 프로그램의 관리를 위해 필수적이다(김창대 외, 2011; Royse, Thyer, & Padgett, 2010). 일반적으로 프로그램 모니터링에서는 투입(프로그램의 실행을 위해 사용되는 물품과 인적 자원의 투입), 과정(실시하는 활동), 산출(프로그램 실시의 결과)에 관

한 자료를 수집한다.

프로그램 모니터링을 하면서 수집한 자료를 분석한 결과는 다음과 같은 측면에서 유익하다. 첫째, 프로그램에 피드백 되어 프로그램을 개선하는 데 활용된다. 둘째, 프로그램의 개입 충실성을 평가할 수 있다.

개입 충실성의 확인은 개입의 효과성 검증을 위해서도 중요하다. 프로그램을 원래 계획했던 의도와 절차대로 충실하게 실시하여 프로그램 참여자가 개입을 제대로 경험했음을 확신할 수 있어야 프로그램의 효과가 바로 그 프로그램의 실시 때문이라는 결론을 내릴 수 있기 때문이다. 개입 충실성은 다음과 같은 방법을 통해 확인된다(Telzrow & Beebe, 2002).

- 외부 관찰자가 프로그램의 실시 과정을 직접 관찰하면서 프로그램 핵심 요소가 제대로 실시되고 있는지를 체크리스트나 평정척도에 기록한다.
- 프로그램 실시자가 프로그램 실시 활동을 스스로 모니터링하면서 체크리스트나 평정척도를 작성한다.
- 프로그램 실시자가 프로그램을 실시하면서 작성한 일지나 활동지의 내용을 검토한다.

4) 4단계-프로그램 평가

프로그램 평가(program evaluation)는 프로그램을 실시하여 달성하고자 했던 목적을 달성했는지를 파악하기 위해 이에 관한 자료를 수집하여 분석하는 과정이다. 프로그램 평가를 통해 프로그램이 의미 있는 변화를 만들어 내는 데 성공했는지, 프로그램을 변경 없이 실시할 것인지, 수정하여 실시할 것인지, 폐기할 것인지, 프로그램 실시를 위한 지원을 계속 제공할 것인지를 결정한다. 이러한 결정은 궁극적으로 프로그램의 질 관리를 위해 활용된다.

일반적으로 프로그램 평가는 프로그램 개발 절차의 마지막 단계로 소개된다. 그럼에도 불구하고 프로그램 평가를 미리 기획하고 대비해야 한다(김창대 외, 2011; Royse et al., 2010). 프로그램의 실시가 완료된 이후에 또는 프로그램 인증기관이나 예산지원기관 또는 행정관리기관에 의한 평가가 도래할 즈음에 프로그램 평가를 준비하는 것은 바람직하지 못하다. 평가의 대상, 자료수집을 위해 사용할 측정도구, 자료분석의 방법, 프로그램의 성패를 판단할 기준, 분석결과의 보고 방법, 프로그램에 관한 의사결정의 방법에 대한 치밀한 계획을 미리 세워둘 것을 권장한다.

(1) 프로그램 평가의 절차

상담 및 심리교육 프로그램 개발의 과정에서 프로그램 평가는 총 7단계를 거친다. 김창대 등(2011)이 제안한 단계별 프로그램 평가 활동, 세부 과제, 내용을 정리하면 〈표 14-6〉과 같다.

표 14-6 프로그램 평가의 단계별 활동과 세부 과제 및 내용

단 계	활 동	세부 과제 및 내용
1단계 (평가 준비)	• 평가를 통해 알려는 것의 명료화	다음 중 무엇을 알려고 하는지를 결정 • 프로그램 실시의 질적 수준 • 프로그램을 통해 달성하고자 하는 결과 • 결과에 대한 프로그램 참여자의 만족도 • 프로그램의 비용 효율성
2단계 (평가목적 확인 및 진술)	• 평가실시의 이유 및 목표의 진술 • 평가의 내용 결정	• 평가의 실시 이유와 구체적 목표 설정 • 평가하려는 내용과 하위요소 결정 • 평가의 적절한 범위 선정 및 근거 제시
3단계 (평가 설계)	• 자료수집 및 분석의 방법과 절차의 설계	• 프로그램 평가에 필요한 자료의 수집 및 분석 절차의 설계 • 실험설계, 준실험설계, 단일체계연구설계, 주관적 효과평가 중에서 선택
4단계 (평가 실시)	• 측정도구의 선정 • 자료의 수집	• 평가의 목적에 맞고, 프로그램 실시가 초래하는 변화에 민감하며, 핵심적인 평가영역의 내용을 포괄하는 측정도구의 선정 • 기존 측정도구의 사용, 기존 측정도구의 수정 후 사용, 새로운 측정도구의 개발 중에서 결정 • 자료수집 방법의 결정 및 실시: 설문조사, 관련 기록 검토, 면접, 관찰 등 • 전집조사 또는 표집조사(단순무선표집 조사 또는 층화무선표집 조사)의 실시
5단계 (평가결과 분석)	• 수집된 자료의 정리, 요약, 제시	• 양적 자료의 경우, 통계분석의 결과 제시 • 질적 자료의 경우, 평가의 목적과 핵심 영역에 따라 자료를 범주화하거나 정리하여 제시

6단계 (평가결과 보고서 작성)	• 요구되는 형식에 맞는 평가 결과 보고서의 작성	• 프로그램 실시 기관, 프로그램 평가 기관, 관계자가 요구하는 양식에 맞는 보고서 작성 • 구두보고
7단계 (평가결과 활용)	• 평가를 통해 수집 · 분석한 자료와 정보를 프로그램 실시자, 참여자, 기타 관계자에게 전달 • 프로그램에 관한 의사결정	• 책무성 이행의 확인(공적 지원에 맞는 결과를 산출했는지, 수혜자에게 도움이 되었는지) • 기존 프로그램 대비 효과성과 효율성 판단 • 프로그램의 계속 실시를 위한 지속적 지원 여부에 대한 판단 • 프로그램 또는 그 효과에 관한 홍보

김창대 외(2011: 314-318)를 토대로 재구성하였음.

(2) 프로그램 평가의 설계

프로그램의 질을 관리하기 위해서 객관적 효과 평가와 주관적 효과 평가를 실시할 수 있다. 이는 누구의 관점에서 프로그램 평가를 실시하는지에 따른 구분이다(김창대 외, 2011).

첫째, '객관적 효과 평가'는 프로그램의 운영 및 실시 주체 또는 전문가가 연구설계 방법을 활용하여 프로그램의 효과성을 밝히는 평가방법이다(김창대 외, 2011). 객관적 효과 평가는 연구설계의 방법에 따라 집단비교평가, 단일체계연구설계, 메타분석으로 구분된다.

- '집단비교평가'는 프로그램에 참여한 집단(실험집단)의 결과를 프로그램의 처치를 받지 않은 집단(통제집단)이나 해당 프로그램에 필적할 만한 여타의 프로그램을 경험한 집단(비교집단)의 결과와 비교하는 방법이다. 진실험설계(true experimental design)나 준실험설계(유사실험설계, quasi-experimental design)가 이에 해당된다.

  진실험설계는 프로그램 참여자에게 나타난 변화가 프로그램에 의한 효과라고 확증할 수 있는, 즉 프로그램 처치와 행동변화 간의 인과관계를 밝힐 수 있는 연구방법이다. 가장 엄격하고 이상적인 진실험설계에서는 실험집단과 통제집단에 참가할 사람들을 전집으로부터 '무선표집'하여 각 집단에 '무선할당'하고, 결과변인에 영향을 미칠 것으로 예측되는 (프로그램 처치 이외의) '가외변인의 영향력을 통제'하여 집단의 동등성을 확보해야 한다.

그러나 인간 대상의 연구에서는 자유자재로 무선할당을 할 수 없고 가외변인의 영향력을 통제할 수도 없다. 이럴 때는 진실험설계보다 덜 엄격한 준실험설계를 활용한다. 준실험설계 중 비동등 통제집단설계가 많이 실시된다. 이 방법은 사전검사를 통해 실험집단과 어느 정도 유사한 통제집단을 구성하므로 집단의 동등성을 어느 정도는 확보할 수 있다. 그러나 준실험설계에서는 무선표집과 무선할당을 하지 않기 때문에 프로그램 처치 이전의 실험집단과 통제집단이 완전히 동등하다고 가정할 수 없다. 따라서 준실험설계는 내적 타당도의 위협으로부터 자유롭지 못하다, 즉, 사후검사에서 나타난 집단 간의 차이는 프로그램 효과일 수도 있고 프로그램 처치 이외의 요인에 의한 결과일 수도 있다.

사 례

○○중학교에서 창의적 재량활동 시간을 활용하여 학교폭력 예방 프로그램을 실시하고, 프로그램의 실시가 괴롭힘 가해행동과 피해경험을 감소시키는 데 효과적인지를 검증하고자 한다. 1반에서는 '주변인 역량강화를 통한 학교폭력 예방 프로그램'을 매주 한 회기씩 실시하고, 2반에서는 학교에서 늘 하던 대로 예술문화 및 체육활동을 하였다. 프로그램을 실시하기에 앞서 사전검사를 하고, 프로그램을 실시한 다음에 사후검사를 하였다. 실험집단(1반)과 통제집단(2반)이 사전검사에서 보일 수 있는 차이를 통제한 이후에도 사후검사에서 유의한 차이를 나타내는지를 분석하였다. 만일 그 차이가 유의하면 '주변인 역량강화를 통한 학교폭력 예방 프로그램'이 괴롭힘을 감소시키는 데 효과적이라는 결론을 내릴 수 있다. 그러므로 괴롭힘의 감소는 시간 경과에 따른 자연스러운 변화라기보다는 프로그램의 실시에 의해 초래된 결과라고 주장할 수 있다.

- '단일체계연구설계'는 프로그램의 실시에 따라 개인 또는 단일 집단에 나타나는 변화를 반복적으로 측정하여 프로그램의 효과를 평가하는 방법이다. 흔히 단일사례연구설계 또는 단일대상연구라고도 한다. 그러나 프로그램 평가에서는 개인 뿐만 아니라 다양한 크기의 집단을 자료분석의 단위로 설정하므로 '사례'보다는 '체계'라는 용어를 선호한다(김창대 외, 2011).

단일체계연구설계에서는 시간 경과에 따른 상이한 조건에서 여러 차례 행동을 측정하므로 프로그램 참여자가 자신의 행동변화에 대한 통제집단의 역할을 한다는 점이 특징적이다. 행동을 반복 측정해야 하므로 행동변화를 민감하게 탐지할 수 있고 반복 실시가 용이한 측정도구를 선택하는 것이 관건이다.

일반적으로 단일체계연구설계는 반전설계(reversal design)와 중다기초선설계(multiple baseline design)로 이루어진다(이소현, 박은혜, 김영태, 2000). 단일체계연구설계에서는 처치를 하지 않는 단계를 기초선 단계 또는 A로 표기하고, 처치를 하는 단계를 개입 단계 또는 B로 표기한다.

반전설계의 가장 기본적이고 단순한 형태는 A-B 설계다. 다른 모든 단일체계연구설계는 A-B 설계를 변형한 것으로 볼 수 있다. [그림 14-1]에서 볼 수 있듯이, A-B 설계에서는 최소한 3회 이상 연속적으로 수집한 기초선 자료가 안정된 경향(trend)과 수준(level)을 보인 후에 개입을 실시한다. 개입 단계에서도 목표행동에 대한 자료를 연속적으로 수집한다. 기초선 기간 동안에 수집된 자료가 개입의 실시와 함께 즉각적으로 급격한 변화를 보인다면 이러한 변화가 단순히 시간경과 또는 성숙에 의한 결과가 아니라는 점을 확인할 수 있다.

A-B 설계를 실행하면 학생에게 도움이 될 것으로 기대되는 개입(즉, 독립변인)을

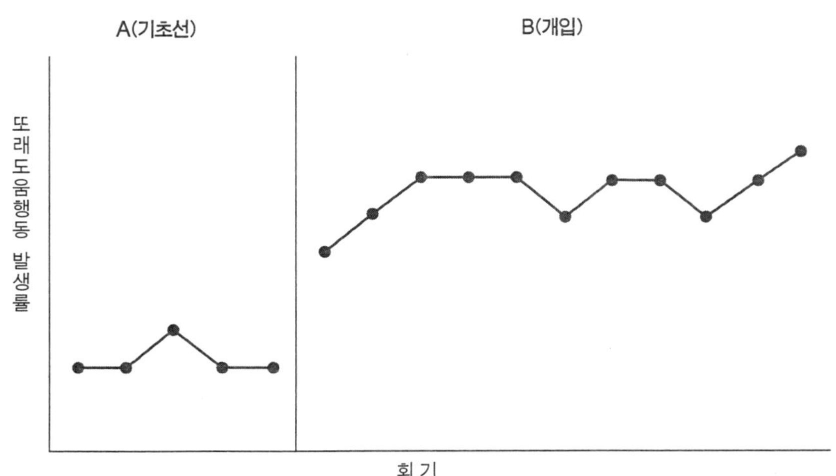

그림 14-1 긍정적 자기표현 훈련을 받은 ○○의 또래도움행동 발생률

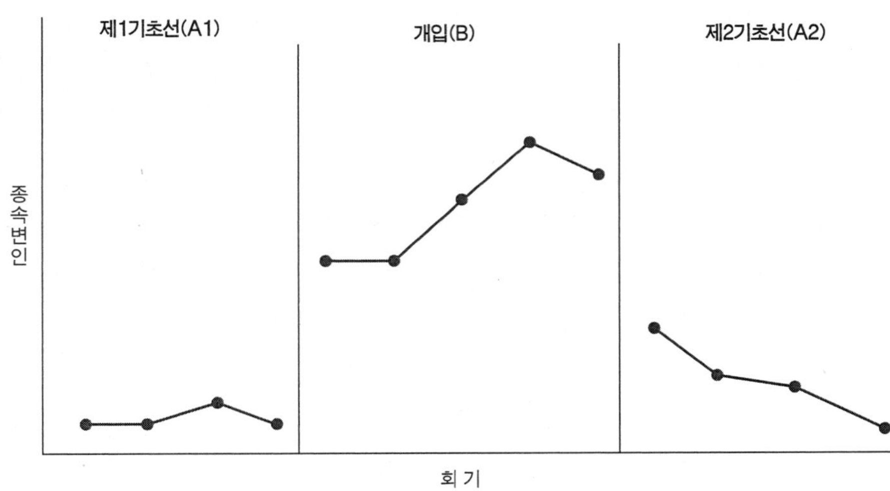

그림 14-2 기능적 관계를 나타내는 그래프

제거한 상태로 연구가 종료되지 않기 때문에 윤리적 또는 현실적 한계를 피할 수 있다. 그러나 A-B 설계의 가장 큰 단점은 도입한 개입을 제거하는 단계가 생략되므로 개입이 제거되었을 때 목표행동이 어떻게 변화하는지에 대한 정보를 얻을 수 없어서 행동의 기능적 분석이 가능하지 않다는 점이다. 개입 단계에서 관찰된 행동의 변화가 시간의 경과 또는 통제되지 않은 변인에 따른 결과가 아니라 개입의 효과라는 결론을 내리려면 (즉, 행동의 기능적 분석을 하려면) A-B-A 설계나 A-B-A-B 설계로 확장되어야 한다(이소현, 박은혜, 김영태, 2000).

A-B-A 설계는 '제1기초선 – 개입 – 제2기초선'으로 진행된다. [그림 14-2]에서처럼 개입을 도입하기 이전의 단계(제1기초선 단계)에 비해 개입을 도입한 단계(개입 단계)에서 극적인 행동변화가 관찰되고, 개입을 제거했을 때(제2기초선 단계) 행동변화가 제1기초선 단계와 비슷한 수준으로 돌아가면 개입과 행동변화 사이의 기능적 관계를 확인할 수 있다. 이로써 관찰된 변화를 개입의 효과로 해석할 수 있다.

A-B-A 설계에서는 개입을 제거한 상태로 연구가 종료되므로 비윤리적이라는 비난을 면하기 어렵다. A-B-A 설계의 비윤리적 제한점을 보완하기 위하여 A-B-A 설계에 2차개입을 추가하여 A-B-A-B 반전설계를 한다. [그림 14-3]은 A-B-A-B 반전설계를 통해 수집한 자료를 그래프로 나타낸 것이다. 1차 기초선(A1)과 1차 개입(B1) 이후에 2차 기초선(A2)으로 반전을 하고, 그 이후에 2차 개입(B2)을 실시함으

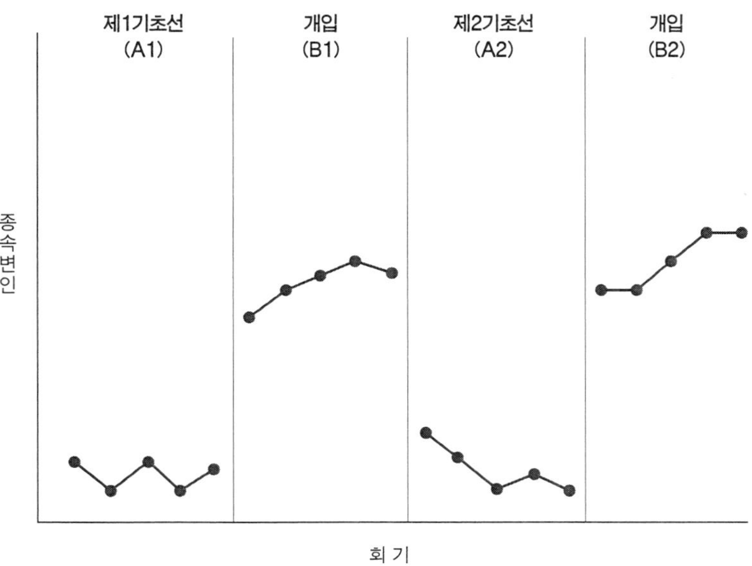

그림 14-3 A-B-A-B 설계에서 사용되는 그래프

로써 1차 개입에서 나타난 변화가 2차 개입에서 다시 나타나는지를 확인할 수 있다. A-B-A-B 설계는 A-B-A 설계에 비해 행동의 기능적 분석을 좀 더 완전하게 할 수 있기 때문에 프로그램의 효과성을 더욱 분명하게 검증할 수 있고, 개입을 제공한 후에 평가를 종료한다는 점에서 윤리적이다.

중다기초선설계에서는 A-B 설계를 두 개 이상의 대상(개인, 행동, 체계)에 적용하되 개입 시기를 달리한다. [그림 14-4]와 같이 대상 1에서는 3월 초에 기초선 자료를 수집한 후 3월 중순부터 학교폭력 예방 프로그램의 실시를 시작하여, 그 이후에 지속적으로 또래 간의 친사회적 행동을 관찰한다. 대상 2에서는 4월 초까지 기초선 자료를 수집한 후에 4월 중순부터 프로그램의 실시를 시작하고 참여학생의 행동변화를 관찰하였으며, 대상 3에서는 5월 초까지 기초선 자료를 수집한 후에 5월 중순부터 프로그램의 실시를 시작하여 참여학생의 행동변화를 관찰하였다. 만일 3개 대상 모두에서 목표행동(예, 친사회적 행동)의 발생 빈도가 기초선 기간에 비해 개입 기간 중에 증가한다면 학교폭력 예방 프로그램이 친사회적 행동의 증가에 효과적임을 입증할 수 있다.

• '메타분석'은 특정 프로그램의 효과성을 검토한 다수의 선행연구 결과를 종합적으로 살펴보는 방법이다.[1] 메타분석은 여러 연구의 결과를 종합적으로 살펴보기 때문에 다양한 상황에서 다양한 참여자를 대상으로 다양한 연구절차를 실시하여 수행된 연구결과에서 밝혀진 개입의 효과성을 확인해 볼 수 있다. 그러므로 단일 연구에 비해 연구의 외적 타당도를 더 많이 확보할 수 있다. 메타분석에서 어떤 학교폭력 예방 프로그램의 효과가 크다고 밝혀지면 프로그램의 효과가 여러 대상, 장소, 시간, 방법에 일반화될 가능성이 높다고 본다.

메타분석의 가장 큰 제한점은 관심을 두고 있는 관련 연구 모두를 포함할 수

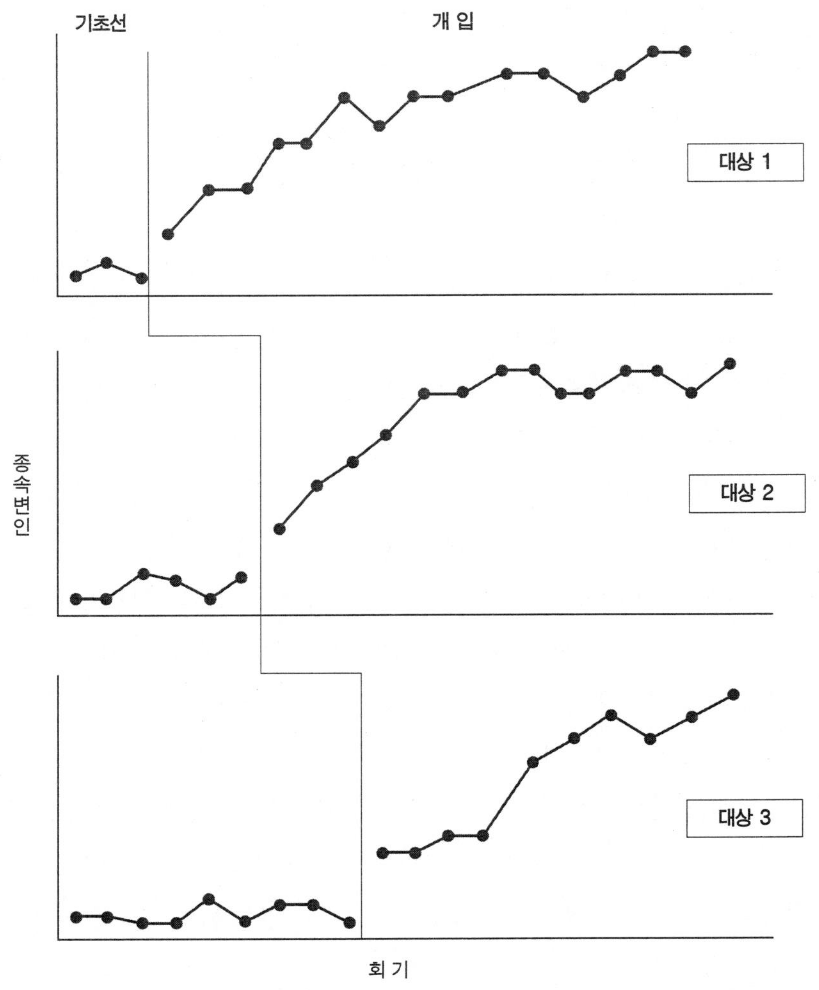

그림 14-4 개입의 효과를 나타내는 중다기초선설계 그래프

없다는 점이다. 프로그램의 효과를 입증할 수 있었던 연구물은 발표되지만 그렇지 못한 연구물은 사장되는 경우가 있기 때문이다. 만일 프로그램의 효과성을 보고한 연구물만 메타분석에 포함된다면 프로그램의 효과를 과대평가하거나 효과가 없는 프로그램을 효과가 있다는 잘못된 결론을 내릴 수도 있다.

둘째, '주관적 효과평가'는 프로그램 참여자의 개인적 관점과 의견을 수집하여 분석하는 방법이다. 프로그램에 참여했던 사람들이 프로그램에 대해 만족하는 정도 또는 프로그램을 통해 목표를 달성했다고 생각하는 정도를 평가한다(김창대 외, 2011).

- '만족도 평가'에서는 프로그램 참여자가 프로그램에 참여한 경험 또는 프로그램 참여를 통해 달성한 성과에 만족하는 정도를 평가한다. 이 방법을 통해 프로그램 참여자로부터 프로그램의 질에 대한 피드백을 직접 받을 수 있기 때문에 만족도 평가의 자료는 프로그램의 질적 개선을 위해 활용된다(Pascoe & Attkisson, 1983). 일반적으로 만족도 평가에는 다음과 같은 질문이 포함된다.

- 프로그램이 당신의 문제해결이나 성장에 얼마나 도움이 된다고 생각합니까?
- 프로그램 참여를 통해 원하는 서비스를 얼마나 받았습니까?
- 비슷한 상황에 있는 다른 사람들에게 이 프로그램을 추천하고 싶습니까?
- 이러한 프로그램에 다시 참여하고 싶습니까?
- 전반적으로 프로그램에 대해 얼마나 만족합니까?

이러한 질문 각각에 대해 다음과 같은 리커트 평정척도에 응답한다. ① 전혀 그렇지 않다. ② 약간 그렇다. ③ 보통이다. ④ 많이 그렇다. ⑤ 매우 많이 그렇다.

---

1) 괴롭힘 예방 프로그램의 효과를 검증한 연구에 대한 메타분석 논문을 읽고 싶다면 다음을 참조할 것. Merrell, K. W., Gueldner, B. A., Ross, S. W., & Isava, D. M. (2008). How effective are school bullying intervention programs? A meta-analysis of intervention research. *School Psychology Quarterly, 23*(1), 26-42.

또한 다음과 같은 자유응답 질문을 프로그램 참여자에게 묻기도 한다. 프로그램 참여자는 질문에 대한 응답을 자유롭게 기록한다.

- 프로그램 중 도움이 되었던 활동은 무엇입니까?
- 그 활동이 도움이 된 이유는 무엇입니까?
- 도움이 되지 못했던 활동은 무엇입니까?
- 그 활동이 도움이 되지 못한 이유는 무엇입니까?
- 이 프로그램에 대한 건의사항이 있으면 써 주세요.

- '목표달성도 평가'는 프로그램 참여자가 목표에 달성한 정도를 스스로 평가하는 방법이다. 여러 학교나 기관이 동일한 프로그램을 운영했지만 서로 다른 측정도구나 임의 제작한 질문지를 사용하여 프로그램 효과를 평가하면 프로그램의 효과를 학교 간에 또는 기관 간에 비교하거나 여러 학교 또는 기관에서 종합적으로 파악하기가 어렵다. 이런 경우에 목표달성도 평가를 실시하면 도움이 된다.

  목표달성도 척도를 구성하기 위해 프로그램 참여자가 달성해야 할 목표 3~4개 정도를 SMART 원칙에 따라 설정한다. 즉, 관찰 가능하고 측정 가능한 행동용어를 사용하여 목표를 조작적으로 정의한다. 그 다음에 목표달성의 범위를 구체적으로 설정한다. 일반적으로 -2점(매우 미흡함)에서 2점(매우 충분함)까지의 5점 리커트 척도를 사용한다. 이처럼 음수에서 양수의 범위를 정하면 프로그램 참여자가 자신의 목표달성도를 평가할 때 기대목표에 매우 못 미친 상태(-2), 기대목표에 부합한 상태(0), 기대목표를 많이 초과한 상태(2)를 쉽게 구별할 수 있다(김창대 외, 2011).

4. 사회정서학습

2012년 2월에 발표된 '학교폭력근절 종합대책'에 의하면, 타인의 감정에 대한 공

감, 상호존중, 배려, 협동 등의 인성 함양은 매우 절실한 요구다. 학교폭력의 근절을 위한 대책마련을 논하면서 핵심 인성 역량의 함양을 강조하는 이유는 그동안 핵심 인성 역량이 경시되어 왔기 때문만은 아니다. 건전한 인격을 가진 성인으로 성장하는 데 핵심 인성 역량의 함양이 매우 중요하기 때문이다. 아마도 학교는 제한된 시간과 자원의 대부분을 학업수월성 달성에 쏟아 부어야 하고, 교과수업 이외의 활동에 시간을 배분하고 관심을 두기 어렵기 때문이기도 할 것이다. 학교교육의 주요 미션인 교과수업과 일상적인 학교생활을 통해 학생이 자연스럽게 핵심 인성 역량을 체득하고, 실천하지 못하는 상황에서는 효과성이 검증된 프로그램을 실시한들 일시적일 뿐이고 훈련상황에 국한될 가능성이 높다.

이러한 문제를 극복하려면 사례와 실천을 중심으로 학생에게 공감, 의사소통, 사회적 문제해결, 갈등해결, 관용, 배려를 가르치고, 학생은 교과수업과 학교생활 중에 이를 실천하며 강화받아야 한다. 정해진 시간과 장소에서 정해진 예방 및 개입 프로그램을 실시하는 방식을 지양하는 대신에 학교 안 사람들의 긍정적 상호작용을 도모해야 하고 안전한 학교풍토를 조성해야 한다. 이를 가능하게 할 하나의 대안으로 사회정서학습(Social and Emotional Learning: SEL)을 예로 들 수 있다. 사회정서학습은 미국에서 시작되어 전 세계 여러 나라에서 시행되고 있다. 이 장의 마지막 주제로 사회정서학습의 개념, 사회정서학습에서 강조하는 다섯 가지의 사회정서적 유능성, 사회정서학습 모형을 적용한 괴롭힘 예방 프로그램의 구성요소를 개관한다.

1) 사회정서학습의 개념

사회정서학습(SEL)은 아동 · 청소년 긍정적 발달(Positive Youth Development: PYD), 적응유연성(resilience), 정서지능(emotional intelligence) 관련 연구자, 교사, 아동권익옹호자, 정신건강전문가가 1994년 미국 Fetzer Institute 회의에서 제안한 개념이다. 학급단위로 또는 학교 전체 차원에서 '모든' 학생의 사회정서적 유능성을 증진시키고 안전한 학교풍토를 조성함으로써 학생의 정서행동문제를 예방하고 정신건강과 학업성취를 향상시키려는 다양한 시도를 통합하고 조율하는 개념 틀이다[학업 및 사회정서학습 협회(Collaborative for Academic, Social, and Emotional Learning: CASEL), 2011; 신현숙, 2011 재인용]. SEL은 교과학습 커리큘럼의 덤 또는 부속물이 아

니라 학교교육의 미션을 충실히 따르되 사회정서적 유능성의 증진 활동을 수업활동이나 학교 안에서의 일상생활에 적합하도록 조직한 것이다(Elias, 2009, p. 842).

SEL은 문제행동에 대해 처벌적 대응을 하는 대신에 긍정적 방법을 사용하고, 학교차원의 보편적 예방을 지향하며, 학교 시스템의 변화를 도모한다. 그런 점에서 학교차원의 긍정적 행동지원(Schoolwide-Positive Behavior Support: SW-PBS)과 SEL은 유사해 보인다. SEL과 SW-PBS는 둘 다 긍정적 행동의 증진을 궁극적인 목표로 삼기 때문이다.

그러나 SEL과 SW-PBS에는 다른 점도 있다. SW-PBS는 문제행동의 예방을 위해 명료한 기대와 규칙의 제정 및 시행, 확고하면서도 공정한 훈육의 실시, 긍정적 행동을 강화하는 칭찬과 보상의 체계적 사용을 좀 더 많이 강조한다. SEL은 학생에게 다섯 가지의 사회정서기술을 훈련시키고, 이러한 기술의 사용을 강화하는 개인 대상의 방법과 지지적이고 안전한 학교풍토를 조성하는 환경 대상의 방법을 병행한다. 학생은 구조화된 SEL 커리큘럼을 통해 사회정서기술을 배우고, 교과수업과 학교 일과를 통해 사회정서기술의 활용을 연습한다(CASEL, 2009; Elias et al., 1997).

2) 사회정서적 유능성

SEL의 일차적 목표는 학생을 대상으로 다섯 가지 사회정서적 유능성을 증진시키는 데 있다.[2)]

- 자기인식(self-awareness): 자신의 정서, 흥미, 가치, 강점, 약점을 정확하게 파악하고, 근거 있는 자신감과 자기효능감을 유지하는 기술
- 자기관리(self-management): 스트레스와 충동을 관리하고, 정서표현을 조절하며, 개인생활과 학업에 관련된 목표를 설정하고, 목표달성 계획을 세우며 목

2) 사회정서학습이 인성교육과 유사하게 보일지 모른다. 인성교육은 배려와 정의의 원칙에 따른 도덕적 판단과 추론 능력의 개발, 도덕적 가치의 습득, 도덕적 정서의 발달, 도덕적 행위의 실천에 주력한다. 사회정서학습은 사회정서적 유능성을 증진시켜 정서행동문제의 예방, 정신건강의 증진, 학업적 성공을 추구하고, 학교 및 학급 풍토를 개선하며, 학교-가정-지역사회의 협력적 파트너십을 구축한다(Elias et al., 1997: 신현숙, 2011 재인용).

표달성의 과정을 점검하는 기술

- 사회적 인식(social awareness): 타인의 입장과 정서를 알아차리고, 개인 간 및 집단 간의 차이를 이해하며, 행동규범을 준수하고, 학교, 가정, 지역사회의 자원을 건전하게 활용하는 기술
- 관계기술(relationship skills): 다른 사람들과 협력하며 건강한 관계를 수립 · 유지하고, 부적절한 사회적 압력에 저항하며, 대인 간의 갈등을 해결하고, 필요한 도움을 주고받는 기술
- 책임 있는 결정(responsible decision-making): 건강, 적응, 안전에 도움이 되는 현명한 결정을 내리고, 일상생활의 문제를 해결하는 기술

3) 사회정서학습 실시 방법

SEL에서는 학생이 사회정서기술을 습득하고 교과수업과 교과외 활동 및 학교일과 중에 활용하도록 돕는 학생 대상의 활동과 환경 대상의 활동이 모두 실시된다.

- 학생 대상의 활동
  - 구조화된 SEL 커리큘럼의 실시
    (예) 사회적 기술 훈련, 갈등해결전략 훈련, 스트레스 대처 훈련을 위해 구조화된 프로그램
  - 교과수업의 내용과 활동 및 교과외 활동을 통한 SEL
    (예) 교과수업과 연계,[3] 독서토론, 학급회의, 협동학습, 예술표현, 봉사활동
- 환경 대상의 활동
  - 교과수업과 학교일과 중 사회정서기술을 사용한 학생을 인정 · 강화하는 체계의 수립과 시행
  - 교직원들의 사회정서기술을 촉진하고 긍정적 학교풍토를 조성하려는 노력

---

3) 2003년에 미국 일리노이 주에서는 일리노이 「아동정신건강법」에 사회정서학습의 학습스탠더드 10개를 명시하였다. 영어, 수학, 사회, 과학과 마찬가지로 사회정서학습도 유치원부터 고등학교 3학년까지 수준별 학습스탠더드를 갖추게 되었다. 다음의 표는 유아~중학교 2학년의 공감 및 의사소통, 또래괴롭힘 예

(예) 교사 대상의 자문, 학교 및 학급 규칙의 게시, 교사의 모델링, 가정 – 학교 파트너십

4) 사회정서학습을 적용한 괴롭힘 예방 프로그램

기존의 학교폭력 예방 프로그램은 교과수업 이외의 시간에 집단상담의 방식으로 시행되는 경우가 많았다. SEL에서는 별도의 구조화된 커리큘럼을 실시하기도 하지만 교과수업과 학교일과 중에 학생이 사회정서기술을 훈련 · 연습하고, 강화 · 인정받는 긍정적 학교풍토의 조성에도 주력한다. 〈표 14-7〉은 학업 및 사회정서학습 협회(CASEL, 2009)가 발간한 '사회정서학습과 괴롭힘 예방' 보고서의 내용을 토대로 재구성한 것이다. 학교에서 학급단위로 또는 학교 전체 차원에서 학교폭력 및 괴롭힘 예방 프로그램을 구성할 때 참고할 만하다.

방, 정서관리, 문제해결 · 의사결정 · 목표설정, 약물남용 예방을 목표로 개발된 학교기반 보편적 예방 프로그램 Second Step의 중학교 1, 2학년용 일부 회기를 요약한 것이다(Committee for Children, 2008a, 2008b). 교과수업과 연계되지 않은 채 구조화된 별도의 커리큘럼으로 사회정서학습을 실시할 수도 있고, 교과수업과 연계하는 방식으로 사회정서학습을 실시할 수도 있다.

구조화된 커리큘럼	교과수업에 연계한 사회정서학습
〈목표활동: 공감 및 의사소통 훈련〉 사진 속 등장인물의 얼굴표정과 몸짓을 단서로 등장인물의 감정을 알아내고, 이를 잘 전달하는 이야기를 소집단별로 작성. 집단 작업 중 적극적 경청의 연습, 나와 다른 생각을 존중하는 태도, 구성원을 배제하지 않는 집단활동의 연습	중1 과학[a](수업주제: 집단생활을 하는 동물의 세계) 집단생활을 하는 동물의 종류와 의사소통 방식을 배우는 수업 시간에 집단생활을 하는 동물과 인간의 유사점과 차이점을 알아보고, 집단 구성원끼리 원만하게 소통하는 방식을 발표함
〈목표활동: 정서관리 훈련〉 긴장하거나 강렬한 정서를 경험할 때 뇌와 신체에 나타나는 변화에 관한 내용을 배우고, 주인공의 분노를 악화 또는 완화시키는 사건을 찾아보며, 강렬한 정서의 완화 전략에 관한 학급 토론과 정서관리 전략의 연습	중2 사회[b](수업주제: 역사적 사건에서 긴장의 고조와 완화 과정) 역사적으로 긴장이 고조되었던 사건의 발전 과정을 배우는 수업 시간에 자신이 겪었던 긴장이 역사적 사건과 다르거나 비슷한 점에 대해 짝 토론을 하고, 긴장과 갈등의 해소 방법에 대해 발표함

출처: [a]Committee for Children(2008a), [b]Committee for Children(2008b).

표 14-7 사회정서학습을 적용한 학교폭력 및 괴롭힘 예방 전략

대상	범주	전략
학급 단위	학급풍토 조성	• ① 공격적 · 폭력적 행동에 대한 무관용 규준 및 친사회적 행동을 장려하는 학급규준의 수립, ② 학급회의, 조회 및 종례시간에 괴롭힘과 학교폭력에 관한 문제의 제기와 해결을 이야기함, ③ 괴롭힘 행동의 위험부담이 친사회적 행동의 위험부담보다 큰 학급풍토의 조성, ④ 또래들로부터 거부당하는 학생의 장점을 찾아내고 인정함, ⑤ 괴롭힘이나 학교폭력 목격 시 구체적 대응행동 지침의 제공
	사회정서기술 훈련	• ① (핵심 인성 역량의 사례 발굴과 실천 적용이 쉬운 국어, 사회, 도덕 등) 교과수업시간에(긍정적 자기표현, 의사소통, 사회적 문제해결, 공감 등) 사회정서기술의 연습과 강화, ② 협력적 집단활동과 또래 간의 긍정적 상호작용을 활용하는 교과수업, ③ 구조화된 사회정서학습 커리큘럼의 실시
	가해학생/ 피해학생 개별적 개입	• ① 가해학생의 분노조절, 사회적 문제해결, 관계향상을 위한 의사소통 훈련, ② 피해학생의 정서조절, 주도적 의사소통, 사회적 문제해결 훈련, ③ 피해학생의 불안과 우울 치유, ④ 피해학생을 위한 친한 친구나 지원 시스템 가동
	부모참여	• ① 가해행동과 피해경험의 초기 징후 판별에 관한 안내, ② 징후 발견 시 대응요령 안내, ③ 가정 내 인성교육에 관한 안내, ④ 부모의 친사회적 가치 수용의 중요성 안내, ⑤ 부모-자녀 관계 향상을 위한 의사소통 훈련, ⑥ 가족갈등에 대한 비폭력 대화법의 안내, ⑦ 괴롭힘 예방 및 대응을 위한 학교의 노력과 정책의 공지
학교 전체	평가	• 단위학교의 전교생을 대상으로 학교폭력 가해 및 피해 사례 조사(괴롭힘의 발생 빈도, 상태, 장소, 괴롭힘 발생 시 주변학생과 성인의 반응 등) • 전국 학교폭력 실태조사 분석결과 검토 • 학교에서 실시하고 있는 학교폭력 예방 프로그램의 특징, 효과, 방해요인 조사
	인식 제고	• ① 학교폭력에 대한 인식의 제고(사소한 괴롭힘도 폭력이고, 학교폭력은 범죄라는 인식의 조성, ② 학교폭력은 은폐되지 못하며, 신고하면 반드시 해결된다는 인식의 조성, ③ 괴롭힘에 대한 엄중한 무관용 태도 및 괴롭힘을 정당화하지 않는 신념의 조성, ④ 학교 실정에 맞는 신고 경로의 구축과 즉각적 대응) • 지식 습득(괴롭힘의 의미, 괴롭힘의 다양한 형태, 피해의 위험요인, 가해와 피해의 징후, 괴롭힘 사건 발생 시 대응방법)
	규칙의 설정 · 공지 · 시행	• ① 괴롭힘에 대한 무관용, 타인에 대한 배려와 상호 존중 및 협동을 중시하는 학교문화의 정립, ② 학교문화를 반영하는 규칙을 학생과 함께 설정, 공지, 일관된 운영 • 괴롭힘 사건을 익명으로 보고하는 절차의 수립과 공지

	생활지도 정책	• 괴롭힘 행동을 처벌하는 반응적 대응보다는 사건에 대한 이해와 친사회적 행동의 연습을 돕는 교육적 및 예방적 전략의 실시에 관한 정책 수립 • 학교의 정책과 방침에 대한 학부모의 이해를 돕고, 학부모 참여의 격려
	성인의 감독	• 조사를 통해 확인된 괴롭힘 발생 장소에 감독 배치
	성인의 모델링	• ① 모든 교직원이 상호 존중하는 행동, 학생을 존중하는 행동, 순화된 언어의 사용, ② 자신의 정서를 인식하고 조절하는 기술과 친사회적 문제해결 기술의 모델링, ③ 괴롭힘 사건에 즉시 개입함으로써 적극적으로 피해학생을 보호하고 방어하는 주변인 행동의 모델링
	긍정적 또래 상호작용	• 학교 체육활동을 통한 또래 간의 협력과 긍정적 상호작용 기회의 확대

출처: 교육과학기술부(2012)와 Collaborative for Academic, Social, and Emotional Learning(2009) 보고서를 토대로 재구성하였음.

이 장의 요약

이 장에서는 학교기반의 학교폭력 예방 및 개입 프로그램 개발의 필요성과 절차에 대해 살펴보았다. 첫째, 상담 및 심리교육 프로그램 개발의 일반적 모형과 단계별(기획, 구성, 실시, 평가) 활동을 확인하였다. 둘째, 상담 및 심리교육 프로그램 개발의 일반적 모형을 참조하여 학교기반의 학교폭력 예방 및 개입 프로그램을 개발하는 단계별 활동 사례를 살펴보았다. 셋째, 사회정서학습을 적용한 괴롭힘 예방의 전략을 검토하였다.

생각해 볼 문제

1. 프로그램의 기획 단계에서 할 과제의 목록을 작성해 보세요.
2. 학교에서 실시할 프로그램 개발의 방향과 범위를 결정하기 위해 환경 분석의 네 가지 측면을 생각해 보세요.
3. 프로그램 개발에서 요구분석이 필요한 이유를 말해 보세요.
4. 어떤 원칙에 따라 프로그램의 활동요소들을 조직할지에 대해 생각해 보세요.
5. 기존에 개발된 학교기반의 학교폭력 예방 프로그램 하나를 선정하고 다음에 대해 생각해 보세요.
   (1) 프로그램 개발의 토대가 된 이론을 찾아보세요.

(2) 프로그램에 어떤 목적, 목표, 세부목표가 제시되어 있는지를 찾아보세요. 제시된 목표가 SMART 원칙에 부합하는지를 검토하고, 부합하지 않다면 SMART 원칙에 따라 재진술해 보세요.

(3) 구성요소와 활동요소들이 프로그램 안에서 어떻게 서로 관련되는지를 살펴보세요.

6. 학교폭력 예방 및 개입 프로그램이 성공적인지를 평가할 때 수집할 정보의 종류와 정보 활용 시 유의사항에 대해 말해 보세요.
7. 학교폭력 예방과 개입을 위해 사회정서학습(SEL)을 우리의 학교 현장에 도입 · 실시해야 할 필요성과 예측되는 성과에 대해 동료들과 토론해 보세요.

참고문헌

교육과학기술부(2012). 학교폭력근절 종합대책. 서울: 교육과학기술부.

김진화(2001). 평생교육 프로그램 개발론. 서울: 교육과학사.

김진화, 정지웅(2000). 사회교육프로그램 개발의 이론과 실제. 서울: 교육과학사.

김창대, 김형수, 신을진, 이상희, 최한나(2011). 상담 및 심리교육 프로그램 개발과 평가. 서울: 학지사.

신현숙(2011). 학업수월성 지향 학교에서 사회정서학습의 필요성과 지속가능성에 관한 고찰. 한국심리학회지: 학교, 8(2), 175-197.

이소현, 박은혜, 김영태(2000). 교육 및 임상현장 적용을 위한 단일대상연구. 서울: 학지사.

청소년폭력예방재단(2012). 2011년 전국 학교폭력 실태조사 요약본.

한국교육개발원(2007). 학교폭력 예방 프로그램 개발 연구.

Bear, G. G. (2012). 바르게 훈육하는 학교, 스스로 규율을 지키는 학생: 친사회적 행동의 증진을 위한 실용적 안내서 (신현숙, 류정희, 배민영, 이은정 공역). 서울: 교육과학사.

Bradshaw, J. (1972). The concept of social need. *New Society, 30,* 640-643.

Bronfenbrenner, U. (1977). Toward an experimental ecology of human development. *American Psychologist, 32,* 513-531.

Catalano, R. F., Berglund, M. L., Ryan, J. A. M., Lonczak, H. S., & Hawkins, J. D. (2002). Positive youth development in the United States: Research findings on evaluation of positive youth development programs. *Prevention & Treatment, 5,* Article 15, 1-111.

Collaborative for Academic, Social, and Emotional Learning. (2009). *Social and emotional learning and bullying prevention*. Chicago: Author.

Collaborative for Academic, Social, and Emotional Learning. (2011). *Definition of SEL.* Retrieved March 27, 2011, from http://casel.org/why-it-matters/what-is-sel/

Committee for Children. (2008a). *Second step: Student success through prevention. Grade 7: Stepping in*. Seattle, WA: Author.

Committee for Children. (2008b). *Second step: Student success through prevention. Grade 8: Stepping ahead*. Seattle, WA: Author.

Cowen, E. L., Hightower, A. D., Pedro-Carroll, J. L., Work, W. C., Wyman, P. A., & Haffey, W. G. (1996). *School-based prevention for children at risk: The primary mental health project*. Washington, DC: American Psychological Association.

Elias, M. J. (2009). Social-emotional and character development and academics as a dual focus of educational policy. *Educational Policy, 23*(6), 831-846.

Elias, M. J., Zins, J. E., Weissberg, K. S., Frey, K. S., Greenberg, M. T., Haynes, N. M., Kessler, R., Schwab-Stone, M. E., & Shriver, T. P. (1997). *Promoting social and emotional learning: Guidelines for educators*. Alexandria, VA: Association for Supervision and Curriculum Development.

Farrell, A. D., Meyer, A. L., Kung, E. M., & Sullivan, T. N. (2001). Development and evaluation of school-based violence prevention programs. *Journal of Clinical Child Psychology, 30*(1), 207-220.

Glover, T. A., & Albers, C. A. (2007). Considerations for evaluating universal screening assessments. *Journal of School Psychology, 45*, 117-135.

Hawkins, R. O., Barnett, D. W., Morrison, J. Q., & Musti-Rao, S. (2010). Choosing targets for assessment and intervention: Improving important student outcomes. In G. G. Peacock, R. A. Ervin, E. J. Daly Ⅲ, & K. W. Merrell (Eds.), *Practical handbook of school psychology: Effective practices for the 21st century* (pp. 13-30). New York: The Guilford Press.

McKillip, J. (1987). *Needs analysis: Tools for human services and education.* Newbury Park, CA: Sage.

Merrell, K. W., & Gueldner, B. A. (2011). 사회정서학습: 정신건강과 학업적 성공의 증진 (신현숙 역). 서울: 교육과학사.

Merrell, K. W., Gueldner, B. A., Ross, S. W., & Isava, D. M. (2008). How effective are school bullying intervention programs? A meta-analysis of intervention research. *School Psychology Quarterly, 23*(1), 26-42.

Nagle, R. J. (2002). Best practices in planning and conducting needs assessment. In A. Thomas & J. Grimes (Eds.), *Best practices in school psychology IV* (pp. 265-279). Bethesda, MD: The National Association of School Psychologists.

Pascoe, G. C., & Attkisson, C. C. (1983). The evaluation ranking scale: A new methodology for assessing satisfaction. *Evaluation and Program Planning, 6*, 335-347.

Prochaska, J. O., Redding, C. A., & Evers, K. E. (2002). The transtheoretical model and stages of change. In K. Glanz, C. E. Lewis, & B. K. Rimer (Eds.), *Health behavior and health education: Theory, research, and practice* (3rd ed.)(pp. 99-120). San Francisco: Jossey-Bass.

Roberton, T., Daffern, M., & Bucks, R. S. (2012). Emotion regulation and aggression. *Aggression and Violent Behavior, 17*, 72-82.

Royse, D., Thyer, B. A., & Padgett, D. K. (2010). *Program evaluation: An introduction* (5th ed.). Belmont, CA: Wadsworth, Cengage Learning.

Salmivalli, C., & Voeten, M. (2004). Connections between attitudes, group norms, and behaviour in bullying situations. *International Journal of Behavioral Development, 28*(3), 246-258.

Sussman, S. (2001). *Handbook of program development for health behavior research & practice*. Thousand Oaks, CA: Sage.

Sussman, S., & Wills, T. A. (2001). Rationale for program development methods. In S. Sussman (Ed.), *Handbook of program development for health behavior research & practice* (pp. 3-30). Thousand Oaks, CA: Sage.

Telzrow, C. F., & Beebe, J. J. (2002). Best practices in facilitating intervention adherence and integrity. In A. Thomas & J. Grimes (Eds.), *Best practices in school psychology IV* (pp. 503-516). Bethesda, MD: The National Association of School Psychologists.

웹사이트 검색하기

http://www.stopbullying.or.kr/(교육과학기술부 학교폭력 예방 종합포털사이트)

▣ 제공 정보

소개공간: 학교폭력이란?

현장중심 학교폭력 대책 자료(동영상, 만화, 포스터 등)

중점 사업(어울림 프로그램, 현장 컨설팅, 학교폭력 피해자 가족캠프 등)

알림공간: 학교뉴스, 현장 우수 사례

자료공간: 교육부 자료실, 교육청 및 기타 자료실, 동영상 자료실, 학생자치활동 자료실

상담공간: 학교상담(상담해요, 신고해요, 대화해요)

도움받기(전화 상담, 문자 상담, 인터넷 상담)

가해학생 및 피해학생 징후(교사와 학부모가 발견할 수 있는 징후)와 대응기법 FAQ

http://jikim.net/sos(청소년 폭력예방재단 학교폭력 SOS 지원단 웹사이트)

▣ 제공 정보

학교폭력이란?

학교폭력 관련기사, 자료실, 온라인 상담실(사이버 상담)

찾아보기

〈인 명〉

〈내 용〉

저자 소개

한유경(Han, You-Kyung, 제1장)
University of Wisconsin-Madison 교육행정학 박사
현) 이화여자대학교 교육학과 교수
이화여자대학교 학교폭력예방연구소 소장

이주연(Lee, Joo Youn, 제2장)
이화여자대학교 교육학 박사
현) 이화여자대학교 학교폭력예방연구소 연구교수

김성식(Kim, Sung Sik, 제3장)
서울대학교 교육학 박사
현) 서울교육대학교 초등교육과 교수

신민섭(Shin, Min-Sup, 제4장)
연세대학교 임상심리학 박사
현) 서울대학교 의과대학 정신과학교실 교수

정제영(Chung, Jae Young, 제5장)
서울대학교 교육학 박사
현) 이화여자대학교 교육학과 교수
이화여자대학교 학교폭력예방연구소 부소장

정성수(Jung, Sung Soo, 제6장)
서울대학교 교육학 박사
현) 대구교육대학교 교육학과 교수

김성기(Kim, Sungki, 제7장)
서울대학교 교육학 박사
현) 협성대학교 교육대학원 교수

박주형(Park, Juhyoung, 제8장)
Florida State University 교육학 박사
현) 한국교육개발원 연구위원

장원경(Chang, Won Kyung, 제9장)
Indiana University 법학 및 행정학 박사
현) 이화여자대학교 스크랜튼학부 교수

이동형(Lee, Donghyung, 제10장)
Texas A&M University 학교심리학 박사
현) 부산대학교 교육학과 교수

김영화(Kim, Youngwha, 제11장)
이화여자대학교 의학 석사
현) 강동소아청소년 정신건강의학과 전문의

오인수(Oh, Insoo, 제12장)
Pennsylvania State University 상담자교육학 박사
현) 이화여자대학교 교육학과 교수

이승연(Lee, Seung-yeon, 제13장)
University of Iowa 학교심리학 박사
현) 이화여자대학교 심리학과 교수

신현숙(Shin, Hyeonsook, 제14장)
University of Minnesota 학교심리학 박사
현) 전남대학교 교육학과 교수

학교폭력과 괴롭힘 예방

–원인진단과 대응–

School Violence & Bullying Prevention

2014년 8월 20일 1판 1쇄 발행
2016년 8월 20일 1판 2쇄 발행

지은이 • 한유경 · 이주연 · 김성식 · 신민섭 · 정제영 · 정성수 · 김성기
박주형 · 장원경 · 이동형 · 김영화 · 오인수 · 이승연 · 신현숙
펴낸이 • 김진환
펴낸곳 • (주) 학지사
04031 서울특별시 마포구 양화로 15길 20 마인드월드빌딩
대표전화 • 02)330-5114 팩스 • 02)324-2345
등록번호 • 제313-2006-000265호

홈페이지 • http://www.hakjisa.co.kr
페이스북 • https://www.facebook.com/hakjisabook

ISBN 978-89-997-0444-4 93370

정가 20,000원

이 도서의 국립중앙도서관 출판시도서목록(CIP)은 서지정보유통지원시스템 홈페이지(http://seoji.nl.go.kr)와 국가자료공동목록시스템(http://www.nl.go.kr/kolisnet)에서 이용하실 수 있습니다.
(CIP제어번호: CIP2014021388)